Calvin-Relief von
George Morin an der
französisch-reformierten
Friedrichstadtkirche in
Berlin, 1935 enthüllt

Sibylle Badstübner-Gröger
Klaus Brandenburg · Rolf Geissler
Conrad Grau · Winfried Löschburg
Helmut Schnitter · Klaus Steiner
Margarete Welge · Jürgen Wilke

Hugenotten · in Berlin

1988

Union Verlag Berlin

Herausgegeben von Gottfried Bregulla
Bildzusammenstellung von Wolfgang Gottschalk

ISBN 3-372-00077-3

Inhaltsverzeichnis

Vorwort

Berlin hat nicht die Patina tausendjähriger Städte. Es ist eine vergleichsweise junge Gründung. Die Doppelstadt am verkehrsgünstigen Spreeübergang konnte auch mit ihrer Einwohnerzahl und mit ihrer wirtschaftlichen Bedeutung lange Zeit keinen Staat machen. »Ich habe überhaupt gefunden«, so klagte Friedrich Nicolai 1786 in seiner bekannten Schilderung der Stadt, »daß Berlin fast in allen Beschreibungen der Städte, oder Reisebeschreibungen bis in die Mitte des 17ten Jahrhunderts, entweder anzuzeigen gar nicht werth gehalten worden, ... oder nicht für beträchtlich gehalten worden ... [ist].«

Daß der schriftstellernde Verleger in seiner detaillierten Darstellung gerade bis zu diesem Zeitpunkt zurückging, hatte einen doppelten Grund: Zum einen hielt er es für notwendig, an die verheerenden Folgen des Dreißigjährigen Krieges für die Stadt zu erinnern und mit Nachdruck von »dem damaligen kläglichen Zustande Berlins und Köllns« zu sprechen; denn dies war in der Tat ein Einschnitt in der Geschichte der Stadt, ein dramatischer Tiefpunkt. Ihre Bevölkerung war – vor allem durch Hunger und Pest – um ein Drittel dezimiert, die Zahl ihrer niedergebrannten, verfallenen und verlassenen Häuser groß. Handel und Gewerbe lagen danieder. Berlin benötigte Jahrzehnte, um sich davon zu erholen.

Zum anderen wollte Friedrich Nicolai, indem er den Lesern das düstere Bild vor Augen führte, das die Stadt um 1650 bot, besonders anschaulich machen, wie sehr sie sich inzwischen verändert hatte. Ihre Entwicklung verlief geradezu sprunghaft in dieser Zeitspanne. Hier zeigte sich erstmals jene Dynamik, die Berlin später zur Weltstadt werden ließ. Am Wachstum der Einwohnerzahl von knapp 10000 auf etwa 150000 im Jahre 1789 ist das besonders deutlich abzulesen. Aber auch an der immer weiteren Ausdehnung des Stadtgebietes, das nunmehr auch die neugegründeten, dicht bebauten Stadtteile Friedrichswerder, Dorotheenstadt und Friedrichstadt umfaßte, und an den sichtbaren Veränderungen der architektonischen Landschaft, in der jetzt prachtvolle Repräsentativbauten wie das Zeughaus und das Schloß, das Opernhaus und die Königliche Bibliothek, dazu eindrucksvolle Sakralbauten wie die Hedwigskirche und die Dome am Gendarmenmarkt imposante Dominanten bildeten. Außerdem war dieses vitale Berlin ein bedeutender Umschlagplatz des Handels und zum Standort einer Manufakturindustrie geworden, die vor allem in der Textil- und Metallbranche ein beachtliches Leistungsvermögen besaß; letzteres galt übrigens auch für das aufblühende Berliner Handwerk. Und schließlich hatte sich die Stadt mit wichtigen Institutionen wie der Akademie der Wissenschaften, der Charité und anderen Einrichtungen, mit einem regen Theaterleben und geistvollen literarischen Salons auch zu einem weit ausstrahlenden Zentrum der Wissenschaften und Künste gemausert.

Als ab 1685 einige tausend französische Glaubensflüchtlinge, dem Potsdamer Einladungsedikt des Großen Kurfürsten folgend, nach Berlin strömten, hatte dieser Umbruch jedoch erst keimhaft begonnen. Sie kamen in eine Stadt, die sich anschickte, ihrer Funktion als Regierungs- und Repräsentationszentrum des absolutistischen brandenburgischen Territorialstaates zu genügen, dessen Herrscher sich übrigens auch bald mit der preußischen Königskrone schmückten, um so ihren militärischen und politischen Machtzuwachs zu demonstrieren. Diese Indienstnahme durch den expansiven preußischen Militärstaat, wie er dann vor allem unter König Friedrich Wilhelm I. entstand, setzte Berlin und seine Bewohner einerseits den vielfachen Belastungen und Gefährdungen einer auf Heeresvergrößerung und Krieg orientierten Politik aus, bedeutete andererseits zugleich, daß die Residenz- und Hauptstadt besonders gefördert wurde und ihr Bürgertum mancherlei Vorteile aus der Tatsache zog, daß Hof, Armee und Administration mit ihren Bedürfnissen, Aufträgen und Privilegierungen so nahe waren. Das hatte zur Folge, daß sich das Berliner Bürgertum mit dem absolutistischen Staat arrangierte und nicht politisch gegen ihn opponierte. Um es vorwegzunehmen: Dieser »königstreuen Begrenztheit«, die selbst aufgeklärte Vertreter dieses Bürgertums kennzeichnete, entsprach eine zutiefst royalistische Gesinnung bei den meisten eintreffenden reformierten Franzosen, die ihre traditionelle Anhänglichkeit an den französischen König nun auf die Hohenzollern übertrugen. Diese gingen also politisch kaum ein Risiko ein, als sie so viele Franzosen ins Land holten.

Kurfürst Friedrich Wilhelm hatte bekanntlich keinen Alleingang unternommen, als er das Potsdamer Edikt unterschrieb, und er war auch nicht der erste Fürst in Deutschland, der so auf das Aufhebungsedikt Ludwigs XIV. reagierte: Braunschweig-Lüneburg-Celle und Hessen-Kassel waren ihm zuvorgekommen im Wettlauf um die Gewinnung hugenottischer Zuwanderer, die angesichts der Menschenverluste durch den Dreißigjährigen Krieg und des wirtschaftlichen, kulturellen und militärischen Renommees ihres Heimatlandes mehr als willkommen waren.

Es wird heute nicht mehr bezweifelt, daß die »Peuplierung« des z. T. noch immer wüsten Landes, die Hebung seiner wirtschaftlichen Leistungsfähigkeit, das Hauptmotiv des Großen Kurfürsten war. Natürlich wollte er zugleich den bedrängten Glaubensbrüdern helfen. Ihnen gegenüber Toleranz zu beweisen dürfte ihm und seinen reformierten Beratern nicht schwergefallen sein, hing man doch letztlich dem gleichen Glauben an. In anderen Fällen war man am Berliner Hof nicht ganz so großzügig: Als Friedrich Wilhelm 1671 einigen Wiener Juden die Niederlassung in Berlin gestattete, erhielten diese weder Bürgerrechte, noch durften sie in den ersten Jahren eine Synagoge in der Stadt bauen. Die böhmischen Exulanten wiederum, die 1732 in Berlin eintrafen, bekamen zwar eine eigene Kirche, jedoch keine eigenen Gerichte. Der Hinweis auf solche Beschränkungen soll die Verdienste der brandenburgisch-preußischen Herrscher um eine, insgesamt gesehen, tolerante, kluge Einwanderungspolitik nicht schmälern. Aber es wäre einseitig, diese Grenzen ihrer Politik nicht zu sehen. Den einwandernden Franzosen gegenüber zeigte man solche Reserviertheit im allgemeinen nicht. Sie konnten überall, auch in Berlin, eigene Kirchgemeinden bilden, die jeweils zu Zentren weitgehend selbständig verwalteter französischer Kolonien wurden mit eigenen Schulen und eigenen Gerichten. In Berlin, das als aufstrebende Residenzstadt des neuen Schutzherrn eine besondere Anziehungskraft auf die ohnehin vorwiegend aus dem städtischen Milieu kommenden Hugenotten ausübte, entstand so ein gut organisiertes, in der Armenfürsorge Vorbildliches leistendes Gemeinwesen, die mit Abstand größte französische Kolonie in Brandenburg-Preußen. Sie zählte mehr als 5000 Mitglieder und stellte um 1700 rund ein Fünftel der Berliner Bevölkerung. Das war schon rein quantitativ ein enormer demographischer Zuwachs für die Stadt. Aber auch in qualitativer Hinsicht erwies sich diese Immigration als ein Gewinn. Sie führte dem Wirtschaftsleben der Stadt neue Kenntnisse und Fertigkeiten zu, brachte namhafte Vertreter französischer Wissenschaft und geistiger

Kultur nach Berlin, das durch sie einbezogen wurde in die dem Emanzipationsdenken des Bürgertums dienende internationale »Gelehrtenrepublik« und das ihnen wertvolle Impulse für die Wissenschaftsentwicklung in der Stadt verdankt, nicht zuletzt für die Arbeit der 1700 hier gegründeten Akademie. Auch das Bildungswesen und das kirchliche Leben Berlins, die medizinische Versorgung und die Alltagskultur einschließlich der Eßkultur und der Umgangssprache wurden von den Réfugiés beeinflußt und bereichert. Und ihre Architekten hinterließen gleichfalls einige bleibende Zeugnisse ihrer Tätigkeit in der Stadt, von denen heute die liebevoll wiederaufgebaute Friedrichstadtkirche am Platz der Akademie das symbolkräftigste ist.

So haben die Hugenotten gleichsam als Gegenleistung für die Aufnahme in Berlin (die anfangs durchaus nicht nur gastfreundlich war) viel dazu beigetragen, daß die Stadt aus ihrer Provinzialität hinauswuchs und im 18. Jahrhundert eine beschleunigte Umgestaltung erlebte. Zwar verschmolzen sie in einem natürlichen Assimilierungsprozeß mit den deutschen Einwohnern, so daß heute beispielsweise nur noch relativ wenig französische Familiennamen an sie erinnern, aber ihre Geschichte und ihre Leistungen, die dieser in Gemeinschaftsarbeit von neun Autoren und mehreren Fotografen entstandene Band festzuhalten sucht, prägten das geistig-kulturelle und materielle Erbe dieser Stadt in einem auch jetzt noch erkennbaren beträchtlichen Maße.

Daß in einigen Beiträgen, deren Verfasser übrigens aus verschiedenen wissenschaftlichen Richtungen kommen, über Berlin hinausgegangen wurde, geschah aus sachlicher Notwendigkeit und Zweckmäßigkeit. Die im Anhang wiedergegebenen, von J. Wilke zusammengestellten und erläuterten statistischen Übersichten enthalten aufschlußreiches Zahlenmaterial insbesondere zur sozialen Struktur und zur Entwicklung der französischen Kolonie und der französisch-reformierten Gemeinde in Berlin.

Gottfried Bregulla

Jürgen Wilke

Berlin zur Zeit des Edikts von Potsdam
Das Edikt und seine Bedeutung

Der in Brandenburg-Preußen noch immer gültige Julianische Kalender zeigte den 29. Oktober (nach unserem heutigen, Gregorianischen Kalender den 8. November) des Jahres 1685 an, als Kurfürst Friedrich Wilhelm, der Große Kurfürst, im Stadtschloß von Potsdam, seinem oftmals bevorzugten Aufenthaltsort, ein von seinen Räten ausgearbeitetes wichtiges Dokument abzeichnete. Es war im umständlichen Kanzleistil der damaligen Zeit abgefaßt und trug den etwas langatmigen Titel »Chur-Brandenburgisches Edict, Betreffend Diejenige Rechte, Privilegia und andere Wolthaten, welche Se. Churf. Durchl. zu Brandenburg denen Evangelisch-Reformirten Frantzösischer Nation, so sich in Ihren Landen niederlassen werden daselbst zu verstatten gnädigst entschlossen seyn«. In die Geschichte ist es kurzerhand als Edikt von Potsdam eingegangen. Es erlangte eine nicht zu unterschätzende historische Bedeutung, weil es im Ergebnis seiner positiven demographischen Auswirkungen vor allem der wirtschaftlichen und kulturellen Entwicklung dieses deutschen Territorialstaates spürbare Antriebe gab, mit seinem toleranzpolitischen Pragmatismus aber auch dazu beitrug, dem konfessionellen Hader und seinen oft verheerenden Folgen in Europa entgegenzuwirken und den Gedanken eines friedlichen Miteinanders der verschiedenen christlichen Bekenntnisse zu fördern.

Das Edikt umriß in 14 Punkten die Rahmenbedingungen für die Aufnahme der französischen Glaubensflüchtlinge, der sogenannten Hugenotten oder »Réfugiés«, in Brandenburg-Preußen, das ihnen nach den »harten Verfolgungen und rigoureusen proceduren« in Frankreich »eine sichere und freye retraite (Zuflucht)«, »Schutz und protection« sowie »alle Hülffe, Freundschafft, Liebes und Gutes« versprach.

Historische Hintergründe

Tatsächlich hatten Frankreichs reformierte Christen, deren Glauben und deren kirchliche Organisation in der Mitte des 16. Jahrhunderts wesentlich durch den aus Nordfrankreich stammenden und vorwiegend in Genf wirkenden Reformator Johannes Calvin geprägt worden waren, einen schweren Stand. Sie befanden sich in der ernsten Lage einer konfessionellen Minderheit (maximal nur acht Prozent der Bevölkerung), die im 16. Jahrhundert und Anfang des 17. Jahrhunderts fast ununterbrochen von der Krone und der katholischen Kirche bedrängt und bekämpft wurde. Stand dabei der Vorwurf der Ketzerei im Vordergrund, wie er vor allem vom militant gegenreformatorisch gesinnten Klerus erhoben wurde, so spielten doch auch politische und sozialökonomische Gründe eine wichtige Rolle. Das traditionell mit der katholischen Kirche verbündete Königtum strebte nach Stärkung der Zentralgewalt und absolutistischer Machtkonzentration und sah in der Durchsetzung des Prinzips »un roi – une loi – une foi« (ein König – ein Gesetz – ein Glaube) eine unverzichtbare Voraussetzung dafür. Einflußreiche katholische Adelsgruppierungen formierten sich aus machtpolitischen Gründen um die Herzöge von Guise. Sie bekämpften mit massiver ausländischer Unterstützung das zeitweise in seiner Handlungsfähigkeit eingeschränkte Königshaus, waren doch

Büste des »Großen Kurfürsten« Friedrich Wilhelm, Gips, anonym, Ende 17. Jh.

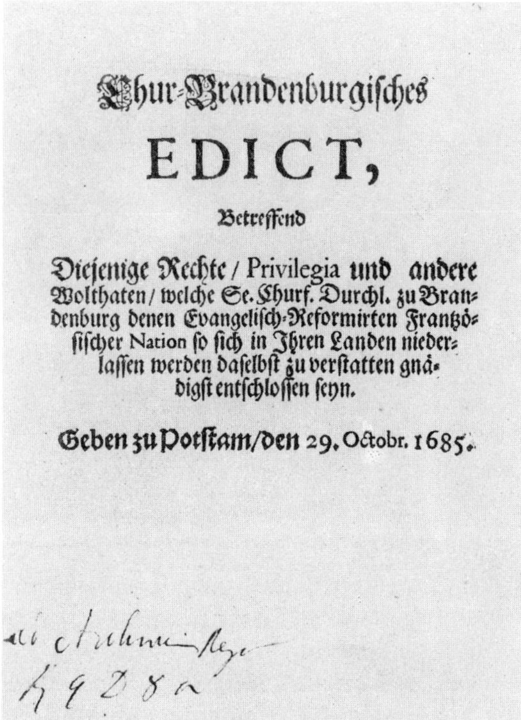

Chur-Brandenburgisches

EDICT,

Betreffend

Diejenige Rechte / Privilegia und andere Wolthaten / welche Se. Churf. Durchl. zu Brandenburg denen Evangelisch-Reformirten Frantzösischer Nation so sich in Ihren Landen niederlassen werden daselbst zu verstatten gnädigst entschlossen seyn.

Geben zu Potstam / den 29. Octobr. 1685.

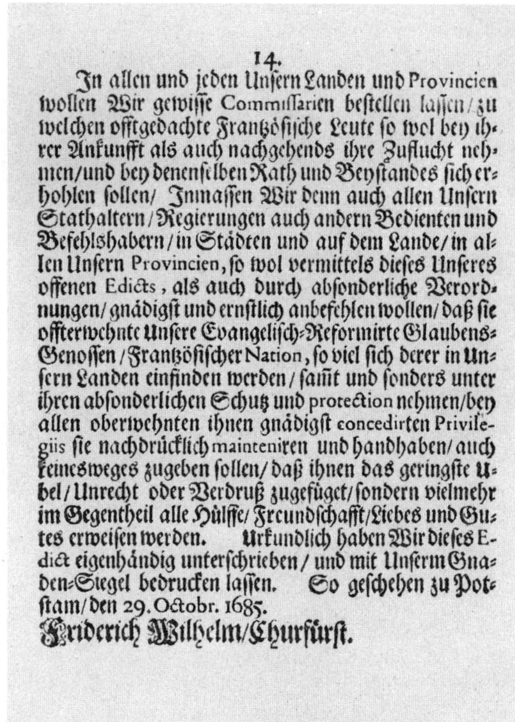

14.

In allen und jeden Unsern Landen und Provincien wollen Wir gewisse Commissarien bestellen lassen / zu welchen offtgedachte Frantzösische Leute so wol bey ihrer Ankunfft als auch nachgehends ihre Zuflucht nehmen / und bey denenselben Rath und Beystandes sich erhohlen sollen / Inmassen Wir denn auch allen Unsern Stathaltern / Regierungen auch andern Bedienten und Befehlshabern / in Städten und auf dem Lande / in allen Unsern Provincien, so wol vermittels dieses Unseres offenen Edicts, als auch durch absonderliche Verordnungen / gnädigst und ernstlich anbefehlen wollen / daß sie offterwehnte Unsere Evangelisch-Reformirte Glaubens-Genossen / Frantzösischer Nation, so viel sich derer in Unsern Landen einfinden werden / samt und sonders unter ihren absonderlichen Schutz und protection nehmen / bey allen oberwehnten ihnen gnädigst concedirten Privilegiis sie nachdrücklich mainteniren und handhaben / auch keinesweges zugeben sollen / daß ihnen das geringste Ubel / Unrecht oder Verdruß zugefüget / sondern vielmehr im Gegentheil alle Hülffe / Freundschafft / Liebes und Gutes erweisen werden. Urkundlich haben Wir dieses Edict eigenhändig unterschrieben / und mit Unserm Gnaden-Siegel bedrucken lassen. So geschehen zu Potstam / den 29. Octobr. 1685.

Friderich Wilhelm / Churfürst.

Titelseite und letzte Seite des Edikts von Potsdam vom 29. Oktober 1685

zwei der drei Söhne der Katharina von Medici als Könige von Frankreich minderjährig, und die seit 1560 politisch-religiös akzentuierte Hugenottenbewegung. In Kreisen des Bürgertums und der vom Humanismus beeinflußten Gelehrtenschaft, bei den Kleinbürgern und Angehörigen der Stadtarmut sowie unter einem Teil der Bauernschaft, aber auch bei vielen sich der Zentralisation widersetzenden Adligen – vor allem im Süden und Südwesten des Landes – verknüpfte man mit der hugenottischen Bewegung nicht nur Hoffnungen auf eine radikal erneuerte, für jeden überschaubare Kirche, sondern auch emanzipatorische Wünsche, soziale Sehnsüchte und nicht zuletzt – was den Adel betrifft – politische Sonderinteressen. Der Zusammenprall all dieser Interessengegensätze hatte zu den zehn »Hugenottenkriegen« von 1562 bis 1629 geführt mit Grausamkeiten auf beiden Seiten. Allein in der berüchtigten »Bartholomäusnacht« vom 24. August 1572 wurden Tausende Hugenotten ermordet, darunter auch ihr führender Kopf Admiral Gaspard de Coligny.

Schon damals flüchteten reformierte Franzosen ins Ausland. Dagegen bewirkte das 1598 vom ersten Bourbonenkönig und ehemaligen Hugenottenführer Heinrich IV. erlassene Edikt von Nantes, das den

Admiral Gaspard de Coligny wird von einer Bäuerin gewarnt. – Der Tod des Admirals in der Bartholomäusnacht vom 24. August 1572. – Den Kindern des Admirals wird sein Leichnam gezeigt. – Colignys Kopf wird der Königin Katharina gebracht. Radierungen von Daniel Chodowiecki, 1798/99

Protestanten eine weitgehende konfessionelle Gleichberechtigung sowie politische und militärische Sonderrechte einräumte, eine längere Unterbrechung der endlosen Folge von Bürgerkriegen. Dem letzten dieser Kriege, dessen herausragendes Ereignis die Belagerung und der Fall der Hugenottenfestung La Rochelle in den Jahren 1627/28 waren, schloß sich eine relativ friedliche Periode für die Reformierten an, die zwar im Frieden von Nîmes 1629 ihre politische Sonderstellung eingebüßt hatten, jedoch ihre religiösen Rechte behielten. Die militärisch entmachtete Hugenottenbewegung verlor unter Ludwig XIII. endgültig ihren politischen Einfluß, und zahlreiche hugenottische Adlige konvertierten oder verhielten sich wie die meisten Reformierten gegenüber der Krone loyal. Noch aber hatte das reformierte Bekenntnis in Frankreich Existenzrecht.

Unter dem »Sonnenkönig« Ludwig XIV. jedoch, der den konfessionellen Pluralismus offenbar als unvereinbar mit seiner absolutistischen Herrschaft betrachtete, die für Jahrzehnte mit einer wirtschaftlichen und kulturellen Blüte verbunden war, erlebten die Anhänger der »angeblich reformierten Religion« ab Anfang der sechziger Jahre des 17. Jahrhunderts neue Verfolgungen und Diskriminierungen, wie Berufsverbote und Schulschließungen. Sie gipfelten in den berüchtigten Dragonaden, gewaltsamen Einquartierungen königlicher Soldaten bei reformierten Familien zum Zwecke der »Bekehrung«, und führten

schließlich am 18. Oktober 1685 mit dem Edikt von Fontainebleau zur offiziellen Aufhebung des Edikts von Nantes. Jeglicher reformierte Gottesdienst wurde verboten, die reformierten Kirchen wurden zerstört und ihre nicht zum Abschwören bereiten Prediger des Landes verwiesen. Fortan gab es in Frankreich (bis 1787) nur noch eine illegale reformierte »Kirche in der Wüste«. Trotz des ausdrücklichen Auswanderungsverbots (»bei Strafe der Galeeren«) flohen nach 1685 von den etwa 850 000 reformierten Protestanten schätzungsweise 200 000 unter teilweise abenteuerlichen Umständen ins Ausland, vor allem nach den Niederlanden und England, in die Schweiz und verschiedene deutsche protestantische Länder.

Das war die dramatische Szenerie, vor der Kurfürst Friedrich Wilhelm sein Einladungsedikt veröffentlichte. Es löste einen beachtlichen Einwandererstrom aus: Etwa 20 000 Hugenotten folgten in den nächsten Jahren dem werbenden Appell des Großen Kurfürsten und siedelten sich in seinem Land an. Es war eine für damalige Verhältnisse ungewöhnlich große Immigrationswelle, die den Territorien Friedrich Wilhelms manchen Nutzen zu bringen versprach, zugleich und zunächst jedoch nicht geringe Probleme und Kosten verursachte.

Es erhebt sich deshalb die Frage, was den Kurfürsten bewog, das Edikt von Potsdam zu erlassen. War es wirklich allein »Mitleiden« mit den »bedrengeten Glaubens-Genossen«, wie es im Edikt hieß?

Oder gab es noch andere Gründe, die ihn zu diesem Schritt veranlaßten?

Um diese Frage zu beantworten, müssen wir einen Blick auf die Situation Brandenburg-Preußens und seine innere Lage nach dem verhängnisvollen Dreißigjährigen Krieg werfen. Dieser Krieg hatte dem Kurfürsten die Last schwerer Verwüstungen, vor allem in der Mark Brandenburg, hinterlassen, gleichzeitig durch eine Ausdehnung seines territorialen Besitzstandes als Folge des Westfälischen Friedens von 1648 aber auch seinen machtpolitischen Ehrgeiz angestachelt. Schon unter seinen Vorgängern, den Kurfürsten Johann Sigismund (1608–1619) und Georg Wilhelm (1619–1640), war das Herrschaftsgebiet der Hohenzollern erweitert worden, eine Tendenz, die sich nun unter Friedrich Wilhelm (1640–1688) und auch unter seinem Nachfolger Friedrich III. (1688–1713, ab 1701 als Friedrich I. König in Preußen) fortsetzte. Die räumliche Expansion brachte jedoch Probleme mit sich. Die einzelnen Landesteile erstreckten sich von der Memel bis über den Rhein und hingen geographisch nicht zusammen, bildeten also ein lockeres, in militärischen Konflikten schwer zu verteidigendes Staatsgefüge, über dem ständig die Gefahr der Loslösung einzelner Territorien schwebte. Daher suchte der Große Kurfürst sein Herrschaftsgebiet abzurunden, um die getrennten Landesteile zu verbinden. Das drückte seiner Außenpolitik einen besonderen Stempel auf, wie später noch gezeigt werden wird. Außerdem ging er an die Aufstellung eines stehenden Heeres und versuchte, die ständische Opposition mit ihren partikularen Interessen zu schwächen, was ihm jedoch nur teilweise gelang; Steuerbewilligungen mußte er dem Adel mit der ausdrücklichen Bestätigung seiner Vorrechte honorieren.

Die Streulage seines Besitzes, den Friedrich Wilhelm schließlich auch durch den Aufbau zentralisierter Verwaltungen politisch fester in den Griff absolutistischer Machtausübung zu bekommen suchte, hatte übrigens zur Folge, daß bei der Bevölkerung in den verschiedenen Landesteilen unterschiedliche Konfessionen anzutreffen waren. Natürlich mußte der Kurfürst diese Tatsache ins Kalkül ziehen. Aus ihr ergab sich fast zwangsläufig die Notwendigkeit, die verschiedenen Konfessionen zu tolerieren, um keinen Unfrieden aufkommen zu lassen, der die kurfürstlichen Pläne zur Festigung seiner Macht nur gestört hätte. Zudem befand sich Friedrich Wilhelm mit seinem Hof und vielen seiner Beamten selbst in einer konfessionellen Minderheitssituation, bekannten er und seine Umgebung sich doch zum reformierten Glauben, zum Kalvinismus, während seine Untertanen in der Kurmark einschließlich der Angehörigen der Landstände der lu-

Die Zerstörung der Hugenottenkirche von Charenton im Jahre 1685. Kupferstich von Sebastian J. Leclerc, Ende 17. Jh.

therischen Lehre anhingen. Diese Situation war die Folge des Bekenntniswechsels, den Kurfürst Johann Sigismund 1613 vorwiegend aus dynastischen Gründen, wohl aber auch aus religiöser Neigung mit dem Übertritt zum reformierten Glauben vollzogen hatte. Johann Sigismund verzichtete seinerzeit angesichts des lutherischen Widerstandes darauf, seine Untertanen zum Nachvollzug dieses Bekenntniswechsels zu zwingen, und durchbrach den Grundsatz des Augsburger Religionsfriedens »Cuius regio, eius religio«. Die Tolerierung anderer Konfessionen wurde fortan zu einem Gebot der Staatsräson erhoben.

Auch Friedrich Wilhelm, ein Mann von tiefer Frömmigkeit, der seine Ansichten von den Pflichten eines Herrschers nicht zuletzt aus dem Kalvinismus herleitete, setzte diese Linie fort. Er untersagte in mehreren Toleranzedikten (1662, 1664 und 1668) die gegenseitige Verketzerung der Konfessionen. Allerdings hinderte ihn das nicht daran, die Verbreitung des reformierten Bekenntnisses zu fördern und nachdrücklich für dessen Gleichberechtigung einzutreten.

Es ist nicht von der Hand zu weisen, daß hier einer der Beweggründe für die Einladung an die französischen Reformierten zu suchen ist, zumal ihre Einwanderung auch geeignet sein konnte, die Position des Hofes in der latenten Auseinandersetzung mit den lutherischen Ständen zu stärken. Auf jeden Fall darf man annehmen, daß die Bekundung kurfürstlichen Mitgefühls für die verfolgten Glaubensbrüder echt und ein ernstes Motiv für den Erlaß des Edikts war.

Entscheidend aber dürften andere Gründe gewesen sein, nämlich realpolitische, sprich: wirtschafts- und machtpolitische. Es wurde schon erwähnt, daß die Mark Brandenburg zu den im Dreißigjährigen Krieg am schwersten heimgesuchten Gebieten Deutschlands gehörte. Ungeheure Verwüstungen, dazu Seuchen und Hungersnöte dezimierten die Bevölkerung und verursachten in einigen Kreisen Menschenverluste von durchschnittlich 50 Prozent. Ganze Landstriche waren verödet. Um die demographischen Verluste auszugleichen, betrieb der Große Kurfürst eine aktive Peuplierungspolitik, indem er zwischen

Die Kirche in der Wüste. Lithographie von Gaillard und O. Fischer, Berlin 1872, nach einer französischen Zeichnung vermutlich vom Ende des 17. Jh.

1645 und 1685 Niederländer, Schweizer und in begrenztem Umfange österreichische Juden nach Brandenburg zog. Von ihnen versprach er sich eine Belebung der daniederliegenden Wirtschaft des Landes.

Schon 1647 hatten die Gebrüder Lamy dem Kurfürsten einen Vorschlag unterbreitet, wie man die »wüsten« Stellen in Brandenburg-Preußen besiedeln könnte. Nach ihrer Auffassung würde sich kolonisatorischer Erfolg einstellen, wenn die Neuansiedler ein eigenes kirchliches und bürgerliches Gemeinwesen bilden könnten und Freiheit in ihrem wirtschaftlichen Handeln eingeräumt bekämen. Bei den ersten Ansiedlungen von niederländischen Kolonisten folgte man diesem Konzept, doch stieß das Vorgehen des Kurfürsten beim Adel auf scharfe Ablehnung. Der Landadel hatte nur Interesse an Arbeitskräften und nicht an Neuerungen, die das alte soziale Gefüge sprengen konnten. Obwohl diese Kolonisationsprojekte, zu denen u. a. auch Bötzow, das spätere Oranienburg bei Berlin, gehörte, im wesentlichen scheiterten, waren die gewonnenen Erfahrungen für die dreißig Jahre später erfolgende Einwanderung der Hugenotten von Bedeutung. Auch der Erlaß von 1671, wonach die österreichischen Juden – allerdings unter einschränkenden Bedingungen und nur in festgelegter Anzahl – nach Brandenburg-Preußen kommen durften, zeugt von den Bemühungen, die Bevölkerungssituation zu verbessern und der wirtschaftlichen Entwicklung des rückständigen Landes belebende Impulse zu geben, zumal die machtpolitischen Ambitionen des Kurfürsten selbstverständlich ohne reichlicher fließende Einnahmequellen nicht zu verwirklichen waren.

Diese Ambitionen aber prägten vor allem die Außenpolitik Friedrich Wilhelms, dessen vorrangige Ziele es waren, Schweden zu schwächen, um seine Herrschaft auf Vorpommern auszudehnen, außerdem die polnische Lehnshoheit über Ostpreußen zu beseitigen und schließlich, wie gesagt, sein gesamtes Herrschaftsgebiet geographisch abzurunden und zu einem geschlossenen Gebilde zu machen. Um diese Ziele zu erreichen, wechselte der Kurfürst seine Bündnispartner immer wieder. Einmal paktierte er mit Schweden gegen Polen, dann mit den Niederlanden gegen Frankreich und indirekt gegen Schweden usw., stets bemüht, bei den jeweiligen Bündnispartnern hohe Zahlungen für seinen militärischen Einsatz herauszuschlagen.

1685, im Jahr des Potsdamer Edikts, war Friedrich Wilhelm durch einen »Defensivvertrag« mit Frankreich verbündet. Ludwig XIV. garantierte den brandenburgisch-preußischen Besitz und überwies dem »Marquis de Brandebourg« bei Vertragstreue ab 1681 zusätzlich jährlich 100000 Taler.

Als nun die Kalvinisten in Frankreich seit 1661 immer stärker in ihrer Gewissensfreiheit und Religionsausübung eingeschränkt wurden, stand der brandenburgische Kurfürst vor einem großen Dilemma. Einerseits wollte er die Beziehungen zur Großmacht Frankreich durch diplomatische Proteste nicht unnütz belasten, andererseits konnte er um seiner Glaubwürdigkeit willen als reformierter Herrscher die Religionsverfolgten nicht im Stich lassen. 1667 intervenierte der Große Kurfürst brieflich. Die Diplomaten v. Schwerin und v. Spanheim drängten ihn, sich um die Kalvinisten zu kümmern. Auch Benjamin Raulé, der Chef der brandenburgischen Flotte, plädierte dafür. In einer Denkschrift schätzte der gebürtige Niederländer, der schon früher mit französischen Auswanderern in den Niederlanden Kontakt hatte, diese als sehr fähige Leute ein. Die ersten Edikte zugunsten der Réfugiés erließen jedoch Dänemark, die Friesischen Stände, Amsterdam, Holland und Braunschweig-Celle-Lüneburg als erster der deutschen Territorialstaaten. Auch als die Synode der wallonischen Kirchen 1684 in Arnheim anklagend auf die schweren Verfolgungen der französischen Glaubensbrüder hinwies und an die Hilfsbereitschaft der reformierten Fürsten appellierte, reagierte Berlin, mit Rücksicht auf den »Subsidienspender« Ludwig XIV., noch immer mit größter Vorsicht. So schrieb der kurbrandenburgische Rat Paul von Fuchs am 12. Oktober 1684 an den Residenten (Geschäftsträger) Friedrich Wilhelm von Diest in Den Haag »... wir auch dabey beweglichst ersucht worden uns unseren bedrengten Glaubensgenossen in Frankreich nach möglichkeit anzunehmen, wen wir solches Gewißens und schuldigkeit halber nicht abschlagen können, gleichwohl aber die behutsamkeit darunter gebrauchen müßen, damit nicht anstatt des interdirten Zwegs ein gantz ernidriger effect erfolge ... daß gleich wir Zweifelsfrei kein ander mittel jetziger Zeit zu erfinden wehre, denen armen bedrengten zu hülfst zu kommen, alß eine Fürbitte, also wir daßelbe bereits vor einigen Jahren zentriert hätte, aber mit sehr schlechten effect ...«

Da verbot Ludwig XIV. am 18. Oktober 1685 im Edikt von Fontainebleau den reformierten Glauben auch de jure. Für den brandenburgischen Kurfürsten bestand jetzt – nach jahrelangem Zögern – die Möglichkeit, öffentlich als Schutzherr für die verfolgten Reformierten in Frankreich aufzutreten. Er antwortete mit dem Edikt von Potsdam. Die politische Lage hatte sich mittlerweile ebenfalls geändert, denn die außenpolitischen Machtansprüche Ludwigs XIV. waren auch für Brandenburg-Preußen bedrohlich geworden, wieder wechselte der Kurfürst seine Koalitionspartner (1686).

Hilfsprogramm für die Réfugiés

Den Entwurf des Potsdamer Edikts hatte der Geheime Kammersekretär Heinrich Rüdiger Ilgen verfaßt. Nach Ergänzungen durch den Geheimen Rat Paul von Fuchs genehmigte der Kurfürst das Schriftstück. Der Berliner Hofbuchdrucker Georg Schultze druckte es, und schon am 24. November teilte der brandenburgische Resident Matthäus Merian aus Frankfurt am Main mit, daß er die Exemplare erhalten und 500 Stück in die Schweiz zur Verteilung abgeschickt habe. Später wurde das Edikt in Halle, in Regensburg und in den Niederlanden auf Initiative des dortigen brandenburgischen Gesandten von Diest – auch in holländischer Sprache – nachgedruckt, und zwar in insgesamt ca. 2000 Exemplaren.

Wie aber sahen die »Rechte, Privilegia und andere[n] Wolthaten« aus, die der Kurfürst den französischen Glaubensflüchtlingen zu gewähren versprach? War es ein attraktives Hilfsprogramm, das da in 14 Artikeln entwickelt wurde?

Nun, das Edikt geizte nicht mit wirtschaftlichen Vergünstigungen für die ansiedlungswilligen Réfugiés, die z.T. recht konkrete Zusagen über Wohn- und Verdienstmöglichkeiten sowie Abgabenbefreiungen in Brandenburg und den anderen Gebieten des Kurfürsten erhielten. Außerdem wurden ihnen volle Bürgerrechte und eine eigene Gerichtsbarkeit zugesichert. Vor allem garantierte ihnen das Dokument aus Potsdam, das einen großzügigen und weitsichtigen Charakter trug, das Recht auf freie Religionsausübung.

Im einzelnen enthielt das Edikt folgende Festlegungen:

In Artikel 1 wurden der schon genannte Gesandte in den niederländischen Generalstaaten, von Diest, und der brandenburgische Kommissar in Amsterdam, Johann Romswinckel, angewiesen, Schiffe und alles sonst Notwendige zu beschaffen, um die Franzosen nach Hamburg zu transportieren, wo der Gesandte Otto von Guericke ihnen alle Möglichkeiten geben sollte, nach Brandenburg-Preußen zu gelangen.

Unter Punkt 2 wurden Frankfurt am Main mit dem Residenten Merian und Köln mit dem brandenburgischen Residenten Lely als Anlaufpunkte genannt für Einwanderer aus der Champagne, aus Lothringen, Burgund und aus den südfranzösischen Provinzen. Sie sollten, mit Geld und Reisepässen versehen, auf Schiffen den Rhein hinunter nach Kleve transportiert werden (das seit 1614 ebenfalls zum Herrschaftsgebiet der Hohenzollern gehörte), wo sie entweder verblei-

Fluchtwege der Hugenotten aus Frankreich zu Land und zu Wasser nach England, den Niederlanden, Deutschland und der Schweiz. Kupferstich von Jan Luyken, Amsterdam 1696

formeerde uyt Vrankryk.
Jan. Luiken, Inven. et fecit
zynde. in Gevangenisse. en op de Galyen gebragt werde.

Die Ankunft der Hugenotten in der Mark Brandenburg. Relief aus dem Terrakottafries von Ludwig Brodwolf am Berliner Rathaus, 1876

ben oder auch in andere Provinzen des Großen Kurfürsten weiterreisen konnten.

Die Länder des Kurfürsten – so hieß es euphemistisch werbend in Artikel 3 – seien »nicht allein mit allen zu des Lebens Unterhalt erforderten Nothwendigkeiten wol und reichlich versehen, sondern auch zu établirung allerhand Manufacturen, Handel und Wandels zu Wasser und zu Lande sehr bequem«. Außerdem wurden den Hugenotten Städte wie Stendal, Werben, Rathenow, Brandenburg, Frankfurt (Oder), Magdeburg, Halle, Calbe und Königsberg zur Ansiedlung vorgeschlagen, »weil daselbst sehr wolfeil zu leben, als auch wegen der allda sich befindenden facilität zur Nahrung und Gewerb«. Gleichzeitig wurde aber auch betont, daß sie alle anderen Orte zur Niederlassung frei wählen könnten. Überall sollten sie gut aufgenommen werden und Hilfe erhalten, damit sie sich etablieren könnten.

Artikel 4 versprach die Befreiung aller mitgebrachten Waren und Güter von Zoll und anderen Auflagen.

Im 5. Artikel wurde angewiesen, den Franzosen und ihren Erben in Städten und Dörfern »verfallene, wüste und ruinirte Häuser« zu überlassen, diese von Hypotheken und anderen Lasten zu befreien und den neuen Eigentümern für die Instandsetzung Holz, Kalk und andere Baumaterialien unentgeltlich zur Verfügung zu stellen. Außerdem bekamen sie eine Befreiung von allen Lasten und Einquartierungen für sechs Jahre zugesichert; davon sollte nur die Akzise (Verbrauchssteuer) ausgenommen sein.

Auch wüste Plätze in Städten und Orten sollten – so besagte Arti-

kel 6 – mit den dazugehörenden Gärten, Wiesen, Äckern und Weiden den Réfugierten als erbliches Eigentum und lastenfrei überlassen werden. Für die Bebauung erhielten sie wiederum kostenlos Material und für die neuen Häuser eine auf zehn Jahre befristete Befreiung von allen Lasten – außer der Akzise. Zudem wurde den Magistraten befohlen, die Franzosen zunächst in Miethäusern unterzubringen und vier Jahre lang die Miete für sie zu bezahlen. Allerdings wurde den Einwanderern die Bebauung der ihnen angewiesenen Plätze zur Bedingung gemacht.

Artikel 7 legte fest, daß für die Glaubensflüchtlinge alle Gelder zum Erwerb des Bürger- und Meisterrechts zu entfallen hätten, und auch das sogenannte Heimfallrecht (Droit d'Aubaine) wurde für sie aufgehoben. Generell sollten die Zuwanderer »auf gleiche Art und Weise wie Unsere eigene[n] angehörige[n] Unterthanen gehalten und tractiret« werden.

Artikel 8 sagte denen, die Manufakturen für Tuch, Stoffe, Hüte und anderes gründen wollten, alle erforderlichen Freiheiten und Privilegien, aber auch Geld und andere Unterstützung zu.

In Artikel 9 wurde jenen Réfugiés, die sich auf dem Lande niederlassen wollten, ein Stück Land zum Urbarmachen angewiesen und eine ähnliche Starthilfe versprochen, wie sie früher schon Schweizer Einwanderer erhalten hätten.

Artikel 10 legte die Rechtsprechungspraxis für die Franzosen fest. Streitigkeiten zwischen ihnen sollten von selbstgewählten Personen gütlich beigelegt werden. Streitfälle aber zwischen Deutschen und

Franzosen sollten durch den Magistrat des Ortes und den von den Franzosen gewählten Schiedsrichter entschieden werden, eine Regelung, die auch dann angewandt werden mußte, wenn Franzosen sich untereinander nicht gütlich einigen konnten.

Nach Artikel 11 war es den französischen Glaubensgenossen erlaubt, einen eigenen Prediger zu halten. Auch sollte ihnen ein bequemer Ort angewiesen werden, wo die Religionsausübung in französischer Sprache erfolgen und der Gottesdienst mit den in Frankreich üblich gewesenen Gebräuchen und Zeremonien gehalten werden könne.

Im 12. Artikel wurden den eintreffenden französischen Adligen Beförderungen und die Hinzuziehung zu Hofämtern und -würden in Aussicht gestellt. Rechtlich sollten sie mit dem deutschen Adel gleichgestellt werden.

Artikel 13 betonte die Gewährung aller Rechte und Vergünstigungen nicht nur an die künftig ins Land kommenden Franzosen, sondern auch an jene, die vor Veröffentlichung des Edikts als religiös Verfolgte hierher geflüchtet waren. Ausdrücklich ausgenommen wurden jedoch französische Katholiken.

Schließlich kündigte Artikel 14 die Bestallung besonderer Kommissare in den verschiedenen Landesteilen an, bei denen sich die Franzosen Rat und Beistand holen sollten. Ferner wurden die Réfugiés allen Statthaltern, Regierungen, Beamten und Befehlshabern zu besonderem Schutz und besonderer Förderung anempfohlen. Diese sollten dafür sorgen, daß ihnen nicht »das geringste Übel, Unrecht oder Verdruß zugefüget«, sondern ihnen vielmehr alle Hilfe und Freundschaft erwiesen würden.

Wenn Brandenburg-Preußen zum Hauptaufnahmeland unter den deutschen Staaten wurde – trotz seines nicht gerade anziehenden Rufes als Streusandbüchse des Heiligen Römischen Reiches und trotz der zu überwindenden großen geographischen Entfernungen –, dann dürfte das Potsdamer Edikt zusammen mit der zielstrebigen Organisation der Ansiedlung wesentlich dazu beigetragen haben. Immerhin nahmen von den insgesamt etwa 30 000 Hugenotten, die im Laufe der Zeit nach Deutschland kamen, allein 20 000 den Weg hierher. Sie ließen sich in mehr als 60 Städten und Dörfern nieder, wo nach und nach französische Kolonien entstanden.

Davor aber lagen für die Réfugiés die dramatischen Ereignisse der Flucht. Zumeist waren es kleine Gruppen – häufig der Pfarrer an der Spitze seiner Gemeinde –, die sich auf den Weg machten, um heimlich die französische Grenze zu passieren.

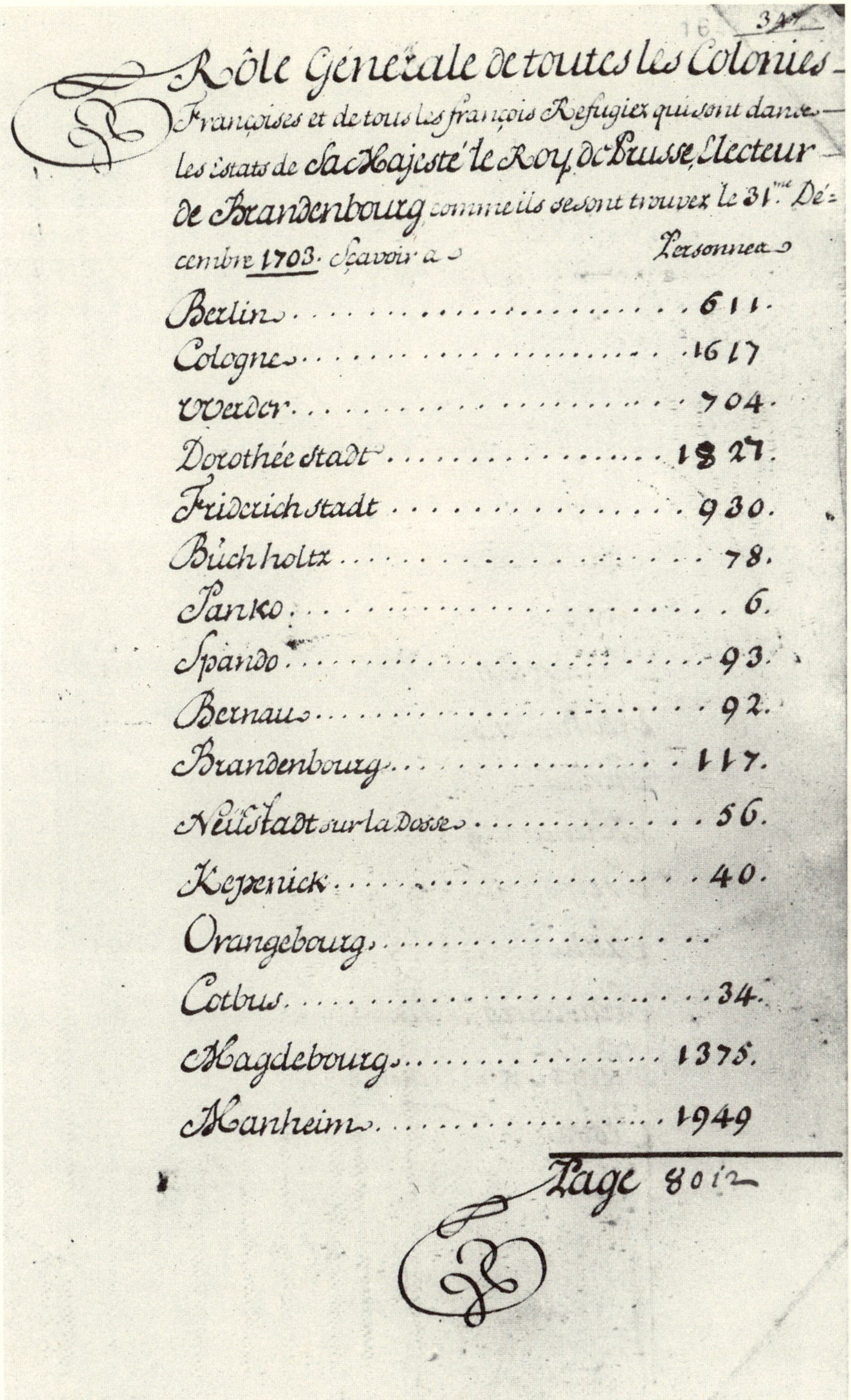
Rôle Généralle de toutes les Colonies Françoises et de tous les françois Refugiez qui sont dans les Estats de Sa Majesté le Roy de Prusse, Electeur de Brandenbourg comme ils se sont trouvez le 31.me Décembre 1703. Sçavoir a

	Personnes
Berlin	611
Cologne	1617
Werder	704
Dorothée Stadt	1827
Fridrich Stadt	930
Büchholtz	78
Panko	6
Spando	93
Bernau	92
Brandenbourg	117
Neüstadt sur la Dosse	56
Kepenick	40
Orangebourg	
Cotbus	34
Magdebourg	1375
Manheim	1949

Page 8012

Generalverzeichnis der Réfugiés (Flüchtlinge) in Brandenburg-Preußen vom 31. Dezember 1703

Die meisten Hugenotten aus Süd- und Mittelfrankreich kamen über die Schweiz nach Frankfurt am Main, der »Drehscheibe« des Refuge. Hier erhielten sie, vor allem von der dortigen reformierten Gemeinde, materielle Unterstützung und außerdem Pässe. Aufschlußreich ist, daß sich die Vertretung des brandenburgischen Kurfürsten nur in den Fällen an der Hilfsaktion beteiligte, wo sich die betroffenen Franzosen entschlossen, in seine Territorien zu gehen. So berichtete der brandenburgische Resident Matthäus Merian zum Beispiel am 5. Dezember 1685 aus der Stadt, daß er Réfugiés, mit Pässen und zwei Reichstalern Zehrgeld ausgestattet, nach Halberstadt mit Fuhrwerken transportieren lassen wolle.

Häufig war es schwierig, so viele Fuhrwerke in Frankfurt aufzutreiben, da Mittelsmänner aus Hessen-Kassel, den Niederlanden und an-

Majestätssiegel des brandenburgischen Kurfürsten Friedrich Wilhelm von 1648. Versilbertes Siegeltypar und Abdruck

deren Aufnahmeländern ebenfalls Réfugiés in ihre Länder bringen lassen wollten. Aus einer Notiz Merians vom Februar 1686 geht hervor, daß er einer Gruppe Einwanderer empfahl, die 280 km lange Wegstrecke bis Halberstadt zu Fuß zurückzulegen. Das erklärt, warum manche Hugenotten, die ursprünglich ins Brandenburgische wollten, von den Strapazen erschöpft, sich in den hessischen oder braunschweigischen Gebieten niederließen.

Die über Köln kommenden Réfugiés wurden von dem brandenburgischen Agenten Lely betreut und per Schiff nach Kleve transportiert. Einige ließen sich in den rheinischen Gebieten des Großen Kurfürsten, in Kleve, Wesel, Duisburg oder Soest, nieder, aber die meisten zogen über den Landweg, immer der Poststraße folgend, von Kleve über Halberstadt bis nach Berlin. Ab Halberstadt wurde eine für damalige Verhältnisse gute Versorgung der Flüchtlinge organisiert. Bauern aus den umliegenden Dörfern mußten Fuhrwerke stellen. Zur Winterzeit 1686 war das recht gut möglich, obwohl die Bauern nur durch gute Bezahlung dazu zu bewegen waren. Aus dem nachgelassenen Bericht des Hofrats Auguste de Campagne kann man auf eine täglich zurückgelegte Wegstrecke von 20 bis 30 Kilometern schließen.

Eine weitere Route der Réfugiés führte über die Niederlande, von wo aus sie sich dann auf Schiffen nach Hamburg begaben. Kurz vor Weihnachten 1685 berichtete der brandenburgische Resident in Den Haag, von Diest, daß 109 Personen – eng zusammengepfercht – nach Hamburg auf die Reise geschickt worden seien. Der Weitertransport erfolgte entweder elbaufwärts nach Magdeburg oder auf dem Landweg nach Berlin. Insgesamt mußten die Franzosen auf dieser Strecke rund 700 Kilometer bewältigen. Die Réfugiés aus dem Languedoc, zum Beispiel aus Nîmes, woher auch die Vorfahren Theodor Fontanes stammten, wanderten zumeist zu Fuß fast 1200 Kilometer, ehe sie das ferne Berlin erreichten.

Liest man überlieferte Berichte aus dieser Zeit, dann gewinnt man den Eindruck, daß es zu einer Art Flüchtlingskarussell kam. Einige Hugenotten wanderten ins Brandenburgische ein, andere suchten verlorene Angehörige und irrten ziellos zwischen den Aufnahmeländern hin und her, und ein Teil kehrte aus Enttäuschung wieder nach Frankreich zurück. Den Strapazen und Nöten der Reise folgte eine oft nicht sehr freundliche Aufnahme durch die einheimische Bevölkerung. Der Weg nach Brandenburg-Preußen war also mit vielen Schwierigkeiten gepflastert. Auseinandergerissene Familien, gebärende Frauen, kranke und hilflose Waisen waren keine Seltenheit in den Flüchtlingszügen. Aber gerade auf der Flucht bewährte sich die gegenseitige Hilfsbereitschaft der größtenteils verarmten Réfugiés, für die ihr Glaube häufig die einzige Quelle des Zusammengehörigkeitsgefühls und der Zuversicht war.

Die Einwanderung erfolgte in mehreren Schüben. Die erste große Flüchtlingswelle erreichte Brandenburg-Preußen zwischen 1684 und 1690. Es handelte sich vorwiegend um Franzosen aus Metz, Sedan, Paris, aus den Gebieten Languedoc, Dauphiné und Champagne. Im Jahre 1688 waren es vornehmlich Waldenser aus Savoyen, die aber schon ein Jahr später die Kurmark wieder verließen, als nämlich der Herzog von Savoyen ihre Religionsausübung wieder garantieren konnte. Mit der Besetzung der Pfalz durch französische Truppen flohen nach 1689 reformierte Pfälzer und Wallonen nach Brandenburg-Preußen. 1699 sahen sich in die Schweiz emigrierte Hugenotten wegen drohender Hungersnöte gezwungen weiterzuziehen: Sie bildeten eine neue Einwanderungswelle. Die Eroberung des südostfranzösischen Fürstentums Orange durch Ludwig XIV. hatte zur Folge, daß die reformierten Orangeois 1704, ebenfalls über die Schweiz, nach Brandenburg-Preußen kamen. Um 1710 war die Haupteinwanderungsperiode mit der Ankunft von Schweizern und Nachzüglern im wesentlichen abgeschlossen. Aber auch später trafen noch immer einzelne flüchtende Franzosen ein.

Berlin, obwohl im Edikt von Potsdam nicht als Ansiedlungsort erwähnt, wurde zum Zentrum des brandenburgischen Refuge. Das hatte mehrere Gründe. Ein wichtiger war sicher die Erwartung der Hugenotten, in der Umgebung der kurfürstlichen Residenz besonders günstige Existenzmöglichkeiten zu finden. Ein anderer, nicht minder wichtiger Grund dürfte die Tatsache gewesen sein, daß in Berlin schon seit 1672 eine kleine französisch-reformierte Gemeinde existierte, die aus am Hofe tätigen Franzosen und aus den ehemaligen Mitgliedern einer französischen Kolonistengruppe in Altlandsberg bestand. Die Gemeinde in Berlin war unter kurfürstlichem Schutz und auf Initiative des kurfürstlichen Oberstallmeisters, Generalleutnant Louis de Beauveau, Graf von Espence, gegründet worden. Für viele eintreffende Réfugiés bildete sie einen natürlichen Anlaufpunkt, und die Pfarrer und Ältesten dieser Gemeinde, wie François de Gaultier, Jacques Abbadie u.a., setzten sich voller Eifer für die Anwerbung und Unterbringung ihrer Landsleute ein, die übrigens schon vor der Veröffentlichung des Edikts in wachsender Anzahl in der Stadt auftauchten.

Bald nach Erlaß des Edikts, am 23. November 1685, wurde in Berlin, das ja zu der Zeit noch aus mehreren Stadtgemeinden bestand, unter

Folgende Seiten:
Eine Liste reformierter Galeerensträflinge in Frankreich vom 19. Februar 1748

Liste des Protestants qui souffrent actuelle[ment]

Noms de Famille et sur nom et qualites	numero	age	Lieux de leur naissance et Provinces
André Vessel, Tonellier	4164	58	de Brabouzteau en Cevesses
Jaques Martin, Boulanger	6970	51	de Ribaute dioc. D'alaix en Languedoc
Jaques Puget, Cardeur de laine	11891	73	du Sauzet en Cevesses
Mathieu Allard, Etudiant	12519	32	de la petite Vachere dioc. de die en Dauph[iné]
Jean Cabrol, Fabriq. en bas de Soye	12536	42	de la Ville D'alaix en Cevenes
Jean Raynard, menager	12537	53	de St. hilaire en Cevenes
Jaques Clergues, Laboureur	13730	74	de Pierre Gourde dioc. de Valance en Dauphiné
Jean Pierre Espinas, Procureur	16192	39	de St. felix de Chateau neuf dioc. de Valence en Dauphiné
mathieu Mosel, Etudiant	16193	23	de St. André des Effengeas en vivares
Alexander Chambon, Laboureur	18915	56	de Prantes dioceze de Viviers en Languedoc
Jaques Guilhot Voiturier	20366	48	de mengloss dioc. de die en Dauphiné
Jean Jaques Guittard St. la naye	20393	56	d'angles dioc. de St. pons de Thomieres en Languedoc
Pierre Loubye marchand	20395	33	de Mazamet dioc. de lavaur en Languedoc
Louis Bel, vivant noblement	20396	24	de Mazamet dioc. de Lavaur en Langed.
Pierre Bernadon, fils de marchand Drapier	20397	33	de Mazamet dioc. de Lavaur en Langed.
Pierre Sabatié Tondeur de Draps	20399	33	de Mazamet dioc. de Lavaur en Langed.
Jean Molinié, marchand	20400	23	D. hautpoul mazamet dioc. de Lav. en Langu.
Alexise Corbiere Tisseran	20401	40	de la Satnarie dioc. de Castres d'albigeois
antoine Rousier, Laboureur	20695	42	des arnands dioc. de Gap en Dauphiné
Barthelemy faure Drapier	20697	31	de Vinsobre en Dauphiné dioc. de Vezon
Jean allier Tonnellier	20698	43	de Tresclens dioc. de Gap en Dauphiné
antoine Jullier macon	20699	34	de Tresclens dioc. de Gap en Dauph.
Paul Berard Drapier	20700	44	de Chateau double dioc. de Valance en Dauph.
antoine Raille Tailleur	20701	45	d'oste dioceze de die en Dauphiné.
Guillaume Issoire, munier	20719	40	de nismes en Languedoc
Paul achard, Cordonnier	20986	32	de Chatillon dioceze de Die en Dauphiné
antoine Rouse medecin	21100	49	de St. ambroise en Cevenes
Jean Menut, d. la Rochette mes. sayer	21109	39	du mayol paroisse St. agreve dioc. de Viviers

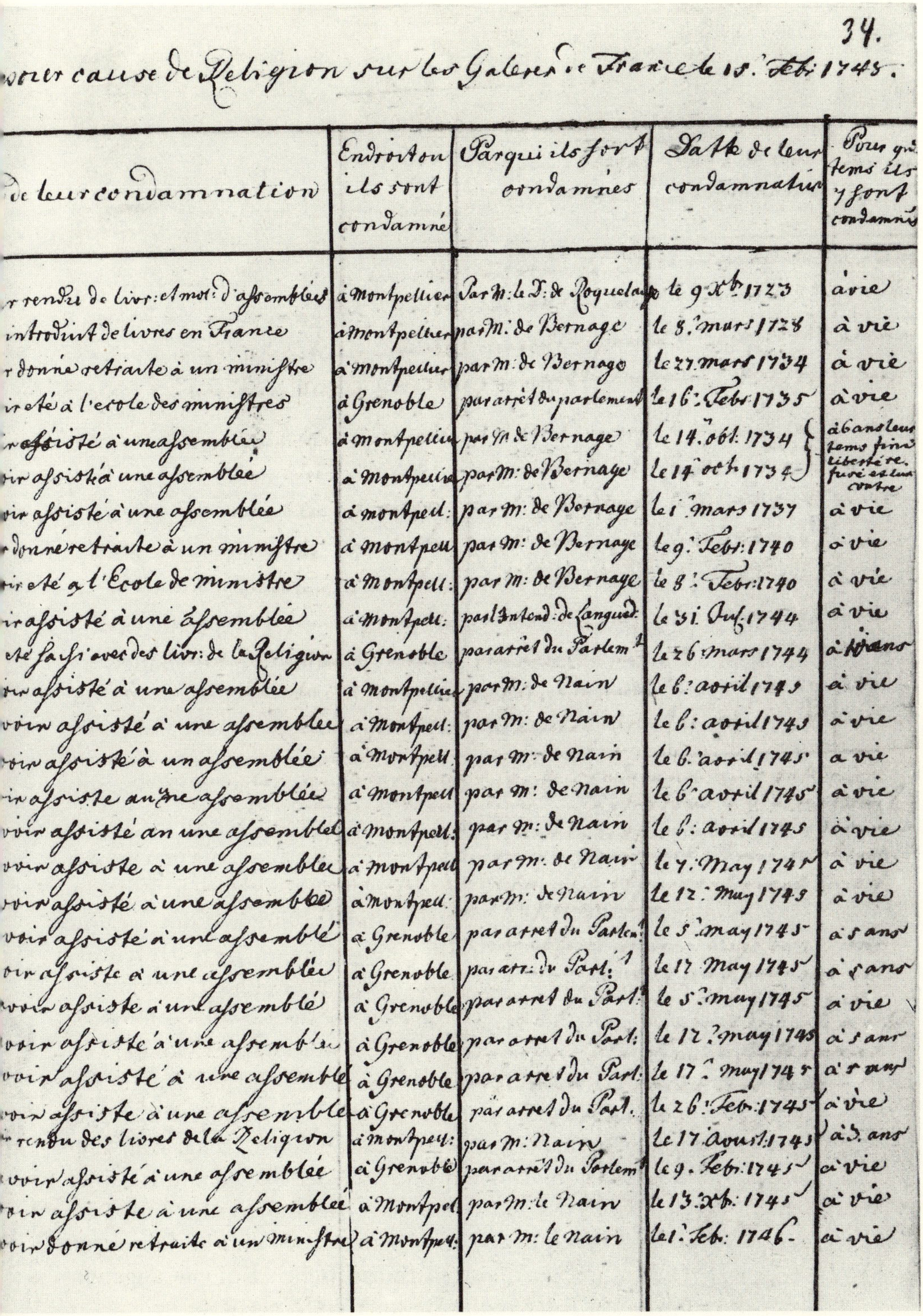

34.

…voir cause de Religion sur les Galeres de France le 15: Febr: 1745.

…de leur condamnation	Endroit ou ils sont condamné	Par qui ils sont condamnés	Datte de leur condamnation	Pour quel tems ils y sont condamnés
…r rendu de livr: et mot: d'assemblées	à Montpellier	Par M: le D: de Roquelaure	le 9 Xbr 1723	à vie
…introduit de livres en France	à Montpellier	par M: de Bernage	le 8: mars 1728	à vie
…r donné retraite à un ministre	à Montpellier	par M: de Bernage	le 27 mars 1734	à vie
…ir eté à l'ecole des ministres	à Grenoble	par arrêt du parlement	le 16: Febr 1735	à vie
…ir assisté à une assemblée	à Montpellier	par M. de Bernage	le 14. oct: 1734 }	à bans leur tems fini liberté re…
…ir assisté à une assemblée	à Montpellier	par M: de Bernage	le 14 oct: 1734	…contre
…ir assisté à une assemblée	à Montpell:	par M: de Bernage	le 1: mars 1737	à vie
…donné retraite à un ministre	à Montpell	par M: de Bernage	le 9: Febr: 1740	à vie
…ir eté a l'Ecole de ministre	à Montpell:	par M: de Bernage	le 8: Febr: 1740	à vie
…ir assisté à une assemblée	à Montpell:	par l'Intend: de Langued:	le 31. Aug: 1744	à vie
…eté saisi avec des livr: de la Religion	à Grenoble	par arrêt du Parlemt	le 26: mars 1744	à [illegible] ans
…ir assisté à une assemblée	à Montpellier	par M: de Nain	le 6: avril 1745	à vie
…voir assisté à une assemblée	à Montpell:	par M: de Nain	le 6: avril 1745	à vie
…voir assisté à une assemblée	à Montpell:	par M: de Nain	le 6: avril 1745	à vie
…ir assisté au une assemblée	à Montpell	par M: de Nain	le 6: avril 1745	à vie
…voir assisté an une assemblée	à Montpell:	par M: de Nain	le 6: avril 1745	à vie
…voir assisté à une assemblée	à Montpell	par M: de Nain	le 7: May 1745	à vie
…voir assisté à une assemblée	à Montpell:	par M: de Nain	le 12: May 1745	à vie
…voir assisté à une assemblé	à Grenoble	par arret du Parlemt	le 5: may 1745	à 5 ans
…voir assisté à une assemblée	à Grenoble	par arr: du Parl:	le 17 May 1745	à 5 ans
…voir assisté à une assemblé	à Grenoble	par arret du Parl:	le 5: may 1745	à vie
…voir assisté à une assemblée	à Grenoble	par arret du Parl:	le 12: may 1745	à 5 ans
…voir assisté à une assemblée	à Grenoble	par arret du Parl:	le 17: may 1745	à 5 ans
…voir assisté à une assemblée	à Grenoble	par arret du Parl.	le 26: Febr: 1745	à vie
…r rendu des livres de la Religion	à Montpell:	par M: Nain	le 17 Avril 1745	à 3 ans
…voir assisté à une assemblée	à Grenoble	par arrêt du Parlemt	le 9. Febr: 1745	à vie
…voir assisté à une assemblée	à Montpel	par M: le Nain	le 13: Xbr: 1745	à vie
…voir donné retraite à un ministre	à Montpell:	par M: le Nain	le 1: Febr: 1746	à vie

Joachim Ernst von Grumbkow leitete als Generalkriegskommissar die Ansiedlung der Réfugiés in Brandenburg. Anonymer Kupferstich, um 1685

Ezechiel von Spanheim stand an der Spitze der »französischen Kommission«. Kupferstich von Pieter Stevens van Gunst nach einem Gemälde von Benoit Arlaud, um 1690

Leitung des Oberhofmarschalls Joachim Ernst von Grumbkow eine Kommission innerhalb des Generalkriegskommissariats gebildet, die alle Réfugiés dahingehend überprüfen sollte, ob sie die Rechte des Edikts in Anspruch nehmen durften und welche Hilfsmaßnahmen für sie in Frage kamen. Ihr gehörten auch die Franzosen d'Espence und Claude du Bellay d'Anché an. Das Konsistorium der französischen Gemeinde unterstützte die Arbeit der Kommission tatkräftig. Zweifellos bewies die Administration des Großen Kurfürsten ein gewisses Geschick bei der Aufnahme der Hugenotten. Friedrich Wilhelm wählte mit der französischen Sprache und Kultur vertraute Beamte aus, denen die Organisation und die verwaltungsmäßige Durchführung der Einwanderung oblag. Die zuständigen Räte, Diplomaten und Militärs, wie die schon genannten von Ilgen, von Grumbkow, Merian und Romswinckel oder wie Christoph Graf zu Dohna, von Berchem und Ezechiel von Spanheim, genossen bei den Réfugiés hohes Ansehen. Schon allein die Tatsache, daß die Zuwanderer nicht gezwungen wurden, die deutsche Sprache anzunehmen, zeugt vom Einfühlungsvermögen des Kurfürsten und von der Sachkenntnis seiner Berater. Hatten 1672 etwa 100 Französisch-Reformierte in Berlin gelebt, so waren es 1685 schon 500, 1690 bereits 3000 und im Jahre 1700 ca. 5400 Personen, die der hiesigen französischen Kolonie angehörten. Um 1700 war fast jeder fünfte Berliner ein Hugenotte.

Paul von Fuchs war als Minister vor allem für die Regelung der kirchlichen Fragen verantwortlich. Kupferstich von Johann Georg Wolffgang nach einem Gemälde von Gedeon Romandon, 1690

»Bei meiner Rückkehr (1686)«, so schreibt Christoph Graf zu Dohna in seinen Memoiren, »fand ich Berlin angefüllt mit Franzosen; sie flüchteten in Massen hierher, angezogen von der günstigen Aufnahme, die der Kurfürst den ersten bereitet hatte ... Jeden Tag sah man hier Kaufleute, Handwerker, Manufakturunternehmer und vor allem Offiziere und Edelleute in Menge eintreffen.«

Die Verhältnisse in der Residenzstadt

Wie aber sah dieses Berlin aus, in das nun so viele fremde Zuwanderer strömten? Die Stadt war aus den Schrecken des Dreißigjährigen Krieges mit starken Zerstörungen vor den Toren hervorgegangen. Wüste Stellen innerhalb der einzelnen Residenzstädte zeugten ebenfalls von den Folgen des Krieges und dem Wüten der Pest. Immerhin war fast ein Drittel der Häuser von ihren Bewohnern verlassen worden. Verglichen mit Städten wie Stendal oder Magdeburg hielt sich die Zerstörung der Stadt allerdings noch in Grenzen. Kurfürst Friedrich Wilhelm, aber auch sein Sohn Friedrich III., der spätere König Friedrich I., bemühten sich jedoch nach Kräften, die fast zum Erliegen gekommene Wirtschaft in ihren Landen wieder zu beleben, und förderten auch die »Residenzstadt Berlin«, um sie entsprechend dem

Blick von der Langen Brücke zu Marstall (links), Domkirche (Mitte) und Schloß (rechts). Kupferstich von Pieter Schenk, Amsterdam, um 1700

Machtzuwachs der Hohenzollern auszubauen. Die überlieferten Stadtpläne von Schultz und La Vigne sowie die Zeichnungen von Stridbeck d.J. vermitteln uns ein anschauliches Bild vom Äußeren der vier Residenzstädte; die fünfte, die Friedrichstadt, in der bis 1695 allein 300 Häuser neu erbaut wurden, wurde erst zum Ende des 17. Jahrhunderts Residenzstadt.

Alt-Berlin füllte den Bogen zwischen Spree und dem damaligen Zwirngraben, der heutigen S-Bahn-Trasse, aus und reichte vom heutigen S-Bahnhof Jannowitzbrücke bis zur jetzigen Museumsinsel. Es war von Festungswällen umgeben. Cölln umfaßte das Gebiet der Insel, die durch die Spree und ihren linken Nebenarm, an der Gracht und am Kupfergraben entlang, begrenzt wird. Westlich des linken

Spreearmes mit der Schleuse lag die Stadt Friedrichswerder. Diese Stadt reichte im Süden bis zum heutigen Spittelmarkt, im Norden bis an das Kastanienwäldchen und die Straße »Hinter dem Gießhaus«. Es war ein recht schmaler Streifen, dessen westlichen Saum die Oberwall- und Niederwallstraße bildeten. Während Berlin und Cölln mittelalterliche Städte waren, hatte Friedrichswerder erst 1662 das Stadtrecht erhalten. Die Dorotheenstadt, die ab 1671 auf dem der Kurfürstin Dorothea gehörenden Grund und Boden entstand, lag eigentlich außerhalb der Festung, bestand nur aus der heutigen Straße Unter den Linden, der Mittel- und heutigen Clara-Zetkin-Straße (die früher die Letzte Straße hieß). Südlich, längs der Behrenstraße, und im Westen, rechtwinklig dazu um das heutige Brandenburger Tor herum, verlief die Grenze, umgeben von Hornwerk. Im nördlichen und nordwestlichen Teil der Dorotheenstadt (heute am Bahnhof Friedrichstraße) breiteten sich bis zum Spreeufer Wiesen aus.

Rings um die Städte, außerhalb der Festungswälle, zog sich ein breiter Gürtel von Gartenanlagen. Im Nordwesten und Norden gruppierten sich die kleinen Häuser und Gärten der Spandauer Vorstadt ungefähr um den heutigen Hackeschen Markt. Vor dem heutigen Alexanderplatz lag die Georgenstadt (später Königsstadt), und vom heutigen Ostbahnhof bis zur Jannowitzbrücke und zur heutigen Karl-Marx-Allee erstreckte sich die Stralauer Vorstadt mit herrlichen Gärten, zum Beispiel dem Garten von Raulé, später mit den Gewächshäusern von Bouché und anderen Franzosen.

Im Süden war die Lindenstraße von Gärten der Köpenicker Vorstadt eingefaßt. Vor der Dorotheenstadt befanden sich Wald- und Wiesenflächen des Tiergartens, und die Spandauer Heide zog sich von der heutigen Chauseestraße bis zur heutigen Brunnenstraße hin. Wenn man die Weidendammbrücke überquert hatte, gelangte man etwa am Oranienburger Tor in den Wald. Im Süden der Köpenicker Vorstadt war ebenfalls Wald, und auf dem Kreuzberg versuchten die Berliner Wein anzubauen. Die meisten Réfugiés, die von Potsdam über Zehlendorf nach Berlin kamen, mußten entweder das Leipziger, das Neue oder das Spandauer Tor passieren. Die Stadtbefestigungen waren gerade erst (1683) nach 25jähriger Bauzeit fertiggestellt worden. Für sie wurde übrigens fast jeden vierten Tag ein Viertel der Berliner Bevölkerung zum Schanzen herangezogen.

Welchen Eindruck mag diese Stadt auf die Neuankömmlinge gemacht haben? Wir wissen es nicht, aber der Bildungsreisende Mihály Bethels war beeindruckt vom Glanz des Schlosses, von der kurfürstli-

Folgende Seiten:
Ausschnitt aus der perspektivischen Berlin-Ansicht von Johann Bernhard Schultz. Dreiteiliger Kupferstich, 1688.
Die kurfürstliche Residenzstadt mit dem Schloß in der Mitte ist von einer Festungsanlage mit dreizehn Bastionen umgeben

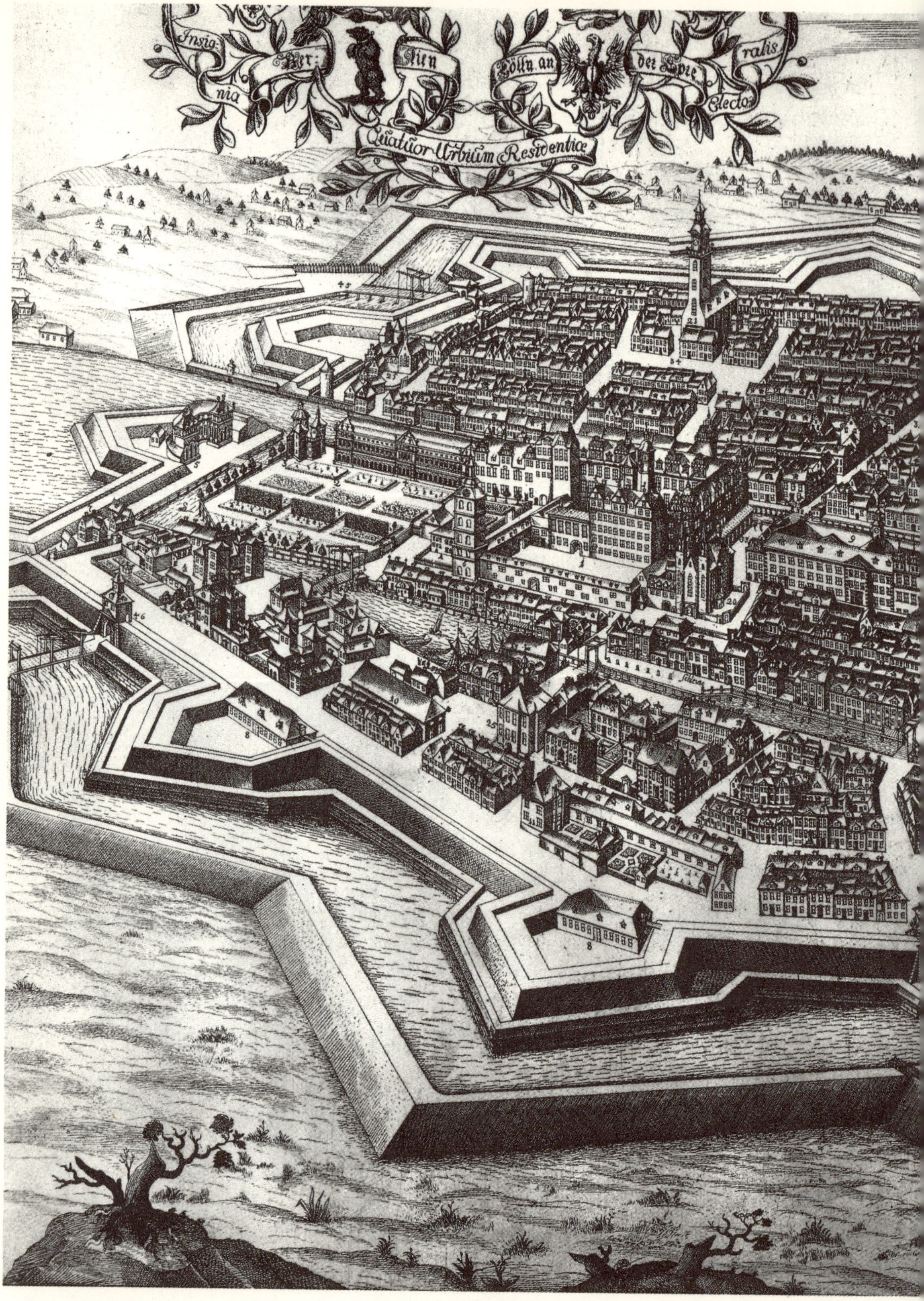
Insig-
nia
Ber:
lien
Cölln an
der Spre
ralis
Electo
Quatuor Urbium Residentiae

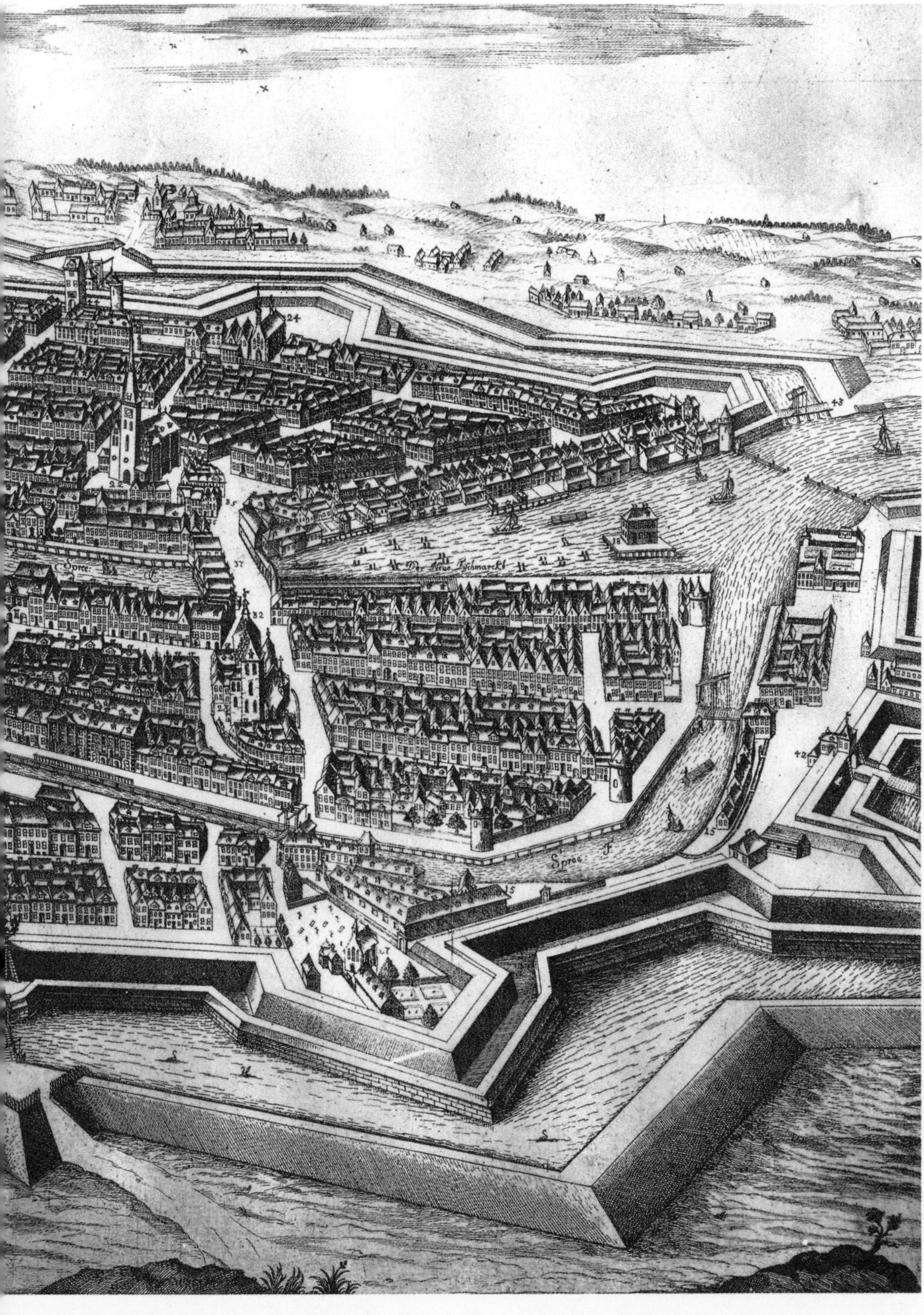
Der Neue Fischmarckt
Spree

chen Bibliothek und von der Waffensammlung. Der Arzt und Gelehrte Charles Patin sprach begeistert von den »sehr regelmäßig gebauten Gebäuden, von denen ein größerer Teil im italienischen Stil gehalten sind. Die Gärten sind von Orangerien, Jasmin und allen Arten Blumen angefüllt, mit einem Wort, mit allen Kostbarkeiten, welche Italien, die Königin der Länder durch Schönheit des Bodens und Klimas, darbietet.« Er hat wahrscheinlich nur die Hundebrücke, die heutige Marx-Engels-Brücke, passiert, lediglich das Schloß und den schönen Lustgarten gesehen.

Auch das 1692 in den Niederlanden veröffentlichte historische Wörterbuch (»le grand dictionnaire historique«) bezeichnet Berlin als »große, schöne und gut erbaute Stadt, in der der Kurfürst von Brandenburg seine Residenz hat. Das Schloß, die verschiedenen großen Plätze, die regelmäßig angelegten Häuser und die schönen modernen Straßen tragen dazu bei, diese Stadt zu besuchen.« Ihre geographische Lage sei vorteilhaft und lasse »den Handel in ihr aufblühen«. »Berlin ist einerseits von Weinbergen, andererseits von Wiesen und Sümpfen sowie von Wald, der mit Wild angefüllt ist, umgeben.«

Diese Beschreibung war jedoch sicher nur eine Lobrede für den kurfürstlichen Herrscher. Über das Alltagsleben und die wirklichen Zustände in Berlin verrät sie nichts. Dem Ankömmling boten sich gewiß malerische Stadtansichten mit Resten von mittelalterlichen Türmen und hochgiebligen Fachwerkhäusern, aber viele Straßen waren unsauber und winkelig, viele Bürgerhäuser ohne architektonischen Schmuck, die Dächer zumeist noch mit Schindeln gedeckt und mit Schornsteinen aus Holz oder Lehm versehen. Der Kurfürst ließ 1675 vier »Visitationen« wegen der Abschaffung der Holz- oder Lehmschornsteine vornehmen, aber erst 1708 waren sie endgültig beseitigt. Zumeist nur ein- oder zweigeschossig, standen viele der Häuser seit Jahren leer und verfielen. Häufig waren selbst bewohnte Häuser baufällig.

Auch sonst wirkte die Stadt recht trist. So wurde 1679 eine Anordnung zur Beleuchtung der häufig dunklen Straßen erlassen. Aus jedem dritten Hause sollte nachts »eine brennende Laterne mit brennendem Lichte« hängen und die noch üblichen Pfannen mit brennendem Kienholz ablösen. Friedrich Nicolai beklagt in seiner bekannten Stadtbeschreibung die Existenz offener Brunnen, die »wie auf den Dörfern, mit großen Schwengeln und Körben versehen, und [daß] dennoch sehr viele davon verschlammt und unbrauchbar waren«. Erst im Jahre 1709 waren alle Brunnen abgedeckt und mit Ventilen ausgestattet.

Ähnliche Übelstände gab es bei der Abfallbeseitigung. Kehricht und Unrat wurden entweder einfach vor die Häuser oder in irgendeinen Winkel geworfen. Vielfach schüttete man sie kurzerhand in die Spree, deren Lauf dadurch hin und wieder behindert wurde. Nicolai berichtet weiter, daß »die Schweine, welche die Einwohner dazumal in Menge hielten, auf den Straßen herumliefen und in dem Unrath und den verstopften Kanälen wühlten, und daß die Schweineställe, zum Theil, an der Straße, und selbst zum Theil unter den Fenstern gebauet waren; man stelle sich dies alles vor, und man hat einen vollständigen Begriff von dem damaligen elenden Zustande der kurfürstlichen Residenz«. Auch wenn 1680 eine öffentliche Kehrichtbeseitigung unter Aufsicht eines Gassenmeisters eingerichtet und wenig später die Schweinemast verboten wurde, so erlebten die meisten der sich niederlassenden Réfugiés diese Zustände wohl noch. Stellte doch Ludwig Formey noch gut 100 Jahre später, im Jahre 1796, in seinem Buch »Versuch einer medicinischen Topographie von Berlin« fest, es sei ein »unverantwortlicher und höchst schädlicher Mißbrauch, daß die Nachteimer in die Spree ausgegossen werden, wodurch nicht allein in der Nachbarschaft des Flußes, sondern über einen großen Theil der Stadt ein eben so unangenehmer als der Gesundheit nachtheiliger Geruch verbreitet wird, und wodurch zugleich das Wasser auf die abscheuligste Art verunreinigt ... wird«.

Dessen ungeachtet befand sich Berlin zur Zeit der Hugenotteneinwanderung wirtschaftlich im Aufstieg, und es waren eine Reihe von administrativen Maßnahmen ergriffen worden, um die Stadt als Residenz ansehnlicher und sicherer zu machen. So erfolgte mit der Einführung der Akzise zwischen 1661 und 1684 die Pflasterung der in kurfürstlichem Besitz befindlichen Straßen. Eine seit 1672 bestehende Feuerordnung wurde 1681 verbessert und verallgemeinert.

1685 wurde das Collegium medicum gegründet, und in der Folgezeit entstanden die ersten städtischen Armenanstalten; außerdem wurde für die Bettler und Arbeitslosen auf der Insel, hinter der Fischerbrücke, ein Manufakturspinnhaus eingerichtet. Die vier Städte Alt-Berlin, Cölln, Friedrichswerder und Dorotheenstadt waren verwaltungsmäßig voneinander getrennt, und die später ausgebaute Friedrichstadt unterstand dem Bürgermeister und Ratsbeamten von Friedrichswerder. Bis zur Vereinigung der verschiedenen Stadtgemeinden im Jahre 1709 regierte in jeder von ihnen ein Magistrat mit Polizeigewalt, und jede Stadt besaß ein eigenes Bürgerrecht. Sollte eine allgemeine Anordnung für die Residenzstädte erlassen werden, mußten sich die vier Magistrate einigen. Das war oft schwierig, so manche Verordnung ließ sich aus diesem Grunde nicht durchsetzen.

Alt-Berlin und Cölln besaßen auch außerhalb der Stadt Äcker, Wiesen und Weiden, Kämmereivermögen in Form von Grundbesitz, sowie die Güter Lichtenberg, Reinickendorf und Woltersdorf. Die Kirchen verfügten über eigenes Vermögen.

Dagegen waren die jüngeren Städte Dorotheenstadt und Friedrichswerder staatsrechtlich und wirtschaftlich vollständig anders angelegt. Friedrichswerder entwickelte sich als Ansiedlung dicht vor Cölln, durfte aber nicht unter cöllnisches Stadtrecht gestellt werden, da es sich auf kurfürstlichem Grund und Boden befand. Gegen eine Entwicklung zum Amtsdorf sprach das damalige Recht, denn es hätte sich dort kein Handwerker oder Gewerbetreibender niederlassen dürfen. Auf diese Weise wurde Friedrichswerder kurfürstliche Residenzstadt. Sie besaß keine Feldmark, keine Wiesen und Weiden, keine Liegenschaften und kein Vermögen. Das gleiche galt für die Dorotheenstadt. Die Stadtgemeinde war vermögenslos und ohne eigene Einnahmen. Finanzielle Mittel wurden von der kurfürstlichen Kasse aufgebracht, die durch die Akzise (1685 immerhin 60000 Taler nur von den vier Residenzstädten) reichlich gefüllt wurde.

Allen Residenzstädten war die Ständeordnung gemeinsam. In den kurfürstlichen Erlassen wurden drei Stände unterschieden: 1. die unteren kurfürstlichen Beamten, die Geistlichen und Magistratspersonen, 2. die Angehörigen der Zünfte und 3. die übrigen Einwohner. Für alle drei bestanden Kleidungsvorschriften und andere Reglements, um Standesunterschiede sichtbar zu machen und besonders nach oben eine Grenze zu ziehen. Der Adel stand in jedem Falle über der städtischen bürgerlichen Obrigkeit, ebenso die hohen Beamten und die Offiziere, die dem Landesherrn unmittelbar unterstanden. Das Militär war allein der Militärgerichtsbarkeit unterworfen, und für Soldaten waren nur die Offiziere weisungsberechtigt, die häufig genug die Erlasse des Magistrats mißachteten.

Natürlich prägten die Soldaten das Stadtbild ganz wesentlich; als die Hugenotten eintrafen, waren in Berlin und Cölln vier Kompanien der kurfürstlichen Leibgarde und zwei weitere Regimenter in Bürgerquartieren untergebracht. Die Bürger dieser beiden Residenzstädte waren gezwungen, die Last der – nicht gerade populären – Einquartierung allein zu tragen, da Friedrichswerder und Dorotheenstadt anfangs von der Einquartierung befreit waren.

Die Bürger der Stadt, zumeist Kleinbürger, Handwerker und Gewerbetreibende, wohnten und arbeiteten in ihren eigenen Häusern, die Mietwohnung kam erst um 1680 in Berlin so richtig auf. Bei einigen Gewerken war der Besitz eines Hauses für die Ausübung des Gewerbes geradezu obligatorisch.

Das Handwerk wurde zunftrechtlich geregelt, wobei aber ein Innungszwang für die meisten Gewerke nicht bestand. Hatte ein Handwerksmeister das Bürgerrecht erworben, konnte er, ohne Gesellen und Lehrling zu halten, unbehindert arbeiten. Ähnlich der verwaltungsmäßigen Gliederung gab es für jedes Gewerk in jeder der verschiedenen Residenzstädte eine eigene Innung. Das hatte eine relative Überzahl von Meistern zur Folge, weshalb von den Magistraten Maßnahmen ergriffen wurden, um die Konkurrenz untereinander zu verhindern. Es ist deshalb verständlich, daß der Zuzug so vieler gewerbetreibender Hugenotten bei Magistrat und Zünften kaum wohlwollend aufgenommen wurde.

Von besonderer Bedeutung waren für die Réfugiés die kirchlichen Verhältnisse in Berlin. Seit der allmählichen Durchsetzung der Reformation ab 1539 hatte in Berlin der Magistrat das Kirchenpatronat in einem umfassenden Sinne inne. Die Stadt war seitdem lutherisch. Mit dem schon erwähnten Übertritt des Kurfürsten Johann Sigismund zur reformierten Kirche entstand jedoch außerhalb des städtischen Patronats auch eine reformierte Kirchgemeinde. Die Bürgerschaft aber blieb meist streng lutherisch. Zur Zeit der Hugenotteneinwanderung übernahmen jedoch die Magistrate aller Residenzstädte das Patronat auch über die reformierten Kirchen. Lutheraner und Reformierte hielten ihre Gottesdienste nun in Simultankirchen ab, deren Existenz vom Kurfürsten gemeinsam mit den Magistraten garantiert wurde. Damit war das alleinige Patronat der Magistrate eingeschränkt.

Es ist erwähnenswert, daß die Réfugiés im ursprünglichen Konzept des Edikts von Potsdam, in den Artikeln 5 und 6, verpflichtet werden sollten, für den Unterhalt ihrer Kirchen und für ihr Armenwesen selbst aufzukommen, worauf in der endgültigen Fassung dann jedoch verzichtet wurde. Vermutlich gingen die kurfürstlichen Beamten von der Vorstellung aus, daß die Bürgergemeinde der Hugenotten, die französische Kolonie, die Verantwortung für die kirchliche Gemeinde tragen müßte, ähnlich dem Patronat des Magistrats für die lutherische Kirche. Da sich aber die französische Kirchgemeinde, zumindest in Berlin, vor der französischen Kolonie als Gemeinwesen bildete, bot sich das Patronat des Kurfürsten über die Kirchgemeinde von selbst an.

Die Eingliederung der Hugenotten wurde durch die komplizierten rechtlichen und wirtschaftlichen Verhältnisse in Berlin erschwert. Der städtische Magistrat hatte, wie erwähnt, die polizeiliche und juristische Gewalt über alle Bürger der Stadt, die durch den Bürgereid verpflichtet waren, mit Ausnahme all jener, die zur kurfürstlichen Hofhaltung gehörten, so der landesherrlichen Beamten, Künstler und Handwerker mit Privileg, die vom Bürgereid befreit waren, aller Militärpersonen mit ihrem Anhang einschließlich der invaliden und abgedankten Soldaten. Über diesen Personenkreis hatte kein Magistrat Befehls- und Vollzugsgewalt. Bei Vergehen dieses Personenkreises waren entweder der Hausvogt oder letztlich der Kurfürst persönlich als juristische Instanz zuständig, bei Soldaten der Regimentskommandeur und bei höchsten Offizieren wiederum der Kurfürst.

Die Schwierigkeit wuchs noch dadurch, daß nicht nur Personen außerhalb der magistralen Gewalt standen, sondern auch Grundstücke. Das waren nicht nur das Schloß mit seinen Gärten und Anlagen, sondern es gab auch ganze Komplexe und Straßenzüge, die zu einem »Freihäuserbereich« erklärt waren. Diese Grundstücke und ihre Bewohner unterstanden dem Hausvogt bzw. dem Kurfürsten. Die »Schloßfreiheit«, die sogenannten Arkaden, der Mühlendamm, angrenzende Gebiete am Molkenmarkt und Häuser am ehemaligen cöllnischen Fischmarkt, in der Burg- und in der Brüderstraße waren die wichtigsten Freihäuserbereiche in Cölln und Berlin. Ein Gesetzesbrecher konnte sich in ein »Freihaus« flüchten oder ging möglicherweise auf die andere Straßenseite, die zu einem solchen Bereich gehörte, um sich der städtischen Polizei zu entziehen. Handwerker konnten dort ihre Waren herstellen und verkaufen, sofern der Hausvogt das erlaubte, und brauchten sich nicht an Markt- und Handwerksordnungen des Magistrats zu halten.

Aus dieser Situation ergab sich, daß der Magistrat außerstande war, die »normalen« Bürger, die den Bürgereid geleistet und ihr Bürgergeld entrichtet hatten, in ihren garantierten Rechten, zum Beispiel hinsichtlich der Berufsausübung, zu schützen.

Alle eingewanderten Hugenotten waren Eximierte. Sie hatten nur den Eid auf den Kurfürsten zu leisten, mußten weder Bürgergeld zahlen noch in Zünfte und Gilden eintreten und brauchten infolge der im Edikt gewährten Freijahre vorerst keine städtischen Lasten zu tragen. Sie unterstanden entweder dem eigenen Koloniegericht oder dem Hausvogt, so daß sie in allen Residenzstädten als eine mit eigenen Rechten ausgestattete Bevölkerungsgruppe lebten.

Von den 28500 Einwohnern Berlins im Jahre 1700 waren ungefähr 5400 Mitglieder der französischen Kolonie und etwa 5000 deutsche und hugenottische Militärangehörige, Hofbeamte usw. Das bedeutet, daß mehr als ein Drittel aller Bewohner als Eximierte nicht der städtischen Verwaltung unterstanden. Die Folgen waren ein zu geringes städtisches Steueraufkommen und finanzielle Schwierigkeiten bei der Lösung kommunaler Probleme – von der Müllabfuhr bis zur Wasserversorgung und zum Brückenbau. Die Residenzstadt Alt-Berlin zum Beispiel hatte um 1690 ein jährliches Einkommen von nur 9000 Talern. Cölln brachte es sogar nur auf 5000 Taler im Jahr. Der Kurfürst war daher gezwungen, aus seinen Steuereinnahmen als Landesherr beträchtliche Summen für die städtische Wohlfahrt beizusteuern. Auch übergab er, um die öffentliche Sicherheit und Ordnung in seinen Residenzstädten zu verbessern, schließlich die Aufsicht in diesen Angelegenheiten dem Gouverneur. Dessen rechtliche Befugnisse wurden zwar häufig von den Magistraten in Frage gestellt, aber allmählich gelang es dem Befehlshaber der Festung Berlin, Cölln, Friedrichswerder und Dorotheenstadt, das Armenwesen und die gesamte Stadtwirtschaft seiner Administration zu unterstellen.

Konfliktreicher Neubeginn

Der Zustrom der Franzosen brachte natürlich neue Probleme mit sich. Die Hugenotten zeigten kein Interesse, Bürger der Stadt zu werden und in die Zünfte einzutreten. Sie drängten in die Freihäuserzone, um die günstigeren Bedingungen dort auszunutzen. Als immer mehr von ihnen nach Berlin kamen, waren die Freihäuserbereiche aber bald vergeben, und so zogen die Fremden in die neueren Städte Friedrichswerder und Dorotheenstadt. Besonders die Dorotheenstadt erlebte einen starken Zuzug. Sie wurde im Verlaufe des 18. Jahrhunderts jedoch zu einem noblen Viertel, einem Adelsviertel. Bürgermeister dieser Stadt waren ab 1691 nicht von ungefähr der Réfugié Rambonnet, ab 1698 der Hugenotte Fournol sowie Bassetouche als Ratsherr.

Die ersten Jahre müssen für die Masse der eintreffenden Flüchtlinge, die arm und abgerissen waren, äußerst schwer gewesen sein. Zuerst provisorisch in mit Stroh ausgelegten, halbzerfallenen Häusern untergebracht, oft ohne Arbeit und Einkommen und auf Spenden der kleinen französischen Gemeinde oder auf Zuschüsse der kurfürstlichen Verwaltung angewiesen, lebten sie in einer Stadt, deren Bewohner ihnen häufig reserviert begegneten. Zu groß waren die Unterschiede in Sprache, Religion, Kultur und Mentalität. Hinzu kamen die Privilegien der zahlreichen Neuankömmlinge. Sie ließen die deutsche Bevölkerung um ihre eigene berufliche Existenz fürchten.

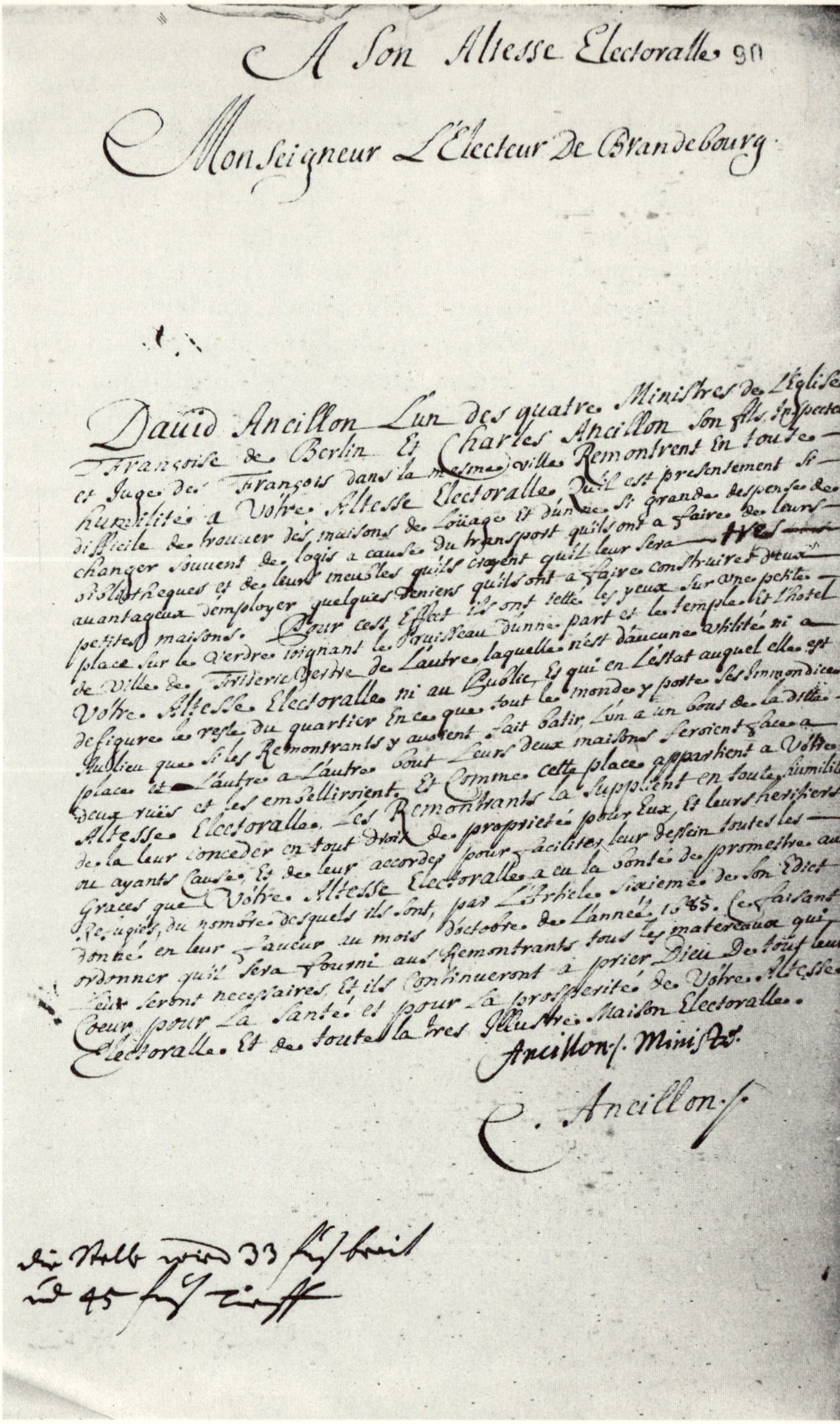

A Son Altesse Electoralle 90

Monseigneur L'Electeur De Brandebourg

David Ancillon L'un des quatre Ministres de L'Eglise
Françoise de Berlin Et Charles Ancillon son fils Inspecteur
et Juge des François dans la mesme ville Remontrent en toute
humilité a Votre Altesse Electoralle Qu'il est presentement si
difficile de trouuer des maisons de louage et d'une si grande despense de
changer souuent de logis a cause du transport qu'ils ont a faire de leurs
bibliotheques et de leurs meubles qu'ils croyent qu'il leur sera tres
auantageux d'employer quelques deniers qu'ils ont a faire construire deux
petites maisons. Pour cest Effect ils ont jetté les yeux sur une petite
place sur le Werder joignant le Ruisseau d'une part et le temple et l'hostel
de Ville de Friderichswerder de L'autre, laquelle n'est d'aucune utilité ni a
Votre Altesse Electoralle ni au Public, Et qui en l'estat auquel elle est
defigure le reste du quartier en ce que tout le monde y porte ses immondices
Au lieu que si les Remontrants y auoient fait batir, L'un a un bout de la dite
place et L'autre a L'autre bout Leurs deux maisons seroient face a
deux rües et les embelliroient. Et Comme cette place appartient a Votre
Altesse Electoralle, Les Remontrants la supplient en toute humilité
de la leur conceder en tout droit de proprieté pour Eux, Et leurs heritiers
ou ayants Cause, Et de leur accorder pour faciliter leur dessein toutes les
Graces que Votre Altesse Electoralle a eu la bonté de promettre aux
Refugiés, du nombre desquels ils sont, par L'Article Sixieme de son Edict
donné en leur faveur au mois d'octobre de L'année 1685. Ce faisant
ordonner qu'il sera fourni aux Remontrants tous les materiaux qui
leur seront necessaires, Et ils Continueront a prier Dieu de tout leur
Coeur pour La Santé et pour la prosperité de Votre Altesse
Electoralle Et de toute la tres Illustre Maison Electoralle.

Ancillon p. Ministre

C. Ancillon p.

die Stelle wird 33 fuß breit
und 45 fuß tieff

Gesuch des Predigers David Ancillon und seines Sohnes Charles Ancillon um Schenkung eines Grundstücks, Juni 1687

Adlige, Militärs und andere bedeutende Réfugiés wurden des öfteren vom Großen Kurfürsten selbst in Potsdam empfangen. Daniel Chodowiecki, aber auch die Maler Johann Jacob Thurneysen und Hugo Vogel haben diese Empfänge später dargestellt – zum Teil realistisch, oftmals jedoch auch in der unverkennbaren Absicht, die Rolle der Hohenzollern über Gebühr hervorzuheben. Im Französischen Dom kann man noch heute das Relief von Johann Boese »Empfang der Hugenotten beim Kurfürsten Friedrich Wilhelm« betrachten. Ebenso ist am Fries des Berliner Roten Rathauses auf der dritten Darstellung rechts am Haupteingang der Ankunft der Franzosen gedacht worden.

Um den Spannungen mit der einheimischen Bevölkerung nicht noch zusätzlich Nahrung zu geben, sah die französische Minderheit in ihren Reihen auf Ordnung. Unliebsam auffallende und aufsässige Landsleute wurden vom französischen Konsistorium abgeschoben, Gesetzesbrecher verurteilt oder mit Geld versehen und aufgefordert, Berlin und Brandenburg-Preußen wieder zu verlassen. Ehebrecher, Streitsüchtige, Trunkenbolde und Entwurzelte suchte man in ersten Aussprachen und durch Androhung von Kirchenstrafen, zu denen auch der zeitweise Ausschluß vom Abendmahl gehörte, zu ermahnen, um sie zu einem ordentlichen Lebenswandel zu veranlassen. Immer wieder ist in den Protokollen des Konsistoriums von solchen Fällen die Rede. Die Kirche bot den Neuankömmlingen Rück- und Zusammenhalt, und ihre strenge Ordnung wurde von der überwiegenden Mehrheit beachtet. Durch ihre Selbsthilfeprogramme, durch tätige Flüchtlingsbetreuung und ein rühriges Armenwesen gelang es der französischen Gemeinde, die Anfangsschwierigkeiten für viele Einwanderer zu mildern, wenn nicht gar zu überwinden. Überhaupt verhielten sich die Réfugiés untereinander recht solidarisch. Schon am 1. Oktober 1685, Wochen vor dem Potsdamer Edikt, hatte der Kurfürst der französischen Gemeinde erlaubt, eine Kollekte von Haus zu Haus zugunsten der Flüchtlinge zu veranstalten.

Am 10. Dezember 1685 wurde zu dem gleichen Zweck eine freiwillige Kollekte bei allen Bewohnern Brandenburg-Preußens durchgeführt. Ihr Ergebnis war jedoch nicht befriedigend, so daß der Kurfürst sich veranlaßt sah, am 22. Januar 1686 eine Zwangskollekte anzuordnen. Ausdrücklich wurden die kurmärkischen Untertanen katholischen Glaubens angewiesen, sich ebenfalls an dieser Sammlung zu beteiligen. Auch viele Strafgelder, die die kurfürstliche Kasse einnahm, wurden jahrelang zugunsten der Réfugiés ausgegeben, sei es für Manufakturgründungen oder für andere Formen der Unterstützung. Damals mußten für Gotteslästerung und Äußerungen gegen die Staatsräson beträchtliche Strafgelder entrichtet werden; so hatte zum Beispiel ein Berliner Nadler wegen Gotteslästerung 200 Taler Bußgeld zu zahlen.

Aber auch innerhalb der Führung der französischen Gemeinde gab es in dieser Zeit Auseinandersetzungen, Eifersüchteleien und zum Teil persönliche Querelen. Auch kam es zu Spannungen zwischen alteingesessenen Réfugiés, d. h. solchen, die in der Nähe des Berliner Schlosses wohnten, und den Neuankömmlingen. Die Franzosen im Freihäuserbereich wurden 1689 vom Etatminister Eberhard von Danckelmann und von Ezechiel von Spanheim vor die Wahl gestellt, entweder wie bisher die Privilegien und Gerichtsbarkeit der Burg- und Hausvogtei in Anspruch zu nehmen, oder aber sich wie die Mehrheit der Hugenotten der französischen Gerichtsbarkeit zu unterwerfen. Sie appellierten daraufhin an den Kurfürsten, daß sie weiterhin der Gerichtsbarkeit des Hofes unterstehen wollten. Die Ankunft ihrer Glaubensgenossen könnte, so fürchteten sie, ihre Lage verschlechtern. Sie gingen deshalb sogar so weit, den Wunsch zu äußern, als Deutsche betrachtet und behandelt zu werden. Ähnlich reserviert verhielt sich das französische Konsistorium gegenüber späteren Einwanderern, besonders gegenüber Schweizern und Orangeois.

Die Haltung der Hugenotten des Freihäuserbereiches sollte noch viele Konflikte heraufbeschwören, die zwischen dem Hofgericht und den französischen Gerichten ausgefochten wurden. Denn in Artikel 13 des Potsdamer Edikts wurde ja ausdrücklich betont, daß alle Festlegungen mit rückwirkender Kraft gelten sollten, also auch für die Réfugiés, die bereits früher nach Berlin gekommen waren. Dies stand aber häufig im Gegensatz zu vorher gemachten unterschiedlichen Zugeständnissen des Kurfürsten an die Magistrate, die Zünfte und die Eximierten des Hofes und des Amtes Mühlenhof.

Trotz der vielen »wüsten« Stellen, halbzerfallenen oder von ihren Bewohnern verlassenen Häuser in der Stadt, die nun von den Hugenotten in Besitz genommen wurden, und trotz der Tatsache, daß viele von ihnen sich in den Freihäuserzonen niederließen, reichten die Unterkunftsmöglichkeiten bei weitem nicht aus, um alle Einwanderer unterzubringen. Das rasche Bevölkerungswachstum erforderte eine rege Bautätigkeit in den Residenzstädten. Zwar verschlangen die Repräsentationsbauten, wie Zeughaus, der Um- und Neubau des Berliner Schlosses oder der Bau der Langen Brücke, ungeheure Summen, aber das Schwergewicht lag doch auf der Stadterweiterung. Nach 1689 wurde damit begonnen, in der Dorotheenstadt in verstärktem Maße

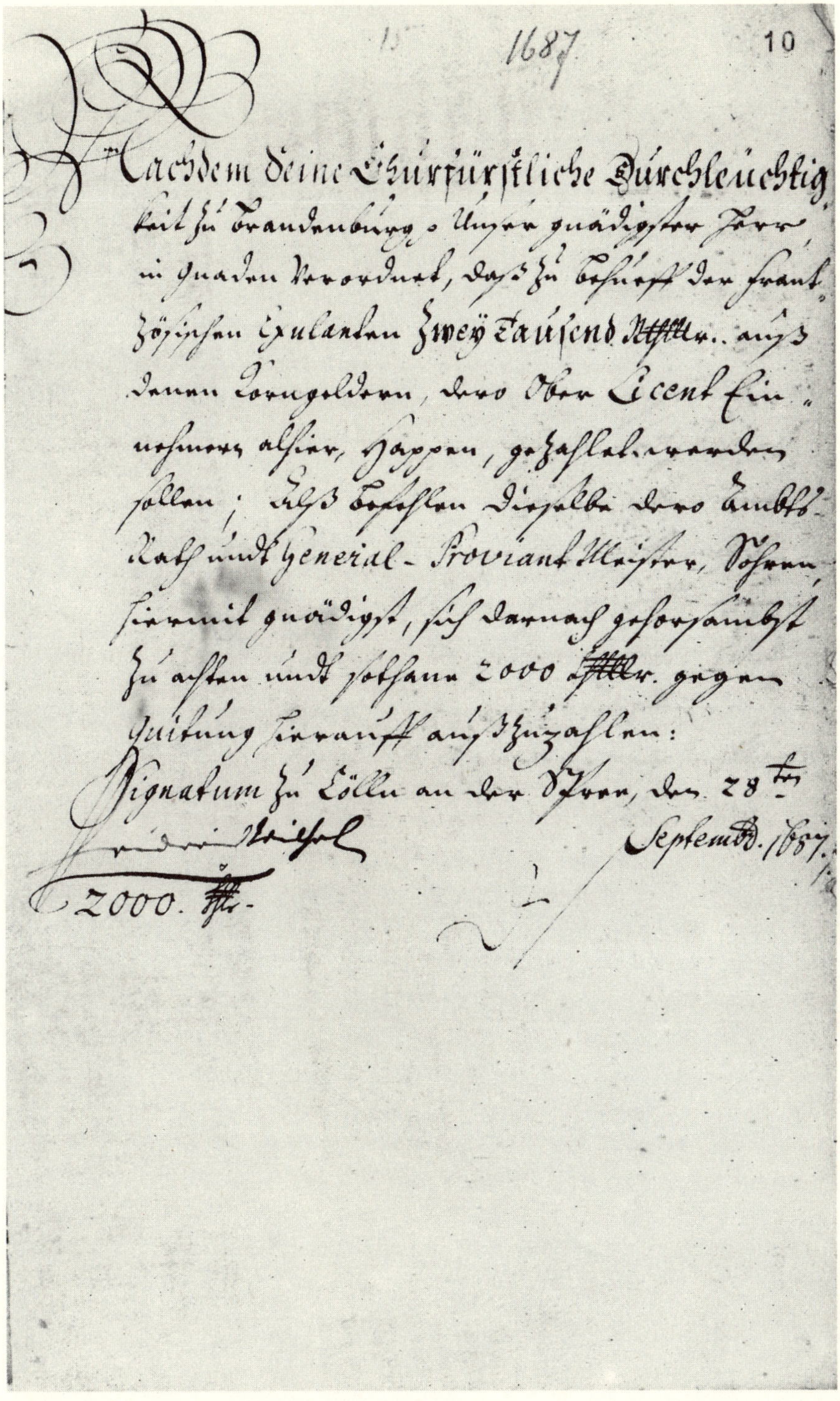

1687 10

Nachdem deine Churfürstliche Durchleuchtigkeit zu Brandenburg, Unser gnädigster Herr in gnaden verordnet, daß zu behuff der frantzösischen Exulanten Zwey Tausend Rthlr. aus denen Corngeldern, dero Ober Licent Einnehmers alhier, Happen, gezahlet werden sollen; Also befehlen Dieselbe dero Ambts Rath und General-Proviant Meister, Dohren hiermit gnädigst, sich darnach gehorsambst zu achten und sothane 2000 Rthlr. gegen Quitung hierauff auszuzahlen:
Signatum zu Cölln an der Spree, den 28ten Septembr. 1687.

Friedrich Wilhelm

2000 Rthlr.

Anweisung des Großen Kurfürsten vom 28. September 1687 über die Auszahlung von 2000 Reichstalern zur Unterstützung französischer Flüchtlinge

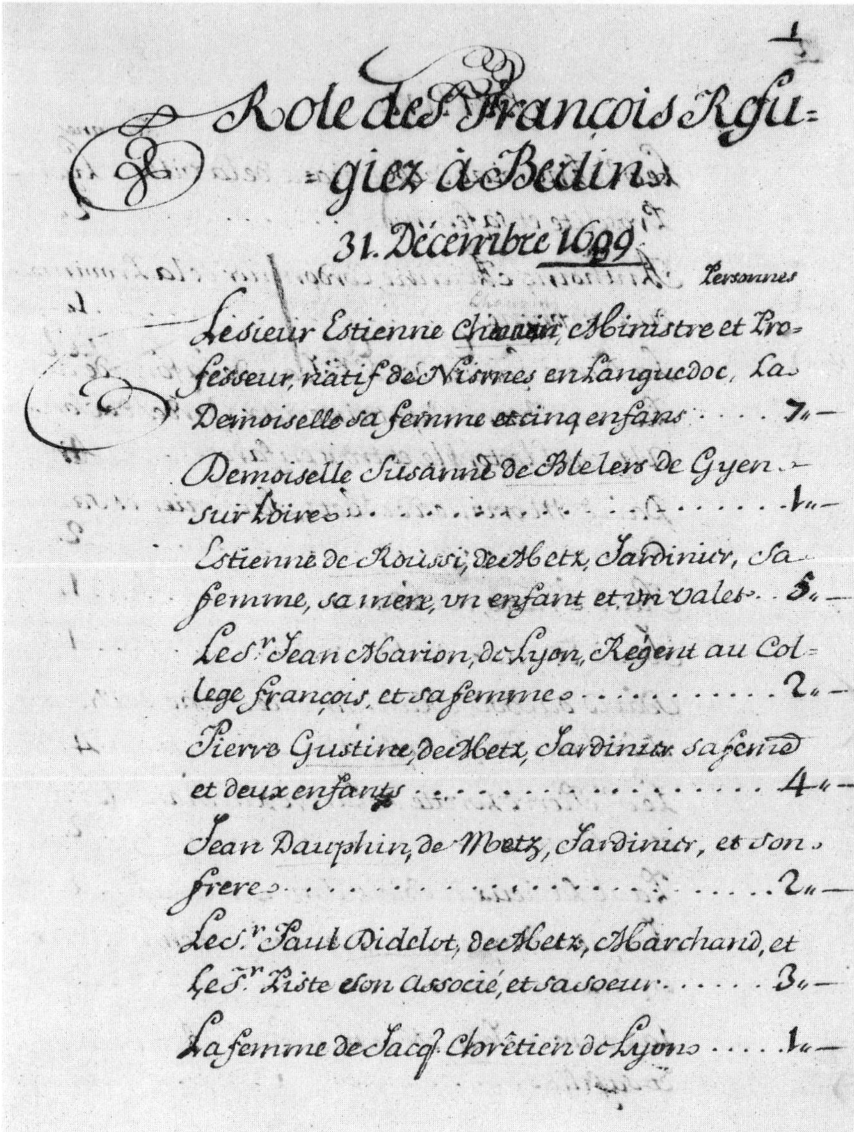

Role des François Refugiez à Berlin

31. Décembre 1699

Personnes

Le sieur Estienne Chauvin, Ministre et Professeur, natif de Nismes en Languedoc, La Demoiselle sa femme et cinq enfans . . . 7. –

Demoiselle Susanne de Bleers de Gyen sur Loire . . . . 1. –

Estienne de Roussi, de Metz, Jardinier, sa femme, sa mère, un enfant et un valet . . 5. –

Le Sr Jean Marion, de Lyon, Regent au College françois, et sa femme . . . . 2. –

Pierre Gustine, de Metz, Jardinier, sa femme et deux enfans . . . . 4. –

Jean Dauphin, de Metz, Jardinier, et son frere . . . . 2. –

Le Sr Paul Didelot, de Metz, Marchand, et le Sr Liste son associé, et sa soeur . . . . . 3. –

La femme de Jacq. Chrétien de Lyon . . . . 1. –

Verzeichnis der französischen Flüchtlinge in Berlin vom 31. Dezember 1699. Auf der ersten Seite ist an erster Stelle die siebenköpfige Familie des Pfarrers Etienne Chauvin aufgeführt

für die Hugenotten zu bauen. Schon 1691 standen auf der rechten Seite der Lindenallee 149 Häuser und auf der linken Seite 22 Gebäude, in denen viele Réfugiés wohnten.

Im Jahre 1688 hatte man sich entschlossen, einen neuen Stadtteil zu gründen, um die herrschende Wohnungsnot in Berlin, Cölln und Friedrichswerder zu lindern. Nach den Plänen des Architekten Johann Arnold Nering wurde der Aufbau der nach Friedrich III. benannten Friedrichstadt in Angriff genommen. Am 22. Februar 1689 erhielten de Maillette, du Hian, Ancillon, du Clos, Géry und der Apotheker Lamblet Baustellen vor dem Leipziger Tor: Das war der Beginn der Ansiedlung der Hugenotten in der Friedrichstadt.

Im Jahre 1698 lebten 12 Prozent der Hugenotten in Alt-Berlin, 29 Prozent in Cölln, 13 Prozent in Friedrichswerder, 33 Prozent in der Dorotheenstadt und schon 13 Prozent in der Friedrichstadt. Dagegen wohnten zweieinhalb Jahrzehnte später, 1724, 12 Prozent der Hugenotten in Berlin, 20 Prozent in Cölln, 9 Prozent in Friedrichswerder, 15 Prozent in der Dorotheenstadt und 38 Prozent in der Friedrichstadt sowie 6 Prozent in den Vorstädten. Die Friedrichstadt hatte sich also zu einem »französischen« Stadtteil entwickelt. Die hier in den Jahren 1701 bis 1705 erbaute französisch-reformierte Kirche wurde zum Mittelpunkt der Berliner Hugenottenniederlassungen. Aber dies geschah schon in einer Phase der Konsolidierung der französischen Kolonie, als französische Gerichte tätig waren, das Französische Gymnasium seine Schüler unterrichtete und das hervorragend ausgebaute Armenwesen der französischen Gemeinde vorbildliche Arbeit leistete.

Jürgen Wilke

Zur Geschichte der französischen Kolonie

Die unter dem Großen Kurfürsten durchgesetzte Politik der Toleranz gegenüber religiösen Minderheiten sollte sich als recht vorteilhaft für den Aufbau eines absolutistischen Staatswesens in Brandenburg-Preußen erweisen. Sie ermöglichte, indem sie die lutherische Mehrheit der Bevölkerung veranlaßte, den Grundsatz des friedlichen Zusammenlebens mit Angehörigen anderer religiöser Bekenntnisse zu respektieren, die Integration der durch die Zuwanderungen in konfessioneller Hinsicht erst recht kein einheitliches Bild mehr bietenden Untertanen – zum Nutzen einer Stärkung des Staates. Spätere preußische Könige überboten sich bei der Tolerierung der Konfessionen und negierten die zwischen ihnen bestehenden Unterschiede. So äußerte sich Friedrich Wilhelm I.: »Der Unterschied zwischen unsre beiden evangelischen Religionen ist wahrlich ein Pfaffengezänk, denn äußerlich ist ein großer Unterschied, wenn man es examinieret, so ist es derselbige Glauben in allen Stücken, sowohl der Gnadenwahl als heilige Abendmahl, nur auf die Kanzel, da machen sie eine sauce, eine saurer als die andere.« Sein Sohn, der »Philosoph von Sanssouci«, Friedrich II., erteilte auf eine Anfrage aus Frankfurt (Oder), ob ein Katholik das Bürgerrecht erwerben dürfe, die Antwort: »alle Religionen seindt gleich und guht wan nuhr die leute so sie profesiren Ehrlige leute seindt, und wen Türken und Heiden kähmen und wollten das Land Pöplieren, so wollen wir sie Mosqueen und Kirchen bauen.« Als Friedrich II. den Thron bestieg, waren von seinen 2,3 Millionen Untertanen etwa 90 Prozent lutherischen, drei Prozent reformierten und sieben Prozent katholischen Glaubens. In Berlin aber sahen die Proportionen etwas anders aus, dort waren 1740 ca. vier Fünftel der Einwohner Lutheraner, fast ein Fünftel Reformierte und weniger als ein Prozent Katholiken.

Die Hugenotten, die nach 1685 einwanderten, hatten in Berlin neben den ca. 20000 einheimischen Lutheranern lediglich die reformierte Domgemeinde und, ihr angeschlossen, die kleine französische Gemeinde als Hofgemeinde vorgefunden, dazu einige hundert Katholiken, die vorwiegend aus den Reihen der ausländischen Diplomaten und Militärs kamen. Ihre Niederlassung veränderte also die konfessionelle Zusammensetzung der Berliner Einwohnerschaft beträchtlich. Der Kurfürst hatte sich für seine Religionspolitik eine breitere Basis geschaffen. In der ersten Hälfte des 18. Jahrhunderts stellte das reformierte Bevölkerungselement in der Residenzstadt eine beachtliche Minderheit dar.

Die Ansiedlung – Aspekte der Kirchenorganisation und Kolonieverwaltung

Die am 23. November 1685 in Berlin gemäß Artikel 14 des Potsdamer Edikts unter der Leitung des Oberhofmarschalls Joachim Ernst von Grumbkow gebildete Kommission für französische Angelegenheiten war für den gesamten brandenburgisch-preußischen Refuge verantwortlich. Bei der Kommission, der auch namhafte Hugenotten angehörten, mußten sich die Einwanderer melden, wurden registriert und hinsichtlich ihrer materiellen Verhältnisse eingeschätzt. Die Pfarrer der französischen Gemeinde unterstützten die Kommission dabei. Bald mußten weitere Kommissare für andere Städte und Bereiche ernannt werden. So waren von Berchem für Magdeburg und Krause für die Mark zuständig. Ohne Provinzialbezirk, aber mit bestimmten Aufträgen betraut, fungierten Karl Gustav Merian, Printz und d'Auterive als Kommissare. Der Kommerzienrat Printz hatte den Auftrag, Arbeitsmöglichkeiten für die Réfugiés zu schaffen, insbesondere die Anlegung von Manufakturen. D'Auterive war als Kontrolleur für die auszuzahlenden Gelder verantwortlich.

Die Arbeit der französischen Kommission konzentrierte sich auf zwei Schwerpunkte: die Ansiedlung der Réfugiés zu unterstützen und die Entwicklung der französischen Handelsunternehmen und Manufakturen zu fördern.

Für das erste Jahrzehnt war die Kolonisation die wichtigere Aufgabe. Kamen Réfugiés in Berlin an, wurden sie von Pfarrer de Gaultier einer Prüfung unterzogen. Vagabunden und Abenteurer fanden keine Aufnahme. Obergegenschreiber Bromberg sorgte für freies Quartier. Dabei wurden Ledige, die nicht sofort unterzubringen wa-

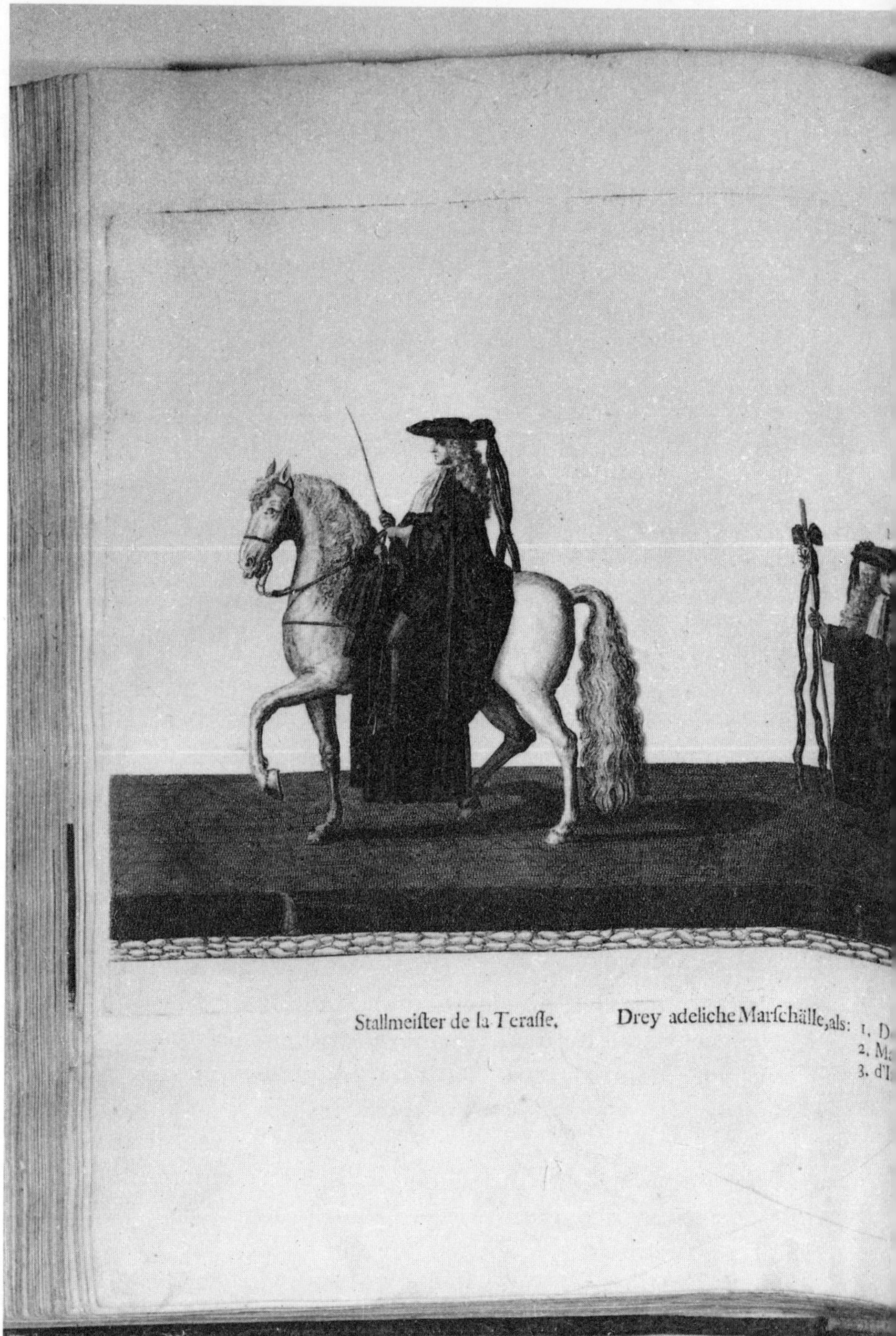

Leichenprozession der Königin Sophie Charlotte am 28. Juni 1705 in Berlin. Die Abordnung der französischen Kolonie im Trauerzug. Anonymer Kupferstich, 1705

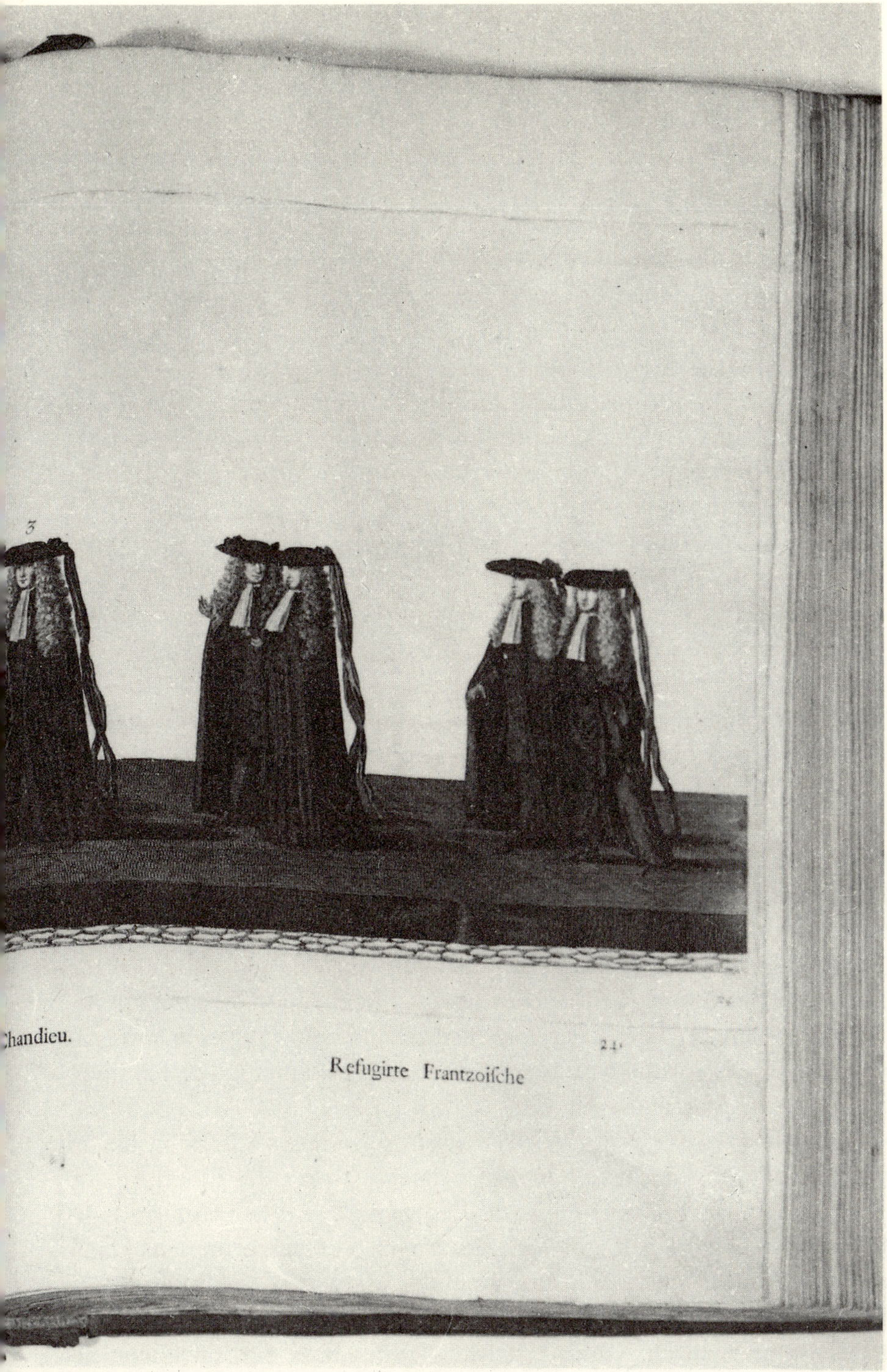
3
Chandieu.
24
Refugirte Frantzoische

ren, in ländliche Gebiete gebracht, wo sie für sechs Wochen Stroh, Holz, Notquartiere und zwei Groschen täglich bekamen. Aber auch Adlige, die keine Anstellung bei Hofe erhielten, gingen als Pensionäre in kleine Landstädte in der Nähe von Berlin, z. B. nach Oranienburg oder Müncheberg, um dort billig leben zu können. Auch ungelernte Arbeiter wurden des öfteren sogleich auf das Land abgeschoben. Verheiratete sollten – je nach ihren beruflichen Einsatzmöglichkeiten und ihren Wünschen – recht schnell zu ihrem Bestimmungsort gebracht werden. Viele der eintreffenden Hugenotten suchten in Berlin zu bleiben. Die Stadt wurde damit zum Zentrum sowohl der Niederlassung als auch der Weiterleitung der Flüchtlinge.

Die Ansiedlung führte zur Bildung von zahlreichen größeren und kleineren französischen Kolonien in Brandenburg-Preußen, darunter auch in Magdeburg, Halle, Schwedt und in der Uckermark.

Den Kern der Kolonien bildeten überall die Kirchgemeinden. Sie waren nicht nur konfessionelle und ethnische Gemeinschaften, sondern boten den Réfugiés auch materielle Hilfe. Gerade in Berlin entstanden bald zahlreiche Einrichtungen der Armenfürsorge. Auch um Schulunterricht kümmerte sich die Kirche, die ihre inneren Angelegenheiten weitgehend selbständig regeln durfte, jedoch die kalvinistischer Tradition entsprechende presbyterial-synodale Ordnung zugunsten des lutherischen Konsistorialprinzips aufgeben und eine staatliche Oberaufsicht akzeptieren mußte. Schon 1688 erkannten die Réfugiés den Kurfürsten ausdrücklich als »notre évêque et notre Souverain« an und verzichteten auf Synoden. Die Diasporasituation der Französisch-Reformierten verstärkte sich dadurch noch. 1698 eingeführte jährliche Visitationen sollten eine Verbindung zwischen der Berliner Gemeinde und den Landgemeinden schaffen. Aber gerade diese von Berlin aus für die Kurmark vorgesehenen Visitationen waren unter den Predigern der Landgemeinden zeitweilig sehr umstritten, da sie nach ihrer Auffassung nicht der kalvinistischen Kirchenordnung entsprachen.

Nach und nach erhielt die französisch-reformierte Kirche in Berlin wie draußen im Lande eine Konsistorialverfassung, die Raum für die Entfaltung eines regen kirchlichen Lebens ließ und der Gemeinde in vielem freie Hand gab, zugleich aber auch auf das Summepiskopat des Landesherrn zugeschnitten war. Sichtbarster Ausdruck dieser Konsistorialverfassung war die Einsetzung eines französischen Oberkonsistoriums durch König Friedrich I. im Jahre 1701, nachdem zunächst kurfürstliche Kommissare und eine besondere Kirchenkommission für eine einheitliche Kirchenverwaltung gesorgt hatten. In

Der Gendarmenmarkt mit Französischem Komödienhaus und Französischem Dom. Ölgemälde von Carl Traugott Fechhelm, 1788

diesem Oberkonsistorium saßen auch Franzosen, wie etwa der 1710 zum Konsistorialrat ernannte Oberrichter Charles Ancillon. Es stand als Oberkirchenbehörde über den Körperschaften der Gemeinde, der Vollversammlung, dem »consistoire« und dem Diakonat. Schon 1698 waren durch einen Erlaß des zuständigen Ministers Paul von Fuchs die erwähnten jährlichen Visitationen, aber auch die Art der Rechnungsführung und Rechnungslegung, die Verwaltung der Armenfonds und die exakte Führung der Heirats-, Tauf- und Sterberegister in den französisch-reformierten Gemeinden verfügt worden.

Das Summepiskopat der Hohenzollern sollte in der französisch-reformierten Kirche bis 1918 gelten. Es war eine Lösung, die der damaligen absolutistischen Entwicklung des brandenburgischen Staatswesens entsprach.

Nach der Entstehung einer französischen Kirchgemeinde begann sich das bürgerliche Gemeinwesen mit seiner eigenen inneren Verwaltung und Rechtsprechung zu entwickeln. Kirchliche Gemeinde und bürgerliches Gemeinwesen, die »Kolonie«, waren eng verflochten, denn eine Trennung von Kirche und Staat, wie wir sie heute kennen und wie sie der Hugenotte Bayle in Holland um 1700 schon gefordert hatte, gab es zu dieser Zeit nicht.

Die vom Generalkriegskommissariat gebildete französische Kommission, die anfangs unter der Leitung von Grumbkows, ab 1689 unter der Ezechiel von Spanheims stand, war die erste kurfürstliche Verwaltungsbehörde der neu entstehenden Kolonien. Diese Kommission wurde mit der Durchführung der Bestimmungen des Potsdamer Edikts und ihrer Kontrolle betraut. An diese Behörde konnten sich Richter, Pfarrer, Manufakturinspektoren und andere Personen aus den Reihen der Franzosen mit Bittschriften und Beschwerden wenden. Ab 1697 übernahm Eberhard von Danckelmann die Direktion, wurde aber bald von Christoph Graf von Dohna abgelöst. Da von Dohna häufig abwesend war, führte E. von Brandt den Vorsitz in der französischen Kommission und in der sogenannten »Commission Ecclésiastique«. Er vertrat in Personalunion sowohl die kirchlichen Belange der französischen Gemeinden als auch die bürgerlichen Koloniеinteressen. Im Jahre 1704 wurde die »Direktion der Französischen Affairen« neu geordnet. Da von Brandt mit den französischen Kolonieangelegenheiten stets überlastet war, bekam er den Rat C. F. von Bartholdi zugeordnet. Ihr gemeinsamer Geschäftsbereich wurde beträchtlich erweitert. Sie konnten nun u. a. den französischen Etat prüfen, den sie bisher kommentarlos zur Kenntnis zu nehmen hatten. Auch erhielten sie die Aufsicht über das gesamte Gerichtswesen der französischen Kolonien, das sich inzwischen entwickelt hatte. Beide Räte leiteten im Auftrage des Königs alle französischen Kolonien in Brandenburg-Preußen, in ihren Händen war nunmehr die Verwaltung der französischen Gerichte und der Kirchgemeinden zusammengefaßt.

Die französischen Kolonien waren jetzt nicht mehr nur einfache Niederlassungen fremder Siedler, sondern verwaltungsmäßig einheitlich gestaltet. Ihr Sonderstatus mit innerer kirchlicher und juristischer Selbstverwaltung und Einbindung in die Stadtverwaltung – die ab 1699 den deutschen Gerichten beigeordneten französischen Richter erhielten auch Verwaltungsaufgaben in den jeweiligen Rathäusern, wurden z. B. Stadtkämmerer oder Ratsherr – entstand zwischen 1689 und 1704. Der Geheime Rat de Campagne formulierte es 1743 so: »Sie bildeten einen eigenen Staat und waren durch den Departement-Minister im Geheimen Staatsrat in die deutsche Verwaltungshierarchie eingeordnet.«

Gleichzeitig hatten die Réfugiés und ihre Nachfahren bis 1809 das unbestrittene Recht, sich in eigener Sache direkt an den König zu wenden. Alles in allem besaßen sie damit eine beachtliche rechtliche Sonderstellung, die sie mit Eifer bis zur Auflösung der Kolonien im Jahre 1809 verteidigten.

Der Sonderstatus der Kolonie brachte aber mitunter auch Pro-

Charles Ancillon, Oberrichter und Chronist der französischen Kolonie in Berlin. Kupferstich von W. de Broen, Ende 17. Jh.

bleme mit sich. Als zum Beispiel Charles Ancillon, Oberrichter der französischen Kolonie, von König Friedrich I. als Polizeidirektor dispensiert und 1708 der französische Unterrichter du Clos als Assessor (Syndikus) im Berliner Magistrat eingesetzt wurde, kam es zu ernsten Schwierigkeiten. Der Magistrat protestierte beim König gegen die Anstellung von du Clos, da dieser sich ausschließlich um die Belange der französischen Kolonie kümmere und für die allgemeine Stadtverwaltung kein Interesse aufbringe. Der Streit zwischen du Clos und dem Magistrat wurde durch eine Anordnung des Königs beigelegt. Friedrich I. entschied am 12. März 1710, Ancillon solle bleiben. In seiner Anweisung an den Berliner Magistrat betonte er: »... also haben wir gedachten unseren Hof- und Legations-Rath, Frantzösischen Oberrichter, Ancillon hiermit zum Director der Policey in hiesigen Residentzien bei der Frantzösischen Nation allergnädigst confirmieret und bestätigt dergestallt, daß er alle dabey vorkommenden Sachen mit Euch und nach gemachtem Schluß ins Werk richten« (soll), und forderte für alles, »... was er solches Amtes halber (bei der französischen Nation) anordnen wirdt, gebührenden Respect und Gehorsam«.

Für diese Tätigkeit bekam Ancillon 100 Taler jährlich aus den »rathhäußlichen Geldern«. Außerdem war er auch für das Erstellen von Kolonielisten verantwortlich, betätigte sich also als Statistiker, wofür er ebenfalls noch 100 Taler im Jahr erhielt. In den ältesten Kolonielisten (1698 bis 1701) zeichnete er die Richtigkeit dieser Einwohnerlisten für alle Kolonien in Brandenburg-Preußen ab.

Grundsätzlich war mit der Anwesenheit einer französischen Rechtsperson die Präsenz der französischen Kolonie in der städtischen Verwaltung garantiert, bei kommunalen Entscheidungen war auf diese Weise für ihre Mitsprache gesorgt.

Im Jahre 1708 kam es zu einer Veränderung in der Kolonieverwaltung. König Friedrich I. ordnete die Schaffung des »Französischen Kommissariats« an, einer unabhängig vom Generalkriegskommissariat arbeitenden Behörde. Der Erlaß ging an Bartholdi, der, um die französischen Privilegien zu erhalten und um den Réfugiés »schleunige Justiz« zu verschaffen, ein Kommissariat nach freiem Ermessen aus Adligen, Juristen, Pfarrern und Kommerzienräten bilden sollte; außer dem Präsidenten saßen zehn Räte und zwei Hofprediger in dieser Behörde. Sie entschied selbständig oder trug ihre Angelegenheiten direkt dem König vor. Die Herauslösung des Französischen Kommissariats aus dem Generalkriegskommissariat bedeutete eine Konzentration auf die eigentlichen Koloniefragen. Später wurde dem Französischen Kommissariat auch noch die Direktion der Handels- und Manufakturangelegenheiten unterstellt.

Da König Friedrich Wilhelm I. die Behörden der französischen Kolonie mit den deutschen Behörden vereinigen wollte, hob er 1715 das Französische Kommissariat einfach auf und ließ erneut alle Entscheidungen vom Generalkriegskommissariat treffen. Die Direktion der französischen Kassen wurde Graf Dohna übertragen. Diese Anordnungen riefen Verwirrung hervor, und in der französischen Kolonie machte sich Unmut breit. Zur gleichen Zeit griff der König auch häufig in das Gemeindeleben ein. So ordnete er die Einführung des Heidelberger Katechismus an und erließ Verfügungen über Haustaufen, Sonntagsfeiern, Form und Inhalt der Predigten und des Kultus, über Kleidung der Geistlichen, Prüfung der Kandidaten u. a.

Häufig, vor allem im Jahre 1727, wurden auch Protokolle des Konsistoriums »par ordre de la cour« (auf Befehl des Hofes) zugeklebt; so sind sie noch heute erhalten. Vielleicht enthalten sie »aufsässige Reden« oder zumindest einen dem »Soldatenkönig« nicht genehmen Inhalt.

Die Folge dieser Politik war, daß es zu Abwanderungen kam, z. B.

nach Weimar. Uckermärkische Kolonisten zogen nach Dänemark. Schon 1718 sah sich Friedrich Wilhelm I. veranlaßt, die Verfügung von 1715 aufzuheben und unter Minister von Kamecke eine neue Verwaltung, das Oberdirektorium, zu errichten. Dieses französische Oberdirektorium (Grand Directoire oder Conseil Français) mit der französischen Ministerialregistratur war fortan für den französischen Etat, für alle Anliegen der Kolonisten und für die Bildung und Förderung von französischen Manufakturen zuständig.

Damit war die institutionelle, verwaltungsmäßige Entwicklung der französischen Kolonie im wesentlichen abgeschlossen, und sie blieb bis 1809, als die obersten Koloniebehörden aufgelöst wurden, in diesem Rahmen.

Anschaulichkeitshalber seien hier einmal für das Jahr 1785 die Koloniebehörden samt ihren Beamten genannt:

- An der Spitze residierte als sogenannter »Chef de la Nation« der Baron von Dörnberg, der gleichzeitig auch Staatsminister für Justiz war. Diesen Posten bekleideten nicht nur Deutsche, im 18. Jahrhundert waren auch Hugenotten wie Jarige und Dorville »Chef de la Nation«.
- Dörnberg leitete zugleich das Oberdirektorium, dem de Feriet, Formey, Estienne, Marconnay, Humbert, Vignes als Mitglieder und de Leuze de Lancizolle als Sekretär angehörten.
- In der Kanzlei des Oberdirektoriums waren de Marconnay, Pontet und Sebille angestellt, de Leuze de Lancizolle übte die Funktion des Schatzmeisters des französischen Etats aus.
- Im französischen Gerichtswesen standen in der Revisionsabteilung des Obersten Gerichts die Richter le Clerc, Estienne und d'Anieres zur Verfügung.
- Der Direktor des Obersten Gerichts war wiederum von Dörnberg, weiterhin gehörten diesem Gremium François de Gaultier, Humbert, Le Coq, Bastide, Darrest, Andresse sowie die Referendare de Forestier, Illaire und Lorent, der Gerichtsschreiber Piquot und der Gerichtsdiener Bertin an.

  Die genannten Behörden waren für alle französischen Kolonien Brandenburg-Preußens, einschließlich Berlins, zuständig.
- In Berlin waren Andresse als Richter, Piquot als Beisitzer und de Forestier als Referendar im Untergericht vertreten.
- Im Berliner Magistrat war als Koloniebeauftragter und Polizeidirektor de Feriet tätig.
- Weiterhin fungierten als Abgeordnete der Bürgerschaft in der Dienstkommission für Berlin de la Garde, für Cölln Cabanis, für

Friedrichswerder Laval, für Dorotheenstadt Pally und für die Friedrichstadt Tournier und Allouchery.

– In der obersten Kirchenbehörde der französischen Gemeinden, dem Oberkonsistorium, begegnen uns schon bekannte Namen, wie von Dörnberg als Leiter, die Räte de Gaultier, de Marconnay, de Leuze de Lancizolle, de Forestier, Piquot und Pontet sowie Boquet, Erman und Moulines, die außerdem im sogenannten »Conseil académique« Entscheidungen für das Französische Gymnasium fällten.

Wie aus der Zusammenstellung ersichtlich ist, benötigte das französische Koloniedepartement nur wenig Beamte (ca. 30), um Verwaltung, Polizei und Gerichte sowie die oberste Kirchenbehörde zu besetzen. Die Ausgaben für die Verwaltung waren deshalb relativ niedrig. So betrugen für das Jahr 1809 die Ausgaben des Oberdirektoriums 2115 Taler, die des Oberkonsistoriums 1583 Taler, die des Revisionstribunals 1200 Taler, und das Obergericht verbrauchte 3575 Taler.

Es fällt auf, daß von 1685 bis 1805 nur eine bestimmte Anzahl von Familien die leitenden Positionen innehatte, wobei es natürlich zwangsläufig zu Ämterhäufungen kam. Die Gaultier, Ancillon, Humbert, Feriet, Darret, Le Coq u.a. begegnen uns immer wieder als Richter, Pfarrer und Fabrikinspektoren, sie sind angesehene Handelsleute und Manufakturbesitzer. Insgesamt waren es ca. dreißig Familien, die im 18. Jahrhundert – teilweise über Generationen – Kommerzien- und Hofräte, Konsistorial- oder Justizräte, Ärzte, Pfarrer sowie Unternehmer (Jordan, du Titre, Laspeyres) stellten, also die Führungspositionen bekleideten.

Als Beispiel für die erwähnte Ämterhäufung sei Humbert genannt. Im Jahre 1809 erhielt er als:

Chef des Oberdirektoriums	300 Taler
Oberkonsistorialrat	150 Taler
Revisionstribunalrat	400 Taler
Mitverwalter der Kasse des »Sol pour livre«	100 Taler

Humbert kam also auf die stattliche Summe von 950 Talern. Le Coq erhielt 800 Taler, de Gaultier 563 Taler und de Lancizolle sogar 1072 Taler. Das war nicht wenig, wenn man bedenkt, daß ein Tagelöhner vier bis fünf Groschen täglich, ein Maurer oder Zimmermann sechs bis acht Groschen erhielten; ein Knecht oder ein Kutscher bekamen ca. 20 Taler, eine Köchin 15 Taler im Jahr (außer Kost und Logis).

Die Ansiedlung – sozialdemographische Aspekte

Die Einwanderung umfaßte den Zeitraum von etwa 1670 bis etwa 1720. Die Höhepunkte lagen zwischen 1685 und 1690, um 1700, 1704/05 und 1710.

In Berlin lebten 1685 ca. 500 Réfugiés, darunter viele nur vorübergehend Ansässige. Exakte Zahlen über die Flüchtlingsströme und die Zuwanderer in Berlin zu dieser Zeit haben wir nicht. Man kann aber davon ausgehen, daß im Jahre 1690 ungefähr 3 000 Réfugiés in Berlin

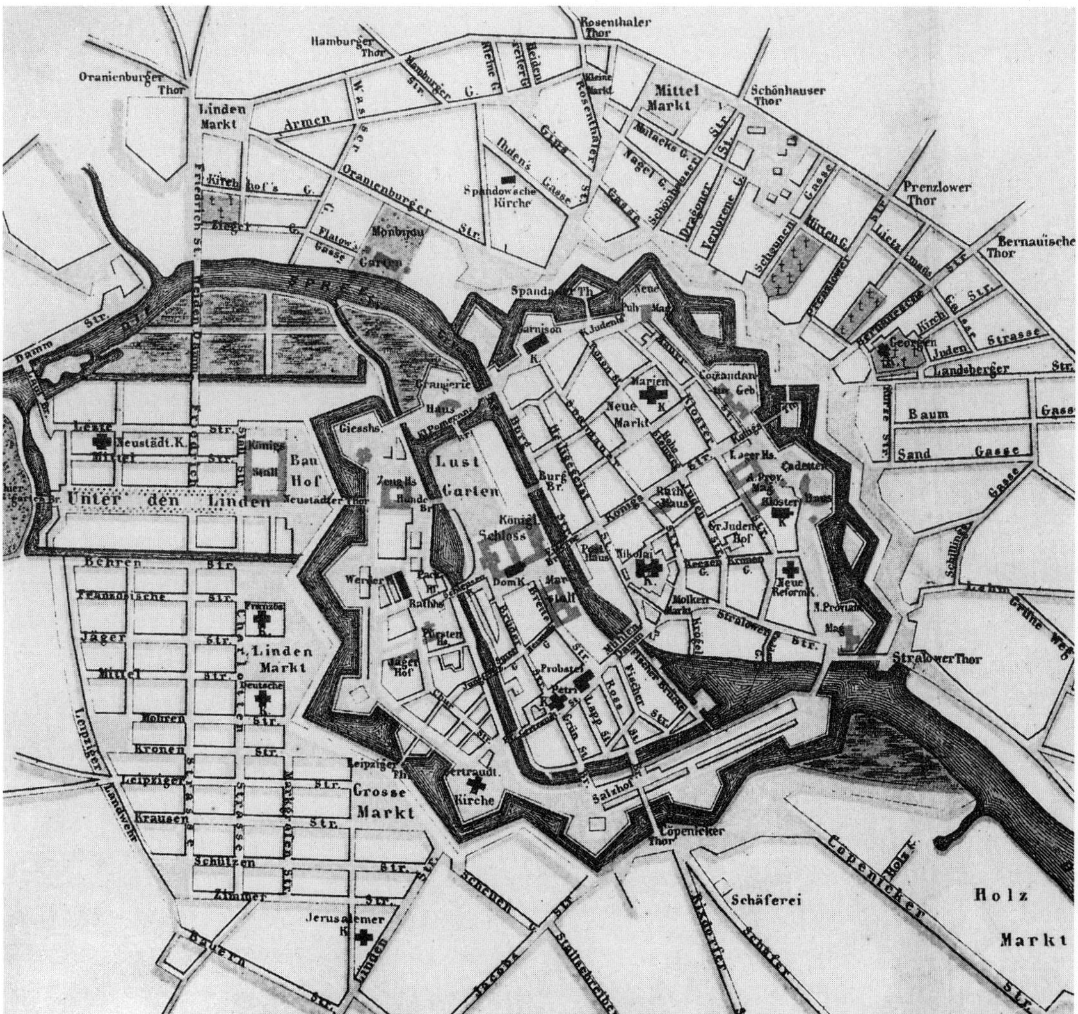

Berlin im Jahre 1710. Kartographischer Rekonstruktionsversuch. Farblithographie von C.Delius, 1896

ansässig waren. Um 1700 werden in den Kolonielisten ca. 5500 Franzosen registriert.

1685 waren 5 Prozent, 1690 ca. 15 Prozent und um 1700 maximal 18 Prozent der Berliner Bevölkerung Franzosen. Der letzte Prozentsatz wurde nie überschritten. 1732 wurden beispielsweise 8913 Franzosen in Berlin ausgewiesen – laut offizieller Kolonieliste war das die höchste Anzahl von Réfugiés in Berlin –, was jedoch nur einem Anteil von ca. 14 Prozent an der inzwischen dynamisch gewachsenen Berliner Bevölkerung entsprach. Bis zum Jahre 1803 sank der Anteil der Hugenottennachfahren auf ca. 3,9 Prozent. Sie waren also kurz vor Auflösung der Kolonie eine ausgesprochene Minderheit geworden.

Wie hoch die genaue Zahl der nach Brandenburg-Preußen eingewanderten Réfugiés war, läßt sich schwer sagen, weil sich mindestens 5 Prozent von ihnen – oft über Jahre hinweg – auf Wanderschaft, mit vielen Aufenthaltsorten, befanden, so daß es zu Doppelzählungen kam. Um 1710 machten die Glaubensflüchtlinge aus Frankreich nur schätzungsweise 1,5 Prozent der Gesamtbevölkerung dieses Territoriums aus. Berlin aber wurde und blieb das wichtigste Zentrum des Refuge: Hier waren um 1700 etwa 30 Prozent aller Réfugiés Brandenburg-Preußens ansässig, und Mitte des Jahrhunderts stieg dieser Anteil sogar auf 45 Prozent.

Die hauptsächlichen Herkunftsorte der Berliner Hugenotten waren Metz und Sedan (30 Prozent), aus dem Languedoc kamen etwa 12 Prozent, aus der Champagne und aus Brie ca. 11,5 Prozent, aus der Dauphiné 6 Prozent und aus der Schweiz und Orange 5 bzw. 6 Prozent. Alle anderen französischen Gebiete lagen anteilmäßig unter 5 Prozent. In den Provinzkolonien waren Schweizer, Wallonen und Pfälzer bedeutend stärker vertreten als in Berlin.

In Berlin trafen die verschiedensten Einwanderergruppen zusammen, und regionale Gegensätze gewannen plötzlich eine große Bedeutung. So gab es zwischen den Flüchtlingen aus Nordfrankreich und denen aus dem Midi hinsichtlich ihrer Mentalität und Lebensweise und sogar in der Rechtsprechung Unterschiede, und viele Auseinandersetzungen und Streitigkeiten unter den Réfugiés waren durch solche regionalen Verschiedenheiten bedingt.

Allen Réfugiés gemeinsam waren jedoch ihre Sprache und der reformierte Glaube, und verbunden fühlten sie sich durch gemeinsame Erlebnisse auf der Flucht. Jeder für sich mußte das Trauma der Heimatlosigkeit und der Fremde psychologisch überwinden. Nicht alle waren in diesem Anpassungsprozeß erfolgreich. Manche wanderten von Kolonie zu Kolonie, ohne ihren Platz zu finden. Sie wurden spä-

Die Französische Straße in Berlin und das Predigerwitwenhaus. Lavierte Federzeichnung von Leopold Ludwig Müller, um 1820

ter meist abwertend »coureurs« (Vagabunden) genannt. Der unstete Lebenswandel dieser Umhergetriebenen dürfte jedoch zu den alltäglichen Folgen von Flucht zu jeder Zeit gehören.

Über alle Widersprüchlichkeit hinweg sollte die Hilfe für die Armen über mehrere Generationen im kollektiven Bewußtsein verankert bleiben. Die Hugenotten zeichneten sich durch große Opferbereitschaft, Solidarität und Hilfsbereitschaft untereinander aus. Ständig wurden Kollekten für Arme, aber auch für noch in Frankreich in Bedrängnis Lebende organisiert, so zum Beispiel für zur Galeere verurteilte Glaubensgenossen. Die spektakulärste Hilfeleistung ereignete sich 1689, als das Berliner französische Konsistorium bemüht war, gekaperte Réfugiés, die auf dem Sklavenmarkt in Algier zum Kauf angeboten worden waren, freizukaufen. Mit einer Kollekte und mit der Hilfe von Réfugiés aus den Niederlanden wurde dies bewerkstelligt.

Ein wichtiges Bindeglied war für die Kolonisten der Gottesdienst, ein Ausschluß von diesem oder auch vom Abendmahl wurde zumindest noch von der Einwanderergeneration als schwere Strafe empfunden. Der Besuch des Gottesdienstes diente nicht nur der Erbauung, er war für die Anwesenden auch ein gesellschaftliches Ereignis. Man fühlte sich in dieser Gemeinschaft geborgen und erhielt außerdem

Der Gendarmenmarkt mit Deutschem und Französischem Dom. Stahlstich von Ch. Heath nach Zeichnung von J. H. Vickers, um 1825

wichtige Informationen über das Gemeindeleben, über Probleme der Stadt oder des ganzen Landes; denn wichtige Verordnungen der Obrigkeit wurden von der Kanzel bekanntgegeben und gedruckte Erlässe und Deklarationen an der Kirchentür angeschlagen. Heute würde es sicher merkwürdig anmuten, wenn der Pfarrer in der Kirche ein Edikt zur Heuschreckenplage verlesen ließe und die notwendigen Verhaltensmaßregeln erteilte, aber für die Einwanderer bedeutete dies nicht mehr und nicht weniger als die einfache Überwindung der Sprachbarriere und die Befriedigung des Informationsbedürfnisses im Berliner Alltagsleben.

Einerseits waren alle Réfugiés der ersten Generation eine Notgemeinschaft, die sich als Minderheit in Berlin einer ihr klimatisch und zivilisatorisch ungewohnten Umgebung stellen mußte, andererseits wiesen sie eine so heterogene sozialökonomische Zusammensetzung auf, daß soziale Konflikte zwischen den einzelnen Schichten und Ständen unvermeidlich waren.

Das soziale Ansehen, die öffentliche Demonstration der sozialen Stellung und die Hierarchie der ständischen Ordnung machten selbst vor der Kirchentür nicht halt. Als der Marschall Friedrich Hermann von Schomberg mit einem Jahresgehalt von 30000 Talern (!) eine Anstellung am kurfürstlichen Hof erhalten hatte, wurde er von den französischen Pfarrern Abbadie, de Gaultier und Ancillon und von den Ältesten de Venour, de Maxuel und de Montignac feierlichst begrüßt, und es wurde ihm ein Kirchensitz nach eigener Wahl angetragen. Es ergab sich, daß de Maxuel seinen Anciensitz an den vornehmeren Generalissimus von Schomberg abtreten mußte.

Die Verteilung der Plätze in der Kirche erfolgte nach Rang, Stand und Geschlecht. Frauen saßen getrennt von den Männern. Für die meisten Plätze bezahlte man – gestaffelt – Kirchenbankgelder. In der alten Friedrichswerderschen Kirche gab es sogar recht teure Logenplätze. Hohe Beamte des Hofes und zeitweise auch die Angehörigen der englischen und der niederländischen Gesandtschaft besuchten hier den Gottesdienst. Die jährlichen Kirchenbankeinkünfte des Werderschen Sprengels betrugen in guten Jahren bis zu 700 Taler, was eine erhebliche Einnahme darstellte.

Vermittelte die Kirche ein Gefühl der Geborgenheit, so regierte vor der Kirchentür der rauhe Alltag, das nicht immer leichte Zusammenleben mit dem deutschen Nachbarn. Vor allem sozialökonomische Ursachen, noch verstärkt durch konfessionelle und sprachliche Unterschiede, sorgten für Auseinandersetzungen und Reibereien zwischen »Deutschen« und »Franzosen«, »Einheimischen« und »Fremden«, »Kalvinisten« und »Lutheranern«, sowohl auf der Straße als auch in den Zünften und in den simultan genutzten Kirchen. Zudem trug gerade die scharfe lutherische Kanzelpolemik nicht zum allgemeinen Lernprozeß bei, der nötig gewesen wäre, um die hugenottische Minderheit vorurteilslos zu akzeptieren. Vor diesem Hintergrund wird auch die überaus rigide Anwendung der Kirchenzuchtordnung durch das französische Konsistorium verständlich, das jedem Auffallen in der Öffentlichkeit vorbeugen wollte. Zusätzliche Gegensätze ergaben sich auch zwischen der Berliner Gemeinde und den kleinstädtischen Gemeinden (Bernau, Müncheberg, Spandau, Stendal) sowie den Landgemeinden in den Ämtern Chorin oder Ruppin, deren Ursache in den unterschiedlichen Startbedingungen bei der Ansiedlung zu suchen waren.

Pierre Vieu, Pfarrer der französischen Gemeinde in Spandau, erkannte diese Misere und verfaßte 1693 ein kleines Versbüchlein über das »Glück der Réfugiés in Brandenburg« (»Le bonheur des Réfugiéz dans le Brandebourg«). Das Buch wurde vom Berliner Konsistorium als »satirisch und ungebührlich« auf den Index gesetzt. Dem Autor wurde Gotteslästerung vorgeworfen, da die Heilige Schrift in burlesker Versform dargestellt war, und die Verspottung der kurfürstlichen Familie sowie bedeutender Persönlichkeiten der französischen Kolonie. Die Folge war die Kontrolle der Buchproduktion der Kolonisten, die das französische Konsistorium seit dieser Zeit im 18. Jahrhundert durchführte. Pfarrer Vieu bereute seinen »Fehltritt«, er blieb im Amt, und als er starb, hinterließ er seiner kleinen Spandauer Gemeinde die stattliche Summe von 1000 Talern, möglicherweise aus den Einnahmen seines gerügten Buches.

Bei Vieu war die Kritik an der bestehenden sozialen Ordnung, wie sie auch das Bild der Ansiedlung prägte, nicht zu übersehen. Tatsächlich waren die Hugenotten als beinahe komplette »Gesellschaft« eingewandert. Der brandenburgische Refuge bestand 1705 aus etwa fünf Prozent Adligen, Offizieren und hohen bürgerlichen Beamten, aus sieben Prozent Angehörigen der Intelligenz und der mittleren Beamtenschaft, aus acht Prozent Angehörigen der Handels- und Manufakturbourgeoisie, aus 20 Prozent Gesellen, Dienstboten, Manufakturarbeitern und Waisen, aus 15 Prozent Bauern und Gärtnern (Ackerbürgern) und aus 45 Prozent kleinen Gewerbetreibenden (Handwerkern u. a.).

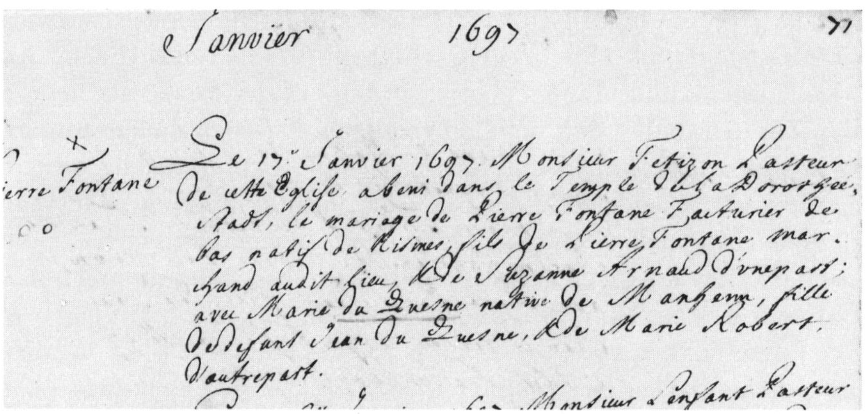
Janvier 1697 71

Pierre Fontane

Le 17e Janvier 1697 Monsieur Fetizon Pasteur de cette Eglise a beni dans le Temple de la Dorothee Stadt, le mariage de Pierre Fontane Faturier de bas natif de Nismes, fils de Pierre Fontane marchand audit lieu, d'une part; avec Marie du Quesne native de Manheim, fille de defunt Jean du Quesne, et de Marie Robert, d'autre part.

Auszug aus dem Heiratsregister der Gemeinde vom 17. Januar 1697 mit der Eintragung über die Heirat des Strumpfwirkers Pierre Fontane aus Nîmes, eines 1707 gestorbenen Vorfahren von Theodor Fontane

Es trifft also nicht zu, daß die brandenburgische Einwanderungs- und Siedlungspolitik sich durch die Auswahl derjenigen Réfugiés ausgezeichnet habe, die das beste Potential für die wirtschaftliche Entwicklung bildete; die geringe Zahl der angeworbenen Angehörigen des Handels- und Manufakturbürgertums widerlegt solche Behauptungen. Aber auch das andere Extrem in dieser Hinsicht, daß nämlich nur die Hartnäckigen, Verarmten, das »Strandgut« des Refuge und nur zweitklassige Vertreter der Intelligenz den Weg nach Brandenburg nahmen, erscheint korrekturbedürftig.

Aufschlußreich ist, daß die Mittel des sich aus Gehältern und Pensionen zusammensetzenden französischen Etats nur einem Bruchteil der angesiedelten Franzosen direkt zugute kamen. Geführt wurden in der Etatliste die zu Hofräten ernannten Franzosen, die Prediger, Kantoren (Schulmeister), Richter, Lehrer am Collège, Sekretäre, Ärzte und Chirurgen sowie Studenten, Edelleute und Pensionäre, adlige Frauen und die pensionierten und aktiven Offiziere. Sie repräsentierten aber höchstens drei Prozent der im 18. Jahrhundert durchschnittlich in Berlin ansässigen 1700 Koloniefamilien. Alle anderen mußten das Risiko eines einigermaßen sicheren Auskommens selbst tragen und versuchen, sich eine wirtschaftliche Existenz aufzubauen. Von dem französischen Etat – er belief sich im Jahre 1715 auf 35600 Taler, im Jahre 1721 auf 46054 Taler und im Jahre 1804 auf 53000 Taler – entfielen 30 Prozent auf den Kirchenetat, 20 Prozent auf die Offiziersgehälter, 15 Prozent auf die Gnadenpensionen für vorwiegend adlige Frauen, fünf Prozent auf die Edelleute und Pensionäre und 15 Prozent auf die Richter der französischen Gemeinden.

Für die Einwanderung und erfolgreiche Ansiedlung der Hugenotten war die Vergabe von Privilegien von größter Bedeutung. Sie erfolgte durch kurfürstliche Edikte, Aufrufe oder »offene Briefe«. Das Potsdamer Edikt war zweifellos die große rechtliche Rahmenbedingung, die aber durch zusätzliche Verträge zwischen bestimmten Einwanderergruppen und dem Landesherrn modifiziert wurde. Die wallonische Gemeinde aus Mannheim, die sich in Magdeburg ansiedelte, hatte einen äußerst günstigen Privilegienvertrag aushandeln können. Die gleichen Privilegien blieben jedoch den Wallonen aus Strasburg in der Uckermark (1702) versagt, als sie sich auf die der Mannheimer Kolonie gewährten Vorrechte berufen wollten. Auch die Aufnahme- und Finanzierungsbedingungen für die Orangeois, die Waldenser und die Pfälzer variierten. Zudem gewährte der Kurfürst besonders den Manufakturisten, Gewerbetreibenden, Ärzten und Militärs Einzelvergünstigungen, Privilegia exclusiva oder privativa und Konzessionen, die in der Regel bei Ableben des Inhabers oder auch des Landesherrn erneuert werden mußten. Selbst das Potsdamer Edikt und bestimmte Reglements zur Durchführung der einzelnen Privilegien bedurften einer generellen Bestätigung durch den jeweiligen Hohenzollernherrscher. In der ersten Zeit war dies eine existentielle Angelegenheit, später wurde es jedoch für die Hugenottennachfahren immer mehr zu einer reinen Prestigefrage.

Am Hof der Kurfürsten Friedrich Wilhelm und Friedrich III. waren die Mitglieder der französischen Kolonie sehr angesehen, dort hatten die französischen Adligen und die führenden Prediger häufig einen großen persönlichen Einfluß. Die Kolonisten stellten zahlreiche Prinzen- und Prinzessinnenerzieher, kurfürstliche und königliche Privatsekretäre, Diplomaten, Offiziere und Hofbeamte. So waren Jean Delas, Salomon le Clerc und Etienne Jassou Privatsekretäre bei Friedrich III. François Bunel de Bois trug den Titel eines Sekretärs und wurde als Richter in der Stadt Brandenburg eingesetzt. Theodore de Bellay, Seigneur de Monberlai, wurde zum Botschaftsrat berufen, erfüllte aber auch wichtige Aufgaben in der höheren Kolonieverwaltung.

Ironisch könnte man sagen, es war vielleicht ein Grund mehr, die französischen Kolonien unter Selbstverwaltung zu stellen, da es an refugierten Botschafts- und Hofräten nicht mangelte.

Claude du Belay d'Anché, Fräulein d'Ingenheim und de Marconnay waren Erzieher der Prinzessinnen und anderer Mitglieder der kurfürstlichen Familie. Diese Erziehertradition in der Hohenzollerndynastie wurde fortgesetzt. Rebeur, von Dohna und Madame de Montbail waren Erzieher und »Informatoren« des späteren Friedrich Wilhelm I. Madame de Montbail, nun unter dem Namen Madame de Rocoulle, wurde die erste »Untergouvernante« des späteren Königs Friedrich II. und Jacques Egide Duhan de Jandun »Präzeptor« und sein Vertrauter. Nicolas Beguelin war bei König Friedrich Wilhelm II. »Sous-Précepteur«. Guillaume Moulines, der Theologe, und der spätere Außenminister Jean Pierre Frédéric Ancillon setzten die Reihe fort: der erste war Lehrer des späteren Königs Friedrich Wilhelm III., der letztere Erzieher des späteren Königs Friedrich Wilhelm IV.

Ohne dieser Erziehertätigkeit besonderes Gewicht verleihen zu wollen, zeigen uns diese Beispiele doch, daß vor allem »das Französische« der Einwanderer bei Hofe besonders gesucht war. Einerseits spielte dabei die zu dieser Zeit in vielen Ländern übliche Nachahmung des französischen Hofes eine beträchtliche Rolle, andererseits war das Haus Hohenzollern durch Heirat selbst zum Teil »hugenottischer Abstammung«. Die erste Gemahlin des Kurfürsten Friedrich Wilhelm I., Louise Henriette von Oranien, war Urenkelin des legendären Admirals Gaspard de Coligny, des Führers der Hugenotten in den Hugenottenkriegen.

Französische Adlige übernahmen auch diplomatische Missionen, wie Falaiseau in Dänemark und Schweden, Chaudens de Gremma in der Schweiz und in Paris, Isaac Berger in Lissabon, oder sie wurden

Gouverneure, wie François de Langes, Seigneur de Lubières, Paul de Froment, Philippe de Brueys, Baron de Bezuc, Jean de Natalis und Louis-Théophile de Chenevix de Beville in Neufchâtel und Valengin.

Manche Hugenotten erwarben, wie allgemein üblich, durch Kauf oder durch langfristige Kredite, die sie der Kasse des Kurfürsten gewährten, einen Hofratstitel. Zwar wurde dieser Unsitte unter Friedrich II. Einhalt geboten, dennoch lebte diese Tradition noch weiter.

Einige recht charakteristische Tendenzen wies das Heiratsverhalten der Berliner Réfugiés in der Ansiedlungsphase auf. Eine Heirat mit Deutschen kam anfangs nur selten zustande (unter sechs Prozent). Allein der hugenottische Adel liierte sich rasch mit dem deutschen Adel. So heiratete der Präsident der preußischen Akademie und »Hofnarr« Gundling eine de Larrey, Friedrich von Wülkenitz die Anne Marie le Macon de la Fontaine – ein Nachkomme sollte 100 Jahre später die ersten Mietskasernen, die Wülkenitzschen Häuser vor dem Hamburger Tor, bauen lassen. Die Schlieben und die Finkenstein verbanden sich mit den la Cave, die Kayserling mit den Chièze, die Grumbkow mit de la Chevallerie und de Cuvry, die Familien Dönhoff und Kamecke mit den Varnier, Knyphausen mit de Combles, die Familie Treskow mit Macon de la Fontaine, Kleist mit du Trossel, die Kalckreuth mit Froideville und die Marwitz mit den Dorville usw. Der hugenottische Adel wuchs also offenbar ziemlich problemlos in die brandenburgisch-preußische Adelsgesellschaft hinein.

Bei den bürgerlichen Kolonieangehörigen fällt auf, daß sie zumeist bestrebt waren, ihre Partner aus der eigenen Herkunftsregion zu heiraten, sogar Cousin und Cousine mit ausdrücklicher Genehmigung des Kurfürsten. War schon die regionale Herkunft bedeutsam, um wieviel mehr erst die soziale. Diese soziale Herkunft erwies sich als ein entscheidendes Kriterium für eine »standesgemäße« Eheschließung. Selbst eine entwurzelte Gemeinschaft wie die der Hugenotten in der Einwanderungsperiode stieß bei der Heirat und bei der Karriere an ständische Grenzen.

Höhepunkt der Kolonieentwicklung – Integration und beginnende Assimilation

Die Réfugiés entsprechend ihrer beruflichen Qualifikation in die unterentwickelte Wirtschaftsstruktur Berlins einzugliedern stellte die französische Kommission vor das größte Problem. Immer wieder ging es in den Besprechungen und in den Berichten des Fabrikinspektors der französischen Manufakturen, Trenoy de Francban, um Kapitalmangel, mangelnde Infrastruktur, Fehlen einer koordinierten Produktion; Mangel an Rohstoffen usw. Man versuchte, Abhilfe zu schaffen. So sollte Le Roux die Strumpfmanufakturen visitieren und prüfen, ob richtiges Inventar, Webstühle u. a. vorhanden sind. La Croix sollte den Gebrüdern Bose bei ihrer Gold- und Silberspinnerei mit Rat und Tat zur Seite stehen. Der Zeugmacher Gilli, ein fleißiger »ouvrier«, hatte 200 Taler für seinen Hausbau vorgeschossen bekommen, aber dieses Geld für die Herstellung von Webstühlen verwendet; nun bat er um Holzlieferung zur Fertigstellung seines Hauses. Die ersten Manufakturen der Woll- und Tuchindustrie wurden eingerichtet, aber die gewährten zehn Freijahre reichten oft nicht aus, um eine tragfähige Existenz aufzubauen. Die Probleme nahmen kein Ende.

Kurfürst Friedrich III., der spätere König Friedrich I., und seine Räte erkannten, daß für die wirtschaftliche Entwicklung der Réfugiés längere Zeiträume benötigt wurden. Sie gewährten ab 1696 nochmals fünf Freijahre, um die Errichtung von Manufakturen zu forcieren. Alle nach dieser Zeit ankommenden Flüchtlinge erhielten insgesamt 15 Freijahre für den Aufbau ihrer Existenz bewilligt. So gingen für die Einwanderer der ersten Jahre die Freijahre zwischen 1701 und 1705 zu Ende, die »Schweizer« Einwanderer mußten mit neuen steuerlichen Belastungen um 1715 und die Orangeois mit solchen um 1720 rechnen. Da es für so viele spezielle Berufe häufig keine Arbeit gab, kam es besonders unter den kleinen Warenproduzenten der Textilbranche zur Arbeitslosigkeit. Zwar war der brandenburgisch-preußische Staat bemüht, Abhilfe zu schaffen, z.B. durch die Errichtung von öffentlichen Bauten, aber ein Teil der Réfugiés mußte notgedrungen seine Tätigkeit wechseln oder sich bei den Armeneinrichtungen melden.

Die Gründung des Hospitals, der »Maison française«, der »Maison de Refuge« und der »Maison d'Orange« war eine notwendige Folge dieser in der Ansiedlungsphase auftretenden Schwierigkeiten. Da diese Flüchtlingseinrichtungen in Berlin zentral für den gesamten brandenburgischen Refuge – außer Magdeburg, Halle und Frankfurt (Oder) – aufgebaut wurden, übten sie eine Sogwirkung aus, so daß im 18. Jahrhundert der Zuzug nach Berlin aus den anderen Kolonien niemals abriß.

Das 1709 erlassene Naturalisationsedikt von König Friedrich I. war der erste Versuch, die Kolonieangehörigen über eine Gleichstellung mit den »teutschen« Untertanen zu vereinigen. In dieser Zeit hatte das Land mit beträchtlichen finanziellen Schwierigkeiten zu kämpfen. Mißwirtschaft und Vergeudung waren nicht mehr zu übersehen, so

1696.

Wir Friderich der Dritte/ von Gottes Gnaden/ Marggraff zu Brandenburg/ des Heilig. Römischen Reichs Ertz-Cammerer und Churfürst/ in Preussen/ zu Magdeburg/ Cleve/ Jülich/ Berge/ Stettin/ Pommern/ der Cassuben und Wenden/ auch in Schlesien zu Crossen/ Hertzog/ Burggraff zu Nürnberg/ Fürst zu Halberstadt/ Minden und Camin/ Graff zu Hohenzollern/ der Marck und Ravensberg/ Herr zu Ravenstein/ und der Lande Lauenburg und Bütow/ ꝛc. ꝛc. ꝛc.

Thun kund und geben Männiglich hiermit zu wissen/ demnach Wir in gnädigste Consideration gezogen

FRIDERIC TROISIEME, par la Grace de DIEU, Marggrave de Brandebourg; Archi-Chambellan, & Prince Electeur du Saint Empire; Duc de Prusse, de Magdebourg, de Cleves, de Juliers, de Bergues, de Stetin, de Pomeranie, de Cassubie, de Wandalie, & de Crossen en Silesie; Burggrave de Nuremberg; Prince de Halberstâdt, de Minden, & de Camin; Comte de Hohenzollern, de la Marck, & de Ravensberg; Seigneur de Ravenstein, & des Pais de Lauembourg & de Butou, &c. &c. &c.

A tous ceux qui ces presentes verront, Salut. Ayans mis en consideration que la fin approche des

Titelblatt des Patents Kurfürst Friedrichs III. vom 4. Juli 1696 über die Verlängerung der Privilegien und Freiheiten des Potsdamer Edikts um fünf Jahre

daß um 1710 der brandenburgisch-preußische Staat mit Mühe und Not einem Staatsbankrott entging. Außerdem wütete in den östlichen und nördlichen Landesteilen Brandenburg-Preußens eine Pestwelle, von der Berlin aber verschont blieb. Die Belastungen für die Berliner und ebenso für die Réfugiés wuchsen. Viele Kolonisten mußten schon die Kopfsteuer und den sogenannten Wächtergroschen zahlen.

Bereits 1703 waren keine neuen Gelder für die Errichtung von Ma-

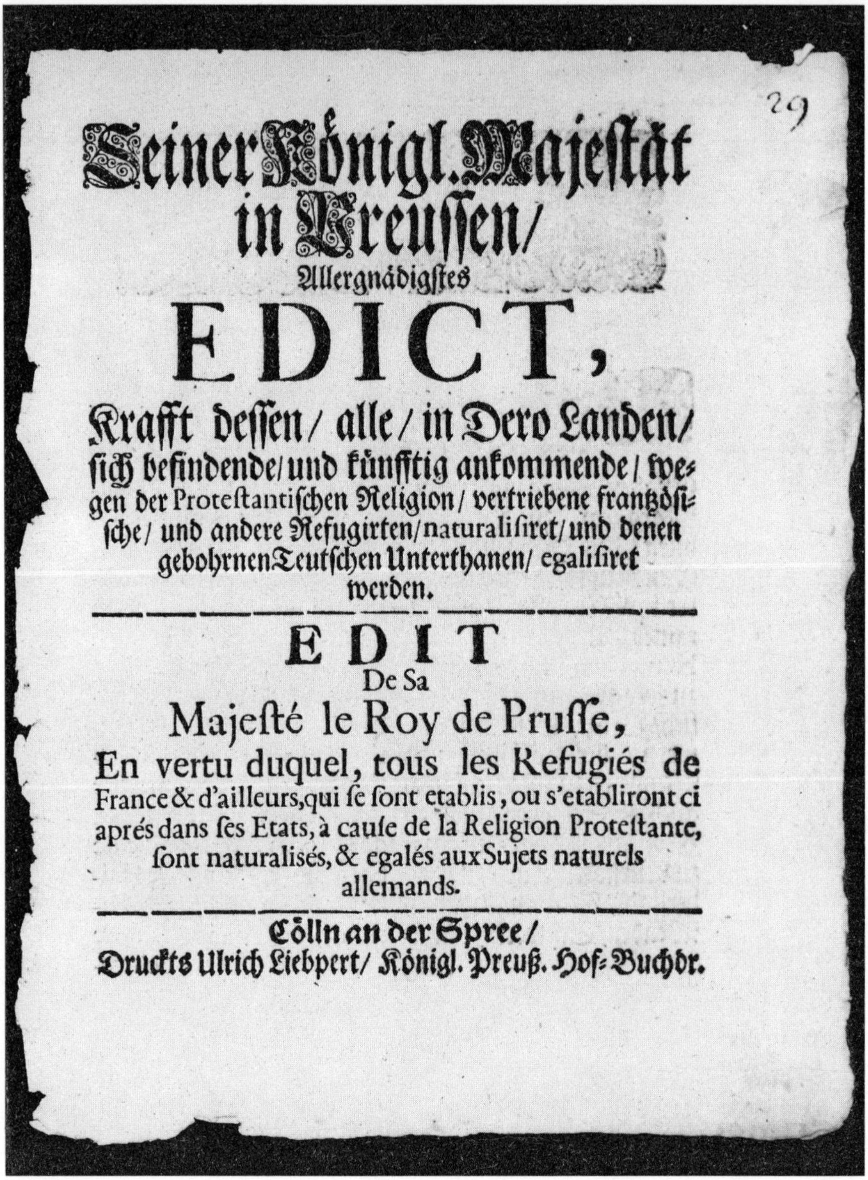

29

Seiner Königl. Majestät
in Preussen/
Allergnädigstes
EDICT,
Krafft dessen/ alle/ in Dero Landen/ sich befindende/ und künfftig ankommende/ wegen der Protestantischen Religion/ vertriebene frantzösische/ und andere Refugirten/ naturalisiret/ und denen gebohrnen Teutschen Unterthanen/ egalisiret werden.

EDIT
De Sa
Majesté le Roy de Prusse,
En vertu duquel, tous les Refugiés de France & d'ailleurs, qui se sont etablis, ou s'etabliront ci aprés dans ses Etats, à cause de la Religion Protestante, sont naturalisés, & egalés aux Sujets naturels allemands.

Cölln an der Spree/
Druckts Ulrich Liebpert/ Königl. Preuß. Hof-Buchdr.

Titelseite des Naturalisationsedikts von 1709

nufakturen bewilligt worden, ein schwerer Schlag für die französischen Unternehmer. Zwar wurde die Hoffnung ausgesprochen, daß neue Manufakturen errichtet würden, man machte aber deutlich, daß »wir auch gleich zu den Manufakturen keinen Vorschuß mehr zu tun gedenken«.

Die wirtschaftlichen Schwierigkeiten der französischen Kolonisten wuchsen in der folgenden Zeit außerordentlich. Geht man davon aus, daß im gesamten 18. Jahrhundert durchschnittlich 10 bis 15 Prozent der hugenottischen Familien auf dem Armenetat der französischen Kirchgemeinde standen und mit 50 bis 100 Talern im Jahr ein recht armseliges Leben führten, so waren es in den Jahren um 1730 bis 1740 sogar rund 20 Prozent Arme, die unterstützt werden mußten. Wenn Erman und Reclam in ihrem neunbändigen Werk über die Hugenotten meinen, daß schon um 1700 ca. 123 Taler pro Jahr für die notwendigsten Lebensbedürfnisse einer vier- bis fünfköpfigen Familie benötigt wurden, so kann man sich vorstellen, wie der Lebensstandard dieser Bevölkerungsgruppe innerhalb der französischen Kolonie beschaffen war. Nicht von ungefähr kam es zu vielen Neugründungen von Wohlfahrtseinrichtungen.

Die massiven Anwerbungskampagnen dieser Zeit drangsalierten die französischen Kolonisten zusätzlich, obwohl sie seit 1714 laut Edikt eigentlich weitestgehend vom Militärdienst befreit waren.

In diese krisenhafte Zeit fiel, demographisch wie auch kirchlich gesehen, der Höhepunkt der Kolonieentwicklung in Berlin. 1724 wurde die größte durchschnittliche Anzahl von Abendmahlsmarken verteilt: 4609, und 1732 verzeichnete der französische Richter in der Berliner Kolonieliste 8913 unter französischer Rechtsprechung stehende Kolonisten. Auch die Zahl der Hausbesitzer in der französischen Kolonie war in den vierziger Jahren des 18. Jahrhunderts am höchsten und lag anteilmäßig etwas über dem Durchschnitt der Berliner Gesamtbevölkerung. Kaufleute, Händler, Perückenmacher und Juweliere besaßen die meisten Häuser. Wie alle Berliner mußten auch die Hugenotten häufig unter Zwang und Verschuldung bauen, denn Friedrich Wilhelm I. verlangte bei Erwerb eines Grundstücks von vielen die unverzügliche Bebauung.

Ökonomisch war in dieser Zeit schon eine größere Integration mit den Deutschen erreicht worden, als man hinlänglich annahm. Symptomatisch ist, daß deutsche Gesellen und Lehrlinge für französische Meister arbeiteten. Auch der Generationswechsel, das Abtreten der eigentlichen Réfugiés, machte sich bemerkbar.

Kolonie und Kirche waren an einem Scheideweg angelangt, wo es notwendig war, entweder neue Wege zu beschreiten oder sich mit dem erreichten Zustand zu begnügen. Sie entschieden sich für ängstliches Beharren, aber vielleicht war in dem absolutistischen Herrschaftssystem auch kein Spielraum für größere Entscheidungen vorhanden.

Assimilation und Auflösungstendenzen

Mit der Thronbesteigung Friedrichs II. änderten sich die Verhältnisse für die Kolonie wesentlich. Die wirtschaftlichen Probleme der französischen Gemeinde wurden durch die Schlesischen Kriege vergrößert, und die drängenden Klagen und Bittschriften wegen wirtschaftlicher Sorgen der Kolonieangehörigen nahmen kein Ende. Das Oberdirektorium wandte sich verzweifelt an den König, weil Manufakturen der Kolonisten in schwere Bedrängnis geraten waren. Man holte die besten und einflußreichsten französischen Kaufleute und Manufakturbesitzer in Berlin zusammen (Jordan, Lottier, Hainchelin, Dolive, Bourguignon u.a.), um sie als Sachverständige zu konsultieren, sprach von »verheerendem Verfall der Commercii und der hiesigen Manufakturen« und war besorgt wegen des »daher entstehenden Anwachsens der Armen«.

Obwohl Friedrich II., der sich schon als Kronprinz mit zahlreichen Hugenotten umgeben hatte und später die Leistungen der Réfugiés lobte, Abhilfe versprach, hielt er faktisch doch an dem Grundsatz fest, der sich unter seinem Vater eingebürgert hatte, nämlich, »daß derjenige welche sich von nun an allhier etablieren will, soll solches mit eigenem Gelde thun, und zu den Ende ein gewißes Capital mitbringen«. Der König förderte die Seidenindustrie, um die Wirtschaft anzukurbeln, da diese durch die Krise in der Wollfabrikation in Mitleidenschaft gezogen war. Er nutzte die Erfahrungen der hiesigen Franzosen und warb noch weitere Spezialisten, vorwiegend aus Lyon, an, die auch zumeist Mitglieder der französischen Kolonien wurden. Praktisch verlangte man von ihnen ca. 200 Taler Einreisegeld, wenn sie in den Genuß der Vorteile der französischen Kolonie in Berlin kommen wollten. Im Jahre 1751 legte der König in einem Dekret fest, daß künftig jeder ohne Unterschied in der Religion, ob er reformiert oder lutherisch sei, in die französische Kolonie aufzunehmen sei. »Sie mögen anjetzo ankommen, woher sie wollen.« Angehörige dieser Zuwanderergeneration, die bis zum Siebenjährigen Krieg häufig in der französischen Kolonie Aufnahme fanden, verstärkten zwar das französische Element, nicht aber die reformiert-hugenottische Tradition. Trauungen zwischen Deutschen und Franzosen nahmen zu, und es gab erste Fälle von Verdeutschungen französischer Familiennamen.

Wenn bis etwa 1740 die französische Kirchgemeinde annähernd identisch mit der französischen Kolonie war, so wurde in der Folgezeit die Differenz zwischen beiden immer größer.

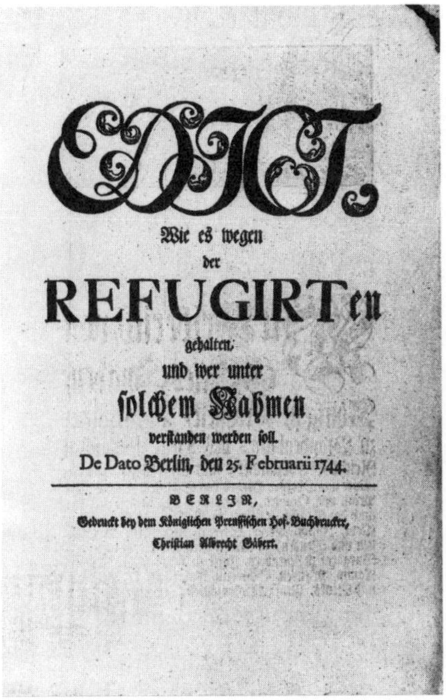

Edict.
Wie es wegen
der
REFUGIRTen
gehalten,
und wer unter
solchem Nahmen
verstanden werden soll.
De Dato Berlin, den 25. Februarii 1744.

BERLIN,
Gedruckt bey dem Königlichen Preußischen Hof-Buchdrucker,
Christian Albrecht Gäbert.

Edikt König Friedrichs II. vom 25. Februar 1744 über die Anerkennung aller Auswanderer aus Frankreich als Refugierte

König Friedrich II. von Preußen. Marmorbüste von Emanuel Bardou, 1793

In der Kolonieliste vom Jahre 1765 traten die Unterschiede offen zutage. Die Kolonisten wurden in verschiedene Gruppen eingeteilt:

1. Kolonisten, die der französischen Jurisdiktion unterstanden und Mitglied der französischen Kirchgemeinde waren (6 043 Personen); z. B. wurde der Mathematiker Leonhard Euler in der Rubrik »Unter französischer Rechtsprechung und Mitglied der französischen Gemeinde« geführt.

2. Kolonisten, die der französischen Rechtsprechung unterstanden, aber einer deutschen Kirchgemeinde angehörten (528 Personen); z. B. gehörte der Professor Jean Albert Euler, ein Sohn des eben genannten, mit seiner Familie zeitweise einer deutsch-reformierten Kirchgemeinde an, stand aber unter französischer Rechtsprechung.

3. Außerdem wurden – wie in früheren Kolonielisten – die Deutschen (2 164 Personen) aufgeführt, die in französischen Diensten innerhalb der Kolonie standen.

Das französische Konsistorium trat dem Assimilations- und Auflösungsprozeß der Kolonie, der durch das 1772 durch Edikt verkündete Wahlbürgerrecht noch beschleunigt wurde, entgegen und beharrte bei jeder Gelegenheit auf dem Sonderstatus der Kolonie. Deutlich suchte man sich gegen die deutschen Protestanten abzugrenzen. Allen denen, die deutsch-reformiert oder lutherisch heirateten, drohte der Ausschluß aus der französischen Gemeinde, Katholiken jedoch wurden zur Heirat zugelassen. Welch eine Umkehrung der Ansichten gegenüber der Einwanderergeneration! Die Entwicklung war aber nicht mehr aufzuhalten.

Schließlich kam es zwischen der französischen, der lutherischen und der deutsch-reformierten Gemeinde Ende des 18. Jahrhunderts zu Absprachen, die die Zugehörigkeit zu einer Konfession bei Heirat oder bei Trennung der Ehe regeln sollten. Schon 1733 hatte es erste Übereinkünfte zwischen dem französischen Konsistorium und der Berliner Armendirektion bezüglich der Witwen aus deutsch-hugenottischen Ehen gegeben.

In der zweiten Hälfte des 18. Jahrhunderts hatten Heiraten zwischen Deutschen und Hugenotten beträchtlich zugenommen. An den zwischen 1748 und 1806 geschlossenen Ehen in der französischen Gemeinde waren zu ca. 70 Prozent Hugenottennachkommen und Deutsche beteiligt. Bestimmte Tendenzen bewirkten also im 18. Jahrhundert eine rasche demographische Assimilation. Hatten die Hugenotten der ersten Generation beinahe ausschließlich untereinander, innerhalb der Familien, geheiratet, so suchte die zweite Generation ihren Ehepartner zwar immer noch vorzugsweise in der Berliner Kolonie, aber auch in anderen französischen Kolonien im Land und ebenfalls schon unter der deutschen Bevölkerung Berlins. Die dritte Generation indes verschmolz immer mehr mit ihrer Umwelt, wobei die einzelnen sozialen Schichten und Gruppierungen diesen Prozeß unterschiedlich schnell durchliefen. Die Manufakturarbeiter und -arbeiterinnen beispielsweise heirateten verstärkt aus der Kolonie heraus, wogegen bei einer Reihe von einflußreichen bürgerlichen Koloniebeamten die Endogamie als Tradition und geradezu als Statussymbol angesehen wurde. Dazu gehörte dann ebenfalls die Haustrauung, die bisher vorwiegend vom Adel praktiziert wurde.

Der Siebenjährige Krieg verstärkte den Anpassungsprozeß der französischen Kolonisten in Berlin. Mit Jubel wurde in den französischen Kirchen Berlins, wie in allen Kirchen, jeder Sieg der preußischen Armee begrüßt. Hugenotten steckten sich sogenannte Vivatbänder an, die man bei öffentlichen Anlässen trug. Auch das Mitglied der französischen Gemeinde Leonhard Euler gratulierte Friedrich II. anläßlich des Sieges über das französische Heer bei Roßbach. Ob die 320 hugenottischen Familien mit ihren 764 Kindern, die 1761 auf dem Armenetat standen und auf ihren Anteil an den 60 Scheffeln Getreide und 2000 Talern warteten, von Jubel erfüllt waren, bleibt dahingestellt. Auch die Hugenotten hatten sich in dieser Zeit auf die Kriegswirklichkeit einzustellen: Schwarzbrot, Biersuppe und Kartoffeln standen bei ihnen wie bei den deutschen Nachbarn immer häufiger auf dem Tisch. Der Kriegsalltag trug dazu bei, daß sich die Unterschiede in der Lebensweise zwischen Franzosen und Deutschen verwischten.

Mit den wirtschaftlichen Umwälzungen nach dem Siebenjährigen Krieg, als ein anderer Unternehmergeist als der bisher übliche gern gesehen wurde, schienen die Hugenotten mit ihrer Sittenstrenge und Nüchternheit nicht mehr so »zeitgemäß« und waren nicht mehr so gefragt wie zur Zeit der Einwanderung. Unabhängig davon hielt der frankophile König stets engen Kontakt zu namhaften Offizieren, Wissenschaftlern und Predigern aus der Kolonie.

Die Realität für den einfachen Koloniebürger sah indes nicht glänzend aus. Der König verbot z. B. alle Reisen nach Frankreich, überhaupt ins Ausland, obwohl gerade von dort neue Ideen importiert wurden. Die französische Gemeinde setzte es mit Mühe und Not durch, daß Theologiestudenten ihr Studium in Genf aufnehmen durften. Die meisten hugenottischen Studenten absolvierten ihr Studium an der Viadrina in Frankfurt (Oder), einige auch an der Hallenser Universität.

Auch Handels- und Gewerbetreibende, die staatliche Unterstützungen erhalten hatten, durften Berlin bzw. Preußen nicht ohne Erlaubnis verlassen. Wenn sie es doch taten und ergriffen wurden, behandelte Friedrich II. sie nach dem Militärgesetz als Deserteure. So ordnete der König nach dem Siebenjährigen Krieg an, daß Richter oder Pfarrer der französischen Gemeinde sämtliche in den letzten zehn Jahren heimlich ins Ausland, besonders nach Frankreich, entwichenen Kolonisten namentlich zu nennen hätten.

In Berlin machte sich der friderizianische Zeitgeist besonders bemerkbar. Auch atheistische aufklärende Tendenzen verbreiteten sich. Es entstanden Geheimbünde. Das Freimaurertum entwickelte sich vor allem in Berlin. Schon im Jahre 1738 war Friedrich II. als Kronprinz in Braunschweig heimlich Freimaurer geworden. In den Schlössern von Berlin und Charlottenburg übernahm er den Meisterhammer einer aus Mitgliedern des königlichen Hofes bestehenden Loge, die unter dem Namen »Loge première« oder »Loge du Roi notre Grand Maître« bekannt geworden ist. Sie bestand nur kurze Zeit. Am 13. September 1740 wurde die Loge »Aux trois Globes« gegründet, von den Berlinern Drei-Kugel-Loge genannt. Auch Bürgerlichen war der Zugang gestattet. Diese Loge, von dem königlichen Rat Baron Jacob Friedrich von Bielfeld und dem Hugenotten Charles Etienne Jordan gegründet, wurde zur Mutterloge der Berliner Freimaurerei. Ihr gehörten auch die Kaufleute der französischen Kolonie Benezet, Gregory, Serre, die Gebrüder Simon, der Goldschmied Jean Roman sowie Millenet, Perard, Froméry und Montmartin de la Rosée, de Superville, Duvivier, Jacques d'Alençon, Rableau, de Bibran und Bastidon an. 1744 nahm die Berliner Loge den Namen »Große Königliche Mutterloge zu den drei Weltkugeln« an, und ihr hammerführender Meister wurde der Hugenotte Fabris. Die Motive für den Eintritt in eine Freimaurerloge waren vielfältig, aber die Bewunderung für den aufgeklärten Monarchen und die Möglichkeit, durch eine Mitgliedschaft sich ihm zu nähern, dürften auf jeden Fall eine wesentliche Rolle gespielt haben. Außerdem konnte man so bürgerliches Selbstbewußtsein demonstrieren.

Mit Gründung der Loge »De l'Amitié« (1764) wurden hugenottische Künstler und Gelehrte, aber auch französische Emigranten an die aufklärerischen Ideen der Freimaurerei herangeführt. Dieser Loge gehörten die Architekten David und Friedrich Gilly sowie der Maler und Radierer Daniel Chodowiecki an. Die Hugenottennachfahren stellten überhaupt eine beträchtliche Anzahl von Logenmitgliedern.

Die meisten »Franzosen« in Berlin hatten mittlerweile ihren festen Platz in der Gesellschaft gefunden oder begnügten sich damit, den ihnen vom Hof zugewiesenen Platz auszufüllen. In ihrem kollektiven Bewußtsein fand man als Grundhaltungen stets Staatsräson und Loyalität gegenüber dem herrschenden Königshaus. Die 1700 hugenottischen Berliner Familien stellten nur in beschränktem Maße eine Art »Ersatzbürgertum« dar. In manchen Wirtschaftsbereichen waren sie führend und wurden auch von der Obrigkeit verstärkt gefördert. In politischer Hinsicht dagegen gingen von ihnen keine Impulse für eine eigenständige Entwicklung des Berliner Bürgertums aus. Koloniebeamte, etablierte Großkaufleute und Manufakturiers demonstrierten des öfteren ein elitäres Verhalten. Sie bildeten eine Gruppe, die in sich geschlossen war, Französisch als Umgangssprache pflegte, durch Heirat untereinander verwandt und verschwägert war, auf dem Sonderstatus der Kolonie beharrte, königstreu und konservativ war. Ihre Haltung verstärkte die Isolation, die selbstgesuchte Abgeschlossenheit der Kolonie.

Die französische Gemeinde war Ende des 18. Jahrhunderts in ihrer inneren Struktur ein verkleinertes Abbild des bürokratischen preußischen Staates. Für jedes neue Problem wurde erst einmal eine Kommission gebildet, die den Verantwortungsbereich absteckte. Das war zweifellos Ausdruck des Bestrebens, möglichst viele Laien in die Ent-

Medaille zum 100. Jahrestag des Edikts von Potsdam. Radierung von Chodowiecki, aus der Jubiläumsschrift der französischen Gemeinde von 1785

scheidungsfindung einzubeziehen, nahm aber teilweise groteske Ausmaße an. So gab es 1785 nicht weniger als 38 Kommissionen. Als am 7. September 1752 ein Reglement für Prediger, Küster und Schulmeister der Kurmark Brandenburg hinsichtlich der Pflanzung von Maulbeerbäumen auf Friedhöfen ergangen war, hatte das französische Konsistorium die Angelegenheit an die neugebildete Maulbeerbaumpflanzungskommission verwiesen. Im Juni 1750 gab es Verhandlungen über die Errichtung eines eigenen Arbeitshauses. Sofort setzte das Konsistorium eine Arbeitshauskommission ein. Als der Organist der Friedrichstadtkirche nicht mehr bezahlt werden konnte, beschloß man, eine Organistenlotteriekommission zu bilden, um das nötige Geld aufzutreiben. Die Gemeinde besaß übrigens große Erfahrungen in der Organisation und Durchführung von Lotterien, theoretische wie praktische. Theoretische deshalb, weil die Wahrscheinlichkeitstheoretiker Euler und Bernouilli als Gemeindeglieder ihre Erkenntnisse zur Verfügung stellten. Jean Bernouilli war Mitglied der französischen Gemeinde in Köpenick, und Leonhard Euler wirkte in seiner Berliner Zeit als Ancien und Verantwortlicher für die »École de Charité«. Beide diskutierten in der Akademie der Wissenschaften das »Genuesische Lotteriesystem« als ein praktisches Wahrscheinlichkeitsproblem. »Theoria cum praxi«: Diese Lotterie kam in der französischen Kolonie zugunsten der Armen und Waisen immer häufiger zur Anwendung.

Wie weit sich die Hugenottennachfahren integriert fühlten, wird an ihrer Haltung zur Französischen Revolution deutlich. In den Proto-

Überreichung der Stadtschlüssel von Berlin durch den Magistrat an den General der französischen Armee. Anonymer kolorierter Kupferstich, um 1806

kollen des Konsistoriums und Oberdirektoriums findet sich kaum ein Hinweis auf das große Ereignis in Frankreich, man war mit seinen eigenen Angelegenheiten beschäftigt. Allerdings begehrten einige namentlich bekannte Angehörige der französischen Kolonie, die blau-weiß-rote Kokarde, das Symbol der Französischen Revolution, zu tragen. Die deutschen Behörden erteilten aber in Abstimmung mit den französischen Koloniebehörden nur Nationalfranzosen das Recht, die Kokarde zu tragen. Konsistorium und Oberdirektorium distanzierten sich damit indirekt von der Revolution. Die Anzahl der eingewanderten – zumeist adligen – Emigranten, die vor der Revolution flohen und sich der französischen Koloniegerichtsbarkeit unterstellten, war nicht groß, obwohl auf Wunsch des Hofes in Berlin und Potsdam einige Emigranten in die französische Kolonie aufgenommen wurden. Hin und wieder flackerte der »trotzige hugenottische Geist« bei den Kolonieverantwortlichen auf, wenn diese den französischen Emigranten die Aufnahme in die Kolonie und die Gemeinde erfolgreich verweigerten.

1793 wurden in der Kolonie »Dons patriotiques« ins Leben gerufen, um preußische Soldaten zu unterstützen, die im Krieg gegen die Republik Frankreich Leben und Gesundheit einsetzten. In einem Aufruf heißt es dazu: »Wir legen auf den Altar des Vaterlandes unseren freiwilligen Beitrag, soviel ein jeder vermag, zum Unterhalt derer, welche der Krieg verstümmelte, welche der Heldentod des Gatten, des Vaters zu Witwen und Waisen machte; zur Belohnung für ausgezeichneten Muth; endlich zur Führung eines Krieges selbst, der, wenn je einer, die Sache aller Völker war.«

Diesen preußischen »Patriotismus« teilten nicht alle französischen Koloniebeamten, was aus Randbemerkungen in den Akten ersichtlich ist. Die Situation in Berlin und auch in der französischen Kolonie zur Zeit der Französischen Revolution wird durch eine Anekdote über die Turmuhr am Französischen Dom charakterisiert. Sie war 1791 auf Beschluß des Konsistoriums angebracht worden. Trotz vieler Bemühungen ging die Uhr stets um Stunden nach, und 1792 wurde entschieden, kein Geld mehr für ihre Reparatur auszugeben. Als die Turmuhr stehenblieb, machten die Berliner einen politischen Witz daraus, indem sie sagten, der König habe die Uhr stillgelegt, weil er den »französischen Stundenschlag« nicht hören wolle. Bekanntlich hatte in Frankreich 1789 für die Bourbonen »die Stunde geschlagen«.

Das Ende der Kolonie

Mit dem Einmarsch der napoleonischen Armee in Preußen brach der preußische Staat zusammen, und die Sonderexistenz der französischen Kolonie wurde in Frage gestellt. Als Napoleon in Berlin einmarschierte, kamen die französischen Kolonieangehörigen bei den deutschen Bewohnern in den Verdacht der Kollaboration. Der Kaiser ließ Ende Oktober 1806 vom Berliner Magistrat 2000 wohlhabende und einflußreiche Bürger benennen, die sich in der Petrikirche versammelten, um einen sechzigköpfigen Verwaltungsausschuß für die Stadt zu wählen. Aus diesem »Großen Rat« wurde ein siebenköpfiges »Comité administratif« als ausführendes Organ der Stadtverwaltung gebildet. Ihm gehörten auch Mitglieder der französischen Gemeinde an, und als ihr Sprecher trat häufig der Buchhändler Delagarde auf. Da dieses Comité zwischen Napoleon und dem preußischen Hof, der sich in Königsberg aufhielt, unter Wahrung der Interessen der Bürger Berlins vermitteln mußte und französische Koloniemitglieder auch in der neugebildeten Bürgergarde einflußreiche Positionen einnahmen (z. B. Oberst Jordan), wurde später von der borussischen Geschichtsschrei-

Eiserne Prägestempel und Kupfermedaille zum 200. Jahrestag des Edikts von Potsdam. Nach Entwurf von G. Loos, Waldemar Uhlmann und O. Schultz, Berlin 1885. Avers mit den Porträts Kurfürst Friedrich Wilhelms und Kaiser Wilhelms II.

bung von »zu freundlicher Zusammenarbeit« mit der französischen Besatzungsmacht gesprochen. Aber die Führung der französischen Gemeinde in Berlin mit Jean Pierre Erman an der Spitze war über diesen Verdacht erhaben. Die »Franzosen« mußten wie die deutsche Bevölkerung Einquartierungen und andere Belastungen durch die napoleonische Armee erdulden. Erman als Vertreter und Sprecher einer Abordnung der Bürger Berlins stellte sich auf die Seite Preußens. Auf einem Empfang bei Napoleon betonte er, daß die Hugenotten gute preußische Bürger geworden seien, und wies damit den Anspruch Frankreichs zurück, die Hugenottennachkommen seien französische Staatsbürger.

Aber derselbe Erman konnte es kaum verwinden, daß im Jahre 1809 im Zuge der preußischen Städtereform die französische Kolonie mit

Der Große Kurfürst empfängt eine Deputation der Réfugiés – ein »lebendes Bild« aus der Hugenottengeschichte vom Festabend zum 200. Jubiläum des Potsdamer Edikts am 29. Oktober 1885 in Berlin. Zu den »lebenden Bildern« hatte Theodor Fontane Verse gedichtet. Fotografie von F. Albert Schwartz

ihrer Rechtsprechung aufgelöst wurde und Oberdirektorium, Oberkonsistorium und französische Gerichte ihre Tätigkeit einstellten. Der preußische König garantierte in den Kabinettsordern vom 30. Oktober 1809 und 3. Februar 1812 der französisch-reformierten Gemeinde jedoch ausdrücklich alle religiösen Freiheiten und bisherigen Rechte, auch in der Verwaltung der Armenanstalten. Mit diesen Verordnungen wurde der juristische Schlußpunkt unter eine Entwicklung gesetzt, die zur völligen Integration der französischen Kolonie in das Gemeinwesen Berlins führte.

Margarete Welge

Die Französische Kirche zu Berlin

Die erste französisch-reformierte Gemeinde in Brandenburg entstand nicht in Berlin, sondern in dem benachbarten Städtchen Altlandsberg, wo sich schon ab 1670 eine kleine Gruppe französischer Handwerker zum Gottesdienst versammelte. Im Schicksalsjahr 1685 aber gab es nur in Berlin eine französische Gemeinde. Sie blieb trotz der zahlreichen Neugründungen, zu denen es nach der Ankunft und Niederlassung so vieler Glaubensbrüder aus Frankreich kam, die größte in Brandenburg-Preußen. Als Gemeinde der Residenz des Kurfürsten und späteren Königs fiel dieser Kirche eine besondere Rolle zu. Auf Berlin sahen die kleineren Gemeinden; was dort geschah, hatte Vorbildwirkung.

Die Reformierte Kirche von Frankreich

Die Geschichte dieser Gemeinde hatte in der Reformationszeit begonnen. Damals entstanden in Frankreich wie in Deutschland evangelische Gemeinden; aber anders als hier, wo Landesfürsten sich schützend vor die reformatorisch Gesinnten stellten, blieben die Könige Frankreichs immer der katholischen Kirche verbunden und drängten überdies den Einfluß der Partikulargewalten mehr und mehr zurück. So genossen die Evangelischen dort höchstens vorübergehend adligen Schutz. In der Regel waren sie jedoch auf sich allein gestellt. Es handelte sich um eine Minderheit – weniger als zehn Prozent aller Franzosen –, die trotz Bedrohungen und Verfolgungen das Recht behauptete, die einmal erkannte Wahrheit mit dem überzeugenden Wort, aber auch mit dem Schwert und immer wieder mit dem Martyrium öffentlich zu bekennen. Diese Minderheit bestritt die Überzeugungskraft der großen Zahl. Das Bewußtsein, zur Erkenntnis der Wahrheit und zum rechten Gottesdienst berufen zu sein, war wie ein Schutz und eine Waffe für sie.

In der Schule Johannes Calvins hatten die Protestanten Frankreichs gelernt, das Evangelium zu hören, zu predigen und ihre Gemeinden zu ordnen. Von dem Genfer Reformator, der ja ein Landsmann von ihnen war, lernten sie auch, daß der Glaube Auswirkungen auf das alltägliche Leben hat, also nicht fruchtlos bleiben kann. 1542 schrieb er: »Denn wahre Liebe zu Gott ist keine tote und leere Sache, sondern ein lebendiges Bewegtsein, hervorgerufen vom Heiligen Geist, sobald das Herz recht berührt und der Verstand erleuchtet ist.« Calvin hatte in Genf durchgesetzt und in einer Kirchenordnung festgeschrieben, daß kirchliche Angelegenheiten nur von der geistlichen Leitung, nicht aber vom städtischen Rat entschieden wurden. Das konnte ein Vorbild für die Gemeinden in Frankreich sein. Die »Discipline Ecclésiastique« von 1559 gab der Église Réformée de France eine Anleitung zur Selbstverwaltung von der Ortsgemeinde bis hin zur Nationalsynode. Entscheidend war, daß die Versammlung der Gläubigen am Ort als die eigentliche Kirche begriffen wurde. Sie war gemeinsam mit allen anderen Gemeinden das Volk Gottes und hatte dafür zu sorgen, daß der Ausbreitung des Wortes Gottes kein Hindernis im Wege stand und ihm keine Schande bereitet wurde. Daher übte sie Kirchenzucht: durch brüderliche Ermahnung und notfalls durch Ausschluß vom Abendmahl. Ihre Leitung lag in den Händen von Predigern, Ältesten und Diakonen, die gemeinsam das Konsistorium bildeten und zu entscheiden hatten. In der Kirche, dem Königreich Jesu Christi, sollte jeder einzelne, gleich ob König oder Bauer, nur ein Glied sein, aber verbunden mit allen anderen Gliedern und verantwortlich für jedes von ihnen.

Diese kluge, demütig-stolze Ordnung hatte den Gemeinden Halt gegeben in den harten und blutigen Auseinandersetzungen vieler Jahre. Sie konnte jedoch nicht verhindern, daß auch die Protestanten den Versuchungen einer gesicherten Existenz und einem monarchischen Kult erlagen, der sie lange Zeit blind machte für die immer deutlicheren Anzeichen der drohenden Vernichtung ihrer Kirchen durch das absolutistische Regime Ludwigs XIV. Der Schock der Dragonaden und der formellen Aufhebung des Edikts von Nantes bewirkte eine schreckliche Ernüchterung. Sie mußten sich vom Intendanten des Languedoc, Baltazar, sagen lassen, ihre Religion sei nur eine solche der »Konzession, der Toleranz« gewesen. Die Konzession wurde ihnen entzogen, so daß ihr Glaube fortan »ein Verbrechen und ein Attentat, ein Unrecht gegenüber der öffentlichen Ordnung, gegenüber der Religion des Fürsten und des Staates« war. Frankreichs Evangelische hatten nur die Wahl, »entweder sich zu verbergen, abzuschwören und sich in die Lage zu schicken, oder zu pro-testieren, d.h., angesichts der Verfolger für die Wahrheit zu zeugen«, wie Jacques Ellul in einer Sondernummer der Zeitschrift »Réforme« zum 300. Jahrestag der Revokation des Edikts von Nantes pointiert formuliert hat. Ein Viertel der Pfarrer schwor ab, die anderen gingen in die Verbannung. 200000 Gemeindeglieder folgten ihnen heimlich und illegal.

Die flüchtigen Protestanten, die in Brandenburg-Preußen eintrafen, fanden hier kein Paradies vor. Nicht allein, daß das Land wirtschaftlich rückständig war, es herrschte auch konfessioneller Unfriede. Der reformierte Landesherr hatte nur mit großer Mühe und durch Edikte die lutherische Geistlichkeit in Brandenburg, vor allem in Berlin, dazu gebracht, die reformierten Pfarrer und ihre Gemeinden zu dulden. Nun kamen reformierte Franzosen in großer Zahl. Konnte man es den Alteingesessenen verdenken, daß sie argwöhnten, der Große Kurfürst beabsichtige, ganz Brandenburg ins reformierte Lager zu führen, zumal schon einige der hohen Beamten reformierten Glaubens waren? Behutsam mußte der Kurfürst vorgehen, sollte nicht alte Unzufriedenheit neuen Zündstoff erhalten.

Neuanfang in Berlin

Die Anfänge der Berliner Gemeinde sind bescheiden gewesen. Der Kurfürst beschäftigte an seinem Hof reformierte Franzosen, in seiner Armee gab es ebensolche Offiziere, und außerdem lebten in der Stadt reformierte französische Kaufleute und Handwerker. Der Wunsch nach einem französischen Gottesdienst war verständlich. Der kurfürstliche Generalleutnant und Oberstallmeister Louis de Beauveau Graf d'Espence machte sich zum Fürsprecher dieser etwa 100 bis 150 Personen und erreichte, daß der Kurfürst Pastor David Fornerod zum Prediger berief. Er war zugleich für den Katechismusunterricht der kurfürstlichen Kinder zuständig. Der erste französische Gottesdienst konnte am 10. Juni 1672 in einem Zimmer des Kammerherrn von Pöllnitz im Marstall in der Breiten Straße stattfinden. Mit der Eintragung dieser Ereignisse beginnen die »Registre des actes consistorianse de l'église françoise réformée de Berlin«, die Protokolle des Konsistoriums. Interessant ist, daß schon in dieser sicher noch kleinen gottesdienstlichen Versammlung ein Nichttheologe, Herr Bel-

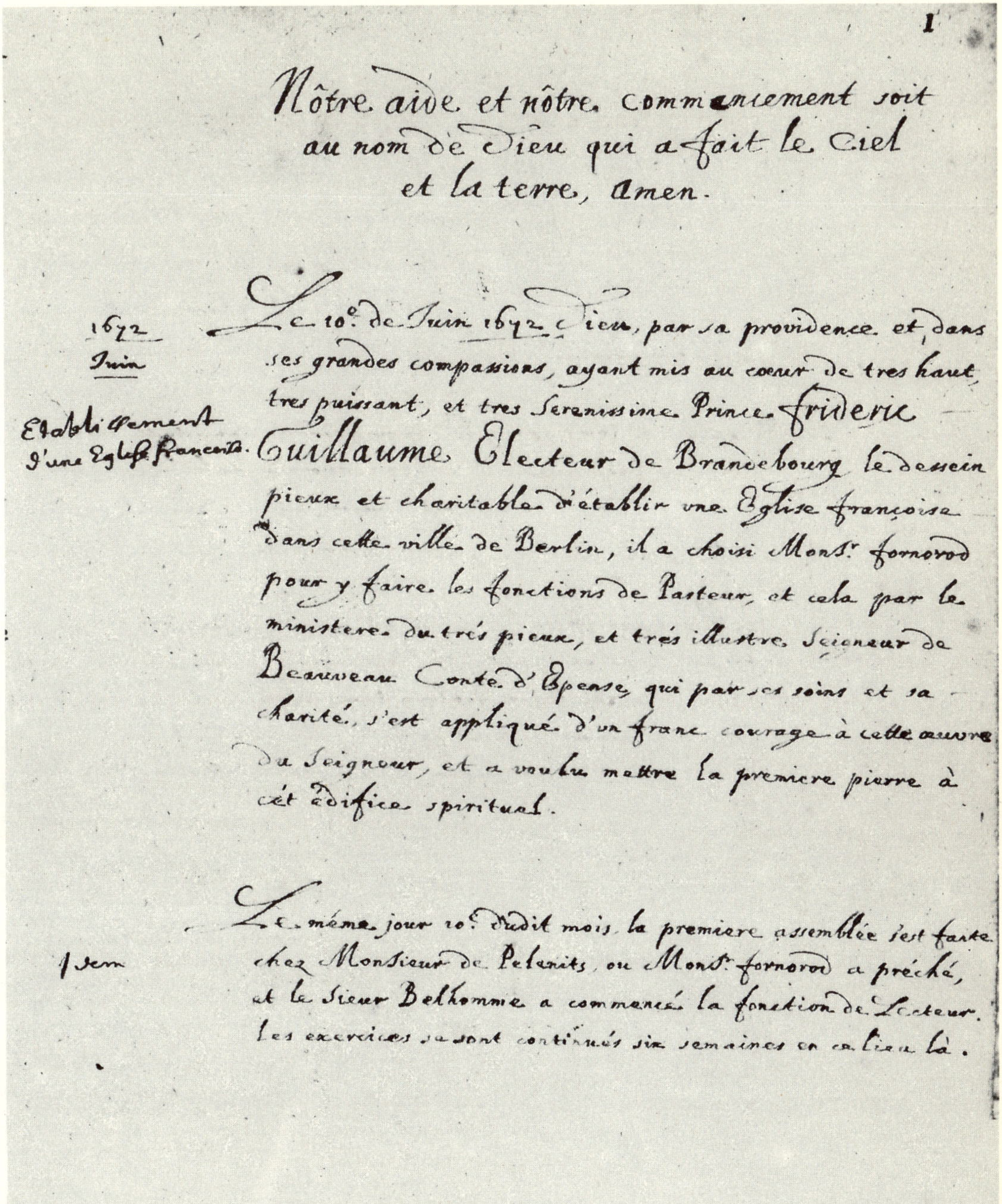

1

Nôtre aide et nôtre commencement soit
au nom de Dieu qui a fait le ciel
et la terre, Amen.

1672 Juin — Etablissement d'une Eglise françoise.

Le 10e de Juin 1672 Dieu, par sa providence et dans ses grandes compassions, ayant mis au coeur de tres haut tres puissant, et tres Serenissime Prince Frideric Guillaume Electeur de Brandebourg le dessein pieux et charitable d'établir une Eglise françoise dans cette ville de Berlin, il a choisi Monsr. fornerod pour y faire les fonctions de Pasteur, et cela par le ministere du très pieux, et très illustre Seigneur de Beauveau Conte d'Espense, qui par ses soins et sa charité, s'est appliqué d'un franc courage à cette oeuvre du Seigneur, et a voulu mettre la premiere pierre à cét edifice spirituel.

Idem — Le même jour 10e dudit mois la premiere assemblée s'est faite chez Monsieur de Peterits, ou Monsr. fornerod a préché, et le Sieur Belhomme a commencé la fonction de Lecteur. Les exercices se sont continués six semaines en ce lieu là.

Ältestes Konsistorialprotokoll mit der Eintragung über die Gründung der französisch-reformierten Gemeinde in Berlin am 10. Juni 1672

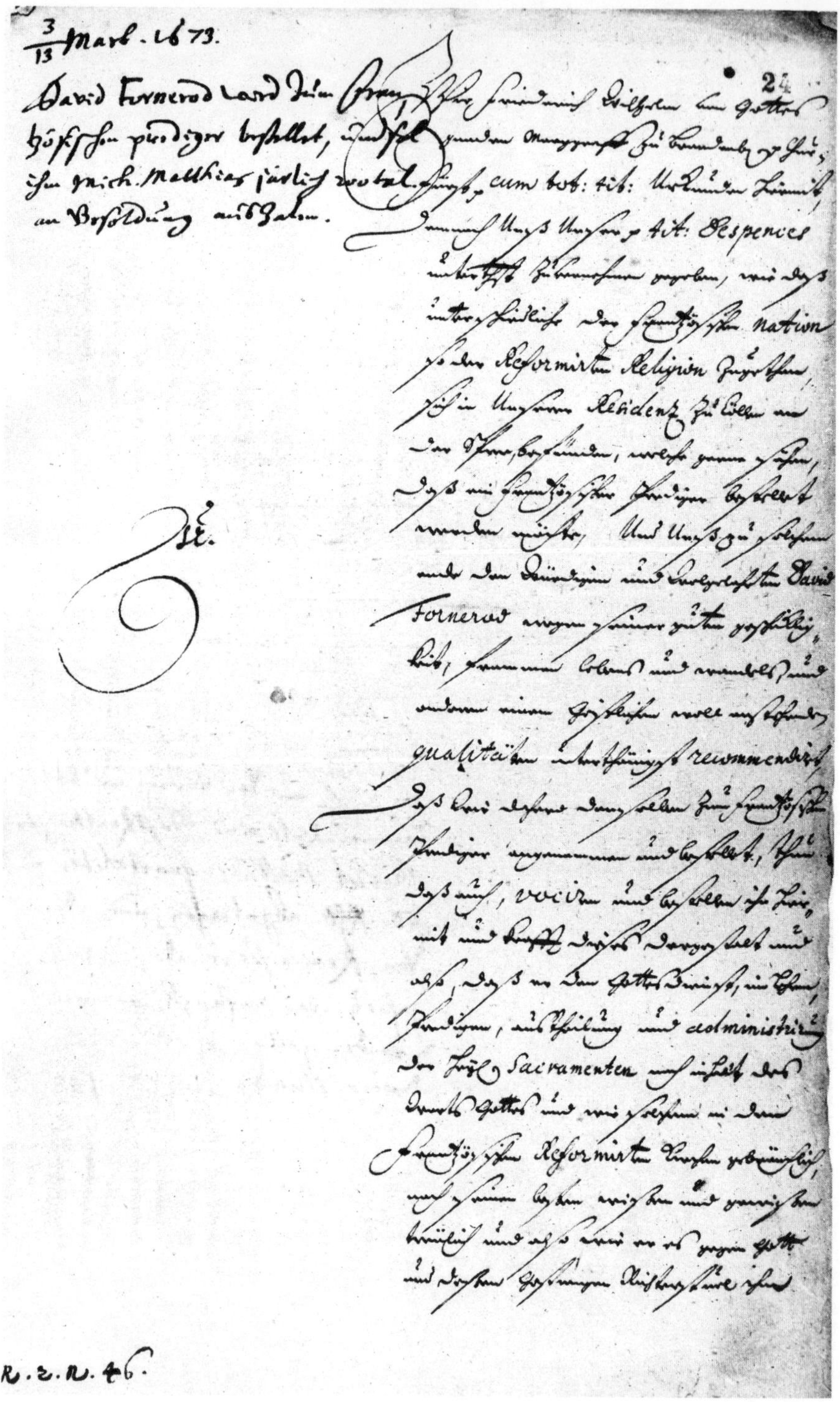

Berufung David Fornerods zum ersten Prediger am 3./13. März 1673

homme, als Lektor mitwirkte. Im übrigen wird alles sehr schlicht gewesen sein. Erst zwei Jahre später, 1674, nachdem die ersten Ältesten, die Herren Prépetit, Le Noir und Belhomme, eingeführt worden sind, wird vermerkt, sie hätten für die Kirche einen Kelch, einen Teller, eine Tischdecke und zwei Servietten gekauft. Bislang hatte man sich beim Abendmahl offenbar schlecht und recht beholfen. Wie diese Ältesten ihr Amt erhielten, ob sie gewählt oder ernannt wurden, darüber erfahren wir aus den Protokollen nichts.

So klein die Gemeinde auch war, es gab Spannungen zwischen einigen Gliedern. Darüber berichtet eine der ersten Eintragungen. Herr St. Paul hatte eine Bank im Gottesdienstraum aufgestellt. Sie sollte entfernt werden, weil sie »Affairen verursachte, die lange Zeit die Gemeinde bewegten«. Möglicherweise verbirgt sich hinter dieser Nachricht ein sozialer Konflikt. Während man normalerweise beim Gottesdienst stand – Bänke wurden erst später angeschafft –, stellte sich ein Wohlhabender seine Privatbank in den Gottesdienstraum. Das wurde nicht geduldet.

Der Bericht über die Amtseinführung des Pfarrers Jacques Abbadie im Jahre 1680 gibt Auskunft über die kirchenrechtliche Stellung der Gemeinde. Nach einem Abendmahlsgottesdienst in französischer Sprache im Marstall wird Abbadie im Dom von den reformierten Predigern Schmettau und Ursinus in deutscher Sprache eingeführt. Offenbar unterstand die französische Gemeinde damals der deutsch-reformierten Domgemeinde. Hat der Kurfürst gezögert, eine zweite selbständige reformierte Gemeinde zu gründen, weil er Rücksichten auf lutherische Empfindlichkeiten zu nehmen hatte? Doch wurde im gleichen Jahr ein Receveur bestellt, ein Verwalter der Armengelder. Das war ein kleiner Schritt in Richtung auf die französische Kirchenordnung. Erst zwei Jahre später wurde aufgrund einer mündlichen Genehmigung des Kurfürsten, die der Staatsminister von Fuchs übermittelte, eine Compagnie von Ältesten (von einem Konsistorium war nicht die Rede) durch die Familienväter gewählt. Die Ältesten durften sich nur um die Armengelder kümmern und auf gute Lebensweise in den Familien achten. Dabei sollten sie behutsam vorgehen und vor allem die Ordnung des Domes und des deutschen Konsistoriums respektieren. Am liebsten hätte man gesehen, wenn nicht von Ältesten, sondern nur von Diakonen die Rede gewesen wäre. Für die Ältestenwahl wurden 1684 genauere Festlegungen getroffen. Jedes Jahr sollten die beiden Ältesten ausscheiden und dafür zwei neu gewählt werden. Außerdem wurden Visitationsbezirke für Pfarrer und Älteste festgelegt. Diese Ordnung erhielt im gleichen Jahr die formelle Bestätigung durch den Kurfürsten, nachdem die Kompetenz der Compagnie in Fragen der Kirchenzucht angezweifelt worden war. Obwohl die Gemeinde einen zweiten Pfarrer bekam und ständig wuchs, blieb diese Rechtslage bis zum Oktober 1685 bestehen.

1681 hatten die ersten Schreckensnachrichten aus Frankreich die Gemeinde erreicht. Pastor Abbadie erbat vom Großen Kurfürsten die Erlaubnis für ein allgemeines Fasten. Zum ersten Mal registrierte das Konsistorium auch Fälle von Réfugiés, die ihren Glauben verleugnet hatten und in Frankreich der katholischen Kirche beigetreten waren. Sie bekannten öffentlich im Gottesdienst ihren Irrtum und wurden dadurch wieder in die Gemeinde aufgenommen.

Als die gottesdienstliche Versammlung immer größer wurde, mußte man 1682 in die Schloßkapelle umziehen. Staatsminister von Fuchs und Graf d'Espence hatten diese Möglichkeit als besonderen Gnadenerweis des Hofes erwirkt. Es sollte nicht der einzige Umzug bleiben. Nach dem Tode des Kurfürsten Friedrich Wilhelm durfte die Gemeinde den Dom benutzen, bis die Dorotheenstädtische und die Werderkirche ihr neue Unterkunft gewährten. 1705 wurde dann die Friedrichstadtkirche eingeweiht. Und Anfang des 18. Jahrhunderts kamen noch die Klosterstraßen- und die Luisenstadtkirche hinzu. Da auch im Hospital französisch gepredigt wurde, gab es in Berlin bald sechs französische Predigtstätten. Doch noch war die Gemeinde klein, ihr genügte ein Raum.

In den Protokollen aus dieser Zeit wird bereits seitenlang über Unterstützungen für die ankommenden Flüchtlinge berichtet. So werden

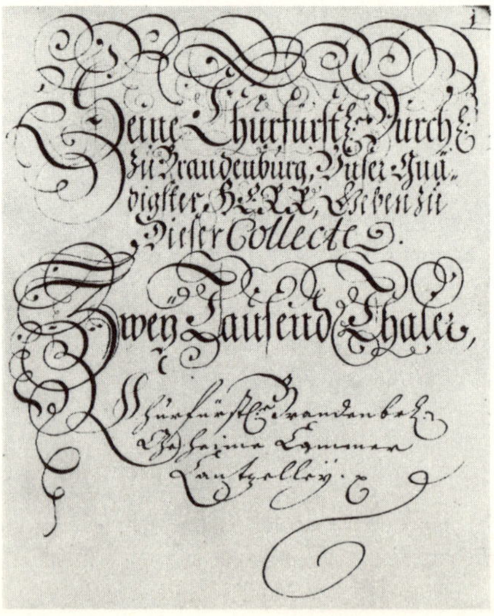
Seine Churfürstl. Durchl.
zu Brandenburg, Unser Gnä-
digster HERR, Geben zu
dieser Collecte
Zwey Tausend Thaler,

Eintragung im Kollektenbuch über eine Spende des Kurfürsten Friedrich III. in Höhe von 2000 Talern

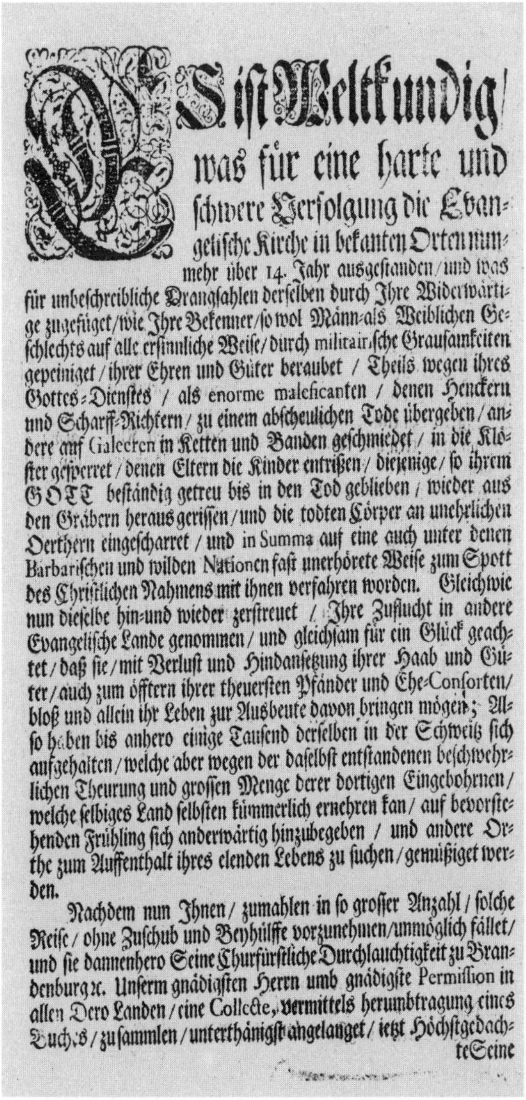

Es ist Weltkundig / was für eine harte und schwere Verfolgung die Evangelische Kirche in bekanten Orten nunmehr über 14. Jahr ausgestanden / und was für unbeschreibliche Drangsahlen derselben durch Ihre Widerwärtige zugefüget / wie Ihre Bekenner / so wol Männ- als Weiblichen Geschlechts auf alle ersinnliche Weise / durch militairische Grausamkeiten gepeiniget / ihrer Ehren und Güter beraubet / Theils wegen ihres Gottes-Dienstes / als enorme maleficanten / denen Henckern und Scharff-Richtern / zu einem abscheulichen Tode übergeben / andere auf Galeeren in Ketten und Banden geschmiedet / in die Klöster gesperret / denen Eltern die Kinder entrißen / diejenige / so ihrem GOTT beständig getreu bis in den Tod geblieben / wieder aus den Gräbern heraus gerissen / und die todten Cörper an unehrlichen Oerthern eingescharret / und in Summa auf eine auch unter denen Barbarischen und wilden Nationen fast unerhörete Weise zum Spott des Christlichen Nahmens mit ihnen verfahren worden. Gleichwie nun dieselbe hin- und wieder zerstreuet / Ihre Zuflucht in andere Evangelische Lande genommen / und gleichsam für ein Glück geachtet / daß sie / mit Verlust und Hindansetzung ihrer Haab und Güter / auch zum öfftern ihrer theuersten Pfänder und Ehe-Consorten / bloß und allein ihr Leben zur Ausbeute davon bringen mögen; Also haben bis anhero einige Tausend derselben in der Schweitz sich aufgehalten / welche aber wegen der daselbst entstandenen beschwehrlichen Theurung und grossen Menge derer dortigen Eingebohrnen / welche selbiges Land selbsten kümmerlich ernehren kan / auf bevorstehenden Frühling sich anderwärtig hinzubegeben / und andere Orthe zum Auffenthalt ihres elenden Lebens zu suchen / genöthiget werden.

Nachdem nun Ihnen / zumahlen in so grosser Anzahl / solche Reise / ohne Zuschub und Beyhülffe vorzunehmen / unmöglich fället / und sie dannenhero Seine Churfürstliche Durchlauchtigkeit zu Brandenburg ꝛc. Unserm gnädigsten Herrn umb gnädigste Permission in allen Dero Landen / eine Collecte, vermittels herumbtragung eines Buches / zu sammlen / unterthänigst angelanget / ietzt Höchstgedachte Seine

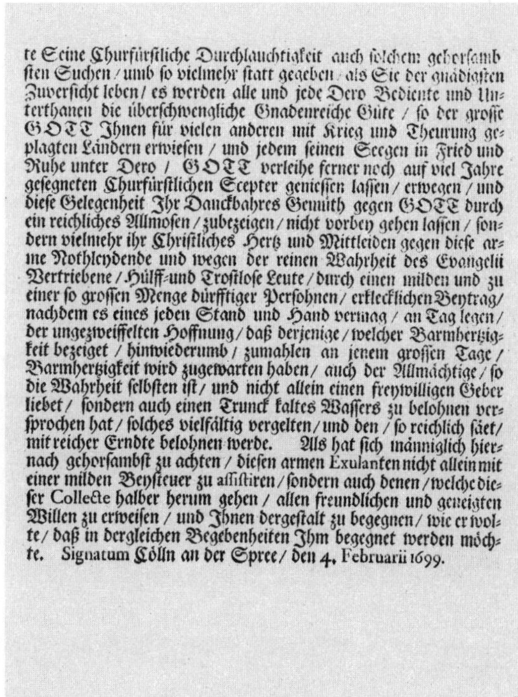

te Seine Churfürstliche Durchlauchtigkeit auch solchem gehorsambsten Suchen / umb so vielmehr statt gegeben / als Sie der gnädigsten Zuversicht leben / es werden alle und jede Dero Bediente und Unterthanen die überschwengliche Gnadenreiche Güte / so der grosse GOTT Ihnen für vielen anderen mit Krieg und Theurung geplagten Ländern erwiesen / und jedem seinen Seegen in Fried und Ruhe unter Dero / GOTT verleihe ferner noch auf viel Jahre gesegneten Churfürstlichen Scepter geniessen lassen / erwegen / und diese Gelegenheit Ihr Danckbahres Gemüth gegen GOTT durch ein reichliches Allmosen / zubezeigen / nicht vorbey gehen lassen / sondern vielmehr ihr Christliches Hertz und Mittleiden gegen diese arme Nothleydende und wegen der reinen Wahrheit des Evangelii Vertriebene / Hülff- und Trostlose Leute / durch einen milden und zu einer so grossen Menge dürfftiger Persohnen / erklecklichen Beytrag / nachdem es eines jeden Stand und Hand vermag / an Tag legen / der ungezweiffelten Hoffnung / daß derjenige / welcher Barmhertzigkeit bezeiget / hinwiederumb / zumahlen an jenem grossen Tage / Barmhertzigkeit wird zugewarten haben / auch der Allmächtige / so die Wahrheit selbsten ist / und nicht allein einen freywilligen Geber liebet / sondern auch einen Trunck kaltes Wassers zu belohnen versprochen hat / solches vielfältig vergelten / und den / so reichlich säet / mit reicher Erndte belohnen werde. Als hat sich männiglich hiernach gehorsambst zu achten / diesen armen Exulanten nicht allein mit einer milden Beysteuer zu assistiren / sondern auch denen / welche dieser Collecte halber herum gehen / allen freundlichen und geneigten Willen zu erweisen / und Ihnen dergestalt zu begegnen / wie er wolte / daß in dergleichen Begebenheiten Ihm begegnet werden möchte. Signatum Cölln an der Spree / den 4. Februarii 1699.

Aufruf des Kurfürsten vom 4. Februar 1699 zur Unterstützung einer Kollekte für die Réfugiés; Vorder- und Rückseite

am 2. September 1685 die beiden Chirurgen Jean La Roche aus Nérac und Etienne Faucher aus Montpellier, die beide über gute Zeugnisse verfügen, mit einem Taler acht Groschen unterstützt in der Hoffnung, daß sie Arbeit finden. Wenn nicht, will man ihnen Reisegeld geben, damit sie sich anderwärts umsehen können. Am gleichen Tage erhalten auch David und Daniel Baudesson aus Metz eine Unterstützung in derselben Höhe und in der gleichen Absicht. Alle vier tauchen in den Eintragungen wenig später wieder auf. Sie haben keine Arbeit finden können und müssen weiterreisen.

Am 25. September 1685 wandte sich das Konsistorium mit einer Bitte um Hilfe an den Kurfürsten, da »Tag für Tag ... die armen Réfugiés aus Frankreich« ankamen. Aus den vielen kurzen Eintragungen in den Protokollen kann man auf die großen Schwierigkeiten schließen, die einer Seßhaftwerdung der eintreffenden Franzosen vor dem Oktober 1685 entgegenstanden. Es konnte immer nur von Fall zu Fall, ganz individuell geholfen und entschieden werden.

Die kirchenrechtliche Entwicklung nach dem 29. Oktober 1685

Das Edikt von Potsdam vom 29. Oktober 1685 zog einen Schlußstrich unter alle bisherigen Provisorien. Zugleich war es ein neuer Anfang. Im Artikel 11 dieses Edikts heißt es: »In einer jeden Stadt wollen Wir gedachten Unsern Frantzösischen Glaubens-Genossen einen besonderen Prediger halten, auch einen bequemen Ort anweisen lassen, woselbst das exercitium Religionis Reformatae in Frantzösischer Sprache und der Gottesdienst mit eben denen Gebräuchen und Ceremonien gehalten werden sol, wie es biß anhero bey den Evangelisch-Reformirten Kirchen in Franckreich bräuchlich gewesen.« Aus dieser Formulierung schlossen die Réfugiés, daß bei ihnen fortan die Discipline Ecclésiastique uneingeschränkt gelten sollte. Es scheint, daß sie selbstverständlich auch die Einberufung von Synoden erwarteten, wie sie den wallonischen Gemeinden in den Niederlanden gestattet worden war. Der Große Kurfürst und seine Berater aber hatten dergleichen kaum im Sinn, wie sich bald herausstellen sollte.

Keine Frage war mehr, daß die französisch-reformierte Gemeinde fortan völlig selbständig und losgelöst von der deutsch-reformierten Domgemeinde bestehen würde. Sie konnte ihre inneren Angelegenheiten nach den Richtlinien der Discipline Ecclésiastique selbstverantwortlich regeln. Im Juni 1688 beschloß das Konsistorium, d.h. die Versammlung der Pfarrer und Ältesten, mehrheitlich, jeder Pfarrer habe sich durch Unterschrift auf die Discipline zu verpflichten. Im Dezember 1689 wurde das durch eine kurfürstliche Verfügung bestätigt, allerdings mit einem Vorbehalt bezüglich des obersten Kirchenregiments: Der Landesherr als Oberhaupt seiner Kirche nahm für sich die letzte Entscheidung in Glaubens- und Religionsfragen in Anspruch. Auf die Wahrung der bischöflichen Rechte des Fürsten achteten dazu bestellte Beamte des Kurfürsten, z.B. der Staatsminister von Fuchs. Später stellte die 1694 vom Kurfürsten eingesetzte Commission

Silberne Abendmahlskelche, gestiftet 1726 von General Forcade zur Einweihung der Kirche in der Klosterstraße

Ecclésiastique die einheitliche Verwaltung sicher, ehe 1701 das französische Oberkonsistorium (Consistoire Supérieur) geschaffen wurde. Ihm unterstanden bis 1809 alle französisch-reformierten Gemeinden in Brandenburg-Preußen.

Spätere Chronisten haben sich z.T. gewundert, daß die französisch-reformierten Gemeinden in Brandenburg nicht mehr um ihre Synoden gekämpft haben. Von solchen Kritikern wird jedoch die konkrete Lage, in der sich diese Gemeinden nach 1685 befanden, zu wenig bedacht. Schon in Frankreich hatten die Reformierten trotz der

Bedrohung seit 1659 ohne Nationalsynoden auskommen müssen. Jetzt hatte man einen wohlgesonnenen Landesherrn, mit dem man gemeinsam denselben Glauben bekannte, der sich als verständnisvoller Beschützer in äußerster Bedrängnis, als tatkräftiger Helfer in den vielen alltäglichen Nöten und Widrigkeiten erwies. Warum hätte man ihm trotzen sollen? Überdies rückten bald viele Gemeindeglieder in einflußreiche Ämter der staatlichen Kolonie- und Kirchenverwaltung auf. Es gab vielfache personelle Überschneidungen innerhalb der kirchlichen und staatlichen Behörden, mannigfache Möglichkeiten für die Franzosen, Entscheidungen zu beeinflussen. Französische Kirche und französische Kolonie waren im 18. Jahrhundert fast dasselbe, die Bezeichnungen auswechselbar.

Hinzu kam etwas anderes. Die Réfugiés traten der landesherrlichen Macht des Kurfürsten ohne Vorbehalte gegenüber. In der überwiegenden Mehrzahl waren sie wie ihre katholischen Mitbürger in Frankreich überzeugte Monarchisten gewesen. Sie waren es natürlich auch in Brandenburg, wo sie in der Tat mehr Grund hatten, den Fürsten zu ehren, als in ihrer Heimat.

Die Französische Kirche in der Friedrichstadt entwickelte sich bald zu einem Zentrum der französisch-reformierten Gemeinde Berlins. Sie wurde von 1701 bis 1705 erbaut, der Turmbau entstand erst 80 Jahre später. Fotografie von Schwartz, 1885

Kurfürst Friedrich Wilhelm und sein Sohn Kurfürst Friedrich III. (der spätere König Friedrich I.) erwiesen sich als sehr feinfühlig bei der Behandlung der Kirchenangelegenheiten der Réfugiés. Sie bestätigten das Wichtigste, die Selbstverwaltung und Eigenverantwortung der Kirchen am Ort, und griffen nicht in sie ein. Ihr Nachfolger, König Friedrich Wilhelm I., verfuhr allerdings anders.

Er versuchte 1715 mit massiven Vorwürfen gegen die Amtsführung der Pfarrer, die innere Struktur der Gemeinde zu ändern. Ihm mißfiel, daß die Pfarrer reihum in jeder Kirche predigten und dabei dieselbe Predigt wiederholten. Auch glaubte er, durch diesen Wechsel werde eine von Vertrauen und genauer Kenntnis bestimmte Bindung des Pfarrers an die Gemeinde erschwert. Daher verfügte er, daß die Gemeinde in drei Pfarrbezirke eingeteilt werde mit je einer Kirche und drei Pfarrern. Die ältesten Pfarrer sollten an der Werderkirche amtieren; sie galt als die vornehmste, weil sie in der Nähe des Schlosses lag. Ihr folgte im Range die Dorotheenstädtische Kirche. Die Friedrichstadtkirche, mitten im Armenviertel gelegen, erhielt die jüngsten und am wenigsten bekannten Prediger. So wurde die Gleichheit der Pfarrer, dieses wichtige Prinzip der französisch-reformierten Kirchenorganisation, zugunsten einer Rangordnung aufgehoben, wie sie bei den Deutschen üblich war. Unterstützt wurde diese Tendenz noch durch die Anordnung, in Zukunft solle nur noch ein Pfarrer im Konsistorium Sitz und Stimme haben. Der König wollte dieses Gremium verkleinern, seine Arbeit straffen. Darum wurden auch die Ältesten-Diakone von den Sitzungen des Konsistoriums ausgeschlossen. Ihre ganze Kraft sollte der Armenfürsorge gehören, die der König mit Wohlwollen beurteilte. Die Pfarrer sollten die gewonnene Zeit für die Ermahnung und Tröstung des Kirchenvolks nutzen, das sei bislang zu kurz gekommen.

Diese Anordnungen verursachten einen Sturm der Entrüstung. Viele in der Berliner Kolonie sahen in ihnen den Anfang vom Ende der Französischen Kirche. Der König erreichte zwar die Einteilung in Pfarrbezirke, mußte aber der allgemeinen Empörung der »Franzosen« Rechnung tragen und zurückstecken. 1720 wurde auch von ihm der Sonderstatus der französischen Kirchen und Kolonien bestätigt.

Margarete Welge

Die Struktur der Französischen Kirche zu Berlin im 18. Jahrhundert

Es ist hier der Ort, die Organisationsform der Französischen Kirche zu Berlin näher zu betrachten. Manche Vorwürfe Friedrich Wilhelms sind sicher begründet gewesen. Er hatte recht, wenn er meinte, bei plötzlichen Neuerungen gebe es großes Geschrei, den sich allmählich einschleichenden Schlendrian aber nehme man gelassen hin. Ohne Frage ist die Französische Kirche zu keiner Zeit eine vollkommene Gemeinde gewesen. Es gab leider zu oft mehr Nachsicht gegenüber den Wohlhabenden als gegenüber den Armen und zuviel Empfindlichkeit in bezug auf die eigene Würde, man urteilte nicht immer nach sachlichen Gesichtspunkten, sondern ließ sich auch von persönlichen Neigungen leiten. Immer aber war die Gemeinde nachweislich bemüht, selbstkritisch zu sein, Mängel abzustellen und eine menschlich wie geistlich vertretbare Ordnung zu erreichen. Dabei wurden stets die Väter zu Rate gezogen; man forschte nach, wie früher in einem vergleichbaren Fall verfahren worden war. Die Regeln, die so gefunden wurden, werden in den Protokollbüchern jeweils als »Reglemens« besonders gekennzeichnet.

In dem Maße, wie die Gemeinde wuchs und neue Arbeitsgebiete und Institutionen – vor allem in der Armenfürsorge – entstanden, wurden diese Richtlinien für die kirchliche Verwaltung umfangreicher und differenzierter. 1791 wurden die »Règlemens pour la Compagnie du Consistoire de l'Eglise Françoise de Berlin« zum ersten Male gedruckt. Es ist ein Buch von 622 Seiten, das in vier Abteilungen von der Assemblée générale (Generalversammlung), dem Konsistorium, dem Diakonat und den Kommissionen handelt. Die Reglements sind keine Neuschöpfung, sondern schreiben lediglich all das fest, was sich entwickelt hatte und praktiziert wurde oder praktiziert werden sollte. Mit diesem Werk soll, so sagt das Vorwort, besser bekannt gemacht werden, wie die Kirche geleitet wird. Es soll dafür sorgen, daß »Harmonie, Eintracht und Friede« erhalten bleiben und jeder seine Pflichten besser erkennt. Schließlich erhoffen sich die Verfasser davon mehr Ordnung und Regelmäßigkeit im Kirchenregiment und mehr Interesse der Glieder für die Wohlfahrt der Kirche.

Die Art, wie die Reglements entstanden, ist für den Arbeitsstil dieser Kirche bezeichnend. 1778 ernannte die Compagnie des Konsistoriums, nachdem der Hof ein zustimmendes Rescript erlassen hatte, eine Kommission, die das gesamte vorliegende Material, obrigkeitliche Verfügungen und eigene Festlegungen, sichten und aufbereiten sollte. Das Ergebnis dieser Arbeit wurde einer Familienväterversammlung (Corps entier des Chefs de famille) vorgelegt. Diese beschloß 1783, aus ihrer Mitte 30 Personen zu wählen, die das Werk durchsehen sollten und das Recht erhielten, alles in Erwägung zu ziehen, »was dem größeren geistlichen und zeitlichen Wohl der Kirche dienen könnte«. Diese Kommission erstattete der Generalversammlung der Familienväter im September 1786 Bericht. Um die Arbeit endgültig abzuschließen, wurde eine gemischte Kommission aus neun Familienvätern und neun Mitgliedern des Konsistoriums berufen. Sie durfte einerseits nichts ändern, was von den bisherigen Kommissionen einmütig gebilligt worden war, sollte andererseits alle noch strittigen Punkte mit Zweidrittelmehrheit entscheiden. Eine letzte Familienväterversammlung bestätigte schließlich 1791 die Ergebnisse der gründlichen Kommissionsarbeit.

Diese langwierige Prozedur macht das Bemühen um eine möglichst breite Basis für die Arbeit der Kirche deutlich. Die Gemeinde sollte einbezogen sein. Das entsprach dem Selbstverständnis der Kirche. In der Praxis aber war man angewiesen auf Fachleute für Theologie, Recht, Finanzen, Wirtschaftsführung und konnte sich nicht mit einer zeit- und kraftaufwendigen Unterrichtung und Aufklärung der in ihrer Mehrheit unwissenden Gemeindeglieder aufhalten, so daß am Ende doch nur eine kleine Gruppe von Männern die Entscheidungen traf. Dieses elitäre Vorgehen haben vor allem im späten 19. Jahrhundert kritische Geister in Frage gestellt.

Die für einen Außenstehenden zunächst verwirrende, in Wirklichkeit aber sehr logische Organisation der Kirche hat ihr Zentrum im Konsistorium, vergleichbar dem in der evangelischen Kirche heute üblichen Presbyterium. Für die verschiedenen Zuständigkeitsbereiche gab es Konsistorien: für die Paroisse (den Pfarrbezirk), für die geistlichen Angelegenheiten und für alle wichtigen Fragen der Gesamtgemeinde, außerdem war da noch das vom Landesherrn eingesetzte staatliche Oberkonsistorium. Man muß immer den sachlichen Zusammenhang und die genaue Bezeichnung im Auge behalten, will man wissen, von welchem Konsistorium jeweils die Rede ist. Normalerweise wird mit Konsistorium die für eine Gemeinde letztlich verantwortliche Leitung, die Versammlung aller Pfarrer, Ältesten und Diakonen, bezeichnet. Sie wird häufig die »Vénérable Compagnie du Consistoire« genannt, auch einfach die Compagnie. Um sie von dem engeren, nur für die geistlichen Fragen zuständigen Gremium zu unterscheiden, nennen die Reglements sie die Generalversammlung des

Konsistoriums, den Unterschied zum Oberkonsistorium betont dagegen die Bezeichnung »Consistoire ordinaire«. Ob also vom Konsistorium, von der Compagnie oder von der Generalversammlung die Rede ist, immer ist die Leitung der Gemeinde gemeint. Ihre Mitglieder haben alle dieselben Rechte. Die Pfarrer amtieren reihum als Vorsitzende, sonst genießen sie keinerlei Vorrecht. Entschieden wird mit Stimmenmehrheit. Das Ergebnis muß von allen Konsistoriumsmitgliedern, also auch von der überstimmten Minderheit, nach außen als die Entscheidung der Compagnie vertreten werden.

Über alle Vorgänge soll gegenüber Außenstehenden strenges Schweigen gewahrt werden. Doch obwohl zweimal im Jahr an dieses Schweigegebot erinnert wurde, kam es immer wieder zu ärgerlichen Verstößen dagegen, was bei der Größe dieses Gremiums auch nicht verwunderlich ist. 1791 bestand das Konsistorium immerhin aus 59 Personen: zehn Pfarrern, 16 Ältesten und 26 Diakonenältesten sowie aus dem Schatzmeister, dem Verwalter der Armengelder, den Sekretären der Generalversammlung, des Konsistoriums (im engeren Sinn) und des Diakonats, dem Kirchenbuchführer und dem Kassierer

Silberne Tischglocke des Vorstands des Berliner französischen Konsistoriums, zweite Hälfte 19. Jh.

der Armenbäckerei. In den ersten Jahrzehnten des Bestehens der Gemeinde war das Konsistorium natürlich eine wesentlich kleinere Institution, und auch im 19. Jahrhundert, erst recht aber in der Gegenwart, gingen die Zahlen wieder zurück. Arbeitsnotwendigkeiten und die Schwierigkeit, passende Mitarbeiter zu finden, spielten dabei eine Rolle.

Wie groß es auch immer gewesen sein mag, dieses Gremium war die eigentliche Kirchenregierung. Hier liefen alle Fäden der Gemeinde zusammen, der Anstalten ebenso wie aller anderen Unternehmungen. Von hier aus wurden neue Anstöße gegeben, Verhandlungen mit dem Oberkonsistorium und dem Hofe geführt. Was ein einzelner tat, war er nun Pfarrer oder Ältester, tat er immer nur im Auftrag des Konsistoriums, oder es handelte sich um eine Anmaßung, auf die empfindlich reagiert wurde. Die umfangreiche Kleinarbeit, die eine selbstverwaltete große Gemeinde mit vielen Einrichtungen erforderte, wird kaum jedem Gemeindeglied bewußt gewesen sein. Mancher mag sich wie König Friedrich Wilhelm I. darüber geärgert haben, daß die Pfarrer soviel Zeit mit Sitzungen verbrachten. Das war der Preis, den sie nun einmal wohl oder übel für die gemeinsame Führung zu zahlen hatten.

Die Tagungsorte des Konsistoriums haben gewechselt. Aber von 1702 bis 1874 fanden alle Sitzungen in der Niederlagstraße 1/2 statt (nahe der Friedrichswerderschen Kirche), in einem gemeindeeigenen Haus, in dem sich auch das Collège français, das französische Gericht und das Oberkonsistorium befanden. Nach Zwischenaufenthalten in anderen Häusern, u. a. im Hospital, tagte das Konsistorium seit 1930 im neuerbauten Sitzungssaal im Turm des Französischen Doms. Nach der Zerstörung der Kirche 1944 wurde dieser Raum bis 1983 auch für Gottesdienste benutzt.

Die Männer, die zur Compagnie gehörten, waren in diese Ämter gewählt worden. Nur wer wirtschaftlich und sozial unabhängig war, keine Unterstützung bezog, keinem anderen Gemeindeglied verpflichtet oder Angestellter der Kirche war, konnte gewählt werden. Durch diese verständlichen und sicher auch notwendigen Bestimmungen wurde jedoch der Kreis möglicher Ältester und Diakone auf die wohlhabenderen Gemeindeglieder begrenzt. Auch konnten in der Regel nur sie soviel Zeit erübrigen, wie für die Mitarbeit in der Gemeinde nötig war.

Die Aufgaben, die bewältigt werden mußten, waren vielfältiger Art. Die Generalversammlung nominierte Älteste und Diakone, Kommissionsmitglieder und Kirchenbeamte, erörterte Vorschläge des Konsi-

Die letzte Sitzung des Konsistoriums in Gegenwart des Kronprinzen Friedrich Wilhelm, des späteren Kaisers Friedrich III., im alten Konsistorialgebäude in der Niederlagstraße am 2. März 1874. Ölgemälde von Carl Hochhaus, 1878

storiums und des Diakonats, war für Kapitalien und Grundbesitz der Kirche verantwortlich, bestätigte den Armenetat, entschied über die Aufnahme ins Hospital, stellte Lehrer an und vieles andere mehr.

Fragen der Kirchenverwaltung und Kirchenzucht behandelte das für die geistlichen Fragen zuständige Konsistorium, wogegen alles, was mit Armenpflege zu tun hatte, eine Sache des Diakonats war. Bei dem wachsenden Gewicht, das Fragen der Armenhilfe im Laufe der Zeit erhielten, kam es nicht selten zu Rivalitäten zwischen Konsistorium und Diakonat. Daher gehörten neben den Pfarrern und Ältesten der seit 1728 auf fünf Paroissen angewachsenen Gemeinde fünf Deputierte des Diakonats zum Konsistorium. Geld auszugeben war dem Konsistorium nicht erlaubt, sondern dem Diakonat und der Generalversammlung vorbehalten. Das Diakonat bestand aus allen Diakonenältesten unter Vorsitz eines Pfarrers.

Das Konsistorium wachte über die Sitten des Kirchenvolks und die Reinhaltung der Lehre. Es war für Unterricht und Erziehung der Jugend verantwortlich, folglich oblag ihm die Schulaufsicht. Zu seinen Aufgaben gehörte es weiter, die Ordnung des Gottesdienstes zu ga-

Sitzungssaal des französischen Konsistoriums im Hospitalgebäude Friedrichstraße 129. Fotografie, um 1890

rantieren, Proposanten (Theologiestudenten mit Predigterlaubnis) und Kandidaten zu prüfen und die Ordination der Pfarrer vorzunehmen. Auch das theologische Seminar und die Pépinière (Vorbereitungsanstalt für Kantoren und Schulmeister) unterstanden ihm. Ferner führte das Konsistorium die Kirchenbücher, stellte pfarramtliche Bescheinigungen aus und entschied über die Frage, wer zur Gemeinde gehörte. Ihm stand auch die Zensur zu, wenn Gemeindeglieder Bücher veröffentlichten.

Das Diakonat hingegen sammelte Kollekten ein, hörte die Bitten der Armen, gewährte außerordentliche Hilfen für Kranke und in besonderen Notfällen und war für den Etat der Suppenanstalt zuständig. Es sorgte außerdem für die Unterbringung der Kinder der Armen, für die Einweisung der Kranken ins Hospital und für den Schulunterricht armer Kinder, beschaffte zudem Schulbücher für die Anstaltsschulen und die Kinder der Armen. Schließlich zahlte das Diakonat Reisegeld für Bedürftige aus der eigenen Gemeinde und aus anderen französisch-reformierten Gemeinden.

In den Kommissionen, die innerhalb des Konsistoriums gebildet wurden, war hauptsächlich Sachverstand gefragt. Im Jahre 1785/86 gab es 30 solcher Kommissionen und acht verschiedene Einzelämter. Ihre Palette reichte von den Kommissionen für die Vermögensverwaltung und für die Gebäude über die Vertretung in den Leitungen der verschiedenen Anstalten bis hin zur Seminarkommission und zur Kommission für die häuslichen Kollektenbüchsen. Neben ständigen Kommissionen gab es solche, die nur zeitweilig, bis zur Lösung einer bestimmten Frage, eingesetzt wurden. Sie waren ein gern genutztes Mittel, um unangenehme Probleme loszuwerden oder auf die lange Bank zu schieben.

Nur in diesem Kontext, im Rahmen der allgemeinen Aufgabenbeschreibung, ist in den Reglements an zwei Stellen ausführlich von den Pfarrern die Rede, besonders von ihrer Wahl. Die entsprechenden Bestimmungen sind gekennzeichnet als solche, die das Oberkonsistorium mitbetreffen, überdies werden obrigkeitliche Verfügungen zitiert, die zu beachten seien. Das ist verständlich, weil der Landesherr die Pfarrer besoldete.

Zur Einleitung einer Pfarrerwahl versammeln zwei Deputierte des Oberkonsistoriums das Konsistorium und die Diakone der Paroisse, in der ein Pfarrer fehlt; hinzugezogen werden der Sekretär, der Schatzmeister und der Kassenführer der Generalversammlung. Nach dem Verlesen des Schweigegebots und einer freien Aussprache werden zwölf Namen genannt, »die würdig sind, der Familienväterversammlung vorgeschlagen zu werden«. Die Auswahl erfolgt nach folgenden Gesichtspunkten: richtige Lehre (sain en doctrine), reine Sitten, Fähigkeit und Eifer, die Kirche zu erbauen. Ein fünf- bis sechsjähriger Dienst in einer französisch-reformierten Gemeinde ist erwünscht. Niemand darf einen Pfarrer vorschlagen, den er nicht kennt. Verwandte haben bei der Aussprache den Raum zu verlassen. Die zwölf Vorschläge werden nochmals geprüft, und nur die sechs, die jetzt die meisten Stimmen erhalten, mindestens aber eine Zweidrittelmehrheit, werden den Familienvätern präsentiert. Die Namen der ausgewählten Pfarrer werden bis zu dem Tag, da dieses Gremium zusammentritt, geheimgehalten, »um alle Art von Intrigen und Bittstellerei zu verhindern«. Nach Abkündigung im sonntäglichen Gottesdienst wählen die Familienväter der Gesamtgemeinde drei dieser sechs aus. Sie werden dem König vorgeschlagen, der einen von ihnen zum Pfarrer beruft.

Für den Fall von Unregelmäßigkeiten während des Verfahrens behielt sich der König, dessen Stellung als Summus episcopus also auch hier zum Ausdruck kam, die Annullierung der Wahl und die Bestrafung der verantwortlichen Deputierten des Oberkonsistoriums vor. In der Regel ist nach Abschluß der Einwanderungszeit, als der Kurfürst noch von sich aus die Prediger eingesetzt hatte, so oder ähnlich verfahren worden.

Der Wahlmodus zeigt anschaulich das Ineinanderspiel von oben und unten, der staatlichen Instanzen und der Gemeindeinstitutionen. Zugleich verdeutlichen die Bestimmungen, die dazu mahnen, nicht Menschen zu Gefallen, sondern Gott zur Ehre zu wählen, auch, wie gefährdet die verbliebene Freiheit durch die soziale Realität war. Das Amt des Pfarrers, vor allem in Berlin, bedeutete Ansehen und sichere Versorgung zugleich. Ein Prediger in Berlin bezog jährlich 300 Taler Gehalt, und mancher hatte außerdem die Möglichkeit, seine Einkünfte durch Übernahme weiterer Ämter, z. B. im Oberkonsistorium, oder durch Lehrtätigkeit am Collège zu erhöhen. Einflußreiche Familien versuchten daher gelegentlich, die Wahl zu beeinflussen und ihre Kandidaten durchzubringen.

Die Reglements enthalten ferner detaillierte Bestimmungen über Rechnungslegung, aber auch über Rechte und Aufgaben einzelner Anstalten und Gemeindebeamten, wie z. B. der Kolonieärzte und -apotheker. Immer wieder wird jeder einzelnen Einrichtung der Platz angewiesen, den sie im Ganzen der Französischen Kirche einzunehmen hatte, wird sie aufgefordert, der Wohlfahrt dieser Kirche und ihrer Glieder zu dienen. Es gab offensichtlich zwei Gefahren: Zum einen entwickelten die verschiedenen Institutionen eine Art Anstaltsegoismus, auch eine Rivalität untereinander. So kam es z. B. zu Kompetenzstreitigkeiten zwischen dem Waisenhaus und dem Konsistorium, oder die verschiedenen Armenhäuser suchten Hilfe vom Diakonat zu erhalten, die eigenen Kapitalien aber zu schonen. Zum andern versuchten einzelne, das kirchliche Wohlfahrtswesen auszunutzen, um Ämter und Unterstützungen zu erhalten. So sind die Bestimmungen zu erklären, die alle Versuche irgendeiner Einflußnahme abwehren; darum wurden die Hilfsgesuche mit fast bürokratischer Vorsicht erledigt, und darum auch die Regel, nach der nur im äußersten Notfall Einzelentscheidungen gefällt werden sollten. Normalerweise waren mindestens zwei Personen an einer Entscheidung beteiligt.

Weil aber die Zusammenarbeit so vieler Menschen trotz der Reglements oft genug zu Reibereien führte, war es in Berlin üblich, einmal im Jahre, nämlich vor dem ersten Abendmahl im Frühjahr, eine brüderliche Aussprache (censura fratrum) zu führen, in der alle Probleme beim Namen genannt und beigelegt werden sollten. Auch diese Sitte gehörte, wie die Selbstverwaltung und die Betonung der Diakonie als Gemeindeamt, zum Erbe des französischen Protestantismus und zeigt erneut die geistliche Bindung aller Dienste.

Die geistliche Entwicklung und das Sprachenproblem

Die Arbeit der Französischen Kirche ruhte auf zwei tragenden Säulen: dem Gottesdienst und der Armenfürsorge. Beides gehörte aufs engste zusammen. Auf das Armenwesen, die Anstalten und Schulen braucht hier nicht eingegangen zu werden, weil sie die Themen gesonderter Beiträge sind. Doch muß stets mitbedacht werden, daß sie ein wesentlicher Teil der Wirksamkeit der Gemeinde waren.

In den Protokollen des Konsistoriums ist eine frühe Eintragung zu lesen – sie stammt vom Mai 1684 –, die am Rande als Reglement gekennzeichnet ist. Sie enthält erstens den Beschluß, jedes Vierteljahr die Familien durch Älteste und Pfarrer einmal zu besuchen, »um sie zu ermahnen und zu ermutigen, in welchem Stande auch immer sie sich befinden, zu leben in einer Art, die auf die Wahrheit und Heiligkeit des Evangelium, das wir bekennen, antwortet«. Zugleich soll bei dieser Gelegenheit die Kindererziehung überprüft werden. Zweitens wird die Gemeinde in drei Bezirke eingeteilt, für die jeweils zwei Älteste zuständig sind. Und drittens bieten die Pfarrer neben den Sonntagsgottesdiensten am Morgen und Nachmittag einen Wochengottesdienst an, in dem sie kurz und verständlich ein Kapitel der Heiligen Schrift erklären, »um soweit wie möglich hinzuführen zum Gebrauch, der von dem Worte Gottes gemacht werden soll, und um zur gleichen Zeit die Art zu zeigen, wie man dieses Wort lesen und mit Aufmerksamkeit meditieren soll«.

Auf die sittliche Ermahnung folgt hier also die Sorge für das leibliche Wohl, denn die Einsetzung bestimmter Ältester für genau festgelegte Bezirke bedeutet nichts anderes, als daß sie persönlich verantwortlich gemacht wurden für die zuverlässige Versorgung der Armen und Kranken dieser Bezirke. Beides, Lebenswandel und praktische Nächstenliebe, wird als Antwort auf das Evangelium begriffen. Die Predigt gibt Anleitung, es selbständig zu bedenken. Die Nähe zu Auffassungen Calvins ist deutlich. Nur steht jetzt die Moral an erster Stelle, das Evangelium ist die Bedingung, ohne die jene nicht zu erreichen ist. Noch wird das nicht eindeutig ausgesprochen, aber man erkennt einen Weg, den die Entwicklung in Zukunft nehmen wird.

Zulassungsmarken der Gemeinde für das Abendmahl, um 1800

Holztruhe zur Aufbewahrung der Abendmahlsgeräte im Hause des Kirchenältesten der französisch-reformierten Gemeinde von Groß-Ziethen bei Berlin mit Abendmahlsgeräten aus Zinn, 18. Jh.

Die eigenen Erlebnisse und die Not der noch in Frankreich lebenden Glaubensbrüder empfanden die Réfugiés als eine Züchtigung und ein Infragestellen ihrer bisherigen Lebensart. In einem Buß- und Fastengebet vom Februar 1685, das in der Kirche verlesen wurde, ist von Sünden, Vergehen und Ärgernissen die Rede, die Gott hier wie dort entehrt hätten. Daher solle es keine leichtfertigen Reden, keinen Luxus in den Häusern, keine üble Nachrede, weder Wortbrüchigkeit noch Verdächtigungen oder sonst dergleichen mehr geben. Trotz dieses neu erwachenden religiösen Ernstes war es damals schwer, aus einer Menge abgerissener, oft viele Jahre umherirrender Flüchtlinge, die teilweise ein regelmäßiges Leben kaum noch gewohnt waren, eine gesittete Gemeinde zu bilden. Zwar wurden die Neuankömmlinge geprüft, ob sie wirklich geflohene Protestanten waren, doch das garantierte noch nicht, daß die selbstgesetzten hohen sittlichen Standards erreicht wurden. Wie Jürgen Wilke mitteilte, geht aus Statistiken hervor, daß die französisch-reformierte Gemeinde den niedrigsten Prozentsatz unehelicher Geburten in Berlin besaß. Trotzdem war das Gefühl des eigenen Ungenügens stark ausgeprägt.

Die Kirche bildete für die Mehrheit ihrer Glieder den Mittelpunkt des gesellschaftlichen Lebens. Dort ging es, wenigstens in der Anfangszeit, sehr lebhaft und so ungezwungen zu, daß sich das Konsistorium immer wieder mit solchen Vorgängen befassen mußte. Da drängte man ungestüm und wild in die Kirche, sang seine Psalmen nach der gewohnten Melodie, ohne auf den Kantor zu hören, Kinder kletterten an den Emporen herum, Gottesdienstbesucher kamen zu spät und schwätzten während der Predigt. Das war auch deshalb ärgerlich, weil es den Alteingesessenen einen Vorwand bot, die Réfugiés in Bausch und Bogen abzulehnen.

Ein normalisiertes Leben, dazu ständige Erziehung in Kirche und Schule blieben nicht ohne Frucht. Hundert Jahre später sahen deshalb die Verhältnisse ganz anders aus. In der Kirche ging es jetzt sittsam zu, aber mit wachsendem Erschrecken sah das Konsistorium neue Übel. Der Gottesdienstbesuch ließ erheblich nach, immer häufiger schlossen sich Nachkommen der Réfugiés deutschen Gemeinden an. Auch die Bindungen innerhalb des Refuge hatten sich langsam, aber stetig gelockert. Das Bewußtsein, zur Église réformée de France zu gehören, war längst geschwunden, daher hatten auch die Kollekten für die Brüder auf den Galeeren schon vor der Mitte des Jahrhunderts aufgehört. Bei der Einweihung der neuen Friedrichstadtkirche 1705 war eine solche Kollekte noch ein Herzensanliegen gewesen.

Manchem war die strenge Kirchenzucht, die bei den »Franzosen«

herrschte, lästig. Schon sehr früh rief die Einführung der Discipline Ecclésiastique bei einem Teil der Gemeinde Widerstand hervor, man fand die laxeren deutschen Sitten bequemer. Einige erschienen einfach nicht, wenn sie vom Konsistorium vorgeladen wurden. Es bedurfte erst eines kurfürstlichen Rescripts, ehe die Ordnung durchgesetzt werden konnte. Später kamen dann Einflüsse eines leichteren Lebensstils hinzu. Im Konsistorium wurde über unziemliche Kleidung im Gottesdienst verhandelt und über sonntags geöffnete Schänken. Wie bei den Deutschen war auch in der französischen Gemeinde die Feiertagsheiligung schwer durchsetzbar.

Als schwerwiegender erwies sich auf die Dauer jedoch das Sprachenproblem. Anfangs war die Sprache ein einigendes Band gewesen. Nur in dieser Gemeinde hatten die Flüchtlinge Menschen gefunden, die sie im umfassenden Wortsinn verstanden. Es war natürlich, daß auch in der Kirche nur französisch gesprochen wurde. Wahrscheinlich sind die vertrauten Worte der Psalmen und Gebete sowie manche biblischen Texte lange verstanden worden. Ob es bei den Predigten ähnlich war, bleibt fraglich. In der zweiten, dritten Generation konnte man deutsch sprechen, aber die französischen Sprachkenntnisse

Doppelseite aus der zweisprachigen Bibel mit deutschem Luthertext und einer französischen Übersetzung von Isaac de Beausobre und Jacques Lenfant, 1770 in Berlin erschienen

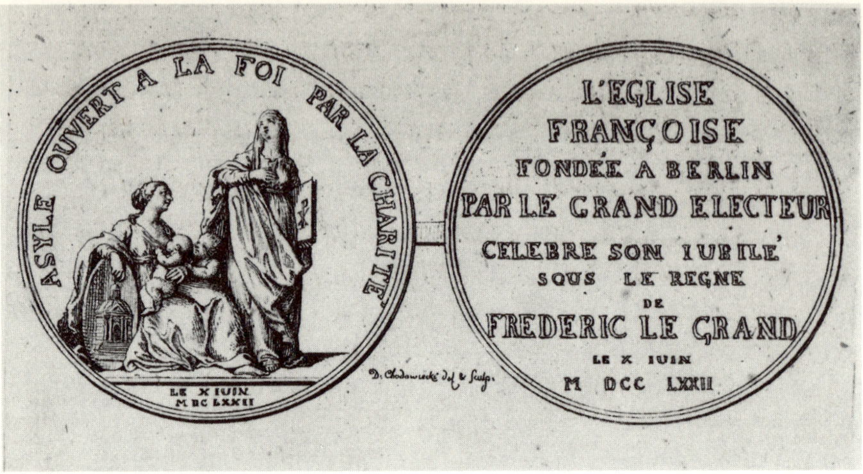

Medaille zum 100. Jahrestag der Gründung der Französischen Kirche zu Berlin. Radierung von Chodowiecki aus der Jubiläumsschrift der Gemeinde von 1772

schwanden. 1770 wurde in Berlin ein zweisprachiges Neues Testament gedruckt. Offenbar bestand dafür eine Nachfrage.

Als das Konsistorium 1765 eine Kommission bildete, die sich Gedanken über eine Verbesserung der Teilnahme am Gottesdienst machen sollte, kam mancherlei zu Sprache. So etwa, daß in den Nachmittagsgottesdiensten mitunter nur acht bis zehn Personen anwesend waren, manchmal sogar niemand. Der Kantor wurde angewiesen, zu beginnen, wenn drei Gemeindeglieder erschienen waren. Die Armen vernachlässigten den Kirchgang besonders. Sie sollten ermahnt werden. Zugleich wurde aber auch dazu aufgefordert, bei den Kleiderverteilungen besser auf die Bedürfnisse derer zu achten, die am öffentlichen Gottesdienst teilnehmen wollten. In diesem Zusammenhang war auch von möglichen Veränderungen in der Form des Gottesdienstes die Rede. Das bezog sich vor allem auf die Sprache.

Im Jahre 1700 hatte es eine bewegte Aussprache zwischen den französisch-reformierten Kirchen von Brandenburg, der Kirche von Genf und der wallonischen Synode gegeben über die Frage, ob man den Text des Psalmengesangbuchs modernisieren dürfe. Die Furcht, das Band zu den Brüdern in Frankreich, zu denen im weit verstreuten Refuge und zur eigenen Vergangenheit zu zerschneiden, ließ alle Seiten zögern. Jetzt, mehr als 60 Jahre später, dachte man ohne Skrupel an eine Änderung der Sprache und erhoffte sich davon eine Belebung des Gottesdienstes. Das Zusammengehörigkeitsgefühl im Refuge schien der Vergangenheit anzugehören.

Aber das Problem war nicht einfach zu lösen, weil es so aussah, als hinge mit der Sprache aufs engste die selbständige Verwaltung der

Pfarrer Jean Henry. Pastell, vermutlich von Susanne Henry geb. Chodowiecka, Anfang 19. Jh.

Kirche und der Armenanstalten zusammen; denn nur die Sprache wurde von einem Teil der königlichen Verwaltung und von den deutschen Predigern als kennzeichnend für die Französische Kirche angesehen. Gab man die Sprache auf, was angesichts der wachsenden Zahl von Gemeindegliedern, die sie nicht mehr verstanden, sinnvoll gewesen wäre, dann lief man Gefahr, die Eigenständigkeit zu verlieren und die Gemeindearmen der sicheren Hilfe zu berauben. So schleppte sich das leidige Sprachenproblem hin bis ins 19. Jahrhundert. Seltsam, daß in dieser Frage niemand bei den theologischen Vätern Rat suchte. Das Konsistorium stufte seine soziale Verpflichtung höher ein als seinen geistlichen Auftrag. Es argumentierte nicht theologisch, sondern historisch, pragmatisch und politisch.

Zur Zeit der Freiheitskriege erreichte die Diskussion noch einmal einen Höhepunkt in einer literarischen Kontroverse zwischen Pastor Théremin in Gramzow und Pastor Jean Henry in Berlin. Nun wurden einerseits bereits preußisch-patriotische Töne vernehmbar, andererseits ließ Henry gerade gegen dieses nationale Pathos eine gefühlsmäßige Abneigung erkennen. Wie die Stimmung in der Öffentlichkeit war, können wir in den »Unterhaltungen eines Vaters mit seinen Kindern« lesen, deren Verfasser vermutlich auch Henry war. Abendliche Gespräche in einer Kneipe werden referiert: Es werde Zeit, mit der Absonderung aufzuhören, man solle keine besondere Korporation bilden und nicht als Fremder im Lande leben. Die Jungen müßten mit gesenktem Kopf gehen, weil man die Sprache der Feinde, der Franzosen, spreche.

Um die gleiche Zeit, 1817, erörterte auch Théremin noch einmal die Sachlage. Er meinte, französisch zu sprechen sei unnötig, weil die Sprache mit der Kirchenverfassung nichts zu tun habe, und es sei unmöglich, weil dann selbst die meisten Pfarrer nur sagen würden, was sie könnten, nicht aber, was sie wollten. Jean Pierre Erman, seinerzeit der populärste und angesehenste Pfarrer der Berliner Gemeinde, habe ihm schon vor 40 Jahren erklärt, es sei gut, wenn in einigen Kirchen der Kolonie deutsch gepredigt würde, weil in den niederen Klassen die französische Sprache nicht mehr verstanden werde.

Trotzdem wurde noch lange experimentiert: alle vier Wochen eine deutsche Predigt, viermal im Jahr Abendmahlsfeiern in deutscher Sprache, später wurden deutschsprachige Gottesdienste gelegentlich zugelassen. Um 1831 hatten sich Gottesdienste in deutscher Sprache aber endgültig durchgesetzt. Im Hospital, in der Klosterstraßen- und Luisenstadtkirche begann man damit, die anderen Kirchen folgten einige Jahre später. Französischsprachige Gottesdienste wurden noch jahrzehntelang beibehalten. Sie hörten erst zu Beginn des 20. Jahrhunderts auf.

Es drängt sich der Eindruck auf, das Sprachenproblem wäre viel früher gelöst worden, hätten in den Entscheidungsgremien der Gemeinde auch einfache Leute gesessen. Aber in der Vénérablen Compagnie des Konsistoriums war nur das wohlhabende und gebildete Bürgertum vertreten. Die französische Sprache war sein Ausweis, der es als geistliche und geistige Elite bestätigte. »Wir sprechen nicht die Sprache der Verfolger, sondern der Verfolgten«, heißt es bei Henry.

Gottesdienste und Unterweisung der Jugend

Nicht nur die Sprache unterschied die Gottesdienste dieser Gemeinde von anderen, auch die Form ist bis heute anders als in anderen evangelischen Kirchen. Seit der Reformationszeit kamen die Reformierten in schlichten Räumen ohne Bilder, Kerzen und Altäre zu gottesdienstlichen Versammlungen zusammen, die konzentriert waren auf Predigt, Gebet und Gemeindegesang, Taufe und Abendmahl. Nichts sollte die Menschen vom Hören des Wortes Gottes und vom gehorsamen Antworten darauf ablenken. Das biblische Bilderverbot wurde sehr ernst genommen. Die Schweizer Reformatoren Zwingli und Calvin hatten dieses Gebot, das in der katholischen Kirche eliminiert worden war, wieder an den ihm gebührenden Platz gesetzt. Die reformierten Gemeinden versuchten nicht, es zu umgehen. Der Wunsch, durch etwas gefälligere Gottesdienstformen und feierliche Ausstattung der Räume zu beeindrucken, wurde erst um die Wende zum 19. Jahrhundert laut. Mitunter haben der Zeitgeist und die Angst um den Bestand der eigenen Gemeinde über die theologisch-biblische Begründung der Formen gesiegt.

Lehrreich ist in dieser Hinsicht eine Betrachtung des verwendeten Liedgutes. Seit dem 16. Jahrhundert wurden Psalmen gesungen. Allgemein akzeptiert waren darüber hinaus einige liturgische Gesänge mit biblischen Texten. Auch das altkirchliche »Te Deum laudamus« wurde in französischer Sprache zu einer Psalmenmelodie gesungen. Seine Sprache ist schlicht und verhalten, nicht zu vergleichen mit der deutschen Nachdichtung »Großer Gott wir loben dich«. Die Gemeinde weigerte sich, dieses Lied zu singen, als der vor Napoleon geflohene König 1809 aus Königsberg zurückkehrte, obwohl Friedrich Wilhelm III. es ausdrücklich gewünscht hatte. Man empfand es als katholisch und modernisierte lieber den alten französischen Text.

So streng waren damals noch die Maßstäbe, obwohl die Gemeinde seit 1791 ein Gesangbuch benutzte, in dem nicht mehr alle Psalmen enthalten waren; statt dessen hatte es 40 »Hymnes« und 95 »Cantiques« zum Inhalt, Gesänge, die zum großen Teil nach deutschen Melodien gesungen wurden. Die Hymnen besingen Gott den Herrn, Jesus Christus und den Heiligen Geist, die Cantiques das moralische Gesetz. Dieser zweite Teil zeigt den Wandel der Anschauungen. Hier ist die Religion das Prinzip »der Tugend und des Glücks«. Mit aufgeklärtem Optimismus wird das Naturrecht besungen, doch kann die Gleichheit aller Menschen nur als Ideal vor dem Hintergrund noch vorhandener Ungleichheit im Lied verherrlicht werden. Sünde ist in diesen Liedern fehlende Vollkommenheit, Sünder, wer sich dem sozialen Gesetz entzieht.

Die neuen Lieder entsprachen dem Zeitgeist. Dennoch war ihre Einführung umstritten. Die Herausgeber, vermutlich die Pfarrer Hauchecorne und Henry, verteidigten ihr Werk in einem ausführlichen Vorwort. Darin erheben sie den Vorwurf, die Psalmen enthielten veraltete Redewendungen und unbekannt gewordene Sachzusammenhänge, vor allem aber seien sie nicht sensibel genug gegenüber dem »Charme der Tugend«. Auch hoffen sie, die Gottesdienste durch melodischeren Gesang zu bereichern, damit der »Charme der Harmonie« die Gemeinde empfindsam mache für den der Frömmigkeit. Die herben Melodien der Psalmen reichten dazu offenbar nicht mehr aus.

Interessant ist ein Vergleich mit dem Gesangbuch von 1829. Die Herausgabe war schon 1803 von der Familienväterversammlung beschlossen worden, die fertige Arbeit lag seit 1807 vor. Doch infolge der Wirren beim Zusammenbruch Preußens, während der napoleonischen Besatzung und der Freiheitskriege waren die Kassen des Konsistoriums leer, so daß der Druck erst 22 Jahre später erfolgen konnte. Diese Auswahl, obwohl wesentlich bescheidener im Umfang, enthält wieder mehr Psalmen, auch das traditionelle Te Deum erscheint aufs neue. Es fällt auf, daß alle allzu selbstbewußten und moralisierenden Lieder jetzt fehlen. Im Vordergrund stehen solche, in denen Vergänglichkeit, Gefährdung und Not des Lebens betont werden. Die Lieder, zusammengefaßt unter den Überschriften »Über die Wahrheit des Glaubens« und »Über die Pflichten des Christen«, wirken realistischer und persönlicher als die früheren. Das Glück wird nicht mehr im Bewußtsein der eigenen Tugend gefunden, es heißt vielmehr: »Ohne Unterlaß, ach, suchen wir das Glück, aber hier unten hoffen wir vergeblich darauf.«

Dieser Wechsel der Welt- und Lebenssicht war nicht mehr typisch französisch-reformiert. Hier wurde nur – einstweilen noch in französischer Sprache – ausgedrückt, was auch die deutschen Gemeinden bewegte.

In der zweiten Hälfte des 19. Jahrhunderts wurden dann keine eigenen Gesangbücher mehr gedruckt. Die Gemeinde übernahm für die deutschsprachigen Gottesdienste vorhandene deutsche Gesangbücher und für die französischsprachigen solche aus Frankreich und der Schweiz. Der Psalmengesang geriet mehr und mehr in Vergessenheit. Erst im 20. Jahrhundert wurde der Versuch gemacht, ihn wieder zu beleben.

Rechte Seite: Zehn-Gebote-Tafel. Deckfarbenmalerei auf Pergament von Eléazar Laurent, Stettin 1748

LES DIX COMMANDEMENS DE LA LOI DE DIEU

EXODE chap. XX

Preface.

ECOUTE, Israël, Je suis l'Eternel ton Dieu, qui t'ai retiré du païs d'Egypte, de la maison de servitude.

La premiere Table.

I.

Tu n'auras point d'autres Dieux devant ma face.

II.

Tu ne te feras aucune image taillée, ni aucune ressemblance des choses qui sont là haut aux Cieux, ni ici bas sur la terre, ni dans les eaux sous la terre, tu ne te prosterneras point devant elles, & ne les serviras point: Car je suis l'Eternel ton Dieu, le Dieu fort & jaloux punissant l'iniquité des peres sur les enfans, jusqu'à la troisième & quatrième génération de ceux qui me haïssent, & faisant misericorde jusqu'à mille générations, à ceux qui m'aiment, & qui gardent mes Commandemens.

III.

Tu ne prendras point le Nom de l'Eternel ton Dieu en vain: Car l'Eternel ne tiendras point pour innocent celui qui aura pris son Nom en vain.

IV.

Souvien-toi du jour du repos pour le sanctifier, tu travailleras six jours, & ces jours-là, tu feras toute ton oeuvre: mais le septième jour est le jour du repos de l'Eternel ton Dieu: Tu ne feras aucune oeuvre ce jour là, ni toi, ni ton fils, ni ta fille, ni ton serviteur, ni ta servante ni ton bétail, ni l'étranger qui est dans tes portes. Car en six jours. l'Eternel a fait les Cieux, & la Terre, & la Mer, & toutes les choses qui y sont, & il s'est reposé le septième jour: c'est pourquoi l'Eternel a béni le jour du repos, & l'a sanctifié.

Fait à Stettin, l'An MDCCXLVIII

La seconde Table.

V.

HONORE ton Pere & ta Mere, afin que tes jours soient prolongez sur la terre, que l'Eternel ton Dieu te donne.

VI.

Tu ne tuëras point.

VII.

Tu ne paillarderas point.

VIII.

Tu ne déroberas point.

IX.

Tu ne diras point de faux témoignage contre ton prochain.

X.

Tu ne convoiteras point la maison de ton prochain. Tu ne convoiteras point la femme de ton prochain ni ton serviteur, ni sa servante, ni son bœuf ni son âne, ni aucune chose qui soit à ton prochain.

LE SOMMAIRE

de toute la Loi. Matth. XXII. 37

Tu aimeras le Seigneur ton Dieu, de tout ton coeur, & de toute ton ame, & de toute ta pensée, c'est ici le premier & le grand Commandement:

Et le second qui lui est semblable, Tu aimeras ton prochain comme toi même. De ces deux Commandemens dépendent toute la Loi & les Prophêtes.

Par. Eléazar Laurent.

Ähnliche Veränderungen gab es im Laufe der Jahrzehnte in der Liturgie. Zwar wurde die strenge Form des Gottesdienstablaufs mit der Verlesung des vollen Wortlauts der Zehn Gebote und der »Summe« der Gebote im allgemeinen beibehalten. Auf das Sündenbekenntnis (»Offene Schuld«) folgte die Predigt, das Hauptstück des Gottesdienstes, auf den Segen am Schluß die Ermahnung, der Armen zu gedenken. Damit endete der Gottesdienst. Diese Form ist bis heute üblich. Sie hatte Auswirkungen auf die Gestaltung der kirchlichen Räume. Es sind reine Predigtkirchen, ausgerichtet auf die Kanzel, den Ort der Verkündigung, und auf den Abendmahlstisch, der nicht als Altar, d.h. Opfertisch, mißverstanden werden darf. Die Musik hat nur dienenden Charakter, darum bekamen die französisch-reformierten Kirchen erst spät Orgeln. Wegen der Mitwirkung des Lektors im Gottesdienst haben reformierte Kirchen manchmal Doppelkanzeln. Auch in Berlin gab es sie. In der Friedrichstadtkirche wurde erst 1905 beim Umbau auf sie verzichtet. Später hatte der Lektor seinen Platz an einem Pult.

Abgesehen von dem festen Rahmen der Gottesdienste aber gab es im Laufe der Zeit beträchtliche Abweichungen bei den Gebeten. Bis zur Mitte des 18. Jahrhunderts waren Kirchengebete gebräuchlich, die, in leicht abgeschwächter Form, reformatorische Erkenntnisse tradierten. Dann muß auch hier Gedankengut der Aufklärung eingedrungen sein. 1810 ließ die Gemeinde die im Gebrauch befindlichen Kirchengebete drucken. Sie zeigen ein erheblich verändertes Verständnis von Kirche, Gemeinde und Gottesdienst. Einst hatte sich die Gemeinde versammelt, um als Volk Gottes das Geheimnis des Evangeliums von Jesus Christus zu erkennen und zu bekennen und um dafür zu danken. Jetzt versammeln sich einzelne, um in der Erkenntnis der rechten Religion und Tugend unterwiesen zu werden, damit sie »durch eine dem Willen Gottes gemäße Lebensführung mehr und mehr die Segnungen und Gnaden« Gottes auf sich ziehen. Vom Erlösungswerk Jesu Christi ist nur noch selten die Rede.

Eindeutig ist, wozu Religion nützen soll. In einem Gebet anläßlich der Taufe heißt es: »In einem längeren oder kürzeren Leben (carrière) … wollest du Herr ihm (dem Kind) beistehen …, damit es in der Weisheit und Frömmigkeit ebenso voranschreite wie im Alter …, damit, nachdem es dich auf dieser Erde der Vorbereitung und Prüfung verherrlicht hat, es eines Tages als Lohn das Heil erbe.« Bei der Trauung werden die zukünftigen Eltern ermahnt, ihre Kinder »zu erziehen in der Liebe zur Ordnung und zur Arbeit, zu guten Sitten und zur Frömmigkeit«. Entsprechend wird im Fürbittegebet gesagt: »Erhalte im Staat die Unterwerfung unter die legitime Autorität, den Respekt vor den Gesetzen, Tatkraft, Bescheidenheit, den Geschmack an den häuslichen Freuden.« Auch werden der Obrigkeit »unterwürfige und gehorsame Völker« gewünscht. Bescheiden wird die Hoffnung geäußert, die königliche Familie möge der Autorität ihres Ranges die der Tugend hinzufügen. Wie ganz anders hatte Calvin den Magistraten die Pflichten einer christlichen Obrigkeit ins Gewissen gerufen!

Beim Lesen dieser Agende wird klar: Die Kirche ist weitgehend zu einer moralischen Anstalt geworden, zum Rückhalt einer bürgerlichen Gesellschaft im absolutistischen Staat. Vielleicht war das in einer Gemeinde wie der französischen besonders ausgeprägt, weil sie ihre Existenz dem Wohlwollen des Herrschers verdankte und stolz darauf war, daß sie keinen Patron über sich hatte außer dem König.

Die Aufnahme von liturgischen Elementen aus der lutherischen und unierten Umgebung erfolgte nach der Union der lutherischen und deutsch-reformierten Gemeinden 1832 bis 1836 unter dem massiven Druck König Friedrich Wilhelms III. und seiner Behörden. Einmütig widersetzten sich das Konsistorium und die Chefs der Familien der Einführung von Altar, Kerzen, Kruzifix, Kreuzschlagen und Chorgesang. Die Verhandlungen ließen jedoch deutlich erkennen, daß dem Konsistorium mehr daran lag, dem König entgegenzukommen, als daran, bewährte liturgische Formen zu bewahren und das Recht, gottesdienstliche Angelegenheiten selbständig zu regeln, zu erhalten.

Das Vorgehen des preußischen Königs war ein offener Bruch des Potsdamer Edikts. Nirgends kam das zur Sprache. Noch viel weniger wurde gefragt, welche Form des Gottesdienstes schriftgemäß sei. Beliebigkeit machte sich breit. Dem entsprach auch, daß die französischen Gemeinden im Lande sich nicht untereinander berieten. Anpassung schien manchem das Gebot der Stunde zu sein.

Es fällt auf, daß während der eingehenden Erörterung liturgischer Fragen in jenen Jahren gerade die Pfarrer es waren, die der Liturgie des Königs zuneigten. Die in ihr vorgesehene Trennung von Anbetung am Altar und Belehrung von der Kanzel schien ihnen einzuleuchten. Kein Wort erinnerte daran, daß der ganze reformierte Gottesdienst ein Akt der Anbetung war, daß das aufmerksame und gehorsame Hinhören auf die Worte der Heiligen Schrift die Form der Anbetung schlechthin ist.

Das alles schien vergessen zu sein. Doch das Unbehagen über die königliche Zumutung war dennoch groß, die Abstimmungsergebnisse zeigten es. Pastor Molière formulierte schließlich einen Vorbehalt, der dem königlichen Provinzial-Konsistorium mitgeteilt wurde: Man habe alle diese Änderungen angenommen, weil sie nur die Formen beträfen und nicht als eine Attacke auf den Glauben betrachtet würden.

In diesem Zusammenhang machte das Provinzial-Konsistorium auch den Versuch, die »Franzosen« auf dem Wege über die Sprache gefügig zu machen. Es wollte ihnen die Ausweitung der deutschsprachigen Gottesdienste nur gestatten, wenn die königliche Liturgie ohne Abstriche übernommen würde. Das war nicht durchsetzbar.

Erst ein Jahrhundert später, zwischen 1926 und 1934, bemühte sich Pfarrer Mengin um eine Erneuerung. Er wollte mit seiner liturgiegeschichtlichen Arbeit die Urform des reformierten Gottesdienstes erkennbar machen. Das war als Orientierungshilfe gedacht, sollte eigene Bemühungen anregen. Tatsächlich bekannte sich das Konsistorium, »... vom Willen beseelt, das nach Gottes Wort reformierte Bekenntnis der hugenottischen Väter ... zu wahren«, wie es in dem Beschluß hieß, am 2. März 1932 ausdrücklich zu der Genfer Agende Calvins.

Was bedeutete das aber noch, wenn schon zwei Jahre später eine unscheinbare, aber schwerwiegende Änderung im Wortlaut der Liturgie den Einfluß der politischen Demagogie der dreißiger Jahre verriet? Der Wille, das Bekenntnis der Väter zu bewahren, reichte nicht mehr aus, den Versuchungen der Zeit zu widerstehen. 1934 wurden die seit der Reformationszeit üblichen Einleitungsworte bei der Verlesung der Zehn Gebote »Höre Israel« gestrichen. Es entstand ein Streit um das Wort »Sabbath«. Älteste weigerten sich, diese »jüdischen« Worte zu lesen, ein Pfarrer stand ihnen bei. Man fand es empörend, selber als Volk Israel angeredet zu werden. Erst im Einweihungsgottesdienst der wiederaufgebauten Friedrichstadtkirche am 17. April 1983 ist zum ersten Male wieder das »Höre Israel« verlesen worden.

Zur Unterweisung der Jugend war in Frankreich seit eh und je vorwiegend der Genfer Katechismus Calvins benutzt worden. Er befand sich im Anhang fast aller Bibeln und Psalmengesangbücher. Selbstverständlich wurde er auch in Berlin verwendet, obwohl andere Katechismen vorhanden waren und zu Rate gezogen wurden. Aber keiner konnte es mit dem Genfer Katechismus an Verbreitung und Beliebtheit aufnehmen. Nur er wurde dem Unterricht in der Kirche zugrunde gelegt, weil seine theologische Klarheit von keinem anderen erreicht war. Friedrich Wilhelm I. machte 1716 den Versuch, den Katechismusunterricht in allen reformierten Kirchen seiner Länder zu vereinheitlichen, indem er die Einführung des Heidelberger Katechismus vorschrieb. Der wurde nun zwar in französischer Sprache gedruckt, aber er setzte sich nicht durch. Der Katechismus Calvins blieb in Gebrauch.

Anfang des 18. Jahrhunderts machten sich einige Laien, Familienväter, daran, für die Unterweisung der eigenen Kinder Katechismen zu schreiben. Sie waren mit den vorliegenden Katechismen unzufrieden, weil die einen zuviel antikatholische Argumente enthielten, Calvin zu wenig Moral biete und überdies der Beweis der Existenz Gottes aus der Natur fehle. Einer dieser Katechismen wurde von den beiden Pfarrern Lenfant und Beausobre sehr lobend begutachtet. Er dürfte verbreiteten Erwartungen entsprochen haben.

In der Mitte des 18. Jahrhunderts wurden »Catechisme historique« für den Gebrauch in den Schulen herausgegeben. Es sind bibelkundliche Werke, die sich bemühen, wissenschaftliche Erkenntnisse zu popularisieren. Damit nicht nur der Verstand, sondern auch das Gefühl der Kinder angesprochen werde, übersetzte man später auf Vorschlag Leonhard Eulers, der Ältester in der Gemeinde war, Hübners Nacherzählungen biblischer Geschichten ins Französische. So bahnte sich auch auf dem Gebiet der Unterweisung eine Angleichung an deutsche Bräuche an.

Ein wenig aus dem Rahmen fällt eine kleine Schrift, die Pfarrer Hauchecorne 1781 geschrieben hat. Er war damals als »ministre catechiste«, als Pfarrer für Katechetik, für die Unterweisung der Jugend verantwortlich und machte die traurige Erfahrung, daß die meisten Kinder keine Zeit hatten für eine gründliche religiöse Bildung, weil sie ununterbrochen für den Lebensunterhalt arbeiten mußten. Ihnen möchte seine Schrift helfen, die Wahrheiten der christlichen Religion, die Pflichten des Christentums und die Bedeutung des Abendmahls zu begreifen. Schlichten, zu Herzen gehenden Meditationen über ein Thema folgt jeweils ein Gebet. Diese »Vorbereitung auf das heilige Abendmahl« ist wie die Quintessenz der Frömmigkeit des 18. Jahrhunderts in der Französischen Kirche. Aus ihr spricht der Geist, der das große Sozialwerk dieser Kirche beseelt.

Von der »Oeconomie Évangélique« ist hier die Rede, die jeden einzelnen und durch ihn alle Menschen betreffe. Es heißt weiter: »Ich bin nicht in die Welt gesetzt, um mich nur mit mir selber zu beschäftigen. Alle Menschen sind meine Brüder und meine Freunde, vereint mit mir durch die Wohltaten des Herrn. Die Barmherzigkeit verbindet mich durch engste Bande mit allen intelligenten Wesen, die nach dem Bilde Gottes geformt sind. Das Christentum ruft mich auf, sie, soviel in meiner Macht steht, glücklich zu machen und mit Sorgfalt von ihnen fernzuhalten, was ihnen Schmerz bereiten könnte ... ich werde nicht schwanken, für sie mich bei jeder Gelegenheit zu verwenden, ich werde mit Eifer für das öffentliche Wohl arbeiten, ich werde mich verantwortlich fühlen für alles, was ich imstande sein könnte, für das Wohl derjenigen zu tun, die die Vorsehung um mich herum gestellt hat.« Bei dieser anstrengenden, nicht endenden irdischen Arbeit halte das Abendmahl für den Menschen »die süßesten Tröstungen bereit«.

Die Pfarrer

Keine andere Gemeinde in Berlin außer der jüdischen mußte wie die französische für alles, was zur Arbeit gebraucht wurde, selber sorgen, von den Bibeln und Gesangbüchern bis hin zu den Schulbüchern in den Anstalten. Sogar für die Ausbildung des Pfarrernachwuchses war man schließlich selbst verantwortlich. Spiritus rector dieser umfangreichen und vielgestaltigen Gemeindearbeit war die Pfarrerschaft. Zuerst war es nur ein Pfarrer, 1726 aber standen einschließlich des Ministre catechiste dreizehn im Dienst der Berliner Kirche. Dann ging die Zahl langsam wieder zurück.

Die Pfarrer waren die einzige Gruppe, die zwangsweise, aber legal Frankreich verlassen hatte. Vor die Wahl gestellt, katholisch zu werden oder innerhalb von vierzehn Tagen das Land zu verlassen, hatten die meisten das Exil gewählt. Nicht alle, die blieben, taten es aus materiellen Gründen oder Opportunismus. Manche wollten ihre Gemeinden nicht verlassen, glaubten sich trotz königlichem Befehl an ihr Amt gebunden. Die sich für das Exil entschieden, gingen schweren Herzens. In manchen Gemeinden wurde den Predigern ein bewegender Abschied bereitet. Nicht selten folgten später, wenn Mittel und Wege gefunden waren, einzelne und kleine Gruppen heimlich und illegal ihren Pfarrern. Denn obwohl die Verhältnisse innerhalb der reformierten Kirche Frankreichs vor 1685 keineswegs ideal waren – es gab spannungsgeladene Auseinandersetzungen über die Lehre und wachsende Disziplinschwierigkeiten –, genossen die Prediger in ihren Gemeinden ein großes Ansehen. Sie waren »die Kanäle«, durch die das Wasser des Lebens floß, sie waren die »Träger der heilwirkenden Fackel des Wortes vom Leben«, wie es François Gaultier 1673 bei der Eröffnung der Synode des Bas-Languedoc in einer Predigt sagte, die er 20 Jahre später in Berlin drucken ließ. Sie gaben den angefochtenen und geängstigten Gemeindegliedern mit dem Wort der Bibel die fehlende Seelennahrung. Die Gemeinden erkannten sich und ihr Schicksal wieder, wenn die Pfarrer mit oft erstaunlicher Beredsamkeit biblische Berichte auslegten.

Die Achtung und Ehre galt dem Amt mehr als der Person. Daher war nun bei den Gemeinden das Gefühl der Verlassenheit und bei den Pfarrern die Gewissensnot groß. Im Refuge begann eine kontroverse Diskussion über die Frage, ob die Emigration der Pfarrer erlaubt gewesen sei. In ihr tat sich Gabriel d'Artis, seit 1684 Pfarrer in Berlin, als Ankläger hervor; sein unruhiger Geist und sein rücksichtsloses Temperament haben später noch oft das Konsistorium beschäftigt.

Die Pfarrer waren auch sonst in einer schwierigen Lage, weniger materiell, obwohl längst nicht alle mit Pfarrstellen versorgt werden konnten, als vielmehr geistig. Die Revokation des Edikts von Nantes hatte die Organisation der reformierten Kirche Frankreichs zerschlagen, im Ausland entstand sie nicht neu. Niemand war da, der die auseinanderdriftenden Teile der Église réformée de France zusammenhielt. Orthodoxe und rationalistische Bibelkritiker stritten um die Erkenntnis der Wahrheit. Politische Spannungen kamen hinzu. Die einen hofften auf einen Sinneswandel Ludwigs XIV. und waren bestrebt, ihn nicht unnötig zu reizen. Die anderen setzten auf den niederländischen Statthalter Wilhelm von Oranien und erhofften von seinem Sieg die Rückkehr in die Heimat. Im antifranzösischen diplomatischen Verhandlungsdickicht suchten Pfarrer die Interessen der Réfugiés zu vertreten, manchmal auch die ihrer Aufnahmeländer. So waren z. B. die Berliner Pfarrer Jacques Abbadie, François Gaultier und David Ancillon d. J. in diplomatischen Missionen unterwegs.

Die Revokation hatte eine grundsätzliche Diskussion über das Verhältnis von Staat und Kirche in Gang gesetzt. Der französische Protestantismus war z. T. sogar noch im Refuge königstreu und monarchistisch gesinnt. Neuere Forscher halten diese Haltung für seine eigentliche Schwäche. Doch stieß die Forderung nach unbedingtem Gehorsam gegenüber dem König jetzt auch auf Widerstand. Man glaubte, eine solche Forderung sei für zivilisierte Menschen unzumutbar, argumentierte naturrechtlich und rationalistisch. In Berlin vertrat vor allem Jean Barbeyrac, Professor am Collège und Prediger, solche Ideen, fand aber wenig Anklang.

Das geistige Leben der Französischen Kirche zu Berlin war bewegt von all diesen Fragestellungen. Wie in anderen Refugezentren gab es orthodoxe und kritische Geister, eifrige Parteigänger Wilhelms von Oranien und zur Geduld Mahnende, die resigniert bereit waren, sich im neuen Lande einzurichten.

Die bestimmende Persönlichkeit nach dem Weggang von Jacques Abbadie (1689) war François Gaultier (1685–1703). Abbadie hatte mit seiner glänzenden Rhetorik, seinen neuartigen Fragestellungen und wohl auch mit seinem jugendlichen Elan und noblen Charakter den französischen Gottesdienst zu einem gesellschaftlichen Ereignis gemacht. Der Graf d'Espence hatte ihn nach Berlin geholt, als der Kurfürst ihn beauftragte, für die französische Gemeinde einen neuen Prediger zu suchen. In der Berliner Zeit entstand Abbadies berühmtestes Buch »Traité de la Vérité de la Religion chrétienne«, das 1684 in Rotterdam gedruckt wurde. Nicht mehr die Wahrheit der reformierten Konfession sollte bewiesen werden, sondern die des Christentums schlechthin. Das Buch machte Abbadie mit einem Schlage berühmt, Protestanten und Katholiken lobten es gleichermaßen. Der Duc de Montausier äußerte gegenüber dem brandenburgischen Gesandten von Spanheim, es habe nur den einen Fehler, daß sein Verfasser in Berlin lebe. Abbadie, der im Auftrag des Großen Kurfürsten mehrere Male nach den Niederlanden gereist war, um Réfugiés für Brandenburg zu interessieren und so beiden Seiten zu helfen, ging nach dem Tode Friedrich Wilhelms zusammen mit dem Marschall von Schomberg nach England, wo er mit kurzen Unterbrechungen bis zu seinem Lebensende 1727 blieb.

François Gaultier Sieur de Saint-Blancard war eine ganz andere Persönlichkeit. Er hatte sich als Pfarrer von Montpellier und Moderator der letzten Synode des Bas-Languedoc, die 1681 in Uzès stattfand, in den Kämpfen der reformierten Kirche zur Erhaltung ihrer Predigtstätten seine Sporen verdient. Nachdem seine Kirche unter einem Vorwand geschlossen worden war, gehörte er zu den Männern um Claude Brousson, den späteren Prediger und Märtyrer der »Kirche in der Wüste«, die sich 1683 für die Freiheit des Gewissens und die Abhaltung von Gottesdiensten trotz des Verbots einsetzten. Das brachte ihn in solche Gefahr, daß er bald darauf mit Frau und zwei Kindern fliehen mußte. Über Zwischenstationen in der Schweiz gelangte er in die Niederlande. Dort wurde Wilhelm von Oranien auf ihn aufmerksam. In seinem Auftrag kam er zum ersten Male nach Berlin. Der Kurfürst war so angetan von ihm, daß er ihm eine Pfarrstelle anbot und ihn später mehrfach mit diplomatischen Aufträgen betraute, die dem Wohl der Réfugiés dienen sollten.

Dieser Mann wurde zum Politiker, weil er zutiefst davon überzeugt war, er müsse als guter Hirte für die armen, der Verfolgung preisgegebenen und zerstreuten Schafe seiner Kirche sorgen. »Wie Jacob haben wir Tag und Nacht die Herden unseres Herrn zu hüten, und obwohl bei dieser heiligen Beschäftigung Hitze und Kälte uns beschweren, müssen wir sie unaufhörlich weiden, diese unsere kostbaren Herden. Wir müssen für ihre Notdurft sorgen, sie ohne Aufhören verteidigen sowohl gegen die Gier der Diebe wie gegen die Wut der Wölfe. Wie neue Davids haben wir unsere Goliaths zu bekämpfen, unsere Sauls, die uns verfolgen, unsere Achitopheles, die uns verraten, und manchmal unsere Absaloms, unsere eigenen Kinder, die gegen uns Krieg führen.« So emphatisch wie diese noch in Frankreich gehaltene, aber erst in Berlin gedruckte Predigt klingen andere nicht, und selbst in ihr taucht hinter den großartigen biblischen Bildern der müde Alltag auf.

Gaultier ist auch der Verfasser der »Histoire apologétique ou Défense des Libertez des Eglises Réformées de France« (Apologetische Geschichte oder Verteidigung der Freiheiten der reformierten Kirche von Frankreich), eines Buches, das zu den besten seiner Art gezählt wird. Gaultier war ein Parteigänger des radikalen Pfarrers Jurieu in Rotterdam. Wie dieser war er ein offener Feind Ludwigs XIV. geworden, weil er sich von seiner Niederlage eine Wiederherstellung der reformierten Kirche in Frankreich erhoffte.

Selbst wenn die französischen Pfarrer bei Hofe verkehrten und die Geheimnisse der großen Politik kannten, blieben sie vor allem Gemeindepfarrer, predigten und hörten in den Konsistoriumssitzungen die Hilferufe der Armen. Auch das spiegelt sich in den überlieferten Predigten Gaultiers. »Ich kann verstehen«, sagte er einmal, »wenn eine einfache Person, ein Gläubiger, der ein niedriges und dunkles Leben führt, ohne Besitz, ohne Glanz, ohne Größe, ein Leben überdies erfüllt von Bitterkeit, von tausend Anfechtungen und tausend Leiden geschlagen ..., wenn ein solcher Mensch sich vom Leben ohne Kummer trennt und inbrünstig nach der Ruhe des Paradieses seufzt.« Das war der Alltag auch des Berliner Refuge. Um so wunderbarer sein Trost: »Wenn die Großen der Welt ihre Genealogie mit soviel Sorgfalt bewahren, um uns zu zeigen, daß sie von ehrwürdiger Herkunft sind nach dem Fleisch, müssen wir nicht, die der König der Könige als Kinder angenommen hat, mit aller vorstellbaren Sorgfalt alles suchen, was unsere geistliche Geburt an den Tag bringt?« Nicht nur die bedrängten Protestanten in Frankreich lebten in und mit der Bibel, die Réfugiés taten es ihnen darin gleich.

Nicht wenige der Berliner französischen Pfarrer haben sich als Gelehrte einen Namen gemacht. Zwei von ihnen, Isaac de Beausobre und Jacques Lenfant, schenkten den Gemeinden eine neue Übersetzung des Neuen Testaments, die im ganzen Refuge sehr wohlwollend aufgenommen wurde, weil sie zwischen Orthodoxie und rationalistischer Textkritik eine sorgsam abwägende Mitte hielt. Beide Männer waren angesehene, noch heute geachtete Kirchenhistoriker.

Die ausgedehnte schriftstellerische und wissenschaftliche Tätigkeit vieler Pfarrer war nur möglich, weil sie vor allem Gelehrte und Diener des Wortes (ministre de la Parole) waren. Die normale Seelsorge wurde von den Ältesten ausgeübt, die sie freilich oft nur unter dem Gesichtspunkt einer moralischen Überwachung betrieben. So war es zuletzt in Frankreich gewesen, so wurde es im Refuge fortgesetzt. Der französische Kirchenhistoriker Emile Léonard sagt den französischen Pfarrern dieser Zeit nach, sie hätten sich in ihren Predigten mehr damit beschäftigt, Gott dem Verstand und dem Willen anzunähern als dem Herzen. Es mag aber sein, daß die überlieferten Predigten uns nicht die ganze Breite der Predigtweisen zeigen. Zumindest läßt der noch vorhandene Buchbestand z. B. aus dem Besitz des Pfarrers Mousson (gest. 1769) vermuten, daß Erbauung im besten Sinne gefragt war. Es wurden auch Predigten berühmter katholischer Prediger, z. B. von Bourdaloue, studiert.

Pierre Chrétien Frédéric Reclam. Radierung von Chodowiecki, 1789

Die französischen Pfarrer Berlins am Ende des 18. Jahrhunderts unterschieden sich nicht unerheblich von ihren Kollegen am Beginn des Refuge. Sie mußten nicht mehr herumreisen und als Bittsteller antichambrieren, um die notwendigsten Lebensgrundlagen für ihre Gemeinden zu beschaffen, ihre Sorge galt vielmehr der Erhaltung des inzwischen gewachsenen umfangreichen Schul- und Armenwesens. Es ist nicht zu verkennen, daß das vor allen geistlichen Fragen rangierte. Alle Energie war darauf gerichtet, die Gemeinde zusammenzuhalten. Darum begann man jetzt, sich intensiv mit der Geschichte der eigenen Kirche zu befassen. Es entstand das neunbändige Geschichtswerk der beiden Pfarrer Jean Pierre Erman und Frédéric Reclam. Während in der frühen Zeit eine eigentümliche Zurückhaltung vorgeherrscht hatte und nur selten und sparsam von den konkreten Nöten der Flucht und des Neuanfangs geredet wurde, so als fürchte man sich, eine noch nicht verheilte Wunde zu reizen, wurde nun breit und ausführlich erzählt.

In den Schriften anläßlich des Jubiläums von 1785 erfahren wir eine Menge Tatsachen, aber alles ist aufgehoben in einem überglücklichen Gefühl wegen der erfahrenen Wohltaten in Brandenburg-Preußen. Kein Schatten fällt auf die dankbare Freude. Erman beurteilt auch die Gemeindezustände zuversichtlich. Er spricht von den »nützlichen, köstlichen Anfechtungen unserer Väter«, die Segnungen gewesen seien für sie damals und es auch für ihre Kinder heute seien. Ähnliche Gedankengänge finden sich bei anderen Predigern. Reclam kleidet sie philosophisch ein und redet weniger hochgestimmt. »Außer der Weisheit und Güte Friedrich Wilhelms war es die Frömmigkeit unserer Väter, die die Grundlagen unserer Kolonien legte«, heißt es bei ihm. Etwas nüchterner klingt, was Pfarrer Abraham Robert Bocquet sagt, jedenfalls im Blick auf die Situation zur Zeit der Hundertjahrfeier. Zwar seien noch fromme Familien zu finden, wegen der weniger vorbildlichen jedoch warnt er: »Sagt nicht, wir haben Abraham zum Vater, denn wenn ihr Abrahams Kinder wäret, müßtet ihr auch Abrahams Werke tun.« Eigentlich gibt es nur eins, das er seiner Gemeinde zugute hält: Sie ist spendenfreudig. Aber da Bocquet so viele andere Tugenden vermißt, mahnt er: »Erinnert euch, daß ihr die Gabe Gottes (Don de Dieu) nicht durch Geld erwerben könnt.«

Das Selbstverständnis der Gemeinde in diesen Jahrzehnten hat seinen wohl schönsten, wenn auch sicher etwas unkritisch überhöhten Ausdruck auf dem Kupferstich gefunden, der dem Psalmengesangbuch von 1740 beigegeben ist. Wir sehen David seine Harfe spielen, eine Harfe füllt auch die Mitte des Bildes. Auf ihr ist der 117. Psalm eingetragen: »Alle Nationen, lobt den Herrn ...« Von diesem Gotteslob gehen Flüsse aus, die einen Baum speisen, der prächtig gedeiht. Er symbolisiert u.a. die Staaten des Königs von Preußen und die Niederlande. Die Bäume Frankreichs und Ungarns, nicht an die nährenden Wasser angeschlossen, verdorren.

Neben den Historikern gab es in der zweiten Hälfte des 18. Jahrhunderts auch einige engagierte Pädagogen unter den Pfarrern. Die Reihe begann mit Pastor d'Anières, dem Gründer der École de Charité. Pfarrer Erman war viele Jahre Direktor des Collège français. Später traten Frédéric Guillaume Hauchecorne und Samuel Henri Catel als Verfasser von pädagogischen Schriften hervor. Beide waren auch Professoren am Collège. Hauchecorne betrieb nebenbei noch zwei gut florierende Privatschulen, eine für Jungen, eine für Mädchen. Hier probierte er seine pädagogischen Ideen in der Praxis aus. In der Gemeinde setzte er sich für die Hebung des Grundschulwesens ein. Beide Männer haben zur Zeit der Besetzung Berlins durch Truppen Napoleons mit den Franzosen zusammengearbeitet.

Anfangs hatte es im Refuge, wie angedeutet, einen Überschuß an verfügbaren Pfarrern gegeben. Mancher fand keine Gemeinde und schlug sich notdürftig mit Privatunterricht durch. Auch gab es ausreichend Theologiestudenten, die zunächst ihr Studium an reformierten Universitäten des Auslandes, z.B. in Genf, fortsetzten und dann ihren Familien ins Brandenburgische folgten. Das wurde anders, als die Réfugiés hier richtig Fuß gefaßt hatten. Nun zog man es vor, die Söhne an nahegelegenen deutschen Universitäten, etwa in Frankfurt (Oder) oder in Halle, studieren zu lassen. Wenn sie sich nun um ein Pfarramt bewarben, wußten sie meist nicht sehr viel von der Geschichte der französischen protestantischen Kirche und der sie prägenden Theologie. Auch scheint zuweilen der Dienst in deutschen Gemeinden verlockender gewesen zu sein, jedenfalls konnten um 1765 nicht mehr alle französisch-reformierten Pfarrstellen besetzt werden.

Das ließ bei dem schon genannten Pfarrer d'Anières, der die verwaisten Gemeinden besucht hatte, den Gedanken an eine eigene Ausbildungsstätte aufkommen. Verhandlungen im Berliner Konsistorium, mit den Familienvätern, mit den Konsistorien aller französisch-reformierten Gemeinden in Brandenburg-Preußen führten schließlich zur Schaffung eines »Séminaire de Théologie«, das aufs engste mit dem Collège français verbunden war. Beide Einrichtungen benutzten die Schulräume in der Niederlagstraße, auch die Lehrkräfte unterrichteten z.T. in beiden Anstalten. J.P. Erman war der erste Direktor des Seminars und konnte es am 5. Juli 1770 feierlich eröffnen. Es begann

Kupferstich aus dem französischen Psalmengesangbuch, 1740 in Berlin erschienen. Von der Harfe Davids ergießt sich das Wasser des Lebens in die europäischen Aufnahmeländer der Hugenotten. Anonyme Radierung

mit drei Studenten, bald waren es vierzehn. Man sah sich genötigt, die Zahl auf zwölf zu begrenzen. Als Erman nach 25 Jahren einen Rechenschaftsbericht veröffentlichte, konnte er auf eine erfolgreiche Arbeit zurückblicken. Das Seminar hatte nicht nur die brandenburgischen Gemeinden mit Pfarrern versorgen können, sondern sogar entfernte Orte wie Wesel, Stockholm, Königsberg u. a. Aus zahlreichen Zöglingen, die später die Theologie wieder aufgegeben hatten, waren tüchtige Verwaltungsbeamte und Diplomaten geworden.

1806 geriet das Seminar in eine Krise. Nach der Einrichtung der Berliner Universität wurde es mehr und mehr zu einer Institution, die französisch-reformierte Studenten der Theologie unterstützte und ihre Universitätsstudien theologisch beriet und begleitete. Die wertvollste Hinterlassenschaft des Seminars ist seine Bibliothek, der größte und wichtigste Bestandteil der heutigen Hugenottenbibliothek.

Gemeindeglieder

Es wurde bisher mit großer Selbstverständlichkeit von der Französischen Kirche oder Gemeinde in Berlin gesprochen. Aber wer gehörte 100 Jahre nach der Einwanderung noch dazu? Es waren in erster Linie die Nachkommen der Réfugiés, ganz gleich, wo in Preußen sie geboren waren, gleichgültig auch, ob sie zwischenzeitlich einer anderen Gemeinde angehört hatten. Zur Zeit Friedrichs II. konnten neu ins Land kommende Reformierte zwischen deutschem und französischem Recht, zwischen deutscher und französischer Kirche wählen. Übergänge von der deutschen Kirche zur französischen waren sonst in der Regel nur bei Heiraten möglich. Sie wurden erschwert, weil die deutsche Geistlichkeit sie möglichst zu verhindern suchte. So hatte z. B. Jean Benjamin Baur 1792 bei seiner bisherigen Gemeinde um die Genehmigung zum Eintritt in die französische gebeten. Der Pfarrer von St. Gertrauden bescheinigte ihm, er werde wohl schwerwiegende Gründe für diesen Schritt haben, aber die Religion sei kaum der wahre Grund. Als Baur protestierte, sagte der Pfarrer, wie Baur berichtet, »daß er seine Religion vor Schmähungen sichern müßte. Das Attest könne jemandem seiner Herren Amtsbrüder oder Vorgesetzten oder seiner Gemeinde zu Gesicht kommen, und ich könne nicht verlangen, daß er darunter litte«. Dieser Bericht beleuchtet schlagartig die Szene. Wie schwer mag es erst Anfang des Jahrhunderts gewesen sein, als Nicht-Réfugié Mitglied der Französischen Kirche zu werden.

Die »Franzosen« selber machten nicht soviel Schwierigkeiten. Wer eine Genehmigung seiner vorigen Gemeinde vorlegen konnte oder, falls es sich um einen Katholiken oder Juden handelte, sich unterrichten ließ und bereit war, die Ordnung der Gemeinde anzuerkennen und nach Kräften mitzuarbeiten, der mußte nur noch unterschreiben, daß er wisse, er könne erst nach zwei Jahren Unterstützung beanspruchen; vor Ablauf dieser zwei Jahre wurden nur ärztliche Hilfe und Medizin gewährt. Solange Französisch die Kirchensprache war, machten nur wenige Gebildete von dieser Möglichkeit Gebrauch. Anders wurde es, als im 19. Jahrhundert die deutsche Sprache eingeführt wurde.

Austritte aus der Französischen Kirche erfolgten meist aus denselben Gründen wie Eintritte: Familien- und Karriererücksichten spielten eine Rolle. Im August 1815 meldete sich jemand ab mit der Begründung: »Da es weder mit dem Zeitgeist vereinbar ist noch meinen Ansichten entsprechen kann, ferner ein Mitglied der französischen Gemeinde zu sein.« Ist das ein Ausdruck von Feindschaft gegenüber allem Französischen?

Das 19. Jahrhundert war gekennzeichnet von dem Bemühen der preußischen Kirchenbehörden, ein Anwachsen der französisch-reformierten Gemeinde zu verhindern. Ein Austritt war verhältnismäßig leicht: Es genügten ein Wohnsitz in einer anderen Gemeinde und eine schriftliche Willenserklärung. Die erste Voraussetzung lag immer vor, denn zu keiner Zeit ist die Französische Kirche eine Lokalgemeinde gewesen, sie war stets eine Personalgemeinde, deren Glieder in allen Stadtteilen wohnten. Ein Eintritt in die Kirche blieb dagegen außerordentlich erschwert. Seit 1855 verlangten die Behörden allgemein einen Nachweis der Abstammung von einem Réfugié und behielten sich außerdem die ausdrückliche Genehmigung eines Übertritts vor. Sie sollte nur in Ausnahmefällen erfolgen. In Berlin war es bereits seit 1819 so praktiziert worden. In einem Falle, der sich allerdings in Königsberg ereignete, mußte um die Zugehörigkeit zur französischen Gemeinde sogar prozessiert werden.

Möglicherweise war diese Beschränkung zeitweise dem Konsistorium der Berliner französischen Gemeinde sogar genehm, denn diese erfreute sich wegen ihrer guten Armenversorgung eines größeren Zuspruchs als die Landgemeinden. Auch wollte mancher Nachkomme eines Hugenotten deshalb wieder zu seiner alten Kirche gehören, weil die historische Forschung und der Zeitgeist in der zweiten Hälfte des 19. Jahrhunderts sein Bewußtsein von der eigenen Herkunft geweckt hatten. Im allgemeinen jedoch war die Wirkung der Kirche begrenzt. Darüber konnte nicht einmal die großartige Zweihundertjahrfeier 1885 hinwegtäuschen. Alles Lob der Hohenzollern und alles bei festlicher Gelegenheit bewiesene königliche Wohlwollen schafften die Isolierung nicht aus der Welt, in der die französischen Kirchen seit der Union zwischen lutherischen und deutsch-reformierten Gemeinden 1817 standen. Sie waren der Union nicht beigetreten und blieben die einzige geschlossene Gruppe außerhalb dieses Zusammenschlusses.

Ohne die Aufhebung des Edikts von Nantes und die notvollen Folgen wäre die Geschichte der Französischen Kirche zu Berlin verlaufen wie die einer normalen Hof- und Fremdengemeinde. Die Ereignisse des Jahres 1685 hatten sie zu einer großen Bürgergemeinde werden lassen. Aus kümmerlichen Anfängen war ein ausgedehntes Kirchenwesen entstanden mit Armenanstalten und Schulen, wie es vergleichbar später nur noch die jüdische Gemeinde besaß. Die französische Gemeinde konnte mit Recht stolz darauf sein, daß sie das alles aus eigener Kraft unterhielt und leitete.

In der zweiten Hälfte des 18. Jahrhunderts setzte ein langsamer, aber stetiger Rückgang ein, zunächst noch durch äußeren Glanz verdeckt. Er konnte auch durch größte Bemühungen nicht aufgehalten werden. Vergleichbares vollzog sich, wie gezeigt, im geistlichen Bereich. Der alle Lebensbereiche bestimmende, in der Bibel und in der Lehre der reformatorischen Väter gründende Glaube, der in das Abenteuer von Flucht und Neuanfang geführt hatte, wandelte sich zur religiösen Begründung einer das soziale Gefüge stabilisierenden Moral und verflachte zu einem weithin nur noch historischen Interesse.

Die »reformierte Genossenschaft« alten Stils, von der der deutsche Historiker Leopold von Ranke einst sprach, gibt es nicht mehr. Das Ältestenamt und die Synoden sind von den anderen protestantischen Kirchen weithin übernommen worden. Aufgaben der alten Gemeindediakonie werden heute von der Inneren Mission und der staatlichen Sozialversicherung erfüllt. Die gesamte evangelische Kirche erfreut sich jetzt einer größeren Freiheit und Selbstverwaltung, als sie die französisch-reformierte Gemeinde früher je besaß. An Kirchenzucht wagt niemand mehr zu denken. Warum gibt es dann immer noch eine »Französische Kirche zu Berlin«? Nur weil einige unentwegte Nachkommen der Réfugiés noch an ihr festhalten und noch nicht ausgestorben sind, oder weil es einen wertvollen historischen Nachlaß zu betreuen gibt?

Nicht alles, was die Reformierten erkannt und praktiziert haben, ist nur Nachlaß. Es gibt ein Erbe, das angetreten und lebendig erhalten werden müßte in einer Kirche, die in der Nachfolge der ganzen Reformation steht. Hier warten Fragen auf Antworten, die nur die Zukunft geben kann.

Sibylle Badstübner-Gröger

Der hugenottische Kirchenbau in Berlin und Potsdam

Die Architektur Berlins und der Mark Brandenburg stand im 17. Jahrhundert unter einem starken niederländischen Einfluß. Die meisten Baumeister stammten aus den protestantischen Niederlanden oder hatten dort ihre Ausbildung erhalten. Zu ihnen gehörten beispielsweise Johann Gregor Memhardt, Rutger von Langervelt, Michael Matthias Smids und Arnold Nering. Ihre Entwürfe und Bauten zeichneten sich vor allem durch Zweckmäßigkeit, Nüchternheit und Einfachheit aus, Merkmale, die auch der einheimische Baumeister Martin Grünberg für seine Planung übernahm. Seine Kirchenbauten orientierten sich vielfach direkt an holländischen Vorbildern. Während der Regierungszeit Friedrich Wilhelms I. fand dieser nüchterne Kirchenbaustil seine volle Ausprägung, und die führenden Baumeister dieser Zeit, wie Titus Favre, Philipp Gerlach oder Johann Friedrich Graël, blieben mehr oder weniger dieser Tradition verhaftet, auch dann, wenn sie selbständige Entwurfslösungen entwickelten.

Von den rund 200 Kirchenbauten, die unter König Friedrich I. in den brandenburgischen Gebieten errichtet oder ausgebessert wurden, sollen den deutsch-reformierten und den französisch-reformierten Gemeinden je 30 gehört haben. Diese Zahlen betreffen offensichtlich nur zu einem geringen Teil Neubauten, sie beziehen sich vorwiegend auf die von diesen Gemeinden erworbenen älteren und schon lange Zeit unbenutzten mittelalterlichen Kirchen oder auf diejenigen, die ihnen für Umbau und Nutzung überlassen worden waren. Charakteristisch für die französisch-reformierten Gemeinden sind auch die Einrichtung behelfsmäßiger Beträume in Profangebäuden sowie die Nutzung und der Mitbesitz von Kirchen der deutsch-reformierten oder lutherischen Gemeinden, die so zu Simultankirchen wurden. Die Kirche in Neustadt a.d. Dosse gehörte zu den ersten dieser Art. Der Neubau blieb die Ausnahme. Neue Kirchenbauten errichteten die Réfugiés in ihren städtischen Kolonien mit Hilfe von Kollektengeldern und mit landesherrlicher Unterstützung beispielsweise in Magdeburg (1705–1710), Müncheberg (1710), Halberstadt (1712–1717), Königsberg (1733–1736), Frankfurt (Oder) (1736), Potsdam (1753) und Schwedt (1779). Die meisten dieser Kirchen sind nicht mehr erhalten oder stark verändert worden.

In Berlin gründeten die Réfugiés in den einzelnen, zunächst selbständigen neuen Stadtgemeinden der Residenz ihre Predigtstätten. Während in der Dorotheen- oder Neustadt die 1678 bis 1687 erbaute protestantische Kirche ab 1688 von der französisch-reformierten Gemeinde mit benutzt wurde (zehn Jahre später befand sie sich auch in ihrem Mitbesitz), waren die anderen Kirchengründungen der französischen Gemeinden Eigenbesitz. Allein Schinkels Neubau der Friedrichswerderschen Kirche war von Anfang an als Simultankirche vorgesehen. Die erste, im Jahre 1700 geweihte, selbständige Kapelle der Réfugiés war ein Scheunenumbau und lag in der Köpenicker Vorstadt. Die Doppelkirche auf dem Friedrichswerder wurde kurz darauf, 1701, eingeweiht. Im gleichen Jahr legte man auch den Grundstein für die Kirche in der Friedrichstadt. Die Französische Kirche in der Klosterstraße in Berlin, ein Umbau, wurde ab 1726 benutzt. Zu diesen fünf Kirchen kam als sechste Einrichtung die 1731 bis 1733 entstandene Hospitalkirche hinzu, die zum französischen Hospital in der Friedrichstraße gehörte.

Gottesdienste in französischer Sprache und in kalvinistischer Tradition hatten in Berlin schon seit 1672 stattgefunden. Der 10. Juni 1672 wird als Gründungstag der ersten französischen Gemeinde der Stadt angesehen. An diesem Tag hielt Prediger David Fornerod den ersten Gottesdienst in der Amtswohnung des Oberstallmeisters Baron von Pöllnitz in der ersten Etage des Marstalls in der Breiten Straße. Mit dem Anwachsen der Gemeinde erteilte der Kurfürst ihr 1680 das Recht, die 1538 erbaute und damals unbenutzte Schloßkapelle, die Erasmuskapelle, zu benutzen. Der Hof hielt zu dieser Zeit die deutsch-reformierten Gottesdienste in der Domkirche, der Dominikanerkirche, ab, die bis 1747 auf dem Schloßplatz zwischen Breite und Brüderstraße stand. In der Schloßkapelle blieben die Franzosen bis zum 29. April 1688. Erst dann, ab 7. Mai 1688, zogen auch sie in die Domkirche, bis andere Behelfslösungen und das Simultaneum in der Dorotheenstadt bereitstanden sowie finanzielle Mittel für neue Kirchengebäude vorhanden waren.

Die Kirchen der Hugenotten in Berlin sind im wesentlichen durch die gleichen Eigenschaften gekennzeichnet wie der hugenottische Temple im Frankreich des 16. und 17. Jahrhunderts. Immer sind die Bauten oder Kirchenräume unter schwierigsten Bedingungen entstanden, immer waren sie entsprechend dem kalvinistischen Bekenntnis von strenger Nüchternheit und Zweckmäßigkeit geprägt. In der Regel begnügte man sich mit behelfsmäßigen Räumen, die möglichst viele Gläubige aufnehmen konnten. Bevorzugt wurden einschiffige geräumige Saalbauten, meist mit flachen Holzdecken, umlaufenden, oft zweigeschossigen Emporengalerien auf frei stehenden hölzernen Säulen, die auch eine Mehrschiffigkeit vortäuschen konnten. Kanzel und Abendmahlstisch standen vor den Emporen frei im Raum. Davor lag der »Parquet« für die Ältesten, ein abgegrenzter Bezirk innerhalb des strahlenförmig oder amphitheatralisch auf die Kanzel ausgerichteten Gestühls. Die Anordnung aller Sitzplätze, auch derjenigen auf den Emporen, war auf die Kanzel, auf den Ort der Predigt, orientiert, d.h. auf gute Hör- und Sichtbarkeit des Predigers angelegt.

Zwei Grundtypen hugenottischen Kirchenbaus in Frankreich sind bildlich überliefert, und danach wurden ihr Grund- und Aufriß rekonstruiert. Der eine ist die Paradies-Kirche von Lyon, die nur von 1564 bis 1566 bestanden hat. Sie war ein annähernd ovaler Saalbau auf oktogonalem Grundriß, mit umlaufender Empore auf hölzernen Stützen, zweigeschossiger Fensteranordnung, amhitheatralisch angeordnetem Gestühl, eingegrenztem Parquet und frei aufgestellter Kanzel. Der andere ist der Temple von Charenton bei Paris, der berühmteste

Die Hugenottenkirche zu Charenton im Jahre 1624. Rekonstruktionsversuch nach einer Zeichnung von J. Marot. Anonymer französischer Stahlstich, 1856

Bau des französischen Protestantismus. Dieser zweite Temple von Charenton, 1623 bis 1624 von Salomon de Brosse anstelle eines 1621 zerstörten Vorgängerbaues errichtet, folgt einem basilikalen Schema. Es war ein vermutlich tonnengewölbter Rechtecksaal von neun Achsen mit Satteldach. Die zweigeschossige Anordnung der Fenster entsprach einer umlaufenden Doppelemporenanlage auf frei stehenden Holzsäulen im Inneren. Eingänge lagen an der Süd-, Nord- und Ostseite. Altar und Kanzel sowie der Parquet befanden sich vor der nördlichen Schmalseite. Nach legendärer Überlieferung sollen darin 14 000 Menschen Platz gefunden haben. Der Temple von Charenton wurde nach seiner Zerstörung im Jahre 1685 insbesondere zum symbolischen, seltener zum architektonischen Vorbild hugenottischen Kirchenbaus. Er galt den Réfugiés vor allem als ein Sinnbild ihres Lebenswillens und ihrer Glaubensstärke. Einzelne Architekturelemente aber blieben gerade für den hugenottischen Kirchenbau in Berlin verpflichtend: der schmucklose, flachgedeckte Saalbau, die Zweigeschossigkeit der Fensteranordnung, die umlaufende Emporenanlage auf frei stehenden Stützen, die Kanzel-, Abendmahlstisch- und Parquetanordnung.

Die Dorotheenstädtische Kirche

Abgesehen von den schon erwähnten Übergangslösungen, kam 1698 die in der Mittelstraße gelegene Dorotheenstädtische Kirche in den Mitbesitz der Réfugiés. 1678 als erster protestantischer Kirchenbau für die Neustadt begonnen, die nach ihrer Gründerin den Namen Dorotheenstadt erhielt, fand 1687 die Einweihung statt. Die Anlage, wohl auf Pläne von Rutger von Langervelt, dem Erbauer von Schloß Köpenick, zurückgehend, wurde durch Hofbaumeister Michael Matthias Smids ausgeführt und war, wie die älteste Ansicht von Johann Stridbeck aus dem Jahre 1690 übermittelt, ein kreuzförmiger gewölbter Bau mit polygonaler Ostapsis. Die Kreuzgewölbe waren von vier mächtigen Pfeilern getragen. Über der Vierung befand sich ein viereckiger Turmaufsatz. In den Winkeln der Kreuzarme waren niedrige Anbauten eingefügt. Schmale, hohe, halbrund geschlossene Fenster gliederten den schlichten Außenbau. Mit Ausnahme des polygonalen Chores folgten Grund- und Aufriß der von Hendrik de Keyser 1620 bis 1623 erbauten Noorderkirche in Amsterdam. Der Innenraum war schmucklos, in den drei Kreuzarmen waren zweigeschossige Emporen eingebaut. 1690 fand die alte Domkanzel hier Aufstellung. Bis dahin hatte eine hölzerne Kanzel, die die lutherische Gemeinde vor Errichtung der Kirche bei ihren Gottesdiensten im Freien in der Lindenallee benutzte, den Predigern gedient. Unter der Kirche waren Grabgewölbe angelegt. Das Abendmahlsgerät, von Daniel Männlich angefertigt, war ein Geschenk des Kurfürsten.

Laut Verfügung vom 5. Januar 1688 wurde den Hugenotten, neben den Lutheranern und Deutsch-Reformierten, gestattet, »in der auf der Dorotheen Stadt erbauten neuen Kirche ins künfftige ihren Gottesdienst mit der Teutschen Gemeinde alternative zu verrichten«, und der erste französische Gottesdienst fand am 29. Januar 1688 statt. Mit der Zunahme der französischen Bewohner in der Dorotheenstadt – 1697 zählte man bereits 1615 Kolonisten – wurde die französische Gemeinde am 28. Januar 1698 Mitbesitzer der Kirche. Dieser Mitbesitz umfaßte die Hälfte des Eigentums an der Kirche, einschließlich der Grabgewölbe, des Kirchhofs, der Glocken und des Gestühls. Rechte und Pflichten bei der baulichen Unterhaltung waren genau festgelegt worden.

Erst 1841 konnte das sich zunehmend schwierig gestaltende Simultaneum aufgehoben werden; der letzte französische Gottesdienst fand am 15. August 1841 statt. Zur endgültigen Lösung des Mitbesitzes kam es jedoch erst nach langwierigen Verhandlungen und einer Abstandszahlung von 2000 Talern im Jahre 1858. Danach erfolgte, von 1860 bis 1862, ein eingreifender Umbau im romanisierenden Stil. Nach ihrer Zerstörung 1944 wurde die Kirche abgetragen.

Die Dorotheenstädtische Kirche, von 1678 bis 1687 erbaut, diente auch den Franzosen als Gotteshaus. Kupferstich von Johann David Schleuen, um 1760

Die Friedrichswerdersche Kirche

Durch den planmäßigen Ausbau des Friedrichswerder, westlich von Cölln an der Spree, und dessen Erhebung zur selbständigen Stadtgemeinde im Jahre 1662 waren auch die Notwendigkeit und die Voraussetzungen für einen Kirchenbau der französischen Kolonisten gegeben. Der Baubeginn verzögerte sich jedoch bis in das Jahr 1700. Die Bewohner des Friedrichswerder hatten ihren Predigtort zunächst im 1672 angeblich nach Plänen von Giovanni Simonetti erbauten Rathaus. Die Franzosen besuchten seit 1682 die Schloßkapelle, später die Domkirche und die Dorotheenstädtische Kirche in der Neustadt. 1697 wohnten auf dem Friedrichswerder 698 (nach anderen Angaben 657 oder 749) französische Kolonisten, und der Wunsch nach einem eigenen Kirchenbau wurde laut – auch von deutsch-reformierter Seite.

Im Juli 1691 wies Kurfürst Friedrich III. beiden Gemeinden als Bauplatz den »Langen Stall« zu und befahl die Räumung dieses Reithauses. Am 20. Mai 1699 genehmigte er drei der eingereichten Entwürfe, darunter einen des »haubtmann Buts« (Jean de Bodt), den die französische Gemeinde offenbar beauftragt hatte. De Bodt, ebenfalls hugenottischer Abstammung, war 1685 15jährig aus Paris über Brüssel in die Niederlande emigriert und ging 1689 an den Hof nach London. 1698 berief ihn der brandenburgische Kurfürst zum Leiter des gesamten Bauwesens und zum Inspektor aller Zivil- und Militärgebäude nach Berlin. Gleichzeitig mit der Übernahme der Bauleitung am Zeughaus im Jahre 1699 entwarf er auch den Umbau des Reitstalles zur Kirche.

Das genannte kurfürstliche Reskript von 1699 ordnete den Abriß des Stalles an und wiederholte die Zuweisung des Bauplatzes. Wörtlich ließ der Kurfürst verlauten: »… daß die Rechte Seite solcher Kirchen nach dem Werder zu vor die Teutschen (Südseite), die andere aber nach der Dorotheen Stadt (Nordseite), weilen daselbst die meisten Refugirten wohnhafft, und zwar dergestalt aptiret werden solle, daß, wenn es möglich, beyder Cantzeln in der mitte zu stehen kommen mögen. Anstatt der Beyden thürmichen auf den Seiten oder ekken …, weil solche nur dem gebäude zur last gereichen würden, daß es besser, wann ein ander Zierath, und etwa auff jeder seite eine Sonne gesetzet würde. … daß die Communication dieser beyden Kirchen nicht gantz und gar zu kümmern, sondern Etwa vermittelst einer kleinern Thür zu lassen seyn …«

Ein Jahr später war der Kirchenbau noch nicht begonnen worden, und der Kurfürst forderte am 11. Mai 1700 den Grafen Dohna u. a. mit Nachdruck auf, den Bauvorgang zu beschleunigen und sich »mit Zuziehung des haubtmann Buts zusammen zu thun, sothanen Kirchenbau, nach denen von besagten But darüber verfertigten und von Uns Mündlich approbirten letzten abrißen, nach welchen Ihr Euch zu reguliren, zu überlegen ...«. Am 31. Mai stellte Friedrich III. fest, daß das Mauerwerk des Langen Stalles, »umb ad interim zur Kirche zu dienen, dauerhaft genug seyn«, und bestätigte den Vorschlag der französischen Gemeinde, statt eines kostspieligen Neubaus einen Um- und Ausbau des Stalles vorzunehmen, zumal die kurz bevorstehenden Krönungsfeierlichkeiten die kurfürstlichen Kassen sehr belasteten. Er ordnete weiter an, den Franzosen »die zur Kirchen destinirte Helffte des Stalles anzuweisen und einzuräumen, damit sie selbige zum Gottesdienst aptiren und mit Stühlen, Galerien ... bebauen mögen«.

Die bauliche Veränderung des Stalles geschah hastig und ohne Sorgfalt. Schon am 16. Mai 1701 konnte Friedrich nach seiner Krönung zum König an der Einweihung der französischen Kirche durch Pastor de Gaultier teilnehmen, der auf sein Geheiß über 1. Könige 7,27–29 zu predigen hatte. Die deutsche Kirche wurde am 12. Juli eingeweiht.

Die Friedrichswerdersche Kirche 1737, 1799, 1688 und 1801. Anonyme Aquatinta, um 1801

Der etwa 80 Meter lange und 17 Meter breite Reitstall war unter Beibehaltung der Umfassungsmauern nun nicht mehr nach de Bodts Entwurf, sondern nach Plänen Martin Grünbergs von Giovanni Simonetti zu einer Doppelkirche umfunktioniert worden. Beide Kirchen waren durch eine Wand getrennt: Die Nordhälfte, deren Baukosten 6446 Taler, fünf Groschen und vier Pfennig betrugen, gehörte der französisch-reformierten, die Südseite der deutsch-reformierten Gemeinde. Lediglich die Fenster des ehemaligen Reitstalles waren vergrößert worden, und am Frontispiz der französischen Kirche wurde die Inschrift angebracht: AEDES DIVINO CULTUI CONSECRATA MDCCI. Das Innere war von größter Einfachheit und mit einer Empore ausgestattet, »... sonst sind beyde Kirchen mit Gestuhlen, Altar oder Tisch und Cantzel zierlich versehen«, wie die Chronisten J. C. Bekmann und G. G. Küster berichten. 1705/06 begann man auf königlichen Wunsch mit dem Bau eines mittleren Turmes, der »zum Zierrathe der Stadt und der Kirchen Gebäude« gereichen sollte. Er gedieh jedoch nur bis zum Dachansatz. Weitere bauliche Veränderungen veranlaßte die deutsche Kirche, die 1718 durch den Einbau einer zweiten Emporengalerie den Südteil des Gebäudes erhöhte und dadurch auch die französische Gemeinde zu einem solchen Schritt bewegte. So entstand der langgestreckte zweigeschossige Rechteckbau, den Johann David Schleuen in seinem Stich auf dem Schmettauschen Plan von 1748 wiedergibt und den Küster und Bekmann (1737 und 1760) als in einer »neuen gothischen Bauart« ausgeführt sahen.

Die Doppelkirche auf dem Friedrichswerder hatte zwei Geschosse über einem niedrigen Sockel. Beide Kirchenteile waren durch den flachen Turmstumpf, der das Satteldach kaum überragte, getrennt. Der Mittelrisalit, durch pilasterartige Streifen und Lisenen gegliedert, war von einem Giebel bekrönt. Das Rundbogenportal führte in das Vestibül der französischen Kirche. Beide Kirchen besaßen nur eine geringfügige, unterschiedliche Fassadengliederung, die sich aus dem Wechsel von Lisenen und breiten, vertieften Wandfeldern mit hohen schmucklosen, rundbogig geschlossenen Fenster- und Türöffnungen ergab und unter dem ersten Emporengeschoß eine Reihe niedriger Bogenfenster zeigte. Die Fassaden des französischen Teils besaßen eine strengere Symmetrie und schmalere Gliederungsmotive. Je zwei Fenster waren in den insgesamt fünf von Lisenen gerahmten und vertieften Wandfeldern zusammengefaßt. Den Innenraum der französischen Kirche hat J. C. Bekmann in seinem handschriftlichen Manuskript einer »Geschichte der Stadt Berlin« (um 1760) beschrieben.

Danach war es ein oblonger Saal mit Holzgewölbe, an dessen vier Seiten sich doppelte Emporen auf »tüchtigen« weiß gestrichenen Säulen befanden. Die schmucklose Kanzel stand zwischen zwei Säulen an der Südseite, d.h. an der Grenzwand zur deutschen Kirche. Unter ihr befand sich ein Kanzelstuhl für den Lecteur und davor die charakteristische Anlage des Parquet. Angeblich soll die Kirche 1720 Sitzplätze gehabt haben. Auf der unteren Empore, unmittelbar neben der Kanzel, wird die verglaste Loge des Königs vermutet. Die Orgel, 1786 gestiftet, befand sich der Kanzel gegenüber. Kanzel und Gestühl waren aus braunem Holz gefertigt. Ein Teil des Turmraumes diente als Sakristei.

Bei einem Brand wurde 1794 der Turm zerstört. Nun setzte man nach einem Entwurf von H.Ph.Daniel Boumann d.J. 1801 auf dem alten Unterbau ein Glockentürmchen auf. Zugleich wurde das Dach der Doppelkirche vereinheitlicht. Von dieser Zeit an mehrten sich Um- und Neubaupläne für das desolate Gebäude. Die deutsche Kirche wurde zuerst, nämlich 1821, niedergerissen. Von den zahlreichen Planentwürfen ist beispielsweise K. F. Schinkels Entwurf für die Planung der Innenstadt aus dem Jahre 1817 von Interesse. Dort werden zwei nebeneinanderliegende Kirchengebäude für beide Konfessionen vorgesehen, die teilweise über dem Kanal der Spree errichtet werden sollten. Aber erst am 8. Mai 1824 verkündete eine Kabinettsorder des Staatsministers von Altenstein den »Neubau der Werderschen Kirche für die beiden Gemeinden«, und Friedrich Wilhelm III. bestätigte im gleichen Jahr Schinkels Entwurf, der sich an englische College-Chapels anlehnt.

Beim Neubau ging es vor allem um die von den Gemeinden geforderte Trennung beider Teile, da schon nicht mehr zwei separate Kirchengebäude geplant waren. Wegen der ästhetischen Wirkung des Gesamtraumes wurde jeglicher Zwischenbau abgelehnt, obwohl Schinkels Entwurf zunächst eine Trennung berücksichtigt hatte. »Es soll Mir angenehm seyn«, so schrieb Friedrich Wilhelm III. an Staatsminister Schuckmann am 16. März 1829, »wenn die Trennung der Werderschen Kirche für die deutsche und französische Gemeine durch einen Zwischenbau unterbleiben und eine Einrichtung über den gemeinschaftlichen Gebrauch der Kirche nach dem Bedürfniss der beiden Gemeinen getroffen werden kann ...« Damit war das Simultaneum beschlossen, und nolens volens mußte das französische Konsistorium auf eine eigene Kirche verzichten. Als Kompromiß ließ man die Errichtung zweier Sakristeien an der Westseite zu, wobei traditionsgemäß die Franzosen die nördliche erhielten, die sie auch für Taufen und Trauungen benutzten.

Der fünfjochige Gewölbebau der Friedrichswerderschen Kirche von Karl Friedrich Schinkel war unweit der alten Doppelkirche erbaut worden und ebenfalls in Nord-Süd-Richtung orientiert. Der gotisierende Backsteinbau wurde am 3. Juli 1831 eingeweiht. Die innere Ausstattung mit Gemälden von Karl Begas, Wilhelm Schadow und Wilhelm Wach bedeutete, daß an die französisch-reformierte Gemeinde und ihre strikte Ablehnung bildnerischen Kirchenschmucks keinerlei Zugeständnisse gemacht wurden. Lediglich zwei Kanzelbauten an der Altarbühne im Chor bezeichneten das Simultaneum. Zunehmende Schwierigkeiten zwischen beiden Benutzern und die beabsichtigte Lösung aus dem bestehenden Nutzerverhältnis führten erst am 18. Dezember 1872 zum endgültigen Vertrag über die Abtretung des Anteils der französisch-reformierten Gemeinde an die deutsche.

Die Wiederherstellung der im zweiten Weltkrieg stark beschädigten Kirche wurde 1987 abgeschlossen. Der Bau wird jetzt von den Staatlichen Museen für eine ständige Plastikausstellung genutzt.

Die französisch-reformierte Kirche in der Friedrichstadt, der Französische Dom

Höhepunkt des hugenottischen Kirchenbaues in Berlin war die Errichtung der Französischen Kirche auf dem Gendarmenmarkt, dem heutigen Platz der Akademie, in der Friedrichstadt. Von allen fünf französischen Kirchen der Stadt ist sie der einzige architektonisch durchgestaltete Bau, der keinerlei Behelfscharakter aufweist. Die Kirche, seit dem ergänzenden Turmbau auch als Französischer Dom bezeichnet, steht auf einer der schönsten und für die Stadtentwicklung Berlins bedeutendsten Platzanlagen. Diesem Platz hatte König Friedrich II. 1780 bis 1785 mit der Errichtung der beiden Turmbauten vor der Deutschen und der Französischen Kirche nach Plänen Karl von Gontards einen städtebaulichen Akzent verliehen, der ihn bis heute wesentlich bestimmt.

Die Französische Kirche ist die einzige Kirchengründung der Réfugiés in Berlin, die – 1983 nach der Zerstörung im zweiten Weltkrieg wiederhergestellt – erhalten geblieben ist. Die Kirche beherbergte in ihrem Unterbau vorübergehend auch das Hugenottenmuseum, das eine reiche und wertvolle Sammlung von historischen und kulturgeschichtlichen Büchern, Archivalien und Dokumenten zur französischen Reformationsgeschichte besitzt sowie Graphik, Gemälde und Gegenstände bewahrt, die dem Besucher die Entwicklung der franzö-

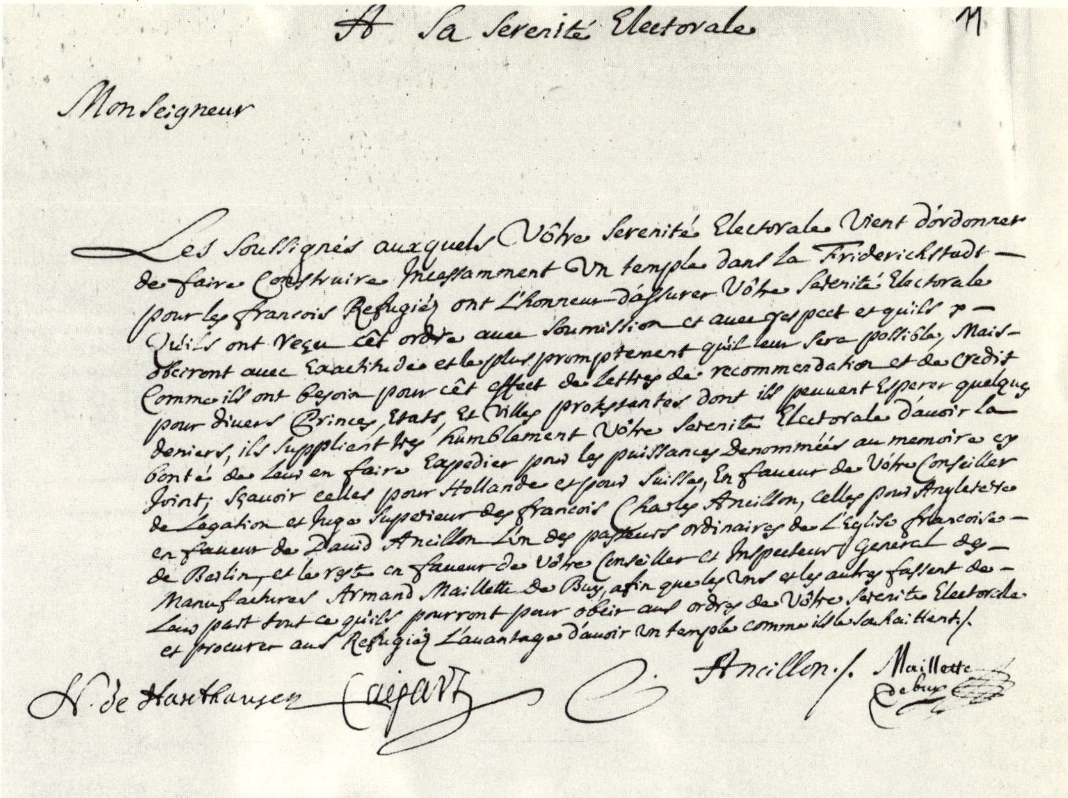
A Sa Serenité Electorale 11

Monseigneur

Les Soussignés auxquels Vôtre Serenité Electorale Vient d'ordonner de faire Construire incessamment Un temple dans la Friderichstadt pour les François Refugiés ont L'honneur d'assurer Vôtre Serenité Electorale Qu'ils ont Reçu cet ordre avec Soumission et avec respect et qu'ils y obeiront avec Exactitude et le plus promptement qu'il leur sera possible, Mais Comme ils ont besoin pour cet effet de lettres de recommendation et de Credit pour divers Princes, Etats, et Villes protestantes dont ils peuvent Esperer quelques deniers, ils supplient tres humblement Vôtre Serenité Electorale d'avoir la bonté de leur en faire expedier pour les puissances denommées au memoire cy joint; sçavoir celles pour Hollande et pour Suisse, En faveur de Vôtre Conseiller de Legation et Juge Superieur des françois Charles Ancillon, celles pour Angleterre en faveur de David Ancillon l'un des pasteurs ordinaires de L'Eglise françoise de Berlin, et le reste en faveur de Vôtre Conseiller et Inspecteur General des Manufactures Armand Maillette de Buy, afin que les uns et les autres fassent de leur part tout ce qu'ils pourront pour obeir aux ordres de Vôtre Serenité Electorale et procurer aux Refugiés L'avantage d'avoir Un temple comme ils le souhaittent.

H. de Harthausen Cuiyart Ancillon Maillette de buy

Schreiben der für den Bau einer französischen Kirche in der Friedrichstadt eingesetzten Kommission an Kurfürst Friedrich III., 1699

sisch-reformierten Gemeinden in Berlin und der Mark Brandenburg vom 17. bis zum 19. Jahrhundert vor Augen führen.

Kurz nach dem Regierungsantritt Kurfürst Friedrichs III., 1688, waren die planmäßige Stadterweiterung und die Anlage der Friedrichstadt in Angriff genommen worden. Bis zum Jahre 1700 sollen sich schon 1067 Réfugiés in der Friedrichstadt angesiedelt haben. Viele wohnten in der nach ihnen benannten Französischen Straße. Die Bemühungen um eine eigene Kirchengründung in diesem Stadtteil liefen parallel zu den Unternehmungen für einen Kirchenbau auf dem Friedrichswerder. Die Unterstützung und die Fürsprache des mit den »Kolonie-Angelegenheiten« betrauten Grafen Dohna beim Kurfürsten führten am 22. Mai 1699 zu einem durch Friedrich III. erteilten Patent für »einen Platz, gelegen in der Friedrichstadt, um darauf eine Kirche« und andere für die Gemeinde wichtige Gebäude errichten zu können. Der Platz wurde der Gemeinde, wie es darin hieß, als »volles Eigentum« überlassen. In Wirklichkeit war die Gemeinde jedoch gezwungen, den ihr anfangs zugeteilten Platz südlich des Marktes, an

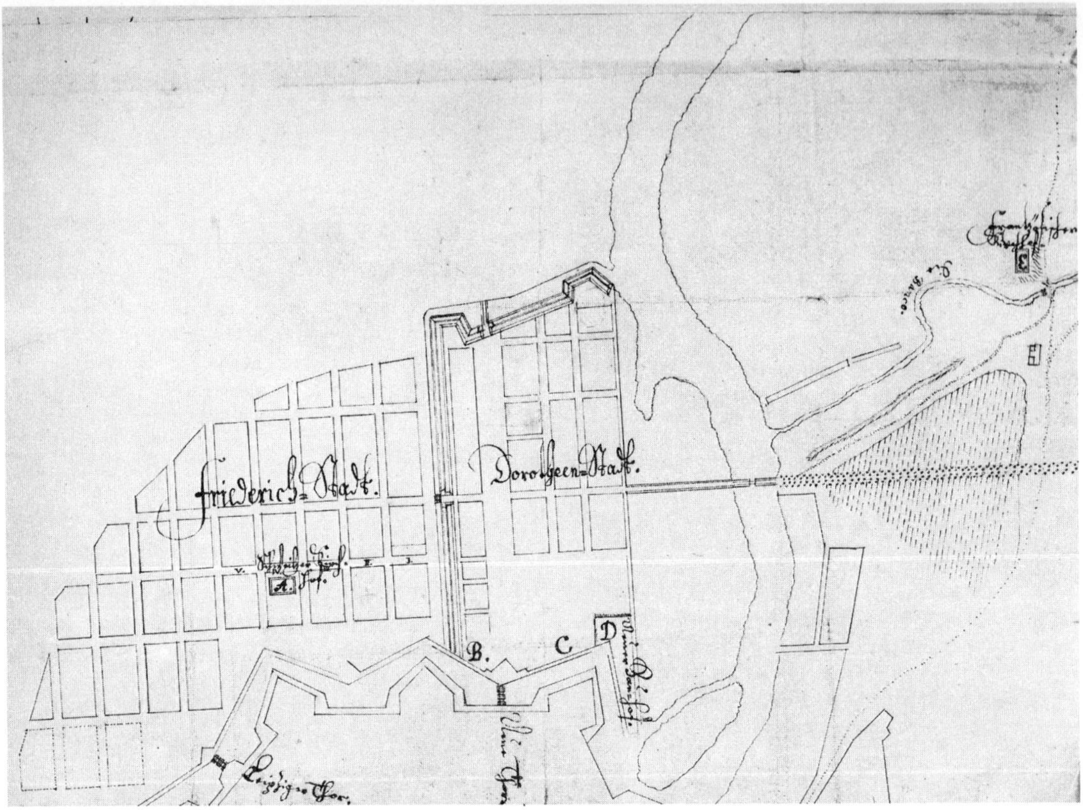

Plan der Friedrich- und Dorotheenstadt mit Einzeichnung des Schweizer Kirchhofs, der ursprünglich als Bauplatz für die französische Kirche vorgesehen war. Federzeichnung, um 1700

der Stelle des »Schweitzer Kirchhoffs«, käuflich zu erwerben. Wörtlich hieß es in der Order:

»Wir Friedrich der Dritte pp. urkunden und fügen hiermit männigklich zu wissen, demnach die Prediger und Aeltesten der hiesigen frantzöschen Gemeine, bey Uns umb Anweisung und Schenkung eines Platzes zur Kirchen, anderer benöthigter Gebäuden auch Anrichtung eines Kirchhoffs, woselbst sie bei täglichen Zuwachs der Colonie ihre Todten beerdigen möchten, unterthänigst angehalten, auch zu solchem Ende den Ort und Quartier in der Friedrichstadt allhier, woselbst die hiesigen Schweitzer und andere Teutschen ihre Todten begraben, in Vorschlag gebracht, ... daß wir denn anhero obgedachter Prediger und Aeltesten unterthänigst und billigsten Suchen in Gnaden statt gegeben, und besagten Ohrt, und ganzes Quartier worin der Schweitzer Kirchhoff heißt, belegen, zu Setzung einer Kirchen und sonst anderer benöthigter Gebäude, als auch zum Kirchhoff und Begräbnüß der hiesigen frantzöschen Gemeine in Gnaden geschenkt und zugewand; thun das auch hiermit und Krafft dieses, dergestalt und also, das ermeldete Gemeine sothanes Quartier von nun an zu ewigen Zeithen Erb- und Eigenthümlich inhaben, besitzen, eine ihnen etwa noch ermangelnde Kirche und sonst bedürfende Gebäude darauff anbauen, ihre Todten darauff begraben und sonst nützen und gebrauchen möge, ohn von jemand daran behindert, türbiret [gestört] und beeinträchtigt zu werden ... Schließlich wollen wir die frantzösche Gemeine bei solchen ihnen geschenkten Platz und Quartier jederzeit gebührend schützen, zu welchem ende dann Unsere zu den frantzöschen Sachen verordnete Commissarii, nebst dem Magistrat in der Friedrichsstadt dahin zu sehen haben, daß ihnen hierunter kein Eintrag oder Tort wiederfahren möge.«

Die Erlaubnis für den Kirchenbau auf dem genannten Platz erhielt das Konsistorium am 30. Januar 1700. Aber am 27. April des gleichen Jahres erging ein neues Reskript, nachdem der Kurfürst den deutschen Bewohnern eine angrenzende Fläche für den gleichen Zweck angewiesen hatte. In dem neuen Erlaß hieß es, es sei »allsofort bekannt zu machen, und denselben beyde Quartiere dergestallt anzuweisen, daß das von den deutsche okkupirte Quartier an der Mitte ledig gelassen, und die Deutschen dagegen den sogenannten Schweitzer Kirchhof, die Frantzosen aber hingegen das nach der Dorotheenstadt zu liegende Quartier bebauen mögen«. Der neue Stadtteil der Friedrichstadt sollte also einen Markt erhalten, an dessen Seiten nun beide Kirchen, die deutsche südlich und die französische nördlich, liegen sollten, eine ähnliche Platzverteilung, wie sie auch in der Doppelkirche auf dem Friedrichswerder zustande gekommen war. Auch für den neuen Bauplatz mußte die französische Gemeinde zahlen: 71 Taler und 1 Groschen.

Der Kirchenbau in der Friedrichstadt wurde mit Kollektengeldern des In- und Auslandes finanziert. Der König gab einen Zuschuß von 200 Talern sowie eine Summe von 823 Talern, 19 Groschen und 6 Pfennigen aus dem Ertrag der französischen Kopfsteuer. Um die Kirche war eine Friedhofsanlage geplant, zu deren Begrenzung Friedrich I. 500 Bäume schenkte und Steine für die Planierung des Platzes. Die Grundsteinlegung der Kirche erfolgte am 1. Juli 1701 im Beisein des Kronprinzen Friedrich Wilhelm. Die Festansprache hielt François de Repey über Esra 3, 10-11. Die Einweihung des Baues fand nach vierjähriger Bauzeit am 26. Februar (oder 1. März) 1705 in Anwesenheit König Friedrichs I. statt, auf dessen Wunsch der bekannte Theologe und langjährige Pfarrer Jacques Lenfant predigte.

Die ursprüngliche Gestalt der französischen Kirche mit den dazugehörigen, später errichteten Gebäuden, dem Küsterhaus und der Ar-

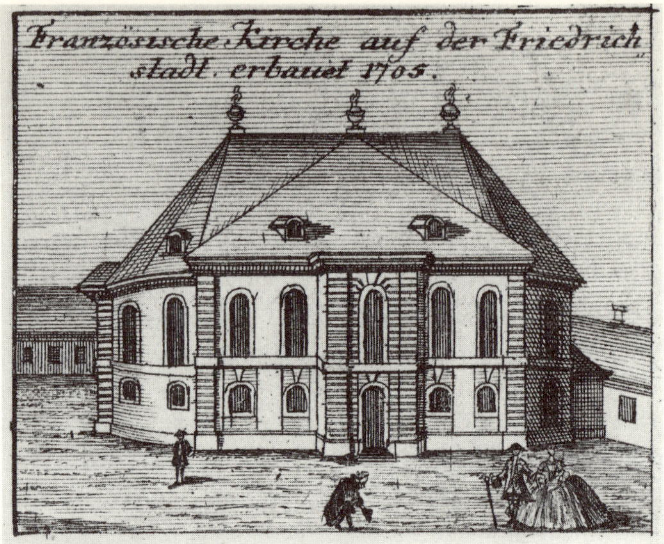

Französische Friedrichstadtkirche. Kupferstich von Schleuen, um 1760

Innenansicht der Friedrichstadtkirche vor dem Umbau von 1905. Fotografie von Schwartz, 1885

menbäckerei, sowie dem Friedhof wurde im wesentlichen bis 1780 bewahrt. Jedoch wurde die Anlage schon 1735 durch Stallungen und Kasernen des Regiments Gens d'Armes verbaut. Friedrich Wilhelm I. schien die Verbindung von Kirche und Kaserne nicht zu stören, im Gegenteil, sie entsprach seinen streng religiösen und militärischen Auffassungen. 1779 wurde der Friedhof beseitigt, um Platz für den Turmbau zu gewinnen.

Die Baumeister der Kirche waren die Hugenotten Louis Cayart und Abraham Quesnay. Cayart, Baumeister und Ingenieur der Befestigungen von Verdun, Wesel, Küstrin und Kolberg, war 1686 als Réfugié nach Berlin gekommen und trat 1692 in kurfürstliche Dienste. Während des Baues der Kirche verstarb er 1702, und Quesnay, der 1698–1716 unter Grünbergs und Gerlachs Leitung am Berliner Waisenhaus (später Friedrichshospital) als Bauführer beschäftigt war, setzte den Kirchenbau bis zur Vollendung im Jahre 1705 fort. Im Grundriß bildet der Bau Cayarts ein Rechteck mit fünf Achsen an den Langseiten und halbkreisförmigen Ausbauten an der nördlichen und südlichen Schmalseite. An Lang- und Schmalseiten sind giebelbekrönte Risalite vorgesetzt. Diese und die Gebäudekanten werden von geputzten Quadereinfassungen begrenzt. Der Außenbau zeigt eine zweigeschossige Fensteranordnung, kleine Stichbogenfenster im Erdgeschoß und hohe, bogenförmig geschlossene Fenster im Obergeschoß. Diese Zweigeschossigkeit läßt auch hier, wie an allen anderen französischen Kirchen in Berlin, auf die Emporenanlage im Inneren schließen. Der flachgedeckte Innenraum war ursprünglich mit einer durchgehend umlaufenden Empore auf hölzernen Stützen ausgestattet und besaß 670 Sitzplätze.

Die ältesten Ansichten der Kirche stammen von J. D. Schleuen und befinden sich auf Stadtplänen des 18. Jahrhunderts. Sie zeigen einen kleinen, relativ bescheidenen Bau. Wie so oft zu lesen, soll Cayart seinem Plan auf Wunsch der Gemeinde den zerstörten Tempel von Charenton zugrunde gelegt haben. Die Französische Friedrichstadtkirche tradiert jedoch eher die symbolische Bedeutung Charentons für die Réfugiés, während die Querhausanlage charakteristisch für den Berliner Kirchenbau ist und ihren Ursprung aus den Niederlanden herleitet. Typisch für den hugenottischen Kirchenbau im allgemeinen waren auch hier die Emporenanlage auf frei stehenden Holzstützen und die Anordnung von Kanzel, Abendmahlstisch und Parquet vor der nördlichen Seite, nach anderer Meinung vor der östlichen Langseite. Interessant ist eine Bemerkung bei Küster (1737), nach der »außerhalb, wo die Rundung ist, ein Glockenturm kommen sollte, der be-

Folgende Seiten: Der Gendarmenmarkt im Winter. Ölgemälde von Eduard Gaertner, 1857

E. Gaertner. f. 1857

Friedrichstadtkirche mit Calvin-Relief, um 1935

reits angefangen, aus bewegenden Ursachen aber bisher nicht vollführet worden« ist. Zu diesem Bau des Glockenturmes kam es auch in späteren Jahren nicht. Bei einer Erneuerung des Innenraumes wurde 1753 über der südlichen Eingangsseite eine Orgel aufgestellt.

Nachdem 1817 das von Karl Gotthard Langhans 1802 erbaute Nationaltheater auf dem Gendarmenmarkt abgebrannt war, beschäftigte sich Karl Friedrich Schinkel im darauffolgenden Jahr nicht nur mit Entwürfen für einen Theaterneubau, sondern auch mit Planungen für die französische und deutsche Kirche, die er im »Stil der Dome« projektierte und die »ganz in der Art der italienischen Basiliken« angeordnet waren, »bestehend aus einem Hauptschiff, an dem eine Emporenkirche zu jeder Seite auf feinen Säulchen ruhet ...«, mit Flachdecke, Vorhalle, Orgelchor, erhöhter Altarnische und tiefer stehender Kanzel. Doch es kam nicht zur Ausführung dieser Pläne, sondern lediglich zu Reparaturen und Ausbesserungen. 1838 plante Friedrich Wilhelm II. erneut, beide Kirchen auf dem Gendarmenmarkt abzureißen und den Gottesdienst in die inzwischen errichteten Turmbauten zu verlegen. Diese Absicht konnte sich jedoch nicht durchsetzen.

Rechte Seite: Die wiederaufgebaute und 1983 eingeweihte Französische Friedrichstadtkirche mit der Kuppel des Turmbaues im Hintergrund

Dagegen wurden 1885, nach einer 1861 durch den Hof- und Ratszimmermeister David Guillaume Barraud vorgenommenen gründlichen Innenreparatur, Überlegungen für einen Umbau laut. Sie standen vermutlich im Zusammenhang mit dem 200jährigen Jubiläum des

GOTT ZUR EHRE
DER GEMEINDE ZUM SEGEN
UNTER DEM SCHUTZE DER HOHENZOLLERN
ERBAUT 1705. ERNEUT 1905.

Innenraum der Friedrichstadtkirche mit Blick auf den restaurierten Orgelprospekt. Die Schnitzereien im Rokokostil von einem unbekannten Meister, vermutlich 1753/54

Edikts von Potsdam. Der Umbau selbst, den Otto March 1905 übernahm, erinnert an das Einweihungsdatum der Kirche im Jahre 1705. Die Wiedereinweihung fand am 17. Juni 1906 statt. Bei dem Umbau blieb die äußere Gestalt der alten Kirche im wesentlichen gewahrt. Jedoch setzte March vor die fünfachsige Langseite im Westen einen kräftig betonten dreiachsigen Mittelrisalit mit Pilastergliederung und Giebelbekrönung als neue Eingangsfront. Der Giebel erhielt folgende Inschrift: »Gott zur Ehre. Der Gemeinde zum Segen. Unter dem Schutze der Hohenzollern. Erbaut 1705. Erneut 1905.« und drei Figurengruppen, die die Aufnahme der Hugenotten in der Mark Brandenburg und wichtige Tätigkeiten der französischen Gemeinde, Krankenpflege und Jugendbildung, versinnbildlichen.

Vor allem aber wurde beim Umbau der Innenraum von March durchgreifend erneuert. Er barockisierte den schmucklosen Emporensaal von 1705 und versetzte Kanzel und Altar an die Ostseite, während der Eingang vom Süden nach Westen verlegt wurde. An der Ostseite erweiterte March die Kirche durch einen Verbindungstrakt zum Turm, und die ursprünglich umlaufende Empore wurde in ihrer Ge-

Rechte Seite: Innenraum mit Kanzelempore an der Ostseite

schlossenheit durchbrochen, kräftige Wandpfeiler mit barockem Dekor teilten den Raum in drei Kompartimente. Das Ganze wirkte nun reicher und akzentuierter als der frühere schlichte Saalbau. Auch das alte Kanzelgehäuse, das durch eine rückwärtige Treppe zugänglich war und dessen Besonderheit in einer Verbindung mit dem Lesepult für den Lecteur bestand, ersetzte man. Bei der neuen Kanzel mit Schalldeckel und seitlichem Treppenaufgang im Stile des Neorokoko war auf die Einbeziehung des Lesepultes verzichtet worden. In der strahlenförmigen Anordnung des Gestühls nach Osten war der Parquet ein hervorgehobener Platz geblieben.

Am 7. Mai 1944 zerstörten Sprengbomben die Kirche bis auf die Umfassungsmauern. Notdürftig richtete die Französische Kirche im Turm, dessen Nutzung der Gemeinde schon von Friedrich II. gestattet worden war, in dem 1930 vom Konsistorium bezogenen Sitzungssaal einen Gottesdienstraum ein. Ebenso wurden dort Ausstellungsräume für die erhalten gebliebenen Bestände des Hugenottenmuseums geschaffen.

1977 begannen im Zuge der Rekonstruktion des Platzes der Akademie die Wiederaufbauarbeiten an der Kirche. Sie konnte am 17. April 1983 mit einem festlichen Gottesdienst wieder eingeweiht werden. Seitdem wird die Kirche von zwei Gemeinden, der französischen und der friedrichswerderschen – eine traditionelle Nutzergemeinschaft aus den Anfängen der Berliner Hugenottenkolonie –, simultan genutzt. Die Rekonstruktion hatte sich im wesentlichen am Umbau Otto Marchs orientiert. Zwei entscheidende Neuerungen führte man jedoch ein. Durch das Einziehen einer Zwischendecke wurde eine tatsächliche Zweigeschossigkeit des Innenraums hergestellt. Das Erdgeschoß, die »Unterkirche«, beherbergt verschiedengestaltige Räume

Medaille zur Grundsteinlegung für den Turmbau der Französischen Kirche auf dem Gendarmenmarkt im Jahre 1780. Kupferstich nach Ludwig Koppin von J.C. Krüger, 1780

für Verwaltung, kirchliche Arbeit und Ausstellungen, während das Hauptgeschoß den eigentlichen Gottesdienstraum enthält. Dieser Kirchenraum – und darin besteht die zweite Neuerung – ist durch eine doppelläufige Freitreppe vor der westlichen Eingangsseite erreichbar. Die gesamte Außengliederung, einschließlich Giebelinschrift und Figurenschmuck, folgt dem Vorbild von 1905. Auch die Kanzelbühne an der Ostseite wurde in ähnlicher Gestalt rekonstruiert. Ebenso wahrte man den Gesamteindruck des Innenraumes und seinen barockisierenden Dekor.

Der Turmbau

Schon 1773 hatte König Friedrich II. beschlossen, den Gendarmenmarkt zu vergrößern und ihm ein repräsentativeres Aussehen zu geben. Er veranlaßte daher ab 1774 den Abbruch der Ställe, Kasernen und der Hauptwache des preußischen Kürassierregiments »Gens d'Armes«, auf das der Name Gendarmenmarkt für den ehemaligen Neuen Markt zurückgeht. Zunächst entstand 1774 das Französische Komödienhaus, dessen Bau Johann Boumann d. Ä. und Georg Christian Unger ausführten. 1777 erhielt der Platz eine Umbauung mit dreigeschossigen Immediatbauten, und 1779 kam es zur ersten Planung der beiden Kuppeltürme vor den Kirchenbauten. Die Turmbauten, nach Plänen Karl von Gontards zwischen 1780 und 1785 errichtet, standen zu den sich anschließenden Kirchen der deutschen und französischen Gemeinde weder in proportionaler noch in formaler Beziehung. Sie gehörten nicht unmittelbar dazu, gaben den Gesamtanlagen aber den Namen Deutscher und Französischer Dom. Die Türme, ohne eigentliche Funktion, verliehen dem Platz und dem Stadtbild durch ihre imponierende Schauarchitektur einen neuen, wirkungsvollen Akzent. Sowohl für ihre städtebauliche Lage als auch für ihren architektonischen Aufbau waren Entwürfe und Bauten in Rom, Paris und London Vorbild gewesen. Offensichtlich beabsichtigte Friedrich II. mit der Gestaltung dieses Platzensembles, Berlin den europäischen Hauptstädten gleichzustellen. Am 27. April 1779 besichtigten die Kirchenvorstände beider Gemeinden die Pläne Karl von Gontards, und laut Protokoll beschloß das französische Konsistorium schon am 14. Oktober 1779, sich um eine spätere Nutzung des Turmes zu kümmern: »Auf die dem Consistorium geschehene Anzeige, daß an der Friedrichstadtkirche ein Turm gebaut werden soll, in dem Schuppen, Wohnungen und Niederlageräume angelegt werden kön-

Der Französische Dom auf dem Berliner Gendarmenmarkt von Südosten. Aufnahme der Königlich Preußischen Meßbildanstalt von Albrecht Meydenbauer, 1882

Rechte Seite: Blick vom Schauspielhaus zum Französischen Dom. Aufnahme der Staatlichen Bildstelle Berlin, um 1930

nen, die die Compagnie benutzen könnte, wird beschlossen, sich umgehend an S.M. mit der Bitte zu wenden, das Innere des Turmes zu solcher Benutzung zur Verfügung zu stellen, als Ausgleiche und Entschädigung für das, was der Kirche durch die Ausschmückung des Platzes in der Friedrichstadt entzogen wird ...« Der König stimmte diesem Vorschlag zu und wies der Gemeinde für den aufgelassenen Friedhof das Grundstück in der Chausseestraße Nr. 120 zu, wo eine neue Friedhofsanlage entstand. Dort fanden Grabdenkmäler bedeutender Persönlichkeiten des 18. und 19. Jahrhunderts, wie Daniel Chodowiecki, Frédéric Ancillon, Ludwig Devrient oder Louis Ravené, Aufstellung. Im Turm richtete die Gemeinde nach 1785 die Sakristei, Räume für Brot- und Suppenverteilung, für Holz, eine Remise für die Leichenwagen und eine Küsterwohnung ein.

Die Grundsteinlegung für den Turm erfolgte erst nach dem 7. Juni 1780 (nicht, wie Muret behauptet, am 27. Mai), und die deutsche Übersetzung der lateinischen Inschrift des Grundsteines lautete: »Im 18. Jahrhundert nach Christus, 80. Jahre, im 41. seiner sehr glücklichen Regierung im Monat Juni legte Friedrich der Große des neuen Turmes Fundamente, indem er so dem Tempel und der Stadt eine neue Zierde hinzufügt, seinen aus Frankreich geflohenen Bürgern eine neue Gnade bezeugend, alle Räume und Kammern des königlichen Gebäudes durch seine Freigebigkeit zum frommen Gebrauch zusagend und schenkend.«

Den Bau beider Türme leitete bis Juli 1781 Gontard. Als aber am 28. Juli 1781 der Turm der deutschen Kirche einstürzte und auch das Mauerwerk des Französischen Domes Risse zeigte, übernahmen Georg Christian Unger und Friedrich Becherer die Bauleitung. 1785 waren die Kuppeltürme vollendet. Beide Bauten sind in Anlage und Aufbau völlig identisch. Der Entwurf Gontards basiert auf der Grundrißidee eines griechischen Kreuzes mit korinthischen Säulenportiken an drei Seiten, das von einem Kuppelturm überragt wird.

Im Zusammenhang mit der Französischen Kirche ist vor allem die reiche Verwendung von Bauplastik, Figuren und Reliefs, interessant, die allein auf den Wunsch des königlichen Auftraggebers und seines Architekten zurückgeht und typisch für den rebarockisierenden Spätstil friderizianischer Baukunst ist. Die Figurenprogramme beider Turmbauten sind inhaltlich aufeinander abgestimmt. Das Besondere und Einmalige des Bildprogrammes am Französischen Dom beruht auf der Tatsache, daß hier zum ersten Mal ein französisch-reformiertes Konsistorium am Ende des 18. Jahrhunderts vor die Aufgabe gestellt worden war, trotz des strengen kalvinistischen Bildverbots für

Rechte Seite: Der Französische Dom. Blick auf Friedrichstadtkirche und Turmbau vom Platz der Akademie aus

Marmorgrabmal für den preußischen Staatsminister Jean Pierre Frédéric Ancillon auf dem Friedhof der französisch-reformierten Gemeinde in der Chausseestraße, von Karl Friedrich Schinkel entworfen.

Erbbegräbnis der Familie Jouanne auf dem Friedhof Chausseestraße

Grabmal für den Industriellen und Kunstsammler Louis Ravené, 1867 vollendet. Entworfen von Friedrich August Stüler, die Liegefigur des Toten nach einem Modell von Gustav Hermann Bläser

GOTT ZUR EHRE
DER GEMEINDE ZUM SEGEN
UNTER DEM SCHUTZE DER HOHENZOLLERN
ERBAUT 1705. ERNEUT 1905.

den Kirchenbau einen Plan für den geforderten bildnerischen Schmuck zu entwickeln. Der Kommission, die das Bildprogramm erarbeitete und die unter der Leitung des Predigers Jean Pierre Erman stand, gehörten u. a. die Mitglieder der Akademie der Wissenschaften Nicolas Beguelin und Johann Bernhard Merian an, weiterhin die Künstler R(M)eynal, Emanuel Bardou, Ludwig Koppin, Christian Bernhard Rode und Daniel Chodowiecki. Fast alle waren Mitglieder der Französischen Kirche.

Das ausgeführte Bildprogramm unterscheidet sich von der ursprünglichen Konzeption in einigen Punkten. Beispielsweise war die Aufstellung der Figuren von John Wiclif und Jan Hus am Hauptportal vorgesehen, und es waren Darstellungen der Wundertaten Christi geplant. Zur Ausführung kam ein bauplastisches Bildprogramm, das unter dem Portikus der östlichen Hauptfront seinen inhaltlichen Anfang nahm. Dort stehen in sechs Rundbogennischen vier Propheten sowie Samuel und Joseph von Arimathia. Über ihnen befinden sich Relieffelder mit Themen aus dem Leben Jesu und Sakramentshinweisen auf Taufe und Abendmahl. Die drei großen Giebelfelder über den Portiken zeigen mit den Darstellungen der Bergpredigt an der Hauptfront, mit Christus und der Samariterin an der Südseite und mit dem Gang nach Emmaus an der Nordseite Christus als Lehrer und Prediger. Auf Attika und Giebelspitzen stehen insgesamt neun Tugendallegorien (Dankbarkeit, Wohltätigkeit, Mäßigung, Hoffnung, Liebe, Glaube, Geduld, Mitleid und Güte), und den eigentlichen Turmsockel umgeben die Sitzfiguren der vier Evangelisten. In den Nischen des Kuppeltambours stehen Apostelfiguren, und über ihnen sind im Relief szenische Tugendallegorien (Unschuld, Andacht, Eifer, Liebe zu Gott, Wohltätigkeit und Glückseligkeit) ausgeführt. Über dem gesamten Figurenaufbau erhebt sich die Kuppelfigur der triumphierenden Religio mit Palmenzweig und Evangelium. Sie steht auf einem Totenkopf, dem Symbol des Todes und der Vergänglichkeit, und dieser liegt auf einem würfelartigen Sockel, der die Unvergänglichkeit und Beständigkeit versinnbildlicht, der aber auch Christus, den Eckstein, der das Kirchengebäude zusammenhält, meinen könnte.

Die Tugendpersonifikationen stehen inhaltlich in einem Zusammenhang mit den alt- und neutestamentlichen Figuren der Propheten, Evangelisten und Apostel sowie mit den dargestellten Themen aus dem Leben und der Lehre Christi. Dem Bildprogramm liegt der Gedanke zugrunde, daß die Glückseligkeit, die in der wahren Religion begründet ist, nur durch einen tugendhaften und frommen Le-

Linke Seite:
Westliche Eingangsseite der Friedrichstadtkirche mit doppelläufiger Freitreppe

benswandel erlangt werden kann. In dieser Durchdringung biblischer Themen mit Tugendprogrammatik spiegeln sich nicht nur Auffassungen von Calvins Moraltheologie in beinahe didaktischer Form wider, sondern zeigt sich auch jener Zug von »Verbürgerlichung und Moralisierung«, der die Theologie im ausgehenden 18. Jahrhundert charakterisiert.

Als theologische Quellen für dieses Bildprogramm dienten offenbar die Schriften Calvins und der hugenottischen Märtyrer sowie die »Emblemata« von Theodor Beza. Auf letztere ist vor allem die Kuppelfigur »Imago verae Religionis« zurückzuführen, und möglicherweise dienten auch biblische oder emblematische Druckerzeichen aus hugenottischem Schrifttum – die einzigen bildnerischen Zeugnisse des Kalvinismus – als Anregung. Die Fülle der Tugenddarstellungen, die zur Einschränkung der biblischen Thematik und zur Weglassung der historischen Personen geführt hatte, zeugt von einer moralisch-didaktischen Absicht: Der Gläubige wird ermahnt, ein würdiges christliches Leben zu führen. Auch die Ansichten Karl Wilhelm Ramlers zur Rolle der Allegorie, die er in seinem Werk »Allegorische Personen zum Gebrauch der bildenden Künstler« (1788) zusammengefaßt hatte, dürften auf die mit ihm befreundeten Künstler Rode und Chodowiecki nicht ohne Einfluß gewesen sein.

Als ausführende Künstler des bildnerischen Schmuckes werden der Bildhauer Constantin Sartori und der Stuckateur Föhr genannt. Bei Restaurierungsarbeiten 1983/85 wurde am Evangelisten Matthäus eine Signatur entdeckt, die als EB 1783 gedeutet werden kann. Das spricht dafür, nun auch den Bildhauer Emanuel Bardou, der, wie erwähnt, der Kommission des Konsistoriums angehörte, zu den ausführenden Künstlern zu zählen. Diese arbeiteten nach Entwürfen von Christian Bernhard Rode, der auch das gesamte Bildprogramm am Deutschen Dom entwarf, und von Daniel Chodowiecki, auf den nachweislich die Reliefdarstellungen Christus und die Samariterin, der Gang nach Emmaus und vermutlich auch die Bergpredigt zurückgehen. Sicherlich wurde von ihm auch die Kuppelfigur der Religio konzipiert, deren Modell Friedrich Kambly anfertigte und die der Potsdamer Klempnermeister Johann Heinrich Köhler in Kupfer trieb.

Turm und Figuren wurden im zweiten Weltkrieg ebenfalls zerstört. Seit 1978 befand sich der Turm mit dem gesamten Skulpturenprogramm in der Wiederherstellung. Schon 1982 konnte – mit der Montage der Kuppel – die vergoldete Figur der Religio, die in der Werkstatt von Achim Kühn erneut in Kupfer getrieben wurde, wieder aufgesetzt werden. Im Jubiläumsjahr der Stadt Berlin 1987 wurden die

Rechte Seite: Die brennende Kuppel des Französischen Domes mit herabstürzender Turmfigur am 24. Mai 1944. Fotografie von Atlantic, Berlin

Arbeiten am Turm und der Innenausbau abgeschlossen. Das Hugenottenmuseum erhielt dort wieder seinen Platz. Außerdem wurde ein Restaurant eingerichtet, und der obere Umgang wird als Aussichtsgeschoß genutzt.

Der zusammengeschmolzene Kopf der Turmfigur

Die Luisenstadtkirche

Etwas früher als zum Bau der Doppelkirche auf dem Friedrichswerder kam es zur Gründung eines ersten französischen Kirchleins in Cölln in der sogenannten Köpenicker Vorstadt, die seit 1802 den Namen Luisenstadt trug. In Zusammenhang mit der Einrichtung der Maison de Refuge (Hôtel de Refuge) für Kranke, Arme und Alte in der Kronenstraße Nr. 15/16 entstand in der Scheunenstraße, der späteren Kommandantenstraße Nr. 5, eine Kapelle für die französischen Flüchtlinge aus der Schweiz. 3000 Flüchtlingen hatte Kurfürst Friedrich III. in einem Patent vom 13. März 1699 Zuflucht in seinen Landen gewährt; von ihnen ließen sich fast 1500 in Cölln nieder. Zu ihrer kirchlichen Versorgung schenkte Amtskammerrat Merian ihnen seine

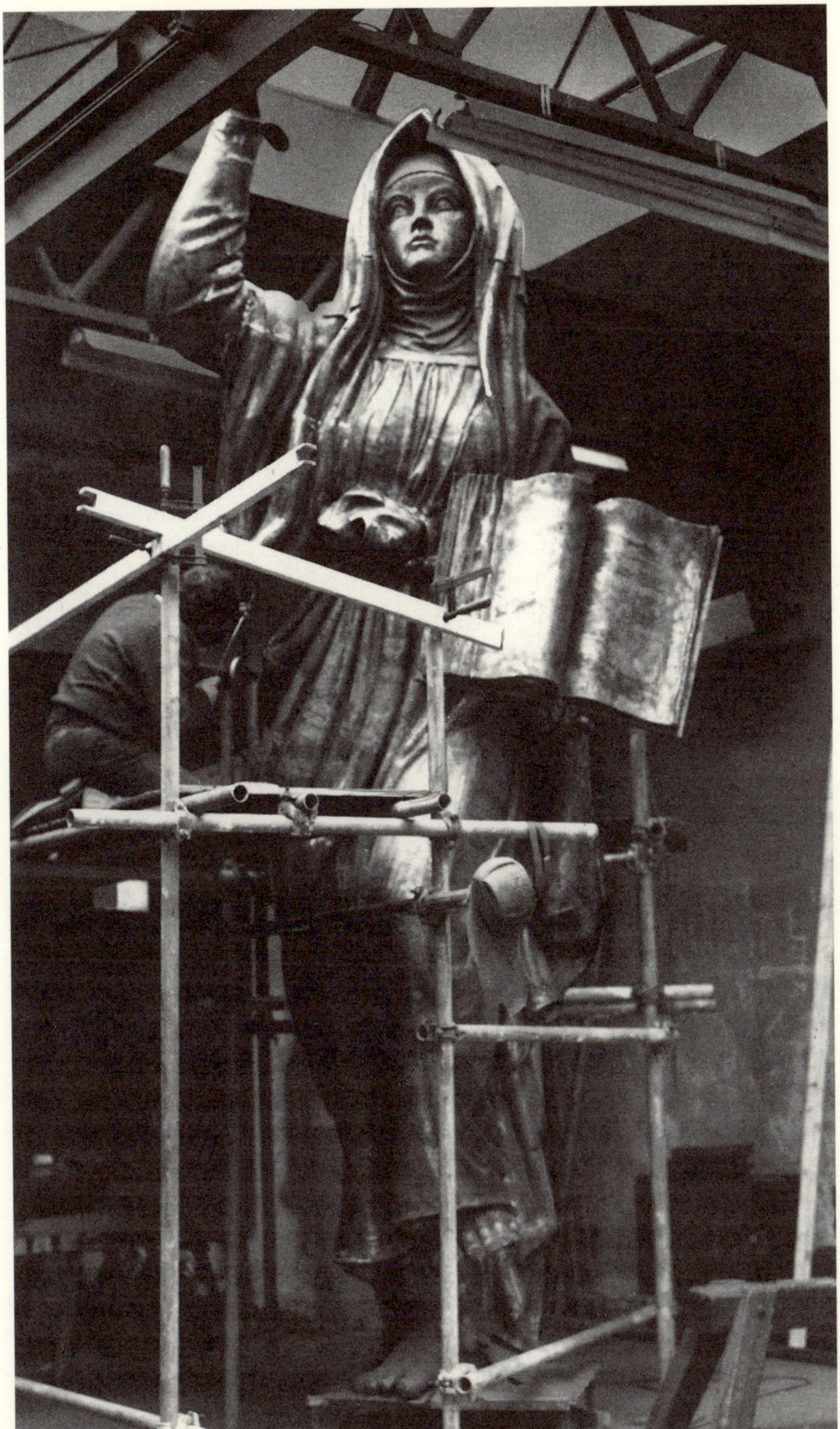

Rekonstruktion der Religio nach einem Modell von Gorch Wenske in der Werkstatt von Achim Kühn 1982/83

Scheuer und den dazugehörigen Hofraum in der Scheunengasse, »einen Platz von 60 Fuß breit, und so lang alß die Scheune ist«, als eine erste Niederlassung. Der Kurfürst, der eine Kollekte zur Unterstützung der neuen Ansiedler und ihrer Einrichtungen angeordnet hatte, nahm den Vorschlag Merians an und teilte in einer Verfügung vom 23. Juni 1700 mit, daß die »zur Maison de refuge gehörige kleine Kirche oder Capelle nechst der Friedrichs Stadt nunmehr in den stand gebracht, daß darein gepredigt werden kan ...«.

Dieser erste kirchliche Behelfsraum für einen Teil der französischen Flüchtlinge aus der Schweiz war also eine umgebaute Scheune. Er existierte unabhängig vom französischen Konsistorium und war der Maison de Refuge unterstellt. Die Einweihung nahm Prediger François Fétison am 17. Juli 1700 vor, der über Matthäus 18,20 sprach. Nach dem Tod der Schweizer Prediger sollte diese Behelfskirche wieder aufgelöst werden, jedoch erhob Friedrich Wilhelm I. diese Kapelle auf Drängen der Gemeinde am 27. Oktober 1719 zu einer Parochialkirche: »...wollen ... verordnen, daß Eingangs erwähnte Capelle, ... als eine ordinaire französische Kirche und verordnete Paroisse, unter den Namen einer französischen Kirche in der Köp-

Französische Luisenstadtkirche in der Kommandantenstraße mit Predigerhaus, 1727/28 erbaut. Fotografie von Schwartz, 1884

nicker Vorstadt considerirt ...« Gleichzeitig gab der König die Anordnung für einen Neubau anstelle der baufällig gewordenen Scheunenkirche und schenkte dafür 300 Taler und die Baumaterialien. Der Baubeginn datiert aber erst in das Jahr 1727, in dem ein Bauunternehmer für 1450 Reichstaler einen schlichten Zweckbau errichtete. Zu diesem Zeitpunkt übertrug die Direktion der Maison de Refuge dem französischen Konsistorium auch das völlige Eigentumsrecht an dieser Kirche. Die Einweihung beging man am 21. März 1728 im Beisein des Königs und mit einer Predigt von Gaspard Chion (1684–1738).

Die Kirche in der Kommandantenstraße war ein einfacher, flachgedeckter Saalbau, dessen Altarseite segmentbogig abschloß. Die Straßenfront wurde durch drei Fensterachsen in Pilasterrahmung gegliedert, die mittlere leicht vorspringend. Bei einer Erneuerung 1910 wurde das Mittelfenster als Blende mit Inschrifttafel gestaltet. Der Eingang zu ebener Erde erhielt bei späteren Veränderungen einen Giebelaufsatz. Im hohen Sockelgeschoß waren rechts und links neben dem Portal zwei Blendfenster eingelassen, die, ursprünglich rundbogig, später oval verändert wurden. Auch bei dieser Kirche wurde im Fassadenaufriß eine Zweigeschossigkeit vorgetäuscht. Der Innenraum, völlig schmucklos, enthielt an drei Seiten Emporen auf acht Holzstützen. Insgesamt besaß die Kirche 350 Sitzplätze. Abendmahlstisch und Kanzel befanden sich gegenüber dem Eingang.

Die Französische Kirche in der Klosterstraße

In der eigentlichen Residenzstadt Berlin hatten sich anfangs weniger Einwanderer angesiedelt als auf dem Friedrichswerder, in der Dorotheenstadt oder in der Friedrichstadt. Obwohl im Jahre 1700 in Berlin 566 (oder 614) Réfugiés gezählt wurden, kam bei den Kolonisten erst 1718 der Wunsch nach einer eigenen Kirche auf, um die Friedrichswerdersche Kirche zu entlasten. General de Forcade, in dessen Händen zu dieser Zeit die Kolonieangelegenheiten lagen, unterstützte den Wunsch nach einem Kirchenneubau und vertrat ihn beim König. Er stiftete der neuen Kirche auch zwei Kelche, die sich heute im Besitz der Französischen Friedrichstadtkirche befinden. Die Gründung der Kirche erfolgte, nachdem 1720 das französische Konsistorium das Grundstück des Leibarztes Stosch in der Klosterstraße Nr. 43 für 4000 Taler erworben hatte und 1721 die angrenzenden Grundstücke dazu kaufte. Wie meist bei den Neugründungen, beteiligte sich auch hier der König an den Baukosten, indem er das Material schenkte.

Französisch-reformierte Kirche in der Klosterstraße, 1721 bis 1726 errichtet. Kupferstich von Schleuen, um 1760

Am 8. September 1721 wurde der Grundstein durch de Forcade gelegt, und Prediger Gaspard Chion hielt die Weiherede. Die Einweihung vollzog am 11. August 1726 Charles-Louis de Beausobre im Beisein Friedrich Wilhelms I.

Der Grundriß der Kirche bildete nach außen ein unregelmäßiges Achteck und zeigte im Inneren ein Oval. Ursprünglich frei im Hof des Grundstückes gelegen, unweit der Mädchenschule der École de Charité, wurde die Kirche 1765 durch ein in der Straßenflucht errichtetes Wohnhaus eingebaut. Dieses Vorderhaus, durch das auch der Eingang in die Kirche führte, ersetzte der Architekt Eugène Gaillard 1882 durch einen Neubau, und an der Fassade ließ die Gemeinde 1885 zwei Bronzereliefs des Bildhauers Johannes Boese anbringen. Diese Relieftafeln, heute im Französischen Dom am Platz der Akademie, stellen historische Ereignisse der französisch-reformierten Gemeinde in Berlin und in dieser Parochie dar: den Empfang der Hugenotten durch Kurfürst Friedrich Wilhelm und die Einweihung der Französischen Kirche in der Klosterstraße durch Friedrich Wilhelm I. 1885 gestaltete man auch den Innenraum der Kirche um; nur zur Hofseite war das alte Gliederungssystem beibehalten worden. In dieser Kirche ist Theodor Fontane, dessen Vorfahren Hugenotten waren, 1836 konfirmiert und 1850 getraut worden.

Der Kirchenbau hatte ein Ausmaß von 32 mal 24 Metern. Rundbogenfenster oberhalb und Stichbogenöffnungen unterhalb der von hölzernen Säulen getragenen umlaufenden Empore im Inneren glieder-

Innenansicht der »Klosterkirche«. Aufnahme der Königlich Preußischen Meßbildanstalt, 1910

ten die Fassaden. Auf diese Weise wurde auch an dieser Kirche ein zweigeschossiger Aufbau angedeutet. Die Decke aus Holz war flach gewölbt, Stichkappen für Oberfenster schnitten in sie ein. An der westlichen Schmalseite waren Abendmahlstisch, Kanzel und die Orgel von 1734 angeordnet. Diese Orgel von Johann Joachim Wagner war die erste, die eine französische Kirche gestiftet bekam. 500 Sitzplätze standen der Gemeinde zur Verfügung. Wände und Emporen waren weiß gestrichen und betonten so die schmucklose Nüchternheit. 1911 fand die letzte Wiederherstellung der Kirche statt, 1923 wurde die kirchliche Nutzung aufgehoben und ein Theater, das »Goethe-Theater«, später eine Kulturfilmstätte eingerichtet. Wohnhaus und Kirchengebäude sind im zweiten Weltkrieg zerstört und 1945 abgetragen worden.

Die Schloßkapelle in Köpenick

Zum heutigen Stadtgebiet von Berlin gehören noch zwei weitere erhaltene Kirchenbauten, die von Réfugiés benutzt worden sind. Das ist zum einen die Schloßkapelle in Köpenick, zum anderen handelt es sich um die Dorfkirche in Buchholz, auf die in einem anderen Beitrag eingegangen wird (S. 428).

Die Köpenicker Schloßkapelle wurde 1682 bis 1685 von Johann Arnold Nering als kleiner Zentralbau inmitten von Wirtschaftsgebäuden gegenüber dem Schloß erbaut. Der schlicht gegliederte Außenbau, niederländisch beeinflußt, steht im Gegensatz zum reich stuckierten, tonnengewölbten Saal im Inneren. Die auf einen Zentralbau orientierten Proportionen werden durch die Ost-West-Ausrichtung der Tonne überdeckt. Die axiale Stellung der Kanzel im erhöhten Chorteil, der Herrschaftsempore gegenüber, entspricht der reformierten Liturgie. Von Anfang an diente die Kirche der reformierten Hof- und der Schloßgemeinde von Köpenick. Nach 1685 siedelten sich in Köpenick auch Réfugiés, Handwerker, Kaufleute und vor allem Seidenweber an, die 1686 eine selbständige Gemeinde bildeten und ihren Gottesdienst zunächst nachmittags in der Schloßkirche hielten. Später führten sie gemeinsam mit der deutsch-reformierten Gemeinde einen zweisprachigen Gottesdienst durch, bis sich 1810 beide Gemeinden vereinigten.

Die Französische Kirche in Potsdam

Unter den architektonischen Schöpfungen der Hugenotten auf dem Gebiet des Kirchenbaues in Berlin-Brandenburg steht neben der Französischen Friedrichstadtkirche in Berlin vor allem die noch erhaltene Französische Kirche in Potsdam an erster Stelle. Sie stellt ein eindrucksvolles Beispiel hugenottischer Baugesinnung dar, bei dem sich der eigene Stil im Grundriß und Aufbau mit der friderizianischen Architektur glücklich verbindet. Erst nach 1720 kam es auch in Potsdam zur Gründung einer französisch-reformierten Gemeinde, die zum Kern für die Bildung einer Kolonie wurde. Zunächst gehörten die vorwiegend in Hofdiensten stehenden Franzosen zur Berliner Gemeinde, später hielten sie ihren Gottesdienst bis 1750 in der 1687 eingerichteten Schloßkapelle im Potsdamer Stadtschloß ab. Vom 11. Juli 1750 bis zum 23. September 1753 allerdings zog die Gemeinde in die Hof- und Garnisonkirche, da die Räume im Stadtschloß wieder

Rechte Seite: Französische Kirche in Potsdam, 1750 bis 1753 nach Plänen von Georg Wenzeslaus von Knobelsdorff unter Leitung von Johann Boumann errichtet. Fotografie von Selle & Kuntze, Potsdam 1884

MDCCLII

Wohnzwecken zugeführt wurden. Die erste Predigt in der Schloßkapelle hielt der Prediger Thomas le Coint am 11. Juli 1723.

Freiheiten und Privilegien wurden den immer zahlreicher werdenden Potsdamer Kolonisten, zu denen neben Adligen, Offizieren, Beamten vor allem Handwerker und Fabrikanten gehörten, am 19. Oktober 1731 in einem königlichen Patent gewährt, darunter auch die Zulassung von Geistlichen und Lehrern und die Kirchenverwaltung auf der Grundlage der »Discipline des Églises de France«.

Zum Bau der Französischen Kirche am Bassinplatz kam es erst auf Veranlassung von Friedrich II. in den Jahren 1751 bis 1753. Er wurde von Johann Boumann auf Kosten der königlichen Kasse vermutlich nach einem Entwurf von Georg Wenzeslaus von Knobelsdorff ausgeführt. Die Wahl des Bauplatzes hatte nicht nur städtebauliche Gründe, sondern erfolgte auch deshalb in der Nähe des Bassinplatzes, weil die französischen Kolonisten in der nahe gelegenen Französischen Straße wohnten. Am 23. September 1753 erfolgte die Einweihung durch Prediger le Coint, der über Jesaja 12,6 sprach. Als Zentralbau über elliptischem Grundriß mit Flachkuppel ist die Kirche der dem Pantheon nachgebildeten Hedwigskirche in Berlin verwandt und steht wie diese im Zusammenhang mit den von Friedrich II. proklamierten Toleranzideen in Sachen Religion. Der elliptische Grundriß erinnert einerseits an den Prototyp hugenottischen Kirchenbaus, andererseits an eine Kirchenplanung Sebastiano Serlios, die Friedrich II. aus des Baumeisters Kupferstichwerk bekannt gewesen war.

Der Eingang der Kirche liegt unter einem giebelbekrönten Portikus von vier Säulen an der Südseite. Der Giebel zeigt im Relief die Sonnenglorie Gottes und den Namen Jahwe in hebräischen Buchstaben. Neben dem Eingang stehen in seitlichen Wandnischen zwei Sandsteinfiguren, die christlichen Tugendpersonifikationen Caritas (rechts) und Fides (links). Über ihnen befinden sich Relieffelder mit der Zinsgroschenszene und der Reinigung des Tempels. Es sind Arbeiten von Friedrich Christian Glume und seiner Werkstatt. Über dem Portal ist das Erbauungsjahr der Kirche, 1752, eingelassen.

Der Querhaussaal protestantischen Kirchenbaus ist hier auf den elliptischen Grundriß übertragen. Ursprünglich waren auch Emporen und amphitheatralisch angeordnetes Gestühl im Schiff vorhanden. Die Flachkuppel, seit 1833/34 mit Kupfer gedeckt, trägt ein Kreuz. Der Innenausbau mit Kanzelwand, Emporen und Gestühl wurde 1832/33 nach einem Entwurf von Schinkel erneuert. Die Kanzelwand, eine römisch-dorische Pilasterordnung über hohem Sockel, wurde im Verlauf des 19. Jahrhunderts mehrfach verändert.

Innenansicht der Potsdamer Kirche. Fotografie von Selle & Kuntze, Potsdam 1884

Aus Anlaß des Jubiläums des Potsdamer Edikts führte man an der Kirche Restaurierungsarbeiten durch und beseitigte einige Veränderungen aus dem 19. Jahrhundert. Die Wiederherstellung des Äußeren ist abgeschlossen, der Innenausbau jedoch noch nicht.

Mit dem ausgehenden 18. Jahrhundert hörten die Neugründungen hugenottischer Kirchenbauten durch die französischen Kolonisten im wesentlichen auf. Die französisch-reformierten Gemeinden wurden im Verlauf des 19. Jahrhunderts kleiner, und die vorhandenen Kirchen waren ausreichend. Auch die charakteristischen Merkmale hugenottischen Kirchenbaues, z. B. die Emporenanordnung im Inneren, der Parquet oder das freistehende Kanzelgehäuse, wurden bei Umbauten beseitigt. Ebenso verschwand die französische Sprache aus dem Gottesdienst, und allmählich fand sowohl liturgisch als auch baulich eine Angleichung an die protestantischen bzw. deutsch-reformierten Kirchen statt.

Margarete Welge

Die Armenfürsorge

Bei Führungen durch die Berliner Friedrichstadtkirche und das Hugenottenmuseum wird der Besucher gelegentlich darauf hingewiesen, daß er nach dem Verlassen der Kirche linker Hand an der Ecke Charlotten-/Otto-Nuschke-Straße noch erkennen könne, wo einmal das französische Waisenhaus stand. Rechts, auf der gegenüberliegenden Straßenseite an der Ecke Französische/Wilhelm-Külz-Straße, sei der Komplex der ehemaligen Fondation Achard zu sehen. Indes, man muß sich schon auskennen, um dergleichen herauszufinden.

Wer geht schon in der Friedrichstraße 129 den langen Einfahrtweg entlang, um zu sehen, wo einmal das französische Viertel war? Noch leben alte Berliner, die es kannten und so nannten. Ein heute gewerblich genutzter, von den Zerstörungen des Krieges verschont gebliebener Gebäudeteil und ein Maulbeerbaum sind die einzigen noch sichtbaren Zeugnisse der besonderen Geschichte dieses Grundstücks. Das Hospital, das hier bestand, liegt heute am Stadtrand, in Niederschönhausen. Dort weist ein Schild am Tor: »Dorotheahaus – Feierabendheim der Französischen Kirche zu Berlin« darauf hin. Über dem Eingang bemerkt kaum jemand das im Sommer unter Wein versteckte Medaillon mit dem Pelikan, der mit dem eigenen Blut die Seinen versorgt.

Im 18. und frühen 19. Jahrhundert hätte niemand, der eines der diakonischen Häuser der französischen Gemeinde suchte, so weit zu gehen brauchen. An vielen Punkten nördlich und südlich der »Linden« wäre er auf Gebäude gestoßen, die der Französischen Kirche gehörten und von ihr für die Armenfürsorge genutzt wurden, damit kein Réfugié betteln mußte.

Réfugiés, das waren eben nicht einfach Flüchtlinge, sondern so nannten sich nur die um ihrer Religion willen aus Frankreich geflohenen Protestanten. Als sie vor und nach 1685 in großer Zahl nach Berlin kamen, brachten sie die dort seit 1672 schon bestehende kleine französische Gemeinde in nicht geringe Verlegenheit. Ihre Pfarrer, Ältesten und Diakone, die gewählte Gemeindeleitung also, waren tagein, tagaus beschäftigt, um die eintreffenden Flüchtlinge mit Nahrung und Kleidung zu versorgen und unterzubringen, ihre Hilfsgesuche zu prüfen und Mittel und Wege ausfindig zu machen, um der Not zu steuern.

So bedrängend waren die Alltagssorgen, daß die Männer des Konsistoriums, des Gemeindekirchenrates, das Edikt von Potsdam zunächst kaum zur Kenntnis nahmen; es fand erst viel später Erwähnung in seinen Protokollen. Bereits am 25. September 1685 hatte das Konsistorium in einem Brief an den Großen Kurfürsten erklärt, man sei nicht länger imstande, für die große Zahl der Réfugiés allein zu sorgen, zumal sich die Menge der Ankommenden von Tag zu Tag vergrößere. Auf diese Eingabe hin erlaubte der Kurfürst eine Hauskollekte. Situationen wie diese, daß eine außerordentliche Sitzung einberufen werden mußte, weil der Receveur, der Verwalter der Armengelder, erklärte: »Ich habe nichts mehr«, oder: »Ich habe fast nichts mehr«, wiederholten sich auch später. Und immer schien es nur den einen Ausweg zu geben: die wenigen Wohlhabenden noch ernster zu christlicher Barmherzigkeit aufzufordern, noch dringender zu mahnen, die armen Brüder nicht zu vergessen.

Die geistliche Grundlage und Arbeitsweise des Diakonats

Die Flüchtlinge kamen aus Gemeinden, die seit der Mitte des 16. Jahrhunderts von gewählten Konsistorien (Presbyterien) geleitet wurden, aus Gemeinden, in denen das gepredigte Wort von der Kanzel und der gelebte Alltag in engster Beziehung zueinander gesehen wurden und in denen die Ältesten, Nichttheologen also, gleichberechtigt an der Gemeindeleitung mitzuwirken und die Diakonen in kirchlicher Verantwortung Armenpflege zu üben hatten.

Im Glaubensbekenntnis der reformierten Kirche von Frankreich, der Confession de Foi von 1559, heißt es im Artikel 29: »Was die wahre Kirche betrifft, so glauben wir, daß sie regiert werden müsse nach der von unserem Herrn Jesu festgesetzten Ordnung, daß es nämlich Pfarrer, Vorsteher und Diaconen gebe, damit die Reinheit der

Lehre bewahrt, die Laster unterdrückt und ausgerottet und die Armen und Angefochtenen in ihrer Noth unterstützt und die Versammlungen gehalten werden im Namen Gottes, zur Erbauung der Großen und der Kleinen.« Die »Discipline Ecclésiastique des Eglises Réformées de France« handelt im vierten Kapitel ausdrücklich vom Diakonat und von der Verwaltung der Armengelder. Wörtlich heißt es im IV. Absatz: »Damit den Unordnungen, welche alle Tage wegen Armutszeugnissen sich ereignen, abgeholfen werde, soll eine jede Gemeinde Fleiß anwenden, ihre Armen zu ernähren.«

Überall, wo in der reformierten Kirche Ordnungen beschlossen werden, lesen wir ähnliche Sätze. So z.B. im Haager Fürbittegebet von 1586: »Gib auch den Reichen mildtätige Herzen gegen die Armen und den Armen ein dankbares Gemüt gegen die, welche ihnen helfen und sie beschirmen.« Die Haager Kirchenordnung vom gleichen Jahr sagt: »Die Diakonen sollen mit aller Treue und Fleiß die Almosen und Güter, die den Armen gegeben werden, einsammeln, verwahren, ja auch fleißig sein, daß gute Mittel mögen erfunden werden zur Hilfe der Armen. Das zweite Stück ihres Amtes ist gelegen im Austeilen, wozu nicht allein Bescheidenheit und Vorsicht erfordert wird, damit Almosen nicht ausgespendet werden denn da, wo es nötig ist, sondern auch Fröhlichkeit und Einfalt, damit man mit einem gerührten Herzen und geneigten Gemüt den Armen helfe.« In Wesel, einer vorbildlichen Fremdengemeinde auf deutschem Boden, wird gemahnt, die Zensur müsse angehen gegen überflüssige Mahlzeiten, Pracht in Kleidern und Hausrat, Leerausgehenlassen der Armen.

Sowohl für die schon in Berlin ansässigen reformierten Franzosen als auch für die eintreffenden Réfugiés war es nicht neu, Not zu sehen und, so gut es ging, zu beheben. Sie waren durch eine lange geistliche Tradition dafür gerüstet. Von Anfang an halfen die Reichen den Armen und die Armen den noch Ärmeren.

Als die Réfugiés sich in Brandenburg eingelebt hatten, die deutsche Sprache lernten und deutsche Bräuche annahmen, wirkten allmählich auch deutsche Vorbilder. So dürften sie sich wohl kaum den Einflüssen entzogen haben, die das Werk August Hermann Franckes über Halle hinaus ausübte. Gewiß haben sie später ebenfalls die pädagogischen Diskussionen deutscher Prediger und Schulmänner zur Kenntnis genommen, auch wenn sich das nicht immer exakt nachweisen läßt. Vor allem aber sahen sie auf das, was die französischen Kirchen im außerdeutschen Refuge taten, und folgten den alten geistlichen Ordnungen aus ihrer eigenen Vergangenheit.

In den Sitzungen des Konsistoriums erschienen die Hilfesuchenden persönlich, trugen ihr Anliegen vor und erhielten Bescheid, ob sie eine Unterstützung bekommen sollten und wie hoch diese sein würde. »Extraordinaire« nannte man ein solches Geschenk. Oft wurden zwei Älteste oder ein Ältester und ein Pfarrer beauftragt, die Angelegenheit zu prüfen. Erst nach ihrem Bericht wurde in einer zweiten Sitzung entschieden. Machte jemand auf einen Notfall aufmerksam, so prüften zwei andere Mitglieder des Konsistoriums an Ort und Stelle den Sachverhalt. Nur bei offensichtlicher Notlage entfiel diese Prüfung vor Ort. In ganz dringenden Situationen durfte der Ältestendiakon sogar Soforthilfe leisten. Er mußte dann in der nächsten Sitzung nachträglich die Genehmigung einholen und bekam das verauslagte Geld vom Receveur zurückerstattet, vorausgesetzt, er hatte sich mit eigenen Augen von der Notlage überzeugt.

Nach 1699 tagten die Ältestendiakone unter Vorsitz eines Pfarrers in gesonderter Versammlung. Die Armenangelegenheiten hatten einen solchen Umfang angenommen, daß eine Trennung von den übrigen Kirchensachen nötig schien. Nur noch bei größeren Summen und besonders wichtigen Angelegenheiten entschied die Generalversammlung, d.h. die Vereinigung aller Pfarrer, Ältesten und Diakone der Berliner französischen Gemeinde.

Wer in das Amt eines Ältesten oder Ältestendiakons gewählt wurde, wußte, daß ihn eine zeitaufwendige, mühevolle, oft unangenehme und viel Entscheidungskraft erfordernde Arbeit erwartete. Es genügte nicht, ein frommer Mann oder ein Menschenfreund zu sein. Ein Diakon mußte zugleich Menschenkenner sein, denn unter die Notleidenden mischten sich auch Schmarotzer und Betrüger. Im Jahre 1788 bat z.B. eine Frau Boujour wortgewandt um Reisegeld für sich und ihre Kinder für die Fahrt nach Königsberg, wo angeblich ihr Mann arbeitete. Der Königsberger Pfarrer konnte jedoch keinen Herrn Boujour in seiner Stadt ausfindig machen ... Es war manchmal schwer, den Charakter des Armen einzuschätzen. Jedoch sollten Almosen nur an würdige Gemeindeglieder verteilt werden.

Ein Ältester mußte ferner zusammenarbeiten können. Es galt, auf Kollegen zu hören, sich aufeinander abzustimmen, denn alle wichtigen Entscheidungen wurden in der »Compagnie des Consistoriums« durch Abstimmung getroffen. Die Minderheit hatte sich zu fügen und den Beschluß der Compagnie in der Gemeinde zu vertreten.

Es fällt auf, daß in der frühen Zeit (z. B. 1699) unter denen, die Extraordinaires erhielten, sich auch Adlige, Offiziere, Pfarrer und Studenten befanden, deren Namen später ebensowenig in den Listen des Diakonats auftauchen wie die von selbständigen Handwerkern,

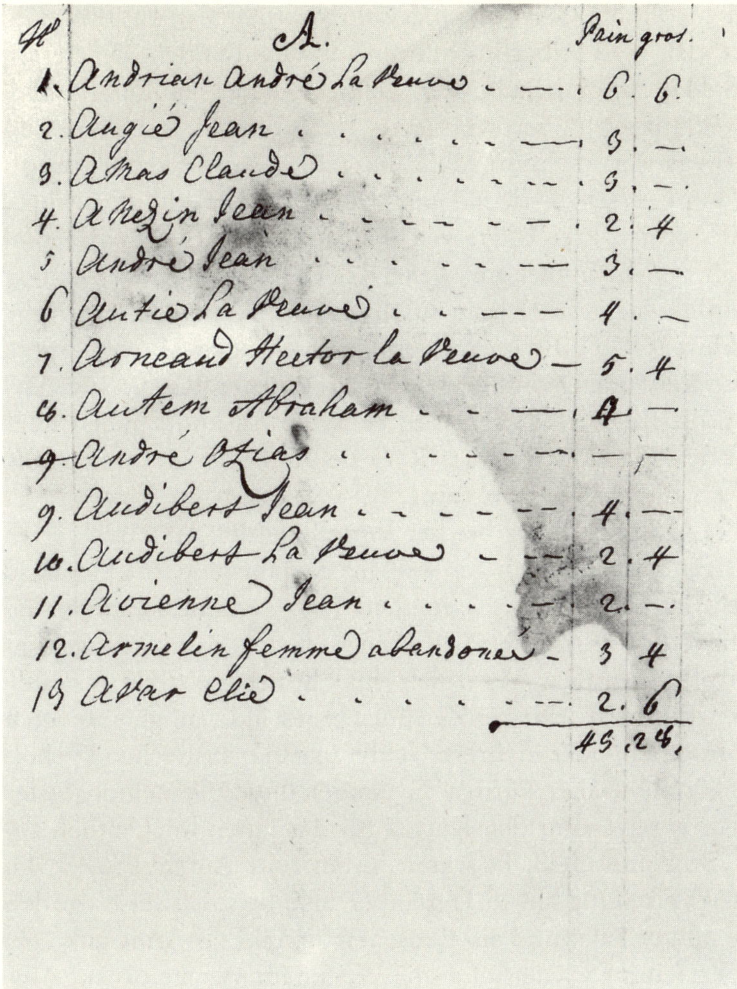

		Pain	gros
	A.		
1.	Andrian André La Veuve	6	6
2.	Augié Jean	3	—
3.	Amas Claude	3	—
4.	Arezin Jean	2	4
5	André Jean	3	—
6	Antie La Veuve	4	—
7.	Arneaud Hector la Veuve	5	4
8.	Autem Abraham	4	—
~~9.~~	André Ozias	—	—
9.	Audibert Jean	4	—
10.	Audibert La Veuve	2	4
11.	Avienne Jean	2	—
12.	Armelin femme abandonnée	3	4
13	Avar Elie	2	6
		45	24

Armenetat des französischen Diakonats für den Sommer 1743, erste Seite

Armensammelbüchse der Berliner französisch-reformierten Gemeinde für die häusliche Kollekte, 18. Jh.

Kaufleuten, Beamten und deren Witwen. Der Grund dafür ist im ständischen Denken zu finden: Ihre Not entsprach nicht ihrem gesellschaftlichen Stand. Sie alle zählten um die Mitte des 18. Jahrhunderts zu den »pauvres honteux«, den »verschämten Armen«. Ihnen wollte man den erniedrigenden Bittgang zum Diakonat ersparen. Gaben aus besonderen Stiftungen (Dons) wurden ihnen ins Haus gebracht oder angewiesen, wobei mit »Delicatesse« verfahren werden sollte, um ihre Gefühle zu schonen. In den frühen Ausgabenverzeichnissen erkennt man diese Armen nicht nur am Namen und am Beruf, sondern auch an der Höhe der Unterstützung: Sie ist höher als üblich.

Extraordinaires erhielten auch Personen, die als Durchreisende beim Diakonat vorsprachen. »Passade« hieß diese Art Hilfe, die schon in Frankreich von den Gemeinden gewährt worden war. In ihren Genuß kamen z. B. Jean Albertin, Pfarrer aus Graubünden, der verabschiedete Soldat Antoine Labussiere oder sogar der katholische Deserteur aus Frankreich Pierre Poitevin, der übrigens mit Frau und Kind unterwegs war, mehrere Male unterstützt wurde, dann freilich mit seiner Frau verschwand und nur sein krankes Kind zurückließ. Jaques Gallix erhielt drei Taler, weil er nach England wollte. Es handelte sich aber nicht immer um weite Reisen, für die Unterstützung erbeten wurde. Zacharias Maire beispielsweise war auf dem Wege nach Frankfurt (Oder). Isaac Naveau hatte vor, nach Magdeburg zu reisen. Diese Reisenden, soweit sie der Französischen Kirche angehörten, führten oft Bescheinigungen mit sich, die Auskunft gaben über die Person, den Herkunftsort, das Reiseziel und über Art und Höhe der zuletzt erhaltenen Unterstützung.

Die größte Gruppe, die es bei der Verteilung der Armengelder zu berücksichtigen galt, bildeten bis weit ins 19. Jahrhundert hinein die sogenannten Etat-Armen. Das waren jene Personen und Familien, die von den Pfarrern und Ältesten bei ihren Besuchen in hoffnungsloser Lage angetroffen wurden. Man hielt eine Besserung der Umstände aus eigener Kraft in absehbarer Zeit für ausgeschlossen, glaubte auch nicht, daß durch ein oder mehrere Geldgeschenke ausreichend geholfen werden könnte. Daher wurden die Namen dieser Gemeindeglieder auf eine Liste gesetzt samt den Kosten für das ihnen wöchentlich zugestandene Brot und Geld. Es waren fortan feste Ausgabeposten im Etat. Bei der Verteilung am 16. Dezember 1699 beispielsweise wurden 306½ Brote und 17 Taler und ein Groschen an 196 Etat-Arme ausgegeben. Diese Verteilung wiederholte sich Woche für Woche bis zur Aufstellung eines neuen Armenetats nach einem halben Jahr.

Die Ursachen der Not

Wenn Flüchtlinge, die arm und abgerissen ankommen, Hilfe brauchen, so ist das nicht verwunderlich. Aber die Zahl der Armen in der Berliner französischen Gemeinde nahm offensichtlich auch nach der Ansiedlung der Réfugiés nicht ab. Im März 1694 fand eine außerordentliche Sitzung statt, weil der Receveur fast nichts mehr in seiner Kasse hatte. Im Oktober 1714 wurde in einer ebensolchen Sitzung nach Möglichkeiten gesucht, die Kirche von der großen Zahl der Armen zu entlasten. Im Dezember 1735 überstiegen die Ausgaben die Einnahmen. In späteren Jahren war es nicht anders.

Worin bestand die Not so vieler Menschen, was machte sie arm?

Werfen wir erneut einen Blick in die Akten des Konsistoriums und suchen eine Antwort auf diese Frage zu finden. Von den 48 bei der Verteilung am 18. Dezember 1699 genannten Empfängern von Extraordinaires heißt es dreizehnmal »malade« (krank). Hinzu kommt eine Wöchnerin. 15 weitere sind alleinstehende Frauen oder Witwen. Von den insgesamt 196 Etat-Armen gehören 41 zu dieser Gruppe. Wo immer man heute das Distributionsbuch aufschlägt, fallen einem die Worte »malade« und »veuve« (Witwe) in die Augen.

Ähnlich sah es später aus, als die verschämten Armen gesondert aufgeführt wurden. Die Liste générale des pauvres honteux von 1778 z. B. nennt 183 Personennamen. Bei ihnen handelt es sich in 57 Fällen eindeutig um Witwen, in 29 Fällen haben wir es mit unverheirateten Frauen zu tun und in zehn Fällen mit alten Männern. 1780 war es noch eindeutiger: Von 156 unterstützten Personen waren 56 Witwen, 27 unverheiratete Frauen, neun alte und blinde Männer. Das heißt, in diesem Jahr gehörten fast zwei Drittel der Hilfsbedürftigen zu dieser Gruppe.

Daneben gab es die vielen kleinen Handwerker mit großer Familie und wenig Arbeit. 1786 heißt es in den Listen von einem 80jährigen Arbeiter am Hochwebstuhl, er habe keine Arbeit. Herr Garnier, Perückenmacher, hat sechs Kinder, aber keine Arbeit. Ein Strumpfmacher wiederum kann von dem Ertrag des einen Paares, für das er wöchentlich einen Auftrag bekommt, nicht leben.

Die auffallend vielen Reisen, für die Unterstützung beantragt wurde, waren z. T. nichts anderes als Versuche, an einem anderen Ort ein besseres Auskommen zu finden. Mitunter zeigen die Akten deutlich den notvollen Weg einer Familie. 1699 erhielt z. B. Azarias Larcher drei Taler für seine Reise nach England. Im September 1701 hieß es: »Azarias Larcher hat Kosten in Höhe von 4 Tlr. 16 Gr. verursacht.« Er war also wieder im Land. Diesmal brauchte er Werkzeug, das man ihm kaufte, damit er arbeiten und seine Familie ernähren konnte. Im Mai 1702 erhielt seine Frau zwölf Groschen. Von 1705 an stand der Name auf dem Armenetat, die Familie bekam jede Woche vier Brote und vier Groschen.

Wie schnell eine Familie durch den Tod des Vaters oder manchmal auch der Mutter an den Rand des Ruins kommen konnte, lassen die Akten des Waisenhauses der Französischen Kirche erkennen. Das Haus war zwar überwiegend für Berlin bestimmt, es gab aber auch eine Anzahl von Plätzen für Kinder aus den Provinzgemeinden. 1801 schrieb Frau Dewé aus Cammin in Pommern: »Mein Mann Johann

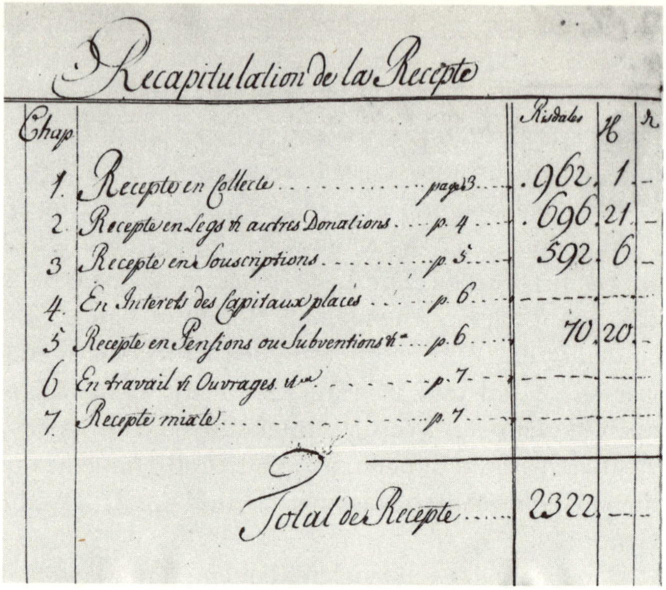
Recapitulation de la Recepte

Chap.		Risdales	g	d
1.	Recepte en Collecte .... pag. 3	962.	1	–
2.	Recepte en Legs et autres Donations ... p. 4	696.	21.	–
3	Recepte en Souscriptions .... p. 5	592.	6	–
4.	En Interets des Capitaux placés ... p. 6	----		
5	Recepte en Pensions ou Subventions &c. ... p. 6	70.	20.	–
6	En travail et Ouvrages &c. ...... p. 7	----		
7.	Recepte mixte .... p. 7			
	Total de Recepte	2322.	–	–

Rechnungsbuch des französischen Waisenhauses für den Zeitraum von September 1747 bis September 1748

Eine Seite aus dem Rechnungsbuch für 1747/48 mit dem Verzeichnis der Einnahmen

Philipp Dewé ist allhier 22 Jahre Kaufmann und der französischen Colonie zugehörig gewesen. Es hat aber ohnerachtet seines angewandten Fleißes ihn das Glück nicht favorisieren wollen, so daß er mich bei seinem Sterben in die bitterlichste Armut mit 8 unmündigen Kindern hinterließ.« – Im Juli 1786 hatte der Tuchmachergeselle François Louis Blanchet aus Strausberg bei Berlin um Aufnahme seines Kindes ins Waisenhaus gebeten. Es stellte sich heraus, daß den Vater die Pflege seines Kindes ebensoviel kostete, wie er verdiente, nämlich 16 Groschen die Woche. So hatten die zwölf Wochen seit dem Tode seiner Frau genügt, um den fleißigen und strebsamen Mann in Schulden zu stürzen. Das Kind wurde ins Waisenhaus aufgenommen. Aber als sich 1808 die zweite Frau Blanchet, durch eine längere Krankheit ihres Mannes in Bedrängnis geraten, ebenfalls an das Konsistorium wandte, erhielt sie einen ablehnenden Bescheid, weil nur Berliner ins Hospital aufgenommen werden könnten.

Die Zahl derer, die durch eigenen Verdienst oder durch ein Erbe in den Genuß eines Vermögens gelangten, das ihnen ausreichende Sicherheit gab, nahm in der französischen Gemeinde von Berlin anscheinend nicht zu. Mitte Dezember 1699 war immerhin jedes zehnte Gemeindeglied unterstützungsbedürftig. Noch haben wir keinen genauen Überblick über die tatsächliche Zahl der Armen. Sicher ist nur, daß die Menge der benötigten Mittel von Jahrzehnt zu Jahrzehnt stieg. Pfarrer Karl Manoury, der eine Geschichte der Französischen Kirche zu Berlin geschrieben hat, hält die wachsenden Zahlen der Armen und die Höhe der verteilten Summen für ein Zeichen allzu großzügiger Mildtätigkeit einer vermögenden Gemeinde. Doch wer einen Blick in die Eingaben und Berichte an das Konsistorium wirft, mag daran nicht glauben. So heißt es im Bericht der École de Charité für das Jahr 1848: »Auffallend ist es gewiß nicht, daß die Gesuche brodloser, von dem Druck der Zeiten tief darniedergebeugter Familien um Aufnahme ihrer Kinder in die Anstalt sich bei uns vervielfältigen. Ebenso begreiflich ist es aber auch, daß wir dadurch uns in keine geringe Verlegenheit versetzt sehen, da die nachgesuchten Wohlthaten doch ein bestimmtes Maaß nicht überschreiten dürfen, wenn zuletzt nicht unsere ganze Verwaltung ins Stocken geraten soll. Mit schwerem Herzen sehen wir uns dieserhalb nicht selten genöthigt, Forderungen dieser Art unbefriedigt zu lassen selbst da, wo wir sie (für) vollkommen gerechtfertigt halten.«

Der »Druck der Zeiten«, mit anderen Worten wirtschaftliche und soziale Krisen in der Stadt, verschonte natürlich auch die Hugenotten nicht, wie überhaupt die allgemeine wirtschaftlich-soziale und politische Entwicklung in Berlin und Preußen zu allen Zeiten einen nicht geringen Einfluß auf das Armenwesen der französischen Gemeinde und ihre Aufgaben hatte. Wenn der Brotpreis im Land fiel oder stieg, weil die Ernte gut oder schlecht war, wenn die Arbeitslosigkeit sank oder zunahm, weil der König in seiner Hauptstadt baute oder die Wirtschaft durch Absatzschwierigkeiten in ihrer Entwicklung stockte, wenn Not und Elend um sich griffen und die Zahl der Armen wuchs, weil der König Krieg führte oder ein strenger Winter das Land erstarren ließ, dann bekam selbstverständlich auch die französische Gemeinde die Folgen zu spüren.

Umfang und Einrichtungen des Armenwesens

Die Arbeit der Ältestendiakone erschöpfte sich übrigens nicht darin, Brot und Geld zu verteilen. Sie waren auch für das ordentliche Bakken des Brotes in der Armenbäckerei der Gemeinde verantwortlich samt den dafür nötigen Getreidekäufen. Auch die Marmite, die Suppenanstalt, die die Alten, Kranken und Wöchnerinnen mit Fleischbrühe versorgte, mußten sie beaufsichtigen. Beide Einrichtungen waren schon vor 1700 entstanden und zählten zu den ältesten der zahlreichen Institutionen der französischen Gemeinde. Außerdem hatte das Diakonat Kleidung und Feuerung für den Winter zu beschaffen, Waisenkinder unterzubringen und zu betreuen und Schulbücher zu kaufen, damit die Kinder der Armen etwas lernen konnten. Später mußten die Kinder in Lehrstellen vermittelt werden, Lehrgeld war zu zahlen, Handwerkszeug zu kaufen, und es mußte Obacht gegeben werden, daß die jungen Leute nicht ausgenutzt wurden, sondern ihren Beruf gründlich erlernten.

Schon frühzeitig hatte Kurfürst Friedrich Wilhelm einigen refugierten Ärzten eine Besoldung zugestanden mit der ausdrücklichen Auflage, die Armen der französischen Kolonie kostenlos zu behandeln. Medikamente bezahlte die Armenkasse. Die Kolonieärzte waren auch für alle Armenanstalten der französischen Gemeinde zuständig, nicht zuletzt für das Hospital. Dieses 1686 zum ersten Male erwähnte Alters- und Krankenhaus ist zweifellos die älteste Einrichtung der Gemeinde. Die Kurfürstin Dorothea hatte ihr eine Meierei an der Panke geschenkt, damit dort Alte und Kranke gepflegt werden könnten. Sehr nüchtern klingt die spätere Adresse: Friedrichstraße 129. Aber mit ihr verbindet sich die Geschichte vieler hugenottischer Familien aus vielen Generationen. 240 Jahre hindurch war dieser Ort ein und schließlich *das* Zentrum der französisch-reformierten Gemeindediakonie, bis 1926 das Altersheim nach Niederschönhausen verlegt wurde. Dort besteht es noch heute.

Das Hospital unterstand unmittelbar dem Konsistorium, das für seinen finanziellen Unterhalt, seine Wirtschaftsführung, alle Personalfragen und alle Insassen verantwortlich war. Erst in neuester Zeit ist diese enge Verbindung gelockert worden. Obwohl für arme Gemeindeglieder gegründet und normalerweise von Personen bewohnt, die vom Diakonat betreut wurden, lebten immer auch einige zahlende Pensionäre im Hospital. Das war eine für beide Seiten vorteilhafte Lösung. Die Pensionäre besserten den Etat des Hauses auf und waren ihrerseits versorgt, aßen und wohnten gesondert.

Eine Einrichtung war vorzugsweise für Arme der besseren Stände gedacht: die 1688 gegründete Maison française. Dieses Haus sollte mittellose Flüchtlinge und alleinstehende Frauen so lange aufnehmen, bis anderweitig für sie gesorgt war. Der Kurfürst bezahlte die Miete und stellte das Brennholz; später gewährte er der Maison auch einen jährlichen Zuschuß. Dafür ernannte er die vier Herren der Direktion, von denen einer allerdings ein französischer Prediger sein mußte.

Das Hôtel de Refuge, 1700 gegründet, war ein Armenhaus für Réfu-

Schenkung der Meierei an der Panke durch die Kurfürstin Sophie Dorothea. Ölgemälde von Carl Wendling, 1878. Es stellt die Überlassung eines Grundstücks für das 1686 gegründete französische Hospital dar

giés, die nach einem längeren Zwischenaufenthalt in der Schweiz 1699 nach Brandenburg kamen, um sich hier dauernd niederzulassen. Eine Kollekte in vielen evangelischen Staaten, auch in Brandenburg, hatte die Mittel zu ihrer Ansiedlung beschafft. Mit ihrer Hilfe wurde auch das Hôtel de Refuge gekauft und ausgestattet. Alle Insassen mußten, soweit es ging, arbeiten, um den Etat zu sichern. Das Haus nahm Arme aus allen französischen Kolonien auf. In der Direktion war das Konsistorium durch einen Deputierten vertreten.

Wieder anders verhielt es sich mit der Maison d'Orange, die 1705 gegründet wurde. Auch hier handelte es sich um ein Armenhaus, aber nur für die Flüchtlinge aus dem Fürstentum Orange und ihre Nachkommen. Weil der Hauptteil der Gelder für ihre Ansiedlung und für die Stiftung des Hauses aus englischen Kollekten stammte, hatte der

L I

DES ENFANS DE LA MAISO

Pour

Les garçons

Entrée			Noms	a encore	est	Date de naissance				âge ans	mois
1836	1	Mars	Sarre H. G.	mère	. .	21	Janvr.	1829	Strasbourg	13	10
1836	11	Sept.	Petit H. G.	. .	orph.	18	Octobr.	1829	Berlin	12	4
1836	29	Novb.	Baillon F. C.	mère	.	17	Octobr.	1829	Coepnick	11	3
1837	3	Mai	Jouin F. P.	mère	.	24	Janvr.	1830	Berlin	11	3
1838	6	Févr.	Belleville H. F.	mère	.	25	Août	1827	Friesack	12	7
1838	20	Févr.	Perrin F. J.	mère	. .	21	Décembr.	1827	Strasbourg	13	7
1838	24	Mai	Charlet Ch. F.	mère	. .	30	Septmb.	1830	Clemargeme	11	11
1838	27	Octbr.	Baudouin L. E.	mère	. .	24	Septmb.	1830	Stendal	11	3
1838	29	Octbr.	Paris H. G.	mère	. .	2	Avril	1830	Berlin	11	7
1838	21	Novb.	Cuart A.	mère	. .	13	Juin	1828	Gr. Ziethen	13	7
1839	10	Avrl.	Roquette H. C.	mère		11	Decemb.	1828	Prenzlau	12	10
1839	11	Avrl.	Pelaire Fr.	mère	. .	5	Janvr.	1832	Potsdam	9	11
1839	16	Sept.	Maire F. J.	mère	. .	21	Mars	1832	[illegible]	8	10
1839	17	Sept.	Guiard A. L. C.	mère	. .	11	Mai	1829	Strasbourg	12	10
1839	17	Novb.	Marzillier G.	mère	. .	24	Juin	1830	Berlin	11	8
1839	21	Novb.	Guichard A. H.	mère	. .	7	Avril	1832	Charlottbrg	9	10
1840	27	Févr.	Jouin H. A.	mère	. .	20	Septbr.	1832	Berlin	8	2
1840	28	Avrl.	Sarre H. E.	mère	. .	1	Avril	1830	Strasbourg	9	1
1840	5	Juin	Villaret R. S.	mère	.	15	Janvr.	1830	Halberstadt	11	11
1840	13	Juin	Loge G. H.	. .	orph.	2	Mai	1832	Brussow	9	8
1840	21	Decb.	Renaud F. S.	mère	.	3	Janvr.	1830	Berlin	12	1
1840	31	Decb.	Roquette L. F.	mère	. .	25	Novmb.	1833	Prenzlau	8	4
1840	11	Févr.	Ponge H. C.	. .	orph.	6	Juin	1832	Steinecke	9	8
1841	24	Févr.	Renaud G. A.	mère	. .	11	Juin	1831	Berlin	11	1
1841	27	Avrl.	Nouvel P. R.	mère	. .	17	Juin	1830	Stargard	11	9
1841	6	Juin	Doyé R.	. .	orph.	4	Mars	1834	K. Ziethen	7	8
1841	15	Jullt.	Claude A. L.	. .	orph.	27	Octbr.	1832	Magdebourg	9	10
1841	14	Octb.	Soyeaux A. G.	mère	. .	13	Février	1833	Granzow	8	10
1842	13	Janvr.	Deroche F. R.	mère	. .	13	Novmb.	1834	Coepnick	7	4
1842	15	Févr.	Frain H. A.	. .	orph.	25	Mai	1828	Berlin	13	.

Trente Garçons

Liste der vom französischen Waisenhaus im Jahre 1841 aufgenommenen Jungen und Mädchen

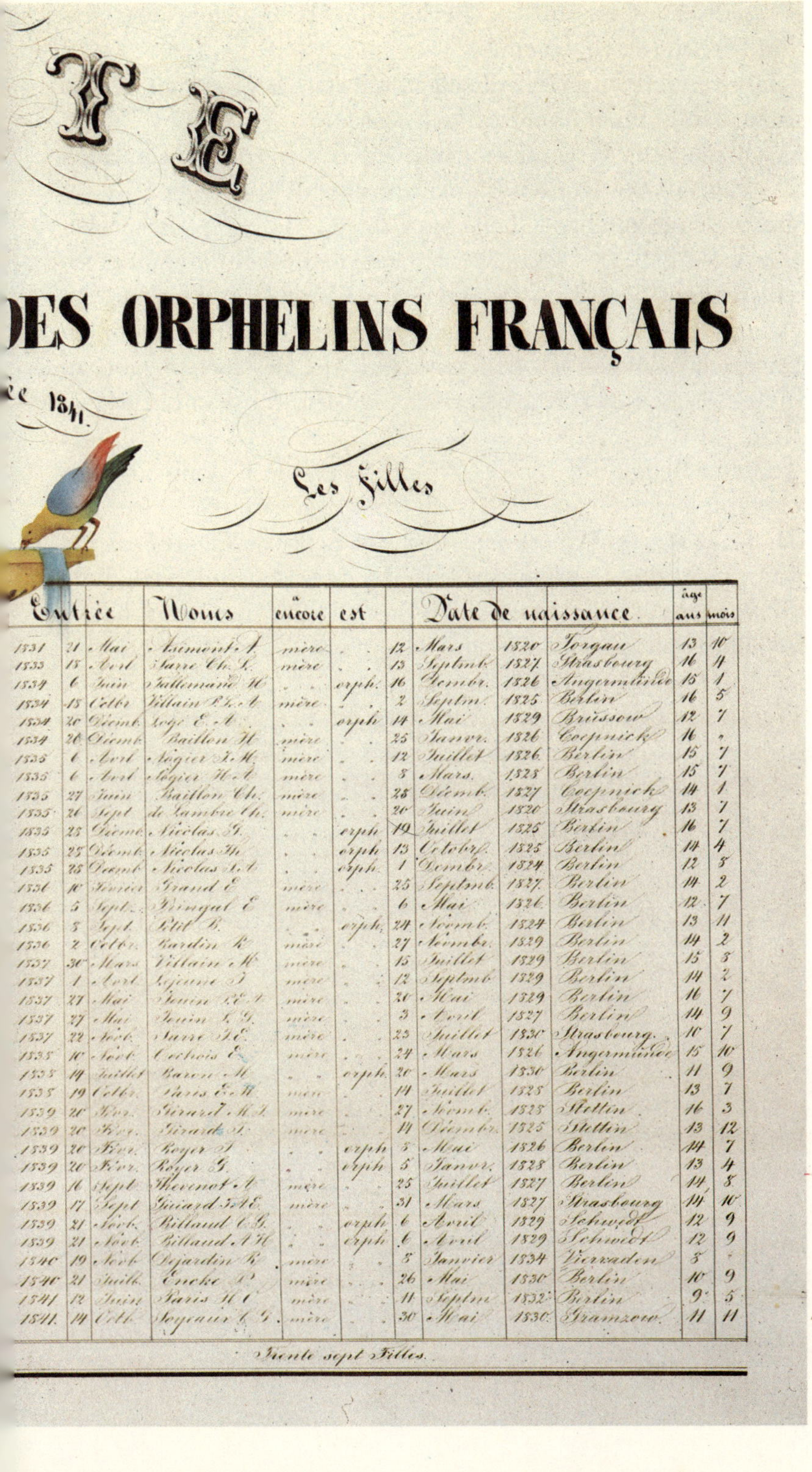

TE

DES ORPHELINS FRANÇAIS

…ée 1841.

Les Filles

Entrée			Noms	a encore	est	Date de naissance				âge ans	mois
1831	21	Mai	Aumont A.	mère		12	Mars	1820	Torgau	13	10
1833	18	Avril	Sarre Ch. L.	mère		13	Septmb.	1827	Strasbourg	16	4
1834	6	Juin	Jallemand H.		orph.	16	Decmbr.	1826	Angermünde	15	1
1834	18	Octbr	Villain E. L. A.	mère		2	Septm.	1825	Berlin	16	5
1834	20	Décemb.	Loge E. A.		orph.	14	Mai	1829	Brüssow	12	7
1834	20	Décemb.	Baillon H.	mère		25	Janvr.	1826	Coepnick	16	[illegible]
1835	6	Avril	Nogier J. H.	mère		12	Juillet	1826	Berlin	15	7
1835	6	Avril	Nogier H. A.	mère		8	Mars	1828	Berlin	15	7
1835	27	Juin	Baillon Ch.	mère		28	Décemb.	1827	Coepnick	14	1
1835	26	Sept	de Lambre Ch.	mère		20	Juin	1820	Strasbourg	13	7
1835	28	Décemb.	Nicolas G.		orph.	19	Juillet	1825	Berlin	16	7
1835	28	Décemb.	Nicolas Th.		orph.	13	Octobre	1825	Berlin	14	4
1835	28	Decemb.	Nicolas L. A.		orph.	1	Decmbr.	1824	Berlin	12	8
1836	10	Février	Grand E.	mère		25	Septmb.	1827	Berlin	14	2
1836	5	Sept.	Pringal E.	mère		6	Mai	1826	Berlin	12	7
1836	8	Sept.	Petit B.		orph.	24	Novmb.	1824	Berlin	13	11
1836	2	Octbr.	Bardin R.	mère		27	Novmbr.	1829	Berlin	14	2
1837	30	Mars	Villain M.	mère		15	Juillet	1829	Berlin	15	8
1837	1	Avril	Lejeune J.	mère		12	Septmb.	1829	Berlin	14	2
1837	27	Mai	Jouin L. E. A.	mère		20	Mai	1829	Berlin	16	7
1837	27	Mai	Jouin L. G.	mère		3	Avril	1827	Berlin	14	9
1837	22	Novb.	Sarre L. E.	mère		23	Juillet	1830	Strasbourg	10	7
1838	10	Novb.	Cochois E.	mère		24	Mars	1826	Angermünde	15	10
1838	14	Juillet	Baron M.		orph.	20	Mars	1830	Berlin	11	9
1838	19	Octbr.	Paris E. H.	mère		14	Juillet	1828	Berlin	13	7
1839	20	Févr.	Girard M. J.	mère		27	Novmb.	1828	Stettin	16	3
1839	20	Févr.	Girard J.	mère		14	Décembr.	1825	Stettin	13	12
1839	20	Févr.	Royer J.		orph.	5	Mai	1826	Berlin	14	7
1839	20	Févr.	Royer G.		orph.	5	Janvr.	1828	Berlin	13	4
1839	16	Sept.	Thevenot A.	mère		25	Juillet	1827	Berlin	14	8
1839	17	Sept	Guiard J. A. E.	mère		31	Mars	1827	Strasbourg	14	10
1839	21	Novb.	Billaud C. G.		orph.	6	Avril	1829	Schwedt	12	9
1839	21	Novb.	Billaud A. H.		orph.	6	Avril	1829	Schwedt	12	9
1840	19	Novb.	Dejardin R.	mère		8	Janvier	1834	Vierraden	8	
1840	21	Juill.	Encke R.	mère		26	Mai	1830	Berlin	10	9
1841	12	Juin	Paris H. C.	mère		11	Septm.	1832	Berlin	9	5
1841	14	Octb.	Soyraux C. G.	mère		30	Mai	1830	Gramzow	11	11

Trente sept Filles.

jeweilige englische Gesandte in Berlin die Oberaufsicht und das Recht, die Direktoren zu ernennen.

Im 19. Jahrhundert sind die Stiftungen teilweise kapitalisiert und in Unterstützungszahlungen umgewandelt worden.

So verschieden die Organisationsformen der Einrichtungen auch waren, der Einfluß des Konsistoriums war überall groß, schon wegen der zahlreichen personellen Überschneidungen, die es in den vielen Leitungsgremien gab. Das schließt nicht aus, daß es mitunter zu heftigen Interessenkonflikten kam zwischen den Einzelanstalten und dem Konsistorium, das für alle Armen der gesamten Gemeinde zu sorgen hatte. Friedrich Wilhelm I. griff einmal sogar beschwichtigend in einen Streit zwischen dem Konsistorium und dem französischen Waisenhaus ein.

Von größerer Bedeutung für das Wohlergehen der Kolonie und das Selbstverständnis der Gemeinde als die zuletzt genannten Stiftungen waren das französische Waisenhaus und die École de Charité. Beide Einrichtungen erfuhren von allen Gruppen der Gemeinde vielfältige Unterstützung und vermittelten ihnen das Gefühl, in einer solidarischen Gemeinschaft zu leben. (Siehe dazu auch S. 213 ff.) Ihnen kam allenfalls das Hospital im Ansehen gleich.

Das Waisenhaus ging auf eine Anregung des Leipziger Kaufmanns Jacques Gailhac zurück, der auch die ersten 300 Taler spendete. Eine Kommission aus Mitgliedern des Konsistoriums und gewählten Fami-

Neubau des Hôtel de Refuge in der Friedrichstraße, 1856 von August Hahnemann errichtet. Aquarellierte Federzeichnung von Eduard Muret, 1882

Gebäude der Maison d'Orange in der Dorotheenstraße. Fotografie von Schwartz, 1886

Französisches Waisenhaus an der Ecke Charlottenstraße/Jägerstraße. Es wurde 1907 abgerissen. Fotografie von W.E. Schlemm & Co., Charlottenburg, um 1905

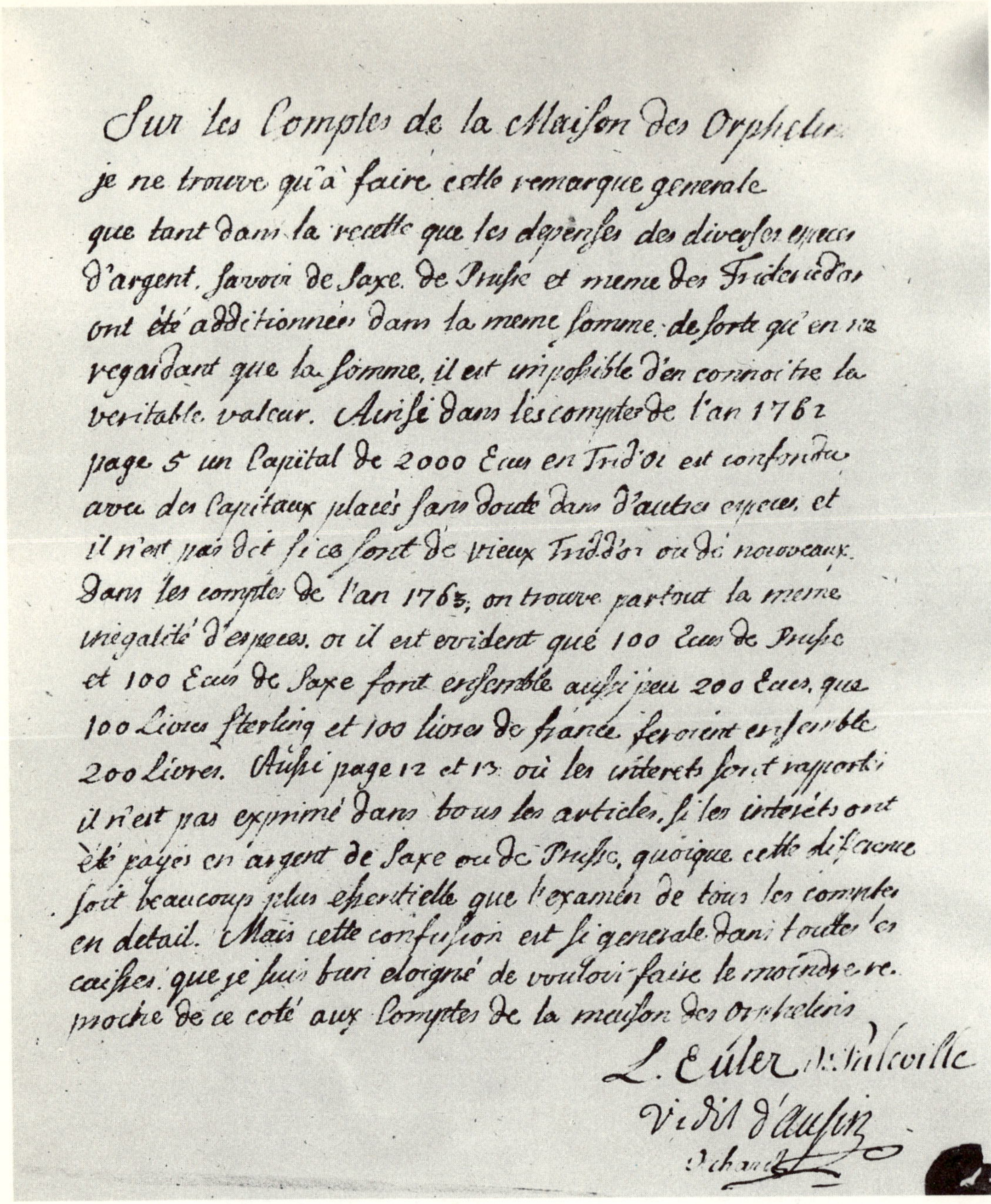
Sur les Comptes de la Maison des Orphelins
je ne trouve qu'à faire cette remarque generale
que tant dans la recette que les depenses des diverses especes
d'argent, savoir de Saxe, de Prusse et meme des Frideriedors
ont été additionnées dans la meme somme, de sorte qu'en ne
regardant que la somme, il est impossible d'en connoitre la
veritable valeur. Ainsi dans les comptes de l'an 1762
page 5 un Capital de 2000 Ecus en Frid'or est confondu
avec des Capitaux placés sans doute dans d'autres especes, et
il n'est pas dit si ce sont de vieux Frid'or ou de nouveaux.
Dans les comptes de l'an 1763, on trouve partout la meme
inegalité d'especes. or il est evident que 100 Ecus de Prusse
et 100 Ecus de Saxe font ensemble aussi peu 200 Ecus, que
100 Livres sterling et 100 livres de france feroient ensemble
200 Livres. Aussi page 12 et 13 où les interets sont rapportés
il n'est pas exprimé dans tous les articles, si les interêts ont
été payés en argent de Saxe ou de Prusse, quoique cette difference
soit beaucoup plus essentielle que l'examen de tous les comptes
en detail. Mais cette confusion est si generale dans toutes les
caisses, que je suis bien eloigné de vouloir faire le moindre re-
proche de ce coté aux Comptes de la maison des Orphelins

L. Euler [illegible]

Vidit [illegible]

[illegible]

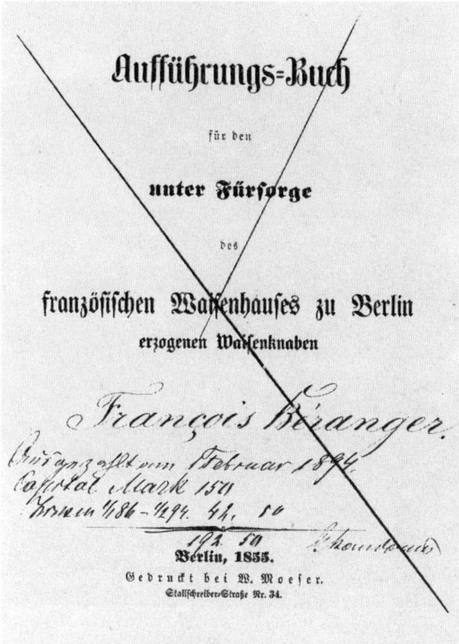
Aufführungs-Buch

für den

unter Fürsorge

des

französischen Waisenhauses zu Berlin

erzogenen Waisenknaben

François Béranger

Berlin, 1855.

Gedruckt bei W. Moeser.

Stallschreiber-Straße Nr. 34.

Führungsbuch für den Waisenhauszögling François Béranger, 1894. Die Striche sind Auszahlungsvermerke über 150 Mark Kapital und 42,50 Mark Zinsen als Prämie bei Volljährigkeit und bei guter Führung des Waisenknaben

lienhäuptern wurde gegründet. Sie suchte um den Schutz des Königs nach und erhielt die auch anderen frommen Stiftungen zugestandenen Privilegien: Akzisenachlaß und das Recht, Kapitalien à fonds perdu anzunehmen. Eine Kollekte erbrachte das notwendige Startkapital, und 1725 konnte das Haus Charlotten-/Ecke Jägerstraße eröffnet werden. Die reformierten Gemeinden in Genf, Amsterdam, Rotterdam, Wesel, Utrecht, London, Dublin und Lausanne hatten das Unternehmen mit wohlwollenden und hilfreichen Ratschlägen begleitet.

Zunächst reichten die Mittel des Waisenhauses nur für die Versorgung von acht Kindern, bald stieg deren Zahl jedoch an; 1780 lebten schon 80 Zöglinge im Hause. Der König hatte gewünscht, daß vornehmlich Hinterbliebene verarmter Edelleute, von Militär- und Zivilbeamten hier erzogen würden. Nur für den Fall eines Einnahmeüberschusses hatte er die Aufnahme einfacher Armer gestattet. Dank der vielen Legate, die das Haus erhielt, war das aber bald die Regel.

1767 wurden zum ersten Male Frauen mit Leitungsfunktionen betraut, allerdings zunächst nur beratend. Die »dames directrices« sollten die Mädchenerziehung und die Hauswirtschaft überwachen.

Dames directrices gab es auch in der École de Charité. Diese Schule der Barmherzigkeit war 1747 auf eine Anregung des Predigers d'Anières hin gegründet worden. Vorbild war eine ähnliche Schule in Lausanne. Die Ziele der bei ihrer Gründung einzigartigen Anstalt in Berlin bestanden nach einem Bericht aus dem Jahre 1850 darin,

Linke Seite: Schreiben Leonhard Eulers, der als Mitglied der Rechnungskommission des französischen Konsistoriums die Rechnungsführung des Waisenhauses für 1762/63 beanstandet

Zöglinge des Waisenhauses vor dem Gebäude des Hospice in der Friedrichstraße und in einer Berliner Badeanstalt. Fotografien, um 1900

»... arme, durch die bedrängte Lage ihrer Eltern der Vernachlässigung ausgesetzte Kinder im Vertrauen auf Gott und den Wohltätigkeitssinn der wohlhabenderen Gemeindeglieder zu sammeln, für gewissenhaften Unterricht und christliche Erziehung derselben bis zur Einsegnung zu sorgen, dieselben bei der so wichtigen Wahl des irdischen Berufs sowie des Lehrmeisters durch Rat und Tat zu leiten und sie auch nach dem Austritt aus der Anstalt soviel als möglich zu überwachen und zu unterstützen und sie zu treuen und nützlichen Gliedern der Kirche und des Staates heranzubilden«.

Daß auch finanzielle Überlegungen eine Rolle spielten, erfahren wir aus der Festschrift zum 50jährigen Bestehen der Schule. Die meisten Réfugiés arbeiteten damals in der Wollstoffabrikation, erhielten wenig Lohn und fielen schon bei geringen Schwierigkeiten der Armenkasse der Gemeinde zur Last. Deshalb lag der Gedanke nahe, durch eine qualifiziertere Ausbildung ihren Kindern einmal bessere Verdienstmöglichkeiten zu eröffnen und so auf lange Sicht die Armenkasse zu entlasten.

Das dritte Erziehungsinstitut der Berliner Gemeinde war nicht so bedeutend wie die beiden anderen. Seit 1760 bestand ein Haus für Kinder im Vorschulalter, in dem gleichzeitig Jugendliche betreut wurden, die zu verwahrlosen drohten. Dieses Petit Hôpital befand sich seit 1780 auf dem Hospitalgrundstück in der Friedrichstraße 129.

Dorthin wurden 1844 auch das Waisenhaus und die École de Charité verlegt. Auf dem ehemaligen, längst nicht mehr genutzten Hospitalfriedhof war ein neues großes Haus gebaut worden, in dem nun alle Einrichtungen für Kinder und Jugendliche vereinigt wurden. Dieses Hospice galt damals als ein überaus modern eingerichtetes Haus. Gutachten von vergleichbaren Anstalten in Halle und Hamburg waren eingeholt worden, ehe endgültige Entscheidungen getroffen wurden. Die Gemeinde war stolz und glücklich. In einem Bericht von 1853 lesen wir: »Das Hospice scheint durch äußere Pracht und innere Eleganz alle ähnlichen Anstalten übertreffend den Charakter einer Armenanstalt zu verleugnen.« Trotzdem nahmen die Sorgen kein Ende. Die erhofften Ersparnisse durch die Zusammenlegung blieben aus, die Zahl der Hilfsbedürftigen wuchs weiter.

Unabhängig vom Diakonat und von der Anstaltsdiakonie entwikkelte sich in der Gemeinde die freie Wohltätigkeit. Sie galt ausschließlich den verschämten Armen. Dieser Zweig der Armenhilfe war völlig angewiesen auf außerordentliche Spenden von Gemeindegliedern und Gönnern der Französischen Kirche. Ging eine Spende ein oder waren die Zinsen einer solchen zu verteilen, hatten die Kon-

Kinderhospital der französischen Gemeinde, das sich bis 1873 im Vorderteil des Gebäudekomplexes Friedrichstraße 129 befand. Aquarellierte Federzeichnung von Muret, 1882

sistorien aller Pfarrbezirke nach einem zuvor festgelegten Verteilungsschlüssel eine bestimmte Anzahl von Personen zu benennen und diesen Vorschlag zu begründen. Die Generalversammlung des Konsistoriums beschloß dann endgültig über die Verteilung. Die geschäftliche Abwicklung lag in den Händen der Fondskommission, d. h. des Ausschusses, der sich mit dem Vermögen der Kirche zu befassen hatte und unter Vorsitz des Trésoriers, des Schatzmeisters, tagte. Personen, deren Name einmal auf einer entsprechenden Liste stand, erhielten, solange sie bedürftig waren, ihre Unterstützung aus diesem Fonds, durften aber keine andere Hilfe in Anspruch nehmen und auch nicht vom Diakonat bedacht werden.

Die »Société françoise pour le bois« (französische Holzgesellschaft), von einem kleinen Kreis wohltätiger Männer unter dem Vorsitz von Pastor Samuel Bocquet 1776 gegründet, kümmerte sich ebenfalls um die Armen aus den besseren Ständen. Jedes Mitglied erwarb durch seinen Beitrag das Recht, einen Empfänger von freiem oder verbilligtem Brennholz vorzuschlagen. Ähnlich wie die Anstalten war auch diese Gesellschaft, die vom preußischen König mit größeren Summen unterstützt wurde, mit dem Gesamtgefüge der Französischen Kirche zu Berlin verbunden.

Schließlich wurde 1857 noch ein Damenstift eingerichtet, in dem alleinstehende Frauen des Mittelstandes vorteilhaft wohnen konnten.

Obwohl diese Armenfürsorge so umfassend war, entstand innerhalb der Französischen Kirche keine »heile Welt«. Auch dieses eindrucksvolle diakonische Werk konnte selbstverständlich die sozialen Nöte nur lindern. Es trägt die Spuren der Vorurteile und Zwänge der jeweiligen Zeit. Es gab Standesunterschiede, die Anstaltsinsassen mußten sich einer strengen Zucht unterwerfen und, wo dies möglich war, arbeiten. Auch Kinderarbeit war üblich. Der Lebensstil war spartanisch einfach. Wer heute die Speisepläne liest, bekommt einen Begriff davon. Im Sommer gab es morgens nur Wasser und Brot. Die später eingeführte Mehlsuppe war schon ein Fortschritt. In den ersten Jahrzehnten lagen je zwei Kinder in einem Bett. Erst in der zweiten Hälfte des 18. Jahrhunderts wurde energisch darauf gedrungen, daß jedes Kind ein eigenes Bett bekam. Wer trotz Ermahnungen ernsthaft gegen Ordnung und gute Sitten verstieß, sei es, daß er stahl, trank oder heimlich bettelte, sei es, daß er ohne Grund gegen die Anstaltsleitung opponierte, der wurde ausgeschlossen oder gar ins Arbeitshaus geschickt.

Dennoch, Kinder und Alte mußten zwar arbeiten, aber sie wurden ausreichend ernährt und gekleidet, medizinisch versorgt und gepflegt, und die Kinder genossen einen geregelten Schulunterricht. Das war viel mehr, als die meisten von ihnen ohne die Armenfürsorge der Gemeinde je erfahren hätten. Im übrigen ging es nicht um die Entfaltung der Einzelpersönlichkeit, sondern um möglichst problemlose Einordnung in das Gemeinwesen und vorsorgende Einübung in ein hartes Arbeitsleben, das nach dem Verlassen der Anstalten unausweichlich auf die Kinder wartete. Erkennbare Talente wurden zum

Nutzen der Gemeinde gefördert. Entstanden waren alle Institute und Einrichtungen aus dem Geist christlicher Nächstenliebe, aber es war eine unsentimentale, nüchterne, praktische Liebe.

Das leidige Geld

Woher kamen nun die Mittel für eine solch umfangreiche, jede denkbare Notlage berücksichtigende Wohltätigkeit?

Die Kollekten waren anfangs die einzigen Einkünfte der Gemeinde. Sie reichten, da der Kurfürst die Gehälter der Pfarrer bezahlte, für ihren Bedarf aus. Nach einer Aufstellung im Distributionsbuch erbrachten die Kollekten z. B. im Jahre 1705, auf Taler abgerundet: in der Werderkirche 3216 Taler, in der Dorotheenstädtischen Kirche 1032 Taler und in der Friedrichstadtkirche, die im März jenes Jahres neu eingeweiht worden war, 658 Taler. Hinzu kamen 2483 Taler Extraordinaires – Gaben, die den Ältesten bei ihren Hausbesuchen übergeben wurden, oder der Geldwert von Schmuck und anderen Gegenständen, die man im Kollektenkasten gefunden und verkauft hatte. Zusammengerechnet waren das rund 7390 Taler. Zieht man davon die Ausgaben des Diakonats ab, so bleibt immerhin ein Plus von 129 Taler.

Im Laufe des 18. Jahrhunderts gewannen Dons und Legs, Schenkungen und testamentarische Vermächtnisse, eine größere Bedeutung. Über die frühesten Dons ist wenig bekannt. Herr von Béville stiftete 4400 Taler in bar und in Schuldscheinen, deren Gegenwert von der Gemeinde eingetrieben werden mußte, Raymund Faltz, Münzbeamter des Königs, 2000 Taler. Im Juni 1709 vermachte der Baron Daniel Ludolph von Danckelmann dem Konsistorium der Französischen Kirche 1000 Taler für Arme, »die nicht öffentlich um Almosen bitten, aber in einer solchen Lage sind, daß sie eine gleiche Hilfe brauchen«. 200 Taler sollten sofort verteilt werden, die Zinsen vom Rest des Kapitals dagegen jedes Jahr am Todestag des Erblassers. Ein guter Lebenswandel des Empfängers wurde ausdrücklich zur Bedingung gemacht.

Das Herrscherhaus hat mehrere solcher Dons gestiftet. Es gab einen Don der Königin und einen des Königs. An letzterem partizipierten 42 Personen, auf die insgesamt 112 Taler jährliche Zinsen verteilt wurden. In den Wirren der Franzosenzeit nach 1806 erloschen beide Dons und lebten nicht wieder auf. Kurz vor seinem Tode hatte Friedrich II. der französischen Gemeinde einen besonderen Beweis seines Wohlwollens gegeben: Er stiftete den Don der 10 000 Taler, dessen Zinsen zweimal im Jahr an verschämte Arme der Kolonie verteilt wurden, und zwar durch das französische Oberkonsistorium nach Rücksprache mit dem gewöhnlichen Konsistorium. Erst nach 1809 ging die Verteilung der Zinsen ganz an die Gemeinde über. Sie konnte übrigens über die Anlage der Gelder aus den genannten königlichen Dons nicht verfügen, nur die Zinsen flossen ihr zu; das Kapital blieb in der Hand der Stifter.

Die weitaus meisten Dons wurden von Gliedern der Gemeinde gestiftet. Leider sind von einigen der bedeutendsten, z.B. von dem Don des Fräuleins Lasalle, von dem des Bankiers Horguelin oder von dem seiner Tochter, der Frau des Predigers Achard, die Akten nicht mehr oder nicht vollständig erhalten. Das Buch der Commission des Fonds von 1731 bis 1770 zeigt aber mit aller Deutlichkeit, daß nicht nur große Summen gestiftet wurden. Es vererbte beispielsweise die Concierge der Friedrichstadtkirche 50 Taler an eine Marie Hamon, die dieses Geld den Armen schenkte. Wenn es um große Summen ging, legte man sie so an, daß sie zwar sicher waren, zugleich aber auch einem Gemeindeglied zu einem zinsgünstigen Darlehen verholfen wurde. So erhielt die Witwe Dolet 1725 eine Hypothek zu vier Prozent auf ihr Haus in der Französischen Straße. Das Geld stammte aus dem Don des Herrn von Béville.

Zwei Dons verdienen besondere Aufmerksamkeit, weil sie eine Entwicklung in der Finanzierung der Armenfürsorge erkennen lassen. Die Witwe Bardin bedachte in ihrem 1806 eröffneten Testament die Armen der Französischen Kirche und die École de Charité mit je 500 Taler, die Holzgesellschaft mit 300 Taler. Sie bestimmte aber zugleich, daß das Konsistorium das Geld nur bekomme, wenn es sich verpflichte, nach dem möglichen Tod des eingesetzten Testamtentsvollstreckers dieses Amt auszuüben. Schon 1807 mußte das Konsistorium die Bürde auf sich nehmen und hatte dann 19 Jahre daran zu tragen. Wegen der von der Erblasserin ausgesetzten Leibrenten zog sich die Abwicklung bis zum Jahre 1826 hin. So mußte das Konsistorium fast zwei Jahrzehnte hindurch große Summen verwahren, die ihm nicht gehörten. Verwahrgelder geringeren Umfangs hatte das Konsistorium schon lange verwaltet, nämlich die Erbschaften der Waisenhauskinder. In enger Zusammenarbeit mit dem französischen Gericht wurden sie aufgehoben bis zur Volljährigkeit oder bis zur Heirat. Auch war das Konsistorium berechtigt, Gelder à fonds perdu auf Rentenbasis anzunehmen.

Wie sehr der Empfang von notwendigen Gaben für die Armen mit

Gebäude der Fondation Achard an der Ecke Markgrafenstraße/Französische Straße. Es wurde bis 1863 genutzt. Aquarellierte Federzeichnung von Muret, 1883

Neubau der Fondation Achard Ecke Markgrafenstraße/Französische Straße, 1863 bis 1865 von Adolph Lohse errichtet. Aufnahme der Königlich Preußischen Meßbildanstalt, um 1905

Pflichten verbunden sein konnte, die normalerweise einer Kirche sehr fern liegen, zeigt der folgende Fall: 1867 starb in London der 1788 in Berlin geborene Pfarrer und Sprachlehrer Etienne Henri Barez, der zeitweilig der Deutschlehrer der Königin Viktoria gewesen war und seit 1814 in London lebte. In seinem 1841 beim Berliner Stadtgericht hinterlegten und später nur geringfügig ergänzten Testament ernannte er das Konsistorium der Französischen Kirche zu seinem Erben, den amtierenden Sekretär der Generalversammlung des Konsistoriums und den dienstältesten Geistlichen zu Testamentsvollstreckern. Mindestens ein Viertel des Gesamtvermögens sollte der Französischen Kirche zukommen, außerdem wurde eine große Zahl von Verwandten und Institutionen mit Legaten bedacht. Um alle Bestimmungen erfüllen zu können, mußte sich der Kreisrichter Humbert als amtierender Sekretär mit englischen und russischen Dienststellen in Verbindung setzen und sogar Diplomaten einschalten.

Von hier führt ein gerader Weg zum Testament des Wilhelm August Securius vom 7. November 1918, in dem die Preußische Renten-Versicherungsanstalt und das Konsistorium der Französischen Kirche gleichrangig als Verwalter seines Nachlasses, eines Millionenvermögens, eingesetzt wurden. Securius hatte sich zu seinen Lebzeiten um die Armen der Gemeinde verdient gemacht. Offensichtlich war das Vertrauen in die Korrektheit und Uneigennützigkeit, mit der das Konsistorium fremde Gelder verwaltete, groß. Auch kostete eine Verwaltung durch das – ehrenamtlich arbeitende – Konsistorium fast nichts. Die Witwe Bardin hatte dem Justizrat Blanc als Testamentsvollstrecker 1000 Taler vermacht und für die Dauer seiner Tätigkeit zusätzlich eine jährliche Rente von 50 Taler, gewiß ein Freundschaftshonorar. Das Konsistorium plagte sich für insgesamt 1300 Taler Armengeld 19 Jahre lang. Der Kreisrichter Humbert bekam für seine vielen Gänge, Erkundigungen und Briefe nur das verauslagte Porto zurückerstattet.

Neben Kollekten und Dons gab es auch staatliche Zuwendungen für die Aufgaben der Armenfürsorge. Die Réfugiés bekamen ihren Anteil an den jährlichen Neujahrsgeldern, an Sonderverteilungen anläßlich einer Thronbesteigung, einer fürstlichen Hochzeit und ähnlichem. Das Hospital erhielt einen königlichen Zuschuß von 300 Taler und einen Nachlaß auf die Akzise von 353 Taler und zehn Groschen. Alle Anstalten der französischen Gemeinde waren an der Verteilung von Holz für die Armen beteiligt. In den Wirren nach der Besetzung Preußens durch napoleonische Truppen und bei der anschließenden Neuordnung der staatlichen Finanzen war das Konsistorium sehr bemüht, diese Gelder der Gemeinde zu erhalten. Aber für sie gilt dasselbe wie für die Kollekten: Sie spielten eine immer geringere Rolle.

Der Ertrag der Kollekten ging im Laufe der Jahrzehnte ständig zurück. Fast entsetzt gab 1852 die Direktion der École de Charité bekannt, in diesem Jahre sei die niedrigste Kollekte seit Bestehen der Anstalt gesammelt worden. Sie beschwor die Gemeindeglieder: »Möchte der Geist herzlichen Erbarmens ... nie dem Geiste Platz machen, der auf den ungewissen Reichtum mehr hofft als auf den lebendigen Gott.« Doch trotz eines kleinen Aufschwungs war die Entwicklung nicht aufzuhalten: Das Kollektenaufkommen blieb rückläufig. Daran war wohl eine durch die Folgen der Aufklärung geförderte, allgemein um sich greifende Abwendung von der Kirche schuld, aber sicher auch die Abwanderung von Gemeindegliedern in völlig deutschsprachige Gemeinden. Diese kehrten freilich in der Regel zurück, wenn sie in Not gerieten.

Für das Jahr 1846 existiert ein Bericht über den Zustand des französischen Gemeinwesens. Die Kollekten, einschließlich einer Sondersammlung für die École de Charité, beliefen sich auf 5335 Taler, während die Ausgaben 28890 Taler betrugen. Selbst wenn die im selben Jahre eingegangenen Vermächtnisse in Höhe von 5200 Taler hinzugerechnet würden (die aber, abgesehen von den Zinsen, nicht verbraucht werden durften), bliebe ein großes Defizit. Ohne die angesammelten Kapitalfonds hätte das Konsistorium schon damals den Bankrott erklären müssen. Es war ein Wohlfahrtsapparat entstanden, der aus sich selber lebte, solange keine Erschütterungen eintraten, die an den Grundfesten rüttelten, wie später in der Inflationszeit nach dem ersten Weltkrieg.

Erschütterungen und Wandel

Allerdings war das ganze Gefüge dieser Armenfürsorge schon früher einmal ernsthaft bedroht gewesen, nämlich in den Jahren 1806 bis 1815, nach dem Zusammenbruch des preußischen Staates und nach der Auflösung des Rechtsverbandes der französischen Kolonien. 1806 hörten plötzlich alle Zahlungen auf, es gab keine Gehälter, keine Pensionen mehr, und die Staatsbank schloß die Kontore. Man hatte in der französischen Gemeinde zwar vorgesorgt, so gut es ging, trotzdem mußte von einem Tag auf den anderen improvisiert werden. Immer wieder wurde an die Opferwilligkeit der Gemeinde appelliert – mit Erfolg. Es zeigte sich, daß ein großer Teil der Französisch-Reformierten sich mit den Armenanstalten solidarisierte, wohl wissend, daß viele arme Brüder sonst dem Hunger preisgegeben wären. Ähnlich war es nach 1809. Durch großen Einsatz und energische Hinweise auf die französische Tradition gelang es dem Konsistorium, die »milden Anstalten« in der eigenen Verantwortung zu behalten. Sie wurden nicht dem allgemeinen städtischen Armenwesen angegliedert, wie dies seinerzeit im Gespräch war.

Dennoch, die Zeiten, in denen die französische Gemeinde ihre Armenpflege in bestem Einklang mit dem König und seiner Verwaltung betrieb, waren vorbei. Im September 1760 hatte Friedrich II. einige Arme an das französische Konsistorium verwiesen und diesem geschrieben: »vos sujets ...« – »Ihre Untertanen sollen alle nötige Unterstützung aus ihren Kassen erhalten.« Sie sollten sich künftig nicht mehr an ihn wenden. Seither gab es einen regen Austausch von Pensions- und Unterstützungslisten. Das Konsistorium erfuhr, wer und wieviel jemand über den Französischen General-Salarien- und Pensionsetat, aus der sogenannten Reliquatskasse oder aus der Kasse »Sol pour livre« bekam. Diese Kasse, in der ersten Zeit nach der Einwanderung aus einer freiwilligen Selbstbesteuerung derjenigen Réfugiés entstanden, die ein festes Gehalt oder eine Pension bezogen, war längst zu einer Zwangsabgabe geworden. Alle anderen Zuwendungen für Franzosen gingen durch die Hände des Konsistoriums.

Anfang 1789 kam es zum ersten Male zu Mißhelligkeiten. Die Franzosen wurden bei der Holzverteilung für die Armen übergangen. Es hieß einfach: »Nur für Deutsche.« Ende 1791 opponierte das Konsistorium gegen die Selbstherrlichkeit des königlichen Oberkonsistoriums, das sich angewöhnt hatte, die Zinsen aus dem Don der 10 000 Taler ohne Rücksprache zu verteilen. Aus den in diesen Jahren verfaßten Eingaben und Antworten des Konsistoriums spricht ein neuer Geist. Da ist nichts mehr zu spüren von dankbarer Untertänigkeit, dagegen viel von einem neuen Selbstbewußtsein. Das war sicher eine Auswirkung der Französischen Revolution. Die staatliche Verwaltung reagierte reserviert: Nur für Deutsche, alles soll bleiben, wie es ist. Auch hier hörte man einen neuen Ton heraus, einen stillschweigenden Vorbehalt gegenüber allem Französischen. Zu Beginn des 19. Jahrhunderts gab es ähnliche Reibereien. Erst Ende der zwanziger Jahre pendelte sich das Verhältnis zum städtischen Armendirektorium ein. Das Konsistorium hatte sich durchgesetzt. Ihm stand das Recht auf alle Verteilungen an die Nachkommen der Réfugiés zu.

Nach dem ersten Weltkrieg gestaltete sich die Lage der französischen Armenanstalten von Jahr zu Jahr bedrohlicher. Am 8. März 1920 wurde beschlossen, keine Aufnahmen ins Hospital mehr zu befürworten. Zum 1. Januar 1921 wurde das Petit Hôpital geschlossen. Am 27. Februar 1922 schließlich mußte sich das Konsistorium in einer Sitzung der Generalversammlung für zahlungsunfähig erklären. Die Direktionen von Waisenhaus und École de Charité gaben daraufhin bekannt, daß beide Anstalten geschlossen würden. Im April bestätigte eine Familienhäupterversammlung diese Beschlüsse. Nur mit Mühe gelang es, das Hospital zu erhalten.

Das Jahr 1922 brachte für das soziale Gefüge der Französischen Kirche zu Berlin, was das Jahr 1809 für die rechtliche Stellung der Kolonien gebracht hatte: das Ende ihrer Sonderexistenz. Daß 1925 endlich die Unterscheidung zwischen Diakonatsarmen und verschämten Armen fallengelassen wurde, war kaum noch von praktischer Bedeutung. Sie »kommt vorläufig in Wegfall«, hieß es in einer Sitzung der Generalversammlung am 14. Dezember, in der die Unterstützungen neu geregelt wurden.

1894 hatte Prediger J. Bonnet in seiner Festrede zum 50jährigen Bestehen des Hospices gefragt: »Wie wird es um unsere Anstalten stehen, wenn abermals 50 Jahre dahingeschwunden sind? Werden gleichfalls Lobgesänge ertönen, oder werden Klagelieder angestimmt werden, weil der Herr sein Angesicht von uns abgewandt, uns seinen Segen entzogen hat?« 50 Jahre später gab es kein Hospice mehr. Pläne für einen Neuanfang in Niederschönhausen in der Nachbarschaft des Hospitals machte der zweite Weltkrieg zunichte.

Armenfürsorge: eine dankbare Antwort des Menschen auf Gottes gnädige Zuwendung – so hatte sie einst in Frankreich begonnen. Als Nothilfe für verfolgte Brüder im Glauben war sie in Berlin bejaht und geübt worden. In der ersten Hälfte des 18. Jahrhunderts war dieser Geist noch spürbar, wenn z. B. Jacques Edin 1734 festlegte, sein Erbe sei aufzuheben für seine Eltern, falls sie aus Frankreich kämen. Oder wenn der Oberstleutnant Louis de Goulon 1727 seine Schwester als Erbin einsetzte für den Fall, daß sie Frankreich verlasse und sich wieder zur wahren Religion bekenne.

1705 schloß eine Jahresabrechnung mit den Worten: »Dem König der Zeiten, unsterblich, unsichtbar, Gott dem allein weisen, der uns bis hierher geholfen hat, sei Ehre, Ruhm und Lob.« Zu jeder Zeit hat die persönliche Frömmigkeit sowohl beim Opfer wie bei der Arbeit eine Rolle gespielt, es fällt jedoch auf, daß dies in späteren Jahren kaum noch ausgedrückt wurde. 1810 hieß es in einem Schenkungsbrief: »Ich bin glücklich von einer Nervenkrankheit genesen, und ich glaube, nicht besser meine Genugtuung (satisfaction) darüber zu bezeugen als dadurch, daß ich soviel möglich die leidende Menschheit unterstütze.« Auch war in vielen Fällen die Verbindung zur Kirchengemeinde nur darum so eng, weil sie zum Überleben notwendig schien. In dem Maße, wie sich die Sozialversicherung entwickelte, lokkerten sich diese Bindungen.

Zu fragen bleibt, ob eine Gemeinde, die die Armenanstalten für »die Kronen unserer Kirchen« hält, die von sich sagt: »L'Eglise existe tout entière dans ses fondations pieuses« (Die Kirche lebt ganz und gar in ihren milden Stiftungen), die, um es modern zu sagen, völlig im gesellschaftlichen Engagement aufgeht, nicht doch ihren Auftrag verkürzt. Ist nicht irgendwo auf dem langen Weg durch die Jahrhunderte die gebotene Sorge für den Bruder umgeschlagen in Selbstbehauptung und Selbstbestätigung? Auf den lebendigen Gott mehr zu hoffen als auf alle Reichtümer, das mußte auch von der Gemeinde erwartet werden, und es ist ihr tatsächlich abverlangt worden.

Solche kritische Anfrage sollte uns indes nicht hindern, zu sehen und anzuerkennen, wie groß die Leistung der Männer und Frauen war, die durch ihr Opfer und ihre Arbeit die Armenfürsorge der Französischen Kirche zu Berlin ermöglichten.

Klaus Steiner

Das Schulwesen

Leistungsfähiges kalvinistisches Bildungswesen in Frankreich

Obwohl Frankreichs Protestanten im 17. Jahrhundert zunehmend von der katholisch-gallikanischen Kultur- und Literaturentwicklung ausgeschlossen blieben, erreichte ihr Bildungswesen ein hohes Niveau. Die reformatorische Bewegung hatte auch in dieser Hinsicht impulsgebend gewirkt. Indem sie dem Studium der Bibel eine so große Bedeutung beimaß, das Lesen des Gotteswortes in der Sprache des Volkes zu einem zentralen Anliegen erhob und den Laien, d. h. nicht zuletzt Angehörigen des Bürgertums, eine aktive Mitwirkung und Mitsprache einräumte in einer reformierten Kirche, die nicht von einer Hierarchie gelenkt wurde, gab sie dem Bildungsstreben einen neuen Stellenwert und förderte die Entwicklung eines Erziehungswesens für breitere Kreise. Es war der Ehrgeiz der kalvinistischen Kirche, ein Fünftel ihrer Einkünfte für die Erziehung der Jugend zu verwenden. Hinzu kam, daß diese Kirche eine großzügige Armenfürsorge praktizierte, die auch dem Schulbesuch von Kindern bedürftiger Leute zugute kam.

Generell konnten Arme ihre Kinder unterrichten lassen, wenn sie sich am kirchlichen Leben beteiligten und nicht gegen die Kirchenordnung verstießen. Auch verboten die protestantischen Kirchen in Frankreich aus Gründen der konfessionellen Abgrenzung schon früh den Besuch katholischer Schulen, was sie natürlich zwang, eigene Schulen zu organisieren, die vielfach allerdings einen illegalen Status hatten. »Die Kirchen sollen allen Fleiß anwenden, Schulen aufzurichten und Anstalt machen, daß die Jugend unterrichtet werde«, wurde in der »Discipline Ecclésiastique« nachdrücklich betont. Und Calvin selbst hatte in der Genfer Kirchenordnung von 1541 geschrieben: »Wir müssen uns um den Samen für künftige Zeiten kümmern, damit wir unseren Kindern nicht eine verödete Kirche hinterlassen; wir brauchen Schulen, um sie zu unterrichten, um sie aufs geistliche wie auch aufs weltliche Amt auszurüsten.« Die Erziehung wurde also in engem Zusammenhang mit der Verkündigung gesehen, die Schule war vor allem »pépinière de l'église« (Pflanzstätte für die Kirche), hatte aber zugleich das Rüstzeug für die, wie wir heute sagen würden, Wahrnehmung der Weltverantwortung zu vermitteln.

In Genf war es auch, wo Calvin 1559 jene Akademie ins Leben rief, die zum Vorbild für die reformierten theologischen Akademien in Frankreich wurde. Sie bildeten als universitätsähnliche Institutionen die höchste Stufe eines leistungsfähigen kalvinistischen Bildungswesens in Frankreich, das sich vor allem nach dem Erlaß des Toleranzedikts von Nantes entfaltete und sich auf viele Städte und Gemeinden mit protestantischer Bevölkerung ausdehnte. Es stützte sich auf Elementarschulen, die meist auf kommunaler oder Pfarrei-Ebene errichtet wurden, umfaßte in seiner Blütezeit außerdem immerhin 30 Collèges, die vor allem städtische Einrichtungen waren oder von den Synoden der reformierten Kirchen unterhalten und kontrolliert wurden, und schließlich – über dieser gymnasialen Vorstufe – insgesamt acht Akademien, die sich besonders im Süden des Landes konzentrierten und in der Regel von den Synoden getragen wurden. Sie bildeten die Prediger und theologischen Lehrer für den französischen Protestantismus aus, jedoch ermöglichte es das Philosophiestudium den Absolventen auch, einen bürgerlichen Beruf zu ergreifen oder in den Staatsdienst zu gehen. Die bekanntesten Akademien waren die von Montauban, Saumur und Sedan. Vor allem die beiden letzteren besaßen eine große geistige Anziehungs- und Ausstrahlungskraft, die über die Grenzen Frankreichs reichte. Das war, abgesehen vom hohen wissenschaftlichen Niveau, auch auf die Tatsache zurückzuführen, daß hier parallel adlige Standesschulen existierten, die viele junge Adlige aus den reformierten Ländern Europas anzogen. An der Akademie von Saumur, die von dem hugenottischen Staatsmann und Theologen Philippe Duplessis-Mornay (1549–1623) gegründet wurde und als die bedeutendste Akademie galt, war nicht nur Platz für unkonventionelles Theologisieren und Bibelkritik, sondern konnten auch neue philosophische Denkansätze und Systeme wie die von Petrus Ramus (1515–1572) und René Descartes (1596–1650) vertreten werden.

Die restriktive Politik Ludwigs XIV., die schon lange vor dem Edikt von Fontainebleau die kalvinistischen Schulen und Hochschulen empfindlich traf und sie durch partielle Verbote, Geldentzug oder Anstaltsschließungen in zwangsweise rekatholisierten Gemeinden zu beseitigen suchte, zerstörte dieses leistungsfähige Bildungswesen. Sie fand ihren Höhepunkt im Revokationsedikt und seinem Artikel sieben, der alle protestantischen Schulen verbot. Nicht verhindern aber konnte sie, daß der humanistische, zum Teil frühaufklärerische Geist der theologischen Akademien von zahlreichen Pastoren und Geistesschaffenden, die mit dem Strom der Réfugiés das Land verließen, weitergetragen wurde. Er befruchtete auch das geistige Leben in Brandenburg, zumal man dort die reformierten Hochschulen Frankreichs, aber auch die der Niederlande schätzte, wie Bildungsreisen hohenzollerscher Prinzen nach Saumur und Sedan oder Studienaufenthalte späterer brandenburgischer Hofprediger und hoher Beamter in diesen Ländern beweisen. Die reformierten Akademien und Collèges in Frankreich waren denn auch Vorbilder, als in Berlin wenige Jahre nach dem Edikt von Potsdam ein Collège français gegründet wurde.

Artikel 11 dieses Edikts enthielt zwar eine erste grundsätzliche Regelung der kirchlichen Verhältnisse der französischen Einwanderer, erwähnte jedoch das Schulwesen mit keinem Wort. Nun waren aber Kirchenangelegenheiten und Schulfragen zu jener Zeit eng miteinander verbunden. Vielleicht veranlaßte das den Großen Kurfürsten und seine Berater, diesem Punkt keine besondere Aufmerksamkeit zu schenken. Sie wußten selbstverständlich, daß gerade für den reformierten Protestantismus die kirchliche Aufsicht über alle schulischen Einrichtungen eine wichtige Frage war. Deutlich kam dieser Anspruch im zweiten Kapitel der Kirchenordnung der französisch-reformierten Kirchen von 1666 zum Ausdruck, in dem es außer der bereits zitierten Forderung nach Errichtung von Schulen durch die Kirchen unzweideutig hieß: »Die Rectoren und Schulmeister sollen das Glaubens-Bekenntnis und die Kirchen-Ordnung unterschreiben, und von den Städten und Gemeinden ohne die Bewilligung ihres Consistorii nicht angenommen werden.«

Aufbau eines Grundschulwesens

Obwohl die Anfänge des refugierten Grundschulwesens in Berlin im dunkeln liegen, ist zu vermuten, daß bald nach der Einrichtung französischer Gottesdienste auch französischer Schulunterricht in irgendeiner Form begann, denn so verlangte es die reformierte Tradition. Belege dafür gibt es allerdings kaum. Auf jeden Fall werden die Anfänge recht bescheiden gewesen sein. Eduard Muret hat in seiner quellennah geschriebenen Darstellung der Koloniegeschichte betont, daß man überall da, wo Kolonien gegründet wurden, gleichzeitig mit der Regelung des Gottesdienstes auch eine Schule einrichtete, die vom Lektor oder Kantor geleitet wurde. Er ging in vorsichtigem Optimismus davon aus, daß dies auch in Berlin der Fall war. Die Lektoren und Kantoren wurden vom Kurfürsten bezahlt, und zwar erhielten sie in größeren Städten jährlich hundert Taler, in Marktflecken oder Dörfern fünfzig Taler. Charles Ancillon, dem wir diese Angaben verdanken, hat in seiner schon 1690 veröffentlichten Darstellung über die Ansiedlung der Réfugiés in Brandenburg hinzugefügt, daß sie dieses Gehalt nur unter der Bedingung erhielten, »daß sie gleichzeitig den armen Kindern umsonst Unterricht im Schreiben und Lesen erteilen und Religionsunterricht geben«. Möglicherweise war dies ein Versuch, für die Franzosen etwas Ähnliches wie die in Preußen später weit verbreiteten Küsterschulen einzurichten, deren Schulmeister gleichzeitig als Küster oder Kantoren tätig waren, von der Kirche entlohnt wurden und den Geistlichen unterstanden.

Es fällt allerdings auf, daß in den Protokollen des Berliner französischen Konsistoriums aus der Frühzeit das Wort Schule zunächst gar nicht auftaucht, was Karl Manoury in seiner »Geschichte der Französischen Kirche zu Berlin« zu der Feststellung veranlaßte: »Schulunterricht gab es in Berlin zuerst noch nicht.« Dagegen ist schon bald von Katechismusstunden die Rede, die in kirchlicher Sicht jedoch nicht streng von schulischer Unterweisung zu trennen waren, obgleich sie dann vorwiegend in den Kirchen selbst abgehalten wurden. Sicher war der Französischen Kirche aufgrund der Sorge, daß wegen der drängenden Alltagsprobleme in der fremden Umgebung die religiöse Erziehung der Kinder vernachlässigt werden könnte, gerade diese Art Unterweisung besonders wichtig. Überdies dürfte es anfangs an Räumen und Mitteln, vielleicht auch an Lehrkräften gefehlt haben, um gesonderte Schulen zu schaffen; man hatte ja nicht einmal eigene Kirchen, sondern mußte sich in den ersten Jahren mit Provisorien begnügen. Natürlich werden die wohlhabenden Réfugiés ihren Kindern Privatunterricht verschafft haben. Die anderen Kinder aber erhielten gewiß nur einen mehr oder weniger regelmäßigen Unterricht beim Kantor. Von Archimbauld (Archimbaut), dem zweiten Kantor der französisch-reformierten Gemeinde in Berlin, ist überliefert, daß er im Auftrag der Gemeinde Schulstunden gab; in einer Notiz vom 2. März 1687 ist von Leseunterricht die Rede. Er bekam zusätzlich zu seinem kurfürstlichen Gehalt ein kleines Entgelt von der Gemeinde und hatte dafür offenbar arme Kinder kostenlos zu unterrichten. Das war sicher nur ein Schulprovisorium und nicht ausreichend. Denn im August 1689 mußte das Konsistorium feststellen, »daß zahlreiche Mitglieder dieser Kirche nicht in der Lage sind, ihre Kinder auf eigene Kosten unterrichten zu lassen, ihnen auch nicht einmal die Grundbegriffe der Religion beibringen können ...«.

Es hat den Anschein, daß erst nach der Gründung des Französischen Gymnasiums in Berlin Ende des Jahres 1689 auch das Elementarschulwesen der Réfugiés festere Formen annahm. Allgemein wandten nämlich die Behörden in Brandenburg, auf deren wohlwollende Unterstützung die französische Gemeinde ja angesichts ihres Status und ihrer schwierigen materiellen Situation angewiesen war, ihre Aufmerksamkeit damals mehr dem höheren als dem niederen Schulwesen zu. Das hatte nicht zuletzt soziale Gründe. Während die landständischen feudalen Kreise an einer Schulbildung der Bevölkerung völlig desinteressiert waren und die Gutsbesitzer so gut wie nichts dafür taten, im Gegenteil die Schulmeister der kümmerlichen Landschulen sogar zu Gesindediensten zwangen, waren die wohlhabenden Bürger in den Städten für die Ausbildung ihrer Kinder nicht auf die einfachen Stadtschulen angewiesen, in denen oftmals Lehrer Unterricht im Katechismus, im Lesen und Schreiben erteilten, die diese Tätigkeit nur als Nebenberuf ausübten. Von einer allgemeinen Volksschule war man noch weit entfernt, wenngleich sich in Berlin um 1700 die ersten Anfänge eines Armenschulwesens entwickelten. Solche Verhältnisse und die immer noch spürbaren Folgen des Dreißigjährigen Krieges konnten nicht förderlich sein für die Gründung französischer Elementarschulen.

Im Zentrum aller Unterweisung stand also zunächst der Religionsunterricht, bei dessen Organisation nach 1685 der Katechet Paul Hedler (Hetler) eine Rolle spielte. Hedler, blind geboren und seit 1686 in der Stadt, erhielt 1689 vom Konsistorium den Auftrag, die Jugend in den Grundlagen der reformierten Religion zu unterrichten. »Dies soll er öffentlich an jedem Montag von 5 Uhr morgens bis 7 Uhr tun und jeden Sonnabend zur gleichen Stunde in der Kirche der Neustadt (Dorotheenstadt)«, so beschloß das Konsistorium am 21. August 1689. Erst im Februar 1692 legte dieses fest, Schulunterricht unter der Leitung eines »maître d'école ordinaire de l'Eglise françoise« (eines Schulmeisters der Französischen Kirche) neben den privaten Schulhaltern einzuführen, um insbesondere den Schulbesuch der Kinder mittelloser Eltern zu sichern. Von diesem Lehrer wurden »gute Sitten« und pädagogische Fähigkeiten verlangt. Er mußte sich verpflichten, die ihm zugewiesenen Kinder im Lesen und Schreiben von Buchstaben und Zahlen zu unterrichten. Die Wahl fiel auf David Hedler, wie Paul Hedler aus Metz stammend und vielleicht dessen Bruder.

Dieser ersten kirchlichen Elementarschulgründung folgten weitere: im August 1697 in der Dorotheenstadt, wo Jean Mauvre als Schulmeister wirkte, 1698 in der Friedrichstadt, deren Schulmeister David Maire hieß. In beiden Stadtgemeinden siedelten sich besonders viele Réfugiés an. Der Lehrer für die Dorotheenstadt, in der 1703 ein zweiter Armenlehrer eingesetzt werden mußte, hatte täglich vier Stunden zu geben, zwei am Vormittag, zwei am Nachmittag. Dafür entlohnte ihn das Konsistorium mit zwölf Groschen in der Woche. Außerdem erteilten die Kantoren und Lektoren der einzelnen Pfarrkirchen noch Schulunterricht. So entstand ein Netz hugenottischer Elementarschulen, die bei aller Unvollkommenheit des Unterrichts und der Räumlichkeiten – das Schulzimmer befand sich in der Regel in der engen Wohnung des Lehrers – doch den ersten Bedürfnissen genügten. Es umfaßte kirchliche Gemeindegrundschulen, von denen es in der Kolonie im Jahre 1758 insgesamt vier gab, und von der Kirche beaufsichtigte private Grundschulen, deren Schulmeister kein kirchliches Amt bekleideten, jedoch vom Konsistorium bezahlt wurden. Diese Privatschulen müssen recht zahlreich gewesen sein. Noch im Jahre 1812, also bereits nach Auflösung der Kolonie, beaufsichtigte das Konsistorium nach Angaben Murets nicht weniger als 19 französische private Elementarschulen, außerdem acht höhere Privatschulen. Zwar suchte das Konsistorium zu verhindern, daß sich nicht konzessionierte zweifelhafte Winkelschulen breitmachten, aber in der Praxis wird wohl doch manche verkappte Winkelschule darunter gewesen sein.

Von den Lehrern wurde verlangt, daß sie die Kinder im Lesen, Schreiben und Rechnen unterrichteten und sie in der Religion unterwiesen. Allerdings beschäftigte man auch besondere Lehrer für Religion, sogenannte Katechisten. Es gab ferner Musiklehrer, doch scheint selbst in der Blütezeit der Kolonie nicht durchweg Musikunterricht stattgefunden zu haben. Es ist bezeichnend, daß das Konsistorium in einem Reglement vom März 1740, das sich gegen Mißstände in den Schulen richtete, täglichen Musikunterricht und Psalmengesang forderte.

Auch die französischen Gemeindeschulen kannten bis gegen Ende des 18. Jahrhunderts in der Regel nur einklassigen Unterricht, an dem Jungen und Mädchen gemeinsam teilnahmen; erst Mitte der sechziger Jahre wurde die Koedukation aufgehoben. Der Unterricht wurde natürlich in französisch erteilt, was jedoch mit zunehmender sprachlicher Assimilation der Hugenottennachfahren zur Folge hatte, daß zahlreiche Eltern später dazu neigten, ihre Kinder in deutsche Schulen zu schicken. Besorgt registrierte das Konsistorium im Februar

1768, daß es Kinder gebe, die »aus Unkenntnis der Sprache« nicht zu lernen vermochten. Das ansonsten in der Sprachenfrage hartnäckige Konsistorium mußte deshalb Konzessionen machen und Ende der vierziger Jahre in der »École de Charité«, später auch in der Schule des Waisenhauses den Deutschunterricht einführen.

Auch andere Probleme machten den Elementarschulen zu schaffen, zum Beispiel die im Vergleich zu den Bezügen ihrer Kollegen am Französischen Gymnasium oder der Prediger relativ niedrigen Gehälter der Schulmeister (die freilich auch noch Einnahmen aus dem Schulgeld hatten), die meist kleinen und ungesunden Schulzimmer und die zu großen Klassenstärken: Im allgemeinen hatten die Lehrer 35 bis 40 Schüler zu unterrichten, wie Anfang der zwanziger Jahre im Konsistorium kritisch zur Sprache kam. Doch die Absicht, die Klassen zu verkleinern, konnte nicht verwirklicht werden; im März 1740 wurde in einem Reglement festgelegt, daß jeder Lehrer etwa 40 Kinder unterrichten sollte. Auch fehlte es an Schulbüchern, und die Lehrer klagten über die mangelhafte Disziplin der Schüler. Unpünktliche und durch unerwünschte Nebenbeschäftigungen abgelenkte Lehrer waren manchmal ebenfalls eine Quelle des Ärgernisses.

Kinderarbeit oder Schulbesuch aller Kinder?

Vor allem aber ließ der Schulbesuch zuweilen zu wünschen übrig, weil unbemittelte Eltern oftmals kein Interesse an einer Schulbildung ihrer Kinder hatten und sie statt dessen zu Hause oder in der Werkstatt helfen ließen. Hier wirkte sich der Umstand aus, daß Kinderarbeit damals nicht nur auf dem Lande, sondern auch in den städtischen Gewerken üblich war. Die »Franzosen« machten davon keine Ausnahme, und das Konsistorium betätigte sich sogar als Vermittler solch billiger Arbeitskräfte. Selbst wenn das zu zahlende Schulgeld erlassen oder vom Konsistorium entrichtet wurde, so fiel für die betreffenden Eltern doch der Ausfall ihrer Kinder als Arbeitskräfte ins Gewicht. Häufig hörte man deshalb Klagen über mangelnden Schulbesuch.

Als unter König Friedrich Wilhelm I. im Oktober 1717 eine allgemeine Schulordnung für die französischen Kolonien in Brandenburg-Preußen in Kraft trat, wurde jenen Eltern ein Bußgeld angedroht, die ihre Kinder absichtlich von der Schule fernhielten. Doch selbst die Verfasser dieser Schulordnung schränkten den Schulbesuch im Sommer im Hinblick auf die Ernte ein: Kinder, die dabei gebraucht wurden, hatten nur an zwei Tagen in der Woche Unterricht. Vor allem in Zeiten durch Absatzkrisen und Kriege bedingter wirtschaftlicher Not und massenhafter Armut in Berlin, die auch in der Kolonie zur Verwahrlosung vieler Kinder führten, wurde schlechter Schulbesuch eine Dauererscheinung. 1752 mußten die französischen Geistlichen in ihren Bezirken eine Erhebung anstellen, wie viele Kinder es überhaupt gebe. Am 17. Juni 1753 kritisierte das Konsistorium, »daß trotz der Mühe, die sich die Pastoren und Schulmeister für den Unterricht der Jugend geben, der größte Teil der Familienhäupter von einer unverzeihlichen Nachlässigkeit sind und ihre Kinder weder in die französischen noch in die deutschen Schulen schicken«. Die Eltern sollten mahnend darauf hingewiesen werden, »daß die Vorsehung ihnen die Kinder nicht einzig darum gegeben habe, um sich der Arbeit ihrer Hände zu bedienen, sondern daß sie ihnen sie anvertraut hat, um daraus würdige Glieder der Gemeinschaft zu machen«.

Ungeachtet aller Mängel, die wohl nicht zuletzt zeitbedingt waren und auch aus der Tatsache resultierten, daß trotz der Opferfreudigkeit der Gemeinde die Mittel für die Schulen nicht ausreichten, zeichnete sich das Schulwesen der Franzosen in Berlin dadurch aus, daß es auch die eher wachsende Zahl der Kinder der Armen zu betreuen suchte. Zumindest drängte das Konsistorium immer wieder gerade auf ihren Schulbesuch, und es förderte die Gründung neuer Erziehungseinrichtungen und Schulen für sie, wie des 1725 eröffneten französischen Waisenhauses, für welches Vorhaben man übrigens auch die langjährigen Erfahrungen des Franckeschen Waisenhauses in Halle nutzte. Das Waisenhaus in Berlin vermittelte seinen Zöglingen einen gediegenen Elementarschulunterricht, mit dem Ziel, die Jungen vor allem auf den Handwerkerberuf vorzubereiten, die Mädchen aber zu Dienstboten und Erzieherinnen auszubilden; außerdem wurden begabte Jungen und Mädchen besonders der Lehrerausbildung zugeführt. Aus dieser Einrichtung gingen aber auch Beamte, Theologen, Philologen und Mediziner hervor.

Praktische Arbeit in der Armenschule

Die als eine Art Musterschule für die Armen 1747 in der Jägerstraße 63 ins Leben gerufene »École de Charité« (Schule der Barmherzigkeit) hatte eine entsprechende reformierte Anstalt in Lausanne zum Vorbild. Sie entstand als Reaktion auf die Verelendung weiter Bevölkerungskreise Berlins im Ergebnis einer Wirtschaftskrise und als

Folge von Krieg und Teuerung; auch viele Angehörige der Kolonie waren davon betroffen. Neben einem Internat für eine zunächst kleine Anzahl von Kindern umschloß die anfangs von fünf namhaften Direktoren geleitete École de Charité eine öffentliche Schule. Diese »École externe« wurde mit 100 Kindern begonnen, darunter zahlreichen Freischülern, während die anderen ein kleines wöchentliches Schulgeld bezahlten. Es verwundert jedoch, daß gerade an dieser offiziell als Armenschule bezeichneten Einrichtung nur eine Armenklasse, aber zwei Klassen für Kinder aus dem »Bürgerstand« bestanden. Neben Katechismusstunden und biblischer Geschichte enthielt der Stundenplan vor allem Lesen und Schreiben in französisch und deutsch, ferner Rechnen, Zeichnen und Gesang. Eine relativ hohe Zahl von Französischstunden wurde mit den schwindenden Sprachkenntnissen unter den nichtbegüterten Kolonieangehörigen begründet. Neben dem Unterricht mußten die Schüler regelmäßig praktisch arbeiten, um nicht nur die Finanzlage der Schule verbessern zu helfen, sondern auch Fertigkeiten für ihren späteren Lebensunterhalt zu erwerben. Während die Mädchen Stricken, Nähen, Sticken und Spinnen, ja sogar Klöppeln lernten, erhielten die Jungen Anleitung zur Seidenraupenzucht und zur Kultur von Maulbeerbäumen.

Diese praktische Tätigkeit entsprach den Bemühungen zeitgenössischer Pädagogen, die Heranwachsenden für die sie erwartende Arbeit in der Wirtschaft schon in der Schule vorzubereiten. Bereits A. H. Francke hatte das Lernen mit produktiver Tätigkeit verbunden. Die École de Charité hielt bis 1804 an verschiedenen Formen der nützlichen Beschäftigung der Schüler fest, die bis zu diesem Zeitpunkt 7000 bis 8000 Taler erwirtschafteten.

Die École de Charité, die von Friedrich II. 1752 die königliche Bestätigung erhielt, hatte eine wechselvolle Geschichte. Sie florierte und wurde 1763 beträchtlich erweitert. Die bisher im sogenannten Diakonatshaus, einem Internat für 60 Kinder unter zwölf Jahren in der Behrenstraße, auch schulisch notdürftig betreuten Armenkinder wurden jetzt ebenfalls in der École in der Jägerstraße untergebracht, was eine neue Lösung erforderte: Während die Jungen in der Jägerstraße blieben, mußten die Mädchen umziehen. Sie wurden in zwei neuerworbene Häuser neben der Französischen Kirche in der Klosterstraße umgesiedelt. Diese »Maison du Cloître« oder einfach das »Kloster« genannte Mädchenabteilung der École de Charité, in deren Nachbarschaft übrigens eine relativ kurzlebige vierklassige Elementarschule für die Werderparochie mit einer eigenen Gesangsklasse zur Ausbildung von Kantoren eingerichtet wurde, ging dann im Jahre 1844 in

Die von der Brandstätte heimkehrende Löschkolonne der Direktion der École de Charité. An der Spitze Jean Pierre Erman, hinter ihm Louis Frédéric Ancillon. Aquarellierte Federzeichnung von Chodowiecki, 1769

einem Zusammenschluß von École de Charité, Waisenhaus und »Petit Hôpital« auf. In der Jägerstraße war im Jahre 1758 die öffentliche Schule organisatorisch von der École getrennt worden. Sie erhielt einen eigenen Inspektor und entwickelte sich, in räumlicher Nähe zur École de Charité, durch ihren zusätzlichen Unterricht in Geschichte, Geographie, Orthographie, Stilistik und Mathematik zu einer guten Vorstufe für das Collège. Es handelte sich um eine fünfklassige Schule, die auch von zahlreichen Deutschen besucht wurde. 1787 erhielt sie im neuerbauten Turm an der Friedrichstadtkirche ihr Domizil, wo ihr noch eine sechste Klasse hinzugefügt wurde. Später wurde diese Schule verkleinert und einem Schulmeister namens George auf eigene Rechnung überlassen. Sie existierte bis 1838.

Auch ein – wenngleich nur kurzlebiges – Unternehmen wie die 1829 eröffnete Sonntagsschule für Lehrlinge aus der Gemeinde zeugt von der Bereitschaft der Französischen Kirche, im Interesse einer guten Ausbildung der Jugend auch neue Schulformen einzuführen. Zu den Unterrichtsgegenständen zählten u. a. auch Diktatschreiben und das Erlernen technischer Begriffe der verschiedenen Gewerbe.

Das Konsistorium nahm seine Verantwortung für die französischen Schulen und Erziehungsinstitute ernst. Es befaßte sich immer wieder mit dem Zustand der Schulen, indem es Schulvisitationen auswertete, eine Schulkommission einsetzte und Schulmeister wählte und überwachte. Es kümmerte sich um Schulbücher und Katechismen und prüfte gelegentlich auch selbst die Leistungen der Schüler, die zum Beispiel 1756 durch von ihm ausgesetzte Buchprämien angespornt wurden. Überdies versorgte es in Notzeiten, z. B. im Januar 1759, mittellose Eltern mit Strümpfen und Schuhen, damit sie ihre Kinder zum Unterricht schicken konnten.

Zwar übte das paritätisch besetzte französische Oberkonsistorium, das als Nachfolgeeinrichtung der ursprünglich vom Kurfürsten eingesetzten Kirchenkommission alle französisch-reformierten Gemeinden in Brandenburg-Preußen verwaltete, die oberste Schulaufsicht aus, aber in den praktischen Fragen des Schulwesens hatte das Konsistorium zunächst ziemlich freie Hand. Unter Friedrich Wilhelm I. sah sich das französische Schulwesen dann offenbar einer strengeren Reglementierung unterworfen. In seiner Schulordnung für die französischen Kolonien vom Oktober 1717 legte er fest, im Sommer wie im Winter an allen Wochentagen Schule zu halten (von der Ausnahme in der Erntezeit abgesehen). Am Sonntagnachmittag hatte für die Jugend außerdem Katechismusunterricht stattzufinden. Auch die Höhe des Schulgeldes wurde fixiert, wobei allerdings schon bestehende Regelungen der französischen Kirchen berücksichtigt werden sollten. Pro Woche waren zu zahlen: zwei Dreier für den Unterricht im Lesen, ein Groschen für den Unterricht im Schreiben und sechs Dreier für den Unterricht im Rechnen. Bedürftigen Eltern sollte das Schulgeld für ihre Kinder erlassen werden; es sollte durch kirchliche Kollektengelder aufgebracht werden, eine Praxis, die von den Hugenotten und ihren Nachfahren ohnehin geübt wurde. Die Richter der französischen Kolonie und die preußischen Staatsbeamten wurden verpflichtet, die genaue Einhaltung der Schulordnung zu überwachen.

Offensichtlich – konkrete Zahlenangaben liegen aus dieser Zeit nicht vor – wurden auch in den französischen Gemeinden noch zu viele Kinder vom Unterricht nicht erfaßt. Dies bestätigt auch das Edikt Friedrich Wilhelms I. vom 23. Februar 1737 mit besonderen Vorschriften für viermal im Jahr durchzuführende Schulvisiten durch kirchliche Inspektoren. Sie sollten sich »von der Sittsamkeit, dem Können und dem Fleiß der Schulmeister« überzeugen und alle Mißstände auf der Stelle beseitigen. Energisch wurde das französische Oberkonsistorium angewiesen, es solle »gegebenenfalls unfähige, nachlässige oder solche Lektoren, Kantoren und Schulmeister, die sich schlecht aufführen, ablösen und durch geeignete Subjekte ersetzen«.

In barschem Ton forderte der König die französischen Konsistorien auf, »allen jenen Personen auf die Finger zu sehen, die berufsmäßig mit dem Unterricht der Jugend befaßt sind und von öffentlichen Geldern leben. Sie sollen mit allen Mitteln, selbst unter Androhung der Entfernung aus ihrer Tätigkeit, dazu angehalten werden, sich ihrer Pflicht ordentlich zu entledigen. Insbesondere soll man nur solche Lehrer zum öffentlichen oder privaten Unterricht zulassen, deren Fähigkeit und unbescholtener Lebenswandel erwiesen ist und die als Ehrenmänner gelten.«

Bemerkenswert sind auch zwei andere Anordnungen des Soldatenkönigs: Zum einen befahl er 1716, an den französischen Schulen solle nur der Heidelberger Katechismus gelehrt werden, eine Anweisung, der das Oberkonsistorium durch Androhung von Strafen gegen zuwiderhandelnde Lehrer Nachdruck zu verleihen suchte. Doch das Konsistorium stellte sich in diesem Falle taub. Zum anderen erließ Friedrich Wilhelm I. 1738 ein Edikt, in dem er verlangte, die französischen Schulmeister sollten auch Deutsch können, eine durchaus sinnvolle Forderung, wenngleich sie in der Leitung der Kolonie wohl mit Vorbehalten aufgenommen wurde.

Zu den Mängeln im französischen wie im deutschen allgemeinbildenden Schulwesen gehörte die völlig unzureichende Lehrerbildung. 1748 hatte der deutsche Prediger Johann Julius Hecker (1719–1788) in Berlin ein Lehrerseminar eröffnet, das er mit seiner Realschule verband. Vakante Lehrerstellen sollten mit Absolventen dieses Seminars besetzt werden. 1757 beschloß nun die Direktion der École de Charité, geeignete Zöglinge zu Kantoren und Lehrern auszubilden, die vor allem in den Gemeinden außerhalb Berlins fehlten. Doch erst im Oktober 1779 konnte nach mehrjährigen Verhandlungen ein der École angeschlossenes Lehrerseminar, die »Pépinière« (Pflanzschule), seine Tätigkeit aufnehmen. Die Zöglinge waren Vollpensionäre der École, und das Konsistorium bezahlte ihren Unterhalt. 1784 waren in der Pépinière sieben Studenten eingeschrieben. Mit der École externe wurde das Lehrerseminar von der Jägerstraße in den Turmbau neben der Friedrichstadtkirche verlegt. Es entwickelte sich gut, bis 1793 auch diese Einrichtung den Rotstift zu spüren bekam. Der Ausbildungsbetrieb wurde eingeschränkt. 1809 wurde die Pépinière sogar aufgelöst, erstand jedoch 1817 neu. Später erfolgte die Ausbildung der künftigen Lehrer – mit Ausnahme der Jahre 1855 bis 1872, als die Französische Kirche ein eigenes Konvikt unterhielt – an anderen Anstalten. Aus dem Reglement, das die Pépinière 1779 erhalten hatte, geht hervor, daß nicht nur Französisch, Deutsch, Rechnen, Zeichnen, Religion,

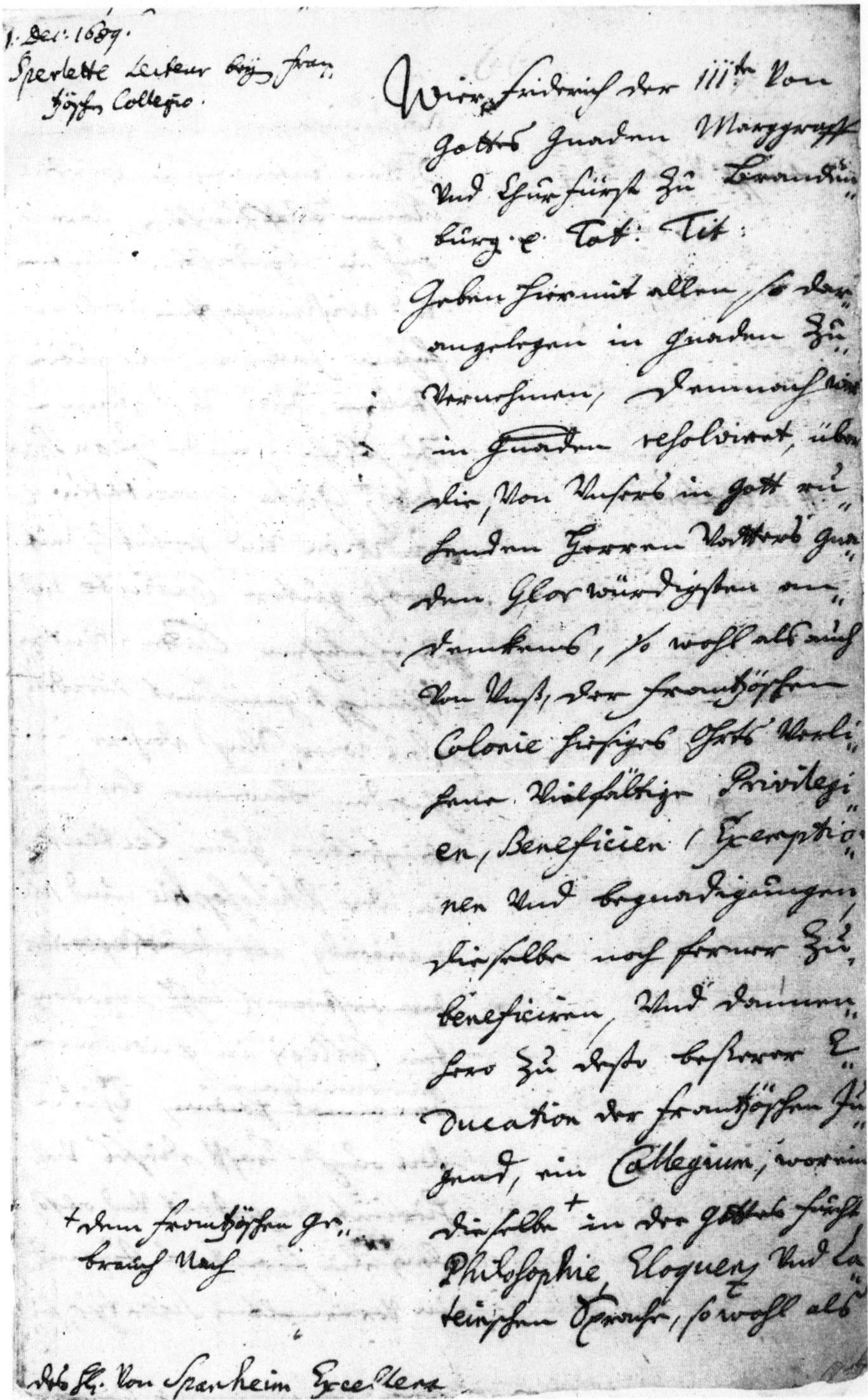
1. Dec. 1689.
Sperlette Lecteur bey frantz. Collegio.

Wir Friedrich der III.te von Gottes Gnaden Marggraff und Churfürst zu Branden„burg etc. Tot: Tit:
Geben hiermit allen, so daran gelegen in Gnaden zu vernehmen, demnach wir in Gnaden resolviret, über die, von Unsers in Gott ru„henden Herren Vatters Gna„den Glorwürdigsten an„denckens, so wohl als auch von Uns, der frantzösischen Colonie hiesiges Orts Verli„henen Vielfältige Privilegi„en, Beneficien, Exemptio„nen und begnadigungen dieselbe noch ferner zu beneficiren, Und dannen„hero zu desto besserer E„ducation der frantzösischen Ju„gend, ein Collegium, worin dieselbe + in der gottesfurcht Philosophie, Eloquenz und La„teinischen Sprache, so wohl als

+ dem frantzösischen Ge„brauch nach

Ad Hr. von Spanheim Excellenz

Konzept für die Gründung des Französischen Gymnasiums am 1. Dezember 1689 mit der Unterschrift Spanheims; erste und letzte Seite

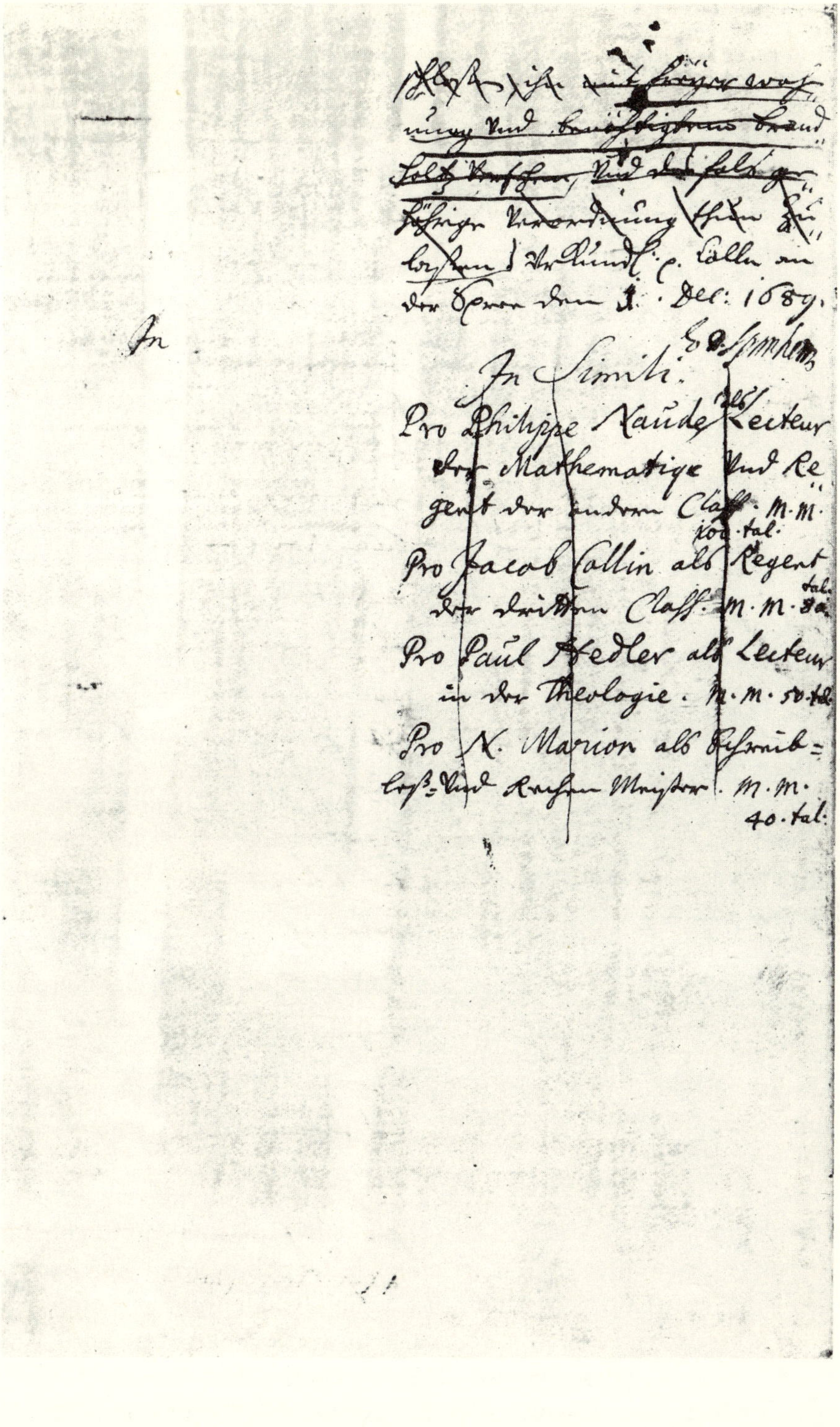

... Cölln an der Spree den 1. Dec: 1689.

E. v. Spanheim

Jn

Jn Simili.

Pro Philippe Naudé als Lecteur der Mathematique und Regent der andern Class. M.M. 100 tal.

Pro Jacob Callin als Regent der dritten Class. M.M. 80 tal.

Pro Paul Fiedler als Lecteur in der Theologie. M.M. 50 tal.

Pro N. Marion als Schreib= und Rechen Meister. M.M. 40 tal.

Gesang und Klavierspiel zu den Lehrfächern gehörten, sondern auch Geschichte, Geographie und Naturgeschichte. Das war ein recht fortschrittliches Ausbildungsprogramm.

Die Anfangsjahre des Französischen Gymnasiums

An Bekanntheit und Bedeutung wurden wohl alle bislang genannten französischen Schulen in Berlin vom »Collège français«, vom Französischen Gymnasium, übertroffen. Schon der Große Kurfürst hatte eine Gelehrtenschule in Berlin für die Kinder der Réfugiés geplant. Dabei dachte man am Hof sicher auch an die notwendige Ausbildung deutscher Kinder im Französischen, das als Hofsprache wichtig und geachtet war. An und für sich hatte das höhere Schulwesen in Berlin unter Friedrich Wilhelm bereits einen gewissen Aufschwung genommen. Es gab immerhin vier Gymnasien (vgl. S. 330). Was noch fehlte, war eine Schule, die den Berlinern – wie Adolf Harnack einmal formulierte – »die feinere Bildung« vermittelte. Nachdem drei Projekte für die Einrichtung einer französischen Lehranstalt in Berlin mit zum Teil Ritterakademie-Charakter keine Verwirklichung gefunden hatten, unterzeichnete Friedrich Wilhelms Nachfolger, Friedrich III., am 1. Dezember 1689 die Gründungsurkunde des »Collège français«, wie es fortan genannt wurde. Wörtlich hieß es darin: »... gleichwie wir ihnen (d. h. den Réfugiés) verschiedene Kirchen anweisen lassen, worein sie der frantzöschen Kirchen gebrauch nach, ihren Gottesdienst bis itzo würcklich exerciren; Also seynd Wir gleichergestalt gnädigst gewilliget ihrer Jugend zum besten, ein Collegium aus Churfürstlicher freygebigkeit zu stiften, worein dieselbe, so wie es im Königreich Franckreich gewöhnlich, in der Gottesfurcht und guten sitten, nicht weniger als in der Lateinischen Sprache, Eloquentz, Philosophie und Mathematischen Wissenschaften informiret, und dem Vaterlande zum besten sonder Verwendung ihrer eigenen Mittel, unterwiesen werden möge.«

Die Pläne für ein solches Collegium wurden vor allem von dem brandenburgischen Minister und Diplomaten Ezechiel von Spanheim kräftig gefördert, der in Frankreich auch die reformierten Akademien kennengelernt hatte. Ein Konzept für die Gründung trägt denn auch seine Unterschrift. Mit der Oberaufsicht der Anstalt wurde der Richter Charles Ancillon betraut. Dieser merkte 1690 in seiner »Geschichte der Niederlassung der Réfugiés« etwas euphemistisch an: »Der Lehrplan und die Disziplin gefiel auch vielen Deutschen, darum

In diesem Doppelhaus in der Niederlagstraße 1/2 hatte ab 1702 neben dem französischen Konsistorium auch das Gymnasium seinen Sitz. Aquarellierte Federzeichnung von Muret, 1882

schickten sie gern ihre Kinder in das französische Gymnasium.« Der wesentlichste Grund dafür dürfte jedoch die Tatsache gewesen sein, daß Französisch die alleinige Unterrichtssprache war. Der gewählte Schultyp entsprach der gymnasialen Vorbereitungsstufe der französischen Akademien. Es existierten auch Überlegungen, nach Abschluß der gymnasialen Kurse einen akademischen Lehrbetrieb anzuschließen. Doch dazu kam es nicht.

Obwohl der Kurfürst und seine Beamten an einer weiteren reformierten Bildungsanstalt in der Berliner Residenz sehr interessiert waren, bewilligten sie lediglich 540 Taler für die Gehälter der Lehrer, die Miete für das Schulhaus und das Brennholz zum Heizen der Klassenräume. Das Konsistorium gab jährlich 100 Taler dazu, wohl nicht zuletzt, um sich ein Mitspracherecht zu sichern, zumal es ja die kirchliche Schulaufsicht als Regelfall betrachtete. Tatsächlich erhielt das Konsistorium auf dem Verordnungswege am 1. Februar 1690 das Recht, drei geistliche Inspektoren zu benennen. Sie hatten die Lehrkräfte zu prüfen, die Unterzeichnung und Befolgung der »Kirchlichen Disziplin« von ihnen zu fordern und den Vorsitz bei den Examen zu führen. 1695 wurden zu den geistlichen Inspektoren zwei Anciens hinzugewählt, ehe dann 1702 ein aus sieben auf Lebenszeit ernannten Mitgliedern (zwei Geistlichen und fünf Laien) bestehendes Inspektorat gebildet wurde, für das sich die Bezeichnung »Conseil académique« (Akademischer Rat) einbürgerte.

Der Unterrichtsbetrieb begann mit drei Klassen und fünf Lehrern in einem Mietshaus in der Stralauer Straße, in der Nähe des damaligen Stralauer Tores; später wurde eine vierte Klasse hinzugefügt. Ostern 1702 siedelte das Gymnasium auf den Friedrichswerder über, in ein Hintergebäude in der Niederlagstraße 1/2, wo auch das Konsistorium seinen Sitz hatte; denn in der Gemeinde war Unzufriedenheit über den weiten Schulweg, den die Schüler aus der Dorotheen- und der Friedrichstadt hatten, laut geworden. Die ersten Lehrer, die ihre Bestallungsurkunde auch am 1. Dezember 1689 erhielten, waren Jean Sperlette als »Lecteur in der Philosophie und in humanioribus« (klassische Sprachen und Eloquenz), Philippe Naudé als »Lecteur in der Mathematic und Régent (Klassenlehrer) der 2. Klasse«, Jacques Collin als Régent der 3. Klasse, ferner Paul Hedler als Religionslehrer und Jean Marion als Schreib- und Rechenlehrer. Die Höhe ihrer Gehälter reichte von je 100 Taler für die beiden zuerst genannten über 80 und 50 Taler für den dritten und vierten bis zu 40 Taler für die zuletzt genannten.

Da es für den Unterricht am Gymnasium anfangs an einer funktionierenden Leitung fehlte, wurde Sperlette, der auch Klassenlehrer der 1. Klasse war, später zum Prinzipal (Hauptlehrer) mit der Auflage ernannt, darüber zu wachen, ob Lehrer und Schüler ihren Verpflichtungen nachkamen. Eine Schulordnung, die während seiner Amtszeit, etwa um 1691, ausgearbeitet worden sein dürfte, unterstrich die betont humanistische Ausrichtung des Gymnasiums. Sie enthielt u. a. Vorgaben für die einzelnen Klassen, welche griechischen und lateinischen Autoren zu lesen waren. Nur wer sich im Sprachunterricht, der wohl von vornherein auch Griechisch umfaßte, das erforderliche Rüstzeug erworben hatte, durfte an den philosophischen Kursen teilnehmen.

Als Sperlette, auf den übrigens auch die Einführung des Entschuldigungszettels zurückgeht, 1695 eine Professur an der neugegründeten Universität in Halle übernahm, wurde der Sprachlehrer Jean Audouy sein Nachfolger als Prinzipal. Die Philosophie-Vorlesungen aber hielt nun der renommierte Etienne Chauvin, ein Freund des Frühaufklärers Pierre Bayle. Seine erfolgreiche Berufung nach Berlin zeigt, daß das Collège durchaus eine gewisse Anziehungskraft ausübte, auch wenn es den Glanz der verlorenen Akademien in Frankreich niemals erreichte, aufgrund seines ausschließlichen Gymnasialcharakters auch gar nicht erreichen konnte. Es verfügte in seiner Frühzeit über eine Reihe befähigter Altphilologen und kenntnisreicher Philosophieprofessoren. Vor allem letztere – auf Sperlette und Chauvin folgten 1725

Mathurin Veyssière de la Croze und 1739 Jean Henri Samuel Formey – machten durch beachtliche wissenschaftliche Leistungen von sich reden. Sie erwarben sich große Verdienste bei der Rezeption der neueren Philosophie seit Descartes in Brandenburg-Preußen und bei der Verbreitung deutschen aufklärerischen Denkens (Leibniz, Wolff) im französischen Sprachraum. Chauvin hielt jeden Sonnabend in seinem Klassenraum öffentliche Disputationen über Fragen der Religion, Philosophie oder Pädagogik ab, an denen sich Offiziere, Juristen und Staatsbeamte beteiligten. Diese »Sabbatines« fanden in Berlin viel Beifall. Bemerkenswert ist, daß einige Lehrer des Collège in die neugegründete Sozietät der Wissenschaften aufgenommen wurden (vgl. S. 330ff.), aber auch als Prinzenerzieher am Hof der Königin Sophie Dorothea, der Frau des eher wissenschaftsfeindlichen Friedrich Wilhelm I., wirkten. Zu den philosophischen »Réunions« am Hof der Königin, in denen die neueste aufklärerische Literatur aus England, den Niederlanden und Frankreich diskutiert wurde, lud man sie ebenfalls ein.

Das mißtrauisch die Orthodoxie der Lehrer überwachende Konsistorium hegte in den ersten Jahren jedoch Häresieverdacht gegen den Unterricht einiger Lehrer. Das galt vor allem für Jean Barbeyrac, dessen für den Unterricht verfaßten Katechismus die geistlichen Gutachter voller arminianischer und sozinianischer Irrlehren fanden (vgl. S. 347f. u. 372f.), aber wohl auch für Barbeyracs Schwiegervater Chau-

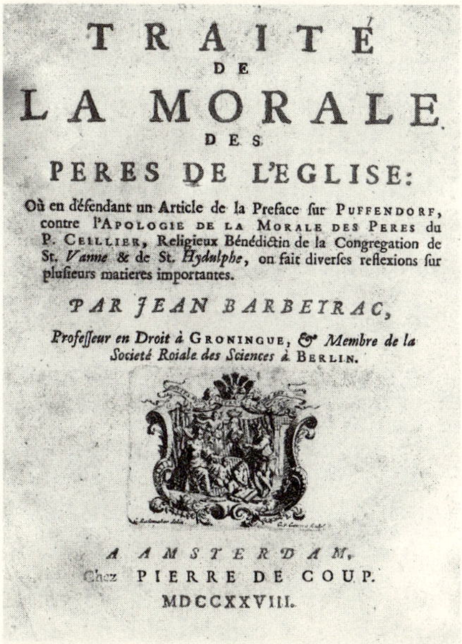
TRAITÉ
DE
LA MORALE
DES
PERES DE L'EGLISE:
Où en défendant un Article de la Preface sur PUFFENDORF, contre l'APOLOGIE DE LA MORALE DES PERES du P. CEILLIER, Religieux Bénédictin de la Congregation de St. *Vanne* & de St. *Hydulphe*, on fait diverses reflexions sur plusieurs matieres importantes.
PAR JEAN BARBEYRAC,
Professeur en Droit à GRONINGUE, *& Membre de la Societé Roiale des Sciences à* BERLIN.
A AMSTERDAM,
Chez PIERRE DE COUP.
MDCCXXVIII.

Abhandlung über die Moral der Kirchenväter von Jean Barbeyrac, ehemaliger Lehrer am Collège français, Amsterdam 1728

vin, dessen Position die »Vénerable Compagnie« durch einen Streit um seine Tätigkeit als Collège-Inspektor auf Lebenszeit zu schwächen suchte.

Es lag jedoch weniger an solchen Spannungen, wenn das Französische Gymnasium, das ab 1703 sechsklassig war und dessen Schüler übrigens bis 1784 kein Schulgeld, sondern nur einen Taler Einschreibgebühr zu zahlen brauchten, sich lange Zeit nur mit mäßigem Erfolg entwickelte.

Georg Schulze, Chronist der Jahre 1689 bis 1889 am Gymnasium, schrieb 1890: »Trotz ernster Bemühungen, an denen es die Inspektoren nicht fehlen ließen, und trotz der hervorragenden Tüchtigkeit einzelner Lehrkräfte gelang es nicht, die Anstalt auf gleiche Stufe der Entwicklung mit den übrigen Berliner Gymnasien zu heben. Der Grund dafür muß vor allem darin erkannt werden, daß die französischen Kolonisten auch nach der Verlegung der Räumlichkeit von der gebotenen Gelegenheit zur Ausbildung ihrer Söhne nicht in dem gewünschten Maße Gebrauch machten. Dazu kam die Unzulänglichkeit der Geldmittel, welche es nicht einmal ermöglichte, den Lehrplan in der Weise, wie er angelegt war, durchzuführen.« Außerdem wirkte sich der häufige Wechsel der Lehrer nachteilig aus. Es gab Klagen über schlechte Prüfungsergebnisse und niedrige Schülerzahlen. Erst unter dem Direktorat des Predigers Jean Pierre Erman, der von 1766 bis 1813 amtierte, erlebte das Collège eine Blütezeit. Erman, ein energischer und kluger Mann, der sich auch als Geschichtsschreiber einen Namen machte, erschloß dem Gymnasium neue Geldquellen, indem er ihm z. B. Einkünfte aus Auktionen des Adreßhauses sicherte und ein jährliches Schulgeld für die Kinder vermögender Eltern einführte. Das versetzte ihn in die Lage, die Lehrergehälter aufzubessern und neue Unterrichtsfächer (Hebräisch, Physik und Zeichnen) einzuführen bzw. den Mathematikunterricht auszubauen. Auch erhielt das Gymnasium nun eine Bibliothek. Die Schülerzahl konnte verdoppelt, ja sogar verdreifacht werden. Das Collège kam dem Entwicklungsniveau der deutschen Gymnasien nahe. Erman gehörte gleichzeitig aber auch zu denen, die sich am längsten gegen die Einführung des Deutschunterrichts sperrten, der erst 1802 an dieser angesehenen Bildungseinrichtung aufgenommen wurde.

Als im Zuge der preußischen Reformen die französische Kolonie 1809 aufgehoben wurde, kam das Französische Gymnasium unter staatliche Aufsicht. Auch die französischen Grundschulen wurden den staatlichen Behörden unterstellt, blieben jedoch Eigentum der Kirche, die auch weiterhin das Recht behielt, die Schulvorsteher und

Jean Pierre Erman. Ölgemälde, möglicherweise von Christian Friedrich Reinhold Lisiewski, um 1780

Lehrer zu wählen. Die letzte französische Gemeindeschule in Berlin wurde 1872 in der damaligen Kaiserstraße 25 aufgelöst. Das Französische Gymnasium aber bestand weiter. Es zog 1873 in ein neues Gebäude in der Dorotheenstraße 41, direkt an der Spree, um und überdauerte beide Weltkriege, obwohl es im Mai 1944 ausgebombt wurde. Seine Schüler kamen schon Ende des vorigen Jahrhunderts auch aus katholischen und jüdischen Elternhäusern. In den zwanziger Jahren zählte das Collège sogar zu den führenden deutschen Gymnasien. Heute hat es seinen Sitz in Berlin (West).

Welchen bedeutenden Beitrag zum Berliner Bildungswesen es geleistet hat, mögen allein schon Namen wie die der Schriftsteller Kurt Tucholsky (1890–1935) und Maximilian Harden (1861–1927) oder der Wirtschaftswissenschaftler Robert René Kuczynski (Abitur 1894) und Eduard Heimann (1889–1967) veranschaulichen: Sie haben in ihrer Jugendzeit, wie Tausende Kinder aus deutschen Familien, die Bänke des Collège gedrückt.

Neubau des Französischen Gymnasiums von 1873 in der Dorotheenstraße. Fotografie von Schwartz, 1884

JÜRGEN WILKE

Der Einfluß der Hugenotten auf die gewerbliche Entwicklung

Mit dem Edikt von Potsdam versuchte Kurfürst Friedrich Wilhelm, »capable Leute« nach Berlin und in die Kurmark zu ziehen. Hauptsächlich wollte er finanzkräftige Gewerbetreibende aller Art gewinnen. Aber Wunschvorstellungen weichen oft von der Realität weit ab. So auch in diesem Fall, da Brandenburg-Preußen sich den Flüchtlingsstrom mit so mächtigen Konkurrenten wie den Niederlanden, England, Dänemark und auch Hessen-Kassel teilen mußte und diese die günstigeren Aufnahmebedingungen bieten konnten. Um so überraschender war es, daß ein Zehntel aller Réfugiés den Weg bis in die Streusandbüchse des Heiligen Römischen Reiches Deutscher Nation fand. Neben einer beträchtlichen Zahl von Adligen – es waren schließlich 800 adlige Réfugiés, die am Berliner Hof oder in anderen Städten im Staats- und Militärdienst oder als Pensionäre lebten – kamen viele bürgerliche Glaubensflüchtlinge. Doch während zahlreiche Adlige auf eine Warteliste für ein Amt gesetzt wurden und eine angemessene Pension erhielten, mußte die große Mehrheit der ausländischen Zuwanderer mit ihrer Hände Arbeit ihr Brot verdienen; das galt vor allem für die Gewerbetreibenden. Aber dies war leichter gesagt als getan, denn es gab viele organisatorische, administrative und finanzielle Startschwierigkeiten, die von den Réfugiés und der kurfürstlichen Verwaltung überwunden werden mußten. »Die vielen Menschen, die verschiedenen Berufe, die geistige Einstellung eines jeden, die Maßnahmen, die getroffen werden mußten, damit alles gelingt, die ständige Unruhe und vieles andere verursachten ein Durcheinander, daß es fast unmöglich schien, dieses Unternehmen glücklich durchzuführen«, betont Charles Ancillon, der Direktor der französischen Kolonie in Berlin, in seinem zeitgenössischen Bericht über die Niederlassung der Réfugiés in Brandenburg.

Aufschwung von Handel und Gewerbe

Die juristischen Voraussetzungen für die erfolgreiche Ansiedlung der Réfugiés wurden im Potsdamer Edikt und in den Nachfolgeedikten geschaffen. Dazu gehörten die Befreiung von Einquartierungen und Abgaben – mit Ausnahme der Konsumtions-Akzise – für letztendlich 15 Jahre, die Bereitstellung und Beschaffung von Baumaterialien für den Bau von Häusern, freier Zugang zu den deutschen Innungen und Zünften sowie Kreditgewährung für den Aufbau von Manufakturen und handwerklichen Betrieben.

»Diejenige welche einige Manufacturen von Tuch / Stoffen / Hüten oder was sonsten ihre Profession mit sich bringet / anzurichten willens seyn / wollen Wir nicht allein mit allen deßfals verlangeten Freyheiten / Privilegiis und Begnadigungen versehen / sondern auch dahin bedacht seyn und die Anstalt machen / daß ihnen auch mit Gelde und andern Nothwendigkeiten / deren sie zu Fortsetzung ihres Vorhabens bedürffen werden / so viel müglich assistiret und an Hand gegangen werden sol«, versprach das Edikt von 1685 im 8. Artikel. Außerdem durften die Réfugiés ihr Hab und Gut steuerfrei nach Berlin einführen.

Die vorteilhaften Aufnahmebedingungen waren natürlich ein Anreiz für die eine neue Existenz suchenden Franzosen, so daß wenige Jahre nach den feierlichen Zusicherungen im Potsdamer Edikt, um 1700, weit über drei Viertel der Berliner Réfugiés aus Gewerbetreibenden, Manufakturiers und Händlern bestanden; der Rest setzte sich aus Beamten, Militärs, Gärtnern und Geistlichen zusammen. Anfangs versuchten die zugewanderten Handwerker, Händler und vor allem die Kunsthandwerker, sich in der Nähe des Schlosses, unter den Arkaden, an der Stechbahn und auf der Schloßfreiheit niederzulassen, um in den Genuß eines gesicherten Absatzes ihrer Waren bei Hofe zu gelangen und unter dem juristischen Schutz des Kurfürsten zu stehen. Als aber eine wahre Flut von Neuankömmlingen über Berlin hereinbrach, siedelten sich die Réfugiés in allen fünf Stadtgemeinden an.

Wirft man einen Blick in die ersten Kolonielisten der Franzosen aus den Jahren 1698 bis 1701, so fällt einem die Vielfalt an Berufen und Spezialisierungen auf. Die Palette reicht von Beamten, Richtern, Ingenieuren, Ärzten, Apothekern, Chirurgen und Perückenmachern über Juweliere, Messerschmiedemeister, Uhrmacher, Kaufleute, Krämer und Gärtner bis zu Lichtziehern, Posamentenmachern und Seidenarbeitern, Wollkämmern, Strumpfwirkern, Schuhmachern und

Schneidern. Es war fast jeder Beruf vertreten, den ein kleines städtisches Gemeinwesen Ende des 17. Jahrhunderts benötigte. Man war in dieser Hinsicht unabhängig von den Leistungen der einheimischen Bevölkerung. Der französische Schuhmacher konnte beim französischen Fleischer seine Wurst und sein Fleisch kaufen, und umgekehrt bestand die Möglichkeit, daß der Fleischer seine Schuhe bei dem französischen Schuhmacher herstellen oder reparieren ließ.

Der Historiograph Johann Christoph Bekmann nennt in seinem Mitte des 18. Jahrhunderts erschienenen Buch »Historische Beschreibung der Chur und Mark Brandenburg« 46 Berufe, die durch die Réfugiés nach Brandenburg-Preußen gebracht wurden. Darunter befanden sich Berufe, die nach Jahrzehnten wieder neu in Berlin auftauchten: »Feine hutmacher von kastor (Biber), kaninchen und haasenhaar, Etamin-, serge- und andere Zeugmacher, Kramer von allerhand Quinquaillerie (Kurzwaren), Seidenstoffmacher, Buchbinder im Französischen Bande, Weißgerber, Seifenhersteller, Tapeziers, Caffeetiers und Pastetenbecker«, um nur einige zu nennen.

Mit der Einwanderung der Hugenotten stellte sich bald ein allgemeiner Aufschwung in Berlins Handel und Gewerbe ein. Die Franzosen brachten hochspezialisierte Fertigkeiten, neue Techniken und Organisationsformen für die Herstellung von Waren in die Stadt, die, das darf man nicht vergessen, noch unter den Folgen des Dreißigjährigen Krieges litt. Dieser Krieg, aber auch die ehrgeizige Politik und militärische Aufrüstung des Kurfürsten, verbunden mit drückenden Steuerlasten und unpopulären Einquartierungen, hatten fast fünfzig Jahre lang kaum eine wirtschaftliche Aufwärtsentwicklung der kurfürstlichen Residenz zugelassen. Noch wenige Jahre vor der Einwanderung der Hugenotten war der Kurfürst beispielsweise nicht in der Lage, das für eine Reparatur des Schloßdaches erforderliche Pech, Kolophonium, Wachs und Schwefel aus eigenen Quellen heranzuschaffen. Er mußte diese Baustoffe aus Hamburg importieren lassen. Gleichzeitig mangelte es in Berlin an Brunnenbauern, um die alten Brunnen zu reparieren oder neue anzulegen.

Doch mit dem Zustrom der Réfugiés verfügte die Stadt schlagartig über viele »Fachkräfte«, ja, in den ersten Jahrzehnten nach ihrer Ankunft gab es im Verhältnis zum begrenzten Berliner Markt sogar einen Überschuß an Handwerkern und Gewerbetreibenden, besonders im Textilgewerbe. Das führte dazu, daß deutsche Handwerker die überlegene Konkurrenz der Zuwanderer fürchteten und meinten, diese würden ihnen ihr Brot wegnehmen. Daraus ergaben sich viele kleine Reibereien und Streitigkeiten, aber auch Mißverständnisse zwischen Deutschen und Franzosen, was von letzteren hin und wieder als Franzosenhaß der deutschen Bevölkerung ausgelegt wurde.

Der damalige Generalkommissar für die Réfugiés und Minister für die Entwicklung des Manufakturwesens in Brandenburg-Preußen, Hofmarschall von Grumbkow, suchte mit seinen Kommissaren Abhilfe zu schaffen, da die Gefahr bestand, daß die Franzosen das Land wieder verlassen würden, wenn sie keine Arbeit fänden. So wurde z.B. eine staatlich unterstützte Bautätigkeit angeregt, sei es im Wohnungsbau oder bei öffentlichen und sakralen Bauten, wie z.B. der Friedrichstadtkirche.

Da in Berlin die Straßen bei schlechtem Wetter kaum passierbar waren, es aber unter den Réfugiés eine beträchtliche Anzahl Arbeitsloser gab, kamen sie selbst auf die Idee, eine Sänftenträgergilde einzurichten. Ein entsprechendes Privileg wurde ihnen 1688 für zwölf Tragesänften und 24 Livreen für die »porteurs de chaise« erteilt. Ein Major namens Jean Cayart, den wir als Baumeister kennen, wurde zum ersten Inspektor der Sänftenträger ernannt; später übten Maillette du Buy und Goffin dieses Amt aus. Die hugenottischen Sänftenträger galten als äußerst vertrauenswürdig und rechtschaffen; sie hatten über die Kavaliersbrücke auch Zugang zum Schloß und zum Schloßkeller. Wer einen schlechten Ruf hatte, wurde in ihrem Kreis nicht geduldet. Sie verfügten über drei Stellplätze, deren wichtigster sich am großen Portal des Berliner Schlosses, zur Breiten Straße hin, befand. In den vierziger Jahren des 18. Jahrhunderts verschwand diese Einrichtung allmählich. Es begann die Zeit der Fiaker.

Für die Réfugiés gab es nach ihrer Ankunft in der Stadt mehrere Möglichkeiten, ihrem Handwerk oder Gewerbe nachzugehen. Sie konnten aufgrund eines Privilegs als freie Handwerker arbeiten. Dabei hatten sie auch die Möglichkeit, eine Manufaktur zu gründen, um so außerhalb der Zunft tätig zu sein. Jean Biet, der erste Seidenfabrikant in Berlin, oder Antoine Itier, der Seifenhersteller, beschritten diesen Weg. Die anderen kleineren Handwerksmeister gerieten nur in Schwierigkeiten, wenn die deutsche Zunft es nicht zuließ, daß sie Lehrlinge und Gesellen beschäftigten. Vor dieser Situation standen zum Beispiel die französischen Destillateure. Sie wandten sich daher an das zuständige französische Gericht. Es versuchte in seiner Entscheidung, die durch Privileg garantierte Gewerbefreiheit des nicht einer Zunft angehörenden, »unzünftigen« Handwerksmeisters in eine solche Freiheit umzuwandeln, die den französischen Freimeister juristisch dem deutschen Zunftmeister gleichstellte. Zumeist mißlang dieses Vorgehen aber.

Rechte Seite: Gesuch des Kaufmanns Daniel Grimaudet um die Erlaubnis zur Errichtung von Hutmanufakturen in Berlin und Frankfurt (Oder) aus dem Jahr 1686 (Auszug)

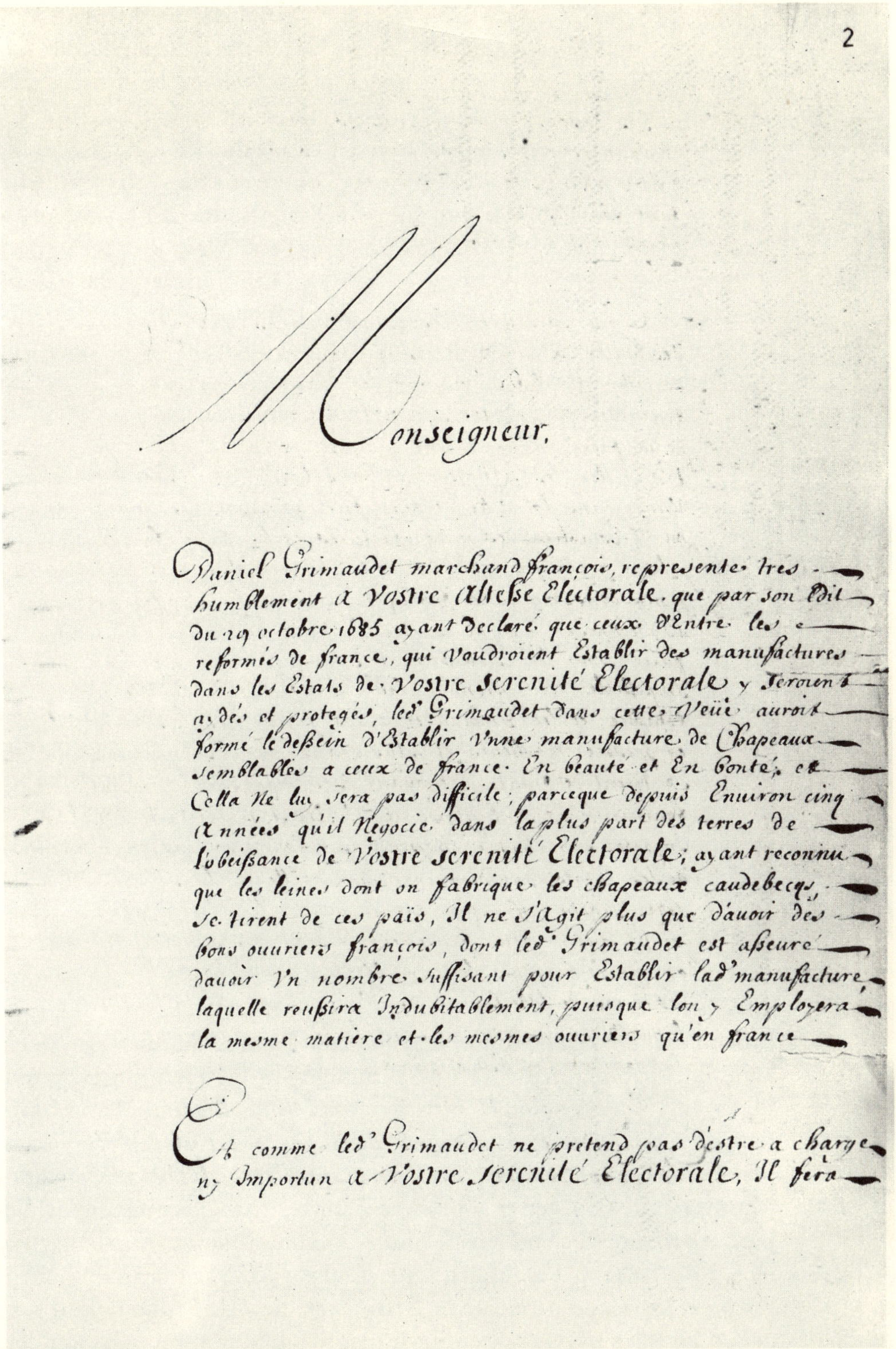

2

Monseigneur,

Daniel Grimaudet marchand françois, represente tres
humblement a Vostre Altesse Electorale. que par son Edit
du 29 octobre 1685 ayant declaré que ceux d'Entre les
reformés de france, qui voudroient Establir des manufactures
dans les Estats de Vostre serenité Electorale y seroient
aidés et protegés, led. Grimaudet dans cette veüe auroit
formé le dessein d'Establir vnne manufacture de Chapeaux
semblables a ceux de france. En beauté et En bonté, et
Cella ne luy sera pas difficile; parceque depuis Enuiron cinq
Années qu'il Negocie dans la plus part des terres de
l'obeissance de Vostre serenité Electorale; ayant reconnu
que les laines dont on fabrique les chapeaux caudebecqs,
se tirent de ces païs, Il ne s'agit plus que d'auoir des
bons ouuriers françois, dont led. Grimaudet est asseuré
d'auoir vn nombre suffisant pour Establir lad. manufacture
laquelle reussira Indubitablement, puisque l'on y Employera
la mesme matiere et les mesmes ouuriers qu'en france

Et comme led. Grimaudet ne pretend pas d'estre a charge
ny Importun a Vostre serenité Electorale, Il fera

Die deutschen Zünfte waren eigentlich gehalten, die Réfugiés aufzunehmen, und zwar sollten sie ihnen laut kurfürstlicher Order kostenlosen Zugang gewähren. Dennoch klagten einige Franzosen, daß sie Geld dafür bezahlen mußten. Unterwarf sich ein französischer Handwerker nun nicht den Statuten der Zunft und dem Zunftgericht, so galt er als Pfuscher. Als solcher aber konnte er seine wirtschaftliche Existenz verlieren. Ihm drohte ein Schicksal, das Rachel und Wallich uns so beschrieben haben: »Da es sich begebe, daß ein Pfuscher, er sei Bürger, Bauer oder Soldate, z. B. in den fünf churfürstlichen Residentzien Berlin, Cölln, Friedrichswerder, Dorotheen- und Friedrichs-Städten, auch zwei Meilen herumb gefunden würde, demselben soll durch den Magistrat das Handwerk geleget, desselben Handwerkszeug abgenommen werden.« Auch konnte ein Pfuscher aus der Stadt vertrieben werden.

Anfangs wurden nur wenige Réfugiés in die deutschen Zünfte aufgenommen. Die meisten französischen Handwerksmeister arbeiteten als Freimeister und als konzessionierte Fabrikanten, oder sie schlossen sich nach geraumer Zeit zu einer rein französischen Zunft zusammen. Letzteres taten zum Beispiel die Handschuhmacher, die Kleinuhrmacher, die Bäcker und andere Gewerke.

Ab 1708 war der preußische König bestrebt, die französischen und die deutschen Zünfte zu vereinigen. Zu diesem Zweck wurden paritätische Kommissionen gebildet, deren Auftrag es war, entsprechende Verhandlungen zu führen. In den Generalprivilegien von 1735 wird jedoch nur ein Drittel der Gewerke als »kombiniert« bezeichnet. Einer weiteren Kombinierung auch anderer Gewerke standen angeblich »unüberwindliche Gründe« entgegen.

Wichtigster Wirtschaftszweig: Textilien

Einen besonders starken und nachhaltigen Einfluß auf die wirtschaftliche Entwicklung in Berlin und Brandenburg-Preußen übten die refugierten Hersteller und Verarbeiter von Wolle, Seide und von Stoffen aller Art aus. Ihre Tätigkeit war für die Entwicklung eines bodenständigen Textilgewerbes von größter Bedeutung. Die »manufacture réunie«, in der eine größere Zahl von Arbeitern textile Stoffe produzierte und die von einem Kaufmann und Manufakturisten geleitet wurde, hatte in Frankreich unter Ludwig XIV. schon einen hohen Entwicklungsstand erreicht. In Berlin war diese Art Manufaktur vor der Ankunft der Hugenotten noch nicht etabliert, wenn man von der

Die französischen Réfugiés gründen Fabriken in Brandenburg. – »Aber er ist doch ein Réfugié.« Titelkupfer (Radierungen) von Chodowiecki zum Werk von Erman/ Reclam, Bd. IV und Bd. III, 1785 und 1784 erschienen

1678 auf kurfürstliche Order gegründeten Tuchfabrik und der Krautschen Gold- und Silberzieherei einmal absieht. Der gerissene Kaufmann und Kriegsgewinnler Johann Andreas Kraut zu Cölln an der Spree, der später im »Hohen Haus«, der ehemaligen Ritterakademie, das sogenannte Lagerhaus einrichten wird, hatte am 2. Dezember 1686 vom Kurfürsten das Privileg und die Konzession erhalten, eine Fabrik für Gold- und Silbergespinste sowie für Tressen zu gründen, die für zehn Jahre konkurrenzlos bleiben sollte. Beide Gründungen waren aber an die Bedingungen geknüpft, »die der Religionsverfolgung halber anhero geflüchteten französischen Exulanten zu employieren« und das benötigte Tuch »von den französischen Manufacturiers in Magdeburg zu nehmen«.

Die ersten französischen Manufakturbesitzer in Berlin hatten jedoch Schwierigkeiten bei der Beschaffung von Kapital und Rohstoffen, dazu oftmals keinen garantierten Absatz ihrer Waren, so daß ihre Manufakturgründungen häufig nach kurzer Zeit scheiterten. So mußte sich die ebenfalls 1686 mit kurfürstlicher Unterstützung in Höhe von 2000 Taler durch Jean Jacques Quêsnot gegründete Gold- und Silberbortenfabrik der starken Konkurrenz durch die Krautsche Manufaktur erwehren und klagte über Auftragsmangel. Drei andere Hugenotten mußten ihre Gallonenfabrikation – eine Art der Bandherstellung – sogar aufgeben. Ähnlich war es auch Pierre Gougeon schon um 1681 ergangen, der in Berlin eine Wachsbleicherei errichtete, aber trotz Privilegium und Unterstützung bald bankrottierte. 1715 heißt es von ihm in alten Dokumenten, daß er, völlig verarmt, soziale Unterstützungen erhalten habe und vom kurfürstlichen Hof als ewiger »Querulant« eingestuft werde. Auch der von Daniel Michaut eröffneten Manufaktur für französische weiße Kanten und Spitzen, in der arme Mädchen im Klöppeln ausgebildet werden sollten, war kein großer Erfolg beschieden. Der Schweizer Joseph Orelly, der 1694 eine Manufaktur für leichte Wolle, einschließlich Crépons, in Betrieb nahm, mußte diese schon 1699 wieder schließen.

Oft gerieten die Manufakturiers in einen Erfolgszwang, weil von der kurfürstlichen Verwaltung voreilige wirtschaftspolitische Maßnahmen ergriffen wurden. So führte sie ein Einfuhrverbot für Crépons und auch Wolle ein, bevor die Inlandproduktion überhaupt in Schwung gekommen war. Die ersten Erfahrungen, die man in dieser Zeit mit Manufakturgründungen machte, waren also nicht ermutigend, so daß König Friedrich I. im Jahre 1703 ein Dekret erließ, in dem betont wurde, daß man bei Manufakturneugründungen die Erfolgsaussichten besser abschätzen und nicht jedem Réfugié einen Kredit gewähren solle. Die Folge war, daß Neugründungen seltener wurden. Die Franzosen sahen sich in die zünftlerische Organisation Berlins abgedrängt, und das Entwicklungstempo bei der Errichtung zentralisierter Manufakturen wurde beträchtlich verlangsamt.

Wie verlief nun solch eine Manufakturgründung zur Zeit des Großen Kurfürsten? In der Regel war es so, daß ein Manufakturist sich direkt an den Kurfürsten wandte und ihm sein Angebot unterbreitete. Offenbar hatte es sich herumgesprochen, daß Friedrich Wilhelm gerade solche Zuwanderer bevorzugte, was der schon genannte Ancillon später mit dem Satz bestätigte: »Für die bemittelten Unternehmer wurde zuerst ein Unterkommen gesucht.« So schrieb Desaiguillier aus La Rochelle 1689 an Friedrich Wilhelm, daß er gewillt sei, »eine Fabrik« unter dem Schutze der kurfürstlichen Hoheit einzurichten. Er möchte auch alle Vorrechte, die einem Réfugié eingeräumt wurden, in

Anspruch nehmen, vor allem ein Quartier und eine Arbeitsstätte bei zehnjähriger Mietfreiheit. Es möge ihm gestattet werden, Wertsachen im Werte von 10 000 Taler aus den Niederlanden nach Berlin einzuführen und eine Versteigerung seiner Warenbestände zugunsten des Kurfürsten durchzuführen. Dafür verpflichtete er sich, innerhalb von sechs Monaten Seide herzustellen und Veloursarbeiten für die Innenausstattung von Karossen und für Livreen der Diener auszuführen. Außerdem könne er eine große Palette verschiedener Muster von Goldfädenarbeiten anbieten. Weiterhin erklärte er sich bereit, Spezialisten aus Frankreich nachzuziehen. Aufgrund dieses Angebotes bekam Desaiguillier auch die Konzession, eine Manufaktur zu gründen.

Ähnlich spielte sich die Etablierung der Seidenproduktion in der Stadt ab. Der Réfugié Jean Biet aus Paris legte dem Kurfürsten 1686

Seidenweberwerkstatt Mitte des 18. Jahrhunderts. Radierung von Johann Wilhelm Meil, um 1761

ein Projekt für die Gründung einer Seidenmanufaktur in Berlin vor. Friedrich Wilhelm genehmigte dieses Vorhaben und gab Biet einen Vorschuß von 5000 Taler. Aber es mangelte an einer größeren Anzahl von Seidenarbeitern. Daraufhin wurde der brandenburgische Kommissar in Amsterdam, Romswinckel, eingeschaltet. Er erhielt einen beträchtlichen Teil des vorgeschossenen Geldes, um übersiedlungswillige refugierte Seidenarbeiter in den Niederlanden zu bewegen, nach Berlin zu kommen, und ihnen die Reise- und Verpflegungskosten zu erstatten. Auch der Pfarrer Jacques Abbadie von der Berliner französischen Gemeinde und der spätere Hofarzt des Kurfürsten Jacques de Gaultier stellten sich für die Anwerbungskampagne in den Niederlanden bzw. in der Schweiz zur Verfügung. Doch erst 1689 war Jean Biet in der Lage, eine kleinere Seidenmanufaktur am alten Leipziger Tor (heute in der Nähe des Spittelmarktes) zu errichten. Damit schlug nun endlich die Geburtsstunde der Seidenindustrie in Berlin. Dieses Unternehmen wurde zum Kristallisationspunkt des größten Konfektionsviertels in der Stadt, das sich um den Spittelmarkt ausbreitete. In der Bietschen Fabrik wurden alle Sorten von kostbaren Stoffen hergestellt: von Brokaten bis zu ganz leichter Seide. Im Jahre 1690 übernahm Pierre Massoneau aus Lyon diese Manufaktur, und seine Nachkommen leiteten sie bis in die erste Hälfte des 18. Jahrhunderts.

1709 gründete Pierre Bourguignon eine weitere Seidenmanufaktur, und Claude Pitra in der Friedrichstraße trat 1730 als Königlicher Hoflieferant in Erscheinung. Um Vorstellungen von der Größe einer solchen Manufaktur zu vermitteln, sollen einmal Zahlen über die Betriebe von Pitra und Bourguignon genannt werden. Pitra hatte 1739 zwei Söhne und zwei Töchter, die natürlich mitarbeiteten, und an den 32 Webstühlen waren 27 Gesellen und fünf Lehrlinge beschäftigt. Sie verarbeiteten 600 Pfund Rohseide jährlich. Bourguignon hingegen schaffte mit Hilfe von acht Gesellen und drei Lehrlingen sowie drei Söhnen und drei Töchtern an zehn Webstühlen die Verarbeitung von 300 Pfund Seide und einer beträchtlichen Menge Wolle.

Gleichzeitig arbeitete unter dem Verleger Bourguignon eine Reihe von Webern »außer Haus«, und für bestimmte Arbeitsgänge (Färben, Sammeln von Kokons u.a.) war eine Anzahl abhängiger Heimarbeiter für ihn tätig. Insgesamt erhöht sich dadurch die Anzahl der Beschäftigten dieses dezentralisierten Unternehmens auf ca. 200. Solche Tatsachen schlagen sich in der Regel erst bei einer Produktionsstockung oder beim Zusammenbruch einer Manufaktur in den Akten nieder. Die Anzahl der abhängigen Meister und Gesellen mit ihren Familien, die dann über keine »Nahrung« verfügten, übertraf in solchen Fällen

Paradepferdedecke.
Wolltuch mit plastischer Stickerei, Applikationen und Bemalung, Werkstatt des Berliner Goldstickers Hurlin & Sohn, zwischen 1744 und 1792

um ein Mehrfaches den in den Manufakturtabellen ausgewiesenen Personenkreis.

Unter König Friedrich Wilhelm I. gab es eine geringere Nachfrage nach seidenen Luxusartikeln. Hatte sich zur Zeit seines verschwenderischen, prunkliebenden Vaters Friedrich I. die Seidenverarbeitung günstig entwickeln können, so dachte er vorzugsweise an seine wachsende Armee. Der Seidensticker Elie Pally, der als Stickereidirektor und »livrancier d'armée« die Mitglieder des preußischen Offizierscorps als Kunden hatte, konnte über fehlende Aufträge nicht klagen. Auch Huot, der Borten anfertigte, die zur Unterscheidung der Regimenter wichtig waren, konnte ähnliches von sich sagen. Und Rollet arbeitete ebenfalls als Seidensticker und -händler für die preußische Armee. Er wurde 1728 sogar von August dem Starken ausgeliehen, um die sächsische Armee auch so bunt wie die preußische zu dekorieren. Doch im zivilen Bereich erließ der preußische König Edikte, um jeglichen Luxus mit Seiden und auch mit Kattunen einzuschränken.

Insgesamt überwog in dieser Zeit die Produktion von wollenen Stoffen und Strümpfen. Dieser Zweig der Textilindustrie genoß unter Friedrich Wilhelm I. besondere Förderung. Ein hoffnungsvoller Ansatz, Kattune (Baumwollstoffe) herzustellen, wurde auf königliche An-

Reglement
Vor die in
Wolle arbeitenden
Zeugmacher.
Sub dato Berlin, den 12. Augusti. 1724.

Reglement
Pour les
Manufacturiers
& Ouvriers en laine à
la navette.
Donné à Berlin le 12. Août 1724.

BERLIN,
Gedruckt bey des Königlichen Preußischen Hof-Buchdruckers
Gotthard Schlechtigers Wittwe.

Vorschriften für Wollwebermanufakturen in deutscher und französischer Sprache, erlassen am 12. August 1724 in Berlin

ordnung im Keime erstickt. Einige Gewitzte, wie der Réfugié du Titre, umgingen dieses Verbot und stellten Baumwollmischgewebe (Cottonaden) her. Aber alles in allem dominierten in der Textilproduktion sowohl bei den Hugenotten als auch bei den Deutschen die Wollweber, Wollkratzer und in Heimarbeit beschäftigte entsprechende Hilfskräfte. Als nach 1736 in Brandenburg-Preußen allgemeine Absatzschwierigkeiten bei wollenen Produkten eintraten, traf diese »Wollproduktkrise« besonders die »ouvriers en laine« (Wollarbeiter) aus der Friedrichstadt und aus der Kolonie in Magdeburg hart. Die Listen der unterstützungsbedürftigen Armen der französischen Gemeinde in Berlin dokumentierten in erschreckendem Maße das Elend der Wollarbeiter in dieser Wirtschaftskrise.

Förderung der Seidenindustrie unter Friedrich II.

Als Friedrich II. den Thron bestieg, wurde die Seidenindustrie ein Lieblingskind seiner wirtschaftlichen Ambitionen. Er gedachte sich auf diesem Gebiet unabhängig zu machen, hohe Exportraten und Akziseeinkünfte zu erzielen. Um 1746 kamen vorwiegend aus Lyon einige katholische, jedoch fortan der Koloniegerichtsbarkeit unterstehende neue Seidenfabrikanten nach Berlin, so z. B. Simond, Paquelin, Fonrobert, Paturel, Baron, Chaumont, Clavin, Combes, Taillandier, Dequaire, Girond, Grenet, Labaye, Masa, Payan, René und Roupon, die drei bis zehn Webstühle besaßen. Die Seidenproduktion in Brandenburg-Preußen stieg geringfügig, aber stetig an und wurde zu einer international geachteten Industrie, in der die französischen Einwohner Berlins immer eine bedeutende Rolle spielten. Kurz vor dem Siebenjährigen Krieg (1756–1763) hatte Friedrich II. einen totalen Einfuhrstopp für Seide erlassen, so daß Seidenhändler, wie z. B. die Gebrüder Baudouin, zu Seidenfabrikanten wurden. Als Seidenhändler waren weiterhin Perrault, Bourgeat, Pérard und Mengin tätig, obwohl ihre Geschäfte im Krieg sehr schlecht gingen.

Noch 15 Jahre vor der Aufhebung des Sonderstatus der französischen Kolonie in Berlin standen die Nachkommen der Réfugiés an führender Stelle im Wirtschaftszweig Seidenzeuge und Samt. Die Gebrüder Michelet und David Girard besaßen 1795 144 bzw. 148 beschäftigte Stühle und nahmen vor allem nach der Fusion ihrer Firmen die erste Position in der Seidenproduktion ein. Sie erwarben stattliche Häuser in Berlin, so 1732 das sogenannte Fischerhaus auf dem Spittelmarkt. Als sie es 1764 wieder verkauften, erwarb die Familie Michelet für die Gesamtfirma das Grumbkowsche Haus in der Königstr. 60 (heute Rathausstr.) für 50000 Taler. Die beiden Teilhaber dieser Firma arbeiteten schon nach dem Grundsatz des verteilten Risikos, indem sie sich neben dem Seidengeschäft an Geldgeschäften und am Teehandel beteiligten. Der größte Konkurrent der Firma Girard und Michelet waren die Gebrüder Baudouin. Diese Firma hatte im Jahre 1774 schon 250 (1795: 226) Stühle in Betrieb, und der Wert ihrer Warenproduktion schwankte zwischen 120000 und 480000 Taler am Ende des 18. Jahrhunderts. Nach dem Umsatz gerechnet, stieß die Firma an die Spitze der Berliner Seidenfabrikation vor. Die Gebr. Baudouin hatten ihr Unternehmen ohne wesentliche finanzielle Unterstützung des Königs aufgebaut und zur Blüte gebracht. Die Firmenleitung befand sich bis 1825 in der Brüderstraße 11, später in der Breiten Straße 3. Auf den weiteren Plätzen in der Rangfolge der größten Seidenproduzenten Berlins folgten Ferdinand Beyrich mit 153, Isaac Blanc mit 148 und Barez und Söhne mit 93 Webstühlen – durchweg Firmen, die sich in hugenottischem Besitz befanden oder unter hugenottischer Leitung standen. Außerdem waren Favreau und Runnecker sowie George Gabain um 1800 die größten Seidenband- und Samtproduzenten der Stadt.

Die Réfugiés waren stets bemüht, die Technik der Seidenherstellung und -verarbeitung zu verbessern. So nahm Joyeux 1775 in der Französischen Straße und in der Leipziger Straße eine Manufaktur für die Herstellung von Seidenhandschuhen und Strümpfen in Betrieb, wobei Abfallreste von Seidengespinsten, die Filozellseide, verwendet wurden. De Rieux stellte ab 1770 aus Kokonresten Blumen her, die im Export große Gewinne brachten. Im Jahre 1782 waren immerhin 150 Arbeiterinnen in der Rieuxschen Manufaktur an der Gertraudenbrücke tätig. Der Jahresumsatz dieser Firma in Höhe von 240000 Taler konnte sich sehen lassen. Jean Fonrobert errichtete 1786 eine durch ein Wasserrad angetriebene Seidenzwirnerei. Sie lag an der damaligen Spandauer Brücke (heute S-Bahnhof Marx-Engels-Platz), am Ende des Stadtgrabens, der seitdem Zwirngraben hieß. Die besten Taftbänder in Berlin kamen von Laspeyres und Mathis, die 1778 ein größeres Unternehmen gründeten. Die Familie Laspeyres spielte Ende des 18. Jahrhunderts eine große Rolle in der Berliner Kaufmannschaft.

Die Firma Laspeyres und Mathis übernahm 1786 auch eine große Kattunmanufaktur von David Simon, die 1800 mit 125 Webstühlen arbeitete. Sie war neben den deutschen Tuchfabrikanten, dem Lagerhaus, Gebr. Wegely und Gebr. Hesse, eines der größten Unterneh-

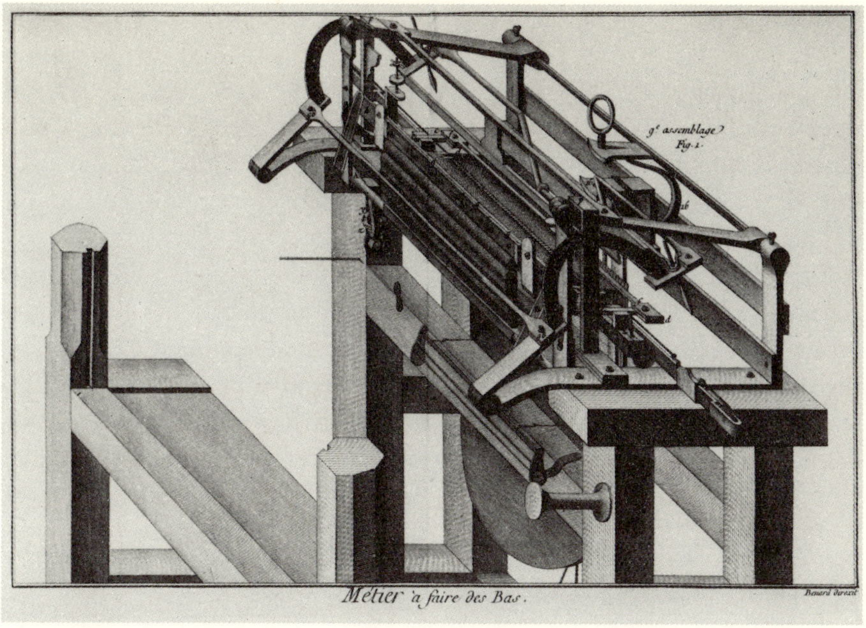

Konstruktion eines Strumpfwirkstuhls. Kupferstich von Benard, 18. Jh.

mungen auf diesem Wirtschaftssektor in Berlin. Etienne du Titre in der Poststraße – seine Frau war die bekannte Madame du Titre – zeichnete sich als Baumwollzeug- und Wollzeugproduzent besonders aus und war den zuvor genannten Firmen durchaus ebenbürtig. Auch bei den Kattundruckern tauchen Namen wie Simon & Co. und Etienne du Titre auf, die mit an der Spitze dieses Gewerbezweiges lagen.

Der ausdrückliche Wunsch des Kurfürsten Friedrich Wilhelm war es, französische Strumpfwirker ins Land zu holen, denn bis dahin war die Herstellung von mechanisch gewirkten wollenen Strümpfen in Brandenburg-Preußen nahezu unbekannt, und auf dem Strumpfwirkstuhl hergestellte seidene Strümpfe stellten als Luxusartikel ein Novum dar. Die Produktion von feinen Seidenstrümpfen durch die Réfugiés fand deshalb besonderen Anklang.

Ab 1711 konnte Henri Delon laut Konzession Seidenstrümpfe nach englischer Art manufakturmäßig herstellen. Nach Delons Tod im Jahre 1717 übernahm François Duchêsne diesen Betrieb. Seine Werkstätte war zuerst im Marstall untergebracht, dann in der »Grotte« im Lustgarten und bekam nach sieben Jahren in der Friedrichstadt ein endgültiges Quartier. In ihr standen 1739 14 Webstühle, während der Nachfolger, sein Werkmeister Hildebrand, fast siebzig Jahre später, 1805, immerhin 98 Stühle unterhielt. Anfang des 19. Jahrhunderts waren die Seidenstrümpfe aus Berlin sogar in Frankreich beliebt, obwohl der Preis (1815) für ein Paar glatte Strümpfe zehn und für durchbrochene Strümpfe 28 Taler betrug. Wenn man bedenkt, daß ein Kantor oder Schulmeister damals nur 50 Taler im Jahre verdiente, dann wird einem klar, daß diese Strümpfe sündhaft teuer und nur für den Adel und den bürgerlichen Geldadel erschwinglich waren. Zumindest die Seidenstrümpfe blieben also ein Luxusartikel.

Der französische Strumpfwirkstuhl spielte in der Technikgeschichte Brandenburg-Preußens eine besondere Rolle. Die Réfugiés hatten diese Stuhlart, die man in viele Einzelteile zerlegen konnte, bei ihrer Flucht aus Frankreich auch nach Berlin mitgebracht. Anfangs war der einzige Produzent in der Kurmark Brandenburg Pierre Labry, der in der Magdeburger Kolonie lebte. Später gab es auch Hersteller von Strumpfwirkstühlen in Berlin und Halle. Als wie wertvoll diese

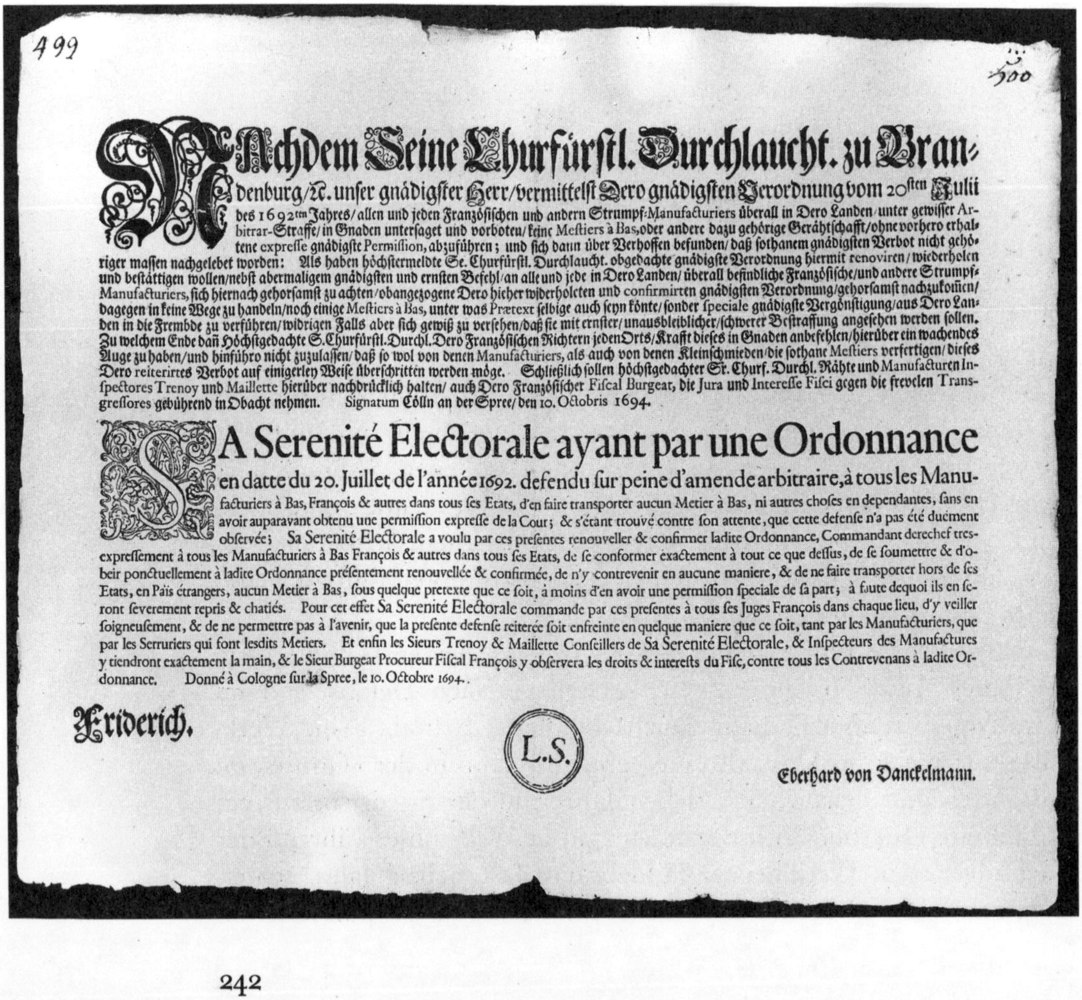
NAchdem Seine Churfürstl. Durchlaucht. zu Brandenburg/&c. unser gnädigster Herr/vermittelst Dero gnädigsten Verordnung vom 20sten Julii des 1692ten Jahres/allen und jeden Französischen und andern Strumpf-Manufacturiers überall in Dero Landen/unter gewisser Arbitrar-Straffe/in Gnaden untersaget und vorboten/keine Mestiers à Bas, oder andere dazu gehörige Geräthschafft/ohne vorhero erhaltene expresse gnädigste Permission, abzuführen; und sich dann über Verhoffen befunden/daß sothanem gnädigsten Verbot nicht gehöriger massen nachgelebet worden: Als haben höchstermeldte Se. Churfürstl. Durchlaucht. obgedachte gnädigste Verordnung hiermit renoviren/wiederholen und bestättigen wollen/nebst abermaligem gnädigsten und ernsten Befehl/an alle und jede in Dero Landen/überall befindliche Französische/und andere Strumpf-Manufacturiers, sich hiernach gehorsamst zu achten/obangezogene Dero hieher widerholeten und confirmirten gnädigsten Verordnung/gehorsamst nachzukommen/dagegen in keine Wege zu handeln/noch einige Mestiers à Bas, unter was Prætext selbige auch seyn könte/sonder speciale gnädigste Vergönstigung/aus Dero Landen in die Frembde zu verführen/widrigen Falls aber sich gewiß zu versehen/daß sie mit ernster/unausbleiblicher/schwerer Bestraffung angesehen werden sollen. Zu welchem Ende dann Höchstgedachte S. Churfürstl. Durchl. Dero Französischen Richtern jeden Orts/Krafft dieses in Gnaden anbefehlen/hierüber ein wachendes Auge zu haben/und hinführo nicht zuzulassen/daß so wol von denen Manufacturiers, als auch von denen Kleinschmieden/die sothane Mestiers verfertigen/dieses Dero reiterirtes Verbot auf einigerley Weise überschritten werden möge. Schließlich sollen höchstgedachter Sr. Churf. Durchl. Rähte und Manufacturen Inspectores Trenoy und Maillette hierüber nachdrücklich halten/auch Dero Französischer Fiscal Burgeat, die Jura und Interesse Fisci gegen die frevelen Transgressores gebührend in Obacht nehmen. Signatum Cölln an der Spree/den 10. Octobris 1694.

SA Serenité Electorale ayant par une Ordonnance en datte du 20. Juillet de l'année 1692. defendu sur peine d'amende arbitraire, à tous les Manufacturiers à Bas, François & autres dans tous ses Etats, d'en faire transporter aucun Metier à Bas, ni autres choses en dependantes, sans en avoir auparavant obtenu une permission expresse de la Cour; & s'étant trouvé contre son attente, que cette defense n'a pas été duement observée; Sa Serenité Electorale a voulu par ces presentes renouveller & confirmer ladite Ordonnance, Commandant derechef tres-expressement à tous les Manufacturiers à Bas François & autres dans tous ses Etats, de se conformer exactement à tout ce que dessus, de se soumettre & d'obeir ponctuellement à ladite Ordonnance présentement renouvellée & confirmée, de n'y contrevenir en aucune maniere, & de ne faire transporter hors de ses Etats, en Païs étrangers, aucun Metier à Bas, sous quelque pretexte que ce soit, à moins d'en avoir une permission speciale de sa part; à faute dequoi ils en seront severement repris & chatiés. Pour cet effet Sa Serenité Electorale commande par ces presentes à tous ses Juges François dans chaque lieu, d'y veiller soigneusement, & de ne permettre pas à l'avenir, que la presente defense reiterée soit enfreinte en quelque maniere que ce soit, tant par les Manufacturiers, que par les Serruriers qui font lesdits Metiers. Et enfin les Sieurs Trenoy & Maillette Conseillers de Sa Serenité Electorale, & Inspecteurs des Manufactures y tiendront exactement la main, & le Sieur Burgeat Procureur Fiscal François y observera les droits & interests du Fisc, contre tous les Contrevenans à ladite Ordonnance. Donné à Cologne sur la Spree, le 10. Octobre 1694.

Friderich.

L.S.

Eberhard von Danckelmann.

Verbot der Ausfuhr von Strumpfwirkstühlen durch eine Verordnung vom 10. Oktober 1694, erlassen durch Kurfürst Friedrich III. Sie erneuerte ein bereits 1692 verkündetes Ausfuhrverbot

Bestickte Seidendamastschuhe für eine Braut, Mitte 18. Jh.

Stühle eingeschätzt wurden, zeigen folgende Begebenheiten: Als Abraham Valéry aus Halle seine »machine à goffrer« verkaufen wollte, verbot Kurfürst Friedrich III. am 13. November 1694 dem preußischen Käufer, sie zu exportieren, damit »dergleichen Instrumente in benachbarten Ländern nicht gemein würden«. Der Kurfürst hatte den Wert seines Monopols bei der Stuhlherstellung und damit beim Wirken von Strümpfen erkannt. Ähnlich erging es dem Seidenmanufakturisten André Brieu, der 1716 nach Sachsen-Weimar-Eisenach gehen wollte. Ihm wurde vom preußischen König zwar die Erlaubnis erteilt, seine Gesellen und andere Fachkräfte nach Thüringen mitzunehmen, aber seine Strumpfwirkstühle sollten in Brandenburg bleiben.

Doch auch mit diesen administrativen Maßnahmen konnten die brandenburgisch-preußischen Behörden den – wie wir heute sagen würden – »Technologietransfer« nur zeitweise unterbinden, denn recht bald gingen Gesellen des Labry u. a. ins sächsische Ausland und verrieten dort die Geheimnisse des Baues solcher Stühle. Wie begehrt die französischen Manufakturisten überall waren, illustrieren die Ab-

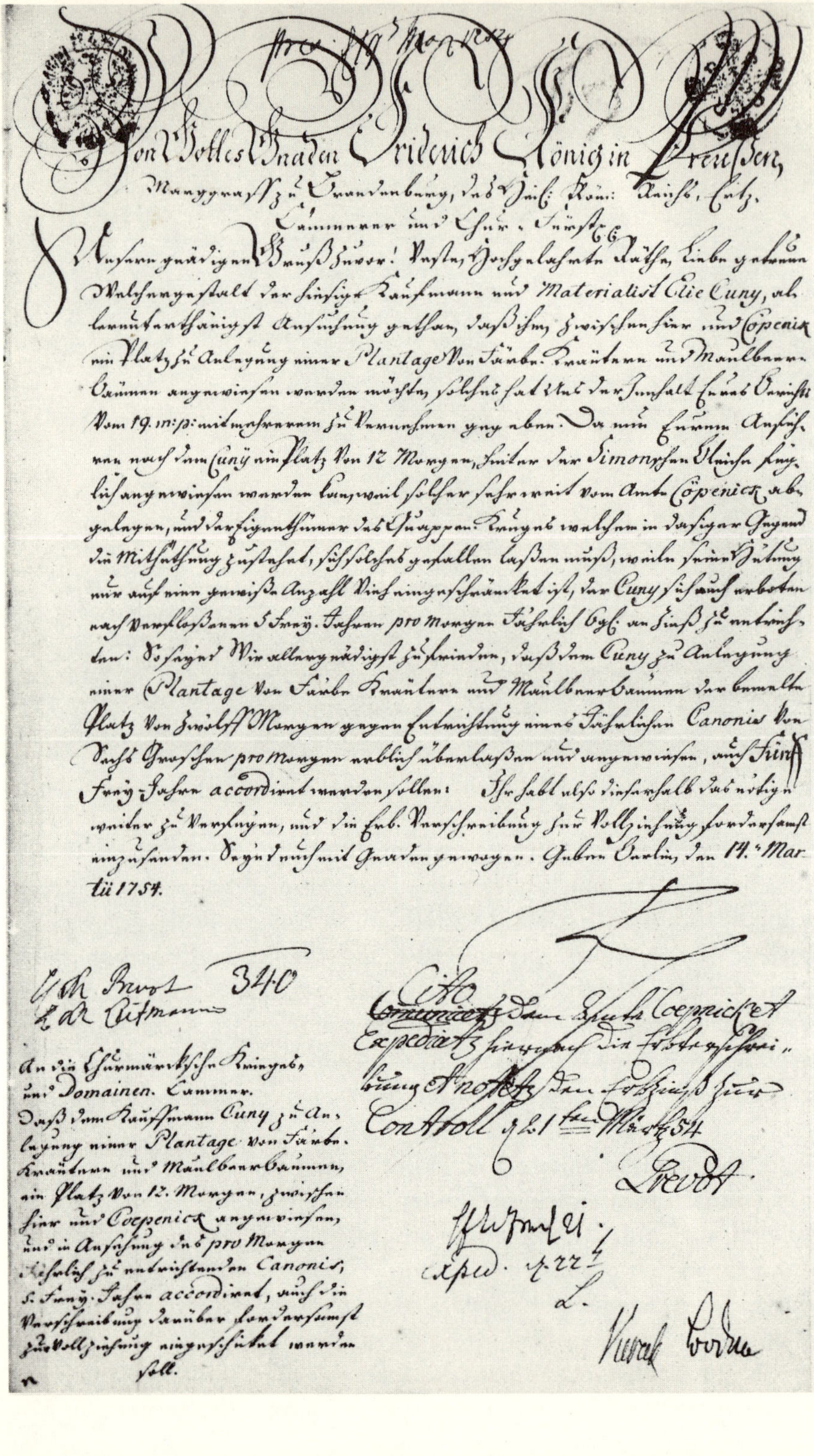

Reskript König Friedrichs II. vom 14. März 1754 wegen Überlassung eines Stücks Land in Köpenick an den Berliner Kaufmann Elie Cuny zur Anlage einer Plantage von Färbepflanzen und Maulbeerbäumen

werbungsversuche der deutschen Fürsten. So entstand die erwähnte französische Kolonie in Weimar auf der Basis eines Vertrages zwischen dem Oberrichter der französischen Kolonie in Berlin, Charles Ancillon, und dem Weimarer Hof. Der weimarische Gesandte in Brandenburg-Preußen, Gerardi, wurde aufgrund dieser Abwerbungen zur persona non grata erklärt und mußte binnen 24 Stunden das Land verlassen. Ancillon, der auch brandenburgischer Hof- und Legationsrat war und vom Weimarer Hof 1500 Taler als Vorschuß erhalten hatte, wurde zwar getadelt, verblieb aber in seinem Amt.

Um rentabel zu arbeiten, wurde unter Friedrich I. damit begonnen, nicht nur seidenverarbeitende Manufakturen zu errichten, sondern

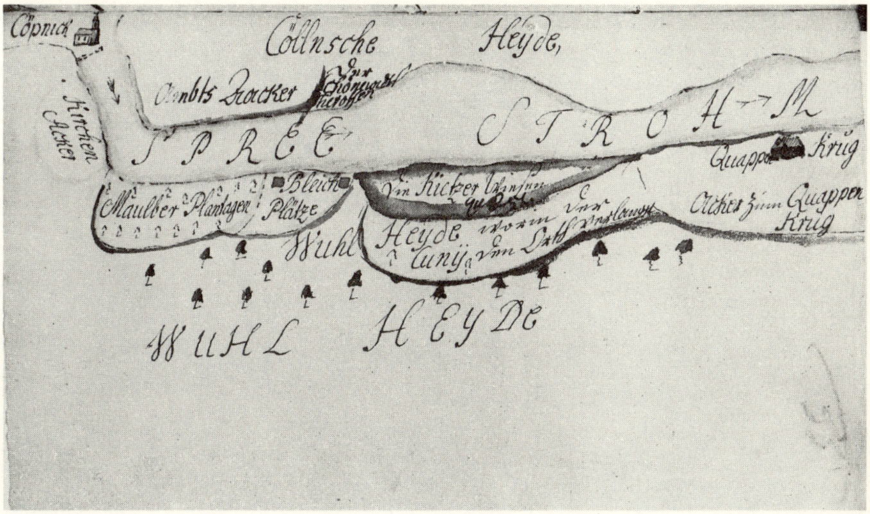

Skizze der Maulbeerplantagen in der Wuhlheide bei Köpenick im Jahre 1754

auch die Rohstoffe selbst im Lande zu erzeugen. Die ersten Versuche, die für die Seidenraupenzucht notwendigen weißen Maulbeerbäume in Berlin anzubauen, gehen auf die Initiative von Réfugiés zurück. So legte Pierre Bourget auf den Festungswällen der Stadt eine Maulbeerbaumplantage an. In Köpenick sammelten Jean Logier und Marie Colas jährlich fünf bis sechs Pfund Kokons von ihrer Plantage. 1707 erteilte der preußische König der Akademie der Wissenschaften das Privileg für den Anbau weißer Maulbeerbäume und für die Seidenraupenzucht, da alle bisherigen Bemühungen nur geringen Erfolg gezeitigt hatten – sei es wegen des Klimas, sei es wegen der unvollkommenen Geräte für die Aufbereitung der Kokons. Die Akademie übernahm die Plantagen in Köpenick, Berlin, Spandau und Potsdam. Bekannte Seidenraupenzüchter waren Merle, Logier, Bourget, Va-

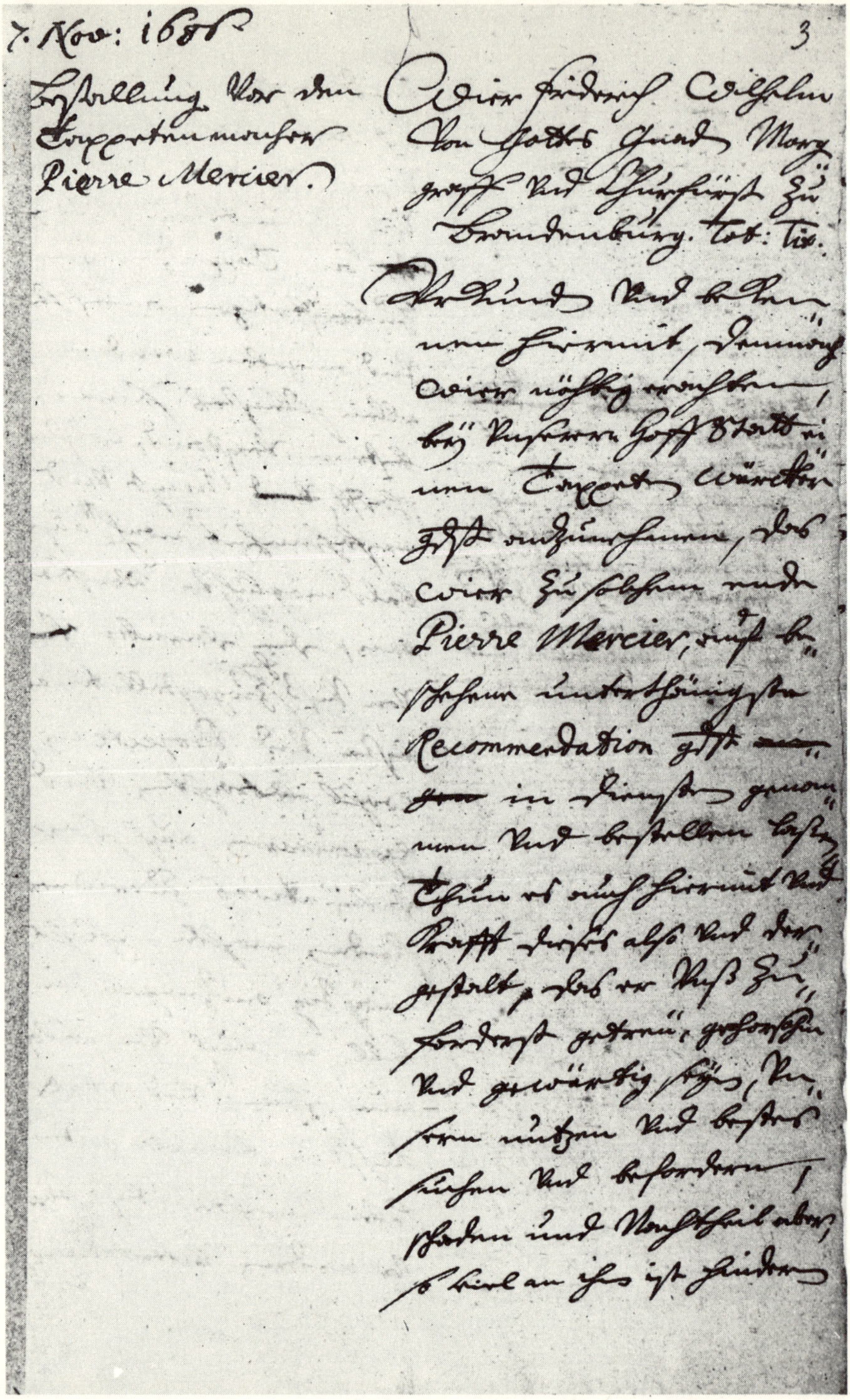

7. Nov: 1686 3

Bestallung vor den Tapetenmacher Pierre Mercier.

Wir Friedrich Wilhelm von Gottes Gnaden Marggraff und Churfürst zu Brandenburg. etc. etc.

Uhrkunden und bekennen hiermit, demnach Wir nöthig erachtet, bey Unserer Hoff Statt einen Tapeten Würcker jetzt anzunehmen, daß Wir zu solchem ende Pierre Mercier, auf beschehene unterthänigste Recommendation gnädigst in dienste genommen und bestellen laßen. Thun es auch hiermit und Krafft dieses also und dergestalt, daß er Unß zu fordarst getreu, gehorsam und gewärtig seyn, Unsern nutzen und bestes suchen und befordern, schaden und Nachtheil aber, so viel an ihm ist hindern

Bestallung von Pierre Mercier als Hoftapetenwirker und Teppichfabrikant am 7. November 1686

cher, Franceson, Gilson und Pont. 1717 begann man, das »Moabiter Land« für eine größere Maulbeerbaumplantage zu kultivieren.

Besonders gefördert wurde die Seidenraupenzucht unter Friedrich II. Auf allen Plätzen und Friedhöfen, in öffentlichen Gärten und Anlagen pflanzte man nun Maulbeerbäume. Noch heute befindet sich ein solcher Baum auf dem ehemaligen Grundstück des französischen Hospitals in der Friedrichstraße 129 und steht unter Naturschutz. Prämien, Preise und Medaillen für die besten Verwalter der Plantagen und für die besten Seidenraupenzüchter sollten als Ansporn dienen. Und der Minister Ewald Friedrich von Hertzberg ließ 1783 an der Realschule in Berlin Lehrer anstellen, die zukünftige Lehrer und Kantoren im Fach Seidenraupenzucht zu unterweisen hatten. Die Franzosen Barandon, die Gebrüder de la Rouvière und de Thomas haben diese Tätigkeit in Berlin, aber auch in Potsdam und Brandenburg ausgeübt. Das »Große Direktorium« der französischen Kolonien in Brandenburg-Preußen baute eigens ein Lagerhaus für die Kokons.

Doch trotz vieler Aktivitäten, besonders seitens der Hugenotten, blieben Rückschläge nicht aus. Kalte Winter, aber auch Nachfrageschwankungen auf dem Seidenmarkt ließen den Anbau von Maulbeerbäumen schließlich erlahmen, und nach dem Tode Friedrichs II. war der Rückgang auf diesem Gebiet nicht mehr aufzuhalten.

Mit den Einwanderern Mercier, Barraband, Couloudon und Deschazeaux aus der Stadt Aubusson hatte das textile Kunsthandwerk, nämlich die Herstellung von Wandteppichen, Gobelins und »Hautelisses« – eine Art gewebter Tapeten –, in Berlin Einzug gehalten. Vor allem die von den Franzosen hergestellten Bildteppiche dienten dem Repräsentationsbedürfnis des Hofes und erlangten internationalen Ruf, insbesondere durch den Export nach Schweden, Dänemark und Rußland. Ihr künstlerisches Niveau wurde überall gepriesen.

Am 7. November 1686 erhielt Pierre Mercier das Privileg als »tapissier« des Kurfürsten. Ihm wurde für einige Jahre ein Kredit von 2400 Taler bewilligt. Dafür mußte er neun Gesellen Arbeit geben. Seine größten Gobelins, die die »Heldentaten« Friedrich Wilhelms (z. B. die Schlacht von Fehrbellin) darstellten, wurden leider zum größten Teil im zweiten Weltkrieg zerstört. Nur einige dieser prachtvollen Gobelins haben den Krieg überstanden und befinden sich heute im Schloß Charlottenburg. Der Nachfolger von Mercier, sein Schwager Barraband, der die Wandteppichfabrik am 18. April 1718 im Erdgeschoß des Marstalls in der Dorotheenstadt einrichtete, und dessen Nachfolger, Charles Vigne, brachten dieses Kunsthandwerk in Berlin zur vollen Blüte. Aber 1739 klagte der Fabrikinspektor der französischen Manufakturen, Ferriet, daß die Firma Vigne ihre Produkte nicht absetzen könne. Man wisse auch nicht, wie dieses Unternehmen zu stützen sei. Zu diesem Zeitpunkt arbeitete Vigne an 21 Webstühlen mit 26 Gesellen und sechs Lehrlingen. Siméon und Jacques Couloudon, die ebenfalls im Marstall untergebracht waren, konnten nur an drei Stühlen mit einem Gesellen und zwei Lehrlingen ihr Brot verdienen.

Bisher haben wir über die »großen« Manufakturisten unter den Hugenotten gesprochen. Es gab aber neben den Seidenstickern Jean

Gobelingalerie im Berliner Schloß. In ihr hingen ursprünglich sechs Wandteppiche mit Schlachtendarstellungen aus der Manufaktur von Pierre Mercier. Aufnahme der Königlich Preußischen Meßbildanstalt, 1916

Barez – er war der Schwiegervater von Daniel Chodowiecki –, Jean und Etienne Pally sowie Jacques Hurlin und dem Seidenstrumpfproduzenten Bardin, den Bandherstellern Platzmann & Lautier, Bonte und Philippe, dem Cottonadenproduzenten Jean Pierre Duplantier, den »gaziers« Palmié, Roger, Chalon, Baron und René Fonrobert viele namenlose Hersteller von Blonden (Seidenspitze), Etamin (eine feine Tuchart), Posamenten, Serge (ebenfalls ein Tuch) und anderem Zeug, die mit zwei bis drei Gesellen oder allein in Heimarbeit – wobei Frau und Kinder mitarbeiten mußten – ihr kärgliches Auskommen suchten. Diese Costons, Colins, Matthieus, Souchards, Gaus oder Ilars lebten vorwiegend in der Friedrichstadt. Überhaupt war es typisch für die Réfugiés, daß sie vornehmlich in kleineren Handwerksbetrieben tätig waren. So nennt die Manufakturliste von 1739 bei den 41 aufgeführten Tuchmachern insgesamt 259 Gesellen und fünf Lehrlinge, die an 289 Webstühlen beschäftigt waren, wobei Jacques Chambeau mit 32 Gesellen und 32 Stühlen eine rühmliche Ausnahme

Bildteppich nach Motiven von Nicolas Lancret aus der Manufaktur von Charles Vigne d.Ä., Berlin um 1740. Heute im Schloß Charlottenburg, Berlin (West)

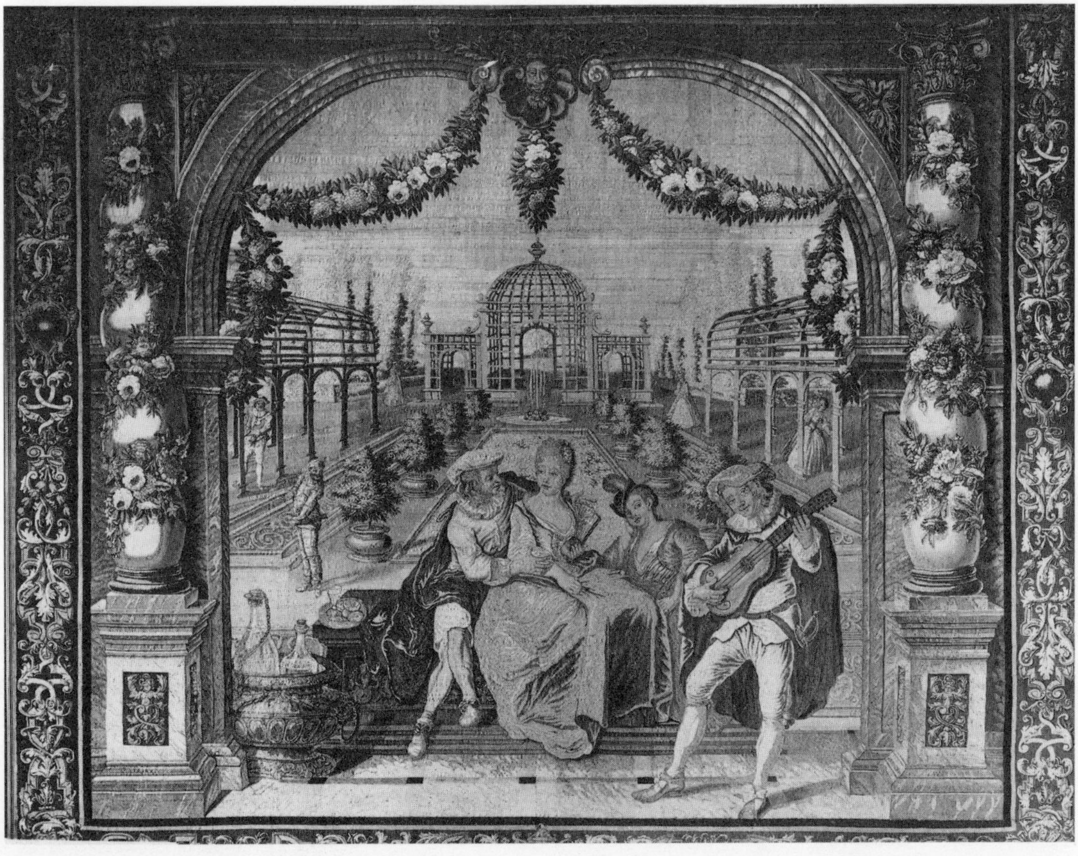

bildete. Ähnlich sah es bei den Strumpfwirkern aus. Hinter den Namen Rousset, Sarre, Aumeras werden nur kleine Handwerksbetriebe mit wenigen Gesellen aufgeführt. Auch Jacques Fontane aus Nîmes, ein Vorfahr des Schriftstellers Theodor Fontane, war nur ein bescheidener Strumpfwirker, als er nach Berlin kam.

Die verstärkte Herstellung von Stoffen in Berlin zog zwangsläufig andere, verwandte Gewerbe an, allen voran das der Färber. Als in Frankreich Manufakturen für Stoffe aufkamen, hatte man dort die Färberei weiterentwickeln müssen. Unter Ludwig XIV. wurde das Färben durch Gesetze geregelt. Französischen Färbern gelang es erstmals, aus Waid eine blaue Pastellfarbe herzustellen statt aus dem bisher verwendeten Indigo. Der refugierte Kaufmann Louis Lejeune erhielt schon am 12. Dezember 1688 die Erlaubnis, in Soest (Westfalen) Waid anzubauen. Allerdings griffen die Färber später wieder auf Indigo zurück, als dessen Preis erheblich fiel, bis dann um 1790 ein erneuter starker Preisanstieg den Waid wieder ins Gespräch brachte. Doch da kannte niemand mehr das Herstellungsgeheimnis. Der schon genannte Lejeune war es auch, der 1709 vorschlug, aus den Wurzeln der Krapp-Pflanze das Krapprot – man bezeichnete es damals als »Roethe« – zu gewinnen.

Krapp war ein wichtiger Ausfuhrartikel des österreichischen Schlesiens, und auf Export von Saatkörnern dieses Gewächses stand die Todesstrafe. Einem »gentilhomme-manufacturier«, dem in Berlin und Finow ansässigen hugenottischen Baron de Vernezobre de Laurieux, gelang es trotzdem, Krapp in größeren Kulturen anzubauen.

Die feine Tuchfärberei wurde also durch die Réfugiés in Brandenburg-Preußen eingeführt. Sie war 1693 so weit entwickelt, daß die Behörden glaubten, die Einfuhr blauer ausländischer Stoffe untersagen zu können. Diese Färberei wurde von »freien Künstlern«, von unzünftigen französischen, aber auch deutschen »Kunst- und Lakenfärbern«, ausgeübt. Die ersten französischen Färber, die sich in Berlin niederließen, waren Etienne Henri aus Nîmes, Jacques Duclos aus Privas, Alexander Seber aus Mezamet, Cabanis aus Saint-Come, André Boliat aus Metz und Josué Bourdeaux aus Montpellier. Erst 1764 wurde durch die Gründung einer Innung der »Kunst-, Waiden- und Schönfärberei« der Unterschied zwischen französischer und deutscher Kunstfärberei aufgehoben, obwohl die Schönfärber sich schon am 15. Juni 1728 in einer aus vier Deutschen und zwölf Réfugiés bestehenden kombinierten Zunft zusammengeschlossen hatten, um sich gegen »Pfuscher« und »Bönhasen« zu schützen. Ihr Zunfthaus befand sich in der damaligen Wilhelmstraße (heute Otto-Grotewohl-Straße).

Modisches Zubehör nach französischer Mode

Da sich der kurfürstliche Hof nach französischer Mode kleidete, waren in Berlin auch französische Knopf-, Hut- und Handschuhmacher gern gesehene Leute. Die französischen »Maîtres Passementiers, Boutonniers, Blondiniers, Crépiniers, Faiseurs d'enjolivements« (Posamenten-, Knopf-, Fransenmacher, Klöppler, Hersteller von Zierat) stellten für die Modebewußten und Zahlungskräftigen des Hofes die neuesten modischen Zutaten her. In der Kolonieliste des Jahres 1700 sind immerhin 20 Posamentenmacher vertreten. Bekannt für ihre Arbeiten waren damals in Berlin Huot, Garmon und Lacombe. Am 15. Dezember 1688 war mit kurfürstlicher Order François le Bert aus Vielliers le Bel ohne Gebühren in die Zunft der Posamentenmacher aufgenommen worden. Er bekam eine finanzielle Unterstützung, und da er Hoflieferant wurde, hatte er einen garantierten Absatz seiner Waren.

Ab 1718 wurden in Berlin ausreichend Knöpfe hergestellt, so daß man die Einfuhr ausländischer Erzeugnisse verbieten konnte. Pierre Fromery, ebenso bekannt als Hofbüchsenmacher wie als Hersteller begehrter Dosen und Kassetten, besaß in der Schloßfreiheit eine »boutique« und galt zudem in der Residenzstadt lange Zeit noch als größter Produzent und Händler von metallenen Knöpfen. Doch gerade in diesem Gewerbezweig gab es viele Arme, die auf die Fürsorge der französischen Gemeinde angewiesen waren, und auch »verschämte Arme«, das waren Franzosen höheren Standes, die in mühseliger Kleinarbeit für Knopfhändler wie Fromery dieses modische, doch vor allem auch für die Armee bestimmte Zubehör herstellten.

Die Fabrikation von feineren Hüten haben die Réfugiés ebenfalls nach Berlin gebracht. Hutmacher wie Malet, Grimaudet und Aureillon fanden für ihre mit Tressen besetzten Kopfbedeckungen in der Stadt einen großen Abnehmerkreis. Hüte aus Wolle, Hasen- und Biberfell sowie Kamelhaar wurden lange Zeit in kleineren Handwerksbetrieben hergestellt. Jahrzehntelang bemühte man sich um die fabrikmäßige Produktion. So versuchte der ursprünglich in Magdeburg ansässige Jacques Douilhac, in Berlin eine größere Fabrik für feine Hüte aufzubauen, fallierte jedoch bald und floh im Herbst 1755 nach Kopenhagen, wo er eine Hut- und Strumpffabrik errichtete. Er veranlaßte auch acht Berliner Gesellen und zwei Strumpfwirker aus Magdeburg, nach Kopenhagen zu gehen. Sein Vater, der Hutmacher Guillaume Douilhac, hatte dem preußischen König Friedrich Wilhelm I., als dieser ihm einen Vorschuß anbot, ebenso stolz wie ablehnend geantwortet: »Majestät, wenn Sie mir Vorschüsse geben, werden Sie mir Kommissare schicken, um zu prüfen, wie ich Ihr Geld verwalte; sie werden sehen, daß ich jeden Mittag ein Glas Wein trinke, das ist meine Gewohnheit, und sie werden Euer Majestät berichten, daß ich Ihr Geld vertrinke.«

Nach dem Siebenjährigen Krieg wurde von Jacques Pascal und du Fay im Wegelyschen Hause, der ehemaligen Porzellanmanufaktur, in der Neuen Friedrichstraße eine Hutfabrik in Betrieb genommen. Sie entwickelte sich erfolgreich und zählte 1805 105 Arbeiter. Damit war sie bei weitem der größte Produzent von Hüten in Berlin, wo das gesamte Hutmachergewerbe zu dieser Zeit 119 Gesellen und Arbeiter beschäftigte. Im Verkaufslokal von Pascal und du Fay, das sich an der Langen Brücke (Rathausbrücke) befand, waren immerhin 17 Angestellte tätig. Weitere Hutgeschäfte hatten Simon Marsal und Pierre Richard.

Die Lieferungen für das preußische Heer machten für diese Fabrikanten den größten Teil ihrer Aufträge aus. Das galt vor allem für den Dreispitz. Um 1790 wurden auch die ersten Filzhüte in Berlin hergestellt, und die ersten Zylinder kamen in Mode. Daniel Chodowiecki hat auf einigen Zeichnungen Personen dargestellt, die zylinderähnliche Hüte tragen. Das aufstrebende Bürgertum demonstrierte so auch in der Kleidung Selbstbewußtsein.

Die Réfugiés vervollkommneten außerdem die Kunst der Gerberei und der Handschuhmacherei. Es hatte schon früher in Berlin eine Zunft der Gerber gegeben, die aus vier privilegierten Körperschaften bestand. Aber der Dreißigjährige Krieg zerstörte, wie so vieles, auch diese Kunstfertigkeit. Als die Hugenotten nach Berlin kamen, gab es dort einen einzigen Gerber, der sein Handwerk nur recht und schlecht ausübte. In der Kolonieliste von 1700 werden 17 refugierte Gerber aufgeführt. Die erste französische Gerberei in Berlin wurde von Michel Cassin aus Genf gegründet, der recht gut vorankam, so daß er 1687 zusammen mit Moyse Nissole am Mühlendamm eine Gerbmühle bekam. Es dauerte nicht lange, und Hian, de Claude, de Wall, Barraud, Coutras, de la Garde, Remy, de la Vigny und Marsal richteten weitere Gerbereien ein. Nach 1720 konnte die Einfuhr von gegerbtem ausländischem Leder eingestellt werden, weil die Gerber in Brandenburg-Preußen nun in ausreichender Qualität gegerbtes Leder herstellten. Keinen Erfolg aber hatte der Orangeois Jacques Alary, der sich zwischen 1704 und 1712 vergeblich bemühte, an der Spree eine Walkmühle für die Berliner Kaufleute einzurichten.

Auch die Weißgerberei wurde von Franzosen in Berlin ausgeübt. Obwohl Jean Girard und die Familie Drège diesem Handwerk in der Residenzstadt nachweislich lange Zeit nachgingen, erreichte die Weißgerberei hier jedoch keine Blüte. Dieser Zweig der Gerberei bildete aber die Grundlage für die Handschuhmacherei nach französischer Art. Die deutschen Beutler verstanden sich nur auf mit Tran präparierte sämisch-lederne Handschuhe. Die französischen Handschuhmacher lehnten jede Vereinigung mit den deutschen Handschuhmachern ab. Vattiè, Gay, Chomel und Erman errichteten am 24. Oktober 1702 eine eigene Zunft in Berlin. Es gab viel Streit mit der deutschen Zunft, weil die Franzosen auf die Zuarbeit weiblicher Kräfte (beim Nähen) nicht verzichten wollten, wodurch sie ihre Handschuhe preisgünstiger herstellten. Um 1800 umfaßte die französische Handschuhmacherzunft zehn Meister, 15 Gesellen und 250 Näherinnen. Sie bestand noch 1844 und zählte neun Meister.

Eine Spezialität französischer Handschuhmacher, die Herstellung von Handschuhen aus Glacéleder, einem mit Eigelb und Alaun bearbeiteten Ziegenleder, wurde allerdings in Berlin nicht heimisch. Daß sich dieser Zweig in der Stadt nicht ansiedelte, lag keineswegs am

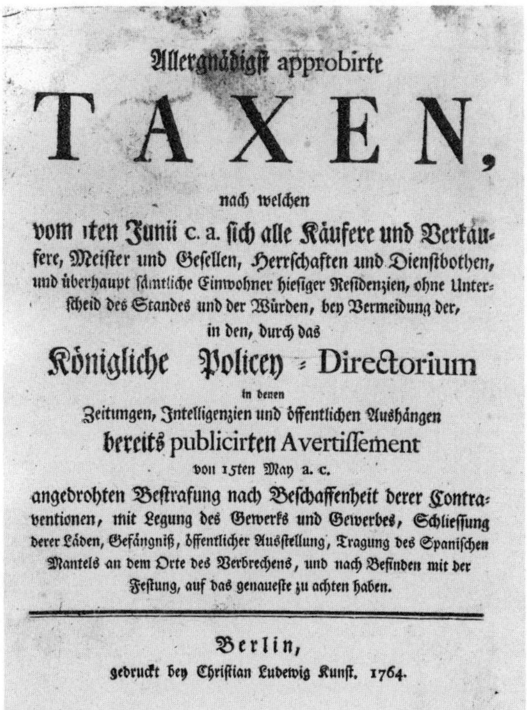

Allergnädigst approbirte

TAXEN,

nach welchen

vom 1ten Junii c. a. sich alle Käufere und Verkäufere, Meister und Gesellen, Herrschaften und Dienstbothen, und überhaupt sämtliche Einwohner hiesiger Residenzien, ohne Unterscheid des Standes und der Würden, bey Vermeidung der,

in den, durch das

Königliche Policey-Directorium

in denen

Zeitungen, Intelligenzien und öffentlichen Aushängen

bereits publicirten Avertissement

von 15ten May a. c.

angedrohten Bestrafung nach Beschaffenheit derer Contraventionen, mit Legung des Gewerks und Gewerbes, Schliessung derer Läden, Gefängniß, öffentlicher Ausstellung, Tragung des Spanischen Mantels an dem Orte des Verbrechens, und nach Befinden mit der Festung, auf das genaueste zu achten haben.

Berlin,

gedruckt bey Christian Ludewig Kunst. 1764.

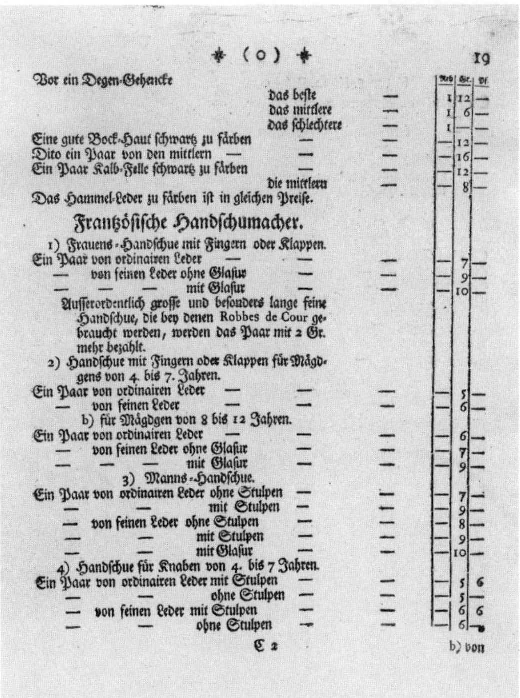

✱ (o) ✱ 19

	Rth	Gr.	Pf.
Vor ein Degen-Gehencke			
das beste —	1	12	—
das mittlere —	1	6	—
das schlechtere —	1	—	—
Eine gute Bock-Haut schwartz zu färben — —	—	12	—
Dito ein Paar von den mittlern — — —	—	16	—
Ein Paar Kalb-Felle schwartz zu färben — —	—	12	—
die mittlern —	—	8	—
Das Hammel-Leder zu färben ist in gleichen Preise.			
Frantzösische Handschumacher.			
1) Frauens-Handschue mit Fingern oder Klappen.			
Ein Paar von ordinairen Leder — — —	—	7	—
— von feinen Leder ohne Glasur — —	—	9	—
— — — mit Glasur — —	—	10	—
Ausserordentlich grosse und besonders lange feine Handschue, die bey denen Robbes de Cour gebraucht werden, werden das Paar mit 2 Gr. mehr bezahlt.			
2) Handschue mit Fingern oder Klappen für Mägdgens von 4. bis 7. Jahren.			
Ein Paar von ordinairen Leder — — —	—	5	—
— von feinen Leder — — —	—	6	—
b) für Mägdgen von 8 bis 12 Jahren.			
Ein Paar von ordinairen Leder — — —	—	6	—
— von feinen Leder ohne Glasur — —	—	7	—
— — — mit Glasur — —	—	9	—
3) Manns-Handschue.			
Ein Paar von ordinairen Leder ohne Stulpen — —	—	7	—
— — mit Stulpen — —	—	9	—
— von feinen Leder ohne Stulpen — —	—	8	—
— — mit Stulpen — —	—	9	—
— — mit Glasur — —	—	10	—
4) Handschue für Knaben von 4. bis 7 Jahren.			
Ein Paar von ordinairen Leder mit Stulpen — —	—	5	6
— — ohne Stulpen — —	—	5	—
— von feinen Leder mit Stulpen — —	—	6	6
— — ohne Stulpen — —	—	6	—

C 2 b) von

Preisvorschriften für Handwerker, über deren Einhaltung das königliche Polizeidirektorium wachte, Berlin 1764. Titelblatt und Seite mit Preisfestlegungen für die Erzeugnisse der französischen Handschuhmacher

Rohstoff Alaun, denn in Freienwalde gab es eine Alaunmine, die von dem Hugenotten Isaac Labes zeitweise in Pacht betrieben wurde. Vermutlich waren die Ursachen doch Absatzschwierigkeiten bei den teuren Glacéhandschuhen, denn das Volk konnte sich allenfalls Handschuhe aus Stoff oder Pelz leisten.

Zieht man eine Zwischenbilanz, so kann man feststellen: Die beträchtliche Vervollkommnung des Textil- und Bekleidungshandwerks durch die Hugenotten war von enormer Bedeutung für das Berliner Wirtschaftsleben. Es wurden wesentlich bessere Tuche hergestellt und das Sortiment zu einer bis dahin nicht gekannten breiten Palette erweitert. Hinzu kam die Herstellung von Tressen, kunstvollen Gold- und Silberborten, Quasten und Bändern aller Art. Die Berliner Samt- und Seidenindustrie wurde von den Hugenotten begründet. Daß sie die Technik des gewirkten Strumpfes einführten, war von besonderer Bedeutung. Fördernd wirkten sich auch die auf höherem Niveau stehenden Nebengewerke aus, wie die Färberei, die Schneiderei mit ihren besseren Schnitten nach den neuesten Moden aus Frankreich und die verbesserte französische Lederzubereitung für Schuh- und Handschuhmacher.

Schmuck, Uhren, Glas, Metall

Einen großen Beitrag haben die Réfugiés auch zur Entwicklung der Goldschmiedekunst in Berlin geleistet. In Frankreich hatte die Goldschmiede-, Juwelier- und Schmuckmacherkunst unter König Ludwig XIV. ein hohes Niveau erreicht. Die zugewanderten Juweliere und Goldschmiedemeister haben diesem Handwerk, das in Berlin natürlich schon vorhanden war, zur wirtschaftlichen Prosperität verholfen, weil sie eine Vielzahl von Spezialisten in ihren Reihen hatten. In Frankreich arbeiteten die »orfèvres«, »joailliers« und »bijoutiers« getrennt. Der Gold- oder Silberschmied fertigte z. B. Tafelgeschirr aus Gold bzw. Silber an, der Juwelier faßte Diamanten, Perlen und andere Edelsteine ein, und der Schmuckmacher stellte goldenen Schmuck her. Alle drei nahmen hinsichtlich ihrer Kunstfertigkeit und ihres Wohlstandes eine besondere Stellung unter den Gewerken ein.

Neben den Strumpfwirkern, Wollwebern und Schuhmachern stellten die Schmuckhersteller nun eine der größten Einwanderergruppen. Immerhin zählte man im Jahre 1700 52 Meister in den Städten Berlins. Dabei fällt auf, daß die meisten Juweliere, Goldschmiede, Graveure und Schmuckmacher in der Stadt Cölln, nahe dem Schloß

Silberne Vase von Jean
Frédéric Godet, um 1822

wohnten. So lebten 1739 die Graveure Jacob und Henry Barbiez, die Juweliere Zacharie Razés und André Leon und der Goldschmied Isaac Nicolas in der Breiten Straße; Pierre Gaillard, Jérémie Payot, Jean Noret, Jacques Roman, Jean Fistaine, Jacob Gimel, Gabriel Mercier, Pierre Modera und Isaac David Quantin fertigten ihre Goldschmiede-, Juwelier- und Graveurarbeiten in der Brüderstraße. »Unter den Arkaden« wohnten der Graveur Bridoux, der Goldschmied Guillaume, die Juweliere Chomel und Deneria. Auf der Schloßfreiheit hatten der Graveur Charles Barbiez, die Goldschmiedemeister Samuel und Daniel Coliveaux ihre Werkstätten. Der Goldschmied und Graveur Paul Couet wurde am 2. August 1688 zum »Graveur des Hofes« ernannt.

Es waren die geschickten französischen Graveure, die das Berliner Goldschmiedehandwerk besonders zur Blüte brachten. Barbiez und andere waren Münzgraveure und »ciseleurs«. Sie arbeiteten als hochbezahlte Medailleure mit 600 Taler Jahresgehalt bei der königlichen Münze und fertigten königliche Siegel an. Ein Enkel von Jacob Barbiez wurde Maler in der Berliner Porzellanmanufaktur, ein anderer Enkel war Zeichenlehrer am Hofe. Übrigens stand die Malerei der Berliner Porzellanmanufaktur unter der Leitung des Emaillemalers Isaac Jacob Clausse und wurde durch ihn besonders geprägt.

Anfangs arbeiteten die refugierten Goldschmiedemeister als Freimeister. 1713 vereinigten sich dann französische und deutsche Goldschmiede zu einem Gewerk. Das Altmeisteramt sollte fortan lebenslänglich sein. Der aus Rouen gebürtige »lapidaire« (Steineinfasser) Baret unterschrieb 1755 ein Dokument als Mitglied und Altmeister sämtlicher Gold- und Silberschmiedearbeiter von Berlin. Weitere französische Altmeister waren im 18. Jahrhundert Payat, Soudrat, Causse, Guillaume und Ferre. Welch starke Position die französischen Goldschmiede und Juweliere innerhalb der kombinierten Zunft hatten, zeigen folgende Angaben: Unter den 39 Hofgoldschmiedemeistern und -juwelieren des 18. Jahrhunderts befanden sich 15 Hugenotten: u. a. Isaac Nicolas, François Philippe Gillet, Samuel und Daniel Coliveaux, drei Reclams und Jean George Humbert. Vor allem die Jordans, Reclams, Baudessons, Coliveaux' und – später – die Godets bildeten wichtige Dynastien in Sachen Schmuck und Gold. Die Familie Godet war außerdem bis 1945 Hauptlieferant von Orden jeglicher Größe und Art. Die Humberts organisierten als erste ihre Arbeit fabrikmäßig mit Walz- und Stoßwerken sowie Passigbänken. Die Firma beschäftigte 1804 108 Personen, darunter 28 zünftige Meister, und stellte für 100 000 Taler Goldschmiede- und Bijouteriewaren her.

Bekannt ist, daß König Friedrich II. eine besondere Vorliebe für Schnupftabakdosen hatte. Er besuchte schon als Knabe, zumeist vor der Militärparade, die Werkstatt von Coliveaux und ließ sich von ihm alle Arbeitsgänge und -geräte erklären, die für die Herstellung der damals äußerst beliebten Dosen notwendig waren. Samuel Coliveaux stellte in Berlin die erste goldene Schnupftabakdose her. Solche meistens reich verzierten Tabatièren kosteten 5000 bis 15000 Taler. Zum Vergleich: Der gesamte Kirchenetat der französischen Gemeinden in Brandenburg-Preußen betrug etwa 15000 Taler, oder, um ein anderes

Kassette mit farbig unterlegten Glastafeln und vergoldetem Schnittdekor, gefertigt von Pierre Fromery, Berlin, um 1700

Beispiel zu nehmen, der Geldwert einer kostbaren Tabakdose hätte ausgereicht, um damit das Gehalt eines Pfarrers der Französischen Kirche 60 Jahre lang zu bestreiten.

Sehr eng mit der Bijouterie verbunden sind die Steinschneiderei und die Diamantenschleiferei. Hervorragende Steinschneider in der französischen Kolonie in Berlin waren Samuel Moute, Daniel Simon, François Cavalier, Pierre Lambert, Pierre Houlon und Jean Montandon. Dagegen entwickelte sich die Diamantenschleiferei unter den Berliner Hugenotten kaum. Die berühmten Juweliersfamilien Reclam und Baudesson ließen ihre Diamanten zumeist auswärts schleifen, da es ihnen nur in einem Fall gelang, einen qualifizierten Diamantenschleifer nach Berlin zu ziehen.

Eine weitere Neuigkeit der Schmuckverarbeitung und -ausstattung bot François Claude Théremin an. Théremin übte das Handwerk eines Emailleurs aus. Er hatte auf mehrjährigen Studienreisen in London und Paris seine Kenntnisse auf diesem Gebiet erweitert und vervollkommnet. Nach seiner Rückkehr stellte er durchscheinende Emaille her, die einen bisher unbekannten Grad künstlerischer Vollendung erreichte. Er zog fähige Handwerker aus Genf und Paris nach Berlin. Die finanzkräftigen Gebrüder Jordan erkannten sein künstlerisches Talent und nahmen ihn in ihre Firma auf. Die Bijouteriefabrik der Gebrüder Jordan war neben dem Humbertschen Unternehmen die größte Firma dieser Branche in Berlin.

Nicht geringe Anstrengungen unternahmen die hugenottischen Einwanderer ferner, um die Uhrenherstellung in Brandenburg-Preußen zu entwickeln, aber der entscheidende Durchbruch blieb ihnen versagt. In Berlin gehörten die Uhrmacher ziemlich lange der Schlosserinnung an. Erst 1752 trennten sich die Turmuhrmacher von den Feinuhrmachern. Die Uhrmacher der Stadt beschäftigten sich vorwiegend mit dem Anbringen und der Reparatur von Uhren. Die Einzelteile für Taschenuhren wurden aus Genf oder England importiert. Ebenfalls aus Genf kamen Uhrmacher nach Berlin, die auch die ersten waren, die nicht nur Uhren reparierten, sondern auch welche herstellten. Der erste hugenottische Taschenuhrmacher war Antoine Jercelat, der aus Grenoble stammte und – nach einer Zwischenstation in Genf – 1688 in Berlin eintraf. Jercelat brachte für 3 000 Taler Ersatzteile und Uhren mit. Weitere Uhrmacher, die um 1700 in Berlin ihrem Handwerk nachgingen, waren Jean Dunont, Louis le Roi, Jacob Huet und Jacob Cuny. Die Uhren ihrer Kollegen Petitot, Ougier, Martinet, Ravenez, Racine und George waren später im In- und Ausland geschätzt. Louis George stieg sogar zum Hofuhrmacher auf, seine Musikuhren fanden viel Anklang.

Der Hugenotte Antoine Charles verfaßte 1751 eine Denkschrift, in der er Vorschläge unterbreitete, wie die einheimische Uhrenfabrikation gegenüber der Schweizer Uhrenindustrie konkurrenzfähig zu machen wäre. Das Tragen von Taschenuhren, so stellte er fest, habe sich zu einer Modeerscheinung entwickelt. »Man weiß wohl, daß der größte Teil derer, die Uhren kaufen, es mehr aus Eitelkeit tun und um sich zu rühmen, als weil sie ein wirkliches Bedürfnis haben, und da die Mittel nicht immer den Wünschen der Eitelkeit entsprechen, so ist der billige Preis eine unabwendbare Bedingung, der sich der Uhrmacher unterwerfen muß; den meisten Käufern macht es wenig aus, ob die Uhr hervorragend ist, wenn es nur eine Uhr ist.«

Friedrich II. griff die Ideen von Charles auf und veranlaßte, daß alle Uhren, besonders die »mit Klavier und Flöten«, wie sie in Locles und Chaux-de-Fonds gebaut wurden, in Berlin angefertigt werden sollten. Im Jahre 1765 warb man zu diesem Zweck den Genfer Uhrmacher Abraham Louis Huguenin an, der als Unternehmer für die fabrikmäßige Herstellung von Uhren aller Größen eingesetzt wurde. Huguenin verwirtschaftete einen großen Vorschuß und floh 1775 ins Ausland. Sein Nachfolger Truitte verbrauchte 70 000 Taler, ohne große Erfolge aufweisen zu können. Man verjagte ihn wegen seiner mangelhaften Wirtschaftsführung. In den Jahren 1780/81 wurde in Friedrichsthal bei Oranienburg ein Filialbetrieb für kleine Uhrenwerkteile eröffnet. Dort siedelten sich vorwiegend Genfer Kolonisten an, die nach dem Muster des bekannten Uhrmachers Pierre Jaquet Droz aus Chaux-de-Fonds arbeiteten.

Der hugenottische Kaufmann Jacques Hovelac übernahm die Truittesche Konkursmasse und die »Uhrmacherkolonie« in Friedrichsthal, die das ländliche Nebengewerbe fördern sollte. Aber auch Hovelac hatte keinen Erfolg, obwohl er bis 1793 28 000 Taler als Stützungsgelder erhielt. Die Konkurrenz aus Genf und Neufchâtel war zu groß. Arbeiteten 1782 im Hovelacschen Unternehmen noch 39 Angestellte und Arbeiter, so waren zehn Jahre später nur noch neun Arbeiter in Friedrichsthal und fünf in Berlin bei ihm beschäftigt. Hovelac mußte die Fabrikation von Taschenuhren einstellen, da sie nicht abgesetzt werden konnten. Er beschränkte sich fortan auf die Herstellung von Standuhren. Daß die Berliner Uhrenindustrie nicht die erhoffte Entwicklung nahm, zeigt auch die geringe Gesamtzahl der Beschäftigten in dieser Branche: 1804 waren es nur 26 in den drei Uhrenfabriken der Stadt.

In einem Bereich der Uhrmacherei haben die Berliner Uhrmacher, einschließlich ihrer französischen Kollegen, allerdings Vortreffliches geleistet, nämlich in der Herstellung von Walzenspieluhren. Der Publizist und Herausgeber Friedrich Nicolai rühmt in seinem »Baedeker« über Berlin und Potsdam diese Flöten- und Harfenuhren, daß sie in den feinsten musikalischen Delikatessen nichts zu wünschen übrig ließen, daß sie Bravourarien und ganze Flötenkonzerte mit größter Nettigkeit und so sauber wiedergäben, daß man einen Virtuosen zu hören glaube, und durch äußeren Zierat dem Auge so angenehm wären wie dem Ohr.

Flötenspieluhr, gefertigt von Louis George, Berlin, und J. F. Jacob, um 1770

Auch an der Errichtung von Glashütten haben die Réfugiés einen bedeutenden Anteil. Zwar konnte in Berlin aus Mangel an Brennholz keine Glashütte gebaut werden – ein Versuch um 1700 in Cölln scheiterte aus diesem Grund –, doch indirekt blieb die Residenzstadt mit der Glasproduktion verbunden. Schon seit 1653 gab es eine Glashütte in Grimnitz bei Eberswalde, 1685 folgte eine weitere in Joachimsthal. Nach ihrer Einwanderung gründeten die hugenottischen Adligen Louis de Houx, Jacques de Baunay de Beauchamp und Pierre und Louis de Condé – in Frankreich war die Glasherstellung dem Adel vorbehalten – in Pinnow bei Oranienburg eine Hütte, die aber bald (1690) einer übermächtigen Konkurrenz erlag.

Zu dieser Konkurrenz gehörten die Glashütten bei Drewitz, auf der Pfaueninsel und auf dem Hakendamm bei Potsdam. Alle diese Hütten leitete der durch seine Rubingläser berühmte »Chymicus« Johann Kunckel. 1692 mußte er jedoch seine auf Lebenszeit gepachtete Glashütte auf dem Hakendamm an den Hugenotten Simon de Tournay abtreten. Tournay hatte bei Hofe vorgegeben, ungewöhnliche Kenntnisse in der Glasfabrikation zu besitzen. Kurfürst Friedrich III. mußte aber später feststellen, daß Tournay nicht in der Lage war, seine Versprechungen zu halten. Eine weitere Konkurrenz für die Pinnower Glashütte bildete die in Neustadt an der Dosse. Sie war 1673 vom Landgrafen Friedrich von Hessen-Homburg mit Hilfe deutscher und französischer Reformierter gegründet und später vom brandenburgischen Kurfürsten erworben worden. Die Leitung wurde vom Kurfürsten dem nach Berlin abgeworbenen Niederländer Henri de Moor übertragen. Und nachdem noch weitere Spezialisten aus Frankreich und anderen Ländern angeworben worden waren, entstand bei Neustadt an der Dosse eine regelrechte Fabrikgemeinde, die – geleitet von den de Moors und später von Jean Henri de Colomb – so hervorragendes Spiegelglas herstellte, daß es mit den venezianischen Erzeugnissen konkurrieren konnte. Leider wurden sehr schöne große Spiegel aus der de Moorschen Manufaktur im zweiten Weltkrieg im Berliner Schloß Monbijou zerstört.

Die kaufmännische Zentrale des Neustädter Unternehmens war in Berlin, da hier der Verkauf und der Versand der Spiegel und Gläser stattfanden. Auch die Kontrolle der kommerziellen Entwicklung der Glashütte, die in Amsterdam, Den Haag und Leipzig ebenfalls Magazine und Kontore unterhielt, erfolgte in Berlin durch die kurfürstlichen Kommissare Isaac Dalençon und Paul Jaquet. 1769 gelangte die Glashütte durch Kauf an die Firma Splitgerber u. Daum (später Schickler u. Splitgerber), die mächtigsten Bankiers, Waffen- und Zukkerproduzenten Brandenburg-Preußens. Die Niederlage der Glashütte befand sich jahrzehntelang unter Schickler u. Splitgerber im Hause der schon erwähnten Kaufmannsfamilie Jordan auf dem Friedrichswerder in der Unterwasserstraße 4.

Um die Metallbearbeitung in Berlin und Brandenburg-Preußen machten sich die Réfugiés ebenfalls verdient. Sie gaben Anregungen für ihre Weiterentwicklung. So ließ der Kurfürst Etienne de Cordier aus der Hugenottenkolonie Erlangen nach Berlin holen und ernannte ihn 1691 zum Direktor sämtlicher kurfürstlicher Eisenhütten und Gießereien. Cordier, der den Titel eines Hofrats erhielt, war ein Experte auf dem Sektor der Waffenherstellung. Er legte Pläne für den Bau von eisernen Kanonen, Bomben und Carcassen (Brandbomben) vor und gab damit den Anstoß für die technische Aufrüstung des brandenburgisch-preußischen Heeres. Seit 1698 verwaltete er gemeinsam mit dem in Berlin und Eberswalde ansässigen Moses Aureilhon den »Blechhammer« in Heegermühle bei Eberswalde, der vom Bankier Le Jeune finanziert wurde. Zur gleichen Zeit übernahm der Réfugié Jean Carita aus Metz eine Messingfabrik und eine Drahtzieherei in Heegermühle, die beide später in das Splitgerbersche Imperium aufgenommen wurden.

Der schon als Hersteller metallener Knöpfe erwähnte Hugenotte Pierre Froméry bekam 1687 den Titel eines Hofbüchsenmachers. Froméry war ein wendiger Mann und vielseitiger Handwerker mit einer bevorzugten Stellung bei Hofe. Neben reichverzierten Waffen fertigte er feine Schlosserarbeiten an, stellte Siegel her, konnte Schmuck arbeiten und handelte mit Juwelen. Über ihn gibt es eine Anekdote, die Daniel Chodowiecki im Bilde festgehalten hat, noch heute zu sehen in der Rathausbibliothek in Berlin: Die Kurfürstin übergibt Froméry einen kostbaren Schmuck zur Reparatur. Kurfürst Friedrich Wilhelm, der ihn offenbar nicht kennt, äußert Bedenken über die Vertrauensseligkeit seiner Gattin, worauf diese erwidert: »Mais c'est un réfugié« – »Aber das ist doch ein Réfugié.« Auch die Franzosen Meunier, Petitjean und Montendon wurden Hofbüchsenmacher.

Daneben gab es die sogenannten Schwertfeger (Waffenschmiede) Poirat, Trouillard und Buyrette, die in der Nähe des Berliner Schlosses ihre Werkstätten hatten. Da das französische Schlosserhandwerk sich durch feinere Arbeit auszeichnete, wurde schon 1687 eine Verordnung erlassen, nach der die deutsche Schlosserzunft französische Meister aufnehmen mußte.

Für die Vielfalt der Fertigkeiten, die hugenottische Handwerker mitbrachten, sprechen auch die folgenden Beispiele: Pierre Cailette

Tischuhr von Pierre Froméry, Berlin Ende 17. Jh. Die Uhr ist mit Weckglocke und Steinschloßfeuerzeug, das eine Kerze anzündet, kombiniert

und Ravené waren im 18. Jahrhundert bekannte Glockengießer. Henri Rollet hatte lange Zeit ein Monopol bei der Herstellung von Feuerspritzen. Er setzte sich übrigens aktiv für den Brandschutz in Berlin ein und wurde 1723 zum Generalkommissar für den Berliner Feuerschutz ernannt. Später stellte Jérémie Michault, der seine Manufaktur an der Schleusenbrücke hatte, Feuerspritzen sowie Wasserkunströhren und Zinnsärge her. Die Zinngießerei spielte Anfang des 18. Jahrhunderts noch eine bedeutende Rolle. Da viel Geschirr aus diesem

Metall hergestellt werden mußte, fanden die französischen »Zinntöpfer« (potiers d'étain) ein reiches Betätigungsfeld. Bekannt waren damals Pierre und Daniel Catel aus Sedan. Pierre Catel wurde 1690 zum »Hofzinntöpfer« ernannt.

Toussaint, ebenfalls aus Sedan, fertigte Formen aus Zinn zum Gießen von Kerzen. Unter den Vorfahren Theodor Fontanes waren neben Strumpfwirkern auch Zinngießer, die ihre Werkstatt in der Straße »Unter den Linden« hatten. Etienne Theveny aus Metz stellte Leuchter aus Zinn her, die sich durch ihre grazile Form auszeichneten. Gegen Ende des 18. Jahrhunderts starb die Zinngießerei jedoch fast aus, da das billigere Steingut und auch Porzellan immer mehr bevorzugt wurden.

Auch zahlreiche kleinere Gewerke, die mit den Zuwanderern nach Berlin kamen und mit staatlichen Mitteln gefördert wurden, waren für das Berlin um 1700 sehr wichtig. So verstärkten die französischen Kupferschmiede Bunon, Bouillon und Blanvalet das deutsche Kesselschmiedegewerk in der Stadt. Eine privilegierte Stellung hatte der Kupferschmied Bouisset inne, der die Dekorationen für das Berliner Schloß herstellte. Im allgemeinen aber waren Schnapsbrenner, Brauer und Färber im In- und Ausland Hauptabnehmer der Erzeugnisse dieser Zunft.

Doch auch Spezialisten wie der Laternenmacher Claude Bugnau, die Nadler Louches und Pouget, der Ösenmacher Jacob George, der Scherenschleifer Daniel Gau, der Vergolder Jacob Vouchard, der die aus Italien bzw. ursprünglich aus dem Orient stammende Kunst des Damaszierens (eine besondere Verarbeitung von Klingen und Gewehrläufen) beherrschte, und auch die Etuihersteller Faucher und Marconnier bewiesen ihr großes handwerkliches Können. Die »künstlichen Gelbgießer« und Gürtler, darunter auch ein Mitglied der Familie Ravené in der Jägerstraße, erlangten mit ihren vorzüglichen Arbeiten aus »Argent haché« (versilbertem Metall) und aus vergoldeter Bronze einen so guten Ruf, daß sie zu einer ernsthaften Konkurrenz für die Gold- und Silberschmiede wurden.

Spezielle Gewerbe – gefragte Perückenmacher

Das Gießen von Talglichtern in metallenen Formen haben die Réfugiés in Berlin ebenfalls eingeführt. Die hugenottischen Kerzenmacher sahen sich im Berliner Zunftleben allerdings bald ernsthaften Schwierigkeiten gegenüber. Da sie keine eigene Zunft bildeten, sondern sich mit einer allgemeinen Gewerbeerlaubnis begnügten, wurde ihre Tätigkeit zusehends eingeschränkt, zumal die deutschen Seifensieder 1735 das Privileg, Kerzen herzustellen, erhalten hatten. Nach einem Prozeß wurde den französischen Kerzenmachern im April 1752 die Ausbildung von Lehrlingen und Gesellen untersagt, falls sie nicht der deutschen Zunft beiträten. Die Folge war, daß von ehemals 43 französischen Kerzenmachermeistern im Jahre 1785 nur noch acht tätig waren. Ihre Weigerung, in die deutsche Zunft zu gehen, bewirkte ihren eigenen Abstieg. Gleichzeitig zeigt dieses Beispiel aber auch, daß die Zunftordnung im preußischen Absolutismus die Entwicklungsmöglichkeiten des Handwerks erheblich behinderte.

Mit der Herstellung von Seife befaßten sich ebenfalls unzünftige Handwerker der französischen Kolonie. Antoine Itier gelang es, eine größere Manufaktur zur Erzeugung von grüner Seife aufzubauen. Damit befand er sich zeitweise in einer konkurrenzlosen Stellung, da die deutsche Seifensiederzunft auf die Manufaktur keinen Einfluß ausüben konnte.

Ein Luxusberuf par excellence war der Beruf des Perückenmachers. Die französische Mode mit ihren riesigen Allongeperücken, die vom Leibfriseur Ludwigs XIV., Binette, kreiert wurden, setzte sich auch am brandenburgischen Hof durch. Binette äußerte, er sei bereit, das Haar von den Köpfen aller Untertanen abzuschneiden, um das Haupt des Königs zu bedecken. Er verwandte schulterlanges, gelocktes Haar für dessen Kopfschmuck. Unter den eingewanderten Réfugiés in Berlin gab es eine ganze Reihe von Perückenmachern; um 1700 waren es 35 Meister, gegen 1785 gehörten etwa 100 Perückenmacher zur französischen Kolonie. Sie alle suchten in Berlin und in den umliegenden Dörfern nach passendem Haar für ihre Perücken. Eine kostspielige Perücke kostete bis zu 1000 Taler, für die billigsten mußte man zwei Taler bezahlen.

Kurfürst Friedrich III. nutzte die neue Mode aus, um von den Perückenträgern eine Steuer zu erheben. Oberster Perückensteuerbeamter wurde der Hugenotte Elie Papus de la Verdaugerie. Er bekam aber bald Schwierigkeiten bei der Eintreibung dieser Abgabe. Hofbeamte und Adlige zu besteuern war eben keine einfache Sache! 1717 wurde die Perückensteuer wieder abgeschafft.

Unter den Perückenmachern brachten es manche zu beachtlichem Reichtum. So besaß der »perruquier« Louis Mitte des 18. Jahrhunderts fünf Häuser in Berlin. Auch Guillaume Bridou, Perückenmacher des Kurfürsten, ferner Michaux, Michelet, Hublot, Barrault, Barraud, Colas und Hervel zählten zu den Wohlhabenden. Da die Soldaten der preußischen Armee unter Friedrich Wilhelm I. mit Zopfperücken ausgestattet wurden, hatte dieses Gewerbe Hochkonjunktur. Mit der Änderung der Haarmode nach 1800 verlor es dann an Bedeutung.

Bereicherung der Berliner Küche

Vielfältig waren die Einflüsse der Hugenotten auf dem Gebiet der Ernährungswirtschaft (vgl. S. 408ff.). Die französischen Bäcker haben Weißbrot und Milchbrötchen in Berlin verbreitet, zumal sie im Gegensatz zu den deutschen Bäckern das Recht hatten, ihre Ware in allen Stadtteilen zu verkaufen. Auch die »confituriers« und »pâtissiers« boten den Berlinern feinere Backwaren, Bonbons, kleine Desserts, Dragees und Pastillen an. Bekannte refugierte Zuckerbäcker waren Liot, Hazard, Taillefer und Crégut. Französische Gewürzbrotbäcker verließen allerdings wegen Absatzmangels die Stadt bald wieder. Ansonsten aber erfreuten sich die süßen Erzeugnisse der Franzosen bei den Berlinern lange großer Beliebtheit. So wirkten Konditorei und Café der Familie d'Heureuse zu Anfang des 19. Jahrhunderts wie ein Magnet auf die Bevölkerung, ja, sie entwickelten sich nahezu zu einem kulturellen Mittelpunkt. Die Berliner genossen die Spezialitäten des Hauses, lasen Zeitungen, diskutierten über die politische Lage und erzählten sich den neuesten Klatsch.

Eine recht günstige Ausgangssituation hatten dank ihrer Beziehungen zu Frankreich und ihrer Kenntnisse die französischen Weinhändler. Der Apotheker der französischen Kolonie in Berlin Antoine Palmié betrieb als erster nebenbei Weinhandel. Sein Neffe und Schwiegersohn Jean Michel Palmié dehnte den Handel so aus, daß er die Apotheke des Onkels aufgeben konnte. Die Weine kamen über Stettin und wurden nachweislich mit Hilfe noch in Frankreich lebender Familienmitglieder von dort bezogen.

Der Weinanbau selbst in und um Berlin gewann allenfalls den Wert einer Hobbygärtnerei. Seine Erzeugnisse erreichten nur eine mäßige Qualität. Eine Anekdote veranschaulicht dies: Ein höherer Offizier aus der Gascogne war Gast des Kurfürsten. Dieser bot ihm eine Kostprobe Potsdamer Weines an. Der Franzose aber lehnte mit den Worten ab: »Cadedis! – Zum Henker! – Durchlaucht, ich glaube, daß alle Drosseln, die von den Trauben gekostet haben, an Kolik gestorben sind!«

Da das Braurecht in Berlin leicht zu erwerben war, ließen sich einige Réfugiés als Brauer in Berlin nieder. Die französischen Brauer stellten im Unterschied zu dem schweren »Mord-und-Totschlag-Bier« der Deutschen ein recht schmackhaftes leichtes Bier her. Paul Jacob Marperger schreibt in seinem 1716 in Hamburg erschienenen »Vollständigen Küch- und Keller-Dictionarium«: »Insgemein von dem Berlinischen Biere zu reden: ist in Berlin wohl viererley Bier, als das sogenannte Kupen-, dann das Stadt-, drittens das so genannte Frantzosen-Bier, welches die Frantzösischen Flüchtlinge zu brauen angefangen und auf leichte Tisch-Bier-Art herauskommt. Solchem auch will Schuld gegeben werden, als ob es mit Ochsen-Galle bitter und mit Sodt aus dem Schornstein schwartz-braun gemachet würde, wiewohl es die meisten negieren. Und endlich ist auch ein gutes gesundes, dem Breyhan fast gleichendes Weiß-Bier zu haben.«

Die Berliner waren das leichte französische Bier nicht gewohnt und begegneten ihm anscheinend skeptisch. Aber auch Konkurrenzneid der deutschen Brauer könnte Anlaß zu solch galligen Bemerkungen gegeben haben. Dafür wurde jedoch das französische Weißbier später geradezu zu einem Berliner Nationalgetränk.

Die Branntweinbrennerei hatte seit 1600 einen stärkeren Aufschwung in Berlin erlebt, wurde aber vorwiegend von den Brauern betrieben. Die Destillateure und Branntweinbrenner aus Frankreich etablierten sie nun als einen gesonderten Spezialzweig an der Spree. Die Réfugiéfamilien George, Claude und Jouin waren über mehrere Generationen führend bei der Herstellung von Kornsprit; zusätzlich trieben sie auch noch Getreidehandel. Sie lieferten große Mengen rohen Sprits an die Apotheker, Destillateure und Aquavitmacher. Die Destillateure durften, nach einem Bericht aus dem Jahre 1737, 32 verschiedene Aquavite herstellen; die Apotheker hatten sich ebenfalls noch 15 »Liköre und Wässerchen« vorbehalten. Die Hugenotten Grand und Beringuier, die in der Poststraße ansässig waren, machten gegen Ende des 18. Jahrhunderts mit großem Erfolg ausländische Fabrikate, wie Rum und Arrak, nach.

Eine weitere Spezialität der Franzosen war die Würstchenherstellung. Es hatte sich eine Reihe von »faiseurs de saucisse« (Würstchenmachern) in Berlin niedergelassen. Einer der ersten, die diesem Gewerbe nachgingen, war Isaac Braçonnier. Einige brachten es sogar zu einem gewissen Wohlstand, darunter z. B. François Lafont, der auf dem Friedrichswerder »Am Wasser« um 1740 ein schönes Haus besaß. Vielleicht ist diesen Würstchenmachern die bis heute so beliebte Berliner Bockwurst zu verdanken.

Das Gaststättengewerbe der Stadt war, bevor die Hugenotten einwanderten, noch recht bescheiden entwickelt. Die Berliner mußten sich mit einfachen Bier- und Branntweinschänken begnügen, außerdem boten die Krämer Wein zum Verkauf an. Für bessere Gast- und Speisehäuser sorgten erst die Franzosen. Da die Residenzstädte »zu accomodierung der auswärtigen Envoyez sowohl als andere ihrer Geschäfte halber anhero kommender Personen mit Wirtshäuser gar schlecht versehen« waren, bot der Hotelier und Traiteur Hazard aus Metz 1689 dem Kurfürsten an, nach Berlin zu kommen, um dort »zu der Frömbden bequemer Verpflegung« ein Hotel, ein sogenanntes Herrenlogement, einzurichten. Auch war er bereit, eine Brathähnchenstube, wie sie in Frankreich schon vielerorts existierte, zu eröffnen. Hazard durfte sein Hotel in der Nähe des Berliner Schlosses einrichten, aber die erwartete noble Kundschaft blieb aus, und nach 1694 wurde es still um dieses Unternehmen.

1704 zählte man in den fünf Residenzstädten 15 Gasthäuser, als deren vornehmste das »Wappen des Königs von Preußen« des Daniel Musset in der Brüderstraße und der »König von England« des Simonet in der Breiten Straße galten. In der Folgezeit zogen sich die Réfugiés aus diesem Gewerbe jedoch etwas zurück und traten dafür häufiger als »cabaretiers« (Schankwirte), »limonadiers«, »cafetiers«, »chocolatiers« und »billardiers« in Erscheinung. Der Berliner um 1700 war von einer wahren Tanzwut und Spielleidenschaft befallen, entsprechende Etablissements schossen wie Pilze aus dem Boden. Der Hof erließ zwar Verbote, um die Spielleidenschaft einzudämmen, und Pfarrer predigten von der Kanzel gegen die Unmoral und Unsitte. Für die Neueinrichtung von Billardstuben und kleinen Cafés wurden zahlreiche Beschränkungen erlassen; unter anderem mußte ein Sittenzeugnis vorgelegt werden. Tatsächlich aber befanden sich die meisten dieser Etablissements in der Nähe des Schlosses, und wir wissen, daß die Höflinge des prunkliebenden Königs Friedrich I. die beste Kundschaft bildeten. Übrigens mußten die Besitzer eine Art Vergnügungssteuer zahlen, die zugunsten der Armen Berlins verwendet wurde. Jahre später erhielt als einer der ersten der »Hof-Café-Haus«-Besitzer Olivier als »Maître du Café de Sa Majesté« ein Gehalt von 200 Taler von König Friedrich Wilhelm I.

Aus Metz, der Champagne und aus dem Languedoc kamen französische Gärtner und Bauern nach Berlin. Sie siedelten sich vorwiegend in der Stralauer und in der Köpenicker Vorstadt an. Im Jahre 1700 wurden immerhin 27 französische Gärtnerfamilien in Berlin registriert. Einige von ihnen, wie die Familien Bouché, Nicolas, Christophle, La Croix, George, Sessous, Richard und Mathieu, übten diesen Beruf über drei bis fünf Generationen in der Stadt aus. Manche

Franzosen, wie Ruzé, dem man wegen seiner Züchtungserfolge Zauberkräfte nachsagte, und Pierre Sarre, der dem König Frühkirschen lieferte, bekamen sogar königliche Pensionen. Andere Gärtner, wie George, Mathieu und Bouché, sind durch ihre Züchtungen in Treibhäusern bekannt geworden. Außerdem eröffneten sie auch die ersten Cafégärten und Ausflugslokale an der Peripherie Berlins. Die Schankwirtschaft des kleingewachsenen Franzosen »petit Martin« auf dem Rhabarbervorwerk nördlich der heutigen Gotzkowsky-Brücke in Berlin (West) führte vermutlich sogar zu einer Namensgebung. Dieses Etablissement hieß im 18. Jahrhundert im Volksmund »Martinicke«. Nördlich davon wurde später die Siedlung Martinickenfelde angelegt.

Die Hugenotten und ihre Nachfahren züchteten Feingemüse aller Art und sogar Südfrüchte, die aber nur von wenigen Zahlungskräftigen gekauft werden konnten. In alten Inseraten aus dem 18. Jahrhundert widerspiegeln sich die Leistungen der französischen Gärtner. Da bot der Gärtner Justin fünf verschiedene Sorten von Levkojensamen an, und Isaac Jollage zeigte an, daß er »gute Spargiß (Spargel)-Pflantzen ein Jahr alt, für 16 Groschen das Schock« verkaufe; auf Wunsch setzte er auch Orangenbäumchen vor die Fenster. Die verzweigte Familie Bouché, nach der in Berlin eine Straße benannt wurde, züchtete vor allem besondere Blumensorten, so z. B. 120 Arten Canna, Aurikeln, Nelken und Primeln. Sie stellte Herbarien für die Universität zusammen, und ihre Mitglieder wurden als Sachverständige zu Rate gezogen. Der Dichter und Botaniker Adelbert von Chamisso, der als Franzose enge Kontakte zu Angehörigen der französischen Kolonie besaß, benannte 1832 eine Pflanzenart zu Ehren der Brüder Bouché Bouchéa.

Wallonische, pfälzische und französische Réfugiés sorgten in der Uckermark und in der Altmark für den verstärkten Anbau von Tabak. In Berlin arbeiteten – zumeist in Heimarbeit – einige Réfugiés als Tabakspinner, und häufig verdienten Witwen ihren Unterhalt mit dem Verkauf von Tabakwaren. Ab 1713 durfte man den Beruf eines Tabakspinners nur ausüben, wenn man ihn erlernt hatte und ihm hauptberuflich nachging. Die Tabakspinner mußten sich außerdem unter Eid verpflichten, nur gutes Material zu verarbeiten. Die Kontrolle darüber oblag zwei deutschen und zwei französischen Schaumeistern. Der bedeutendste hugenottische Tabakhersteller war Samuel Schock in Potsdam, der auch eine Fabrik für Schnupftabak gründete. Aber das hugenottische Unternehmertum konnte sich auf diesem Gebiet nicht entfalten, da Tabakherstellung und -vertrieb häufig stark reglementiert wurden, so z. B. durch die Vergabe der Monopolkonzession an Moses und Gomperts im Jahre 1719 oder durch die Einrichtung der verhaßten General-Tabaks-Administration im Jahre 1766.

Auch Buchdrucker waren unter den Einwanderern in Berlin. Sie übernahmen den Druck von Psalmen, Bibeln und Andachtsbüchern in französischer Sprache. Aber die ausländische Konkurrenz war im Druckereigewerbe nahezu erdrückend, so daß sich die Hugenotten verstärkt dem Buchhandel zuwandten. Das heute noch existierende Leipziger Verlagshaus Reclam wurde von Nachkommen eines in Berlin eingewanderten Réfugiés gegründet.

In der Papierherstellung ragte nur die Papiertapetenfabrik von Benoit heraus, der längere Zeit in der Jägerstraße (heute Otto-Nuschke-Straße) sein Unternehmen hatte. Bekannt wurde auch eine Spielkartenfabrik, die Perrin 1723 gegründet hatte und die bis zum Ende des 18. Jahrhunderts in der Wilhelmstraße (heute Otto-Grotewohl-Straße) existierte.

Kaufleute und Bankiers

Eine beachtliche Rolle spielten die Hugenotten im Handel und im Bankwesen. Hier gaben sie der wirtschaftlichen Entwicklung Berlins kräftige Impulse, bildeten französische Händler, Kaufleute und »Bankiers« doch eine verhältnismäßig breite Schicht. Zwar führten ihre finanziellen Transaktionen häufig zu Mißerfolgen, doch erging es auch den deutschen Kaufleuten und Unternehmern damals nicht anders. Die Ursachen waren in der Regel in der unterentwickelten Wirtschaftsstruktur Brandenburg-Preußens und den zahlreichen Reglementierungen zu suchen.

Bei der Einwanderung hatten die Kaufleute, Händler und Krämer neben den Réfugiés aus der Textilbranche die zahlenmäßig größte Gruppe gestellt. Einige von ihnen waren wohlhabend, wie der Kaufmann Espagne und der Tabakfabrikant Harenc. Manche dieser Franzosen verliehen ihr Geld zinstragend an den Kurfürsten. Nachweisbar sind 41 solcher Darlehen in den Jahren 1687 bis 1690, wobei zwischen 100 und 4000 Taler verliehen wurden. Die Gesamtsumme betrug ungefähr 84000 Taler. Die Zinsen lagen zwischen fünf, sechs und acht Prozent. Einige Kreditgeber erhielten keine Zinsen, sondern eine Bestallung am Hofe, was dem in Frankreich üblichen Ämterkauf gleichkam. Zu den größten Geldgebern der kurfürstlichen Kasse gehörten le Roux, Ancillon, Dumas, Bourgeat und Repey.

Zwischen 1700 und 1703 legten zumeist höhere Offiziere, Beamte

Rechte Seite: Kaufmannsbrief der deutsch-französischen Kaufmannschaft zu Berlin für François Roussel, Berlin 1747. Der Kupferstich stammt von Friedrich Georg Schmidt, 1743

Receptions-Schein

Daß dato vermöge Seiner Königl. Mayst. in Preußen allergnädigster Verordnung Herr francois Roussel nach vorgängiger von Ihm geschehenen Ansuchung, und hierzu erforderlich befundenen Requisitis, sich bey der hiesigen Teutschen und Frantzösisch-Combinirten Kaufmannschafft laut Protocoll Lit. B pag 183 recipiren laßen; Auch die deshalb erforderliche Gebühren baar und richtig bezahlet; Solches wird mit eigenhändiger Unterschrifft von Uns jetziger Zeit Aeltesten hiesiger Kauffmannschafften und mit dem hierunter im Druck beygefügten gewöhnlichen Gülde-Insiegel attestiret. Geschehen Berlin den 27 9bre Anno 1747.

Jean George Hainckelin
Joh. Joachim Buchholtz
Friedrich ... Hoffmann

und verschiedene Kaufleute etwa 85 000 Taler mit sechs Prozent Zinsen beim Kurfürsten an. Namhafte Geldgeber waren seinerzeit die Familien le Beaume, Mirande, Martineau, Bangery, Malchar, Ruien, Bancelin, le Cornu, du Sableau, Allard, du Chenois, Teissier, aber auch das »Hôtel de Refuge« und Cesar Godefroy, später eine der mächtigsten Kaufmannsfamilien in Hamburg. Dem Umstand, daß manche Hugenotten ein beträchtliches Vermögen mitgebracht hatten, steht allerdings auch die Tatsache gegenüber, daß die meisten Ankömmlinge Berlin fast unbemittelt erreichten, da sie auf ihrem langen Fluchtweg mit mehreren Zwischenstationen ihr womöglich gerettetes Vermögen längst aufgebraucht hatten.

Als erfolgreiche »Kapitalisten« der Anfangszeit können Prudhomme, Hainchelin, Rollet und Huot gelten. Über ihre Geschäfte sind kaum Einzelheiten bekannt, wir wissen nur, daß sie als Heereslieferanten und Vermittler des Kurfürsten in Erscheinung traten. Als entscheidender Vorteil der französischen Kaufleute und Händler gegenüber den deutschen Konkurrenten erwiesen sich ihre erstklassigen Beziehungen zu den Niederlanden, zu England, Dänemark, Schweden, Rußland und nicht zuletzt auch noch zu Frankreich. Diese Auslandsbeziehungen wußten auch die preußischen Könige Friedrich I. und Friedrich Wilhelm I. zu nutzen. Sie veranlaßten in den Niederlanden und in großen deutschen Städten, teilweise ohne Kenntnis des französischen Konsistoriums in Berlin, über Mittelsmänner eine Kollekte zugunsten der ärmeren brandenburgischen Gemeinden. Das gesammelte Geld floß nicht etwa in die Kassen der Kirche, sondern in die Manufakturkasse bzw. in die »Kurmärkische Landschaft«. Ähnlich verhielt es sich mit einer bedeutenden Kollekte für die Orangeois, von der große Teile zu festen Zinsen beim König deponiert wurden.

Welche für damalige Verhältnisse weitgespannten Auslandsbeziehungen die Franzosen unterhielten, zeigt ein Auszug aus der Vermögens- und Schuldenaufstellung des Kaufmanns und Bankiers André Le Jeune. Dieser war ein geachteter Berliner Geschäftsmann, durfte sich Hof- und Kommerzienrat nennen und finanzierte Hüttenwerke, Strumpfmanufakturen und Holzgeschäfte. Nach seinem plötzlichen Tode 1723 fallierte sein Bankgeschäft. Daraufhin wurde seine Witwe verhaftet, und der König schrieb dazu: »... soll wohl acht auf sie gehben lassen«, mit »Banceruttierers und Diebe habe kein Misericorde«. Die Firma mußte den Offenbarungseid leisten und ihre Bilanzen öffentlich bekanntgeben. Aus dieser Bilanz ist auf der Aktivseite ersichtlich, daß Le Jeune Warenlieferungen in Den Haag, Amsterdam, Brest und Nantes, in Schweden und Forderungen in Ostfriesland und Mos-

Der Kaufmann Jean Louis Jordan. Kupferstich von Chevillet nach einem Gemälde von Joachim Martin Falbe, 1762

kau hatte. Demgegenüber standen auf der Passivseite Kreditoren wie Thilemann Leers in Paris, Leers in Hamburg und Bordeaux, Hertoghe in Hamburg, Jean Bedoire in Stockholm, Fürst Menschikow in Rußland und Richter in Leipzig.

Weitere hugenottische »banquiers«, die mehr als die Funktion eines bis dahin üblichen Wechslers ausübten, waren Le Bachelé de Maillet, Armand Maillete de Buy, Louis Mangin und Jacques Corvisier, der mit recht gewagten Mitteln einen Umsatz von über einer Million Taler erzielte. Wie eine Untersuchung gegen ihn 1712 ergab, hatte er sich in großem Umfange der Münzmalversation (Münzverschlechterung) und Kipperei schuldig gemacht. Er bezahlte eine Geldbuße, blieb dennoch Verwalter der königlichen Manufakturkasse und wurde später sogar Hofrat. 1729 mußte er Konkurs anmelden. Maillete de Buy war Hofbankier, ab 1690 Manufakturinspektor, außerdem Mitglied des französischen Kommissariats und leitete vorübergehend die Generalkriegskasse. Er betätigte sich auch als Silberlieferant für die Münze und wurde später Geheimer Kriegsrat mit einem Gehalt von 3000 Taler. Sein Sohn, der ab 1716 seine Stellung übernahm, fallierte bald und konnte sich nur durch Flucht ins Ausland retten.

Ein Musterbeispiel für geschäftlichen Erfolg lieferte die Familie Jordan. Charles Jordan hatte als Apotheker nach der Einwanderung keine Anstellung gefunden. Er begann 1689, mit Galanteriewaren zu handeln. Sein Geschäft war anfangs nichts weiter als eine »boutique

Sandsteinrelief vom Geschäftshaus der Familie Jordan in der Jägerstraße mit einer allegorischen Darstellung des Handels von Johannes Eckstein, um 1780. Das Relief befindet sich seit 1911 im Märkischen Museum

portative«, ein Bauchladen. Mit Beharrlichkeit, Fleiß und Sparsamkeit, gepaart mit Geschäftssinn und gefälligen Umgangsformen, die durch ein vorbildliches Familien- und Gemeindeleben ergänzt wurden, gelang es den Gebrüdern Jordan bald, eine führende Stellung im Berliner Geschäftsleben einzunehmen. Diese Position hatten sie fünf Generationen hindurch inne. Als Hofjuweliere, Groß- und Detailhändler und als Bankiers unterhielten sie internationale Geschäftsbeziehungen bis nach London und Petersburg. Schon Charles Jordan reiste zur Leipziger Messe und trieb in »Auerbachs Hof« Handel.

Die Jordans hatten einen Blick für zukünftige Entwicklungen und Neuerungen. So errichteten sie 1787 in der Jägerstraße 32 als erste eine Goldwaschmühle, nahmen, wie erwähnt, den begabten Théremin als Emailleur ins Unternehmen, beteiligten sich an der Spiegelmanufaktur und am Fernhandel, so z. B. an der Levantinischen Handelskompagnie. Durch vertragliche Verbindung mit dem Berliner Friedrich-Hospital durften sie übrigens ab 1757 Waisenmädchen als Arbeitskräfte beschäftigen, woran damals offenbar niemand Anstoß nahm. Ihr Unternehmen erschloß sich immer neue Absatzmärkte. So gründete Henri Charles Jordan eine Zuckersiederei. Neben der Schicklerschen Zuckersiederei und der »Berlinischen Zuckersiederey-Compagnie«, in der ebenfalls wieder Hugenotten, wie le Coq und Toussaint, als Direktoren und andere Franzosen, wie Beringuier und Coulon, als Aufsichtsräte saßen, war die Jordansche Zuckersiederei die größte in Berlin. Die Gründung erfolgte, noch bevor das Mitglied der französischen Kolonie, der berühmte Physiker und Chemiker François Charles Achard, die erste Fabrik in Schlesien errichtete, in der Zucker aus der Runkelrübe statt aus importiertem Zuckerrohr, wie bisher üblich, hergestellt wurde.

Zur Familie Jordan gehörte auch der Sekretär Friedrichs II. und Vizepräsident der Akademie der Wissenschaften, Charles Etienne Jordan. Pierre Jean Jordan war Mitbegründer der Berliner Singakademie, andere Nachkommen von Charles Jordan waren Juristen, Diplomaten, Offiziere und Maler. So ragten die Jordans nicht nur durch ihre Geschäftstüchtigkeit aus der großen Masse hugenottischer Kleinbürger heraus, sie waren vielfach auch typische Vertreter des Bildungsbürgertums.

Ein weiterer überaus erfolgreicher Geschäftsmann der französischen Kolonie war François Matthieu Vernezobre. Als Sohn eines Königsberger Seidenhändlers einst nach Frankreich und den Niederlanden gegangen, erwarb er dort durch Spekulationen innerhalb von drei Jahren ein riesiges Vermögen. Im Auftrag des Königs wurde er durch den französischen Gemeindeprediger Forneret nach Berlin geholt, 1721 in den erblichen Freiherrnstand erhoben und »wegen der nützlichen und ersprießlichen Dienste, so Wir von ihm erwarten«, mit einem hohen Orden dekoriert. Er hatte immerhin ein Vermögen nach Berlin gebracht, das man auf eine halbe Million Taler schätzte. Seine Geschäfte reichten vom Seidenhandel bis zu industriellen Unternehmungen, von Bankgeschäften über Anlageinvestitionen bis zu Hypothekengeschäften. Baron von Vernezobre kaufte riesige Güter im Oberbarnim und in der Lausitz. Er finanzierte übrigens die Flucht des Kronprinzen, des späteren Königs Friedrich II. Sein Freihaus in der Burgstraße 25, in das später der Großkaufmann Itzig einzog und wo bis zum zweiten Weltkrieg die Berliner Börse stand, und sein Palais mit einem prächtigen Garten in der Wilhelmstraße wurden zu einem Zentrum der Berliner Geschäftswelt.

Die französischen Kaufleute hatten auch maßgeblichen Anteil an der Entwicklung einer Börse in Berlin. Bis zur Einwanderung der Hugenotten gab es in Berlin nur einen geringen Groß- und Wechselhandel und damit keinen börsenmäßigen Verkehr. Der ehrgeizige Kurfürst Friedrich Wilhelm befahl 1685, »daß zu Beförderung der Commercien die Berlinischen Packhäuser zu einer Börse mit dazu gehörigen Bequemlichkeiten adaptiret werden sollen«. Nach der Bebauung des Mühlendammes mit Bogenhallen und der Errichtung eines Saales über dem schönen Portal zur Fischerbrücke hin erhielt die Materialistengilde (Krämergilde) diesen Raum 1696 als »Beurse« und Versammlungsstätte. Es waren die französischen Einwanderer, die in dieser seit 1690 kombinierten Gilde den Ton angaben. Am Mühlendamm hatten einige hugenottische Händler und Kaufleute ihre Verkaufsstände.

Der erste vereidigte offizielle Makler oder »Courtier« war George Davidé, der den ersten Kurszettel herausgab. Obwohl 1738 eine Börsenordnung erlassen wurde und die Berliner Kaufmannschaft das ehemalige »Neue Lusthaus« als Versammlungsort zugewiesen bekam, wollte sich keine rechte Börsentätigkeit entwickeln. Es waren mehr »Morgensprachen« der beiden Berliner Kaufmannsgilden, der Tuch- und Seidenhändler und der Spezerei- und Materialhändler, als Zusammenkünfte von Großhändlern. Es gab nur zwei deutsche Makler, und erst 1761 wurde Buisson als dritter eingesetzt, auch mit Rücksicht darauf, daß einige französische Kaufleute der deutschen Sprache nicht mächtig waren. Im gleichen Jahr kam von dem zur französischen Kolonie gehörenden Messe- und Seidenwarengroßhändler Wennemar Platzmann der Anstoß zu regelmäßigen Besprechungen zwischen den Großkaufleuten und den drei Maklern, was zu einem allgemeinen, ständigen Börsenverkehr führte. Diese Börsenbesprechungen fanden an der »Stechbahn« bis zum Umzug in das Börsenge-

Geschäftshaus Ravené in der Wallstraße 92/93, entworfen von Stüler. Fotografie von Georg Bartels, Berlin 1894

bäude in der Burgstraße (1803) statt. Die Messegroßhändler Lautier, Platzmann und Féronce, die Juwelengroßhändler Jordan, Baudesson, Reclam und Godet, die Seidenwarenhändler Michelet, Blanc, Boudouin, Gardemin und die Zeughändler Laspeyres, du Titre und Simon waren wichtige Persönlichkeiten an der Börse und in der Berliner Geschäftswelt. Später entwickelten sich auch die Ravenés über den Eisenwarenhandel zu einer bedeutenden Firma, die heute noch Spezialstähle handelt.

Eine nützliche und notwendige Einrichtung, die von den Réfugiés

Louis Ravené. Lithographie nach einem Gemälde von Ludwig Knaus, 1857

in Berlin eingeführt wurde, war das »Bureau d'adresse«. Es handelte sich um ein Unternehmen, das An- und Verkäufe tätigte, Vermietungen und Stellen vermittelte, Versteigerungen durchführte und Pfänder belieh. Es war also eine Mischung aus Pfandhaus, Zimmervermittlung, Auskunftsbüro und Arbeitsamt. Aufgebaut wurde es nach den Grundsätzen eines Lombard-Hauses (Leihhauses). Pierre Vouchard erhielt als erster 1689 eine Konzession für ein Adreßhaus in Berlin, und zwar in der Brüderstraße, wo man, wie Ancillon berichtet, »alle Arten Möbel, Silber und Zinngeschirr, Schmuck und Gemälde ..., selbst Pferde und Wagen, Kutschen und ähnliche Dinge« kaufen konnte. Drei Jahre später eröffnete Nicolas Gauguet ein solches Haus in der Alten Friedrichstraße (später Kurstraße) auf dem Friedrichswerder mit einem neuen Reglement. Aus der kurfürstlichen Kasse wurden die Einrichtungskosten und anfänglich auch die Jahresmieten bezahlt, und Gauguet fungierte als Direktor in diesem Unternehmen, das vom französischen Gericht kontrolliert wurde. Das Adreßhaus befand sich bis 1829 in der Kurstraße und wurde 1834 dem staatlichen Leihamt in der Jägerstraße angeschlossen.

Für die handwerklich arbeitenden Réfugiés war dieses Adreßhaus eine wichtige Institution, denn hier konnten sie ihre hergestellten Waren gegen mäßige Zinsen (sechs Prozent) verpfänden, um sich die finanziellen Mittel zur Sicherung ihrer Existenz zu verschaffen. Das Pfandleihgeschäft wurde bald das gewinnbringende Hauptgeschäft für das Adreßhaus. Ab 1717 wurden die Zinsen bei den Pfändern auf acht Prozent festgesetzt, und die Auktionsgebühren betrugen drei Prozent, zusätzlich mußte eine Schreibgebühr von sechs Groschen für den Zettel bezahlt werden. Nicht abgeholte Erlöse und unverkaufte Waren fielen dem preußischen Staat zu und kamen dem Armenwesen der französischen Gemeinde zugute.

Viele erfolgreiche Geschäftsleute bekleideten übrigens Ehrenämter in der französischen Gemeinde, stifteten Geld für das Armenwesen ihrer Kirche und waren Hof- und Kommerzienräte im Staatsdienst.

Wenn Voltaire schrieb, daß »die zehntausend nach Berlin gekommenen Franzosen aus dieser wilden Stätte eine üppige und herrliche Stadt gemacht haben«, so mag dies übertrieben klingen. Tatsächlich aber war die Einwanderung der Hugenotten für Brandenburg-Preußen und besonders für Berlin von großer Bedeutung, wurden doch durch die Masse der Zuwanderer zum einen teilweise verödete Landstriche wieder bevölkert, leerstehende, verfallene Häuser in der Stadt renoviert, ja sogar ganze Stadtteile gegründet und die niedergebrannten, verlassenen Vorstädte wieder aufgebaut. Zum anderen waren die

Die Brüderstraße mit Blick zur Petrikirche im Jahre 1690. Aquatinta von J. M. F. Schmidt und F. W. Kliewer nach Johann Stridbeck, 1835. Im vierten Haus auf der rechten Straßenseite befand sich das »Bureau d'adresse«

französischen Flüchtlinge unter allen Zugewanderten die einzige Gruppe, die eine Gesellschaft »en miniature« bildeten. Die Berliner Réfugiés übten schätzungsweise rund 100 verschiedene Berufe aus und besaßen ein beachtliches zahlenmäßiges Gewicht. Immerhin stellten sie mit 40 Prozent, später sogar mit bis zu 50 Prozent aller eingewanderten Réfugiés die größte französische Kolonie Brandenburg-Preußens. Schon allein dieser Umstand muß sich belebend auf die Wirtschaft der Stadt ausgewirkt haben. Verstärkt wurde diese Wirkung aber noch durch die Tatsache, daß die Franzosen in ein Land kamen, dessen wirtschaftliche Entwicklung – und das galt natürlich auch für die Residenzstadt – auf einem niedrigen technischen Niveau stand, in einen Agrarstaat, der im Gegensatz zu Frankreich noch nicht in das manufakturkapitalistische Entwicklungsstadium eingetreten war. In dieses rückständige Brandenburg-Preußen brachten die Hugenotten die so wichtigen Kenntnisse der Produktion in dezentralisierten und zentralisierten Manufakturen mit und eine bis dahin nicht gekannte Vielfalt und Qualität in den Gewerken, waren sie doch in ihrer Mehrzahl Handwerker und kleine Gewerbetreibende.

Trotz aller Privilegien und finanziellen Darlehen, die häufig aus Kollekten im Ausland stammten, existierten allerdings viele von den Franzosen gegründete Unternehmen nicht lange, da die Bedingungen für eine Manufakturproduktion größeren Ausmaßes in Berlin – wie überall im Lande – noch nicht gegeben waren. Es mangelte an einem aufnahmefähigen Binnenmarkt, im Ausland waren die Erzeugnisse wegen der hohen Herstellungskosten nicht konkurrenzfähig, und schließlich fehlte es oft in ausreichendem Maße an Kapital. Was blieb, war jedoch das Wissen um den Nutzen der Manufakturen, waren auch die in den Manufakturen ausgebildeten deutschen Lehrlinge und Manufakturarbeiter. Was blieb, waren die weitervermittelten Fertigkeiten französischer Handwerker.

Gegen Mitte des 18. Jahrhunderts und zu Beginn des 19. Jahrhunderts kam es in Berlin zu einem erneuten Aufschwung der manufakturkapitalistischen Produktion, vor allem in der Seidenbranche, im Baumwollgewerbe und bei der Herstellung von Bändern, Hüten und Kattun. Es hatte sich also, wenn auch nach Jahrzehnten, die Einführung neuer Produktionsverfahren, neuer Wirtschaftszweige und neuer Techniken durchgesetzt, und dieser Beitrag, den die Hugenotten zur Wirtschaftsentwicklung ihrer neuen Heimatstadt leisteten, ist nicht von ihnen zu trennen.

Klaus Brandenburg

Die Rechtsprechung in der Kolonie

Als die französischen Glaubensflüchtlinge auf der Suche nach einer neuen Existenz nach Brandenburg und besonders nach Berlin zogen, klang ihnen das kurfürstliche Versprechen zahlreicher Privilegien und Vergünstigungen hoffnungsvoll in den Ohren. Das dürfte nicht zuletzt für jene Versprechungen gegolten haben, die bei ihnen die Erwartung weckten, das neue Leben im fremden Land, unter Menschen fremder Zunge, ganz anderer Sitten und Gewohnheiten werde durchaus auch vertraute Züge tragen. Neben der Aussicht auf eigene Kirchen war es sicher die Zusage einer wenn auch zunächst nur beschränkten eigenen Rechtsprechung, die solche Hoffnungen nährte. Sie gehörte zu den wichtigsten Privilegien, die der Große Kurfürst ihnen gewährte und die dann den Status ihrer Kolonien prägten.

Ausdrücklich gestand das Potsdamer Edikt den Franzosen bei Streitfällen untereinander eine eigene Gerichtskompetenz zu. »So viel die Jurisdiction und Entscheidung der zwischen offt gedachten Frantzösischen Familien sich ereignender Irrungen und Streitigkeiten betrifft, da sind wir gnädigst zufrieden, und bewilligen hiemit, daß in denen Städten, woselbst Frantzösische Familien vorhanden, dieselbe iemand ihres Mittels erwählen mögen, welcher bemächtiget seyn soll, dergleichen differentien ohne einige Weitläufftigkeit, in der Güte zu vergleichen und abzuthun«, hieß es in Artikel 10. Bei Rechtsfällen zwischen Franzosen und Deutschen sollten »selbige durch den Magistrat eines ieden Orts und diejenige welche die Frantzösische Nation zu ihrem Schieds-Richter erwählen wird, zugleich und gesamter Hand untersuchet, und summariter zu Recht entschieden und erhöret werden, welches denn auch als dann statt haben soll, wann die unter Frantzosen allein vorfallende differentien ... in der Güte nicht beygeleget und verglichen werden können«.

Diese Sonderstellung in der Rechtsprechung trug wesentlich dazu bei, das Eigenleben der Berliner Kolonie für mehr als ein Jahrhundert zu sichern. Sie wirkte sogar kolonieerhaltend, als die Religions- und Sprachgemeinschaft der Einwanderer und ihrer Nachfahren später starke Auflösungserscheinungen zeigte. Daß dieses Privileg so lange bestand – immerhin existierte die Justice française in brandenburgisch-preußischen Städten bis 1809, also 124 Jahre –, war nicht zuletzt dem aktiven Interesse der Hohenzollernherrscher zuzuschreiben, das vorteilhafte Wirken der technisch-ökonomisch und kulturell fortgeschrittenen Franzosen in ihrem Land zu einem Dauerzustand zu machen, was durch den Koloniestatus am besten gewährleistet schien.

Welche Sonderstellung die Hugenotten in der Rechtsordnung Brandenburg-Preußens genossen, läßt sich erst annähernd ermessen, wenn man sich die zu jener Zeit herrschende Rechtssituation sowohl in den deutschen Territorien als auch in Frankreich vor Augen führt.

Seit dem Ende des Dreißigjährigen Krieges waren Gesetze des Heiligen Römischen Reiches Deutscher Nation infolge der Schwäche der Zentralgewalt noch weniger durchsetzbar als je zuvor. Nur was direkt im Interesse der deutschen Territorialfürsten lag, fand Eingang in die Rechtspraxis. Mehr und mehr gingen viele Landesfürsten dazu über, die Verhältnisse in ihren Gebieten den Erfordernissen ihrer auf absolutistische Herrschaft zielenden Politik anzupassen und nach Gutdünken rechtlich auszugestalten. Gewohnheitsrechte, territoriale und Reichsgesetze wurden stärker auf die eigenen machtpolitischen Bedürfnisse zugeschnitten, zusammengefaßt und bekanntgemacht. Das galt auch für den Kurfürsten von Brandenburg, der mit seinen Beamten weder in der Lage noch willens war, neue Rechte zu schaffen. Davon abgesehen, blieben auch jetzt der obrigkeitlichen Willkür in der Rechtsprechung Tür und Tor weit offen.

Die Folge war, daß die Hugenotten in Deutschland auf eine Rechtssituation trafen, in der zum Beispiel in Kleve ein anderes Recht als in Brandenburg galt und das dortige Recht sich wiederum von dem in Preußen unterschied. Auch geschah es, daß ein Rechtsfall von einem Gericht nach Reichsrecht, von einem anderen nach brandenburgischem Recht entschieden wurde, und schließlich urteilte man in einfachen Fällen immer noch nach dem von Ort zu Ort verschiedenen Gewohnheitsrecht. So gerieten Rechtsstreitigkeiten zwischen Franzosen und Deutschen zwangsläufig in eine ganz und gar verwirrende Rechtslage. Das war ein Zustand, der noch ein ganzes Jahrhundert andauern sollte, ehe das preußische Landrecht für eine Vereinheitlichung sorgte.

Für Streitfälle zwischen Réfugiés hatte das Potsdamer Edikt außer der Möglichkeit einer gütlichen Einigung vor einem aus ihren Reihen benannten Schiedsrichter keine weiteren Rechtsgrundlagen geschaffen. Indem das Edikt französische Schiedsrichter erlaubte, verstand es sich jedoch von selbst, daß in derartigen Fällen nach französischem Recht entschieden wurde. Nun war dieses Recht entsprechend der fortgeschritteneren Entwicklung des französischen Königreichs zwar ausgeprägter, dennoch gab es auch hier noch kein einheitliches Recht für das ganze Land. Der französische Norden urteilte nach althergebrachtem Gewohnheitsrecht, während der Süden nach römischem Recht entschied. Außerdem wiesen einzelne Gebiete, insbesondere reiche Städte, noch lokale Besonderheiten auf.

Streitigkeiten zwischen Koloniefranzosen ließen sich daher allzuoft nicht »ohne einige Weitläufigkeit« aus der Welt schaffen, wenn ihnen unterschiedliche Rechtsauffassungen zugrunde lagen. So entstand in der französischen Kolonie der gleiche Zwang, einheitliche Rechtsgrundlagen zu schaffen, wie er in Brandenburg-Preußen später allgemein zu beobachten war. Doch die besondere Situation der Hugenotten in einem Exilland, ihre Abhängigkeit voneinander ließen keine Zeit für eine allmähliche Transformation der verschiedenen Rechtsordnungen zu einem gemeinsamen Kolonierecht. Auch waren die Hohenzollern und ihre hohen Beamten in der Regel daran interessiert, daß sich das Zusammenleben der eingewanderten Franzosen möglichst reibungslos gestaltete. Während zwischen dem Beginn der brandenburgisch-preußischen Justizreform und der Verabschiedung des Allgemeinen Landrechts rund fünfzig Jahre vergingen, dauerte der im Kern gleiche Prozeß in der Kolonie nicht einmal ein Jahrzehnt. Schon 1699 war mit der »Ordonnance française« eine einheitliche Rechtsgrundlage geschaffen.

Von Anfang an hatte in Berlin die Französische Kirche eifrig darauf geachtet, daß die ankommenden Réfugiés einen einwandfreien Lebenswandel führten und nicht gegen Recht und Ordnung verstießen. Wurden doch ihre Mitglieder in der »Confession de foi«, im französisch-reformierten Glaubensbekenntnis, ausdrücklich zum Gehorsam gegenüber den Gesetzen und Verordnungen der herrschenden Obrigkeit angehalten. Außerdem setzte sie, indem sie entsprechend der »Discipline Ecclésiastique«, der französisch-reformierten Kirchenordnung, eine dem sittlichen Rigorismus des Kalvinismus verpflichtete strenge Kirchenzucht zu wahren suchte, auch verbindliche moralische Normen für das Alltagsleben ihrer Prediger, Ältesten und Diakone, aber auch ihrer anderen Gemeindeglieder. Es waren

Normen, die vor allem in Ehe- und Familienfragen recht konkret aussahen und weit gingen. Doch auch die scharfe Ablehnung des Glücksspiels und das faktische Verbot des Besuchs von Theateraufführungen und Tanzveranstaltungen oder die ernste Ermahnung zu einfacher Kleidung und ehrbarer Lebensführung zeugen von der geistlichen Zucht dieser Kirchenordnung, deren besonderer Charakter sich wohl auch aus dem Umstand erklärt, daß die französisch-reformierte Kirche im Heimatland unter den Existenzbedingungen einer ihr feindlich gegenüberstehenden Staatsmacht neben dem geistlichen und kirchlichen Wirken ebenfalls sozialorganisatorische Aufgaben hatte übernehmen müssen. Für Verstöße gegen die Kirchenordnung wurden verschiedene Kirchenstrafen – von der Vermahnung durch das Konsistorium bis hin zum Ausschluß vom Abendmahl und zum Kirchenbann – angedroht. In der Praxis wurden von den Pfarrern in Berlin vor allem die Predigten genutzt, um etwa überhandnehmenden Luxus, den Besuch von Wirtshäusern, das Tanzen oder die Spielleidenschaft anzuprangern. In manchen Fällen lud das Konsistorium, das auch nach den Reglements von 1791 den sittlichen Zustand der Gemeinde zu beaufsichtigen hatte, die »Übeltäter« zur Klärung, Ermahnung und Buße vor.

Nicht selten bemühte sich das Konsistorium zugleich, Streitigkeiten zwischen Gemeindegliedern zu schlichten; denn nach dem allgemeinen hugenottischen Verhaltenskodex galt es, den Gang zum Gericht möglichst zu vermeiden. Dort sollten nur Verstöße geahndet werden, welche die moralischen und sittlichen Mittel der Kirche überstiegen, sogenannte excès énormes. Solche Ausschweifungen waren z. B. Ehebruch und Unzucht, die den Mann zum »Karre schieben« in die Spandauer Festung und die Frau ins Spinnhaus brachten.

Vor allem bei Beleidigungsfällen schaltete sich das Konsistorium ein und suchte die streitenden Glaubensbrüder miteinander zu versöhnen. Insbesondere zwischen Eheleuten, Verwandten und Nachbarn wirkte das Berliner Konsistorium immer wieder schlichtend, wie aus seinen Akten hervorgeht. Aber auch ein Fall wie der Streit des Arbeiters Daniel Leger mit seinem Chef, einem Herrn Rambomet, rief es auf den Plan. Leger hatte einige Klagen gegen diesen vorgebracht. Das Konsistorium suchte zu schlichten, aber die gütliche Beilegung der Auseinandersetzungen erwies sich nicht als dauerhaft, so daß man Leger schließlich 20 Taler lieh, damit er sich wirtschaftlich selbständig machen konnte.

Allerdings sprachen vor allem schon vor 1685 in Berlin lebende Franzosen den Predigern und Ältesten prinzipiell das Recht ab, für

Kirchenzucht zu sorgen. Vor das Konsistorium Geladene erschienen nicht mit der Begründung, daß die »Discipline Ecclésiastique« ja nur Recht für die kalvinistische Kirche in Frankreich sei, daher hier keine Gültigkeit besitze. Andere argumentierten, das Konsistorium sei unrechtmäßig entstanden, weil keine konstituierende Ältestenwahl durch alle Gemeindeglieder stattgefunden habe. Solche Einwände machte eine kurfürstliche Erklärung vom 2. September 1684 jedoch gegenstandslos. Darin wurde festgestellt, daß alle Franzosen als Glieder der französisch-reformierten Gemeinde die disziplinarischen Maßnahmen der Prediger und Ältesten zu befolgen hätten. Auch Kurfürst Friedrich III. bekräftigte am 7. Dezember 1689 die allgemeine Geltung der französischen Kirchendisziplin.

Wenn Schlichtungen oder Vermahnungen und Kirchenstrafen nichts fruchteten, griff das Konsistorium auch zu anderen, durchaus weltlichen Mitteln: In den Konsistorialakten findet sich die Bitte an den König, den einen oder anderen schweren Sünder ins Besserungshaus einzusperren. Ja, im September 1728 erwog das Konsistorium sogar, eine eigene Maison de correction einzurichten.

Die wenigen Franzosen, die schon vor 1685 nach Brandenburg gekommen waren, unterstanden entweder dem Stadtrecht oder dem Schloßrecht. Das Stadtrecht wurde erworben, indem der Fremde den Bürgereid leistete und alle Rechte und Pflichten des Stadtbürgers übernahm. Damit war den Zuwanderern auch der Eintritt in deutsche Zünfte, das heißt die Ausübung ihres Berufs, ermöglicht. Um aber Hemmnisse der Zunftverfassung zu umgehen, hatte der Kurfürst in Berlin Hugenotten auf der Schloßfreiheit angesiedelt. Die Schloßfreiheit war ein Bannkreis, für den nicht das Stadtrecht galt, sondern in dem der Schloßvogt für Recht und Ordnung sorgte. Die Ansiedlung hier bedeutete ein Privileg, weil sie den Franzosen zum Beispiel die recht beachtlichen Eintrittsgelder in die Berliner Zünfte oder die vom Magistrat verordneten Wachten, Straßengelder, Einquartierungen von Soldaten und anderes ersparte. Deshalb bewarben sich beispielsweise die Angehörigen der kleinen französischen Kolonie in Alt-Landsberg bei ihrem Umzug nach Berlin in den siebziger Jahren um Schloßrecht, das ihnen auch gewährt wurde.

Die Folgen der Immigrationswelle nach 1685 überstiegen nun aber die Möglichkeiten der Hofgerichtsbarkeit. Eine Unterordnung der Zuwanderer unter das brandenburgische Recht hätte jedoch den erwünschten Zuwandererstrom womöglich verringert. Deshalb sicherten die Hohenzollern den Réfugiés nicht nur freie Religionsausübung und wirtschaftliche Vorzugsbedingungen zu, sondern gestatteten ihnen auch das Zusammenleben in selbstverwalteten Kolonien, für deren Entstehung und Entwicklung sich das französische Sonderrecht als konstitutiv erwies. Dieses Sonderrecht prägte sich am deutlichsten in den Beziehungen der Franzosen untereinander aus. Mit Billigung der Kurfürsten Friedrich Wilhelm und Friedrich III. entstand eine eigene Rechtsordnung, die sowohl Rechtsnormen als auch Organe der Rechtsprechung für die Koloniefranzosen umfaßte. Doch neben diesem rechtlichen Sonderstatus, der sich in relativ kurzer Zeit unter maßgeblicher Mitwirkung und Kontrolle hoher kurfürstlicher Beamter herausbildete, gab es bis Ende der achtziger Jahre des 17. Jahrhunderts auch noch Bürger- und Schloßrecht.

So konnte es nicht ausbleiben, daß Widersprüche und Unklarheiten hinsichtlich der gerichtlichen Kompetenzen, aber auch Neidereien unter den Franzosen auftraten, von denen manche, die schon länger in der Stadt ansässig waren, gern unter der Hofgerichtsbarkeit verblieben wären.

Deshalb legte ein von dem Geheimen Rat von Spanheim entworfener Erlaß 1690 fest, daß die Koloniegerichte für alle Franzosen zuständig seien, »wes Standes oder Condition dieselben auch seyn mögen, diejenigen ausgenommen, so ad Forum Militare oder Ecclésiasticum gehören«.

Die entscheidende Zäsur in der Entwicklung des Kolonierechts bildete die Schaffung der schon genannten »Ordonnance française pour les Réfugiés dans les Etats du Brandenbourg«, wie der Titel vollständig hieß, einer Rechtsordnung für alle französischen Flüchtlinge. Die bis 1699 abgeschlossene Ausarbeitung dieses einheitlichen Kolonierechts, an der sich französische Rechtsexperten in Berlin beteiligten, war eine Reaktion auf die Widersprüche zwischen den verschiedenen französischen Rechten, auf die sich die Eingewanderten beriefen. Die »Ordonnance française« umfaßte Zivil- und Kriminalrecht sowie ein Prozeßrecht. Bei der Abfassung hatte man sich, insbesondere beim Kriminalrecht, weitgehend auf die unter Ludwig XIV. ergangene Große Ordonnance von 1670, den sogenannten Code Louis, gestützt. 1702 wurde diese »Ordonnance française« als für alle Franzosen in brandenburgisch-preußischen Territorien geltendes Recht von König Friedrich I. in Kraft gesetzt. Damit war – sieht man einmal vom Militärrecht ab – zum erstenmal eine Rechtsordnung entstanden, die in allen Gebieten der Hohenzollern, in denen Réfugiés ansässig geworden waren, gleichermaßen galt.

Obgleich es aus jener Zeit keine Statistik der Streitfälle, ihrer Art und Häufung gibt, läßt ein Blick auf die in den Akten verzeichneten

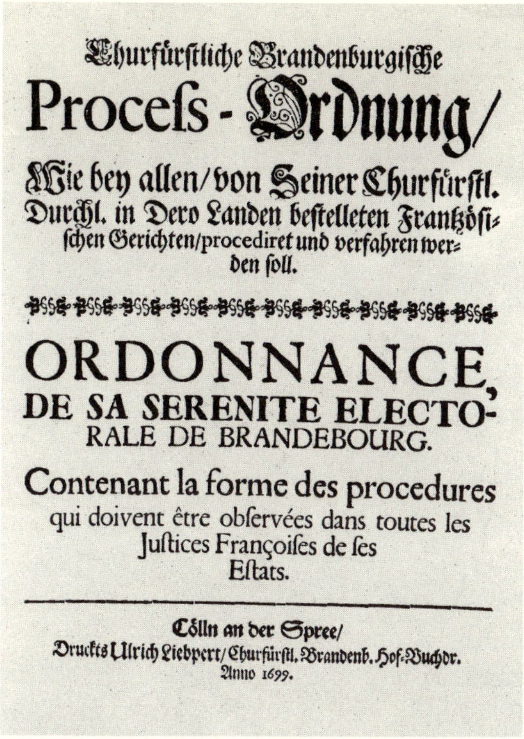

Churfürſtliche Brandenburgiſche
Proceſs-Ordnung/
Wie bey allen/von Seiner Churfürſtl. Durchl. in Dero Landen beſtelleten Frantzöſiſchen Gerichten/procediret und verfahren werden ſoll.

ORDONNANCE, DE SA SERENITE ELECTORALE DE BRANDEBOURG.
Contenant la forme des procedures qui doivent être obſervées dans toutes les Juſtices Françoiſes de ſes Eſtats.

Cölln an der Spree/
Druckts Ulrich Liebpert/Churfürſtl. Brandenb. Hof-Buchdr.
Anno 1699.

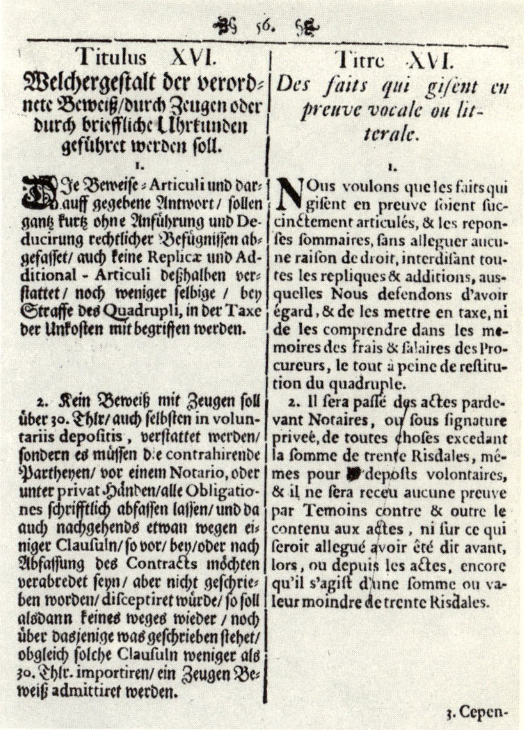

56.

Titulus XVI.	Titre XVI.
Welchergeſtalt der verordnete Beweiß/durch Zeugen oder durch brieffliche Uhrkunden geführet werden ſoll.	*Des faits qui giſent en preuve vocale ou litterale.*
1. Die Beweiſe-Articuli und darauff gegebene Antwort/ ſollen gantz kurtz ohne Anführung und Deducirung rechtlicher Befügniſſen abgefaſſet/ auch keine Replicæ und Additional-Articuli deßhalben verſtattet/ noch weniger ſelbige/ bey Straffe des Quadrupli, in der Taxe der Unkoſten mit begriffen werden.	1. Nous voulons que les faits qui giſent en preuve ſoient ſuccinctement articulés, & les reponſes ſommaires, ſans alleguer aucune raiſon de droit, interdiſant toutes les repliques & additions, auſquelles Nous defendons d'avoir égard, & de les mettre en taxe, ni de les comprendre dans les memoires des frais & ſalaires des Procureurs, le tout à peine de reſtitution du quadruple.
2. Kein Beweiß mit Zeugen ſoll über 30. Thlr/ auch ſelbſten in voluntariis depoſitis, verſtattet werden/ ſondern es müſſen die contrahirende Partheyen/ vor einem Notario, oder unter privat Händen/alle Obligationes ſchrifftlich abfaſſen laſſen/ und da auch nachgehends etwan wegen einiger Clauſuln/ ſo vor/ bey/oder nach Abfaſſung des Contracts möchten verabredet ſeyn/ aber nicht geſchrieben worden/ diſceptiret würde/ ſo ſoll alsdann keines weges wieder/ noch über dasjenige was geſchrieben ſtehet/ obgleich ſolche Clauſuln weniger als 30. Thlr. importiren/ ein Zeugen Beweiß admittiret werden.	2. Il ſera paſſé des actes pardevant Notaires, ou ſous ſignature priveé, de toutes choſes excedant la ſomme de trente Risdales, mémes pour [illegible] depoſts volontaires, & il ne ſera receu aucune preuve par Temoins contre & outre le contenu aux actes, ni ſur ce qui ſeroit allegué avoir été dit avant, lors, ou depuis les actes, encore qu'il s'agiſt d'une ſomme ou valeur moindre de trente Risdales.

3. Cepen-

Fälle den Schluß zu, daß zwischen Hugenotten im Vergleich zu anderen Bevölkerungsgruppen offenbar weniger juristische Auseinandersetzungen geführt wurden. Ähnliches gilt wohl auch für Rechtsverletzungen. Offensichtlich hat der französische Protestantismus in seiner kalvinistischen Prägung nicht nur einen regen Arbeitseifer und eine maßvolle Lebensweise hervorgebracht, sondern auch sittliche Verantwortung und moralischen Ernst. Höchst selten hatten französische Richter einen Mitbürger wegen eines Vergehens gegen Leben oder Gesundheit zu bestrafen. Ein Fall wie der Totschlag des Perückenmachers Sourdel bei einem Streit während einer Hochzeit im März 1707 in Berlin oder die Ermordung der Witwe Tellin durch die Tochter eines Angermünder Kolonisten im Jahre 1733 stellten Ausnahmen dar. Die Regel waren Eigentumsdelikte, wie der Diebstahl einiger Salatköpfe oder Seidenstrümpfe, die damals allerdings als Kostbarkeit galten, Gartenschäden durch ein fremdes Schwein, unterlassene Mietzahlungen und Schadensersatzansprüche bei mangelhafter Arbeitsausführung. Charakteristisch waren ferner Grenzstreitigkeiten, etwa bei Grundstücken in den neuen Vorstädten, Vormundschafts- und Nachlaßsachen. Gerade Vermächtnisse aus Erbschaften füllen viele

Prozeßordnung für die französischen Gerichte von 1699

Artikel XVI aus der zweisprachigen Prozeßordnung

Aktenbände, waren doch als Folge der Flucht oft recht verworrene Verhältnisse entstanden. Nicht selten geschah es, daß nach Monaten oder Jahren ein Erbe auftauchte, der Anspruch auf die längst verteilte Erbschaft erhob.

Die Wirren der Auswanderung brachten auch Fälle von Bigamie mit sich. Nicht wenige Franzosen hatten die Flucht ohne ihre Ehefrau antreten müssen, auch das ungewisse Weiterziehen nach einer Zwischenstation führte mitunter zur Trennung von Ehepartnern. Die Folgen waren hier und da Zweit-, ja sogar Drittehen.

Anfangs hatte man in Berlin geglaubt, mit der Ernennung des jungen Metzer Advokaten Charles Ancillon zum Richter 1686 auszukommen. Er nahm den sich in der Stadt niederlassenden Franzosen in seiner Wohnung auf dem Werder den Untertaneneid auf den Kurfürsten ab und hatte die Streitsachen zu regeln. Doch bald zeigte sich, daß ein reguläres Gericht notwendig war. Durch eine kurfürstliche Verfügung vom 23. Juni 1687 wurde ein richterliches Kollegium geschaffen, bestehend aus dem französischen Kolonierichter, dem für die Angelegenheiten der Franzosen zuständigen Kommissar als Vertreter der kurfürstlichen Interessen und einem französisch sprechenden deutschen Bürgermeister. In der Praxis führte jedoch das Desinteresse des kurfürstlichen Kommissars an Bagatellstreitfällen einerseits und die Unkenntnis des französischen Rechts bei deutschen Bürgermeistern andererseits dazu, daß der französische Richter starkes Übergewicht gewann. Schließlich sanktionierte die brandenburgische Verwaltung, was in der Praxis zum Teil schon existierte: selbständige Koloniegerichte.

Schon 1687 war in Berlin Joseph Ancillon, ein Onkel des bereits genannten Berliner Richters, zum Oberrichter für alle französischen Kolonien berufen worden. Ihm wurden später noch zwei Oberjustizräte beigeordnet, so daß nunmehr ein ordentliches französisches Obergericht existierte. Es hatte die – fortan so genannten – französischen Untergerichte und die für die ländlichen Gebiete bestellten Inspekteure zu beaufsichtigen und konnte – gleichsam in zweiter Instanz – auch selbst Recht sprechen. Damit hatte die Entwicklung der französischen Gerichtsbarkeit um 1690 einen vorläufigen Abschluß erreicht. Es gab nun das Güteverfahren vor dem Einzelrichter der jeweiligen Kolonie. Es bestand die Möglichkeit eines ordentlichen Gerichtsverfahrens vor dem Untergericht, wo nur französische Richter Recht sprachen. Und schließlich konnte ein Berufungsverfahren vor dem Berliner Obergericht beantragt werden. Als Appellationsgericht durfte das französische Obergericht ab 1692 bei Fällen mit einem

Streitwert von mehr als 100 Taler wirken. Es hatte ferner die Besetzung der Untergerichte mit rechtskundigen Persönlichkeiten zu begutachten. In Berlin, Magdeburg oder Frankfurt (Oder) als Zentren hugenottischer Ansiedlung war es nicht schwierig, die Gerichte zu besetzen. Denn neben Predigern gehörten Juristen zu den zahlenmäßig stärksten Vertretern geistiger Berufe unter den Einwanderern. Hier fanden sich daher rasch geschulte Richter, Anwälte und Gerichtsschreiber. In kurzer Zeit entstanden so Organe der Rechtsprechung in den Kolonien, die den landesüblichen in keiner Weise nachstanden. Auch die Besoldung der Richter kleinerer Städte mit 150 Taler und der größerer Städte mit 200 Taler bzw. der Berliner Richter mit 300 Taler im Jahr entsprach den brandenburgischen Gepflogenheiten und stellte Franzosen und Deutsche gleich.

In Berlin wurde die Niederlagstraße – heute von Friedrichswerderscher Kirche und Außenministerium flankiert – zum Zentrum der Justice française. Hatten die Gerichtssitzungen zunächst in den Wohnungen der Richter stattgefunden, so klagten diese bald über Raumnot, zumal sich allmählich auch Akten und Dokumente ansammelten, ein Gefängnisraum fehlte und der französische Richter in der Regel auch noch Verwaltungsaufgaben für die Kolonie zu übernehmen hatte. So war Charles Ancillon beispielsweise gleichzeitig Direktor der Berliner Kolonie. Daher genehmigte der König 1704 den Ausbau eines kleineren Hauses in der Niederlagstraße, neben dem Sitz des französischen Konsistoriums, als Gerichtsgebäude. Hier, im sogenannten Französischen Rathaus, tagten Unter- und Obergericht, bis der vom Einsturz bedrohte Fachwerkbau 1785 aufgegeben werden mußte. Die französischen Richter führten ein eigenes Siegel, verhandelten in französischer Sprache nach Kolonierecht, sprachen ihre Urteile allerdings im Namen des Landesherren, dessen zuständigen Verwaltungsbehörden alle französischen Gerichtsorgane unterstellt waren und dessen Verordnungen und Edikte neben dem französischen Recht auch zu berücksichtigen waren, wenn sie sich auf die Kolonie bezogen.

Recht früh trat neben die beiden Instanzen der französischen Rechtsprechung der sogenannte Kommissar ad hoc, eine Einrichtung, die im feudalen Recht schon vorher zu finden war und der man im französisch-deutschen Rechtsverfahren wiederholt begegnet. Die Berufung solcher Kommissare, die mit einem konkreten Fall betraut wurden, verstärkte jedoch die Rechtsunsicherheit. Weder Untergerichte noch Obergerichte konnten einen Fall endgültig abschließen, waren doch Kläger und Beklagter in der Lage, mehrmals Kommissare

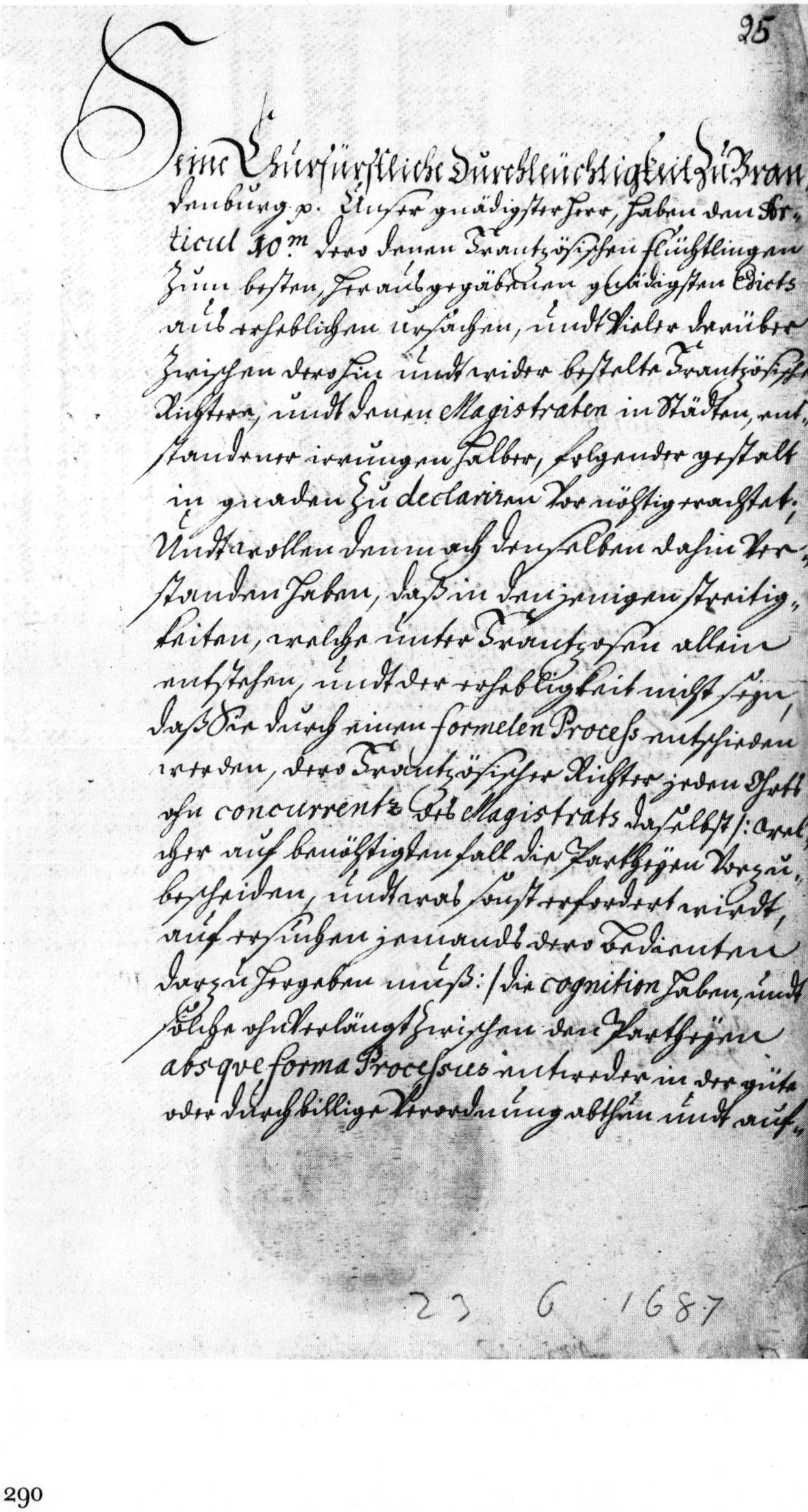
25

Seine Churfürstliche Durchleüchtigkeit zu Bran-
denburg p. Unser gnädigster Herr, haben den Ar-
ticul 10m deß denen Frantzösischen flüchtlingen
zum besten, Heraußgegebenen gnädigsten Edicts
auß erheblichen ursachen, undt Vieler darüber
zwischen dero hie undt wider bestalte Frantzösische
Richter, undt denen Magistraten in Städten, ent-
standener irrungen halber, folgender gestalt
in gnaden zu declariren vor nöthig erachtet.
Undt wollen demnach dieselben dahin ver-
standen haben, daß in denjenigen streitig-
keiten, welche unter Frantzosen allein
entstehen, undt der erhebligkeit nicht seyn,
daß sie durch einen formelen Process entschieden
werden, der Frantzösische Richter jedes Orts
ohn concurrentz des Magistrats daselbst /: wel-
cher auf benöthigten fall die Partheyen vorzu-
bescheiden, undt was sonst erfordert wirdt,
auf ersuchen jemandt dero bedienten
darzu hergeben muß :/ die cognition haben, undt
solche [illegible] zwischen den Partheyen
absque forma Processus entweder in der güte
oder durch billige Verordnung abthun undt auf-

23 6 1687

Reskript über die niedere Gerichtsbarkeit der französischen Kolonien vom 23. Juni 1687

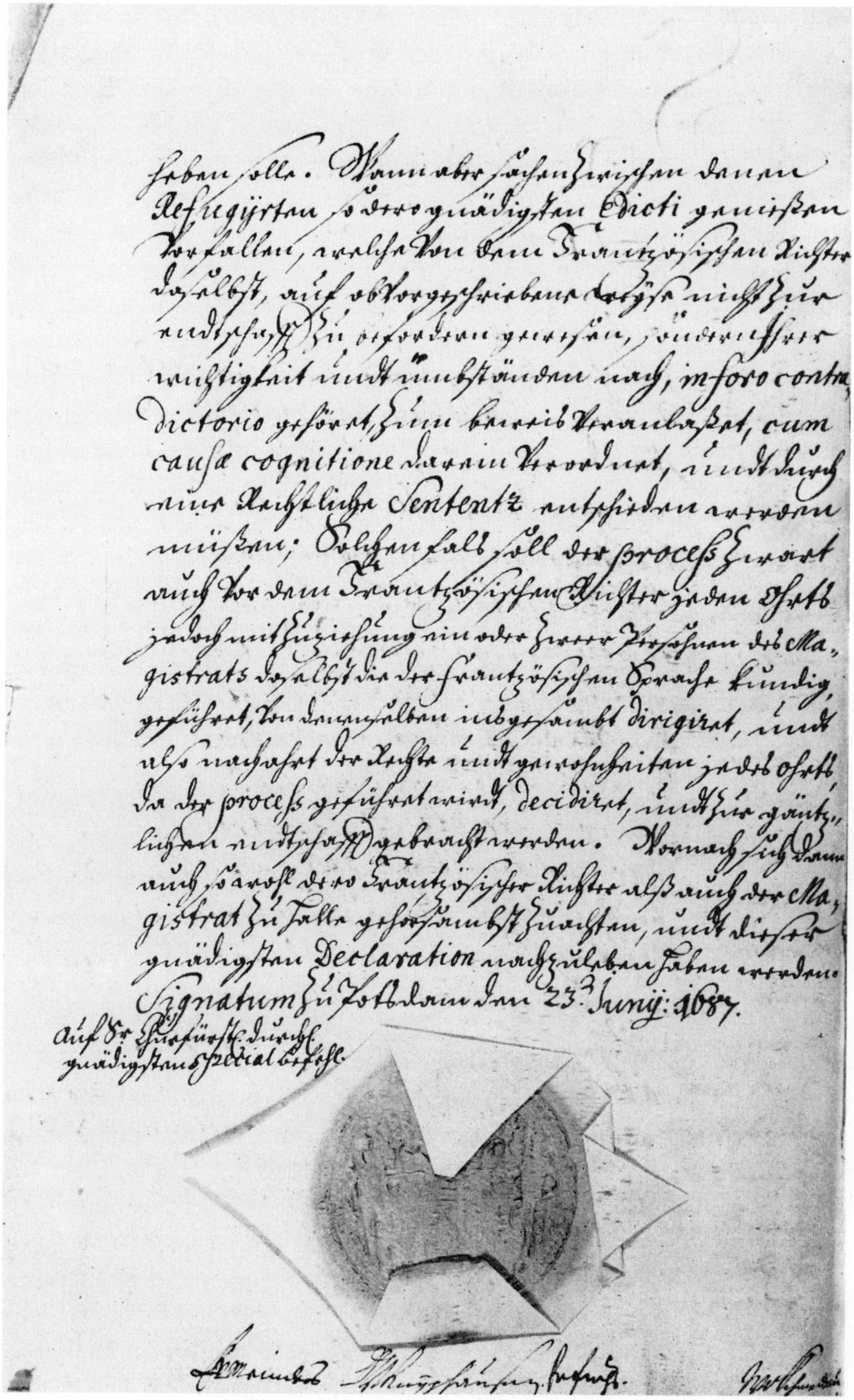

heben solle. Wann aber sachen zwischen denen
Refugirten, so dero gnädigsten Edicti genießen
vorfallen, welche von dem Frantzösischen Richter
daselbst, auf obvorgeschriebene arth nicht zur
endschafft zu befördern gewesen, sondern ihrer
wichtigkeit und umbständen nach, in foro contra
dictorio gehöret, zum beweiß veranlasset, cum
causa cognitione darin verfahret, und durch
eine Rechtliche Sentenz entschieden werden
müßen; Solchen falls soll der process zwar
auch vor dem Frantzösischen Richter jeden Orts
jedoch mit Zuziehung ein oder zweer Persohnen des Ma-
gistrats daselbst die der frantzösischen Sprache kündig,
geführet, von denenselben insgesambt dirigiret, und
also nachdem der Rechte und gewohnheiten jedes Orts,
da der process geführet wird, decidiret, und zur gäntz-
lichen endschafft gebracht werden. Wornach sich dan
auch so woll der Frantzösische Richter alß auch der Ma-
gistrat zu Halle gehorsambst zu achten, und dieser
gnädigsten Declaration nachzuleben haben werden.
Signatum zu Potsdam den 23. Junij: 1687.

Auf Sr. Churfürstl. durchl.
gnädigsten special befehl.

in derselben Streitsache zu bemühen. So oblag beispielsweise die Prüfung der gesamten Forderungen und Rechnungen des Rates de Cordier nacheinander den als Kommissaren ad hoc bestellten Exzellenzen von Schwerin, von Brand, von Pannewitz, von Merian und Cremer. Das völlig ungeregelte Kommissarwesen, die Verschleppungstaktik bei unliebsamen Prozessen, das zeitraubende Einholen von Universitätsgutachten mit ihren unterschiedlichen Auslegungen – all das führte zu hohen Prozeßkosten und förderte natürlich nicht die Herausbildung eines einheitlichen Rechtsbewußtseins. Die Klagen seitens der Kolonieleitung verstärkten sich derart, daß Anfang des 18. Jahrhunderts das Kommissarunwesen eingeschränkt werden sollte. Eine wirkliche Lösung bot sich allerdings erst an, als ab 1704 wegen der französischen Bedrohung des Rhône-Fürstentums d'Orange mehrere der dortigen Parlamentsräte nach Brandenburg flüchteten. Sie waren als oberste Revisionsrichter tätig gewesen, und diese Aufgabe erhielten sie nun auch in Brandenburg-Preußen. Als Richter des neugebildeten »Tribunal d'Orange«, dem dann u. a. auch zwei Vertreter des französischen Obergerichts angehörten, fungierten sie ab 1715 schließlich für alle französischen Kolonien in Brandenburg-Preußen als Appellationsgericht bei Fällen mit über 400 Taler Streitwert. Jedoch wurde das Tribunal d'Orange bald mit dem preußischen Ober-Appellationsgericht vereinigt.

Damit war das Gerichtswesen der französischen Kolonie vollständig ausgestaltet. Es existierte ein für alle Franzosen verbindliches allgemeines Recht, es gab schnell arbeitende Gerichte mit ausgebildeten Richtern und einer praktikablen Prozeßordnung. Eine derart geschlossene Rechtsordnung inmitten eines fremden Landes findet sich in der Geschichte des hugenottischen Exils sonst nirgendwo.

In den weitaus meisten Rechtsfällen prallten jedoch nicht französische Gerichtsparteien aufeinander, sondern deutsche und französische Kontrahenten. Die Überlegungen des Kurfürsten über die Vorteile der Ansiedlung französischer Protestanten in Brandenburg waren nämlich das eine, das Denken und Fühlen der Masse seiner Bewohner das andere. Sie sahen in den ankommenden Hugenotten zuerst Fremde, Menschen mit anderer Sprache, Sitte und Arbeitsweise. Nicht selten gesellte sich bei ihnen Neid zu Neugier und Skepsis, als sie von der großzügigen Behandlung der Immigranten erfuhren. Die vom Kurfürsten angeordneten Zwangskollekten zugunsten der Hugenotten verstärkten diese Mißstimmung nur. Daher finden sich in den frühen Unterlagen der Presbyterien Klagen über Gehässigkeiten seitens der deutschen Glaubensgenossen, über Querelen bei der gemeinsamen Kirchen- oder Friedhofsbenutzung, über Versuche, den Franzosen den Sonderstatus in der Praxis nicht zu gewähren.

Mit Unwillen sahen die Berliner, wie die Réfugiés leerstehende Häuser bezogen, auf die kostenlose Anlieferung von Bauholz und Kalk drangen und keine Anstalten machten, sich an der Instandhaltung der Straßen oder am Wachdienst zu beteiligen. Vielerorts gab es Versuche, die kurfürstliche Politik der Vergünstigungen für die Fremden zu hintertreiben. Hier wurde ihnen nicht das zugebilligte Bauholz geliefert, da verweigerte der Magistrat das mit dem Besitz von bestimmten Häusern verbundene Braurecht, dort verbot man ihnen die aktive Marktbenutzung, falls sie nicht die stadtübliche Taxe entrichteten.

Die schwerwiegendsten Streitfälle traten gerade in der Erwerbssphäre auf. Der Eintritt in Zünfte, der den Franzosen ohne Auflagen und kostenlos gestattet werden sollte, wurde oftmals von den Zünften selbst und auch von den Magistraten so erschwert, daß viele französische Meister statt dessen ein Patent als privilegierte, also zunftfreie Meister erwarben. Doch verbot dieser Status wiederum die Beschäftigung von Gesellen und Lehrjungen, so daß die Konkurrenz erschwert war und das Wachstum behindert wurde. Selbst wenn sich Franzosen damit abfanden, stießen sie oft jahrelang auf den Widerstand ihrer benachbarten deutschen Meister. Es kam zu Schikanen: Rohstoffe wurden nicht geliefert oder entgegen den offiziellen Zusagen mit Zoll belegt, und man behinderte den Verkauf ihrer Erzeugnisse. Sogar vor Tätlichkeiten schreckten manche Deutschen nicht zurück: Eingeworfene Fensterscheiben in Meisterstuben waren noch harmlos, umgestürzte Wagen mit Waren oder zerbrochene Webstühle bildeten da schon ernstere Drohungen an die Adresse der Réfugiés, wenn diese nicht sogar selbst angegriffen wurden.

Eine Kette von Streitfällen löste zum Beispiel das Auftreten französischer Kaufleute aus Berlin auf der Messe in Frankfurt (Oder) aus. Zu Ausstellungsständen kamen sie erst nach einer Intervention Friedrich Wilhelms, der befahl, daß »bei Vermeidung Unserer schweren Ahndung diese Franzosen vor allen anderen dahinzukommenden Handelsleuten mit den benötigten Krambuden zu versehen« seien. Aber die Widerstände gingen weiter. Zur Frühjahrsmesse 1692 überfiel ein Berliner Kaufmann seinen französischen Konkurrenten. Doch nicht der Märker wurde vom Frankfurter Magistrat arretiert, sondern der Franzose. Erneut erging eine Kabinettsorder, die nachdrücklich an die Unterstellung der Hugenotten unter französische Richter erinnerte. Aber der Magistrat blieb halsstarrig. Ein paar Jahre später betonte er, daß die Frankfurter Obrigkeit das alleinige Recht über Franzosen aus Berlin habe, weil sie ja Fremde seien und der Kurfürst für diesen Fall doch nichts verordnet habe. Vorausgegangen war ein vermeintlicher Diebstahl bei einem Berliner Kaufmann, der von dem Beschuldigten, einem hugenottischen Händler, geleugnet wurde und dennoch seine Inhaftierung zur Folge hatte. Erst die Vermittlung des Staatsministers von Brand und die Übereinkunft, daß brandenburgische Franzosen dem französischen Richter unterstellt seien, während Franzosen aus anderen Ländern einem Judicium mixtum, einem gemischten Gericht, zu unterwerfen seien, beruhigte die aufgebrachten Gemüter.

Die Behandlung von Rechtsverletzungen vor den Berliner Magistraten erwies sich als schwierig. Die Magistrate verstanden sich nicht als unparteiische Rechtsorgane, sondern als Interessenvertreter der alteingesessenen Berliner. Selbst wenn ein Streitfall juristisch klar schien, blieben Reibereien mit den Franzosen nicht aus. So ließen sich die Magistrate oft Zeit bei der Behandlung eines ungünstigen Falls, »vergaßen«, den hinzuzuziehenden französischen Richter über anberaumte Termine zu informieren, oder bestritten den französischen Richtern Kenntnis, Befähigung und Kompetenz. Daher waren die Franzosen oft gezwungen, die Urteile der Magistratsgerichte anzufechten. Mitunter mußte sogar erst eine kurfürstliche bzw. königliche Entscheidung den Streit beenden.

Obgleich die Mehrheit der Prozesse, in denen Réfugiés vor Gericht erschienen, Deutsche als Beklagte aufwies, muß der Gerechtigkeit halber festgestellt werden, daß auch Franzosen als Rechtsverletzer aktenkundig wurden. Publizität erhielt der rund 40 Jahre dauernde Streit der Berliner Lichtemacher, der auch vor Gericht ausgetragen wurde. Die Réfugiés, die gegen die Zunftordnung verstoßen hatten, zogen in diesem Rechtsstreit den kürzeren.

Erschwert wurden Entscheidungen in Rechtsstreitigkeiten zwischen Deutschen und Franzosen durch den schon skizzierten unentwickelten Charakter des brandenburgischen Rechts einerseits und den andauernden Kompetenzstreit zwischen Berliner Magistrat und Koloniegericht sowie die teilweise komplizierten Unterstellungsverhältnisse von Hugenotten unter verschiedene Rechtsordnungen andererseits. So unterstanden refugierte Hofbedienstete oder Adlige und Militärs in persona deutschem Recht, als Hausbesitzer aber französischem Recht; Doppelunterstellungen, die gerade in Berlin häufig anzutreffen waren. Waren Franzosen Zunftmitglieder geworden, so blieben sie in Person zwar dem französischen Recht unterstellt, in allen die deutsche Zunft betreffenden Streitfällen hingegen mußten sie vor den Magistrat.

Finanzielle Gründe vor allem standen hinter dem fortgesetzten Kompetenzstreit zwischen deutschem Magistrat und Kolonieinstitutionen. Im Potsdamer Edikt war der französische Richter zum Beisitzer in »gemischten« Streitfällen, die vor dem Magistrat verhandelt wurden, berufen worden. Die Berliner Magistrate bzw. ab 1709 der Gesamtberliner Magistrat versuchten jedoch, die Rechte der französischen Richter zu schmälern, oder sie eigneten sich Rechte an, für die es keine ausdrückliche Festlegung gab. Den Magistraten war daran gelegen, die »Aczise-, Contribution-, Polizey- und Commerziensachen« völlig an sich zu ziehen, weil ihnen dies nicht nur mehr Macht verlieh, sondern auch die Möglichkeit gab, ihre Finanzlage durch Gebühren, Taxen, Sporteln und ähnliches zu verbessern. Doch auch die französischen Richter als Vertreter der Kolonie suchten eine möglichst umfassende Rechtshoheit über deren Mitglieder geltend zu machen. So genügten die kurfürstlichen Festlegungen, daß französische Richter in einem »gemischten« Fall weder Untersuchungen veranlassen könnten noch Urteile zu fällen hätten, bald nicht mehr. Der Status der französischen Richter selbst mußte geklärt werden. Ein Erlaß von 1708 entschied, daß die Kolonierichter als Bürgermeister in die Magistrate eintreten sollten, begleitet von ein bis zwei französischen Ratsmännern. Gegen diesen Beschluß protestierten die deutschen Bürgermeister, die seine Verwirklichung weitgehend verhinderten. Unter Friedrich Wilhelm I., dem weniger franzosenfreundlichen Soldatenkönig, erging dann 1739 die Kabinettsorder, daß französische Richter nur als Senatoren mit Sitz und Stimme in die Magistrate einzutreten hätten. Hiergegen protestierten nun wiederum die Réfugiés, die argumentierten, daß sie ja nicht nur über Bürgerliche zu verhandeln hätten, also als Senatoren aufträten, sondern auch Angelegenheiten entscheiden müßten, die Adlige und Militärs im Ruhestand beträfen. Doch mehr als eine verbale Verbeugung, französische Richter würden aufgenommen, »als ob sie Bürgermeister seien«, erreichten sie nicht. Auch die 1719 »Neuverfaßte Verordnung wie es die Jurisdiction halber zwischen Teutschen und Frantzösischen Gerichten gehalten werden soll«, die eine Kompetenzabgrenzung versuchte und die Zusammenarbeit auf Gebieten wie Feuerordnungen, Einquartierungen, Handhabungen von Maßen und Gewichten, Straßen- und Marktregeln, Konsumtionstaxen und ähnliches dekretierte, wurde in der Praxis vielfältig unterlaufen.

Wie aber war zu verfahren, wenn die streitenden Parteien die Entscheidung des »gemischten« Gerichts ablehnten? Ähnlich den über den französischen Untergerichten installierten Instanzen Obergericht und Tribunal d'Orange mußte auch für solche Fälle eine Anrufungsinstanz geschaffen werden. Eine derartige Institution war das 1687 geschaffene Rechtskollegium. Der ständige Wechsel der rechtsprechenden Personen in dieser Instanz brachte auch hier den Gebrauch von Kommissaren ad hoc mit sich, ließ die Rechtsprechung ausufern und regellos werden. Eine Neuordnung war unabdingbar. 1715 versuchte Friedrich Wilhelm I. im Zusammenhang mit seiner Absicht, die französische Kolonie formell in der deutschen Bevölkerung aufgehen zu lassen, eine Klärung zu erreichen. Im Kombinationsedikt dieses Jahres wurde die Abschaffung des Ministers für französische Angelegenheiten, die Übernahme aller Kolonieangelegenheiten durch das Generalkriegskommissariat und die Eingliederung der hohen französischen Gerichtsinstanzen in das Geheime Justiz-Collegium sowie der französischen Untergerichte in die deutschen Magistrate verfügt. Doch der König mußte aufgrund des heftigen Widerstandes der Kolonie und zunehmender Abwanderungen seine Entscheidungen zum Teil zurücknehmen. Lediglich die Zusammenlegung des Tribunals d'Orange mit dem preußischen Ober-Appellationsgericht im Jahre 1716 sollte von Dauer sein.

Bemerkenswert ist – im Gegensatz zu dieser zeitweiligen negativen Wende – die faktische Ausdehnung des Kolonierechts auf alle Immigranten, gleich welcher Nation oder Religion sie waren. 1720 wurde es Neuankömmlingen nämlich gestattet, sich entweder als Stadtbürger oder als Koloniebürger mit den jeweiligen Rechten zu etablieren. Sofern nicht der Eintritt in Berliner Zünfte oder ähnlich gravierende Gründe die Akklamation als Magistratsbürger zur Folge hatten, bewarben sich viele Einwanderer um die Mitgliedschaft der französischen Kolonie und legten vor dem Kolonierichter ihren Treueeid ab. Diese Wahlfreiheit wurde noch fünfzig Jahre später von Friedrich II. bestätigt. Sie hatte zur Folge, daß sich neben den Franzosen auch andere Einwanderer, vereinzelt sogar zuziehende Deutsche und selbst Katholiken der Kolonie anschlossen. Allerdings steckte in der Verfügung des Jahres 1720 auch eine Vereinheitlichungstendenz. Sie beseitigte nämlich das Sonderrecht der Pfälzer und Schweizer Einwanderer zugunsten des bestausgebildeten Kolonierechts, des französischen.

Um die Mitte des 18. Jahrhunderts erfuhr das französische Sonderrecht eine einschneidende Veränderung. 1742 wurde verfügt, daß Franzosen jetzt ebenfalls dem preußischen Kriminalrecht unterworfen seien. Trotz einiger Abweichungen zugunsten der unter der Rechtshoheit der Kolonie Stehenden bedeutete dies eine Verschärfung des geltenden Rechts, fußte doch das preußische Strafrecht auf der Constitutio Criminalis Carolina, deren Strafprozeß- und Strafrecht den Geist des feudalen Sieges im deutschen Bauernkrieg atmete. 1746 erteilte Friedrich II. endlich Order für die längst fällige Justiz- und Rechtsreform. Diese Reform betraf vornehmlich das Zivilrecht und die Gerichtsverfassung. Die Senkung der Zahl der Richter und ihre ausreichende Besoldung, die Prüfung ihrer Eignung, die Neuordnung der Gerichte in den einzelnen Landesteilen und die Regelung der Instanzenwege entsprachen dem absolutistischen Zentralisierungsstreben und einer effektiveren Verwaltung des Staates. Der Schwerpunkt der jedoch nur schleppend verwirklichten Reform war allerdings die Schaffung eines allgemeinen Gesetzeswerkes, des »Allgemeinen Landrechts für die Preußischen Staaten«.

Mit seinem Inkrafttreten im Jahre 1794 erfolgte auch die Aufhebung der »Ordonnance française« und die völlige Unterordnung der Réfugiés und ihrer Nachkommen sowie aller anderen Kolonisten unter preußisches Recht. Dennoch blieben die französischen Gerichte weiter bestehen. Obgleich sie nun wie die Magistrate nach preußischem Recht urteilten, unterschied sich die Handhabung des Rechts in beiden Gerichten. Die französischen Anwälte und Richter hatten oft eine bessere Ausbildung genossen, und die französischen Gerichte zeichneten sich durch Milde und Schnelligkeit in den Verfahren aus.

Zu einer vollständigen Beseitigung des französischen Sonderrechts und der französischen Gerichte kam es erst im Zuge der preußischen Reformen von 1807 bis 1812. Alle Institutionen des preußischen Staates, die im Zusammenhang mit dem Sonderdasein der französischen Kolonie standen, wurden abgeschafft und mit ihnen die französischen Kolonien selbst. Damit endete nach 124 Jahren auch der rechtliche Sonderstatus der Franzosen in Brandenburg-Preußen, die fortan nur noch ihre eigenen Kirchgemeinden besaßen.

Jürgen Wilke

Ärzte und Apotheker

In Frankreich hatten sie zu denen gehört, die schon vor dem Widerruf des Edikts von Nantes angefeindet, verfolgt und schließlich mit »Berufsverboten« belegt wurden. Das offizielle Brandenburg dagegen empfing sie mit offenen Armen. Die Rede ist von den französisch-reformierten Ärzten und Apothekern, Chirurgen (Wundärzten) und Hebammen. Sie bildeten eine wichtige Berufsgruppe unter den Réfugiés, die das Kurfürstentum als Ziel ihrer beschwerlichen Reise wählten. Eine ganze Reihe von ihnen zog es nach Berlin.

Die Werbekampagne des Großen Kurfürsten hatte gerade auch unter Angehörigen dieser Berufe einigen Erfolg. Hugenottische Apotheker und Ärzte spielten in der medizinischen Wissenschaft Frankreichs, die einen hervorragenden Platz in Europa einnahm, eine führende Rolle. Und die zahlreichen Hebammen, die sich zum reformierten Glauben bekannten, genossen wegen ihrer Zuverlässigkeit einen guten Ruf im Land, was die Behörden des »allerchristlichen Königs« jedoch nicht daran hinderte, die reformierten Vertreter dieser Berufsstände zunehmend zu schikanieren und zu entrechten. So wurde 1680 eine Anordnung erlassen, die allen Personen reformierten Glaubens, Männern wie Frauen, eine Strafe von 3 000 Livres androhte, die bei einer Geburt Hilfe leisteten. Als Vorwand diente die Frage der Nottaufe neugeborener Kinder. Der Eid der »christlichen Apothekermeister« enthielt das Bekenntnis, an Gott zu glauben. Es konnte nur zu leicht gleichgesetzt werden mit der Verpflichtung, der römisch-katholischen Kirche anzugehören. Und diese Verpflichtung wiederum ließ sich im Weigerungsfalle mit einem Berufsverbot durchsetzen. Tatsächlich wurde es reformierten Apothekern, aber auch den Chirurgen in einem »Arrêt du Conseil« vom 15. September 1685 verboten, ihren Beruf auszuüben. Zwangsläufig konvertierte nun eine Anzahl Apotheker und Ärzte, wie beispielsweise Jean Ancelin, ein Apotheker aus der Pariser Vorstadt Saint-Germain, der schon zwei Monate später den Glauben wechselte. Dagegen wurde Pierre Basil, »maître chirurgien« und »apothicaire du roi«, im Februar 1692 in die Bastille übergeführt, wo er trotz Folter seinem Glauben nicht abschwor und wenige Monate darauf starb.

Auch das Schicksal weiterer Protestanten, die als Wissenschaftler auf dem Gebiet der Pharmazie renommiert waren, ist beredt. Elie Seignette (1632–1698), der ein nach ihm benanntes Salz (Kalium-natrium-tartrat) in die Arzneimittelkunde einführte, hatte besonders in seinem letzten Lebensjahrzehnt unter religiösen Anfeindungen in seiner Heimatstadt La Rochelle zu leiden. Nur das Geheimnis seines »Sel polychreste«, das wegen seiner wirtschaftlichen Bedeutung vom Staat hoch geschätzt wurde, rettete ihn vor ärgerer Verfolgung. Der Arzt und Apotheker Moise Charas (1619–1698), ein Spezialist für Schlangengifte, war der katholischen Kirche besonders verdächtig. Er verließ Frankreich schon 1681. Auf seiner Odyssee als Réfugié trat er in englische, niederländische und spanische Dienste. Ein spanisches Inquisitionsgericht zwang ihn, zum katholischen Glauben überzutreten, und nun kehrte er nach Paris zurück, wo er sogar Karriere machte und in die Akademie der Wissenschaften aufgenommen wurde. Parallelen zeigt auch das Leben von Nicolas Lémery (1645–1715), des bedeutendsten Apothekers und Chemikers seiner Zeit. Er war der Begründer der modernen Phytochemie, und seine Erkenntnisse über Drogenextrakte machten ihn weit über die Landesgrenzen hinaus berühmt. Sein »Cours de chymie« war lange das meistübersetzte Chemielehrbuch Europas, sein 1697 erschienenes »Pharmacopée universelle« galt seinerzeit als das umfassendste Arzneimittelverzeichnis. 1681 bemühte sich der brandenburgische Gesandte in Paris, Ezechiel von Spanheim, im Auftrag seines Kurfürsten vergeblich, Lémery zur Übersiedlung nach Berlin zu bewegen. Nach einem 1683 verhängten Berufsverbot floh er nach England, konnte aber dort nicht Fuß fassen und kehrte nach Paris zurück. Um weiteren Repressalien zu entgehen, konvertierte er Anfang 1686 und wurde bald durch den König begünstigt. Allerdings warf ihm der Marquis de Seignelay, ein Sohn des großen Staatsmannes Colbert und einer der eifrigsten »convertisseurs«, 1689 in zwei denunziatorischen Rapporten eine laue Glaubenshaltung vor.

Selbst vor den berühmten unter Frankreichs reformierten Apothekern und Ärzten machten die Verfolgungen also nicht halt. Viele zogen es deshalb vor zu fliehen, so auch Ärzte und Apotheker aus Metz,

Firmenprospekt des französischen Messerschmieds David Guynand. Beilage zu einem Gesuch vom 29. Juli 1687, sich in Berlin niederlassen zu dürfen. Guynand fertigte auch Instrumente für Chirurgen und Wundärzte an

dem Languedoc und aus der Champagne, die uns zum Teil unter den Réfugiés in Berlin wiederbegegnen. Aus der Kolonieliste von 1700 ist ersichtlich, daß damals in den fünf Residenzstädten vier französische Ärzte und 21 Chirurgen registriert waren. Nimmt man die zehn Ärzte oder Chirurgen der Magdeburger Kolonie hinzu, so stellt man fest, daß die beiden größten französischen Kolonien in Brandenburg-Preußen mehr als die Hälfte aller eingewanderten hugenottischen Ärzte und Chirurgen – es waren insgesamt 66 – auf sich vereinigten.

Außerdem befanden sich unter den Réfugiés in Brandenburg-Preußen 17 Apotheker, von denen sich zehn in Berlin ansiedelten.

Diese statistischen Angaben spiegeln die Anziehungskraft Berlins als kurfürstliche Residenzstadt wider. Setzt man die Zahl der refugierten Mediziner und Apotheker in Relation zu der Zahl der Vertreter anderer Berufe, so wird deutlich, daß diese Gruppe überrepräsentiert war. Und hier begannen die Probleme. Zwar zeigten sich die Behörden in den Jahren 1685 bis 1688 großzügig bei der Anerkennung der in Frankreich erworbenen Titel und Approbationen, wie des »maître apothicaire«, »maître chirurgien« und des »docteur de la médecine«, und ebneten damit den Weg zur Berufsausübung der Neuankömmlinge, doch deren tatsächliche Arbeitsmöglichkeiten waren beschränkt.

Die Herausbildung der französischen Kolonie in Berlin war nämlich von der Überlegung begleitet, daß hugenottische Ärzte im französischen Hospital tätig sein und die Chirurgen, von denen einige zusätzlich eine Barbierstube eröffneten, sich ihre Kundschaft in der Kolonie suchen sollten. Hugenottische Apotheker hatten ihre Medikamente für die Kolonieangehörigen herzustellen. Durch diese Abgrenzung von den deutschen Einwohnern blieben gerade auf medizinischem Gebiet mögliche Potenzen ungenutzt, und es stellte sich in kurzer Zeit heraus, daß vor allem die Zahl der Chirurgen und Apotheker groß war, die innerhalb der Kolonie ihr Auskommen nicht finden konnten. Die Folge war, daß einige enttäuscht abwanderten oder Chirurgen als Feldschere in die Armee eintraten. Apotheker suchten teilweise im Kleingewerbe Lohn und Brot, wie beispielsweise Charles Jordan aus der Region Dauphiné, der, die Marktlücke erkennend, begann, mit Galanterie- und Kurzwaren zu handeln, und später zu einem der angesehensten Großhändler in der Stadt aufstieg.

Zwischen den »Materialisten«, die mit »Materialien« aller Art handelten, und den Apothekern gab es ohnehin Streitigkeiten, da die Apotheker neben Medikamenten auch Süßwaren, Seifenprodukte, Wein, Schnaps u. a. verkauften. Zwar wurden im Laufe des 18. Jahrhunderts Regelungen getroffen, um diese Zwistigkeiten zu beseitigen, aber arme oder stellungslose Handwerker, Witwen und Soldaten versuchten in ihrer Not häufig, ihr Leben mit dem Verkauf von Wunderheilmitteln, Heilkräutern und Parfümeriewaren zu fristen, und bildeten sowohl für die »Materialisten« als auch für die Apotheker eine Konkurrenz, da ihre »volksmedizinischen« Mittel zumeist billiger waren.

Die hugenottischen Ärzte mußten schon bald nach ihrer Ankunft

Altes Gebäude des Hospitals in der Friedrichstraße. Aquarellierte Federzeichnung von Muret, 1884

feststellen, daß sie für die Deutschen kaum von Nutzen waren, da die sprachliche Verständigung mit den Kranken sich als schwierig erwies. Vor allem waren die Bezeichnungen für bestimmte Krankheiten in Brandenburg-Preußen und Frankreich unterschiedlich. Auch schienen den französischen Ärzten Verhaltensweise und Temperament der deutschen Kranken unbekannt, so daß sie offenbar nicht wirksam zu helfen vermochten. Trotzdem wurden Versuche einer Zusammenarbeit unternommen. So erhielt der Arzt Samuel Duclos das Physikat in der Dorotheenstadt, in der freilich zahlreiche Hugenotten lebten. Er war überhaupt einer der ersten Stadtphysici in den Residenzen nach der Herausgabe des Chur-brandenburgischen Medicinal-Edikts von 1685. Wahrscheinlich hatte er jedoch größere Schwierigkeiten mit diesem Amt, denn schon nach kurzer Zeit übernahm sein Landsmann Pierre Carita das Physikat. In der neuangelegten Friedrichstadt wirkte Charles Lecomte als Stadtphysikus, war aber noch zusätzlich in der Administration der »Maison de Refuge« beschäftigt.

1687 ernannte der Kurfürst Alexandre Brazi und Jacques de Gaultier, der ein Bruder des Berliner Predigers François de Gaultier war, zu Hofärzten mit einem jährlichen Gehalt von 200 Taler, später sogar von 290 Taler für den letzteren. Jedoch wurden beide verpflichtet, gleichzeitig auch als Armenärzte in der Kolonie zu arbeiten. In dem kurfürstlichen Bestallungsschreiben für Gaultier hieß es u. a.: »Aber

Neubau des französischen Hospitals, 1877/78 nach Plänen von G. A. Gaillard errichtet. Aquarellierte Federzeichnung von Muret, 1882

er soll auch Unsern Hofdienern, sowohl dem geringsten als dem großen, wenn ihren Ehefrauen, Kindern und Gesinde Krankheit zustößt, helfen und Rat erteilen. Er soll dieses in keiner Weise versagen, sondern vielmehr dieselben seines besten Vermögens und Verstandes nach kurieren. Die dazu nötigen Medikamente aus unserer Hofapotheke verabfolgen. Die Abfolgung und zum Teil Bezahlung in der gemachten Verordnung wird noch nachgeholt werden. Diejenigen Patienten, dieses sonderlich nöthig, fleißig besuchen und es also an nichts, was einem treuen Medici obliegt, ermangeln zu lassen.« Auf der Liste des französischen Etats für 1689 erscheint außerdem noch Isaac Roussel: Er hatte sich hauptsächlich um die Kranken des französischen Hospitals zu kümmern. Brazi, Gaultier und Roussel übernahmen mit ihren Ämtern die ärztliche Betreuung der Armeneinrichtungen der französischen Gemeinde. Immerhin hatte z. B. das Hospital durchschnittlich 130 ständige Insassen, während die »Maison française« etwa 35 und die »Maison de Refuge« etwa 40 Personen ständig beherbergten. Aber auch hugenottische Arme und Kranke in den fünf Residenzstädten und ihren Vororten mußten versorgt werden. Das bedeutete natürlich auch Hausbesuche. Zudem erweiterte sich im Verlauf des 18. Jahrhunderts noch das Netz der Armeneinrichtungen der französischen Gemeinde um das Waisenhaus (1725), die »École de Charité« (1747) und das Kinderhospital (1760). Für die 1704 eingewanderten Orangeois und die »Maison d'Orange« war bis 1721 der aus der Orange stammende Arzt André Bastide verantwortlich. Unter der Oberaufsicht der Ärzte arbeiteten zwei Chirurgen, die für äußere Behandlungen und Operationen aus dem Französischen Etat jährlich 100 Taler (1689) erhielten. Die ersten Chirurgen am französischen Hospital waren ab 1687 François Michaut und Pierre Dumas. Die Hausbesuche der hugenottischen Ärzte waren recht gut organisiert. In der Regel wurden dem Arzt vom zuständigen Diakon der Gemeinde Name, Adresse und eine kurze Schilderung der sozialen und persönlichen Situation des Kranken gegeben, so daß er schnell medizinische Hilfe leisten konnte. Er nahm auch gleich die notwendigen Medikamente aus der französischen Apotheke zur Behandlung des Patienten mit.

Zunächst verfügte die Gemeinde in Berlin allerdings über keine eigene Apotheke für die Versorgung der Armen. Die französischen Ärzte verschrieben die Arzneien für die als arm eingestuften Patienten, die diese dann kostenlos von der Hofapotheke erhielten. Das französische Konsistorium klagte aber 1688 darüber, daß die Rezepte seiner Ärzte oft zwei bis drei Tage in der Hofapotheke liegenblieben, ohne bearbeitet zu werden. Daraufhin entschloß sich der Kurfürst, der französischen Gemeinde jährlich 300 Taler für den Kauf von Medikamenten zur Verfügung zu stellen. Das Konsistorium hielt es nun für angebracht, eine eigene »Armenapotheke« einzurichten. Die Wahl fiel auf den Apotheker Antoine Palmié (Palmier), der sich gegen ein Entgelt verpflichtete, die Medikamente nach Anordnung der Ärzte herzustellen und sie zu den Kranken zu bringen. Um 1698 durfte Pegat die zweite Armenapotheke eröffnen.

Soweit die Archivalien darüber Aufschluß geben, waren Behandlung und Verabreichung von Medikamenten zumindest für die Armen gebührenfrei. Auch andere Hilfeleistungen an Kranke und Arme, wie etwa die Suppenspeisung durch die 1699 auf Initiative des schon genannten Arztes Gaultier eingerichtete »Marmite«, waren kostenlos. Spenden und Kollekten sorgten dafür, daß die Kosten für all diese Ausgaben gedeckt wurden. »N'oubliez pas les pauvres!« (Vergeßt die Armen nicht!) – ständig erging dieser Appell an alle Gemeindeglieder. Aufgrund ihres sozialen und solidarischen Engagements, das auch die Übernahme von kirchlichen Ehrenämtern und die aktive Tätigkeit im Armenwesen einschloß, genossen die französischen Ärzte bei den Kolonieangehörigen ein hohes Ansehen.

Gut angesehen waren übrigens auch französische Hebammen, und zwar nicht nur in der Kolonie. Wie Charles Ancillon berichtet, wurden sie wegen ihrer Tüchtigkeit auch gern von deutschen Familien gerufen.

Da Berlin im Zeitraum der Einwanderung (zwischen 1680 und 1720) ein stürmisches Wachstum erlebte und die französischen Patienten sich über die gesamte Stadt verteilten, erwies sich eine Aufteilung in Betreuungsgebiete als notwendig. Der Stadtkommandant von Berlin, Jean de Forcade, teilte 1719 dem Armenarzt Pierre Carita zum ersten Male die Friedrichstadt, die Köpenicker Vorstadt, das Sommerfeld, die Ansiedlung vor dem Leipziger Tor und die Stralauer Vorstadt als Zuständigkeitsbereich zu. Barthélemy Pascal war für die Versorgung der Armen und Kranken in der Dorotheenstadt, im Werder, in Cölln und Neucölln (Cölln am Wasser) und in der Königsvorstadt verantwortlich. Diese Aufteilung galt im wesentlichen bis zur Auflösung der Kolonie 1809. Die medizinische Versorgung der durchschnittlich 1800 französischen Familien im 18. Jahrhundert erfolgte durch drei bestallte Ärzte und zwei fest besoldete Chirurgen. Weitere französische Ärzte, wie Daniel Duncan, Daniel de Superville oder Gaultier de Salgues, versuchten, frei in der Stadt zu praktizieren, aber günstigere Angebote veranlaßten sie, Berlin wieder zu verlassen. Daniel Duncan sollte am Französischen Gymnasium Medizinvorlesungen halten, wie aus einem Patentbrief des Hofes vom 8. Dezember 1699 hervorgeht. Vermutlich wurde dieses Projekt jedoch nie realisiert, denn Duncan ging 1701 nach Den Haag. Er schrieb ein vielgelesenes Buch über den Mißbrauch von heißen Getränken, vor allem von Kaffee, Schokolade und Tee. Zusätzlich zu den Ärzten waren im 18. Jahrhundert zwischen fünf und 23 freiberuflich arbeitende Chirurgen in Berlin tätig.

Die französischen Ärzte, Chirurgen und Apotheker hatten natürlich die brandenburgische Medizinalordnung und Taxe (1693) und alle sonstigen geltenden medizinischen und sanitären Vorschriften zu beachten. Die entsprechenden Edikte, Erlasse und Verordnungen wurden ins Französische übersetzt und waren für die Hugenotten verbindlich. Diese hatten auch das Collegium medicum als oberste Aufsichtsbehörde anerkannt. Vermutlich gehörten vor 1725 – in diesem Jahr wurde ein neues brandenburgisches Medizinaledikt erlassen – zwei französische Hofärzte mit Sitz, doch ohne Stimme dem Collegium medicum an. Ab 1725 stellten sie ein Mitglied im Obercollegium medicum, das die Belange aller französischen Kolonien der Kur- und Neumark wahrzunehmen hatte. Pierre Carita war längere Zeit sogar Vizedekan dieses Gremiums und seit 1722 Mitglied der Sozietät der Wissenschaften. Später saßen im Obercollegium medicum Barthélemy Pascal, Frédéric Antoine Molié, Jacob Philippe Pélisson und Jean Louis Formey. Letzterer, ein Sohn des Akademiesekretärs Jean Henri Samuel Formey, wurde 1798 Professor am Collegium medico-chirurgicum, 1808 Professor an der neugebildeten medizinisch-chirurgischen Akademie und 1818 als Vortragender Rat in die Medizinalabteilung des preußischen Innenministeriums berufen. Sein 1796 erschienener »Versuch einer medicinischen Topographie von Berlin« gilt als Standardwerk zur Geschichte der Medizin in Berlin, besonders der Sozialhygiene.

In der Einwanderungszeit durften offenbar die Kolonieärzte stellvertretend für das Collegium medicum über die Befähigung der eintreffenden refugierten Chirurgen und Apotheker entscheiden. Jedenfalls überprüften Brazi, Gaultier und Roussel die Qualifikation solcher Zuwanderer und forderten im Zweifelsfalle einen Nachweis ihres Könnens. Beispielsweise bestätigten die drei am 22. November 1690 dem »Maître chirurgien« David Cordier, daß er in ihrer Gegenwart einen Stein aus der Blase mit großer Klugheit und Genauigkeit entfernt habe. An seinen Fähigkeiten als Operateur sei nicht zu zweifeln, und er dürfe für ein breites Publikum tätig sein. Der Apotheker Pegat bekam von Gaultier am 10. November 1690 das Zeugnis, daß er befähigt sei, Medikamente und Heilmittel auf Anordnung der Ärzte herzustellen.

Nach 1700 wuchs die Zahl der Chirurgen und Apotheker in der Stadt so rasch, daß die Behörden mahnend an den Apotheker-Eid und an die im Medicinal-Edikt von 1685 festgelegte Ordnung erinnerten, die für beide Berufe Examen und Approbation vorschrieb. Die zunehmende Zahl der Chirurgen stellte für die französischen Apotheker eine Existenzbedrohung dar. Sie beklagten sich 1711 beim Collegium medicum, daß Chirurgen, Materialisten, Hebammen und andere »innere« Arzneien verabreichten. Ja, sie unterbreiteten dem König sogar einen Vorschlag für eine »Frantzösische Apotheker Gülde«, um ihre mißliebigen Konkurrenten durch zünftlerische Organisation aus dem Felde zu schlagen.

1704 existierten – dem Berliner Adreßkalender zufolge – in den fünf Residenzstädten folgende sieben französische Apotheken:

»Hr. Johannes L'Amble (Lamblet) wohnt in Cölln in der Dohm-Gasse

Hr. Carita, in der Brüderstrassen an der Ecke der Spree-Gassen in seinem Hause (Cölln)

Hr. Paget, wohnet mitten in der Fridrichs Stadt

Hr. Antoine Palmier, auff der Schloßfreyheit an der Ecke beym Königlichen Lust-Garten

Hr. Boullion, mitten in der Dorotheen Stadt

Hr. François Chion, in der Heil. Geist-Strassen im Kemnitzschen Hause (Berlin)

Hr. David Gilet, an der Ecke bey der Hundebrücke in seinem Hause« (Cölln oder Friedrichswerder).

Was die Chirurgen betrifft, so belief sich ihre Zahl immerhin sogar auf 23, so daß die Behörden am 30. August 1724 besonders bei ihnen eine Reduzierung verlangten. Der König betonte, daß künftig kein sich niederlassender Chirurg oder Apotheker ohne Examen ein Privileg erhalten werde, und verlangte, eine Liste der Chirurgen und Apotheker in der französischen Kolonie anzulegen. Aus ihr wolle er dann sechs Chirurgen und drei Apotheker, die »am capablesten« befunden worden seien, auswählen und nach vorausgegangenen Examina mit zulänglichen Privilegien versehen lassen. Über diese Anzahl hinaus aber sollten in der Kolonie keine weiteren Chirurgen und Apotheker geduldet werden.

Endgültig wurde die Zahl der Chirurgen und Apotheker dann in dem »neugeschärfften Medicinal-Edikt« von 1725 festgelegt. Danach sollten in der französischen Kolonie neben vier konzessionierten Chirurgen nur acht frei praktizierende zugelassen werden. An diese Festlegung hielt man sich in etwa; nur zum Ende des Jahrhunderts wurde die Zahl auf zwölf erhöht. Bei den Apotheken sah das Edikt eine Reduzierung auf neun deutsche und drei französische vor, »... dergestalt und also, daß in Berlin die drey älteste Deutsche privilegierte, in Cölln zwey, auf dem Friedrichs-Werder eine, auf der Friedrichs-Stadt eine, auf der Dorotheen-Stadt eine, und auf der Königs-Stadt eine Apotheke und mehr nicht, wo sie schon wohnen bleiben, und die andere bei entstehenden Banquerotten oder anderen Fällen cassiret werden sollen, bis dieser von Uns verordnete Numerus festgestellt worden ...« Die erwünschte Reduzierung blieb jedoch aus: Im 18. Jahrhundert gab es in Berlin stets 13 bis 18 deutsche Apotheken, und die französische Kolonie unterhielt meistens vier Apotheken; lediglich zwischen 1768 und 1798 verringerte sich ihre Zahl durch Todesfälle auf zwei bzw. drei.

1769 erhielt Louis Lamblet ein Privileg für seine Apotheke, die spätere »Apotheke zum Schwan«. Bis zu diesem Zeitpunkt waren die Apotheken mit Konzessionen betrieben worden. Schon Louis Lamblets Vorfahr, Jean Lamblet, war Apotheker gewesen, und auch einige andere Apotheken hatten sich auf die Nachkommen vererbt. Nun wollten die französischen Apotheker 80 Jahre nach der Einwanderung mit einem Privileg die Garantie erlangen, daß sie ihre Apotheke in der Familie weitergeben durften. Ein Privileg stellte nämlich einen höheren Rechtstitel dar als eine Konzession. Es zu erhalten war damals keine leichte Angelegenheit, zumal Konkurrenzneid und Mißgunst auf der Lauer gelegen haben dürften. 1770 gelang es Daniel Matthieu, das zweite derartige Privileg innerhalb der Kolonie zu bekommen. Seine »Schweizer Apotheke zum gekrönten Schwarzen Adler« war sehr bekannt. Der geschäftstüchtige Matthieu vertrieb mit viel Erfolg ein Bandwurmmittel, das er 1775 für eine Leibrente von 200 Taler und einen Hofratstitel an Friedrich II. abtrat. Das dritte Privileg – für die »Kronenapotheke« – erhielt 1780 die Witwe Drague, das vierte 1796 Jean Louis Alloucherry für die am Neuen Markt 14 gelegene Apotheke »Zur goldenen Sonne«. Das Privileg für Alloucherry rief schärfste Proteste bei den deutschen Apotheken hervor, doch der Einfluß seines Vaters, eines reichen Weinhändlers, hatte sich wohl als stärker erwiesen als alle Widerstände. Überhaupt waren königliche Protektion oder gute Beziehungen zu den leitenden Beamten der Kolonie bei den Bestallungen von nicht zu unterschätzender Bedeutung. Das wird auch am Beispiel von Charles Euler, Sohn des großen Mathematikers Leonhard Euler, deutlich. Er bekam 1763 wegen seiner erstklassigen Referenzen die Stelle des Armenarztes am französischen Hospital. Seine drei Mitbewerber, alle französischer oder pfälzischer Abstammung, mußten schnell erkennen, daß sie gegen den Einfluß eines Leonhard Euler machtlos waren.

Von den französischen Ärzten wurde übrigens einer als »Fieberdoktor« in Berlin bekannt. Es war Samuel Duclos aus Metz. Als er 1741 starb, vermachte er dem französischen Waisenhaus und der École de Charité sein gesamtes Geld und seinem Bruder das geheime Rezept für ein Fiebermittel mit der Auflage, bei seinem Ableben dafür zu sorgen, daß es ebenfalls an diese Häuser weitergegeben wurde. So geschah es auch. Das Rezept ging 1768 in den Besitz der beiden Kolonieeinrichtungen über, die nun in den Genuß der Einnahmen aus dem Verkauf des Pulvers kamen. Um das Geheimnis der Herstellung zu wahren, mußte der damit beauftragte Koloniearzt schwören, daß er niemals jemandem, unter welchen Umständen es auch sei, das ihm von den Direktoren des Waisenhauses und der École de Charité anvertraute Geheimnis der Zusammensetzung preisgeben werde. Dieser Eid wurde nacheinander von mehreren Ärzten abgelegt. Schließlich ging das Geheimnis auf den Besitzer der »Engel-Apotheke« über. Am 5. September 1865 wurde das Fieberpulver zum letztenmal verkauft. Die Gesamteinnahmen betrugen für den Zeitraum von 1769 bis 1800 3636 Taler und 20 Groschen. Bis 1831 erhöhte sich die Summe auf

Emil DuBois-Reymond. Marmorbüste von Carl Ferdinand Hartzer, 1905

7747 Taler, zwölf Groschen und vier Pfennige. Komplette Listen von Käufern mit Namen, Adresse und Abnahmemenge geben noch heute Aufschluß über die Verbreitung des Medikaments, selbst über die Landesgrenzen hinaus. Seine Zubereitung ist nicht bis ins einzelne bekannt, aber aus erhalten gebliebenen Rechnungsbüchern kann man schließen, daß es vor allem aus Chinarinde bestand, der süße Mandeln beigemischt wurden, vermutlich um den bitteren Geschmack zu mildern.

Die Arbeit hugenottischer Ärzte, Chirurgen, Apotheker und Hebammen in Berlin ist heute ein fast vergessenes Kapitel. Dabei lohnt es, sich daran zu erinnern, daß sie vor allem mit ihrer Tätigkeit für die Armen, mit der Sorge um deren Gesundheitszustand Vorbildliches geleistet haben. Nicht von ungefähr hatten die Kolonieangehörigen im 18. Jahrhundert im Durchschnitt eine höhere Lebenserwartung als die deutsche Bevölkerung Berlins. Ihre medizinische Betreuung war, insgesamt gesehen, besser; immerhin kam bei ihnen auf maximal 2000 Einwohner ein Arzt. Diese Tatsache, aber ebenso das gut organisierte Armenwesen, die günstigere soziale Zusammensetzung, die Lesekundigkeit einer breiten Schicht, auch der Mädchen, und möglicherweise auch die abweichenden Eßgewohnheiten dürften vor allem eine niedrigere Säuglings- und Kindersterblichkeit bewirkt haben.

Nach der Auflösung der Kolonie in Berlin zeichnete sich der französischstämmige Emil DuBois-Reymond (1818–1896) an der Charité durch hohe wissenschaftliche Leistungen aus. Es soll auch erinnert werden an den Réfugiénachkommen Jean-Jacques Fasquel, der zwar nicht der beschriebenen Berufsgruppe angehörte, aber durch seine Stiftung von 50 000 Taler im Jahre 1864 die Gründung eines der modernsten Krankenhäuser des damaligen Berlin ermöglichte. Eine Tafel im Städtischen Krankenhaus im Friedrichshain hält noch heute das Gedenken an ihn wach.

Helmut Schnitter

Die Réfugiés in der brandenburgischen Armee

Am 31. Dezember 1685 schrieb Kurfürst Friedrich Wilhelm an seinen Feldmarschall Derfflinger, dessen Name im brandenburgischen Heer und im ganzen Land einen guten Klang hatte: »Auch Euch ist vorhin wissend: wie großes Mitleiden wir mit denen aus Frankreich von der reformierten Religion, vertriebenen armen Leuthen haben, und daß wir im Werk begriffen sind, ein neues Regiment zu Pferde und zu Fuß zu formieren.« Dieser Brief nahm Bezug auf ein für die preußische Militärgeschichte wichtiges Ereignis: den Übertritt hugenottischer Edelleute-Militärs in die Armee des Großen Kurfürsten. Der neue Dienst- und Kriegsherr formierte aus den eingewanderten französischen Militärs eigene Truppenteile. Diese waren ihm u. a. auch deshalb willkommen, weil Brandenburg Hilfstruppen für den Kaiser im Krieg gegen die Osmanen in Ungarn stellte und weil die hugenottischen Militärs für die abziehenden Regimenter einen guten Ersatz boten.

Ab Herbst 1685 meldeten sich viele Offiziere des »Sonnenkönigs« Ludwig XIV., die Frankreich aus religiösen Gründen verlassen hatten, im Schloß des Kurfürsten in Berlin, aber ein Bleiben in der Residenzstadt war nur wenigen möglich. »Alle Offiziere konnten zunächst nicht eingestellt werden«, heißt es dazu in dem zeitgenössischen Bericht von Charles Ancillon. »Daher bekamen sie eine Zeitlang eine bescheidene Unterstützung und konnten sich niederlassen, wo es ihnen am besten gefiel in Stadt oder Land.« Berlin war zwar Hauptstadt und befestigt, aber hier gab es nur eine kleine Garnison, ihr Stellenetat konnte nicht alle Neuzugänge aufnehmen. So boten sich zwei Wege an, um die Réfugiés einzugliedern: die Verstärkung vorhandener Regimenter und Neuaufstellungen. Beides war aber nur in den Provinzen zu verwirklichen, wo neue Garnisonen eingerichtet werden konnten. Hier standen militärische Erfordernisse bei der Sicherung von Grenzen, Gebieten und Verbindungen im Vordergrund. Deshalb verließ die Masse der hugenottischen Offiziere, soweit sie bis Berlin gekommen waren, die Stadt wieder, versehen mit kurfürstlichen Patenten für Kompanien in den Landesteilen.

Die Entwicklung des brandenburgischen Militärwesens erhielt durch diese Zuwanderung einen nachhaltigen Impuls. Ein Blick auf den Zustand und die Tendenzen im zeitgenössischen Militärwesen mag dies veranschaulichen.

Brandenburg gehörte zu jenen Ländern, die während des Dreißigjährigen Krieges wiederholt Schauplatz militärischer Auseinandersetzungen gewesen waren und schwer unter den Kriegsfolgen litten. Nur langsam erholten sich Landwirtschaft, Handel und Gewerbe wieder. Auch das militärische Potential dieses deutschen Territorialstaates war schwer getroffen worden vom Krieg: Kurfürst Friedrich Wilhelm, der 1640 die Regierung antrat, verfügte nach dem Westfälischen Frieden von 1648 nur über eine geringe Zahl von Truppeneinheiten, zumeist Festungsgarnisonen. Seine Befehlsgewalt war und blieb zunächst begrenzt. Die alten Kriegsobristen waren Inhaber ihrer Kompanien, die sie selbst finanzierten, was ihnen große Vollmachten gab und eine starke Stellung gegenüber dem kurfürstlichen Landesherrn verschaffte.

Der Aufstellung einer einigermaßen schlagkräftigen Armee stand vor allem das komplizierte Problem ihrer Finanzierung entgegen. Der Kurfürst hatte wenig Mittel, und die Landstände gaben ungern Geld. Erst durch den bekannten Landtagsrezeß von 1653 erhielt der Kurfürst für einige Jahre die Gelder, um eine kleine Streitmacht zu unterhalten. Dafür mußte er dem märkischen Adel aber zusichern, seine Herrschaft über die untertänigen Bauern – Erbuntertänigkeit, Gerichtsbarkeit u.a. – nicht anzutasten.

Eine größere Armee entstand erst während des Krieges zwischen Polen und Schweden (1655–1660). In ihm unterstützte der Kurfürst zunächst die schwedische und dann die polnische Seite, was ihm im Frieden zu Oliva 1660 die erstrebte Souveränität über das Herzogtum Preußen einbrachte. Auch in der Folgezeit war die Entwicklung des brandenburgischen Heeres durch schwankende zahlenmäßige Stärke – Werbungen bei Kriegsbeginn oder in Spannungszeiten folgten umfangreiche Entlassungen nach Friedensschlüssen – gekennzeichnet. Jedoch vermochte Friedrich Wilhelm in diesen Jahrzehnten die Macht der alten Kriegsobristen allmählich einzuschränken und die eigene Befehlsgewalt durchzusetzen: Er ernannte und

Die Schlacht bei Fehrbellin. Gobelin von Pierre Mercier, Berlin, um 1695. Früher in der Gobelingalerie des Berliner Schlosses, heute im Schloß Charlottenburg, Berlin (West)

beförderte die Offiziere und nahm den Truppen den Eid ab, Kriegsräte und -kommissare sorgten sich in seinem Auftrag um Organisation, Bezahlung und Unterhalt des Heeres. Nicht zuletzt trugen die militärischen Erfolge im Krieg gegen Schweden – der Sieg bei Fehrbellin 1675 und die Feldzüge nach Pommern, Rügen und Preußen bis zum Kurischen Haff – zum militärischen Erstarken und Prestige des Kurfürstentums bei. Beim Friedensschluß 1679 wurden – wie schon 1660 – nunmehr nicht mehr ganze Regimenter vollständig entlassen, vielmehr blieben die Stäbe und zahlenmäßig reduzierte Kompanien bestehen. Das hatte den Vorteil, daß in Konfliktzeiten oder bei

Kriegsausbruch die Regimenter durch Werbungen rasch aufgefüllt werden konnten und in kurzer Zeit einsatzbereit waren.

In Gestalt und organisatorischer Struktur unterschied sich die brandenburgische Militärmacht in den letzten Jahrzehnten des 17. Jahrhunderts zunächst nicht grundsätzlich von den Söldnerheeren anderer Staaten. Die Soldaten wurden geworben oder zwangsausgehoben, waren einer strengen Disziplin und harten Militärjustiz unterworfen, bekamen kümmerlichen Sold und lebten in Bürgerquartieren. Die Offiziere rekrutierten sich vorwiegend aus dem Adel Brandenburg-Preußens, aber auch Adlige aus Frankreich, Schweden, Polen und deutschen Ländern dienten zeitweise im kurfürstlichen Heer. Es gab einige Offiziere bäuerlicher und bürgerlicher Herkunft, die bis in Generalsstellungen aufstiegen und geadelt wurden, so etwa Joachim Hennigs von Treffenfeld und der bereits genannte Georg Derfflinger. Die soziale Grenze zwischen Offizieren, Unteroffizieren und Mannschaften war nach 1648 zunächst noch fließend und offen, erst gegen Ende des Jahrhunderts und namentlich dann unter dem Soldatenkönig Friedrich Wilhelm I. (1713–1740) prägten sich die kastenmäßigen Abgrenzungen scharf aus.

Die kurfürstliche Armee entwickelte sich im Spannungsfeld der machtpolitischen Bestrebungen Schwedens, Frankreichs, der Niederlande und Österreichs. Spürbare Einflüsse auf das Militärwesen in Brandenburg-Preußen gingen vor allem von Schweden und den Niederlanden aus. 1656 übernahm Friedrich Wilhelm die schwedischen Kriegsartikel, in der Heeresorganisation richtete er sich nach holländisch-schwedischem Vorbild. Der Große Kurfürst hatte als junger Mann das niederländische Heer kennengelernt. Während des niederländischen Befreiungskrieges gegen Spanien (1566/67–1609) hatten die Prinzen von Oranien eine Militärreform durchgeführt, die wichtige Grundlagen für den Sieg über die damals als kaum schlagbar geltenden Spanier gelegt hatte. Viele Politiker und Militärs bestaunten die Erfolge der Niederländer, deren Heerlager noch in der Zeit des Dreißigjährigen Krieges als »hohe Schule der Kriegskunst« (Franz Mehring) galt.

Gegen Ende des 17. Jahrhunderts gewann das absolutistische Frankreich einen dominierenden Einfluß. Das französische Heer entwikkelte sich zu einem gut organisierten Machtinstrument der Krone. Es wurde durch ein militärisches Verwaltungssystem zusammengehalten, das sich auf Intendanten (Militärbeamte) stützte. In Kriegen gegen die Nachbarstaaten heftete die Armee zahlreiche Siege an ihre Fahnen. Französische Offiziere, Festungsbaumeister, Kriegsingenieure und Militärbeamte fanden deshalb auch leicht Anstellung in fremden

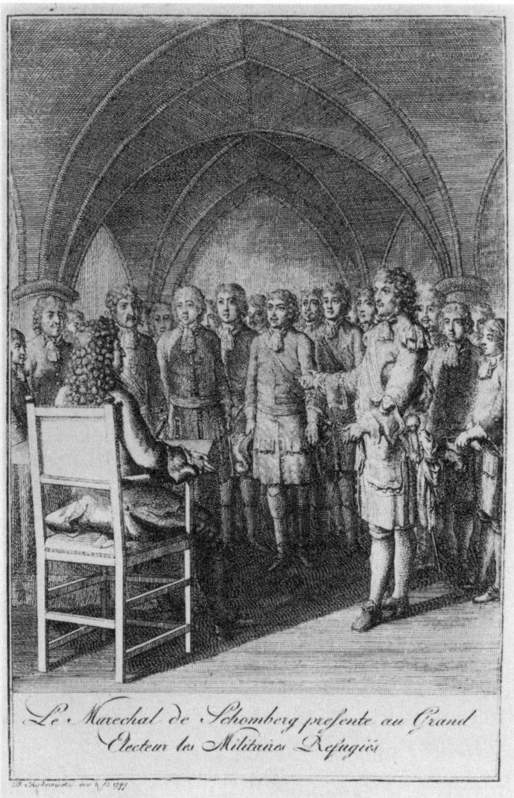

Ländern, deren Herrscher im Heer des »Sonnenkönigs« ein erstrebenswertes Vorbild erblickten.

Der Marschall von Schomberg stellt dem Großen Kurfürsten die Militärs der Réfugiés vor. – Die Réfugiés vergießen ihr Blut für den Ruhm ihres neuen Vaterlandes. Titelkupfer (Radierungen) von Chodowiecki zum Werk von Erman/Reclam, Bd. IX und Bd. VII, 1799 und 1790 erschienen

Bereits vor der Aufhebung des Edikts von Nantes 1685 verließen nicht wenige Offiziere und Generale, zumeist kalvinistischer Konfession, Frankreich und nahmen Militärdienste in anderen Armeen. Nach Brandenburg kamen u. a. Pierre de la Cave (1605–1679), der hier 1654 zum Oberst avancierte, am Krieg gegen Schweden teilnahm und 1669 Generalmajor wurde, und Franciscus Graf du Hamel (1630–1709), der als Oberst an der Schlacht bei Fehrbellin und am Feldzug in Pommern teilnahm und 1690 den Rang eines Generalleutnants erreichte. Hamel war zwar Katholik, das von ihm befehligte Regiment unterhielt aber einen reformierten Feldprediger und erlebte deshalb nach 1685 einen Zustrom von Hugenotten. Henri Baron de Briquemault, Baron de Saint-Loup (1620–1692) trat 1680 in brandenburgische Dienste und wurde 1684 Kommandant von Lippstadt in Westfalen. 1683 bildete er ein Kürassierregiment, dessen Stärke von ursprünglich sechs Kompanien Reiter durch den Zulauf von Hugenotten bis 1686 auf zehn Kompanien anstieg. Briquemault hatte wesentlichen Anteil an der Gründung französischer Kolonien in den westfälischen Städten des Kurfürstentums, wo auch die Kompanien seines Regiments stationiert waren.

Am stärksten war der Zustrom hugenottischer Militärs in den Jahren 1685 bis 1687/88. Fast 600 Offiziere, Unteroffiziere und mehr als 1 000 Mannschaften kamen in die Länder des Kurfürsten und reihten sich in seine Armee ein. Friedrich Wilhelm und seinem Nachfolger Friedrich III. (seit 1701 als König in Preußen Friedrich I.) erschloß sich damit ein militärischer Führungsstamm, der für den weiteren Ausbau des Heeres und der Militärverwaltung genutzt werden konnte, auch wenn ein geringer Teil der Offiziere nur kurze Zeit im Heer blieb.

Nicht wenige der Réfugiés waren kriegskundige Militärs, und unter den jungen Männern gab es Zöglinge französischer Militärschulen. Im Unterschied zu vielen Söhnen aus brandenburgischen und pommerschen Adelsfamilien, die mit sehr geringen Allgemeinkenntnissen in den Heeresdienst eintraten, brachten die Militärs aus den Kreisen der Réfugiés ein höheres Maß an Bildung mit und waren auch vielfach mit der Militärliteratur ihrer Zeit, vor allem der französischen, vertraut. Bereits 1587 hatte der hugenottische Offizier François de la Noue seine »Discours politiques et militaires« verfaßt, in denen er sich für eine zielbewußte Erziehung und Bildung der Offiziere aussprach. Diese Publikation fand auch noch im 17. Jahrhundert weite Verbreitung und regte literarische Erörterungen an. Zu ihnen gehört auch das von hugenottischem Einfluß geprägte anonyme Werk »La conduite de Mars«, das 1685 in Haag (Niederlande) erschien und rasch in anderen Ländern Verbreitung fand. Eine bearbeitete deutsche Übersetzung erschien 1690 in Dresden unter dem Titel »Der Tapfere und Verständige Kriegsofficier«.

Welche Auswirkungen hatte nun die Aufnahme der Réfugiés auf das brandenburgische Heer?

Die Masse der Hugenotten, soweit sie im Gewerbe und Handel zu Hause waren und aus verwandten Schichten kamen, ließ sich in den Städten nieder und bildete dort geschlossene Kolonien mit einem eigenen Rechtsstatus auf verschiedenen Gebieten. Für die Militärs traf das nur in begrenztem Maße zu. Sie mußten sich in der Regel dahin begeben, wo sich Garnisonen befanden, und diese erstreckten sich fast gleichmäßig über das ganze vom Niederrhein bis zur Memel reichende Gebiet des Territorialstaates. Bevorzugte Ziele des hugenottischen Zustroms bildeten Garnisonen in westlichen Landesteilen, wo schon vor 1685 französische Offiziere und Generale einen Wirkungskreis gefunden hatten. Es versteht sich von selbst, daß alle refugierten Offiziere und Soldaten, die in ihrem Aufnahmeland wieder aktiv dienten, keine Sonderrechte wie die Kolonisten genossen, also beispielsweise keine Koloniegerichte in Anspruch nehmen konnten, sondern der brandenburgisch-preußischen Militärgerichtsbarkeit unterstanden. Generäle und höhere Offiziere, die aus Altersgründen nicht mehr in das Heer eingestellt wurden, erhielten vom Kurfürsten eine Pension.

Zu den älteren und neuen Formationen, in denen vor allem Offiziere und Mannschaften der Réfugiés Aufnahme fanden, gehörten: das Infanterieregiment Varenne mit 16 Kompanien (über 800 Mann) in den Garnisonen Soest, Werden (Ruhr), Bielefeld und Herford, das Kürassierregiment Briquemault mit zehn Kompanien in Lippstadt, Minden, Kleve und Ravensberg, ein gleichfalls von Briquemault befehligtes Infanteriebataillon zu fünf Kompanien (etatmäßig 750 Mann) und das Bataillon Cournaud mit vier Kompanien, stationiert in der Alt- und Neustadt Brandenburg (Havel) in Stärke von etwa 190 Mann.

Nach dem Vorbild der französischen Königsmusketiere bildete der Große Kurfürst aus hugenottischen Edelleuten zwei Kompanien Grands Mousquetaires (zusammen etwa 120 Mann), die in Prenzlau und Fürstenwalde Garnisonen erhielten. Jeder der Adligen hatte zumindest den Leutnantsrang und bekam den für die damalige Zeit sehr hohen Sold von zehn Taler zuzüglich vier Taler für einen Burschen. Kompaniechefs waren der Kurfürst, der den Franzosen Pferde und Uniformen schenkte, und Marschall von Schomberg (von dem noch die Rede sein wird) – ein Zeichen, welcher Wert im Sinne der höfisch-politischen Repräsentation diesen Musketieren beigemessen wurde. Eine Kompanie französischer Grenadiere zu Pferde – gedacht für Pionierarbeiten – bezog Quartier in Beeskow und Storkow.

Besonders gesucht waren Offiziere und Kriegsingenieure für den Festungsbau, wie Louis Cayart (gest. 1702), der ein Schüler des berühmten französischen Festungsbaumeisters Vauban war. Er baute mit an der Langen Brücke in Berlin und der Französischen Kirche in der Friedrichstadt. Jean de Bodt (1670–1745) kam 1699 in das Land, leitete eine Zeit die Befestigungsbauten in Wesel, vollendete den Bau des von Johann Arnold Nering begonnenen Zeughauses in Berlin und führte weitere Bauten in den Festungen Küstrin und Kolberg aus. 1728 trat er in sächsische Dienste und avancierte dort zum Gene-

Berittene der Trabanten-Garde. Farbdruck nach einer Zeichnung von Richard Knötel, Ende 19. Jh.

ralleutnant und Inspekteur des Ingenieurkorps; unter seiner Leitung erfolgten Umbauten an den Befestigungen von Dresden und am Königstein. Er hatte wesentlichen Anteil an der Entwicklung der Festungsbaukunst und der Ausbildung des Militär-Ingenieurkorps in der preußischen und in der kursächsischen Armee.

Die vornehmlich aus Hugenotten formierten Truppenteile zeichneten sich durch einige Besonderheiten gegenüber den älteren brandenburgischen Einheiten aus. Das Regiment nach »französischem Fuß« bestand aus zwölf bis 16 Kompanien, jede Kompanie zählte etwa 50 bis 60 Soldaten. Die brandenburgischen Kompanien hingegen waren über 100 Soldaten stark, zu einem Regiment gehörten hier in der Regel acht bis zehn Kompanien. Der »französische Fuß« brachte gewisse militärische Vorteile: Die Zahl der Offiziere im gesamten Regiment war relativ hoch, was eine stärkere Kontrolle und Beaufsichtigung der Soldaten ermöglichte und zugleich die Führung der Kompanien in der Ausbildung und im Gefecht erleichterte. Es gab noch eine andere Besonderheit. In den hugenottischen Einheiten dominierte ein bürgerlich-religiös geprägtes Pflichtethos, das eine strenge Dienstdurchführung und Disziplin gewährleistete, aber wenig gemein hatte mit der Prügel- und Stockdisziplin, die sich im 18. Jahrhundert unter den Königen Friedrich Wilhelm I. und Friedrich II. durchsetzte. Wohl verschmolzen die refugierten Truppenteile und ihre Offiziere im 18. Jahrhundert relativ rasch mit den brandenburgischen Truppen zu einem einheitlichen Heer und seinem Offizierskorps, allein der Einfluß hugenottischen Gedankengutes war in der preußischen Armee des 18. Jahrhunderts weiter spürbar. Die Namen von Nachkommen der Réfugiés tauchen von nun an bis 1914 immer wieder in den Ranglisten der preußischen Armee auf.

Auch in der Militärliteratur spielten Offiziere aus hugenottischen Familien eine beachtenswerte Rolle: René L'Homme de Courbière verfaßte eine Darstellung der Geschichte der preußischen Militärverfassung (1852) und eine Reihe von Arbeiten zur preußischen Militärverwaltung, G. von Pelet-Narbonne schrieb eine umfassende Geschichte der brandenburgisch-preußischen Reiterei (1905) und weitere Publikationen zur Kavallerie, während A. von Crousaz die Geschichte des preußischen Kadettenkorps (1857) und des Offizierskorps (1876) darstellte. Diese und andere Arbeiten waren naturgemäß von monarchistischem Geist erfüllt, zeichneten sich jedoch durch ein hohes militärfachliches Niveau aus und prägten das Gesicht der amtlichen Militärhistoriographie im Preußen-Deutschland des 19. Jahrhunderts entscheidend mit.

Welchen Entwicklungsweg nahmen einzelne herausragende hugenottische Militärs?

Eine stattliche Reihe von ihnen rückte in Kommandofunktionen auf. Die bekannteste Persönlichkeit war ohne Zweifel Friedrich Armand Graf von Schomberg (1615–1690), dessen militärischer Werdegang zugleich Charakteristika des Kriegsdienstes im 17. Jahrhundert widerspiegelt. Schomberg entstammte einer reformierten Adelsfamilie aus der Kurpfalz. Im Alter von dreizehn Jahren kam er an die französische Militärakademie Sedan (unter Militärakademie wurde damals eine Schule für junge Edelleute verstanden, die später in den Heeresdienst eintreten wollten), studierte 1632 an der Universität Leiden und trat 1633 als Freiwilliger in die niederländische Armee ein. In den folgenden Jahren wechselte er, wie viele Offiziere im 17. Jahrhundert, häufig seinen Kriegsherrn. 1655 war er bereits französischer Generalleutnant, 1660 General in der portugiesischen Armee, 1673 in englischen Militärdiensten und schließlich 1676 erneut im französischen Heer, diesmal als Marschall. Nach der Aufhebung des Edikts von Nantes verließ er Frankreich und trat erneut in portugiesische Dienste, bis ihn 1686 der Große Kurfürst nach Brandenburg rief. Obwohl nur wenige Jahre in dieser Armee tätig, bekleidete Schomberg das höchste militärische Amt nach dem Kurfürsten: Er wurde 1687 General en chef aller Truppen (Generalfeldmarschall) und zugleich Geheimer Staats- und Kriegsrat und Statthalter in Preußen. Ohne Zweifel machte diese Karriere großen Eindruck auf die Réfugiés, die Dienst im brandenburgischen Heer und in der Verwaltung suchten. Schomberg befehligte das brandenburgische Hilfskorps in Stärke von 5300 Mann Infanterie und 600 Mann Kavallerie, das zu Beginn des Pfälzischen Erbfolgekrieges (1688–1697) am Niederrhein gegen Frankreich aufmarschierte. Dieses Korps wurde auf der Mooker Heide dem Prinzen Wilhelm von Oranien übergeben, der damit 1689 in England landete und dort den Thron bestieg. Schomberg fiel am 10. Juli 1690 in der Schlacht an der Boyne, nachdem er zuvor aus kurfürstlichem Dienst ausgeschieden war und sich der englischen Krone verschrieben hatte.

Die Söhne Schombergs folgten ihrem Vater. Der älteste, Meinhard (geb. 1641), trat 1688 in das brandenburgische Heer ein, wurde 1689 kurbrandenburgischer Gesandter in England und verblieb später in englischen Diensten. Der jüngere Sohn, Karl (geb. 1645), wurde 1687 Gouverneur der großen Festung Magdeburg und befehligte in den ersten beiden Jahren des Pfälzischen Erbfolgekrieges brandenburgisch-preußische Truppen auf dem niederrheinischen Kriegsschauplatz.

Weitere namhafte hugenottische Militärs waren Jacques l'Aumonier de Varenne (1641–1717), Joèl de Cournaud (1637–1718) und Andreas Reveillos de Veyne (1658–1726). Varenne, in Frankreich Oberstleutnant, kam 1686 nach Brandenburg und wurde Chef (Oberst) des bereits genannten Infanterieregiments in Soest, das sich vorwiegend aus hugenottischen Offizieren und Mannschaften ergänzte. Varenne avancierte 1691 zum Generalmajor und 1703 zum Generalleutnant, er befehligte brandenburgisch-preußische Truppen im Pfälzischen und im Spanischen Erbfolgekrieg. Cournaud stellte 1686 in Brandenburg (Havel) ein Bataillon aus Hugenotten auf, stieg 1689 zum Oberst und 1696 zum Generalmajor auf. Veyne, dessen Entwicklung ähnlich verlief, befehligte als Generalmajor (ab 1705) ein Dragonerregiment.

Johann Quirin von Forcade Marquis de Biaix (1663–1729) trat im Alter von 22 Jahren zur kurfürstlichen Leibgarde über und avancierte vom Kapitän (Hauptmann) bis zum Generalleutnant (1729). Seit 1714 war er Stadtkommandant von Berlin und einer der Vertrauten von König Friedrich Wilhelm I.

Auch in der friderizianischen Armee diente eine Reihe von Generälen und Offizieren hugenottischer Herkunft, vor allem aus den Familien de la Motte Fouqué und von Forcade, die in den Feldzügen der Schlesischen Kriege zu Rang und Würden kamen. Dazu gehörten u.a. Ernst Heinrich August Baron de la Motte Fouqué (1698–1774), der in den Schlachten bei Prag 1757, Leuthen 1757 und Landshut 1760 focht, und Friedrich Wilhelm Quirin von Forcade Marquis de Biaix

Friedrich Herman Graf von Schomberg, Marschall von Frankreich und brandenburgischer General en chef. Buchsbaumvorlage für eine Medaille, signiert P.H.M., 1690

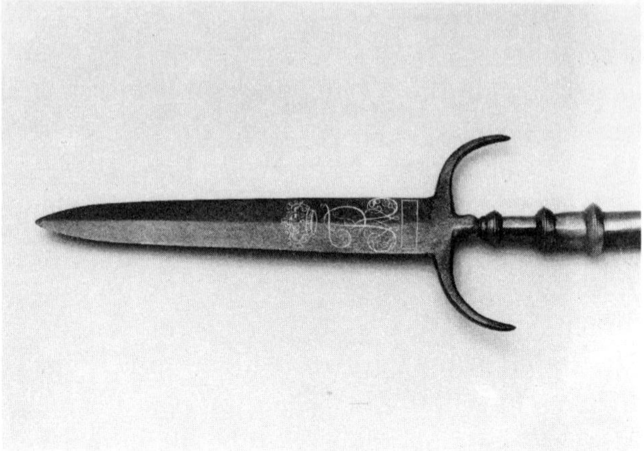

Offiziersspont on des Regiments Forcade in Berlin, Mitte 18. Jh.

(1698–1765), ein Sohn des schon genannten Berliner Stadtkommandanten. Er avancierte im königlichen Dienst zum Generalleutnant, nahm an der erfolgreichen Belagerung von Breslau 1757 teil und saß im folgenden Jahr mit zu Gericht über die preußischen Generäle, die im November 1757 diese Stadt den Österreichern übergeben hatten.

Von den hugenottischen Militärs gingen wichtige Anstöße für das militärische Bildungswesen aus. Sie betrafen in erster Linie die Errichtung von Kadettenanstalten. Der Gedanke, junge Adlige in eigenen Schulen auf den Kriegsdienst vorzubereiten, war in dieser Zeit keineswegs neu. Zu Beginn des 17. Jahrhunderts hatten die Prinzen von Oranien und die Grafen von Nassau entsprechende Vorschläge unterbreitet. Johann VII. von Nassau hatte in Siegen eine Kriegsschule eingerichtet und den bekannten Militärtheoretiker Johann Jacobi von Wallhausen zum Direktor berufen. In Kassel gründete Landgraf Moritz von Hessen ein »Collegium« mit ähnlicher Zielstellung. All diesen Institutionen war jedoch nur ein kurzes Leben beschieden. Die Furie des Dreißigjährigen Krieges zerstörte die Ansätze des militärischen Bildungswesens im deutschen Feudalreich. Nach 1648 regten sich neue Initiativen von Landesfürsten und Privatpersonen. Im Kurfürstentum Brandenburg entstanden in Berlin, Brandenburg, Kolberg und anderen Orten sogenannte Ritterakademien, die aber nur kurze Zeit wirkten.

Mit der Aufnahme der Hugenotten trat eine gewisse Wandlung ein. Für die »cadets«, wie in Frankreich die jüngeren, im Erbteil verkürzten Adelssöhne genannt wurden, die in der Armee Unterkommen fanden, waren bereits 1682 eigene Kompanien errichtet worden. Diese Einrichtung brachten die Réfugiés nach Brandenburg mit. Nach

1688/89 gab es bei den hugenottischen Einheiten eigene Kadettenkompanien, ebenso bei der Garde in Berlin, zu der vornehmlich junge Adlige aus den ostelbischen Landesteilen kamen. Die hugenottischen Kadettenkompanien lösten sich allmählich auf, denn die Kadetten traten im Alter von 16 bis 18 Jahren zu den Regimentern über. In Berlin entstand zu Beginn des 18. Jahrhunderts eine zentrale Kadettenanstalt (Kadettenkorps). Daneben wurden in Kolberg und Magdeburg eigenständige kleine Kadettenschulen aufgebaut.

Unter der Herrschaft des feudalabsolutistischen und später des kapitalistischen preußisch-deutschen Militarismus nahm diese militärische Institution allerdings eine reaktionäre Entwicklung: Sie wurde Pflanzstätte eines unheilvollen Geistes in der Offizierskaste, nämlich der Verherrlichung des Krieges und der militärischen Gewalt sowie chauvinistischer Überheblichkeit. Ursprünglich jedoch war der Gedanke, junge Offiziere auf diese Weise heran- und auszubilden, ein Ausfluß militärischer Reformideen zu Beginn des 17. Jahrhunderts. Diese zielten darauf ab, eine Streitmacht aus einheimischen Bürgern, Bauern und Adligen zum Schutz des Landes vor dem heraufziehen-

General Heinrich August Baron de la Motte Fouqué. Kupferstich von Daniel Berger, 1787

General Johann Quirin von Forcade. Er war unter König Friedrich Wilhelm I. Stadtkommandant von Berlin. Anonymes Ölgemälde, Anfang 18. Jh.

den Gewitter des Dreißigjährigen Krieges zu errichten, wobei junge Adlige und Bürgerssöhne so zu Offizieren ausgebildet werden sollten.

Mit den Hugenotten gelangten auch Gedanken über die Aufstellung von Miliztruppen aus der einheimischen Bevölkerung nach Brandenburg. In Frankreich hatte sich Kriegsminister Louvois um 1660 mit solchen Plänen befaßt. Der Unterhalt eines stehenden Heeres erwies sich als kostspielig, die Kriegsverluste waren nicht leicht zu ersetzen, deshalb wollte man die teure Anwerbung von ausländischen Söldnern durch die billigere Aushebung von Bauern und Bürgern im eigenen Land ergänzen. Auch hier gab es eine hugenottische Tradition, die in die Zeit der Hugenottenkriege im 16. Jahrhundert zurückreicht. Damals bestand die Streitmacht der Hugenotten aus Söldnern und milizähnlichen territorialen Einheiten. Auch in Brandenburg-Preußen bemühten sich Kurfürst Friedrich Wilhelm und sein Nachfolger um den Aufbau von Landmilizen. 1701 erschien eine königliche Zirkularverordnung über die Miliz. Der Erfolg in der Praxis blieb jedoch begrenzt. Aber es ist unverkennbar, daß bestimmte Erfahrungen der Hugenotten bei der Begründung einer Landmiliz Pate gestanden hatten.

Schließlich übernahm das brandenburgisch-preußische Heer mit den Hugenotten verstärkt Begriffe der französischen Militärsprache. So im Befestigungswesen: glacis (Vorfeld der Festung), Fort, Kasematte, bei Rangbezeichnungen: Sergeant, Lieutenant, Capitain, Ma-

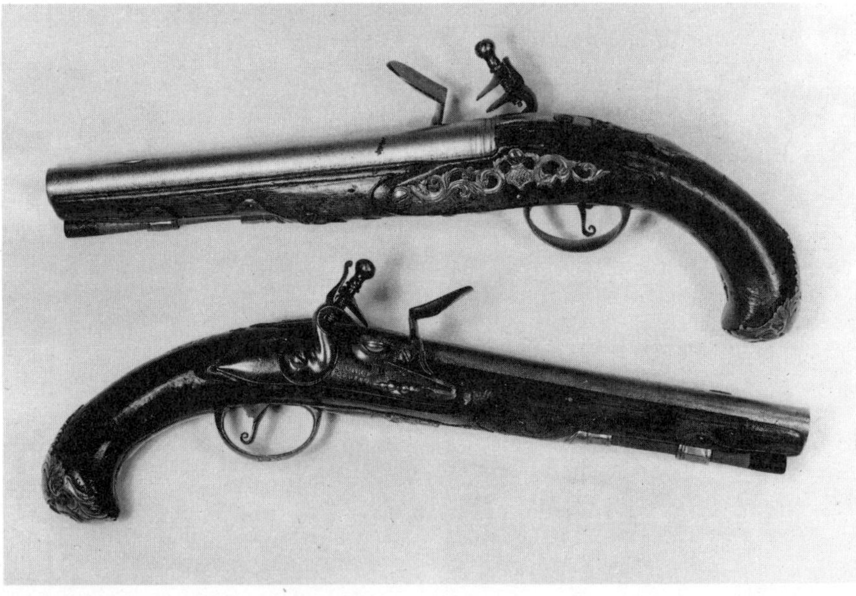

Steinschloßpistolen, gefertigt von Pierre Fromery, Berlin um 1710/20

jor, und zur Unterscheidung von Truppengattungen: z.B. Garde und Füsiliere (Infanterie). Auch Wörter wie »cadet« (Kadett), Bataillon (Bezeichnung für fünf Kompanien, die auf dem Schlachtfeld als taktischer Körper wirkten, früher hatte man unter bataille den gesamten Schlachthaufen verstanden) und Reveille (Alarm blasen) wurden entlehnt. Seit dem 17. Jahrhundert verdrängten diese und andere französischen Begriffe alte deutsche Bezeichnungen, oder sie wurden mit der Zeit für neue Erscheinungen und Verhältnisse im stehenden Heer gebräuchlich.

Die Aufnahme hugenottischer Militärs in die brandenburgische Armee wandelte nicht den politisch-sozialen Charakter dieser Streitmacht und ihre klassenmäßig begründeten Aufgaben im Dienste der Hohenzollern. Aber die brandenburgisch-preußische Heeresgeschichte und nicht zuletzt das geistige Leben in dieser Armee erhielten einen Impuls, der die weitere militärische Entwicklung beeinflußte. Allerdings konnten sich bürgerlich verstandene Vorstellungen hugenottischer Militärs von militärischem Gehorsam und militärischer Disziplin ohne die Herrschaft des Prügelstocks in der Praxis der preußischen Armee des 18. Jahrhunderts nicht durchsetzen. Hier bedurfte es erst der Erschütterungen durch die Französische Revolution und der Niederlagen auf dem Schlachtfeld, ehe das neue, bürgerliche Gedankengut im militärischen Bereich zum Druchbruch kommen konnte.

Anhang

1.
Verteilung hugenottisch-brandenburgischer Truppenteile Ende des 17. Jahrhunderts im Kurfürstentum Brandenburg

Regiment zu Pferde von Briquemault

Einheit	Garnison
Stab und 1 Kompanie	Lippstadt
1 Kompanie	Dortmund
1 Kompanie	Limburg
1 ½ Kompanien	Stift Essen
½ Kompanie	Stift Werden
2 ½ Kompanien	Minden
2 ½ Kompanien	Ravensberg

Regiment zu Fuß von Varenne

Einheit	Garnison
Stab und 5 Kompanien	Soest
5 Kompanien	Essen
1 Kompanie	Stift Essen
2 Kompanien	Werden
3 Kompanien	Herford und Bielefeld

2.

Zusammensetzung der 1. Kompanie
der Grands Mousquetaires 1691

Oberst
Oberstleutnant
Major
2 Capitains (Hauptleute)
2 Leutnante
2 Kornetts (Fähnriche)
2 Maréchals de Logis (Quartiermeister)
6 Brigadiers (Feldwebel)
Prediger
Auditeur (Militärjustiz)
Feldscher
Sattler
Schmied
2 Oboisten (Bläser)
2 Tambours (Trommler)
22 Knechte (für Fuhrwesen)
65 Gemeine
insgesamt 113 Personen

Monatliche Soldkosten	1 348 Taler 12 Groschen
dazu noch Geld für Pferdefutter	462 Taler
	1 810 Taler 12 Groschen

(Zusammengestellt nach Georg A. v. Mühlverstedt, Die brandenburgische Kriegsmacht unter dem Großen Kurfürsten, Magdeburg 1888, und nach Angaben in Regimentsgeschichten der preußischen Armee)

Conrad Grau

Die Berliner Akademie der Wissenschaften und die Hugenotten

Natürlich war es ein historischer Zufall, daß in das Jahr 1744, als die reorganisierte Preußische Sozietät der Wissenschaften in Berlin mit ihrem beachtlichen Anteil hugenottischer Mitglieder durch die Vereinigung mit der Société littéraire ihr neues Statut als Académie Royale des Sciences et Belles-Lettres erhielt, drei weitere Daten fielen, die für die Wirksamkeit von Hugenotten auf wissenschaftlichem Gebiet und auch für die Geschichte dieser Akademie bedeutungsvoll sind. Doch dieses zufällige Zusammentreffen wirkt geradezu symbolisch für den wichtigen personellen und geistigen Beitrag, den Hugenotten zur Tätigkeit der Akademie geleistet haben. Zum einen starb in diesem Jahr das Auswärtige Mitglied der Sozietät Jean Barbeyrac, ein Mann, der Frankreich mit deutschem aufklärerischem Denken bekannt gemacht hatte. Zum anderen wurde 1744 Jean Henri Samuel Formey, ein maßgeblicher Mitgestalter der Akademie bis in die neunziger Jahre, deren Ordentliches Mitglied. Und schließlich publizierte in jenem Jahr der Professor für Logik und Metaphysik an der Leipziger Universität, Johann Christoph Gottsched, seit 1729 Auswärtiges Mitglied der Berliner Sozietät, den vierten Band seiner 1741 begonnenen deutschen Übersetzung des zuerst 1695 bis 1697 erschienenen »Historischen und kritischen Wörterbuchs« des Franzosen Pierre Bayle. Letzterer, einer der geistig führenden hugenottischen Emigranten in den Niederlanden und bedeutender Vertreter der Frühaufklärung in Europa, hatte in den achtziger Jahren des 17. Jahrhunderts versucht, über den damals in Berlin tätigen französischen Pfarrer Jacques Abbadie eine Anstellung im Kurfürstentum Brandenburg zu erlangen. Obwohl das nicht gelang, deutet der Vorgang doch auf die Tatsache, daß der Staat des Großen Kurfürsten von Anfang an Interesse unter Wissenschaftlern der hugenottischen Emigration fand.

Die Immigration französischer Reformierter nach Brandenburg seit dem letzten Drittel des 17. Jahrhunderts trug dazu bei, die materiellen und personellen Verluste während des Dreißigjährigen Krieges allmählich auszugleichen. Im Interesse der Peuplierung und der Förderung von Handel und Gewerbe verfolgte das Kurfürstentum eine gezielte Einwanderungspolitik, in deren Kontext das Edikt von Potsdam aus dem Jahre 1685 gehört. Die hugenottische Emigration bot eine Chance, die nicht zu nutzen geradezu nachteilig gewesen wäre, zumal sie einen Zustrom von Menschen bewirken konnte, die aufgrund ihrer spezifischen Kenntnisse gerade auf gewerblichem Gebiet ökonomische Vorteile für das Land versprachen. Aber auch der Einwanderung von Angehörigen anderer sozialer Schichten, z. B. von Bauern, Kaufleuten, Militärs und Intellektuellen, kam eine nicht geringe Bedeutung zu. Da sie als Zuwanderer mit besonderen Rechten in das System der feudalständischen Verhältnisse Brandenburgs nur bedingt zu integrieren waren, blieb ihr eigentlicher Bezugspunkt vor allem der Monarch, der ihnen Asyl gewährt hatte, und später seine Nachfolger. Daraus entwickelte sich ein fortwirkendes Gefühl der Anhänglichkeit an die Dynastie, das durch die juristische Sonderstellung und die Glaubensgemeinschaft mit den ebenfalls reformierten Herrschern und der kleinen Gruppe deutscher Reformierter besonders im Umfeld des Hofes verstärkt wurde. Die kalvinistische Lehre, wenngleich in ihrem Ursprung demokratisch-republikanische Ansätze enthaltend, bot hier keine unüberwindlichen Hindernisse.

Diese ideologiegeschichtliche Seite der hugenottischen Immigration und des Wirkens ihrer führenden Köpfe in Brandenburg-Preußen, die weiterer intensiver Untersuchungen bedürfte, ist auch mit der Vorgeschichte und der Entwicklung der Akademie im 18. Jahrhundert aufs engste verbunden. Doch würde es den Blick unzulässig einengen, wenn man ausschließlich diesen Gesichtspunkt beachtete. Die Geschichte der Akademie im spätfeudalen Preußen ist umfassender, als es der Anteil der Hugenotten an ihrer Genesis allein verdeutlichen kann. Die Darstellung dieses Kapitels vermag daher immer nur – wenn auch wesentliche – Teilaspekte des Wirkens dieser Wissenschaftsinstitution zu erfassen.

Von den zahlreichen französischen Mitgliedern der Akademie beschäftigen uns hier nur diejenigen, welche als Réfugiés nach Brandenburg-Preußen eingewandert waren, deren Nachkommen sowie Gelehrte, die sich den französisch-reformierten Gemeinden anschlossen, ohne zu den Réfugiés oder deren Nachkommen zu zählen.

Der königliche Marstall Unter den Linden. Hier hatte die neugegründete Akademie der Wissenschaften ihren Sitz. Kupferstich aus: Lorenz Berger, Thesauri Regii et Electoralis Brandenburgici, III. Band, Berlin 1701

Im Vorfeld der Akademiegründung

Der Gründungstag der Kurfürstlich-Brandenburgischen Sozietät der Wissenschaften ist der 11. Juli 1700, der Tag, an dem Kurfürst Friedrich III. die von Gottfried Wilhelm Leibniz ausgearbeitete Generalinstruktion unterzeichnete und diesen hervorragenden deutschen Gelehrten zum ersten Präsidenten berief. Ihre Vorgeschichte reicht in die letzten vier Jahrzehnte des 17. Jahrhunderts zurück und bliebe ohne Kenntnis der damaligen Situation auf dem Gebiet von Wissenschaft und Bildung in Brandenburg unverständlich.

Das Kurfürstentum Brandenburg einschließlich der bis zum Ende des 17. Jahrhunderts von den Hohenzollern erworbenen Gebiete in Mitteldeutschland, in Preußen und am Rhein verfügte seit 1654, nach der Gründung der Universität in Duisburg, insgesamt über drei derartige Bildungsstätten. Die Universität Königsberg in Preußen war 1544 gegründet worden. Die eigentliche brandenburgische Landesuniversität in Frankfurt (Oder), bekannt auch unter der Bezeichnung Viadrina, existierte seit 1506. Vor allem diese Universität, die 80 Kilometer von der Residenz entfernt war, übte dank ihrer überregionalen Verbindungen, insbesondere zu den Niederlanden und England, als Ausbildungsstätte nachhaltigen Einfluß auf die geistig-kulturelle Entwicklung in der Hauptstadt aus. Frankfurt und Duisburg waren reformierte Universitäten, die in Königsberg war lutherisch.

Die unter Friedrich Wilhelm mit der Duisburger Gründung eingeleitete Förderung der Universitätsentwicklung fand ihre Fortsetzung in dem Plan des Kurfürsten, 1667 eine lutherische Universität in Halle zu schaffen. Tatsächlich entstand jedoch erst 1688 eine Ritterakademie in dieser Stadt, die nach einem 1692 unter seinem Nachfolger Friedrich III. gefaßten Beschluß in eine Universität umgewandelt werden sollte. Die offizielle Eröffnung der Friedrichs-Universität in Halle erfolgte 1694.

Ebenfalls 1667 hatte Kurfürst Friedrich Wilhelm auf der Grundlage von Vorschlägen des schwedischen Freiherrn Benedikt Skytte ein Patent über die Gründung einer »Universitas Brandenburgica Gentium, Scientiarum et Artium« erlassen. Diese Brandenburgische Universität der Völker, Wissenschaften und Künste – unter letzteren verstand man damals auch die Handwerke – sollte in Tangermünde entstehen. Die Absicht war, gelehrte Leute aus aller Welt, ohne Rücksicht auf Stand, Glauben und Beruf, nach Kurbrandenburg zu ziehen. Die Gelehrten- und Handwerkerstadt sollte Steuerfreiheit und Neutralität genießen. Freilich wurde dieser Plan nicht realisiert. Aber er verdient es sowohl unter dem Gesichtspunkt wissenschaftspolitischer Überlegungen als auch unter dem der Einwanderungspolitik, daß man ihn in Erinnerung ruft.

In der Residenz des Kurfürsten, der Doppelstadt Berlin-Cölln, wurde 1661 die Bibliothek eröffnet, die bis heute als Deutsche Staatsbibliothek besteht. An sie wurden Wissenschaftler teils aus dem Ausland, teils aus Brandenburg – so von der Universität Frankfurt – geholt. Als Bildungsstätten existierten seit 1574 das Berlinische Gymnasium zum Grauen Kloster und seit 1650 das 1607 in Joachimsthal in der Mark gegründete, während des Dreißigjährigen Krieges aber zerstörte Joachimsthalsche Gymnasium mit dem Charakter einer Fürstenschule, das seinen Namen nach der Neugründung ungeachtet des Ortswechsels behielt. Das Cöllnische Gymnasium bildete sich ausgangs des 17. Jahrhunderts aus der seit 1476 belegten Petrischule. Und die dritte Stadtgemeinde der Residenz, Friedrichswerder, hatte seit 1681 ebenfalls ein eigenes Gymnasium. Dorotheenstadt und Friedrichstadt, 1674 und 1688 als vierte und fünfte Stadtgemeinde entstanden, verfügten damals noch nicht über vergleichbare Einrichtungen.

Die Berliner Hugenotten erhielten 1689 nach längeren Vorbereitungen als Ausbildungsstätte das Collège français, das spätere Französische Gymnasium, das allerdings die in Frankreich verlorenen reformierten Akademien nur teilweise zu ersetzen vermochte, obwohl seine Gründung Ausdruck der insgesamt günstigen Bedingungen für die Réfugiés in Brandenburg war. An ihm lehrten und wirkten, wie an anderen der genannten Berliner Einrichtungen, eine ganze Reihe von Wissenschaftlern, die auch als Mitglieder der Akademie angehörten.

Untrennbarer Bestandteil der zunehmenden bildungspolitischen

Bestrebungen in Brandenburg waren die bereits 1661 von den Leibärzten des Kurfürsten gegebenen Anregungen zur Schaffung eines Collegium Medicum, die dazu führten, daß 1662 eine entsprechende, dann aber nicht in Kraft getretene Anordnung ausgearbeitet wurde. Ein solches Collegium entstand erst 1685, wohl nicht zufällig im Jahr des Potsdamer Edikts. Mitglieder dieser höchsten Medizinalbehörde waren die Leib- und Hofärzte des Kurfürsten sowie die beiden Ordinarien der medizinischen Fakultät der Universität Frankfurt. Es ist eine wissenschaftsgeschichtlich interessante Tatsache, daß es damals vielfach gerade Ärzte waren, die naturwissenschaftliche Forschungen betrieben. Der Berliner Leibarzt Christian Mentzel, der 1661/62 und 1685 aktiv an der Vorbereitung des Collegium Medicum mitwirkte, ist nur ein Beispiel dafür. Seine floristischen Forschungen und seine bis nach Südostasien reichenden wissenschaftlichen Kontakte veranlaßten schon 1675 seine Wahl zum Mitglied der Leopoldina, der 1652 gegründeten Akademie der Naturforscher. Er war ihr zweites Berliner Mitglied, nachdem man seinen Leibarztkollegen in Berlin, den auch durch seine gartenbaulichen Arbeiten hervorgetretenen Johann Sigismund Elsholtz, schon 1674 gewählt hatte.

Wissenschaftler von überregionaler Bedeutung waren am Ausgang des 17. Jahrhunderts noch nicht sehr zahlreich in brandenburgischen Diensten. Einige von ihnen verdienen jedoch erwähnt zu werden. Seit 1680 war Bernhard Albinus Professor der Medizin in Frankfurt, wo er 1684 das Anatomische Theater einrichtete. 1702 wurde er nach Leiden berufen. Hier begründete er eine angesehene Schule neben der des bekannteren Herman Boerhaave. In Frankfurt, wo er seit 1667 bis zu seinem Tode 1717 Professor war, in den Niederlanden und in England hatte einer der bedeutendsten Gelehrten der Viadrina seine Ausbildung genossen: Johann Christoph Becmann. Als Historiker seiner Heimatuniversität, der Mark Brandenburg und seines Geburtslandes Anhalt, als Theologe, Philosoph und Politologe, als Begründer der märkischen Pflanzenkunde und des Botanischen Gartens der Viadrina sowie als Förderer der Frankfurter Universitätsbibliothek war er ein echter Polyhistor. Das juristische Ordinariat in Frankfurt bekleidete seit 1690 Heinrich von Cocceji, ein Anhänger der Naturrechtslehre von Hugo Grotius. Cocceji hatte in Leiden und in Oxford studiert. Er übernahm auch wichtige diplomatische Aufträge des kurbrandenburgischen Hofes und war unter dem ersten Preußenkönig Friedrich I. einige Zeit faktisch Außenminister.

Von 1665 bis 1690 lehrte einer der bedeutendsten europäischen Rechtswissenschaftler des 17. Jahrhunderts, Samuel Stryk, an der Viadrina. Er wirkte dann, ebenso wie sein Schüler Christian Thomasius, an der Universität Halle. Zu den ersten Professoren dieser Universität gehörte außerdem – seit 1698 – August Hermann Francke, der herausragende Vertreter des Pietismus, dessen geistiger Vater, Philipp Jakob Spener, zuletzt seit 1691 in Berlin tätig war. Die beiden medizinischen Ordinariate in Halle bekleideten von Anfang an die hervorragenden Ärzte und Naturwissenschaftler Friedrich Hoffmann und Georg Ernst Stahl, die nacheinander von 1709 bis 1712 und ab 1715 Leibärzte der preußischen Könige Friedrich I. und Friedrich Wilhelm I. in Berlin waren.

Maßgeblich an der Gründung der Universität Halle war Paul von Fuchs beteiligt. Er hatte an deutschen und westeuropäischen Universitäten studiert und war 1667 Professor der Jurisprudenz in Duisburg geworden. Seit 1670 wirkte er in der Residenz auf außen- und kulturpolitischem Gebiet. In erster Ehe war er bis 1673 mit einer Hugenottin verheiratet. Als Konsistorialpräsident unterstanden Fuchs, der vom lutherischen zum reformierten Glauben übergetreten war, die Kirchen- und Schulangelegenheiten. Er beeinflußte beispielsweise die Berufung von Samuel Pufendorf, Heinrich von Cocceji, August Hermann Francke, Christian Thomasius, Friedrich Hoffmann, Georg Ernst Stahl und Daniel Ernst Jablonski. Etwa im letzten Jahrzehnt seines Lebens (er starb 1704) nahm der hochgebildete Fuchs, der dem Kabinettsministerium angehörte, gleichsam das Amt eines brandenburgisch-preußischen Kultusministers wahr.

Neben diesen und anderen, hier nicht berücksichtigten brandenburgischen Wissenschaftlern am Ausgang des 17. Jahrhunderts sind einige Gelehrte zu nennen, die wie die erwähnten Christian Mentzel, Johann Sigismund Elsholtz und Paul von Fuchs direkt in der Residenz wirkten. Von 1678 bis 1693 stand der Chemiker Johann Kunckel von Löwenstern (den Adelstitel erhielt er nach seiner Übersiedlung nach Schweden) in brandenburgischen Diensten. Kunckel produzierte auf der Pfaueninsel in der Nähe Potsdams als erster Rubinglas, untersuchte zahlreiche Schmelzprozesse und stellte zuerst Phosphor dar.

Seit 1680 stand Ezechiel von Spanheim, einst Professor in Genf und Heidelberg, im Dienste Brandenburgs. Er war Diplomat – ab 1680 neun Jahre und erneut ab 1697 brandenburgischer Gesandter in Paris und ab 1702 in derselben Funktion in London, wo er 1710 starb – und Wissenschaftsorganisator, so beispielsweise als faktischer Direktor der kurfürstlichen Bibliothek, als Mitverantwortlicher für die Angelegenheiten der Hugenotten, darunter des Collège français, und als Begründer der Spanheim-Gesellschaft in den neunziger Jahren, in der auch Hugenotten mitwirkten. Diese Gesellschaft war eine Vorstufe der Sozietät.

Samuel Pufendorf, ein herausragender deutscher Vertreter des Naturrechts, wurde 1686 als Historiograph des brandenburgischen Kurfürsten nach Berlin berufen. Die Rezeptionsgeschichte seines Werkes ist seit dem ausgehenden 17. Jahrhundert aufs engste mit hugenottischer Wirksamkeit in Berlin verbunden. Nach Pufendorfs Tod (1694) war es kein Geringerer als Leibniz, der sich u. a. durch die Vermittlung von Spanheim um die Nachfolge Pufendorfs bemühte. Obwohl dieser Versuch ohne Ergebnis blieb, wurde er letztlich doch zu einem entscheidenden Anknüpfungspunkt für engere Berlin-Kontakte des in hannoverschen Diensten stehenden späteren Akademiegründers.

Zur Gruppe der Wissenschaftler im Berlin des 17. Jahrhunderts sind auch einige der reformierten Hofprediger zu zählen. Vielfach waren sie zuvor Professoren der Viadrina gewesen, wie Johann Bergius und sein Sohn Georg Konrad Bergius, die 1624 bzw. 1664 in die Hauptstadt berufen wurden. Als einer der gelehrtesten Hofprediger seiner Zeit galt Heinrich Schmettau, der in Frankfurt, Groningen, Heidelberg und Basel studiert hatte und 1666 in die brandenburgische Residenz kam. Wirkungsgeschichtlich in den Schatten gestellt wurde er aber eindeutig durch Daniel Ernst Jablonski, der 1693 die Berufung nach Berlin erhielt. Er war ein Enkel des berühmten Pädagogen Jan Amos Komenský (Comenius) und Absolvent der Universitäten Frankfurt und Oxford. Die letztere verlieh ihm 1706 aus Anlaß der 200-Jahr-Feier der Viadrina die Würde eines Doktors der Theologie ehrenhalber, ein Beweis für die enge Verbundenheit beider Bildungsstätten. In Jablonski, der neben Leibniz den wichtigsten Anteil an der Gründung der Berliner Sozietät hat, und seinem Bruder Johann Theodor Jablonski, der von 1700 bis 1731 der erste Beständige Sekretar der Sozietät war, personifizierten sich deutlich die damaligen Berlin-Frankfurt-Kontakte. Bei seinen Bemühungen um die entstehende Sozietät, deren Präsident D. E. Jablonski ab 1733 war, nutzte er geschickt seine Verbindungen zum Hof.

Die Schlüsselgestalt der brandenburgischen Politik war bis zum Dezember 1697, als er gestürzt wurde, Eberhard von Danckelmann. Er hatte zu Studien und auf Bildungsreisen in den Niederlanden, in England, Frankreich und in Italien geweilt. 1663 wurde er Erzieher des späteren Kurfürsten Friedrich III., der ihn bei seiner Thronbesteigung 1688 zum Premierminister berief. Danckelmann förderte die bereits unter Kurfürst Friedrich Wilhelm angebahnte staatliche Zentralisierung, ebenso das Manufakturwesen, den Handel, den Verkehr und die Wissenschaft. Er war maßgeblich an der Gründung der Universität in Halle beteiligt und hatte die Entstehung der Akademie der Künste in Berlin im Jahre 1696 mitbewirkt.

Mit guten Gründen kann Danckelmann die geistige, vielleicht sogar die finanzielle Unterstützung der ersten Berliner wissenschaftlichen Zeitschrift zugeschrieben werden, in der er als Mäzen der Wissenschaften apostrophiert wurde. Ihr Begründer war der Hugenotte Etienne Chauvin, der seine 1694 in Rotterdam begonnene Zeitschrift 1696 bis 1698 als »Nouveau Journal des Savants, dressé à Berlin« edierte. Leibniz, der selbst Mitarbeiter dieses Periodikums war, betrachtete dessen Existenz schon 1696 als Beweis für die Möglichkeit einer »Congrégation savante«, einer Gelehrtenvereinigung, in Brandenburgs Hauptstadt.

Leibniz beschäftigte sich bereits seit 1668 intensiv mit Akademieplanungen. Seit 1694 verhandelte er über seine Berufung als brandenburgischer Historiograph. Seine Partner waren vor allem Spanheim, der zu Danckelmann vermittelte, Chauvin, der kurfürstliche Rat und Archivar Johann Jakob Cuneau (Couneau, Chuno, Cuno) und D. E. Jablonski. Auch die Kurfürstin Sophie Charlotte, eine Tochter der Kurfürstin in Hannover, wo Leibniz wirkte, war eingeschaltet. In den Verhandlungen ging es zunächst vor allem um die Gründung einer Sternwarte in Berlin. Leibniz knüpfte daran im November 1697 den Wunsch nach Einbeziehung »anderer Gegenstände, die nicht weniger bedeutsam und schön sind als die Astronomie und die ebenso wie diese Wissenschaft der Zweck einer kurfürstlichen Akademie der Wissenschaften sein könnten«.

Bereits früher, wahrscheinlich 1694, hatte Leibniz an Spanheim über seine Pläne geschrieben und in diesem Zusammenhang auf den Stand von Wissenschaft und Bildung im Kurfürstentum Brandenburg hingewiesen: »Es haben Churfstl. Durchlt. vier Universitäten und viel vornehme Gymnasia in dero Landen; überdieß so müssen in so weitläufftigen Landen viel wackere Ingenia (Begabungen) begriffen seyn, welche theils in Churfstl. und anderen Bedienungen, theils für sich. Wie wenn nun sub Auspiciis Friderici (unter dem Schutz Friedrichs) seine Societas Electoralis Brandenburgica exemplo Regiarum Londinensis et Parisiensis (kurfürstliche brandenburgische Gesellschaft nach dem Beispiel der königlichen in London und Paris) eingerichtet würde? Da gelehrte Leute in omni studiorum genere (aller Art Studien), sonderlich aber in Physicis et Mathematicis nützliche Gedanken, Inventa et Experimenta (Erfindungen und Versuche) zusammen-

Bauzeichnung für das
Observatorium
in Berlin, um 1700

Die alte Sternwarte mit dem von Achard erfundenen optischen Telegrafen. Stahlstich von Ernst Friedrich Grünewald nach Zeichnung von Salzenberg, nach 1832

trügen, daß ich zur Einrichtung eines solchen Vorhabens etwas beytragen köndte.« Man wird sicher nicht fehlgehen in der Annahme, daß Leibniz zu den »gelehrten Leuten« – wie ja auch der Hinweis auf die Institutionen zeigt – alle jene Persönlichkeiten zählte, von denen einige zuvor vorgestellt wurden, und daß er die Hugenotten in Brandenburg dabei nicht ausgespart wissen wollte.

Die ersten Bemühungen von Leibniz scheiterten, nicht zuletzt auch infolge Danckelmanns Sturz am Ende des Jahres 1697, und wurden erst 1699 wieder ernsthaft aufgenommen. Nunmehr drängte ein Beschluß der Evangelischen Stände des Reichstags in Regensburg vom 23. September 1699 zur Eile. Darin war festgelegt worden, in den deutschen protestantischen Territorialstaaten in Anlehnung an den Gregorianischen Kalender ab 1. März 1700 unter Auslassung der letzten elf Februartage die »Zeitvereinigung« – wie Leibniz sagte – zu vollziehen. Da dabei die Osterfestrechnung als Grundlage des Jahreskalenders nicht nach dem »Gregorianischen Cyclo, sondern nach dem Calculo Astronomico«, also nicht nach dem berechneten bzw. mittleren Vollmond, sondern nach dem astronomischen bzw. wahren Vollmond angestellt werden sollte, machten sich eigene astronomische Untersuchungen für jeden Jahreskalender erforderlich.

Deshalb wurde die Gründung einer Akademie und einer Sternwarte in Berlin jetzt sehr energisch betrieben. Diese Bemühungen führten 1700 zum Erfolg. Die Sternwarte konnte allerdings erst 1709 in Betrieb genommen werden, weshalb die notwendigen astronomischen Untersuchungen bis zu diesem Zeitpunkt in einem privaten Observatorium durchgeführt wurden. Leibniz nutzte die Gunst der Stunde und schlug vor, die Finanzierung der Akademie durch ein ihr erteiltes Kalenderprivileg zu sichern. Damit griff er eine Anregung des Jenaer Professors Erhard Weigel, eines seiner Lehrer, auf und verwarf de facto Überlegungen seines Freundes E. W. von Tschirnhaus, der eine Wissenschaftsfinanzierung durch die Nutzung von Ergebnissen naturwissenschaftlich-technischer Forschungen anstrebte.

In Absprache mit Leibniz erarbeiteten Jablonski, Cuneau und andere, die neben dem im Mai 1700 berufenen Astronomen Gottfried Kirch die ersten Sozietätsmitglieder wurden, im März 1700 eine Denkschrift für den Kurfürsten. Sie faßten darin alle bis zu diesem Zeitpunkt existierenden Vorschläge für eine Akademie in Berlin zusammen. Am 19. März 1700 erfuhr Jablonski durch einen Hofbeamten: »Sr. Churf. Durchl. haben gnädigst resolviret, eine Academie des sciences und ein Observatorium, wie vorgeschlagen, in Berlin zu etablieren.« Der Vorschlag wurde am 11. Juli 1700 realisiert.

Hugenottische Mitglieder der Sozietät

Unter den sieben im Memorandum vom März 1700 außer Leibniz und dem Astronomen Kirch namentlich genannten Persönlichkeiten, die Sozietätsmitglieder werden sollten, waren zwei Hugenotten: Etienne Chauvin »in Physicis« und Philippe Naudé d. Ä. »in Mathesi«. Beide wurden ebenso wie Mathurin Veyssière de la Croze und Pierre Dangicourt 1701 Ordentliche Mitglieder. Insgesamt wurden bis Ende 1701 einschließlich Leibniz 25 Ordentliche Mitglieder gewählt, oder 30, wenn man diejenigen mitzählt, die keine Diplome erhalten haben und unter denen sich die Hugenotten Jean de Bodt und François de Gaultier befanden. Unter den 23 Abwesenden Mitgliedern des Jahres 1701 war der Hugenotte Alphonse des Vignoles, der 1703 infolge seiner Übersiedlung nach Berlin Ordentliches Mitglied wurde.

Aufnahmediplome der Akademie vom 11. Juli 1701 für Charles Ancillon und François Gaultier. Diese Diplome wurden nicht verteilt und blieben im Akademiearchiv. Gaultier starb 1703, Ancillon wurde 1707 in die Sozietät aufgenommen.

Ein erstes Fazit ergibt also, daß Hugenotten nicht unmittelbar an der Gründung der Sozietät mitgewirkt haben, aber schon bei den ersten Wahlen angemessen berücksichtigt wurden. Ebenso bedeutsam ist folgendes: Die geistig-kulturelle Situation, in der die Sozietät in

Wir Praeses und Concilium der von Seiner
[illegible] Allergnädigsten Herrn [illegible] Brandenburg[illegible]
Societät [illegible]
[illegible] Instruction [illegible] Herrn Charles
Ancillon [illegible] Legations [illegible]
[illegible] Nation, [illegible]
Historie, Antiquität, [illegible]
[illegible]
[illegible] Societät [illegible]
[illegible]
[illegible] Functionen [illegible]
[illegible]
[illegible] Actis Concilii [illegible]
[illegible] Societät [illegible] Gegeben zu Berlin [illegible] 11 July 1701.

Berlin entstand, war durch Hugenotten mitbestimmt, ja, ihre Aufnahme selbst war Ausdruck einer Politik, die insgesamt günstige Voraussetzungen für wissenschaftliche Bestrebungen geschaffen hat. Die außerakademische Wirksamkeit der ersten hugenottischen Sozietätsmitglieder vor ihrer Wahl bestätigt das.

Der als Herausgeber des »Journal« erwähnte Chauvin lehrte am Collège français Philosophie. Schon 1692 hatte er in Holland sein »Lexicon rationale sive Thesaurus philosophicus ordine alphabetico digestus« herausgegeben, in dem er Probleme der Physik und der Mathematik, der Geographie und der Astronomie, der Logik und der Metaphysik, der Theologie, der Politik und der Moral darzulegen suchte. Die gleichzeitige Beschäftigung mit natur- und gesellschaftswissenschaftlichen Problemen war in der damaligen Zeit, als der Begriff Physikotheologie geprägt wurde, durchaus keine Besonderheit. Die Vertreter dieser Lehre suchten die Vereinbarkeit neuer naturwissenschaftlicher Erkenntnisse mit überkommenen Glaubenslehren nachzuweisen.

Philippe Naudé d. Ä. war seit 1687 in Berlin, wo er Mathematik am Joachimsthalschen Gymnasium, später auch an anderen Einrichtun-

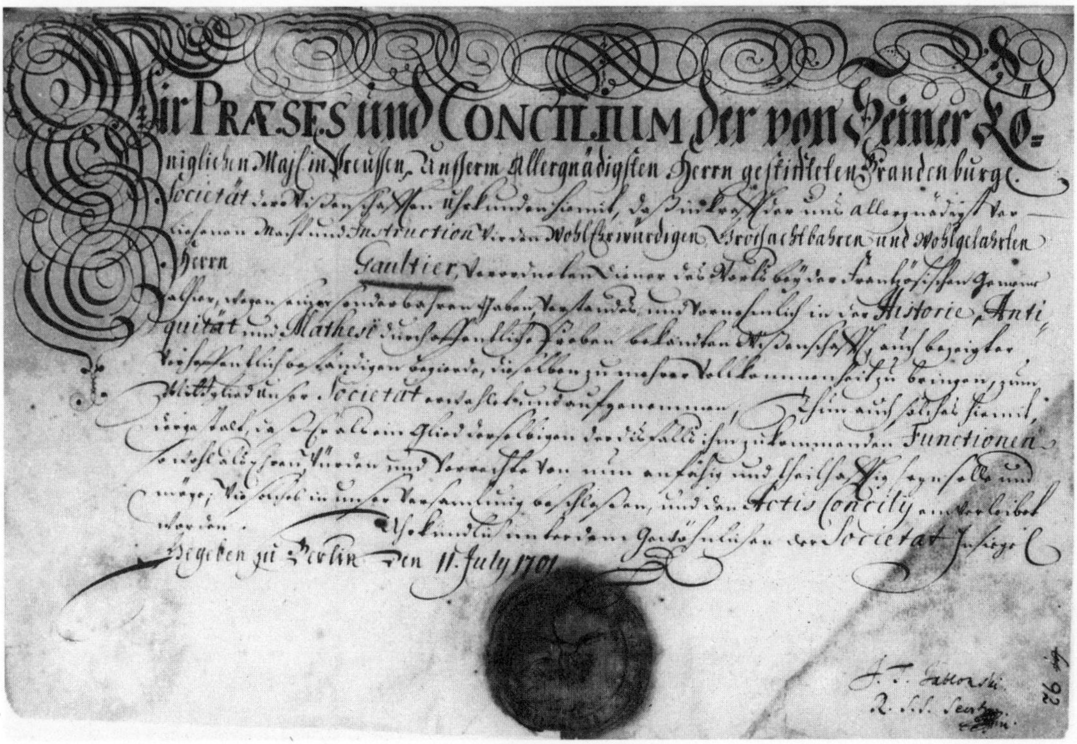
Wir Præses und Concilium der von Seiner Königlichen Majst. in Preußen, Unserm Allergnädigsten Herrn gestiffteten Brandenburg.
Societät
Instruction
Herrn Gaultier,
Historie, Anti-
quität
Mathesi
Societät
Functionen
Actis Concilii
Societät
Gegeben zu Berlin den 11. July 1701

Maturin Veyssière de la Croze. Kupferstich von Johann Georg Wolffgang nach einem Gemälde von Antoine Pesne, 1738

Alphonse des Vignoles. Schabblatt von Johann Jacob Haid nach einem Gemälde von Georg Lisiewski, 1729

gen lehrte. Zugleich betrieb er theologische Studien. Der in seiner Zeit als Mathematiker angesehene Gelehrte war von Leibniz, mit dem er viel korrespondiert hat, zeitweilig als Sekretar der Sozietät ins Auge gefaßt worden.

Die wichtige Funktion des Redakteurs einer für die Sozietät geplanten, aber nicht realisierten wissenschaftlichen Zeitschrift, des »Diarium Eruditorum«, hatte Leibniz dem an der Bibliothek angestellten Maturin Veyssière de la Croze zugedacht. Dieser war kein Hugenotte im engeren Sinne. Er kam 1696 als ehemaliger katholischer Gelehrter nach seinem Übertritt zur reformierten Kirche nach Berlin, wo er mehr als 40 Jahre lang auf recht vielseitige Art, vor allem als Historiker und Orientalist, Bedeutendes für die Durchsetzung der Aufklärung in Brandenburg-Preußen leistete. Sein nach seinem Tode in drei Bänden von 1742 bis 1746 in Leipzig veröffentlichter Briefwechsel – »Thesaurus epistolicus Lacrozianus« – erweist ihn als kenntnisreiche und vielseitige Wissenschaftlerpersönlichkeit. Diese Korrespondenz ist zugleich eine noch nicht erschöpfend ausgewertete historische Quelle. Am Collège français wurde la Croze 1725 der Nachfolger von Etienne Chauvin.

Mathematiker war Pierre Dangicourt, der in der Verwaltung der

Berliner französischen Kolonie tätig war. Vor allem seine umfassenden Kenntnisse, weniger seine eigenschöpferische Arbeit machten ihn zu einem interessanten Gesprächs- und Korrespondenzpartner der Zeitgenossen, darunter von Leibniz. Das gilt auch für Alphonse des Vignoles, mit dem der Sozietätsgründer schon vor 1700 korrespondiert und der an der Hugenottenakademie in Saumur sowie in England (Oxford) studiert hatte. Nach 1685 kam er über die Schweiz nach Brandenburg. Vignoles, neben la Croze wohl der wichtigste hugenottische Wissenschaftler in der Frühgeschichte der Sozietät, verband Theologie und Mathematik, indem er Methoden und Ergebnisse der letzteren für die Erforschung der Bibelchronologie nutzte. Das sehr gelehrte Hauptwerk dieses produktiven Forschers, der auch Direktor der mathematischen Klasse der Sozietät wurde, war seine zweibändige »Chronologie de l'histoire sainte et des histoires étrangères qui la concernent«, die nach jahrzehntelangen Vorarbeiten 1738 erschien.

Wir sind durchaus berechtigt, den Architekten Jean de Bodt, den Vollender des Zeughauses in Berlin, und den Prediger der französischen Gemeinde François de Gaultier, der 1688 in Amsterdam in zwei Bänden eine der wirksamsten Darstellungen der französischen protestantischen Kirche – »Histoire apologétique ou Défense des libertés des églises réformées de France« – veröffentlicht hat, zu den Sozietätsmitgliedern in Berlin zu zählen, obwohl ihnen die Diplome nicht ausgehändigt wurden. Insgesamt sind damit also bis 1701 sieben Hugenotten in die Akademie aufgenommen worden.

Eine solche zeitliche Häufung von Zuwahlen hugenottischer Mitglieder in die Sozietät hat es bis zu ihrer Reorganisation 1744 nicht wieder gegeben. Insgesamt waren es in der Zeit von 1707 bis 1741 acht Ordentliche Mitglieder, wenn man Leonhard Euler, der sich bei seiner Übersiedlung 1741 der französischen reformierten Gemeinde in Berlin anschloß, hinzuzählt. Bei rund 100 von 1700 bis 1744 gewählten Ordentlichen Mitgliedern der Sozietät ergeben eben diese 15 Hugenotten einen Anteil von etwa 15 Prozent in dieser Mitgliederkategorie.

Die erste Periode der Sozietät in Berlin endete 1711, als sie am 19. Januar offiziell eröffnet wurde. Zu diesem Zeitpunkt war die 1708 fertiggestellte und 1709 ihrer Bestimmung übergebene Sternwarte bereits in Betrieb. Im Mai 1710 war die erste wissenschaftliche Publikation der Sozietät, die »Miscellanea Berolinensia«, erschienen, und am 3. Juni 1710 hatte sie ihr erstes Statut erhalten.

Unter den elf Ordentlichen Mitgliedern, die von 1702 bis zur offiziellen Eröffnung 1711 noch aufgenommen wurden, befand sich ein

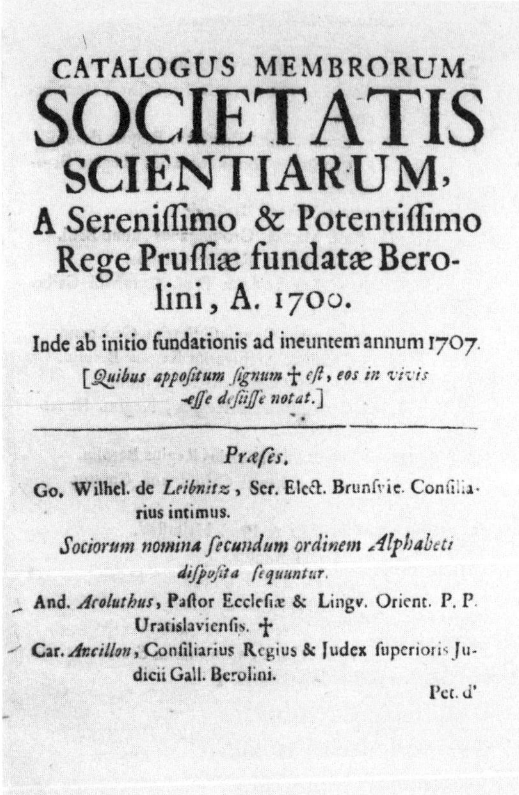

CATALOGUS MEMBRORUM
SOCIETATIS
SCIENTIARUM,
A Sereniſſimo & Potentiſſimo
Rege Pruſſiæ fundatæ Bero-
lini, A. 1700.
Inde ab initio fundationis ad ineuntem annum 1707.
[*Quibus appoſitum ſignum* † *eſt, eos in vivis eſſe deſiiſſe notat.*]

Præſes.

Go. Wilhel. de *Leibnitz*, Ser. Elect. Brunſvic. Conſiliarius intimus.

Sociorum nomina ſecundum ordinem Alphabeti diſpoſita ſequuntur.

And. *Acoluthus*, Paſtor Eccleſiæ & Lingv. Orient. P. P. Uratislavienſis. †
Car. *Ancillon*, Conſiliarius Regius & Judex ſuperioris Judicii Gall. Berolini.

Pet. d'

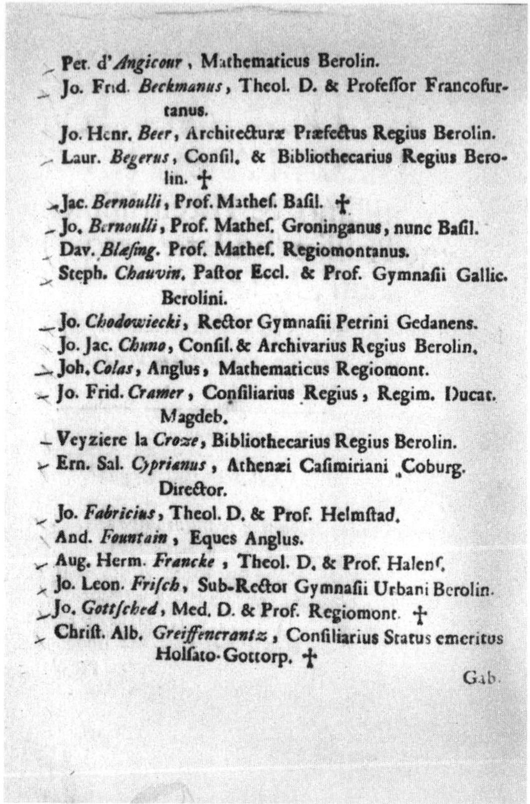

Pet. d'*Angicour*, Mathematicus Berolin.
Jo. Frid. *Beckmanus*, Theol. D. & Profeſſor Francofurtanus.
Jo. Henr. *Beer*, Architecturæ Præfectus Regius Berolin.
Laur. *Begerus*, Conſil. & Bibliothecarius Regius Berolin. †
Jac. *Bernoulli*, Prof. Matheſ. Baſil. †
Jo. *Bernoulli*, Prof. Matheſ. Groninganus, nunc Baſil.
Dav. *Blæſing*. Prof. Matheſ. Regiomontanus.
Steph. *Chauvin*. Paſtor Eccl. & Prof. Gymnaſii Gallic. Berolini.
Jo. *Chodowiecki*, Rector Gymnaſii Petrini Gedanens.
Jo. Jac. *Chuno*, Conſil. & Archivarius Regius Berolin.
Joh. *Colas*, Anglus, Mathematicus Regiomont.
Jo. Frid. *Cramer*, Conſiliarius Regius, Regim. Ducat. Magdeb.
Veyziere la *Croze*, Bibliothecarius Regius Berolin.
Ern. Sal. *Cyprianus*, Athenæi Caſimiriani Coburg. Director.
Jo. *Fabricius*, Theol. D. & Prof. Helmſtad.
And. *Fountain*, Eques Anglus.
Aug. Herm. *Francke*, Theol. D. & Prof. Halenſ.
Jo. Leon. *Friſch*, Sub-Rector Gymnaſii Urbani Berolin.
Jo. *Gottſched*, Med. D. & Prof. Regiomont. †
Chriſt. Alb. *Greiffencrantz*, Conſiliarius Status emeritus Holſato-Gottorp. †

Gab.

Offizielles Mitgliederverzeichnis der Akademie aus dem Jahre 1707

weiterer Hugenotte. Es war Charles Ancillon, der 1707 gewählt wurde. Er hatte als Historiograph von Brandenburg und durch seine führende Stellung in der französischen Kolonie beachtlichen Einfluß, während er als Wissenschaftler den Durchschnitt der Mitglieder wohl kaum überragte. Nicht zuletzt seine regelmäßigen Kontakte zu Leibniz belegen sein großes Interesse an der Sozietät. Bedeutsam für die Geschichte der hugenottischen Emigration sind insbesondere seine historisch-politischen Schriften aus den achtziger und neunziger Jahren des 17. Jahrhunderts. Bereits 1685 hat er in einer in Cölln veröffentlichten Schrift nachzuweisen versucht, daß »die Verfolgung der Reformierten gegen die wahren Interessen Frankreichs ist« (so der Buchtitel). 1688 und 1690 publizierte er Abhandlungen über die Unwiderrufbarkeit des Edikts von Nantes unter rechtlichen und politischen Gesichtspunkten und über das Interesse Frankreichs an der Wiedereinführung dieses Edikts. Ebenfalls 1690 hat Ancillon als erster eine Geschichte der Ansiedlung der Hugenotten in Brandenburg geschrieben, die ungeachtet ihres auch werbenden Charakters für die hugenottische Zuwanderung eine wichtige Informationsquelle für diese frühe Zeit ist. In dieser »Histoire de l'Etablissement des François réfugiés dans les Etats de S. A. E. de Brandebourg« geht er ausdrücklich auch auf die »gens de lettres« – also in erster Linie Pastoren, Juristen und Mediziner – ein. Er gibt Hinweise auf das Collège français und die Studienmöglichkeiten für Hugenotten an der Universität Frankfurt (Oder). In einer Schrift von 1695 würdigte Ancillon den Premierminister Danckelmann auch im Hinblick auf seine Verdienste bei der Ansiedlung der Réfugiés. Ein Buch über berühmte Gelehrte, das 1709 in Amsterdam erschien, hatte Ancillon, wie er selbst mitteilte, ursprünglich als Ergänzung für Pierre Bayles »Wörterbuch« geschrieben. Diese und weitere hier nicht genannte Schriften weisen Ancillon als einen aktiven Hugenotten auf wissenschaftlich-publizistischem Gebiet aus.

Außer dem in der Sozietät nicht in Erscheinung getretenen Jacques Le Duchat (Zuwahl 1715) waren Philippe Naudé d.J. (Zuwahl 1711), wie sein Vater Mathematiker und seit 1738 sogar Mitglied der Royal Society in London, der Arzt und Vizedekan am Oberkollegium Medicum Pierre Carita (Zuwahl 1722) und Jacques Lenfant (Zuwahl 1724) die letzten noch in Frankreich geborenen Hugenotten, die Ordentliche Mitglieder der Sozietät in Berlin wurden. Der bedeutendste von ihnen war sicher Lenfant.

Jacques Lenfant lebte seit 1688 in Berlin. 1718 gab er mit dem für die Berliner Wissenschaftsgeschichte wichtigen Hugenotten Isaac de Beausobre, der aus unerfindlichen Gründen im Unterschied zu seinen beiden Söhnen, die 1751 und 1755 Ordentliche Mitglieder wurden, nicht in die Sozietät gewählt wurde, eine zweibändige französische Übersetzung des Neuen Testaments heraus, die 1735/36, 1741 und 1776 weitere Auflagen erlebte. Beide waren auf kirchengeschichtlichem Gebiet aktiv. Lenfant stellte beispielsweise die Konzile von Konstanz (1714), Pisa (1724) und Basel (1731) dar, Beausobre schrieb neben weiteren historischen Arbeiten eine viel beachtete Geschichte des Manichäismus in zwei Bänden (1734, 1739). Friedrich II. nannte Beausobre, der seit 1695 in Berlin wirkte und fast 80 Jahre alt wurde, einen »Gelehrten der Kirchen- und Literaturgeschichte, die beste Feder von Berlin«.

1720 begründeten Lenfant, Beausobre und der oben bereits genannte Vignoles die »Bibliothèque germanique«, die in Amsterdam erschien, aber in Berlin redigiert wurde. Hinter der Zeitschrift stand anfangs die von Lenfant angeregte »Société anonyme«, ein Zusammenschluß hugenottischer Wissenschaftler Berlins innerhalb und

Folgende Seiten: Seiden- und Maulbeerprivileg König Friedrichs I. für die Akademie vom 28. März 1707; Titelblatt und letzte Seite

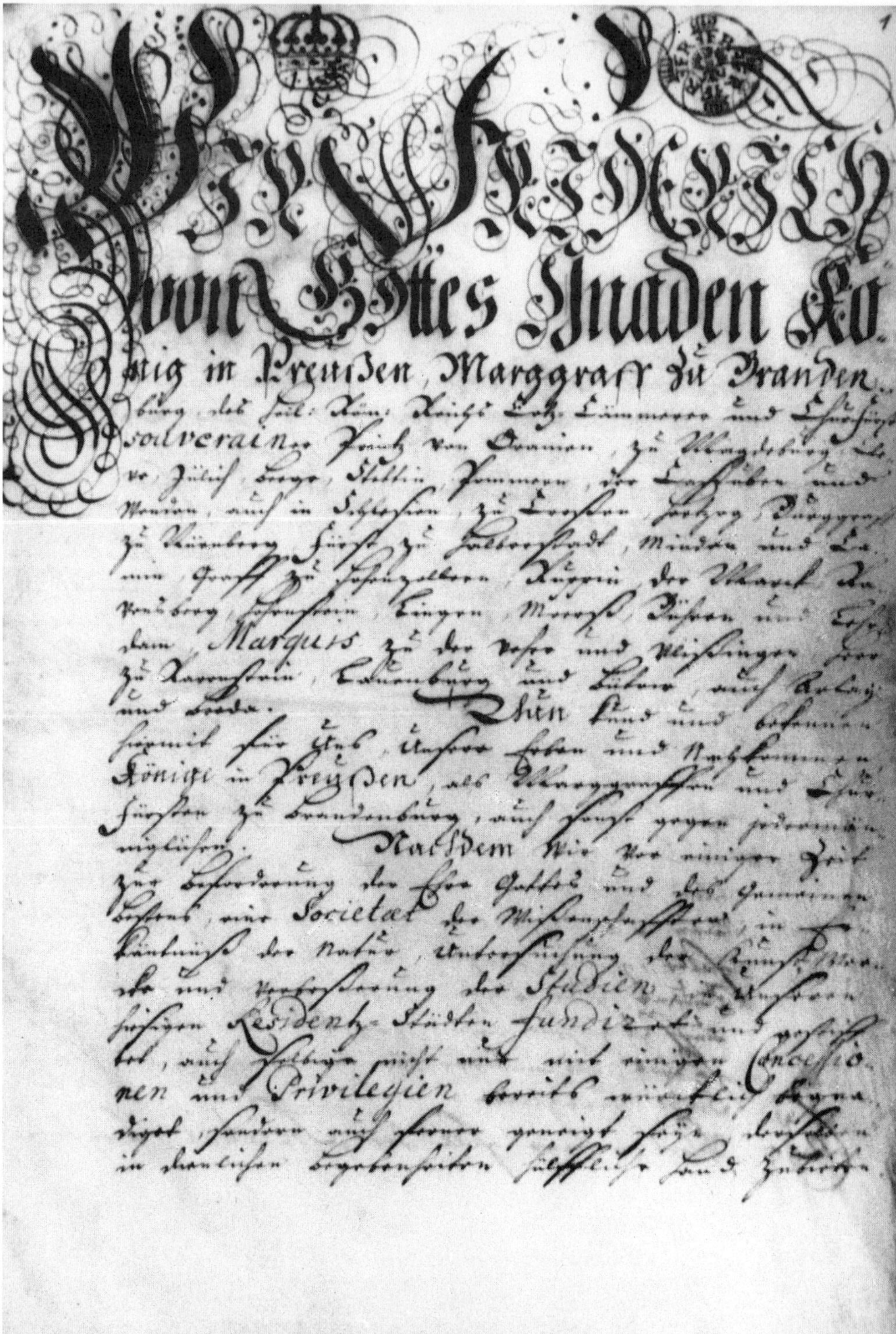

Wir Friderich von Gottes Gnaden König in Preußen, Marggraf zu Brandenburg, des heil. Röm. Reichs Ertz-Cämmerer und Churfürst, souverain Printz von Oranien, zu Magdeburg, Cleve, Jülich, Berge, Stettin, Pommern, der Cassuben und Wenden, auch in Schlesien zu Crossen Hertzog, Burggraf zu Nürnberg, Fürst zu Halberstadt, Minden und Camin, Graf zu Hohenzollern, Ruppin, der Marck, Ravensberg, Hohenstein, Lingen, Moers, Bühren und Lehrdam, Marquis zu der Vehre und Vlissingen, Herr zu Ravenstein, Lauenburg und Bütow, auch Arlay und Breda. Thun kund und bekennen hiermit für Uns, Unsere Erben und Nachkommen Könige in Preußen, als Marggrafen und Churfürsten zu Brandenburg, auch sonst gegen jedermänniglichen. Nachdem Wir vor einiger Zeit zur Beförderung der Ehre Gottes und des gemeinen Bestens eine Societaet der Wissenschafften, in Erkäntnüß der Natur, Untersuchung der Kunst-Wercke und Verbesserung der Studien, in Unseren hiesigen Residentz-Städten fundiret und gestifftet, auch selbige nicht nur mit einigen Concessionen und Privilegien bereits anfänglich begnadiget, sondern auch ferner geneigt seyn, dieselben in dergleichen Begebenheiten [illegible]

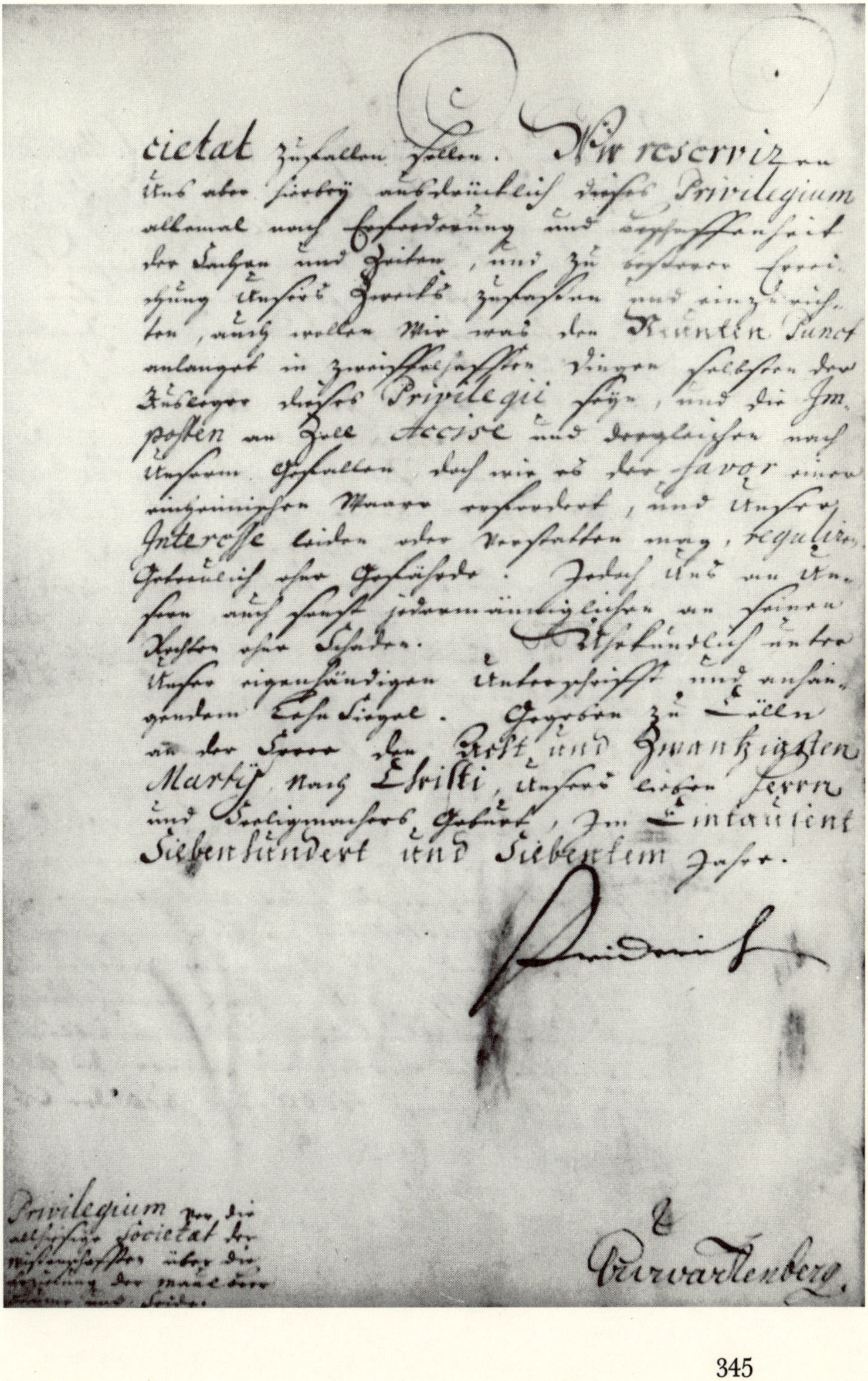

cietät zufallen sollen. Wir reserviren uns aber hierbey ausdrücklich dieses Privilegium allemal nach Erforderung und Beschaffenheit der Sachen und Zeiten, und zu besserer Erreichung Unsers Zwecks zu fassen und einzurichten, auch wollen Wir was den Neunten Punct anlanget in zweiffelhafften dingen selbsten der Ausleger dieses Privilegii seyn, und die Imposten an Zoll, Accise und dergleichen nach Unserem Gefallen, doch wie es der favor einer einheimischen Waare erfordert, und Unser Interesse leiden oder verstatten mag, reguliren. Getreulich ohne Gefährde. Jedoch Uns und an Unseren auch sonst jedermänniglichen an seinen Rechten ohne Schaden. Uhrkundlich unter Unser eigenhändigen Unterschrifft und anhangenden Gnaden Siegel. Gegeben zu Cölln an der Spree den Acht und Zwanzigsten Martij, nach Christi, Unsers lieben Herrn und Seligmachers Geburt, Im Eintausent Siebenhundert und Siebenten Jahre.

Friderich

C. v. Wartenberg.

Privilegium vor die allhiesige Societät der Wissenschafften über die Anziehung der Maulbeerbäume und Seide.

außerhalb der Sozietät. Das Ziel der Herausgeber war die Vermittlung von Forschungsergebnissen aus Mittel-, Nord- und Osteuropa in französischer Sprache, wobei sowohl Natur- als auch Geisteswissenschaften, daneben ebenfalls Mathematik und Medizin berücksichtigt werden sollten. Die Zeitschrift hatte großen Erfolg und erschien einschließlich ihrer Fortsetzung, der »Nouvelle Bibliothèque germanique«, bis 1759. Sie verdient neben anderen Aktivitäten Beachtung als ein spezifischer Beitrag von Berliner Hugenotten zu den wissenschaftsjournalistischen Leistungen, die von den Réfugiés insgesamt erbracht worden sind.

Der erste in Berlin geborene Hugenotte, der 1731 Ordentliches Mitglied der Sozietät wurde, war Philippe Joseph de Jarige. Seit 1733 (bis 1748) war er in der Nachfolge von J. T. Jablonski, der von 1700 bis 1731 dieses Amt innehatte, Beständiger Sekretär der Sozietät. Es gelang Jarige, die Einnahmen der Akademie aus dem Kalendervertrieb zu vermehren. Wesentlichen Anteil nahm er an der Reorganisation der Sozietät, aus der 1744 die »Académie Royale« entstand. 1755 wurde Jarige Ehrenmitglied der Akademie und zugleich Großkanzler der Justiz im Justizdepartement. 1745/46 hat er in der Serienpublikation der Akademie eine zweiteilige Abhandlung unter dem Titel »Prüfung des Spinozismus und der Einwände von Mr. Bayle gegen dieses System«

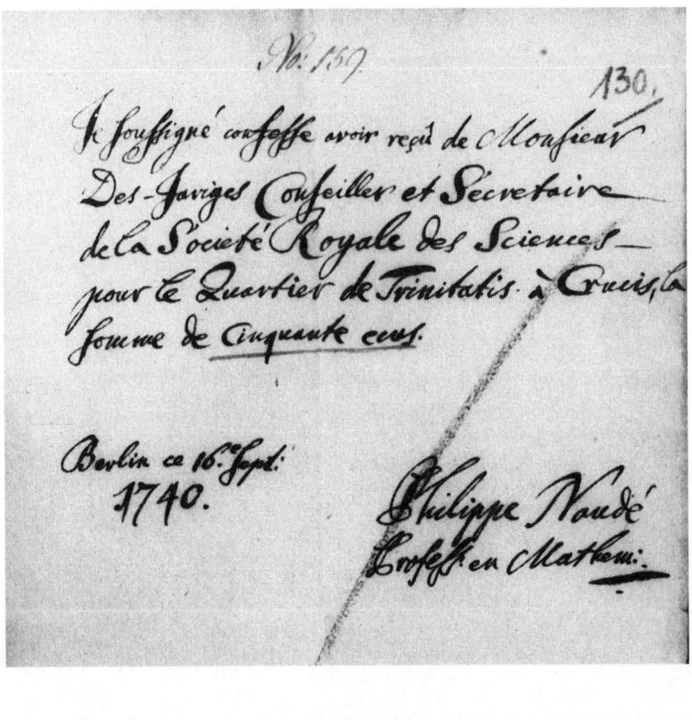
No: 159
130.
Je soussigné confesse avoir reçû de Monsieur Des-Jariges Conseiller et Secretaire de la Societé Royale des Sciences pour le Quartier de Trinitatis à Crucis, la somme de Cinquante ecus.
Berlin ce 16e Sept: 1740.
Philippe Naudé
Profess. en Mathem:

Gehaltsquittung des Mathematikers Philippe Naudé vom 16. September 1740

Simon Pelloutier. Kupferstich von A. B. König nach einem Gemälde von Emanuel Dubuisson, um 1750

veröffentlicht. Jarige gehört also in die Rezeptionsgeschichte von Benedikt Spinoza und Pierre Bayle.

Unter den Abwesenden Mitgliedern der Berliner Sozietät finden sich bis 1744 etwa 20, die zur Gruppe der Hugenotten gerechnet werden können, was einem ungefähren Anteil von knapp acht Prozent an dieser Mitgliederkategorie entspricht. Über alle hier etwas zu sagen, verbietet sich aus Platzgründen und ist auch deshalb nicht erforderlich, weil die meisten von ihnen nur gelegentliche Verbindungen zur Sozietät unterhielten. Auf jeden Fall unterstreichen diese Zuwahlen insgesamt die schon von Leibniz ins Auge gefaßte überregionale Zielstellung der Sozietät und sind für die Wirkungsgeschichte der Sozietät von Bedeutung. Hingewiesen sei hier auf die folgenden Abwesenden Mitglieder, die Hugenotten waren: den bedeutenden Physiker Denis Papin (1714); das Wunderkind Jean-Philippe Baratier (1735), das aufgrund seiner historischen und mathematischen Arbeiten mit vierzehn Jahren Akademiemitglied wurde und mit 19 Jahren starb (der Vater, François Baratier, war einst von Berlin aus zum Studium nach Frankfurt gegangen und wirkte zuletzt in Magdeburg); den Schriftsteller Paul-Emile Mauclerc (1739), der seit 1720 an der »Bibliothèque germanique« mitarbeitete (er war seit 1721 der Schwiegersohn von Isaac de Beausobre) und diese später auch mit anderen redigierte.

Von kaum zu überschätzender Bedeutung für die Wirksamkeit der

Hugenotten war die Tätigkeit von Jean Barbeyrac, der 1713 Abwesendes Mitglied der Berliner Sozietät wurde. Seine entscheidenden Anregungen hatte er in Berlin und in Frankfurt (Oder) erhalten. Er war nach der Revokation mit seinen Eltern zunächst in die Schweiz emigriert und kam 1693 nach Berlin. Seine in Genf begonnene Ausbildung setzte er an der Viadrina fort, wo er auch bei Heinrich von Cocceji hörte. Barbeyrac wurde 1697 Lehrer am Collège français in Berlin. Seine erste Publikation erschien im »Journal« von Chauvin, dessen Schwiegersohn er 1702 wurde. Chauvin, Ancillon und der in Berlin wirkende hugenottische Historiker Antoine Teissier, der bereits 1696 ein Werk Pufendorfs ins Französische übersetzt hatte, waren die wichtigsten Förderer Barbeyracs, der 1706 mit der Publikation seiner Übersetzungen Pufendorfs in die französische Sprache begann. Die Verbreitung des Naturrechts betrachtete er fortan als seine Lebensaufgabe. Durch seine Übersetzungstätigkeit, die zugleich die Kommentierung und Propagierung naturrechtlicher Lehren einschloß, förderte er deren Aufnahme in Frankreich, wo er zum wirksamsten Vermittler Pufendorfs wurde.

Der Weggang Barbeyracs aus Berlin und die Annahme einer Professur in Lausanne 1710, ab 1717 in Groningen, war in hohem Maße auf Auseinandersetzungen innerhalb der hugenottischen Kolonie in Berlin zurückzuführen. Orthodoxe Vertreter des Hugenottentums, vor allem der einflußreiche François de Gaultier, beschuldigten Barbeyrac, ein Anhänger von Jean Le Clerc zu sein, der im Anschluß an John Locke andere Auffassungen vertrat, als sie in Berlin vorherrschten. Kontroversen innerhalb des Refuge fanden somit auch in Berlin Widerhall, wie noch andere Quellen belegen. Obwohl Barbeyrac sich schon 1701 von seinen »Irrtümern« distanziert hatte, fand er in Berlin keine Anstellung als Prediger. Seine Übersetzungstätigkeit, die ihm internationalen Ruhm brachte, war somit gleichsam auch eine Folge seiner schwierigen Situation in Berlin in jenen Jahren, als sich seine Persönlichkeit bildete. Es spricht für die Sozietät, wenn sie Barbeyrac auf Vorschlag Chauvins unter ihre Mitglieder aufnahm. Durch seine Mitwirkung an der seit 1718 erscheinenden »Bibliothèque raisonnée des ouvrages des savants de l'Europe«, die es bis 1753 auf 52 Bände brachte, hat Barbeyrac wesentlichen Anteil an der internationalen Ausstrahlung des brandenburgisch-preußischen Refuge.

Unter dem »Soldatenkönig« Friedrich Wilhelm I., als das gesamte gesellschaftliche Leben Preußens und damit auch die Wissenschaft unter dem Einfluß des sich verstärkt ausprägenden Militarismus stand, hatte die Sozietät eine schwierige Entwicklungsphase zu durchlaufen. Das Verhalten des Königs zu ihr war allerdings weniger durch Wissenschaftsfeindlichkeit schlechthin gekennzeichnet als vielmehr durch eine betonte Orientierung auf ausschließlich praktische, damit also einseitige Nutzung der Wissenschaft. Das führte zu Spannungen, an denen auch die Sozietät selbst ihren Anteil hatte. Die für absolutistische Herrscher nicht nur in Preußen kennzeichnenden persönlichen Eingriffe in alle Lebensbereiche waren unter Friedrich Wilhelm I. zwar besonders ausgeprägt und willkürlich, unterschieden sich aber in der Sache zuweilen durchaus nicht von denen seines Sohnes Friedrich II. Dieser maß allerdings wissenschaftlichen Gesellschaften einen weit höheren Stellenwert als sein Vater zu. Die Ursache dafür lag nicht nur in einer anderen persönlichen Einstellung zur Wissenschaft, sondern vor allem in den veränderten Bedingungen.

Gewollt erniedrigende Eingriffe seines Vaters, wie die Verpflichtung der Sozietät zur Bezahlung der königlichen Narren, machte Friedrich II. rückgängig. Er setzte mit der unmittelbar nach seiner Thronbesteigung 1740 eingeleiteten Wiederberufung von Christian Wolff nach Halle und der Berufung des bedeutenden schweizerischen Mathematikers Leonhard Euler aus Petersburg an die Sozietät ein Zeichen. Für die Sozietätsentwicklung wesentliche Entscheidungen Friedrich Wilhelms, die dieser gegen den Willen der Mitglieder getroffen hatte, blieben aber de facto über die Reorganisation von 1744 hinaus in Kraft. Das war einmal die 1718 verfügte Zuordnung des Botanischen Gartens zur Sozietät, gegen die sich diese wegen der damit verbundenen finanziellen Belastung gesträubt hatte. Die Sozietät verfügte jedoch damit erstmalig – bis zur erneuten Reorganisation im Zusammenhang mit der Berliner Universitätsgründung 1809 – über eine derartige Einrichtung, wie sie Akademien in anderen Ländern bereits besaßen.

Seit 1713 bestand – von den Akademiemitgliedern Christian Maximilian Spener und Friedrich Hoffmann angeregt und vom König schließlich befohlen – bei der Sozietät das Anatomische Theater. Aus ihm wurde in Verbindung mit dem schon 1710 gegründeten und seit 1727 als Charité bezeichneten Krankenhaus auf Befehl Friedrich Wilhelms 1724 das Collegium Medico-Chirurgicum gebildet. Diese Lehranstalt, die ebenso wie schon das Theatrum Anatomicum teilweise von der Sozietät finanziert werden mußte und deshalb ihren Unwillen erregte, zielte vorrangig auf die Ausbildung von Militärärzten und -chirurgen. Das Lehrprogramm, das Biologie, Chemie, Pharmazie und Mathematik einschloß, entsprach zunehmend dem einer medizinischen Fakultät, weshalb 1809 die nahtlose Eingliederung in die neue

Universität möglich war. 1725 wurde im Zusammenhang mit dem von Johann Theodor Eller und Georg Ernst Stahl ausgearbeiteten neuen Medizinaledikt das Obercollegium Medicum als oberste Gesundheitsbehörde Preußens geschaffen.

An den auch nach 1744 mit der Akademie verbundenen medizinischen Einrichtungen waren 15 Ordentliche Mitglieder der Sozietät tätig, die in den Jahren 1701 bis 1741 gewählt wurden.

Es wäre also ungeachtet aller Widrigkeiten verfehlt, die Entwicklung der Sozietät, die sich übrigens mit der Einsetzung von Adam Otto von Viereck als Protektor, von Daniel Ernst Jablonski als Präsident und von Philippe Joseph de Jarige als Beständiger Sekretär im Jahre 1733 stabilisierte, in den Regierungsjahren Friedrich Wilhelms I. nur unter negativen Vorzeichen zu sehen.

Hugenottische Mitglieder der Académie Royale

Die von Friedrich II. empfundene und artikulierte Unzulänglichkeit der Sozietät, deren geplante Reorganisation sich infolge des noch 1740 von ihm selbst vom Zaune gebrochenen ersten Schlesischen Krieges verzögerte, veranlaßte schließlich 1743 eine Gruppe mit dem König verbundener Persönlichkeiten unter Samuel Graf von Schmettau, die »Nouvelle Société Littéraire«, in der auch zahlreiche Mitglieder der Sozietät mitwirkten, zu gründen. Im Januar 1744 wurde aus der alten Sozietät und dieser Société die Académie Royale gebildet. Das bei dieser Gelegenheit erlassene neue Statut wurde bereits im Mai 1746 durch ein neues Reglement ersetzt, als nämlich der aus Frankreich berufene berühmte Physiker Pierre-Louis Moreau de Maupertuis, der seit 1735 Abwesendes Mitglied der Sozietät war, das Amt des Präsidenten übernahm.

Mit der Neukonstituierung der Akademie wurden 1744 ebenso wie einst im Jahre nach ihrer Gründung (1701) sieben Berliner Hugenotten Ordentliche Mitglieder, doch war ihr Anteil bei insgesamt nur zwölf Zuwahlen in diesem Jahr bedeutend höher. Unter den gewählten Nichthugenotten waren der bedeutende Naturforscher Johann Gottlieb Gleditsch, der zugleich die Leitung des Botanischen Gartens übernahm, und Jean Baptiste de Boyer Marquis d'Argens, der schriftstellernd-philosophierende Freund des Königs, der auch Klassendirektor wurde, und zwar für die Belles-Lettres.

Direktor der Mathematischen Klasse wurde 1744 nach dem Tode von des Vignoles Leonhard Euler, der seit 1741 in Berlin wirkte und

Charles Etienne Jordan. Ölgemälde von Antoine Pesne, nach 1736

als schweizerischer Reformierter in der französischen Gemeinde mitarbeitete. Er war bis zu seinem Weggang 1766 der bedeutendste Wissenschaftler in der Akademie, deren Entwicklung er zudem durch sein wissenschaftsorganisatorisches Wirken nachhaltig beeinflußte.

Direkt aus der französischen Kolonie in Berlin kam Charles Etienne Jordan, der mit seinem Eintritt in die Akademie 1744 zugleich ihr Vizepräsident wurde. Die Leitung der Akademie, deren Beständiger Sekretär zunächst Jarige blieb, lag also bis zum Tode von Jordan (1745) ganz in den Händen von Hugenotten, da der neue Präsident

Abraham de Humbert. Schabblatt von J. J. Haid nach einem Gemälde von Rosina Matthieu, 1750

Leonhard Euler. Kupferstich von S. Kütner nach einem Gemälde von Joseph Friedrich Darbes, 1780

Maupertuis sein Amt erst 1746 antrat. Jordan hatte das Gymnasium in Magdeburg besucht und in Genf studiert, war einige Jahre Prediger einer Hugenottengemeinde und verbrachte auch ein Jahr als Begleiter eines Adligen an der Frankfurter Universität (1735/36). Mit Friedrich II. war er durch seinen 1735 veröffentlichten Bericht über seine 1733 unternommene Reise nach Frankreich, England und den Niederlanden bekannt geworden. 1740 wurde er Kurator aller preußischen Universitäten, faktisch also Bildungsminister. Nach dem Tode von la Croze (1739) legte er 1741 eine Publikation über dessen Leben und Schriften vor. Da Jordan schon mit 45 Jahren starb, konnte er nur knapp eineinhalb Jahre in der Akademie wirken.

Zu den ersten in die neue Akademie aufgenommenen Ordentlichen Mitgliedern gehörten 1744 die Brüder Antoine und François Achard, die in Genf geboren waren und als Pfarrer in der Berliner französischen Kolonie wirkten. Aus einer Berliner Réfugié-Familie stammte Abraham de Humbert, ebenfalls seit 1744 Ordentliches Akademiemitglied. Er hatte u. a. bei Philippe Naudé d. Ä. Mathematik studiert und stand seit 1708 im Militärdienst. Seit 1719 gehörte er dem Ingenieurkorps an. Während seines Dienstes in Stettin wurde er dort mit Mauclerc bekannt, durch den er in den Kreis der Mitarbeiter der »Bibliothèque germanique« kam. Seine Publikationen in dieser Zeitschrift und seine selbständig erschienenen Arbeiten behandeln Probleme der Geographie, der Kartographie und der Festungsbaukunst. Erwähnung verdient in diesem Zusammenhang auch der Stettiner Hugenottenprediger Jacques Pérard, der leitend an der »Nouvelle Bibliothèque germanique« mitwirkte, die seit 1746 erschien. 1747 wurde er Auswärtiges Mitglied der Akademie in Berlin, 1744 wurden die Hugenotten Simon Pelloutier, der Bibliothekar der Akademie war, und Joseph du Fresne de Francheville Ordentliche Mitglieder.

Wirkungsgeschichtlich bedeutend sowohl für die Rolle der Hugenotten in Berlin als auch für die Entwicklung der Akademie war die 1744 erfolgte Aufnahme von Jean Henri Samuel Formey in diese Institution, in der er bis zu seinem Tode (1797) eine führende Stellung einnahm. Formey wurde 1748 als Nachfolger von Jarige Beständiger Sekretär und 1789 außerdem Direktor der Philosophischen Klasse. Seit 1745 war er Historiograph der Akademie und damit für ihre Publikationen verantwortlich. Formey hat die meisten Nachrufe auf verstorbene Mitglieder gehalten, dadurch wissenschaftspolitisch gewirkt und teilweise wesentliche Beiträge zur Wissenschaftsgeschichte seiner Zeit geliefert.

Formey wurde 1711 in einer Réfugié-Familie geboren. Zu seinen Lehrern gehörten la Croze und Isaac de Beausobre. Als Zwanzigjähriger zunächst als Prediger nach Brandenburg berufen, wurde Formey 1737 Professor am Collège français (bis 1791). Er war als Schriftsteller außerordentlich produktiv – seine Bibliographie zählt etwa 600 Titel – und gehörte seit 1734 zum Herausgeberkreis der »Bibliothèque germanique«, die er ebenso wie ihre Folgepublikation später selbst redigierte. Er war auch Verfasser einiger Lehrbücher, die u.a. ins Russische übersetzt wurden.

Große Verdienste erwarb sich Formey durch die Propagierung der Philosophie von Christian Wolff. Dieser bedeutende Repräsentant der mitteldeutschen Aufklärung, der an Leibniz anknüpfte, war als Professor der Universität Halle, deren Entwicklung er seit seiner Berufung 1706 gemeinsam mit den genannten Gründungsprofessoren maßgeblich mitbestimmt hatte, 1711 Abwesendes Mitglied der Berliner Sozietät geworden. Seine Vertreibung aus Halle (1723) im Gefolge der Auseinandersetzungen mit dem Pietismus A. H. Franckes, der übrigens schon seit 1701 Abwesendes Mitglied in Berlin war, konnte das Vordringen Wolffscher Anschauungen nicht aufhalten. 1740 kehrte Wolff, der inzwischen erfolgreich in Marburg gelehrt hatte, an seine Heimatuniversität Halle zurück. Die ihm von Friedrich II. angebotene führende Stellung in der Berliner Akademie lehnte er ab. Vor allem wollte er wohl hier nicht mit Euler zusammentreffen. Formeys von 1741 bis 1753 in sechs Bänden erschienene Darstellung der Wolffschen Philosophie in Dialogform unter dem Titel »La belle Wolffienne« war auch Ausdruck des hohen Ansehens, das dieser Philosoph genoß. 1746 legte Formey außerdem das Lehrbuch »Elementa philosophia Wolffianae« vor, nach dem er auch am Collège français lehrte. Werner Krauss, der entscheidend zu einer gerechten Würdigung von Formey beigetragen hat, zählte diesen »zu den in vorderster Linie kämpfenden Adepten des Wolffianismus. Die französische Aufklärung verdankt die Kenntnis dieses Systems im wesentlichen der Vermittlung Formeys.« Die französische Wolff-Rezeption durch Formey ist der entsprechenden Pufendorf-Rezeption durch Barbeyrac, ebenfalls von Berlin ausgehend, durchaus vergleichbar.

Das von den vierziger bis in die sechziger Jahre dauernde Ringen um die verschiedenen Richtungen der Aufklärung in der Akademie ist verschiedentlich dargestellt worden, so von Werner Krauss und von Eduard Winter im Zusammenhang mit dem Wirken Leonhard Eulers in Berlin. In diesen Auseinandersetzungen setzte sich unter der Führung Formeys die Wolffsche Richtung gegen dessen Gegner Euler durch, der auch aus diesem Grunde 1766 Berlin verließ. Die Frontenbildung, die im einzelnen hier nicht analysiert werden kann, war insgesamt außerordentlich kompliziert. Sie verlief quer durch die Hauptgruppen der Akademiemitglieder jener Jahre: Deutsche, Hugenotten und Franzosen. Friedrichs II. Bemühungen um Repräsentanten der französischen Aufklärung, wie etwa Voltaire, führten zwar zu ihrer Aufnahme als Mitglieder, doch blieb ihre Wirkung auf die Akademie begrenzt. Der Versuch des Königs mit Maupertuis, dem er die Leitung der Akademie mit weitgehenden Vollmachten übertragen hatte, erwies sich schon zu Beginn der fünfziger Jahre als Mißerfolg. Im »Monadenstreit« um die an Leibniz anknüpfende Wolffsche Philosophie konnte sich Euler im Bündnis mit Maupertuis noch durchsetzen. Im »Fall König«, im Streit um das Prinzip der geringsten Aktion, das Maupertuis als seine Leistung anerkannt wissen wollte, fand er zwar 1751/52 Eulers Unterstützung, doch war das Ergebnis der Austritt des Auswärtigen Mitglieds Samuel König, der – wie heute feststeht – mit Recht auf den Leibnizschen Ursprung dieses Prinzips hingewiesen hatte. Maupertuis erhielt mit maßgeblicher Unterstützung von Friedrich II. »recht«, doch war seine Stellung geschwächt, zumal nachdem er und auch Euler den Spott Voltaires zu spüren bekommen hatten. Nach dem Ableben von Maupertuis (1759) machte sich Euler zeitweilig Hoffnung, der König werde seine während der langjährigen

Krankheit des Präsidenten faktisch ausgeübte Leitung der Akademie in eine tatsächliche Präsidentschaft umwandeln. Es zeigte sich jedoch, daß Eulers Stellung zwischen Sanssouci, wo – nach einem Wort von Werner Krauss – die französische Aufklärung »mancherlei Gastspiele« gab, und der zunehmend wolffianisch orientierten Akademie unter Formey letztlich unhaltbar war.

Die Übernahme der direkten Leitung der Akademie durch den König im Jahre 1764 wirkte sich negativ auf ihre Entwicklung aus, nicht zuletzt wegen des zunehmend geringer werdenden Interesses Friedrichs II. an der Institution. Der Monarch hatte sich insbesondere alle Zuwahlen vorbehalten. Die Akademie blieb zwar organisatorisch und sprachlich am französischen Vorbild orientiert, doch inhaltlich gewann ihre Verbindung mit der deutschen Wirklichkeit an Gewicht, was in hohem Maße ein Verdienst Formeys war. Damit entstanden Voraussetzungen für die nach Friedrichs II. Tod unter dem Kurator Ewald Friedrich Graf von Hertzberg ab 1786 ins Auge gefaßten und teilweise eingeleiteten Reformen, die vorrangig auf die verstärkte Zuwahl deutscher Mitglieder und auf die Zurückdrängung der französischen Sprache in der Akademie abzielten. Die vorrangige Kritik an der »französischen Akademie« Friedrichs II. verdeckte zuweilen allerdings inhaltliche Probleme, die eigentlich eine bürgerliche Umgestaltung der Akademie erheischten, aber durch die um 1790 vollzogene Rezeption von Vertretern der deutschen Aufklärung, die überwiegend den Entwicklungsstand der Jahrhundertmitte repräsentierten, allein nicht gelöst werden konnten.

Die Akademie blieb zwar auch nach den sechziger Jahren die bekannteste, aber nicht mehr die einzige Wissenschaftsinstitution in Berlin. Im »Litterarischen Handbuch für das Jahr 1782« konnte man über Berlin lesen: »Diese Stadt ist unstreitig in allen preußischen Erbländern und vielleicht im ganzen Teutschlande die einzige, wo junge Lehrer in lebenden und toten Sprachen, in Wissenschaften und im Geschmacke, in Denk- und Lebensart sich am vollkommensten ausbilden können, wenn äußere Umstände den Genuß so vieler Vorteile nicht hindern.« In der Tat war das wissenschaftliche Leben hier vielfältiger geworden. Öffentliche Vorlesungen von Akademiemitgliedern bürgerten sich ein. Das Collegium Medico-Chirurgicum, an dem weiterhin auch Akademiemitglieder lehrten, erfreute sich großen Zuspruchs. Die von der Akademie seit 1744 regelmäßig ausgeschriebenen Preisfragen fanden das Interesse der deutschen und der internationalen Öffentlichkeit. 1770 wurde in Berlin nach dem Freiberger Vorbild eine Bergakademie gegründet, die sich als Ausbildungs- und Forschungsstätte einen guten Ruf erwarb. Als spezielle Vereinigung der Naturwissenschaftler wurde 1773 die Berlinische Gesellschaft Naturforschender Freunde geschaffen. Das war auch ein Zeichen dafür, daß die Akademie auf diesem Gebiet des wissenschaftlichen Meinungsaustauschs eine Lücke ließ. Die Berliner Gymnasien, darunter das seit 1767 unter der Leitung von Anton Friedrich Büsching stehende Berlinische Gymnasium zum Grauen Kloster und das Collège français, das unter seinem Direktor Jean Pierre Erman seit 1766 einen Aufschwung nahm, waren anerkannte Bildungsanstalten. Die Berliner Aufklärung schuf sich in der »Allgemeinen deutschen Bibliothek«, die Christoph Friedrich Nicolai ab 1765 herausgab, ein einflußreiches, wenngleich nicht unumstrittenes Organ.

Zugleich vollzogen sich innerhalb der hugenottischen Kolonie und damit auch in ihrer Bildungsstätte, dem Collège français, Veränderungen, deren Grundtendenz die stärkere Integration in die deutschen Verhältnisse war. Formey war nur ein besonders auffallendes Beispiel dafür. Die Zuwahlen von Hugenotten in die Akademie, die auch in der zweiten Hälfte des 18. Jahrhunderts erfolgten, erhielten daher ein anderes Gewicht. Sowohl die Sprachenfrage als auch die Kon-

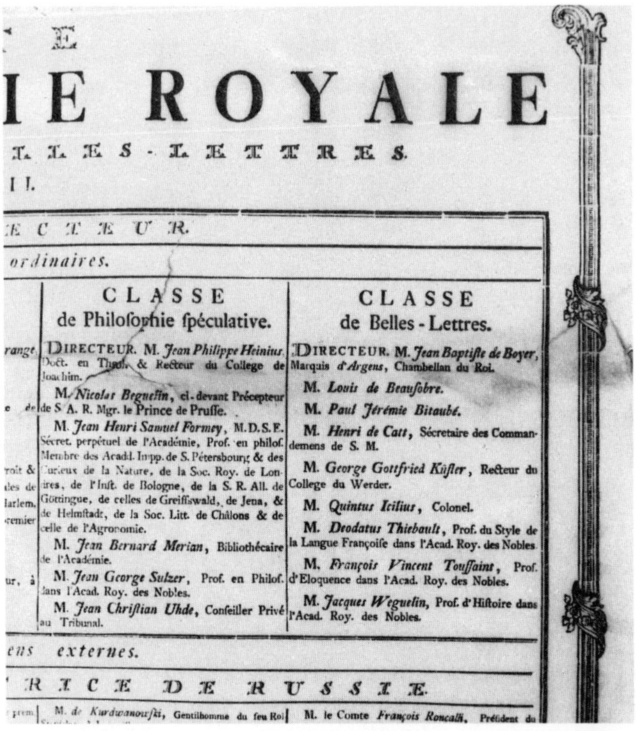
IE ROYALE

LLES-LETTRES.

ECTEUR.

ordinaires.

CLASSE de Philosophie spéculative.

DIRECTEUR. M. *Jean Philippe Heinius*, Doct. en Theol. & Recteur du College de Joachim.

M. *Nicolas Beguelin*, ci-devant Précepteur de S. A. R. Mgr. le Prince de Prusse.

M. *Jean Henri Samuel Formey*, M.D.S.E. Sécret. perpétuel de l'Académie, Prof. en philos. Membre des Acadd. Impp. de S. Pétersbourg & des Curieux de la Nature, de la Soc. Roy. de Londres, de l'Inst. de Bologne, de la S. R. All. de Göttingue, de celles de Greiffswald, de Jena, & de Helmstadt, de la Soc. Litt. de Châlons & de celle de l'Agronomie.

M. *Jean Bernard Merian*, Bibliothécaire de l'Académie.

M. *Jean George Sulzer*, Prof. en Philos. dans l'Acad. Roy. des Nobles.

M. *Jean Christian Uhde*, Conseiller Privé au Tribunal.

CLASSE de Belles-Lettres.

DIRECTEUR. M. *Jean Baptiste de Boyer*, Marquis *d'Argens*, Chambellan du Roi.

M. *Louis de Beausobre*.

M. *Paul Jérémie Bitaubé*.

M. *Henri de Catt*, Sécretaire des Commandemens de S. M.

M. *George Gottfried Küster*, Recteur du College du Werder.

M. *Quintus Icilius*, Colonel.

M. *Deodatus Thiebault*, Prof. du Style de la Langue Françoise dans l'Acad. Roy. des Nobles.

M. *François Vincent Toussaint*, Prof. d'Eloquence dans l'Acad. Roy. des Nobles.

M. *Jacques Weguelin*, Prof. d'Histoire dans l'Acad. Roy. des Nobles.

ens externes.

RICE DE RUSSIE.

M. *de Kurdwanowski*, Gentilhomme du feu Roi

M. le Comte *François Roncalli*, Président du

Ausschnitt aus der Liste der Akademiemitglieder von 1768. Er zeigt mehrere Namen von Hugenottennachfahren

fessionszugehörigkeit spielten eine immer geringere Rolle – erstere wegen der Zweisprachigkeit der Hugenotten und angesichts der ohnehin großen Bedeutung des Französischen in der Akademie und im wissenschaftlichen Leben, letztere, weil Konfessionsprobleme mit dem Vordringen der Aufklärung insgesamt an Bedeutung verloren.

Von 1747 bis 1808 – also bis zur Auflösung der Kolonie – wurden recht kontinuierlich immer wieder Ordentliche Mitglieder in die Akademie aufgenommen, die man wegen ihrer Zugehörigkeit zur reformierten französischen Gemeinde als Hugenotten bezeichnen kann. Ihre Zahl beläuft sich auf 32, was einem Anteil von über 20 Prozent der Zuwahlen dieser Kategorie entspricht. Unter ihnen waren eine ganze Reihe von Schweizern, wie Nicolas de Beguelin (1747), der Inspektor des Französischen Gymnasiums; Johann Bernhard Merian (1750), der Philosophieprofessor am Collège français und Schwiegersohn von Charles Etienne Jordan; Johann Albrecht Euler (1754), der mit Formey verwandt war; Henri Alexandre de Catt (1760), der Vorleser des Königs; Johann (III.) Bernoulli (1764), Mathematiker und Leiter der Akademiesternwarte, und andere. Manche Hugenotten wurden sicherlich vorwiegend aufgrund ihrer Dienststellung aufgenommen, so beispielsweise Charles Louis de Beausobre (1751), Louis Isaac de Beausobre (1755), Karl Gottlieb Guichard (Quintus Icilius, 1764), Guillaume de Moulines (1755) und Louis Frédéric Ancillon (1805). Sie wirkten meist in der Leitung der Kolonie. Auffällig sind auch die vielfältigen verwandtschaftlichen Beziehungen der Hugenotten untereinander.

Zweifellos haben diese und andere den Hugenotten zuzurechnende Persönlichkeiten in ihrer Zeit eine mehr oder weniger maßgebliche Rolle in der Akademie gespielt. Insgesamt freilich ist ihre Zuordnung zu dieser Gruppe nicht ohne eine gewisse Willkür, weil sie ein einziges Kriterium, das nicht mehr die Rolle wie in der ersten Hälfte des 18. Jahrhunderts spielte, in den Vordergrund rückt. Diese Einschränkung gilt bedingt auch für vier weitere Ordentliche Mitglieder aus dieser Gruppe, die neben Merian und Bernoulli die Geschicke der Akademie in vieler Hinsicht mitbestimmten, nämlich Lambert, Bitaubé, Achard und Erman. Dabei darf nicht aus dem Auge verloren werden, daß in die Akademie bis ins erste Jahrzehnt des 19. Jahrhunderts eine weit größere Zahl nichthugenottischer Ordentlicher Mitglieder aufgenommen wurde.

Als der aus Mülhausen im Elsaß gebürtige Johann Heinrich Lambert nach Berlin kam, wo er 1765 Ordentliches Akademiemitglied wurde, schloß er sich der französischen Gemeinde an. Er gehört folglich nach unseren Kriterien zur Gruppe der Hugenotten. Als Mathematiker, Physiker, Astronom und Philosoph war Lambert eine der herausragenden Gestalten der Wissenschaftsgeschichte im 18. Jahrhundert. In den Serienpublikationen der Akademie hat er annähernd 50 Beiträge veröffentlicht.

Nachkomme eines reichen hugenottischen Handelshauses in Königsberg war Paul Jérémie Bitaubé. Er hatte in Frankfurt (Oder) Theologie studiert. Bekannt wurde er durch seine Übersetzungen Homers, mit denen er sich schon seit den fünfziger Jahren beschäftigte, und von J. W. Goethes »Hermann und Dorothea« (1800). In Paris, wo er 1808 auch starb, wurde Bitaubé schon früh mit d'Alembert bekannt, der 1766 beim König in Berlin die Aufnahme des noch nicht 34jährigen als Ordentliches Mitglied in die Akademie veranlaßte. Als 1792/93 auf Befehl Friedrich Wilhelms II. des Jakobinismus verdächtige Mitglieder ausgeschlossen werden sollten, wurde unrechtmäßig auch Bitaubé betroffen, der in Paris weilte, wo er jedoch 1794 gerade während der Jakobinerherrschaft verhaftet wurde. Sein Ausschluß aus der Akademie in Berlin wurde 1795 rückgängig gemacht. Bereits seit 1786 war er Mitglied der Académie des Belles-Lettres in Paris, später des Insti-

Jean Henri Lambert. Französischer Kupferstich nach Zeichnung von Chodowiecki, um 1770

Paul Jérémie Bitaubé. Ölgemälde, vermutlich von Georg David Matthieu, um 1770

tut de France. Napoleon gewährte ihm eine Pension. Durch seine Hinneigung zu Frankreich gehört Bitaubé zu den Ausnahmen unter den Hugenotten, die Mitglieder der Akademie in Berlin waren.

François Charles Achard, dessen Vater und Onkel Akademiemitglieder und führende Persönlichkeiten der Kolonie waren, wurde 1776 mit 23 Jahren Ordentliches Mitglied. Der vielseitige Wissenschaftler ist besonders als Chemiker bekannt geworden. Die Arbeiten seines Lehrers, des Akademiemitglieds Andreas Sigismund Marggraf, weiterführend, der 1747 vor der Akademie über die Entdeckung des Zuckers

Gebäude Dorotheenstraße 10, in dem Achard als Schüler des Entdeckers des Rübenzuckers, Andreas Sigismund Marggraf, wirkte. Postkarte, um 1910

in der Runkelrübe berichtet hatte, wurde Achard aufgrund seiner intensiven Forschungen zum Begründer der fabrikmäßigen Rübenzukkergewinnung. Von 1782 bis 1810 war er Direktor der Physikalischen Klasse der Akademie in der Nachfolge von Marggraf.

Ebenfalls der französischen Kolonie in Berlin entstammte Jean Pierre Erman, der 1786 Ordentliches Akademiemitglied wurde. Die Familie war ursprünglich im Elsaß beheimatet, doch war J. P. Erman als Sohn eines Handschuhmachers bereits in Berlin geboren. Er wurde am Collège français u. a. bei Formey ausgebildet. Mit Bitaubé war er seit den beginnenden fünfziger Jahren freundschaftlich verbunden. Seit 1754 war Erman Prediger an der Werder-Kirche, wo auch die Akademiemitglieder Antoine Achard – F. C. Achards Onkel – und Simon Pelloutier wirkten. Als Leiter des Collège français (seit 1766) hat Erman dessen Geschichte und damit das Bildungswesen Berlins wesentlich mitgeprägt. Wie andere Hugenotten vor und nach ihm in Berlin war er brandenburgischer Historiograph (seit 1792). In seinen historischen Forschungen wandte er sich besonders der Geschichte der Hugenotten in Brandenburg-Preußen zu. Nachdem er schon anläßlich des 100. Jahrestages der ersten französischen Gemeinde in Berlin 1772 eine Abhandlung vorgelegt hatte, begann er 1782 gemeinsam mit Pierre Chrétien Frédéric Reclam, Pfarrer an der französischen Friedrichstadtkirche und Professor am Französischen Gymnasium, die insgesamt neunbändigen »Mémoires pour servir à

François Charles Achard. Porträtbüste von Ferdinand Lepcke, 1892

l'histoire des Réfugiés François dans les États du Roi« herauszugeben, die er nach dem Tode seines Mitarbeiters (1789) bis 1799 allein abschloß. Sie sind die bis heute umfangreichste gedruckte Materialsammlung zur Geschichte der Hugenotten in Brandenburg-Preußen. Von Erman wird berichtet, er habe sich als Senior der französischen Kolonie am 28. Oktober 1806 vor Napoleon, dessen Truppen Berlin besetzt hatten, nachdrücklich als Untertan des Königs von Preußen bekannt.

So schließt sich der Kreis. Basierend auf der ökonomischen und geistig-kulturellen Entwicklung in Brandenburg-Preußen seit dem 17. Jahrhundert, in die die Hugenotten einbezogen waren, mündete die spätfeudale Periode dieses Staates, beschleunigt auch durch die Auswirkungen der Französischen Revolution, in die ihrem Charakter nach bürgerlichen Reformen Preußens zu Beginn des 19. Jahrhunderts. Damit fand nicht nur die rechtliche Sonderstellung der Kolonie ihr Ende, auch für die Akademie, neben die 1810 die Universität in Berlin trat, begann eine neue Entwicklungsetappe. Sie war durch die sich herausbildende bürgerliche Wissenschaftsorganisation gekennzeichnet. Nachkommen von Hugenotten wirkten weiter in der Akademie, so etwa der Physiologe Emil DuBois-Reymond, der von 1867 bis 1895 Sekretar der Physikalisch-Mathematischen Klasse war, und Angehörige der Gelehrtenfamilie Erman sogar bis ins 20. Jahrhundert. Nach dem Historiker J. P. Erman war auch dessen Sohn Paul Erman, ein bedeutender Physiker, seit 1806 Akademiemitglied. Des letzteren Enkel wiederum, Adolf Erman, wurde 1895 in die Akademie aufgenommen, an der er ab 1897 das von ihm begründete Unternehmen »Wörterbuch der ägyptischen Sprache« viele Jahrzehnte leitete.

Die vorgelegte Übersicht bestätigt, was J. P. Erman und P. C. F. Reclam bereits 1785 in ihrer zum 100. Jahrestag des Edikts von Potsdam herausgegebenen Schrift »Historische Nachricht von der Stiftung der französischen Kolonien in den preußischen Staaten« festgestellt haben: »Die Akademie der Wissenschaften, welche im Jahr 1700 gestiftet wurde, zählte verschiedene französischreformirte Gelehrte unter ihren Mitgliedern ...« und: »Als im Jahr 1744 der König die Akademie der Wissenschaften und schönen Künste erneuerte, lieferte die französische Kolonie in Berlin allen Klassen dieser erhabenen Stiftung, und liefert ihnen noch bis auf diesen Tag würdige Mitglieder.«

Paul Erman. Lithographie von J. Sprick nach Zeichnung von H. Löwenstein, 1832

Rolf Geissler

Die Hugenotten im literarischen Leben Berlins

In seiner Schrift »Über die Teutsche Sprache und Literatur« schrieb 1781 rückschauend der braunschweigische Hofprediger Johann Friedrich Wilhelm Jerusalem: »Teutschland hat die Verfeinerung seiner Sitten und die erste Bildung des Geschmacks in den schönen Wissenschaften zuvörderst der französischen Nation und besonders den Colonien zu danken, die der Verfolgungsgeist des Aberglaubens aus Frankreich verbannete, und der große Churfürst in seine Staaten aufnahm. Der edle und gefällige Wohlstand, die feinen Sitten, und die edle ausgebildete Sprache öfnete diesen Flüchtlingen den Eingang an alle Höfe und in alle großen Gesellschaften; sie wurden auf einmal die Lehrmeister der teutschen Nation; mit ihrer Sprache verbreiteten sie zugleich alle die vollkommenen Meisterstücke ihrer Litteratur; Teutschland hatte noch nichts damit zu vergleichen ...« (S. 6). Zugleich wies er aber auch auf das daraus erwachsene Hemmnis für die deutsche Literaturentwicklung hin: »So gab die französische Nation Uns und unsrer Sprache die erste Bildung, hielt aber den Fortgang unserer Litteratur auch so viel länger zurück« (S. 7).

In der Tat spielten die französische Sprache und die französische Literatur im deutschen Geistesleben und namentlich in Brandenburg-Preußen, wo bekanntlich im 18. Jahrhundert der Landesherr Friedrich II. und sein Hofstaat sich des Französischen als Umgangssprache bedienten, eine ausschlaggebende Rolle. Ein Blick auf die Verzeichnisse von Privatbibliotheken jener Zeit und in Publikationslisten renommierter Verlage genügt, um zu erkennen, daß darin französischsprachige Bücher einen breiten Raum, wenn nicht gar einen ersten Platz einnahmen. Ohne Übertreibung kann man sagen, daß die Literaturentwicklung im 18. Jahrhundert in Deutschland zunächst vor allem unter den aus Frankreich wirkenden Einflüssen der klassischen

Literatur eines Corneille, Racine, Molière in Gang kam und dann durch französische Aufklärer, wie Montesquieu, Voltaire, Diderot und Rousseau, richtungweisende Impulse erhielt. Die Herausbildung einer dem internationalen Vergleich standhaltenden deutschen Nationalliteratur, die von Lessing über Wieland bis zum Sturm und Drang verlaufende Entwicklung, stand daher im Zeichen der produktiven Auseinandersetzung mit der französischen Literatur und der Emanzipation von der platten Nachahmung der ausländischen Vorbilder.

Die Rolle der aus Frankreich geflüchteten und in Deutschland angesiedelten Hugenotten in diesem literarischen Prozeß, die Jerusalem als Zeitgenosse so nachdrücklich hervorhob, fand in späteren literaturgeschichtlichen Untersuchungen und Darstellungen kaum noch Beachtung, ja, sie wurde meist ganz ignoriert. Freilich, dies sei vorweg bemerkt, hatten die Réfugiés auch keine glänzenden literarischen Werke aufzuweisen, die über ihre Zeit hinaus wirkten. Dagegen beteiligten sie sich als Prediger und Theologen, Gelehrte und Philosophen, Übersetzer und Publizisten und nicht zuletzt als Buchhändler und Verleger aktiv am literarischen Leben ihres Gastlandes und förderten damit zweifellos den ideologischen, literarischen und kulturellen Entwicklungsprozeß in Deutschland, vor allem in Brandenburg-Preußen. Die für eine genauere Klärung der Fragen erforderlichen Spezialuntersuchungen stehen jedoch noch aus. Daher können hier nur einige Aspekte dieses vielschichtigen Problems knapp skizziert werden.

»Lehrmeister der teutschen Nation«?

Als gegen Ende des 17. Jahrhunderts zahlreiche hugenottische Familien dem Ruf des Kurfürsten Friedrich Wilhelm folgten und sich in den brandenburgischen Landen und ihrer Residenzstadt Berlin niederließen, stießen sie dort auf eine geistige Ödlandschaft, die womöglich noch schlimmer war als die wirtschaftliche. Während in Frankreich im Schutze des auf Repräsentation bedachten Absolutismus Ludwigs XIV. Sprache, Literatur, Wissenschaft und Kunst einen glanzvollen Höchststand erreicht hatten, krankte das Gastland immer noch an der durch den Dreißigjährigen Krieg hervorgerufenen geistigen und sittlichen Verwilderung, die der unvermeidliche Begleiter des wirtschaftlichen Ruins und der materiellen Not war.

Freilich wirkten die Hugenotten nicht unmittelbar als Sendboten jener klassischen französischen Kultur, die sich im zentralistischen Frankreich vornehmlich im Umkreis des Versailler Hofes und der

Hauptstadt Paris entfaltete. Sie selbst, die zumeist aus dem fernen Südfrankreich stammten und durch ihren kalvinistischen Glauben in eine Außenseiterstellung gedrängt waren, hatten daran nicht direkt partizipiert. Soweit neben der Überzahl an Handwerkern und Bauern auch geistige Berufe vertreten waren, handelte es sich vor allem um Pastoren, Lehrer, Ärzte, Juristen und Gelehrte. Nicht vertreten waren Dichter, schöngeistige Schriftsteller und bildende Künstler, was seinen Grund nicht zuletzt in der Kunst- und Poesiefeindschaft der reformierten Lehre hatte. Was sie aber mitbrachten, war eine für damalige Zeiten beachtliche Bildung, die dank des entwickelten Schulwesens der Hugenotten in Abstufungen bis in die niederen Stände der Handwerker spürbar war; gab es doch in vielen protestantischen Gemeinden Elementarschulen und in fast allen größeren Städten Collèges (Oberschulen). Vor allem aber waren davon neben den eigentlichen Gelehrten der Adel und das gehobene Bürgertum geprägt.

Dieses geistige Potential sollte im Gastlande ebenso zu Buche schlagen wie die praktischen Kenntnisse und Fertigkeiten der Einwanderer. Dabei lassen sich vornehmlich drei Wirkungsgebiete abstecken: das Erziehungs- und Bildungswesen, die von Leibniz im Jahre 1700 gegründete »Societät der Wissenschaften« und die außerhalb der »Societät« betriebene Wissenschaft und Publizistik. Da die beiden ersteren an anderer Stelle behandelt werden, wird in diesem Beitrag nur darauf eingegangen, soweit es der Zusammenhang erfordert.

In ihrer Geschichte der Réfugiés in Brandenburg-Preußen berichten die Autoren Erman und Reclam 1782, daß gefangene französische Offiziere, die nach der Schlacht von Roßbach (November 1757) nach Berlin gebracht wurden, ganz erstaunt waren, dort eine solche »Menge von Personen aus allen Provinzen Frankreichs« anzutreffen, und daß sie sich verwundert zeigten über »den fast allgemeinen Gebrauch der französischen Sprache in Berlin selbst unter den Einheimischen« (I, 304), so daß sie sich wie zu Hause fühlten. Ausländer hielten Berlin manchmal auf den ersten Blick für eine französische Stadt. Und viereinhalb Jahre nach dem genannten Ereignis schrieb Moses Mendelssohn, der Freund Lessings und Nicolais, der als führender Vertreter der deutschen Aufklärung keine besonders frankophile Einstellung zeigte, in einem vom 23. Juni 1761 datierten Brief aus Berlin an seine Hamburger Verlobte: »Ich bitte Sie, liebe Mamsell! ... lernen Sie diese (französische) Sprache, die hier fast zur Muttersprache worden.«

Isaac de Beausobre. Kupferstich von Johann Martin Bernigeroth, Anfang 18. Jh.

Die weite Verbreitung des Französischen unter den gebildeten Schichten in Berlin bis zur Mitte des 18. Jahrhunderts war sicher in erster Linie das Ergebnis der jahrzehntelangen Lehr- und Erziehertätigkeit der Réfugiés in den ortsansässigen Familien. Ihre Mittellosigkeit zwang viele gebildete Flüchtlinge, sich um eine Erzieher- oder Hauslehrerstelle zu bewerben. Dem Beispiel des Hofes folgend, wo der Große Kurfürst und seine erste Gemahlin Luise Henriette, die als Enkelin Colignys bereits lange vor der Einwanderung der Hugenotten französische Sprache und Sitten eingeführt hatte, diesen ein weites Betätigungsfeld eröffneten, machten neben dem Adel zunehmend auch wohlhabende bürgerliche Familien von dem Angebot Gebrauch und stellten französische Kindermädchen, Erzieherinnen oder Hauslehrer ein. Mehr als durch den Besuch französischer Lehranstalten, an ihrer Spitze das 1689 in Berlin gegründete Collège français (Französisches Gymnasium), fanden so französische Sprache, Bildung, Umgangsformen und Sitten bei den Einheimischen Verbreitung. Auf diesem Wege wohl übten die Hugenotten den hauptsächlichen und entscheidenden Einfluß auf das kulturelle und geistige Leben Berlins aus, indem sie damit die Voraussetzungen schufen für die breite Rezeption der französischen Aufklärungsliteratur im 18. Jahrhundert, die in jener Zeit die fortgeschrittensten Positionen des Denkens repräsentierte.

Marthe de Rocoulle. Ölgemälde von Antoine Pesne, um 1735

So wurde Friedrich II. von frühester Kindheit an von Hugenotten erzogen. Dies begann mit seiner Gouvernante Madame de Rocoulle; bereits mit vier Jahren erhielt dann der Kronprinz den aus der Champagne stammenden Réfugié Duhan de Jandun zum Hauslehrer, der ihn bis zu seinem 15. Lebensjahr unterrichtete. Noch als König hat Friedrich sich ihm dafür dankbar gezeigt und ihm sein Vertrauen bewahrt. Den Bildungsweg des Kronprinzen begleiteten weiterhin hervorragende Gelehrte und Theologen aus dem Kreis der Berliner Hugenotten. So stand er u. a. in Kontakt mit dem Cartesianer und brillanten Prediger Antoine Achard, mit dem Kirchenhistoriker Isaac de Beausobre und dem sprachbegabten Königlichen Bibliothekar Maturin Veyssière de la Croze, der allerdings kein Réfugié war, sich aber als entflohener Benediktinermönch der reformierten Gemeinde angeschlossen hatte. Eine besonders enge Freundschaft verband ihn seit seiner Rheinsberger Zeit mit dem bereits in Berlin geborenen und früh verstorbenen Hugenotten Charles Etienne Jordan (1700–1745), seinem »Kritiker und Kopisten«, wie er ihn nannte, von dem er sich seine französischen Arbeiten korrigieren ließ und dem er dann in der reorganisierten Akademie der Wissenschaften das Amt eines Vizepräsidenten übertrug.

Es bleibt daher festzustellen: Ohne das Wirken der Einwanderer aus Frankreich wäre es kaum denkbar gewesen, daß Friedrich II. dem Französischen als Wissenschaftssprache und Sprache der Gebildeten in Brandenburg-Preußen in so hohem Maße hätte Geltung verschaffen können.

»Societät der Wissenschaften« und »Société anonyme«

An der »Societät der Wissenschaften«, die Leibniz 1700 ins Leben rief, beteiligten sich von Anfang an auch Hugenotten. Waren unter den 32 ursprünglichen Mitgliedern sechs Angehörige der französischen Kolonie, so stieg ihre Zahl während der Regierungszeit Friedrichs II. zeitweilig bis auf ein Drittel der Mitglieder der 1744 erneuerten Akademie der Wissenschaften an. Allein diese Tatsache zeigt, daß der Anteil der hugenottischen Gelehrten am Aufschwung dieser Institution nicht zu unterschätzen ist, wenngleich sich unter ihnen keine überragenden Geister vom Range eines Leibniz befanden. Daß der berühmte Schweizer Mathematiker Leonhard Euler während seiner Berliner Zeit der französischen Gemeinde angehörte, soll dabei als Ausnahmefall verzeichnet werden. Immerhin war aber der einflußreiche Posten des Ständigen Sekretärs der Akademie seit 1748 über ein halbes Jahrhundert mit dem führenden Mitglied der französischen Kolonie Jean Henri Samuel Formey besetzt, der in seiner langen Amtszeit als wohl wichtigstes Rad im Getriebe dieser wissenschaftlichen Einrichtung ihre Tätigkeit absicherte.

Gemessen am Stand der Wissenschaftsentwicklung in Deutschland, verkörperten zu Beginn des 18. Jahrhunderts französische Gelehrte,

Etienne Chauvin.
Anonymer Kupferstich, 1692

Jacques Lenfant.
Anonymer Kupferstich, Anfang 18. Jh.

wie der Prediger und Philosophieprofessor Etienne Chauvin, der Mathematikprofessor Philippe Naudé, der schon genannte Polyhistor Maturin Veyssière de la Croze und der Theologe und Mathematiker Alphonse des Vignoles, unter den Mitgliedern der »Societät« ein beachtliches wissenschaftliches Potential. Daß diese Institution die Leibnizschen Ideen nicht verwirklichte und bald zur Bedeutungslosigkeit herabsank, war weniger der Unfähigkeit ihrer Mitglieder als vielmehr der in mancher Hinsicht wissenschaftsfeindlichen Politik des Soldatenkönigs Friedrich Wilhelm I. zuzuschreiben. Bezeichnend dafür ist u. a. sein Brief an den Kriegsrat G. Ch. von Happe aus dem Jahre 1719, in dem es heißt: »Ich habe aus euern Schreiben ersehen, daß ihr abermals Willens seyd, einige Bücher drucken zu lassen. Ich wil solches durchaus nicht haben. Werdet ihr es euch dennoch unterstehen, wil ich euch aufhengen und eure Schriften durch den Büttel verbrennen lassen.« (L. Geiger, Berlin 1688–1840, Bd. 1, 1893, S. 509)

Gerade in dieser Situation aber ergriffen die hugenottischen Gelehrten entgegen der offiziellen Kulturpolitik eine Initiative, die einen Markstein in der Entwicklung des geistigen und literarischen Lebens in Berlin bezeichnet und die brandenburgische Hauptstadt zu einem Zentrum der »République des Lettres« (Gelehrtenrepublik) neben Paris, Amsterdam und London machte. Es war dies die Gründung der

BIBLIOTHEQUE
GERMANIQUE
OU
HISTOIRE LITTERAIRE
DE L'ALLEMAGNE,
DE LA SUISSE,
ET DES
PAYS DU NORD.
ANNE'E MDCCXXI.
TOME TROISIEME.

A AMSTERDAM,
Chez PIERRE HUMBERT.
MDCCXXII.

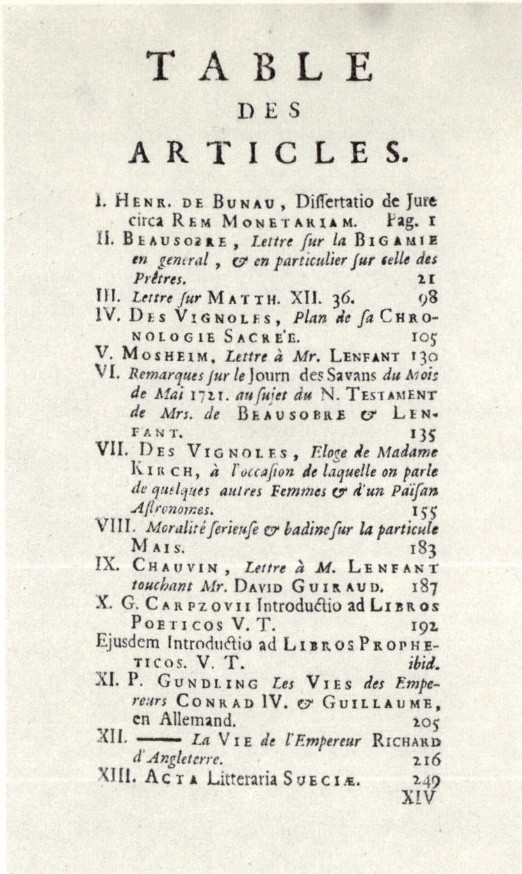

TABLE
DES
ARTICLES.

XIV

Titelblatt zum III. Band, Jg. 1721, der »Bibliothèque germanique«, in Amsterdam 1722 erschienen, und Inhaltsverzeichnis daraus

französischsprachigen Literaturzeitschrift »Bibliothèque germanique« im Jahre 1720. Der führende Kopf dabei war Jacques Lenfant, der sich 1688 als hugenottischer Flüchtling in Berlin niedergelassen hatte. Seine unorthodoxen, zu den rationalistischen Ideen des Sozinianismus tendierenden Auffassungen hatten ihn in Genf keine Anstellung finden lassen. Begründet hatte er seinen Namen als Gelehrter vor allem mit grundlegenden Studien zur Kirchengeschichte. Jeden Montag versammelte er bei sich die »Société anonyme«, einen gleichsam als Konkurrenzunternehmen zur reglementierten und lahmgelegten Sozietät der Wissenschaften geschaffenen literarischen Arbeitskreis, dem u. a. Chauvin, la Croze, Naudé, Pelloutier und des Vignoles angehörten. Diesem oblag die Herausgabe der Zeitschrift »Bibliothèque germanique«, die aus begreiflichen Gründen allerdings nicht in Berlin, sondern in Amsterdam verlegt wurde.

In den mehr als zwanzig Jahren ihres Bestehens erschienen

25 Bände. Nimmt man hinzu, daß eine »Nouvelle Bibliothèque germanique« danach mit weiteren 25 Bänden noch bis 1759 das Unternehmen fortsetzte, so müssen wir darin eine der langlebigsten Literaturzeitschriften des 18. Jahrhunderts sehen. Sie zählt zu den literarischen Großunternehmen der europäischen Aufklärung und

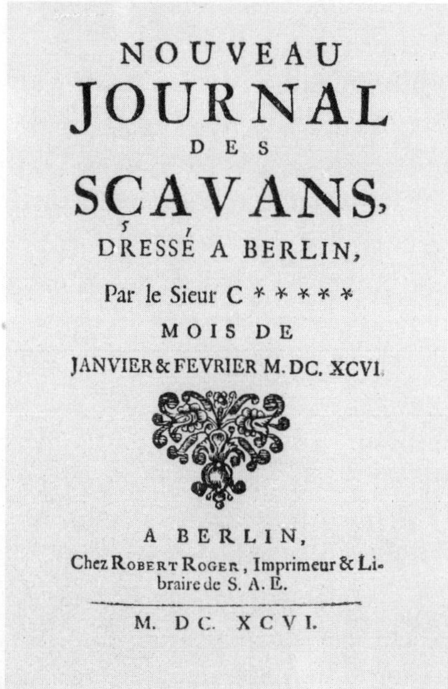
NOUVEAU
JOURNAL
DES
SCAVANS,
DRESSÉ A BERLIN,
Par le Sieur C * * * * *
MOIS DE
JANVIER & FEVRIER M. DC. XCVI.

A BERLIN,
Chez ROBERT ROGER, Imprimeur & Libraire de S. A. E.

M. DC. XCVI.

Titelblatt des »Nouveau Journal des Sçavans, dressé a Berlin« von Januar/Februar 1696

steht in der Tradition des zuerst von protestantischen Flüchtlingen, wie Pierre Bayle, Jean Le Clerc und Henri Basnage de Beauval, gegen Ende des 17. Jahrhunderts in den Niederlanden initiierten und maßgeblich geprägten kritischen Journalismus, der in Bayles Zeitschrift »Nouvelles de la république des lettres« (Amsterdam 1664 ff.) ein unübertroffenes Modell gefunden hatte. Zu den weiteren journalistischen Versuchen der exilierten Protestanten gehörte auch ein »Nouveau Journal des Sçavans« (1694–96), das Etienne Chauvin in Rotterdam begann und nach seiner Berufung als Philosophieprofessor an das Collège français in Berlin hier noch eine Zeitlang fortsetzte. Später wirkte er in der »Société anonyme« mit.

Für Lenfant galt als unmittelbares Vorbild – wie er in seinem Vorwort zur »Bibliothèque germanique« betonte – die von den Réfugiés Michel de La Roche und Armand de la Chapelle herausgegebene »Bibliothèque anglaise ou Histoire littéraire de la Grande-Bretagne«

(Amsterdam 1717ff.), die über die in England erscheinende Literatur informierte. Analog dazu erklärte Lenfant zum vorrangigen Ziel seiner Zeitschrift, »für die Franzosen eine große Zahl bedeutsamer und interessanter Schriften zu besprechen, die täglich in Deutschland gedruckt werden und die kaum ins Ausland gelangen, weil sie nur in lateinischer oder deutscher Sprache rezensiert werden und manchmal sogar in gar keiner Sprache Erwähnung finden«. Für diese Aufgabe seien die Herausgeber durch die Kenntnis aller drei Sprachen besonders berufen. Die »Bibliothèque germanique« wurde damit zu einem ersten Bindeglied zwischen deutscher und französischer Kultur in der Aufklärung, das zielstrebig eingesetzt wurde. Obwohl von exilierten Protestanten verfaßt, sollte »den religiösen Kontroversen« hier wenig Raum gegeben werden, wie im Avertissement zum dritten Band (Jg. 1721) ausdrücklich vermerkt wird. Dies sei ein Zeichen der Mäßigung, für die die »neuen Journalisten« zu loben seien: »Sie glauben zu Recht, daß man die Leidenschaft und den Parteiengeist dem Geschmack des Publikums und dem der Leute von gesundem Verstand (bon esprit) im Publikum opfern muß.« (Bd. I, S. III)

Bezogen sie damit einerseits im aufklärerischen Sinne Stellung gegen den religiösen Fanatismus, der auf katholischer wie auf protestantischer Seite seine Auswüchse zeigte, so schloß dies doch auch den Verzicht ein, im Sinne Bayles oder Jurieus in die religiösen und politischen Auseinandersetzungen einzugreifen. Ihre Einstellung zum absolutistischen preußischen Staat war vielmehr ganz und gar konservativ und von uneingeschränkter Loyalität geprägt. Sie honorierten damit die ihnen gewährten Privilegien, die darauf abzielten, ihre Produktivkraft dem Gastland dienstbar zu machen und sie für immer an Preußen zu binden. Der ihrer reformierten Lehre immanente Republikanismus, der in den radikalen Ideen des Rotterdamer Theologieprofessors Pierre Jurieu über die Volkssouveränität seine schärfste Ausprägung erfahren hatte, mußte unter diesen Bedingungen verkümmern, wodurch sie hier sogar in direkten Gegensatz zu den kritisch-antiabsolutistischen Aktivitäten der sonst weit mehr als autoritätshörig geltenden Lutheraner geraten sollten. Auch die aufgeklärtesten Geister um Lenfant erreichten in ihren Schriften nicht die freigeistige Gesinnung eines Bayle, dessen »Dictionnaire historique et critique« (1797) zur »Bibel« der Aufklärung wurde.

Dies bedeutet jedoch nicht, daß sie sich bei aller apologetischen Haltung hinsichtlich der Grundprinzipien der reformierten Lehre nicht aufgeschlossen zeigten gegenüber den von den Niederlanden ausgehenden heterodoxen Einflüssen. Daraus erklärt sich, daß das französische Konsistorium in Berlin in den ersten Jahrzehnten nach der Einwanderungswelle einen entschiedenen Kampf gegen heterodoxe Elemente in den eigenen Reihen führte, wie aus alten Protokollbüchern zu erfahren ist. Aufsehen erregte insbesondere der Fall des Naturrechtlers Jean Barbeyrac. Nach seinen Studien in der Schweiz war er nach Berlin gekommen und wurde hier 1697 Lehrer für Latein und Griechisch am Collège français. Seiner Anstellung als Pastor widersetzte sich jedoch das Konsistorium, weil er »arminianischer Abweichungen« verdächtig schien. (Die Arminianer widersprachen der kalvinischen Prädestinationslehre.) Ihm wurde untersagt, Predigten zu halten oder zu »katechisieren«, bis man seiner Bekehrung sicher sein könne. Dieser Bedrängnis durch die Berliner Theologen entzog er sich schließlich, indem er 1710 in Lausanne und später im niederländischen Groningen eine Professur für Rechte annahm. Die autoritäre Haltung des Konsistoriums hatte diesem engagierten Verfechter religiöser Toleranz und eines liberalen Protestantismus keinen Spielraum gelassen, sein Lebenswerk, die französische Übersetzung und Kommentierung der naturrechtlichen Theorien Pufendorfs, im Schutze der brandenburgischen Krone in Ruhe zu vollenden.

Lenfant als Freund Barbeyracs gelang es nur mit Mühe, den gegen ihn erhobenen Verdacht heterodoxer Anschauungen zu zerstreuen und das Konsistorium von seiner Rechtgläubigkeit zu überzeugen. Neben dem schon erwähnten Isaac de Beausobre zählte er zu den bedeutendsten protestantischen Kirchenhistorikern, die mit ihren gelehrten Untersuchungen zur Kirchengeschichte die Reformation gegen Rom zu rechtfertigen suchten. Obgleich in apologetischer Absicht verfaßt, bildeten Werke wie Lenfants »Geschichte des Konzils von Konstanz« (1714) oder Beausobres »Geschichte der Manichäer« (1734) wichtige Quellenwerke für die religionskritischen Aktivitäten der Aufklärer. So schrieb Voltaire mit Bezug auf den letzteren noch am 2. Januar 1752 an Formey: »Ich habe die ganze Nacht die Geschichte des Manichäismus gelesen. Das nennt man ein gutes Buch; das ist auf die Philosophie reduzierte Theologie. Herr Beausobre denkt vernünftiger als alle Kirchenväter; offensichtlich ist er Deist ...«

Mit der letzteren Bemerkung aber traf Voltaire sicher nicht ins Schwarze. Die meisten gelehrten Réfugiés gingen vom Cartesianismus aus und versuchten, diese Lehre mit ihren Glaubensgrundsätzen in Übereinstimmung zu bringen. Daß in Deutschland der Sensualismus des Engländers John Locke, der die Basis der französischen Aufklärungsphilosophie ausmachte, lange Zeit keine Chance hatte, gegen den von Leibniz und Wolff inthronisierten Rationalismus aufzukommen, wurde dadurch zumindest begünstigt. Daher auch schrieb Friedrich II. am 1. Juni 1739 nicht ohne Grund über die wohl originellste Persönlichkeit der Berliner Kolonie, den Bibliothekar und Philosophieprofessor am Collège français, la Croze, den der König als »den gelehrtesten Mann Berlins, das Repertorium aller deutschen Gelehrten, ein wahres Magazin der Wissenschaften« charakterisierte, anläßlich seines Todes an Voltaire, er sei doch »ein ziemlich schlechter Philosoph« gewesen, der »dem System Descartes« folgte.

Unter diesen Voraussetzungen war es nur folgerichtig, daß in der zweiten Generation der Berliner Réfugiés nicht wie in der französischen Aufklärung Newton und Locke, sondern Leibniz und Wolff als die Erben Descartes' die philosophischen Anschauungen bestimmten. Damit wurde zugleich – trotz weiterbestehender sprachlicher Unterschiede – die Integration der gelehrten Mitglieder der französischen Kolonie in das deutsche Geistesleben vollzogen.

Als nach der Thronbesteigung Friedrichs II. auf dessen Einladung hin französische Aufklärer wie Voltaire ihre Pilgerfahrten zu dem »aufgeklärten« Monarchen in Potsdam antraten oder wie La Mettrie, der wegen seiner materialistischen Anschauungen in Frankreich verfolgt wurde, dort ihre Zuflucht suchten, gerieten die Hugenotten damit in eine eigenartige Zwischenstellung. Der Sprache und den kulturellen Traditionen nach den Franzosen immer noch verbündet, tat sich jedoch insofern eine weltanschauliche Kluft zu diesen auf, als sie in philosophischer Hinsicht den Denktraditionen des Gastlandes verhaftet waren. Aus diesem Spannungsfeld sollten sie einen wesentlichen Impuls ihrer geistigen und literarischen Wirksamkeit in Berlin unter der Regierung Friedrichs II. beziehen. Am deutlichsten wird dies an der bemerkenswertesten Gestalt des Berliner Refuge überhaupt, dem Ständigen Sekretär der Preußischen Akademie der Wissenschaften, Jean Henri Samuel Formey (1711–1797).

J. H. S. Formeys journalistische Aktivitäten

Formey wurde 1711 in Berlin geboren und gehörte damit bereits der zweiten Generation der Réfugiés an. Seine Eltern waren aus der Champagne eingewandert. Seit 1720 besuchte er das Collège français, wo er von so bekannten Gelehrten wie la Croze (Philosophie), Pelloutier (Theologie), Lenfant und Beausobre (Kirchengeschichte) unterrichtet wurde. Dank seiner glänzenden Leistungen erhielt er – noch

Jean Henri Samuel Formey. Radierung von Daniel Berger nach Zeichnung von Chodowiecki, 1771

nicht 20 Jahre alt – das Amt eines Pastors an der Französischen Kirche in Brandenburg und bald darauf in Berlin. 1737 trat er dann als Professor für Eloquenz in den Lehrkörper des Collège français ein, behielt daneben aber noch eine halbe Pastorenstelle. 1739 wurde er als Nachfolger von la Croze zum Professor für Philosophie an der gleichen Lehranstalt ernannt.

Seine eigentliche wissenschaftliche Karriere aber begann nach dem Regierungsantritt Friedrichs II. mit der Schaffung der Akademie der Wissenschaften aus der alten »Societät«. Formey war von Beginn an Mitglied und Sekretär der philosophischen Klasse; er wurde 1745 zum Historiographen, 1748 auf Vorschlag des Präsidenten Maupertuis zum Ständigen Sekretär der gesamten Akademie und schließlich unter König Friedrich Wilhelm II. zum Direktor der Klasse für Philosophie ernannt. Als er 1797 mit 86 Jahren starb, hinterließ er eine kaum überschaubare Zahl von Publikationen – sie wird auf etwa 600 geschätzt – und dazu eine umfangreiche Korrespondenz: ca. 20 000 an ihn gerichtete Briefe, die teils in der Deutschen Staatsbibliothek Berlin aufbewahrt werden, teils als Bestandteil der Berliner Varnhagen-Sammlung zur Zeit in Krakau lagern.

Die Vielzahl seiner Schriften steht allerdings, dies läßt sich nicht bestreiten, im umgekehrten Verhältnis zur Originalität seines Denkens. Den ihn zu Lebzeiten begleitenden Ruf eines Gelehrten von europäischem Rang hatte er zum guten Teil seiner exponierten Stellung als Akademiesekretär und den daraus resultierenden Verbindungen zur Gelehrtenwelt Europas zu danken. So war es kein Wunder, daß die Nachwelt lange Zeit keine Notiz mehr von ihm und seinem Werk nahm. Erst mit den neuen Fragestellungen der Literaturwissenschaft in unserer Zeit, die das gesellschaftliche Wirken der Literatur, ihre Funktionen in bezug auf Bewußtseinsbildung und -veränderung ins Auge faßte, geriet er mit anderen vergessenen Autoren wieder ins Blickfeld. Eine nähere Betrachtung unter diesem Aspekt läßt keinen Zweifel daran, daß Formey – eben durch sein Akademieamt, aber auch durch seine besondere Stellung als Mitglied der französischen Kolonie in Berlin begünstigt – eine zentrale Rolle auf dem Gebiet der literarischen Kommunikation in seiner Zeit spielte und daß vor allem sein publizistisches Werk einen wichtigen Umschlagplatz für das Gedankengut deutscher und französischer Literatur der Aufklärung bildete.

Seit den vierziger Jahren hat Formey in Berlin nicht nur durch die Herausgabe eigener literarischer Zeitschriften in französischer Sprache auf dem Gebiet der Journalistik als Wegbereiter gewirkt; er hat auch durch seine Mitarbeit an vielen renommierten Zeitschriften in den Niederlanden und Frankreich den wissenschaftlichen und literarischen Gedankenaustausch maßgeblich gefördert.

Nach eigenen Angaben in seinem Memoirenwerk »Souvenirs d'un citoyen« (Berlin 1789, Bd. I, S. 36) absolvierte Formey seine ersten journalistischen Übungen bereits seit 1733 als junger Pastor an der um diese Zeit von Beausobre geleiteten »Bibliothèque germanique«. Nach dessen Tod übernahm er 1738 zusammen mit dem Stettiner Pastor Paul Emile de Mauclerc die Fortführung der Zeitschrift bis zum 50. Band (1741). Das anschließend gegründete »Journal littéraire d'Allemagne, de Suisse et du Nord«, das Formey nach Mauclercs Tod 1742 zusammen mit Jacques de Pérard weiterführte, ersetzte er nach wenigen Jahrgängen durch die »Nouvelle Bibliothèque germanique« (25 Bde., 1746–59), die programmatisch an die große Tradition von Lenfants Zeitschrift anknüpfte. Ein weiteres journalistisches Hauptunternehmen initiierte Formey 1750 parallel dazu in den Niederlanden mit der Gründung der »Bibliothèque impartiale« in einem Leidener Verlagshaus. Sie erschien als eine der wichtigsten aufklärerischen Zeitschriften ihrer Zeit bis 1758 in 18 Bänden. Formey trat allerdings 1753 von der Redaktion zurück.

Dies war aber noch nicht alles. Die Bibliographien weisen noch eine ganze Reihe weiterer Periodika Formeys aus, die jedoch meist nur kurzen Bestand hatten. Dazu gehören u.a. die Zeitschriften »Mercure et Minerve« (Berlin 1738), deren letzte Nummern unter dem Titel »Amusements littéraires et politiques« erschienen, ein auf Weisung Friedrichs II. herausgegebenes »Journal de Berlin, ou Nouvelles politiques et littéraires« (Berlin 1740/41), für das der König selbst Beiträge lieferte, und eine »Abeille du Parnasse« (12 Bde., Berlin 1750–1757).

Um die Bedeutung dieser journalistischen Aktivitäten der Hugenotten in Berlin und vornehmlich Formeys zu ermessen, muß man sich vergegenwärtigen, daß deutsche literaturkritische Zeitschriften für ein breiteres Publikum um diese Zeit hier überhaupt noch nicht existierten und daß Nicolais, Lessings und Mendelssohns glanzvolle journalistische Unternehmen erst 1757 mit der Gründung der »Bibliothek der schönen Wissenschaften und der freyen Künste« einsetzten. Noch 1773 verwies Christoph Friedrich Nicolai in seinem Roman »Leben und Meinungen des Herrn Sebaldus Nothanker« (Berlin, Stettin 1799) auf die Unterschiede hin, die zwischen den deutschen Schriftstellern einerseits und den englischen und französischen andererseits hinsichtlich ihrer Publikumsorientierung bestanden. Während diese nämlich für ihre Leser schrieben, bezögen sich jene »beynahe bloß auf sich selber«. »Sehr selten ist bey uns ein Gelehrter ein Homme de Lettres« (etwa: Schriftsteller), heißt es weiter. »Ein Gelehrter ist bei uns ein Theologe, ein Jurist, ein Mediziner, ein Philosoph, ein Professor, ein Magister, ein Direktor, ein Rektor, ein Konrektor, ein Subrektor, ein Baccalaureus, ein Collega infimus (etwa: Amtskollege der niedrigsten Stufe) ... Dieses gelehrte Völckchen von Lehrern und Lernenden, das etwa 20000 Menschen stark ist, verachtet die übrigen 20 Millionen Menschen, die außer ihnen deutsch reden, so herzlich, daß es sich nicht die Mühe nimmt, für sie zu schreiben.« (Bd. I, S. 142)

In diese hier satirisch überspitzt, aber im Kern richtig dargestellte Situation in Deutschland im 18. Jahrhundert, wo sich ja das Latein noch lange als Gelehrtensprache zu erhalten vermochte, hatten die Hugenotten nicht zuletzt mit ihren publizistischen Werken einen entscheidenden Einbruch erzielt. Der noch verbreiteten Abwertung des Journalismus als zweitrangiger literarischer Betätigung trat Formey im Vorwort seiner »Bibliothèque impartiale« mit der These entgegen, daß »ein guter Journalist in vieler Hinsicht mehr gilt als eine große Zahl Autoren«. Dabei berief er sich ausdrücklich auf so berühmte Vorbilder unter den Réfugiés wie Bayle, Le Clerc und La Chapelle, denen nach Erich Haase »das unbestrittene Verdienst zu (-kommt), die gelehrte Information zur souveränen Kritik, die Zeitschrift zu einem wesentlichen Faktor des geistigen Lebens erhoben zu haben«. (E. Haase, Einführung in die Literatur des Refuge, S. 405)

Vor allem auch bedienten die Berliner Hugenotten mit ihren Zeitschriften ein Informationsbedürfnis über die Ländergrenzen hinweg. Für diese Aufgabe waren sie ja durch die Verhaftung in zwei Kulturkreisen, ihre Kenntnis des Französischen als Muttersprache und die perfekte Kenntnis der Sprache des Gastlandes in besonderer Weise prädestiniert. Dies sicherte der »Bibliothèque germanique« in Frankreich das Interesse so prominenter Leser wie Montesquieu, der sowohl auf seinem Schloß La Brède als auch in seiner Pariser Handbibliothek eine Ausgabe davon besaß. In ausführlichen Auszügen vermittelte sie ihm vor allem Informationen über neueste Erkenntnisse der deutschen Geschichtswissenschaft. In nicht geringerem Maße wirkten insbesondere die Zeitschriften Formeys auch in umgekehrter Richtung, indem sie Werke der französischen Aufklärung dem deutschen gebildeten Publikum vorstellten, dem die französische Sprache beinahe ausnahmslos vertraut war.

Hier nur einige wenige Beispiele dazu: Bereits Formeys erster eigenständiger journalistischer Versuch, die »Amusements littéraires, moraux et politiques« (Berlin 1739), enthielt Artikel zu so wichtigen Werken der Aufklärung wie Voltaires »Eléments de la philosophie de Newton« (1737) und nicht zuletzt der »Essais historiques et philosophiques sur le goût« (1737) von Cartaud de la Villate, ein Werk, dessen grundlegende Bedeutung für die Herausbildung des geschichtlichen Weltbildes in der Aufklärung Werner Krauss herausgearbeitet hat, dem auch eine Neuausgabe zu danken ist. Speziell für Berliner Leser waren auch die in den »Amusements« gedruckten Anzeigen der neuesten französischen Literatur bestimmt, die über das Verlagshaus der Zeitschrift bezogen werden konnte, darunter so unterschiedliche, aber in verschiedener Hinsicht bedeutsame Werke wie Marivaux' Roman »La vie de Marianne«, d' Argens' »Mémoires secrets pour la république des lettres«, aber auch die erste, für ein breiteres Publikum geschriebene Philosophiegeschichte »Histoire critique de la philosophie« (1737) von A.-F. Boureau-Deslandes, die wegen ihrer antichristlichen Tendenz eine Zielscheibe reaktionärer Kritik bildete. Bereits hier zeigt sich, was Formey später mit dem Titel der »Bibliothèque impartiale« (Unparteiischen Bibliothek) programmatisch zum Ausdruck brachte, daß nämlich ungeachtet seines keineswegs verhehlten protestantischen Glaubens auch diesem zuwiderlaufende philosophische Auffassungen zur Diskussion gestellt wurden und die wissenschaftliche Information nicht durch die Errichtung von Tabus eingeschränkt werden sollte.

Daß diese aufklärerische Gesinnung, die konfessionelle Einengung nicht zuließ, andererseits eine Stellungnahme implizierte, wird u.a. in bezug auf die beiden »Discours« Rousseaus deutlich. Als Mann der Wissenschaft war Formey Anhänger der aufklärerischen Fortschrittstheorie, derzufolge seit Fontenelle, dem Patriarchen der französischen Aufklärung, die Wissenschaftsentwicklung und der daraus resultierende Erkenntnisfortschritt die Basis für die unaufhaltsame Höherentwicklung der Gesellschaft abgaben. Aus kleinbürgerlicher Sicht vertrat hingegen Rousseau die gegenteilige Auffassung, daß nämlich Wissenschaften und Künste die moralische Korruption heraufbeschworen und den Menschen seiner Natur entfremdet hätten. Der tiefgreifende Gegensatz trat auch in der Berichterstattung über die »Discours« in Formeys Zeitschriften »Abeille du Parnasse« und »Nouvelle Bibliothèque germanique« zutage. Dort wurden die Leser gleich von vornherein auf die Polemik gegen Rousseau orientiert. So erschien die »Abhandlung über die Wissenschaften und Künste« in der ersteren Zeitschrift nur im Spiegel der Widerlegung durch Charles Bordes, die den eigentlichen Gegenstand der Besprechung bildete, während in der letzteren eine Sammlung aller Gegenschriften (»Recueil de toutes les pièces qui ont été publiées à l'occasion du ›Discours‹ de J.-J. Rousseau«) den Aufhänger für eine indirekte und polemische Berichterstattung abgab. Die »Abhandlung über die Ungleichheit« schließlich wurde in der »Nouvelle Bibliothèque germanique« (1755) ohne weitere Erläuterungen mit dem pauschalen Urteil bedacht: »Der allgemeine Zweck der Produktionen dieses Autors ist gut bekannt: jede von ihnen ist ein neuer Schlag gegen die Wissenschaften, die Künste und den heutigen Aufbau der Gesellschaft.« Formey unterschied sich mit dieser Haltung kaum von der um die »Encyclopédie« gescharten Aufklärungsfraktion, deren wissenschaftliches Anliegen er mit eigenen Beiträgen voll unterstützte, ohne jedoch ihre weltanschauliche Tendenz zum Atheismus und Materialismus zu teilen.

Darüber hinaus nutzte Formey seine Zeitschriften vor allem auch zur Propagierung und Verbreitung der Leibniz-Wolffschen Philosophie, deren eifriger Verfechter er war. Bekannt in dieser Hinsicht wurde er in Frankreich in erster Linie durch seinen philosophischen Roman »La belle Wolffienne« (6 Bde., 1741–53), eine allgemeinverständliche Darlegung der Philosophie Wolffs im Stile Fontenelles. Auf Spaziergängen vor den Toren Berlins in der ländlichen Umgebung Charlottenburgs unternimmt es darin eine junge Dame mit dem bezeichnenden Namen Espérance (Hoffnung), ihrem Gesprächspartner im gefälligen Plauderton die Geheimnisse der Metaphysik Wolffs plausibel zu machen und das Wesen seiner rationalistischen Theorie zu erklären. Zwar vermag Formey letztlich weder die literarische Form des Dialogs durch das ganze Werk durchzuhalten, das doch bald wieder in dozierende Darlegungen verfällt, noch dem abstrakten Gedankengebäude eine hinreichend anschauliche Seite abzugewinnen. In dieser Hinsicht – und das mag an der zähen Materie liegen – bleibt er weit hinter Fontenelle zurück. Was ihm jedoch gelingt, ist, die komplizierten Gedankengänge des deutschen Philosophen in einer vom lateinischen bzw. deutschen Original sich grundsätzlich unterscheidenden allgemeinverständlichen Sprache wiederzugeben und sie damit nicht nur einem französischen Publikum, sondern auch dem allgemeingebildeten deutschen Leser überhaupt verständlich zu machen. Damit hatte er schon in seiner frühen Zeitschrift »Mercure et Minerve« begonnen, in der, wie er in seinen »Souvenirs d'un citoyen« (Bd. I, S. 106) mitteilt, »einige Artikel von der Wolffschen Philosophie handelten« und beim Kronprinzen Anklang gefunden hätten. In den »Amusements littéraires« (1739) publizierte er dann in Fortsetzungen lange Auszüge aus dem damals erschienenen Hauptwerk des »Geschichtsschreibers der Leibnizschen und Wolffschen Philosophie«, C. G. Ludovici: »Ausführlicher Entwurff einer vollständigen Historie der Leibnitzschen Philosophie« (Leipzig 1738).

Formey hat durch seine publizistischen Aktivitäten wie auch mit eigenen Werken nicht nur einen gewichtigen Beitrag geleistet, um die deutsche Gelehrsamkeit nach dem Vorbild der französischen Aufklärung aus ihrem Elfenbeinturm herauszuführen und aus einer Sache von Eingeweihten eine Sache aller gebildeten Mitglieder der Gesellschaft zu machen, sondern zugleich Wege in der literarischen Darstellung aufgezeigt, die dann auch von den sogenannten deutschen Popularphilosophen um Nicolai mit Erfolg weiterbeschritten wurden.

Anteil am Aufschwung des Berliner Buch- und Verlagswesens

Neben der Beförderung des Austausches von Ideen haben die Hugenotten auch direkt in materieller Hinsicht Einfluß auf die Literaturentwicklung genommen, indem sie sich im Buchhandel und im Verlagswesen engagierten. Allerdings gingen die meisten hugenottischen

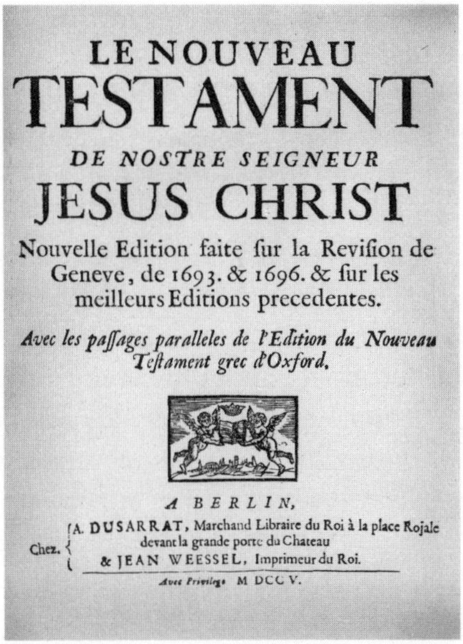
LE NOUVEAU
TESTAMENT
DE NOSTRE SEIGNEUR
JESUS CHRIST
Nouvelle Edition faite ſur la Reviſion de Geneve, de 1693. & 1696. & ſur les meilleurs Editions precedentes.
Avec les paſſages paralleles de l'Edition du Nouveau Teſtament grec d'Oxford.
A BERLIN,
Chez. A. DUSARRAT, Marchand Libraire du Roi à la place Rojale devant la grande porte du Chateau
& JEAN WEESSEL, Imprimeur du Roi.
Avec Privilege M DCC V.

Ältestes in französischer Sprache 1705 in Berlin gedrucktes Neues Testament

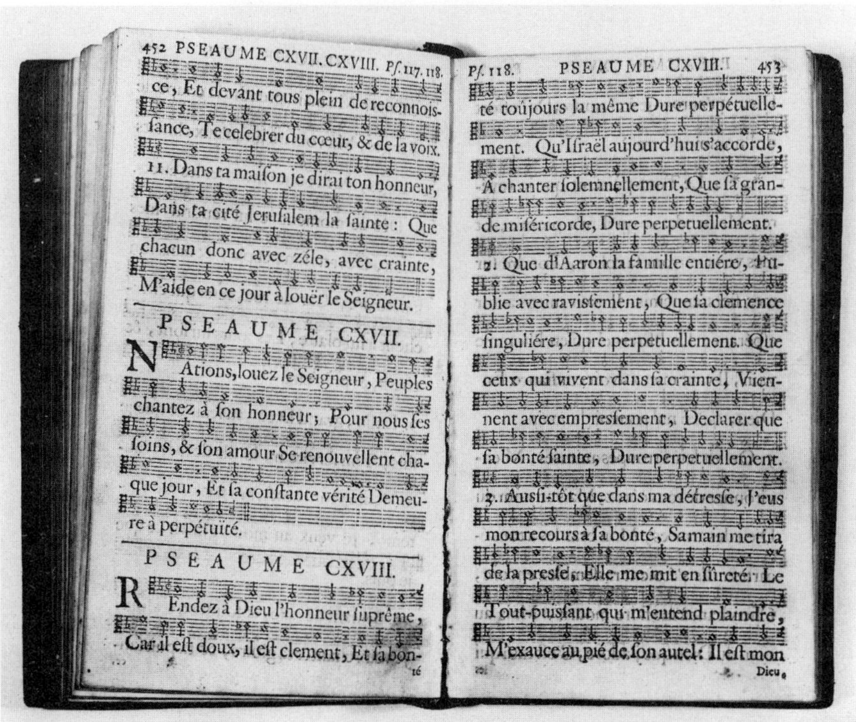
452 PSEAUME CXVII. CXVIII. Pſ. 117. 118.
ce, Et devant tous plein de reconnoiſſance, Te celebrer du cœur, & de la voix.
11. Dans ta maiſon je dirai ton honneur, Dans ta cité Jeruſalem la ſainte: Que chacun donc avec zéle, avec crainte, M'aide en ce jour à louër le Seigneur.
PSEAUME CXVII.
Nations, louez le Seigneur, Peuples chantez à ſon honneur; Pour nous ſes ſoins, & ſon amour Se renouvellent chaque jour, Et ſa conſtante vérité Demeure à perpétuité.
PSEAUME CXVIII.
Rendez à Dieu l'honneur ſuprême, Car il eſt doux, il eſt clement, Et ſa bonté

Pſ. 118. PSEAUME CXVIII. 453
té toûjours la même Dure perpétuellement. Qu'Iſraël aujourd'hui s'accorde, A chanter ſolemnellement, Que ſa grande miſéricorde, Dure perpetuellement.
2. Que d'Aaron la famille entiére, Publie avec raviſſement, Que ſa clemence ſinguliére, Dure perpetuellement. Que ceux qui vivent dans ſa crainte, Viennent avec empreſſement, Declarer que ſa bonté ſainte, Dure perpetuellement.
3. Auſſi-tôt que dans ma détreſſe, J'eus mon recours à ſa bonté, Sa main me tira de la preſſe, Elle me mit en ſûreté. Le Tout-puiſſant qui m'entend plaindre, M'exauce au pié de ſon autel: Il eſt mon
Dieu,

Doppelseite aus einem französischen Psalmengesangbuch, 1731 in Berlin bei A. Dusarrat erschienen

Buchhändler und -drucker in die benachbarten Niederlande. Viele Réfugiés traten anfangs als Buchbinder in das Buchgewerbe ein. So gab es, wie Goldfriedrich ermittelte, 1678 in Berlin sieben Buchbinder, zehn Jahre später aber bereits 15, so daß 1689 auf Antrag der etablierten Buchbinder die Innung für sechs Jahre geschlossen werden mußte. Dessen ungeachtet ließen sich bereits in den neunziger Jahren wiederum zwei Réfugiés, Arnaud und Jean de Sarrat (oder Dusarrat), als Buchbinderfreimeister (außerhalb der Innung) in Berlin nieder. Weil jedoch das Gewerbe nicht einträglich genug war, verlegte sich der letztere 1704 auf den Buchhandel und schuf in Verbindung damit zugleich die erste Berliner Leihbibliothek. Zu seinen ersten verlegerischen Projekten zählte die Herausgabe einer revidierten Fassung des Neuen Testaments in französischer Sprache für die Berliner Hugenottengemeinde. Sie erschien 1705 mit der stolzen Verlagsangabe: »A. Dusarrat, Marchand Libraire du Roi à la place Rojale devant la grande porte du Chateau« (Dusarrat, Buchhändler des Königs auf dem Königsplatz vor dem großen Portal des Schlosses).

Noch aus den Händen des Kurfürsten Friedrich Wilhelm aber hatte 1688 bereits ein anderer Réfugié, Robert Roger, das Patent für eine Druckerei und Verlagsbuchhandlung bekommen. Als »Drucker und Buchhändler seiner Kurfürstlichen Hoheit« brachte er zunächst eine Geschichte Brandenburgs in italienischer Sprache heraus, zu der ihm der Große Kurfürst selbst den Auftrag erteilt hatte, 1690 dann Charles Ancillons Geschichte der Niederlassung der französischen Flüchtlinge in Brandenburg und im Verlauf der folgenden Jahrzehnte eine Reihe protestantischer apologetischer Werke.

Um die Mitte des 18. Jahrhunderts war die renommierte Handlung des Réfugié Etienne de Bourdeaux ein Umschlagplatz französischen aufklärerischen Schrifttums. Eine für den deutschen Buchhandel wegweisende Leistung vollbrachte er vor allem auch mit der Veröffentlichung eines im handlichen Oktavformat abgefaßten vierbändigen »Catalogue raisonné« (1754/55), der neben den Lagerbeständen auch alle im Augenblick erscheinenden Neuheiten verzeichnete. Beispiele für solche auf ein breiteres Publikum zugeschnittenen Verlagskataloge in ansprechender Aufmachung waren bis dahin nur in den Niederlanden und in Frankreich zu finden. Neu hinzu kam hier ferner die knappe Kommentierung der Titel, die kein geringerer als der Akademiesekretär Formey verfaßt hatte. Jedem Titel, so betonte er im Avertissement, wolle er ein Urteil hinzufügen, das nach der öffentlichen Meinung, soweit sich diese entschieden hätte, oder sonst nach seinen eigenen Gedanken gebildet sei.

HISTOIRE
DE
L'ETABLISSEMENT
DES
FRANÇOIS REFUGIEZ
DANS LES ETATS DE
SON ALTESSE ELECTORALE
DE BRANDEBOURG.

SVB HOC CLYPEO

A BERLIN,
Chez ROBERT ROGER, Imprimeur & Libraire de Son Altesse Electorale.
M. DC. LXXXX.

Erste Geschichte der französischen Niederlassungen in Brandenburg von Charles Ancillon, 1690 in Berlin bei Robert Roger erschienen. Titelkupfer und Titelblatt daraus. Der Kupferstich von G. van der Gouwen nach Zeichnung von G. de Lairesse

Bereits 1746 hatte Formey mit seiner bei Haude und Spener veröffentlichten Schrift »Conseils pour former une bibliothèque«, die er dem Prinzen Heinrich widmete, sich in den Dienst der Verbreitung vor allem französischer Literatur in seiner brandenburgisch-preußischen Heimat gestellt. Ungewöhnlich für deutsche Verhältnisse war, daß er sich weniger an die Gelehrten als vielmehr ausdrücklich an »alle Personen beiderlei Geschlechts« wandte, »die über eine gute Erziehung, gute Herkunft, ein angemessenes Vermögen und Muße verfügten«, wie er es im Vorwort formulierte. Trotz seiner gern betonten protestantischen Überzeugungen, die in Verbindung mit dem bei ihm tief verwurzelten Wolffianismus eine unüberbrückbare Kluft zur tendenziell atheistischen und materialistischen französischen Aufklärung schufen, kann man ihm keinesfalls konfessionelle Engstirnigkeit vorwerfen. Die Auswahl der 500 bis 600 Titel zeigt, daß er wie kaum ein anderer in jener Zeit in Deutschland sich nicht nur in der ganzen Vielfalt der französischen Literatur auskannte, sondern mit sicherem Blick und ohne Scheuklappen alle aufklärerisch relevanten Werke zur Lektüre empfahl, darunter – mit besonderem Lob bedacht – Bayle und Fontenelle.

Unerwartet stößt man dabei auch auf seine Wertschätzung der zeitgenössischen Romane, die doch von allen religiösen Richtungen als unmoralisch diskreditiert und mit Haß verfolgt wurden. In Frankreich hatte dies erst wenige Jahre zuvor, 1737, zu ihrer Ächtung und damit zum faktischen Publikationsverbot geführt. Formey hingegen schrieb: »Es gibt zweifellos Romane, die mit unendlicher Kunst geschrieben sind, die bewegen, die den Geist zahlreiche verschiedene Situationen erleben lassen, denen man sich mit Vergnügen hingibt« (S. 25). Wenn er in diesem Zusammenhang Prévost, Marivaux und Crébillon als Repräsentanten dreier Hauptrichtungen der Romanentwicklung mit Lob bedenkt, zeugt dies von unbestreitbarer Sachkenntnis.

Der Sache des hugenottischen Schrifttums hat sich in der zweiten Hälfte des 18. Jahrhunderts vor allem der Verlag des in Hamburg geborenen Jean Jasperd angenommen, der nach seiner Übersiedlung nach Berlin Mitglied der französischen Kolonie wurde. Sein Verlagshaus befand sich im Gebiet der Schloßfreiheit »gegenüber den Werderschen Mühlen«. In diesem Verlag, der u. a. auch viele Schriften Formeys herausbrachte, erschien als wohl wichtigstes Unternehmen die von Erman und Reclam verfaßte Geschichte der Hugenotten in Brandenburg: »Mémoires pour servir à l'histoire des Réfugiés François dans les États du Roi« (9 Bde., 1782–1799), deren letzte beiden Bände (1794 und 1799) als neuen Verleger Frédéric Barbiez anzeigen.

Die verlegerischen und buchhändlerischen Aktivitäten der Réfugié-Nachfahren in Berlin sind damit aber nur grob skizziert. Weitere Namen wie Néaulme, der hier eine Niederlassung unterhielt, Pitra, Naudé oder Théodore de La Garde, der Verleger von Formeys Memoiren, wären zu nennen. Bereits aus dem Gesagten läßt sich jedoch ablesen, daß die Hugenotten in Berlin im ganzen 18. Jahrhundert ein gewichtiges Wort im Buchhandel der Stadt mitredeten und maßgeblich an der weiten Verbreitung französischer Literatur unter den gebildeten Schichten gerade der deutschsprachigen Bevölkerung teilhatten.

Das Sprachenproblem im späten 18. Jahrhundert

Das anhaltende Interesse an französischer Kultur, Literatur und Sprache, das durch die Hugenotten in vielfältiger Weise stimuliert wurde, konnte jedoch nicht verhindern, daß für sie selbst die Erhaltung ihrer Muttersprache in der zweiten Hälfte des 18. Jahrhunderts sich zu einem ihrer brennendsten Probleme entwickelte. Die seit der Einwanderung Ende des 17. Jahrhunderts zu beobachtende Expansion des Französischen in Berlin wurde trotz der Fördermaßnahmen unter

Friedrich II. seit spätestens der Jahrhundertmitte nicht nur gestoppt, sondern mußte sogar einer rückläufigen Entwicklung weichen. Auf die Dauer machte sich doch das Übergewicht der deutschsprachigen Umgebung geltend. In den Diskussionen um die Sprache der Réfugiés standen zwei Aspekte im Vordergrund: 1. die Reinerhaltung der französischen Sprache und 2. die wachsende Unkenntnis des Französischen unter den jüngeren Mitgliedern der Hugenottengemeinde.

Das erstere Problem wurde von den später aus Frankreich zugereisten Franzosen, die als Aufklärungsphilosophen der Einladung Friedrichs II. gefolgt waren oder in Preußen um Asyl ersucht hatten, auf die Tagesordnung gebracht. Ihre Begegnung mit den hier ansässigen Hugenotten förderte neben dem weltanschaulichen Gegensatz auch einen sprachlichen zutage. Es zeigte sich, daß die lange Trennung von der sprachlichen Heimat und die Existenz in einer fremdsprachigen Umgebung zu einer sprachlichen Sonderentwicklung geführt hatte, deren Ergebnis von Verfechtern der klassischen Hochsprache wie Voltaire verächtlich als »style réfugié« bezeichnet wurde. Seine Charakteristika bestanden vor allem darin, daß hier einerseits zahlreiche Dialektfärbungen, vermischt mit Archaismen, die das normsetzende Akademiewörterbuch längst ausgemerzt hatte, konserviert wurden und daß andererseits in zunehmendem Maße auch Germanismen Eingang fanden.

Ausgelöst wurde der Streit vor allem durch ein von André-Pierre Le Guay de Prémontval verfaßtes Journal mit dem bezeichnenden Titel »Préservatif contre la corruption de la langue française en Allemagne« (Berlin 1759-1764, 8 Teile in 2 Bänden). Der Verfasser war kein Unbekannter. In Paris hatte er als Mathematikprofessor öffentliche Vorlesungen gehalten, bis ihm dies 1744 wegen einer antikatholischen Schrift auf Betreiben der Jesuiten untersagt wurde. Nach einem unsteten Leben hatte er schließlich in Preußen Asyl erhalten und wurde 1752 Mitglied der Berliner Akademie. Nebenbei sei erwähnt, daß Begebenheiten aus seinem abenteuerlichen Schicksal von Diderot in dem Roman »Jacques le Fataliste« verarbeitet wurden. Zielscheibe seiner Angriffe in der obengenannten Publikation waren die Prediger der französischen Kolonie und Formey, den er als Wolffianer besonders aufs Korn nahm. Im Mittelpunkt stand dabei die Kritik am »style réfugié«. Daß die Argumentation von Gewicht war, zeigt u. a. die Sorge eines gewissen Roquet, der Formey in einem Brief beschwor, sich nicht durch Prémontvals Kritik in seinen literarischen Aktivitäten behindern zu lassen. »Die Gelehrtenrepublik wäre sehr zu beklagen«, schrieb er, »wenn die Invektiven Prémontvals Sie abhielten, sie mit jenen vortrefflichen Erzeugnissen zu bereichern, die Ihnen einen der hervorragenden Plätze unter den Mitgliedern sichern, aus denen sie sich zusammensetzt ...« Erstaunlich war in diesem Fall die von Formey geübte Zurückhaltung gegenüber seinem Angreifer. In seiner Eloge, die er anläßlich des frühen Todes seines Kritikers 1764 für die Akademie zu verfassen hatte, motivierte er dies damit, daß er »niemals aufgehört hätte, in Prémontval nicht nur den Schriftsteller, sondern auch den Menschen zu lieben«.

Neu angefacht wurde das Feuer im Streit um die Reinerhaltung der französischen Sprache zwei Jahrzehnte später wiederum durch eine periodische Publikation mit dem Titel »Le maître de la langue, ou remarques instructives sur quelques ouvrages français écrits en Allemagne« (Leipzig und Berlin 1783) von Jean-Charles Thibault de Laveaux. Jeden Sonnabend ließ er davon einen halben Bogen erscheinen, der von den Kolonisten mit Besorgnis, von den Gegnern des Französischen aber mit Schadenfreude aufgenommen wurde. Der Autor, ein gebürtiger Franzose, hatte sich als geschickter Sprachlehrer in der Schweiz und dann in Stuttgart einen Namen gemacht und damit wohl die Aufmerksamkeit Friedrichs II. hervorgerufen. Sein Berliner Aufenthalt war aber wenig erfolgreich und nur von kurzer Dauer. 1785 ging er als Professor an das herzogliche Gymnasium zurück nach Stuttgart. Aufsehen erregte er danach erneut durch eine umstrittene Biographie Friedrichs II. sowie in der Französischen Revolution als Herausgeber der Jakobinerzeitschrift »Journal de Montagne«. Im »Maître de langue« verband er seine sprachlichen mit seinen journalistischen Ambitionen. Scharf ging er hier vor allem mit den führenden Mitgliedern der Berliner Kolonie Erman und Reclam ins Gericht, die gerade die ersten Bände ihrer »Mémoires pour servir à l'histoire des réfugiés français« veröffentlicht hatten. Laveaux warf ihnen vor, das Werk »mit einer Unzahl von Barbarismen gespickt« zu haben. Daneben legte er auch andere Schriften von ihnen seiner detaillierten Analyse des »style colon« (Koloniestils – S. 210) zugrunde, die alle vom »Dictionnaire de l'Académie« nicht sanktionierten Ausdrücke und Wendungen als sprachliche Verstöße anprangerte. Daß er dabei mitunter eine überspitzte Position bezog, zeigt sich u. a. an seiner Kritik an der in Berlin üblichen Aussprache des »s« am Schluß von Wörtern wie »fils« (klassische Aussprache nach Laveaux: fi), die dann doch zur Norm im modernen Französisch wurde.

Die von Laveaux wie allen Sprachpuristen bewiesene Neologienfeindschaft wurde von den Autoren in einer Entgegnung in Band V der »Mémoires« (1786, S. 142, Fußnote) entschieden zurückgewiesen.

Sie vertraten die Auffassung, daß es durchaus legitim sei, wenn sich Sprachen gegenseitig befruchteten: »Nehmen wir an, daß die deutsche Sprache in Frankreich so allgemein würde, daß die Schriftsteller sie ebenso gewohnheitsmäßig sprächen wie ihre Muttersprache, wird es da nicht passieren, daß sie, ohne es zu merken, neue Sprechweisen annehmen werden, die man heute als Barbarismen ansieht, wenn man sie bei einem deutschen Autor findet, der französisch schreibt?« Damit ist aber nicht in Abrede zu stellen, daß Laveaux mit seiner Kritik des »style colon« in vielen Punkten ins Schwarze getroffen hat.

Gravierender als diese Vorwürfe, ein unkorrektes Französisch zu sprechen, war jedoch für das Französische Konsistorium die Tatsache, daß immer weniger Abkömmlinge der Einwanderer überhaupt noch des Französischen mächtig waren. Daraus erwuchs für die französische Kirche als dem einigenden Band der Kolonie ein ernstes Problem: die Predigten wurden nicht mehr von allen Gemeindegliedern verstanden. Mit dem Verlust der Sprache und der zwangsläufigen Hinwendung zur deutschen reformierten Kirche aber verloren die Réfugiés ihre Identität, war der Bestand der französischen Kolonie ernsthaft gefährdet. Seit der Jahrhundertmitte rückte daher das Sprachenproblem ins Zentrum der Diskussionen des Berliner Konsistoriums.

In diesem Zusammenhang ist eine im Archiv des Berliner Hugenottenmuseums aufbewahrte Denkschrift vom 3. März 1774 aufschlußreich, die von Abraham Robert Bocquet verfaßt worden ist. In seiner Analyse des Memorandums weist Frédéric Hartweg darauf hin, daß hier der Versuch gemacht wurde, den neuen Gegebenheiten in realistischer Weise Rechnung zu tragen und durch die Zulassung der deutschen Sprache im Gottesdienst dem Ausbleiben der jüngeren Besucher entgegenzuwirken. Darin sah Bocquet die entscheidende Voraussetzung, um den Fortbestand der Kolonie zu sichern, für die mit dem Schwinden der Sprache als einigendem Moment die kirchliche Disziplin und das »Reglement« verstärkt zur Geltung gebracht werden müßten.

Daß dies ein Zugeständnis ausschließlich an die sozial niederen Schichten bedeutete, war klar. Denn selbstverständlich wurde in den gehobenen Kreisen der Hugenotten – genau wie in den entsprechenden deutschen Familien – mit der höheren Bildung auch weiterhin die französische Sprache gepflegt.

Bocquet konnte sich jedoch mit seinen Forderungen nicht durchsetzen. Als Resultat der Sprachdiskussionen ergab sich immerhin, daß 1770 das Konsistorium das Neue Testament zweisprachig erscheinen ließ. Den Ernst der Situation für die französische Gemeinde bestätigt auch eine Eintragung in den »Actes de la Compagnie du Consistoire ordinaire de Berlin« vom 12. Dezember 1780, wo ungeschminkt vermerkt wird: »Da der Gebrauch der französischen Sprache in der Kolonie immer mehr abnimmt und eine große Zahl von Familien in die deutschen Kirchen abwandert, hat das Konsistorium gemeint, daß es angebracht wäre, sich ernsthaft mit dieser Frage zu befassen.« Dennoch wurde 1784 laut Protokoll von der Generalversammlung erneut die Zulassung der deutschen Sprache im Gottesdienst abgelehnt. Der sprachliche Anpassungsprozeß der Hugenotten an ihre deutsche Umgebung war damit aber nicht mehr aufzuhalten.

Hinzu kam eine grundlegende Wandlung im Kulturleben in den letzten Jahrzehnten des 18. Jahrhunderts. Die noch um 1750 geltende Vormachtstellung des Französischen auf dem literarischen Markt war durch den Aufschwung der deutschen Literatur weitgehend gebrochen. Lessing, Herder, Wieland, Goethe an der Spitze einer Phalanx deutscher Schriftsteller eroberten sich ein Publikum und fanden zunehmend auch in Frankreich Anerkennung. Die journalistische Szene in Berlin wurde nicht mehr durch französischsprachige Zeitschriften wie die »Bibliothèque germanique« und ihre Nachfolgepublikationen beherrscht, sondern durch die publizistischen Werke von Lessing, Mendelssohn und Nicolai, allen voran dessen berühmte Literaturzeitschrift »Allgemeine Deutsche Bibliothek« (107 Bde., 1765–1805). Friedrich II. hat in seiner späten Schrift »Über die deutsche Literatur« (1780) diese Situation völlig verkannt und ist bei seinem abwertenden Urteil vom Kenntnisstand der vierziger Jahre ausgegangen.

Daß sich dieser literarisch-kulturelle Aufschwung auch im Nationalbewußtsein niederschlug und das Bild von Berlin für den Außenstehenden wesentlich verändern mußte, geht aus dem Bericht eines Zeitgenossen hervor, der 1783, also noch zu Lebzeiten Friedrichs II., in der »Berlinischen Monatsschrift« (III, S. 551) erschien. Offenbar mit ganz anderen Erwartungen angereist, schrieb er darin: »Man ist im ganzen hier nicht französisch. Ich habe fast noch nirgends, weder in Deutschland noch in England, mit solcher Stärke und zugleich solcher Gründlichkeit gegen die Franzosen reden hören ... Die Angesehensten hier sprechen mit jedem Fremden, von dem zu vermuten ist, daß er Deutsch versteht, Deutsch ... Ein Franzose zu sein gibt bei den besten Menschen hier ganz und gar keinen Anspruch auf vorzügliche Achtung.« Dabei waren aber auch handfeste wirtschaftliche Interessen im Spiele. So berichten Erman und Reclam im Band V ihrer »Mémoires ...«, der 1786 erschien, daß von deutscher Seite zuweilen Stimmen laut wurden, die den Hugenotten ihre wirtschaftlichen Erfolge neideten und den Nutzen, den sie damit dem Staat erbrachten, gegenüber der von diesem gezahlten Unterstützung abzuwerten suchten. Solche Aufrechnungen trugen oft einen nationalistischen Akzent, wogegen sich die Hugenotten mit gutem Grund entschieden verwahrten: »Es scheint, daß man sich das Ansehen von Patriotismus und nationaler Gesinnung (esprit national) geben will, wenn man gegen sie (die Kolonien) auftritt, als ob die französischen Kolonisten, die von den Réfugiés abstammen, nicht auch wirklich Teil der Nation wären, in die ihre Vorfahren eingegliedert wurden ...« (S. 185, Fußnote).

Mehr noch als von den alteingesessenen und ohnehin in hohem Maße sprachlich assimilierten Hugenotten wurden antifranzösische Stimmungen in jener Zeit aber durch einen anderen Umstand hervorgerufen: Sie gaben vor allem auch dem wachsenden Unmut bürgerlich oppositioneller und zunehmend nationalbewußter Kreise in der preußischen Hauptstadt darüber Ausdruck, daß unter Friedrich II. nach wie vor viele neu ins Land gerufene Franzosen Schlüsselpositionen in der staatlichen Verwaltung erhielten und sich damit als Handlanger des absolutistischen Unterdrückungsapparates unbeliebt machten. Hier trat eine Änderung erst unter Friedrichs Nachfolger ein, die aber von einer Stärkung reaktionärer Tendenzen begleitet war.

Was die Hugenotten anbelangt, so erhielt ihre Eindeutschung paradoxerweise einen letzten Anstoß durch den Einfall der napoleonischen Truppen in Preußen. Wie bereits im Siebenjährigen Krieg stellten sie sich auch in der Gefahrensituation 1806 wieder bedingungslos auf die Seite ihres nun seit mehreren Generationen zur Heimat gewordenen Gastlandes. Es wird berichtet, daß viele hugenottische Familien von diesem Zeitpunkt an nicht mehr französisch sprachen und schrieben. Als dann 1809 die entscheidenden Sonderrechte der Hugenotten in Preußen aufgehoben wurden, waren mithin die Sprachbarrieren längst gefallen. Damit war aber auch den eigenständigen Leistungen der Hugenotten auf literarischem und publizistischem Gebiet der Boden entzogen.

Schriftsteller hugenottischer Abstammung, wie Friedrich de la Motte Fouqué (1777–1843), Willibald Alexis (1798–1871) und Theodor Fontane (1819–1898), gehören daher nach Sprache und Gesinnung unbestritten in die deutsche Literaturgeschichte des 19. Jahrhunderts. Fouqué, Abkömmling eines alten französischen Adelsgeschlechts, vertrat eine konservativ-nationalistische Position innerhalb der deutschen Spätromantik. In den Befreiungskriegen kämpfte er als Major bei den Freiwilligen Jägern gegen Napoleon. Von seinen dem Zeitgeschmack verpflichteten Werken ist das Kunstmärchen »Undine« le-

Friedrich de la Motte Fouqué. Kupferstich in Punktmanier von Friedrich Fleischmann nach Zeichnung von Wilhelm Hensel, 1818

bendig geblieben, das die Handlungsvorlage der gleichnamigen Opern von E. T. A. Hoffmann und Albert Lortzing abgab.

Bewußter wurde das französisch-hugenottische Erbe von Alexis und Fontane bewahrt. Der in Breslau geborene, aber lange Zeit in Berlin lebende Romancier Willibald Alexis machte sich besonders um die Entwicklung des deutschen historischen Romans verdient. Sein 1832 erschienener Roman »Cabanis« gibt eine treffende Schilderung des Lebens in der Berliner Hugenottenkolonie während des Siebenjährigen Krieges. Mit bürgerlichem Namen hieß er Georg Wilhelm Heinrich Häring. Sein Vater hatte den französischen Namen Hareng aus Proteststimmung gegen die napoleonische Besetzung in Häring eingedeutscht.

Der bedeutendste einer Réfugiéfamilie entstammende Schriftsteller ist Theodor Fontane, der mit seiner mehrbändigen Reisebeschreibung »Wanderungen durch die Mark Brandenburg« (1862–1882) große Popularität erlangte und besonders mit seinem großen gesellschaftskritischen Roman »Effi Briest« (1894/95) in der deutschen Literatur neue Maßstäbe gesetzt hat. Seine autobiographische Schrift »Meine Kinderjahre« enthält nach seinen eigenen Worten »die Schilderung einer noch ganz von Réfugié-Traditionen erfüllten Französischen-Kolonie-Familie, deren Träger und Repräsentanten meine beiden Eltern waren«.

Seine Frau Emilie Rouanet war ebenfalls französisch-reformierter

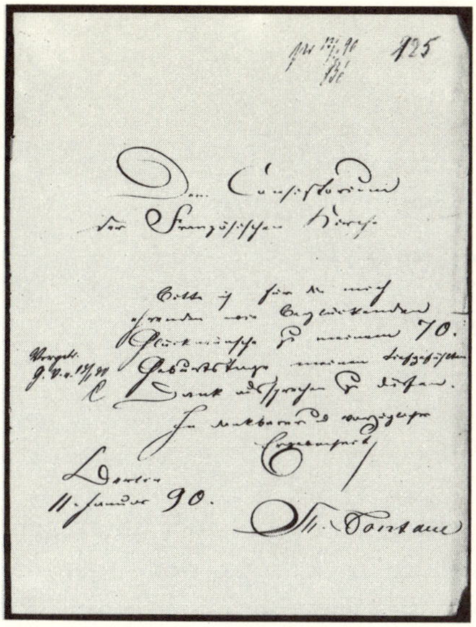

Dankbrief Fontanes vom 11. Januar 1890 an das Konsistorium der Französischen Kirche, das ihm zum 70. Geburtstag gratuliert hatte

Theodor Fontane. Lithographie von Max Liebermann, 1896

Herkunft. In seinem literarischen Schaffen kommen wiederholt seine französisch-hugenottischen Ambitionen zum Ausdruck. So verfaßte er 1885 den »Prolog zur Feier des 200jährigen Bestehens der französischen Kolonie in Berlin«. Über das französische Element in seiner Wesensart hat er sich nicht ohne Selbstironie geäußert: »Ich bin – und auch darin meine französische Abstammung verratend – im Sprechen und Schreiben ein Causeur (Plauderer).« Als Fontane 1898 starb, gab ihm der französisch-reformierte Prediger Eugène Devaranne das letzte Geleit. Auf dem Französischen Friedhof in der Liesenstraße fand er seine letzte Ruhestätte.

Jürgen Wilke

Einflüsse französischer Sprache und Alltagskultur auf das Berlinische

Kultur und Sprache Frankreichs hatten als Folge seiner überragenden politisch-militärischen Stellung in Europa weit über die Grenzen des Landes ausgestrahlt, aber dies war eine Erscheinung, die sich im wesentlichen auf die Höfe und den Adel beschränkte. Bewundernd blickten die europäischen Fürsten nach Versailles und Paris, wo der »Sonnenkönig« eine unerhörte höfische Pracht entfaltete, um seinen absoluten Machtanspruch auch äußerlich zu unterstreichen. Alles, was aus Frankreich kam, seien es höfische Mode, Musik und Malerei, seien es Literatur, Theater und Architektur, wurde übernommen und nachgeahmt. Und die Kenntnis der französischen Sprache, die zu *der* europäischen Kultursprache wurde, gehörte in adligen Kreisen einfach zum guten Ton.

»Die teutsche Sprach' kommt ab, ein' andre schleicht sich ein«, klagte »Der Teutsch-französische Moden-Geist« 1689 in Berlin. »Wer nicht Französisch red't, der muß ein Simpel sein.«

Nun jedoch, nach dem Widerruf des Edikts von Nantes durch Ludwig XIV., strömten auch noch Tausende von Franzosen nach Deutschland. Sie brachten nicht nur ihre Sprache mit, sondern auch ihre Sitten und Bräuche. Und sie kamen aus allen sozialen Schichten Frankreichs, repräsentierten wohl nur in den wenigsten Fällen seine höfische Kultur. Plötzlich sahen sich auch viele Bürger und Bauern in Städten und Dörfern mit der französischen Sprache und mit französischer Lebensweise konfrontiert. Was sich bislang nur in der Exklusivität höfischer Kreise abgespielt hatte, fand nun auch im Alltag zum Beispiel deutscher Handwerker und Manufakturarbeiter statt: die Begegnung mit Menschen anderer Zunge und Kultur.

In welchem Maße diese französischen Siedler die Sprache und die Alltagskultur der deutschen Bevölkerung beeinflußt haben, ist im einzelnen leider noch weitgehend unerforscht. Am ehesten lassen sich die Auswirkungen in sprachlicher Hinsicht nachweisen, gerade in Berlin. Aber auch auf einigen anderen Gebieten gibt es interessante Beispiele solcher Einwirkungen.

Bewahrung der Muttersprache?

Im Aufnahmeedikt von Potsdam wurde den Réfugiés ausdrücklich der Gebrauch der französischen Sprache erlaubt, und zwar im Gottesdienst. Aber nicht nur in den Kirchen der immigrierten Glaubensgenossen duldeten der Kurfürst und seine Beamten das Festhalten an der Muttersprache. Auch in allen anderen Institutionen der französischen Kolonien durfte französisch gesprochen und geschrieben werden. Es war also nicht nur offizielle Kult-, sondern auch Amtssprache. So wurde der gesamte Geschäftsverkehr nicht allein der kirchlichen Verwaltung, sondern auch der Armeneinrichtungen der französischen Gemeinde in Berlin in französischer Sprache abgewickelt. Und französische Untergerichte wie auch das Obergericht in Berlin verhandelten in französisch, wenn Angehörige der französischen Nation vor den Schranken des Gerichts standen; sprach eine Partei vor einem französischen Gericht nur deutsch, dann mußte ein Dolmetscher hinzugezogen werden.

Eine Sammlung der wichtigsten brandenburgischen Edikte und Verordnungen, die auch für die französischen Kolonien Gültigkeit besaß, wurde ebenfalls in französisch herausgegeben. 1691 erschien ein »Recueil des divers Edits«, das den Kern der später von Mylius herausgegebenen Gesetzessammlung für die französischen Kolonien bildete. Wichtige Gesetze, die die deutsche Bevölkerung und die französischen Kolonien betrafen, wurden in einer deutschen und in einer französischen Fassung veröffentlicht. Bei allen Verordnungen und Gesetzen für die französischen Kolonien galt der französische Text als authentisch und juristisch verbindlich. Das traf auch für die von den Richtern Delas und Bewert nach jahrelanger Arbeit formulierte Prozeßordnung für die französischen Gerichte zu.

Von den Einwanderern selbst wurde die französische Sprache in den ersten Jahren besonders gepflegt, einmal sicher, weil sie ein Stück Heimat verkörperte und ein Band der Zusammengehörigkeit in einer fremden Umgebung bildete, zum anderen, weil viele Hugenotten zunächst die Hoffnung hegten, eines Tages wieder nach Frankreich zurückkehren zu können. Aber nach dem Frieden von Rijswijk (1697) zerschlugen sich alle diese Hoffnungen. Ludwig XIV. ließ eine Rückkehr nur im Falle der Preisgabe des »angeblich reformierten Glaubens« zu.

Die Franzosen, die nach Berlin und in andere Orte Brandenburg-Preußens gekommen waren, mußten sich also auf Dauer hier einrichten. An ihrer Sprache aber hielten sie zunächst bei aller notwendig werdenden Anpassung an die neue Umwelt fest. Sie war zweifellos ein Kennzeichen ihrer privilegierten Sonderexistenz, stärkte ihr Gemeinschaftsgefühl und diente ihrer Identitätsbewahrung und -bestätigung. In einem fremden Land wie Brandenburg-Preußen mit rauhem Klima, ungewohnten Sitten und z. T. mißgünstig auf die Zuwanderer blickenden Menschen, einem Land, das zudem ein beträchtliches kulturelles Gefälle zu Frankreich aufwies, vermittelte den Réfugiés der Gebrauch ihrer Sprache das Gefühl einer gewissen Geborgenheit und Anerkennung. Er trug dazu bei, daß die Hugenotten in Berlin als eine selbstbewußte Minderheit innerhalb der Bevölkerung der Stadt auftraten.

Die Generation der Einwanderer sprach bis an ihr Lebensende durchweg französisch, allerdings häufig ihren heimatlichen Dialekt, die Zuwanderer aus dem Languedoc also ihren südfranzösischen Dialekt und die aus dem Hennegau ein Französisch, das zum Teil noch heute in Belgien gesprochen wird. Im wesentlichen waren es nur studierte Leute, wie Pfarrer, Richter, Ärzte und gebildete Adlige, die das »Standardfranzösisch« des 17. Jahrhunderts in Wort und Schrift beherrschten. Noch heute verdeutlichen die Eintragungen in den Kirchenbüchern der französischen Gemeinde in Berlin, daß die Pfarrer aus den verschiedensten Gegenden Frankreichs kamen. Ähnliches kann man aus den langen Berichten über die Entwicklung der französischen Manufakturen in Berlin und Brandenburg-Preußen schlußfolgern. Der Kurfürst hatte für die von Hugenotten gegründeten und geleiteten Manufakturen Fabrikinspektoren bestellt, die den Fortgang, besonders aber die Mängel und Probleme aufzeichnen sollten. Einer von ihnen war der Inspektor Trenoy de Francban. Er kann in seinen Berichten seine Herkunft aus Arras nicht verbergen: Charakteristische Fehler und regionale Besonderheiten im sprachlichen Ausdruck verraten ihn noch jetzt.

Zweifellos lassen sich die sprachliche Entwicklung und die Beherrschung einer Sprache durch eine bestimmte Volksgruppe jedoch nur in beschränktem Maße beurteilen, wenn wir, wie in diesem Falle, nur auf schriftliche Quellen zurückgreifen können. Aus vielen historischen Dokumenten ist ersichtlich, daß eine beträchtliche Anzahl der

Das Hauskonzert. Ölgemälde von Chodowiecki, 1757

hugenottischen Einwanderer in Berlin französisch lesen und schreiben konnte. Wie hoch der genaue prozentuale Anteil der Schreibkundigen war, ist nicht mehr festzustellen. Er lag wahrscheinlich höher als bei der deutschen Bevölkerung mit ihrer großen Zahl von Analphabeten. Aber es fällt auch auf, daß besonders Angehörige der Einwanderergeneration anstelle einer Unterschrift nur ein Kreuz oder ein Symbol setzten.

Wie aber sah es bei der nächsten Generation aus? Die zur französischen Gemeinde gehörenden Kinder lernten in den eigenen Schulen Französisch. Jedoch erhielten die Kinder aus den ärmeren Familien und die Waisen in den Armenschulen eine nur leidliche Ausbildung in dieser Sprache. Selbst die Schüler des Collège français hatten im 18. Jahrhundert einen recht bescheidenen Französischunterricht; der Philosophieprofessor Sperlette, der erste Direktor dieses 1689 gegründeten Gymnasiums, und die Lehrer bevorzugten nämlich die klassischen Sprachen des Altertums.

Obwohl anfangs in den Schulen der französischen Kolonie die

deutsche Sprache nicht gelehrt wurde, sind zumindest bei der zweiten Generation der Franzosen Deutschkenntnisse festzustellen. Denn natürlich mußten sich die neuen Bürger irgendwann auch sprachlich anpassen, ein Prozeß, der, sozial gesehen, von unten nach oben verlief. Die französischen Handwerker und Kaufleute, aber vor allem auch die Bediensteten und Tagelöhner waren gezwungen, Deutsch zu lernen, um sich in ihrer beruflichen Umwelt behaupten zu können. Manche Hugenotten erkannten den Vorteil der Zweisprachigkeit. Sie wiesen in ihren Gesuchen darauf hin, daß sie in beiden Sprachen zu Hause seien und deshalb für ein Amt in der Verwaltung oder als Lehrer besonders geeignet seien. Tatsächlich wurden Franzosen bei der Wahl zum Bürgermeister oder zum Ratsherrn in der Dorotheenstadt vor deutschen Bewerbern auch darum bevorzugt, weil sie beide Sprachen beherrschten. Die kurfürstliche Verwaltung war sich klar darüber, daß solche Beamten bei Streitigkeiten zwischen Deutschen und Franzosen eher zu einer Schlichtung imstande waren.

Wie es bei den einfachen Bürgern der zweiten Generation um die Deutschkenntnisse stand, läßt ein interessantes Dokument aus dem Jahre 1735 erkennen. Damals gab es Verhandlungen zwischen den Zünften der deutschen und der französischen Bäcker in Berlin. Letztere lehnten am 16. September 1735 eine gemeinsame Zunft mit den Deutschen auch aus sprachlichen Gründen ab. Ihre Sprecher, Pierre Toussaint und Daniel George, betonten: »Pour Ce qui reguarder la langue Allemande Nous Avons un tier de nos Boulanger françois qui ne saver point dalement« (Was die deutsche Sprache betrifft, so kann ein Drittel von unseren französischen Bäckern kein Deutsch). Die deutschen Bäcker bezweifelten jedoch, daß es sich so verhielt. Sie behaupteten: »... weilen die Frantzösischen bäcker bereits naturalisiert, daß sie die Teutsche Sprache ebenso gut, als die Teutsche bäcker wißen, zu Verhütung aller ferneren Dispute und beschwerden, so sollen sich die Teutsche und frantzösische bäcker gleich anderen hiesigen Handwerkern combinieren.«

Trotz der Widersprüchlichkeit der Aussagen kann man übereinstimmend schlußfolgern, daß der größere Teil der betroffenen Franzosen sich bereits deutsch verständigen konnte. Wenn eine Minderheit der französischen Bäcker dies noch nicht vermochte, so war das sicher eine Folge ihrer Abkapselung in einer eigenen Zunft. Überhaupt dürften mangelnde Deutschkenntnisse um diese Zeit gerade bei jenen Hugenotten anzutreffen gewesen sein, die als Handwerker in eigenen Zünften arbeiteten und damit in einer relativen Abgeschlossenheit lebten. Ansonsten aber führten die ständigen Kontakte mit den deutschen Mitbürgern wie auch das allmähliche Hineinheiraten in deutsche Familien dazu, daß sich die Franzosen zunehmend sprachlich assimilierten. Ihre Französischkenntnisse gingen zurück, während sich die deutsche Sprache immer mehr bei ihnen durchsetzte. Daß diese Entwicklung nicht linear verlief, versteht sich von selbst.

Im Jahre 1765 arbeiteten ca. 2100 Deutsche als Gesellen, Lehrlinge oder Bedienstete bei den Hugenotten in Berlin, wie aus der Kolonieliste hervorgeht. Aus diesen Angaben läßt sich zumindest auf eine Zweisprachigkeit vieler Angehöriger der französischen Kolonie schließen.

Wenig später schätzte Herr von Marwitz in seinen Lebenserinnerungen die Sprachkenntnisse der Berliner Franzosen wie folgt ein: »Im Durchschnitt waren damals (um 1770 – d. Verf.) die älteren Leute die Enkel der Eingewanderten. Diese sprachen zwar schon sämtlich deutsch, aber schlecht und mit sehr merklichem Akzent. Wenn sie sich deutlich ausdrücken wollten, mußten sie französisch sprechen. Die ganz alten Leute konnten gar kein Deutsch.«

Natürlich wurde das Schicksal der französischen Sprache in Berlin und Brandenburg nicht unwesentlich von der Einstellung des Hofes in diesem Punkte beeinflußt. Diese war im 18. Jahrhundert sehr unterschiedlich. So übertrug König Friedrich Wilhelm I. seine ablehnende Haltung zur französischen Kultur auch auf die französische Sprache. 1716 und 1724 bestätigte er der französischen Gemeinde zwar, daß dort Französisch als Kultsprache erlaubt sei. Am 19. Mai 1727 aber äußerte er, daß der Gottesdienst nicht in französisch, sondern in deutsch gehalten werden solle. Am 5. Juli 1738 ordnete er an, daß in den preußischen Staaten kein Prediger bei irgendeiner Kolonie anzustellen sei, der nicht zuvor im Dom zu Berlin eine Probepredigt in deutscher Sprache gehalten habe. Einen Monat später wurde in einem Rundschreiben von allen französischen Schulmeistern gefordert, daß sie beide Sprachen, Deutsch und Französisch, sehr gut beherrschen müßten. Schon 1725 hatte der König von den Pasewalker Réfugiés gesagt: »Es sind teutsche Franzosen. Sie sollen einen teutschen reformierten Priester und fleißigen Schulmeister haben und sollen nicht Frantzösisch können.«

Auch als der knausrige König einmal höchstpersönlich in einen Streit eingriff, der sich bei der Aufstellung des französischen Etats um 50 Taler Pension für eine Pfarrerswitwe entspann, verlangte er, die französische Kolonie solle in Zukunft alle Anfragen in deutscher Sprache abfassen. Tatsächlich antwortete die Hofverwaltung im Schriftverkehr mit der Kolonie stets deutsch, aber deren Beamte setzten sich darüber hinweg und blieben z. B. im Falle ihres zur Bestätigung einzureichenden Etats beim Französischen.

Es ist bemerkenswert, daß alle preußischen Könige des 18. Jahrhunderts und auch Kurfürst Friedrich Wilhelm kein elegantes Französisch schrieben und sprachen. Die Ausnahme bildete Friedrich II., der in französisch dachte und schrieb und es recht gut beherrschte. Er schrieb schon mit acht Jahren besser französisch als deutsch, wie uns aus dem Nachlaß seines »Gouverneurs« v. Kalckstein bekannt ist. Er gab zeitlebens der französischen Sprache als Literatur- und Wissenschaftssprache den Vorzug und bediente sich ihrer im geselligen Beisammensein bei Hofe. Doch im Umgang mit seinen Beamten, Gesandten und Generälen verwendete er häufig die deutsche Sprache. Unter Friedrichs Regierung verstärkte sich der Einfluß der höfischen französischen Kultur in Berlin wieder. Der sprachliche Assimilationsprozeß der Kolonisten wurde dadurch etwas gebremst. Die französische Sprache erlebte nun wieder einen Aufschwung. Viele Witwen und Erwerbslose in der Kolonie inserierten in den Zeitungen, daß sie bereit seien, gegen ein Entgelt Privatunterricht in Französisch zu erteilen.

Aber die Nachfahren der Einwanderer sprachen zu dieser Zeit z. T. ein veraltetes Französisch – kein Wunder, fehlte ihnen doch die Verbindung mit der Sprachentwicklung in Frankreich. Es entstand, was Voltaire, Prémontval und Graf Mirabeau der Jüngere abfällig als »style réfugié« bezeichneten. Dieses Refugierten-Französisch zeichnete sich vor allem dadurch aus, daß es viele Eigennamen und Ausdrücke aus dem Deutschen aufnahm und französisch zurechtmachte. Der Direktor des Französischen Gymnasiums, Jean Pierre Erman, wies die Angriffe Voltaires in seinem Werk über die Geschichte der Réfugiés zurück, indem er nachwies, daß es auch im Französisch der »Académie française« eine Anzahl Ungereimtheiten gebe. Außerdem verkündete er stolz, die Aufnahme deutscher Begriffe sei eine Bereicherung der französischen Sprache.

Typisch für viele Angehörige der mittleren und unteren Schichten der Kolonistengeneration etwa nach 1730 war neben dem allmählichen Verlernen der französischen Sprache, daß sie ihre Muttersprache mit deutschen Wortbrocken mischten. Das führte zu einem Verballhornen oder Verhunzen des Französischen. Einige Beispiele aus dem sprachlichen Alltag mögen das veranschaulichen:

Die hugenottischen Einheiten verstärkten die Armee »sur le Rain« (am Rhein). Unter den Einwanderern stammte ein Teil aus »la ville d'Estrassebourg« (der Stadt Straßburg). Andere zogen in »d'une ville nommé Allés« (in die Stadt namens Halle). Bei Ein- und Ausfuhr der Waren hatte man sich zu hüten vor den »soldats de la Landmiliz« (den Soldaten der Landmiliz). Die Hugenotten besaßen das Privileg der »exemption de la Einquartierung« (Befreiung von der Einquartierung), und sie mußten manchmal viel bezahlen »à la Kämmerei de la ville« (auf der Stadtkämmerei), »le Wassergeld« z. B. und, sobald die Freijahre abgelaufen waren, »pour le frais du Wachdienst« (für die Wachtdienstkosten) aufkommen. Glücklich konnte sich schätzen, wer vom »Servis-Geldt« (Dienstgeld) und vom »Abschoß-argent« (Abzugsgeld) befreit war.

Wollte man in Berlin über die Spree, so brauchte man nur den »Monsieur le Bootsmann« zu rufen. Besuchte man im nächsten Dorf seine Anverwandten und fand den »jander« (franz. gendre = Schwiegersohn) oder die »fills« (franz. fils = Söhne) als »cosettes françois« (französische Kossäten) im gleichen Range mit den »cosettes allemands« (deutschen Kossäten), dann war die Freude groß. Dort erfuhr man, daß die königlichen »comissaires« sie mit »trois morgues« (drei Morgen) von den »cinquante houfs« oder »houffes de terre« (50 Hufen Land), welche dem ganzen Dorf zur Verfügung standen, bedacht hatten.

Waren die »cocher« (Kutscher) nicht achtsam mit den Pferden umgegangen, dann nannte man sie »ces schelmes pires que les valets des bourreaux« (diese Schelme, die schlimmer sind als Henkersknechte) und drohte ihnen mit »la justice de la Stadt-Fockey« (dem Stadtvogteigericht). Und vor dem Schloß mußte man sich vor dem »Monsieur le Wachtmeister A. P. Moran« in acht nehmen.

Meist waren es deutsche Schimpfworte, die von den Hugenotten zuerst übernommen wurden. Ein Gerichtsverfahren, das in letzter Instanz in Berlin durchgeführt wurde, ergab, daß bei einem Streit mit tätlichen Auseinandersetzungen vier beteiligte französische Koloniebürger im Eifer des Gefechts deutsche Schimpfworte verwendet hatten. »Üblen Subjekten« konnte es passieren, daß sie »dans la Arbeitshaus« (ins Arbeitshaus) eingewiesen wurden. Und schon 1687 fürchteten die Hugenotten, mit »Monsieur Mayserny, directeur du Spinnhaus de Spandow«, das heißt mit der Spandauer Festung und ihrem Spinnhaus-Chef, Bekanntschaft zu machen.

In Berlin mußten die französischen Einwanderer zunächst auf gewohnte Sofas, Diwans und »Fauteuils« (Sessel) verzichten, und »trois, quatre schemels« (drei, vier Schemel) waren oftmals ihre Sitzgelegenheiten. Es war »commode« (gemütlich), wenn man sich im Winter »contre le Kakelofen« (an den Kachelofen) lehnte. Auf dem Tisch stand »un glas« (ein Glas). Benötigte man es nicht mehr, so sagte der Hausherr zum Diener: »Mettez cela sur le Fensterbrett« (Stellen Sie es auf das Fensterbrett). Durch das »fenêtre du flore« (Flurfenster) konnte man auf die Straße schauen.

Es war manchmal unbedingt nötig, in die Stadt zu fahren, um »le Sackband« zu kaufen. Ein jeder verstand, wenn »un ackebrett« (ein Hackbrett) oder »un aspel pour dévider du fil« (eine Haspel, um den Faden abzuwickeln) verlangt wurden. Die französischen Studenten konnten schon 1687 sicher sein, daß sie »le Kostgeld ordinaire« (das gewöhnliche Kostgeld) an der Universität in Frankfurt (Oder) bekamen. Die französische Holzgesellschaft verteilte an Bedürftige »un hauffe bois entier« (einen ganzen Haufen Holz). Ein Armenlehrer freute sich über die kostenlose Bereitstellung von »trois hauffes Knippelbois« (drei Haufen Knüppelholz). Fast in jedem Hause der Berliner Hugenotten gab es eine Kollektenbüchse, wo »Opfer-argent« (Opfergeld) gesammelt wurde. Die Arbeitskommissionen der französischen Gemeinde waren gezwungen, »le Kostenanschlag« zu machen. Ein Armer konnte als Kleiderspende eventuell »un brusttouch« (ein Brusttuch) empfangen.

Der Kupferstecher Daniel Chodowiecki hat Henri Gierart, einen fliegenden Seifenhändler, dargestellt. Unter diesem Bild befindet sich ein Text in kuriosem deutsch-französischem Mischdialekt. Daraus nur eine kleine Kostprobe:

»Bonjour meschers Messieurs! Kauff sick kut Savonet (Seife)! Etuits, un schön Pomat von Wacks un renlick fett. Kauff Kauff sick in die Zeit, so hab, sick in das Noth ... Adieu! Messieurs! Messieurs! nun hab sick der argent (Geld). Bon Appetit! Messieurs! klenn Fransoß is content (zufrieden). Bien oblige meschers Seigneurs! De tout mon Cœur (Bin Ihnen von ganzem Herzen zu Dank verpflichtet) ...«

Bis in unsere Zeit hinein konnte man bei den Kindern in Berlin und besonders in der Uckermark einen abgewandelten französischen Abzählreim hören:

1. Version	2. Version	Französisch
Ong, drong, dree	On, don, dreh	un, deux, trois
Katterkammersee	Katterlamüseh	quatre, l'amusez
Lemmer si, lemmer so	Lamüseh, tische, perle	l'amusez, l'amusez
Die Kapelle Sanktimo	Lamüseh, tische, perle	dis-je, par les ani-
Sanktimo de Colibri	Santimo	maux
Colibri de Tepperi	Santimo di Tepperi	les petits de colibris
Ong dong dree	Tepperie, die Colibri	Un, deux, trois!
Areh	On, don, dreh, arreh!	Est roi, Arrêt

Aber auch wenn sich in vielen Bereichen des Alltags eine gewisse Sprachvermengung und schrittweise Angleichung an die deutsche Sprache bemerkbar machte, so suchte die Führungsschicht der Hugenotten doch an der französischen Sprache festzuhalten, sah sie in ihr doch ein Statussymbol. Das französische Konsistorium und das Oberkonsistorium verbanden das Sprachenproblem stets mit den Privilegien aus dem Edikt von Potsdam. Ihre Argumentation lief darauf hinaus, daß die Aufgabe der französischen Sprache in Schule, Kirche und Rechtsprechung zum baldigen Verlust der Sonderstellung, aber auch der Identität der Französisch-Reformierten führen würde. »Wir sind etwas Besonderes«, schrieben Richter und Pastoren der Kolonie, als Ende des 18. Jahrhunderts die Frage diskutiert wurde, ob man an den französischen Gerichten die deutsche Sprache einführen sollte. Einige plädierten dafür, bei Bagatellfällen Deutsch zuzulassen, nicht aber bei komplizierten. In führenden Kreisen der Kolonie war man dem preußischen König Friedrich Wilhelm II. dankbar, als er in einem Edikt von 1787 ihre Sonderstellung bestätigte und es ausdrücklich befürwortete, daß die Mitglieder der französischen Gemeinden sich weiterhin der französischen Sprache befleißigten. Das oberste französische Gericht bestätigte am 1. November 1791, daß man ohne ausdrückliche Erlaubnis des Königs nicht von der französischen Sprache abgehen dürfe. Es wies darauf hin, daß seit der Ansiedlung in Brandenburg-Preußen der Gebrauch der französischen Sprache mit der Aufrechterhaltung der Kolonie-Privilegien verbunden sei. Man sollte doch die guten alten Sitten weiterhin pflegen. »Es ist die Sprache, die den guten und nützlichen Corpsgeist in der Colonie stärkt.«

Kontroverse Diskussionen gab es über die Qualität des Französisch- und die Notwendigkeit eines Deutschunterrichts am Collège français. Der Armenarzt Pelisson hatte schon 1772 angeregt, die deutsche Sprache an den französischen Schulen und am Französischen Gymnasium zu lehren. Im April 1787 wurde im Akademischen Rat des Gymnasiums erneut die Frage erörtert, ob am Collège Deutsch erteilt werden sollte. Doch vor allem Direktor Erman und der Direktor der Königlichen Akademie der Künste, Merian, sprachen sich dagegen aus. Sie waren der Ansicht, daß man Deutsch ausreichend auf der Straße hören und nötigenfalls auf anderen Gymnasien und Privatschulen erlernen könne. Das Collège sollte Französisch lehren.

Ihnen wurde entgegengehalten, daß man sich nicht gegen die Entwicklung stellen könne. Außerdem hörten die Schüler am Französischen Gymnasium ein mit Germanismen durchsetztes Französisch. Aber Direktor Erman blieb bei seiner Auffassung und bat um

1000 Taler, um das Französisch der Lehrer zu verbessern. Sein Gesuch wurde abgelehnt, statt dessen fanden nun allwöchentlich Konferenzen mit den Lehrern statt mit dem Ziel, über die Reinheit und Korrektheit des französischen Ausdrucks zu wachen und über die beste Unterrichtsmethode in dieser Sprache zu diskutieren.

1798 erneuerte Pelisson seinen Vorschlag, wenigstens in den oberen Klassen des Gymnasiums Deutsch als Unterrichtsfach in den Lehrplan aufzunehmen. Aber erst 1802 bewilligte der Conseil académique 100 Taler für einen zweistündigen Unterricht pro Woche in deutscher Grammatik und Rechtschreibung sowie in deutscher Literatur des 18. Jahrhunderts. Dabei waren bereits ab 1750 etwa die Hälfte der Schüler des Französischen Gymnasiums Deutsche, um 1800 sogar schon zwei Drittel.

In den Landgemeinden war das Sprachenproblem schon viel früher aufgetreten, so daß Friedrich II. 1763 in seinem »Allgemeinen Schulreglement« betonte: »Da wir davon unterrichtet sind, daß mehrere Kinder auf dem Lande nicht genug Französisch verstehen, um von dem Unterricht in dieser Sprache Nutzen zu haben, ermächtigen wir die Schulmeister, sich der deutschen Sprache zu bedienen, wenn sie dessen fähig sind.«

In den Kirchen der französischen Gemeinde in Berlin wurde im 18. Jahrhundert ausschließlich französisch gepredigt. Als dann nach langen Auseinandersetzungen der Tatsache Rechnung getragen wer-

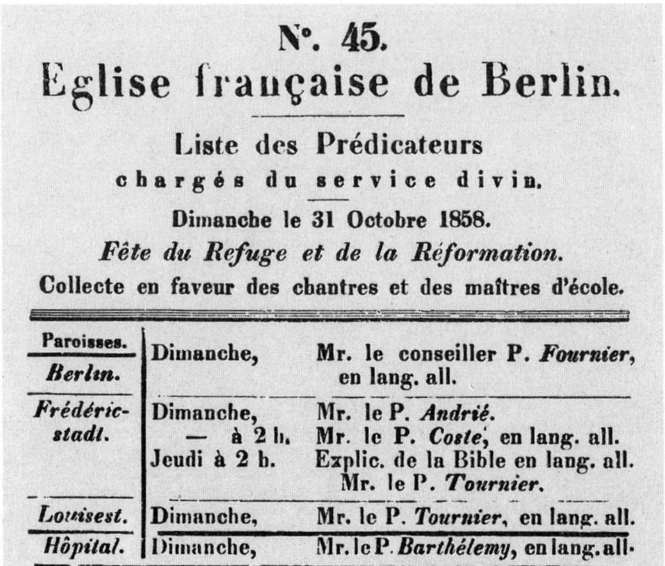
N°. 45.

Eglise française de Berlin.

Liste des Prédicateurs
chargés du service divin.

Dimanche le 31 Octobre 1858.

Fête du Refuge et de la Réformation.

Collecte en faveur des chantres et des maîtres d'école.

Paroisses.		
Berlin.	Dimanche,	Mr. le conseiller P. *Fournier*, en lang. all.
Frédéricstadt.	Dimanche, — à 2 h. Jeudi à 2 h.	Mr. le P. *Andrié*. Mr. le P. *Coste*, en lang. all. Explic. de la Bible en lang. all. Mr. le P. *Tournier*.
Louisest.	Dimanche,	Mr. le P. *Tournier*, en lang. all.
Hôpital.	Dimanche,	Mr. le P. *Barthélemy*, en lang. all.

Kirchenzettel der französisch-reformierten Kirchen in Berlin von 1858 mit der Ankündigung von fünf Predigten in deutscher und nur einer Predigt in französischer Sprache

den mußte, daß vor allem die jüngeren Kirchenbesucher vielfach den französischen Predigten nicht zu folgen vermochten, und als nach Aufhebung des Koloniestatus Gottesdienste in deutscher Sprache eingeführt wurden, fanden sie anfangs alternierend mit französischsprachigen statt. Schließlich wurde ab 1. Januar 1832 mit Ausnahme von vier französischen Abendmahlsfeiern in der Klosterkirche und in der Luisenstädtischen Parochie der Gottesdienst nur noch in deutsch gehalten. 1837 gab man auch in der Dorotheenstädtischen Kirche den Gottesdienst in französischer Sprache auf. Da seit dem 15. August 1841 die französische Gemeinde in der Dorotheenstadt und auf dem Werder keine Gottesdienste mehr hielt, wurde am Ende – und auch das in immer geringerem Umfang – nur noch in einer Kirche Berlins, in der Friedrichstadtkirche (dem Französischen Dom), bis zum ersten Weltkrieg französisch gepredigt. Doch 1920 beschlossen die Familienoberhäupter, auch diesen letzten französischen Gottesdienst abzuschaffen. Während des zweiten Weltkrieges wurden in der Friedrichstadtkirche ausnahmsweise für französische Kriegsgefangene Abendmahlsgottesdienste in französisch gehalten.

Schriftliche Aufzeichnungen im kirchlichen Bereich, z. B. Eintragungen in den Kirchenbüchern oder Presbyterialprotokolle, wurden noch bis Mitte des 19. Jahrhunderts in französisch gemacht. Das gleiche gilt für die Einrichtungen des Armenwesens. Ja, die Kirchenbucheintragungen der Berliner Gemeinde erfolgten noch bis 1896 in französisch. Es war wie ein trotziges Bewahrenwollen einer Tradition, die doch längst lebensfremd schien. Nicht von ungefähr wurde der Briefwechsel mit den Gemeindegliedern schon seit 1840 kaum noch in französisch geführt, wie die Akten im Gemeindearchiv ausweisen. Wenn die »Maison d'Orange« aber die alte Praxis sogar bis Anfang des 20. Jahrhunderts beibehielt, dann wohl nicht zuletzt deshalb, um die englischen Gesandten, denen noch immer das Mitspracherecht für diese Stiftung zustand, nicht zu brüskieren.

Einst hatten die hugenottischen Einwanderer gerade ihre Sprache sorgfältig gehütet. Doch mehr als ein Jahrhundert später war von diesem wichtigen Symbol ihrcr nationalen Eigenständigkeit im Alltag ihrer Nachfahren kaum etwas übriggeblieben. Am Ende ihrer Assimilation stand zwangsläufig auch die völlige Aufgabe der französischen Sprache.

Das bedeutet allerdings nicht, daß das Französische sang- und klanglos unterging in Berlin, ohne Folgen blieb für die sprachlich-kulturelle Entwicklung in der Stadt. Im Gegenteil, es hat diese Entwicklung in einem nicht zu unterschätzenden Maße mitgeprägt. Das geht sicher nicht allein auf das Konto der Hugenotten, auch die Einflüsse, die von den französisch sprechenden preußischen Militärs und vom frankophilen friderizianischen Hof sowie von der napoleonischen Besetzung ausgingen, wirkten gewiß in dieser Richtung. Außerdem war das Eindringen so mancher französischer Wörter und Wendungen in die Sprache des Berliners auch ein Ergebnis der allgemeinen Lehnwortbeziehungen, in denen diese über das Hochdeutsche und auf dem Umweg über andere deutsche Mundarten mit dem Französischen stand. Das gilt nicht zuletzt für fachsprachliche Begriffe und abgeleitete Ausdrücke, zum Beispiel für zahlreiche militärtechnische Termini, die der französischen Militärsprache entstammen und in fast allen deutschen Mundarten auftauchten. Oder für eine ganze Reihe von Fachausdrücken aus der französischen Textilbranche, die im 18. Jahrhundert u. a. auch für die Arbeitswelt vieler Berliner unentbehrlich wurden, später aber mit der Veränderung bestimmter Produktionsverfahren wieder verschwanden.

Doch dürften die Hugenotten aus quantitativen wie aus qualitativen Gründen (sprich: vor allem wegen ihrer aktiven Einbindung in das Alltagsleben) Anteil daran haben, daß die französische Sprache – und nicht nur die Sprache – Spuren in Berlin hinterließ. Dabei müssen sie sich, wie gesagt, nicht immer als direkte Sprach-Importeure betätigt haben, es ist auch denkbar, daß sie die Berliner durch ihre teilweise andere Lebens- und Arbeitsweise anregten, dieses oder jenes französische Lehnwort, das seinen Weg unabhängig von ihrer Ansiedlung hierher und in benachbarte Sprachgebiete gefunden hatte, verstärkt zu gebrauchen.

Häufig ist zwar behauptet worden – so auch von dem hugenottischen Nachfahren Theodor Fontane –, daß die »steifen« Hugenotten am »Uranfang des modernen Berlinthums keinen Anteil hatten«, aber Fontane und andere Zweifler an solcher Nachwirkung der Einwanderung aus Frankreich haben vor allem eins außer acht gelassen: die Vorliebe der Berliner für das Imitieren, das Nachahmen. Sie fand in den Fremden mit ihren lebhafteren, aber auch feineren Umgangsformen und den vielen Neuheiten, die sie mitbrachten, ein interessantes

Objekt. »Viel Neues«, so betonen Erman und Reclam in ihrem Geschichtswerk über die Hugenotten-Einwanderung in Brandenburg-Preußen, »nahmen die Deutschen auf, denn sie lebten ja eng mit den Réfugiés zusammen.« Außerdem galt alles Französische seinerzeit als vornehm. Schon Ende des 18. Jahrhunderts konnte man im »Teutschen Merkur« lesen: »Die Berliner radebrechen ständig französisch, pudern, parfümieren sich, putzen sich heraus, gebärden sich rücksichtslos und prallerisch.«

Es muß jedoch bezweifelt werden, daß es nur in großtuerischer Absicht geschah, wenn die Berliner viele französische Wörter aufgriffen, sie z.T. nach ihrem Klangbild und ihren Sprechgewohnheiten abwandelten und ihrem Sprachschatz einverleibten. Oftmals war dies einfach die Folge intensiver Kontakte mit den Zugewanderten und ihren Nachkommen, die fast zwangsläufig zu solcher Beeinflussung führten oder die Vorliebe für den Gebrauch älterer französischer Lehnwörter verstärkten. Ein anschauliches Beispiel dafür liefert ein bemerkenswertes Dokument im Berliner Stadtarchiv. Es handelt sich um ein Tagebuch, das der Bäckermeister Heyde von 1731 bis 1786 über sein Leben und das Weltgeschehen geführt hat. In diesen Aufzeichnungen finden sich eine Reihe französischer Wörter, denen der Verfasser eine umgangssprachliche Färbung gegeben hat, z. B. batalje (franz. bataille = Schlacht), botelgen (bouteilles = Flaschen) oder Mossie (Monsieur = Herr). Heyde war Kirchenvorsteher der deutschen Kirchgemeinde in der Dorotheenstadt und hatte durch das dortige Simultaneum mit den Französisch-Reformierten häufigen Umgang mit den Franzosen.

Fest steht, daß die Berliner Mundart eine beträchtliche Anzahl französischer Wörter assimiliert und in ihren aktiven Bestand aufgenommen hat. Allerdings lassen sich die meisten französischen Worte erst nach 1800 im Berlinischen nachweisen. Und schwierig wird es, wenn man dem sprachlichen Einfluß der Réfugiés im einzelnen nachzugehen sucht und über die innere Struktur des Berlinischen zwischen 1700 und 1820 detaillierte Aussagen machen will. Dann zeigen sich empfindliche Forschungslücken, die von der Sprachwissenschaft noch nicht geschlossen wurden.

Die Berliner Mundart hat ja im Laufe der Jahrhunderte viele sprachliche Elemente anderer Landschaften aufgenommen, hat sie verändert, neu gestaltet. Im 13. Jahrhundert sprach der Berliner niederdeutsch oder – volkstümlich ausgedrückt – plattdeutsch. Es war bis zum 16. Jahrhundert für Berlin prägend; danach beeinflußte die obersächsische Sprache das Berlinische entscheidend. Niederländisch,

Jiddisch und, nicht zuletzt, eben auch Französisch flossen ebenfalls in den Berliner Dialekt ein. Als die Stadt Ende des 18. Jahrhunderts eine Großstadt wurde – jedenfalls für brandenburgisch-preußische Verhältnisse – und ihre Bürger ein zunehmendes Selbstbewußtsein entwickelten, entstand hier jenes Berlinische, das Grundlage für die heute weithin geltende berlinische Umgangssprache wurde.

Französisch war für die Berliner einfach etwas »Feines«. Aber auch ihr Respekt vor den Leistungen der Franzosen in Handel, Gewerbe und in den Wissenschaften mag ein Grund dafür gewesen sein, daß sie versuchten, sich auch französisch, und sei es noch so bruchstückhaft und kümmerlich, auszudrücken. Der unsterbliche Eckensteher Nante sagte es so: »Entschuldigen Se, wenn ick manchmal en bißken Französisch unter meine Reden jieße.« David Kalisch hatte es dem Berliner Volke abgelauscht, wenn er im »Gebildeten Hausknecht« schrieb: »So'n bisken Französisch, das macht sich ganz wunderschön, très aimable, sagt auch Schnabel.«

Typisch für den Berliner Dialekt ist das Einflechten von französischen Brocken und das »sprachschöpferische« Verdrehen und Abwandeln von Worten.

»Taach, Nante, comment (wie), wie jeht et dir?« – »Toujours (immer), wie imma passablement«, heißt es bei Adolf Glaßbrenner. Nante wurde gefragt: »Geboren?« – »Jeboren bin ick, je suis!« (Ich bin!) Köstlich auch: »Et ist een wahret Jlück, det bei det Unjlück jlücklicherweise keen Maller passiert is.« (von franz. malheur = Unglück; se passer = sich ereignen). Auch »blümerant« oder »plümerant«, was soviel heißt wie schwach, schwindlig (von franz. bleu mourant = sterbendes Blau), »etepetete«, was meist in der Bedeutung von übertrieben fein, langsam verwendet wird (von être peut-être = vielleicht sein), »Schislaweng«, was etwa mit Schwung zu übersetzen ist (von ainsi cela vint = so ist dies gekommen), und »Stellage« als mundartliche Bezeichnung für Gestell (von étalage = Auslage, Schaukasten) gehören in die Kategorie der umgangssprachlichen Veränderungen französischer Worte, die ins Berlinische Eingang fanden. Das letzte Beispiel weist auf die Neigung der Berliner hin, deutsche Worte mit einer französischen bzw. französisch klingenden Endung zu versehen.

Zu diesen Wortschöpfungen zählen auch »knappemang«, »sachtemang«, die »Kledasche« als salopper Ausdruck für Kleidung oder der »Kneipjee«. In die Rubrik der klanglichen Wiedergabe französischer Worte lassen sich »Bredullje« (von franz. bredouille = Mißerfolg), »entrenu« (von entre nous = unter uns), »Lamberkeng«, die weit über

Berlin hinaus verbreitete Bezeichnung für einen Querbehang (von lambrequin = Bogenbehang), und »pleng«, was soviel wie satt haben heißt (von plein = voll), einordnen. Bei Worten wie »Retourkutsche«, der umgangssprachlichen Umschreibung für das Zurückgeben eines Vorwurfs, oder »Stippvisite«, einem saloppen Ausdruck für einen kurzen Besuch, wurde jeweils ein französisches Wort (retour = Rückkehr, Wiederholung bzw. visite = Besuch) mit einem deutschen kombiniert.

Auf den Straßen Berlins hörte man häufig Wortspiele mit französischen Ausdrücken, die meistens kurzerhand der eigenen Sprechweise angepaßt wurden. So sagte man z. B.: Die Portierfrau vermietet »'n Schamberjarnie« (von franz. chambre garnie = möbliertes Zimmer). Der Volksmund machte daraus: »Der eene wohnt Schamber, der andere Jarnie.« Verballhornt war ein Untermieter ein »Schamberjarnich«. Und Glaßbrenner schrieb: »... als de dir mit den Chambrejarnisten in een Techtelmechtel injelassen hattest ...«

Oft fügte der Berliner dem ihm unverständlichen französischen Wort gleich die deutsche Übersetzung hinzu, was zu eigenartigen Doppelformen führte. So sprach er von einem »Chapeau-Hut«, einem »Jardin-Garten«, dem »Contrairen-Gegenteil«, von »infamichter Gemeinheit« und sagte: »Mit'n gewissen ›Awek‹ ...« (franz. avec = mit). Die Zigarrenhändler vor den Toren Berlins riefen um 1820: »Zigaro mit avec du feu!« (mit Feuer). In der Schule hat sicher schon jeder einmal während des Unterrichts »Keesekasten« (von franz. caisse = Kasten) gespielt. »Mit Avekplaisir-Vergnügen« wurden die Damen ausgeführt. Hatte man mit jemandem etwas vereinbart, so war es z. T. üblich zu sagen: »Abgemacht, seefe« (von franz. c'est fait = das ist gemacht). Solche Pleonasmen, zu denen auch Ausdrücke wie »vis-à-vis-jejenüber« oder die »Côté-Seite« zählen, waren in unserer Stadt bis ins 20. Jahrhundert zu hören.

Manchmal war es nur ein einziges französisches Wort, das man, berlinerisch zurechtgemacht, benutzte, um einen Satz damit zu schmücken. So sagte der Berliner beispielsweise: »Der anijert sich (von franz. s'ennuyer = sich langweilen) wie'n Mops im Dischkasten« oder: »Det war doch direktemang (von directement = direkt, unmittelbar) zum Lachen.« Dem Eckensteher Nante wurde eine ganze Serie solcher Ausdrücke in den Mund gelegt, etwa: »Aber wenn ick manchmal melonklöterich (von mélancolique = trübsinnig) bin, dann könnte ick justement (= direkt, unmittelbar) aus dem Fenster springen.« Oder die Empfehlung: »Jeh aber mit deiner Braut dusemang (von doucement = sanft, zärtlich) um!« Wenn jemand zu knappe Schuhe trug und dadurch mit nach innen gedrehten Fußspitzen ging, so hieß es von ihm: »Er jeht über'n jroßen Onkel« (von franz. gros ongle = großer [Zeh-] Nagel). Die Worte »kascholieren«, was soviel heißt wie: jemanden um den Bart gehen (von cajoler = schmeicheln), »kujonieren« (von couillon = Feigling) und »kuschen« (von coucher = sich niederlegen) sind ebenfalls französischen Ursprungs, jedoch sei angemerkt, daß der »große Onkel« auch im obersächsischen Dialekt nachweisbar ist und vielleicht aus Sachsen nach Berlin kam. »Kascholieren«, »kujonieren« und »kuschen« sind landläufige Ausdrücke und waren nicht nur Bestandteil des Berlinischen.

Sprachliche Folgen von französischem Gartenbau und französischer Küche

In bestimmten Lebensbereichen machte sich der sprachliche Einfluß der Hugenotten besonders stark bemerkbar, nämlich dort, wo sie dank ihrer einmaligen oder andersartigen, für die damalige Zeit fortschrittlicheren Leistungen überlegen waren. Hier waren die sprachlichen Spuren oftmals Begleiterscheinungen der beachtlichen Auswirkungen hugenottischer Tätigkeit auf die materielle Alltagskultur in der Stadt. So haben die Franzosen den Gartenbau in Berlin stark beeinflußt und damit zugleich die deutsche Küche und die Eß- und Trinkgewohnheiten bereichert und verfeinert.

Die zahlreichen Gärtner, die sich unter den französischen Zuwanderern befanden und sich vor allem in den Berliner Vorstädten niederließen, brachten neue Gemüse- und Obstsorten, aber auch Kräuter mit. Vielfach nutzten sie ihre Verbindungen nach Frankreich und beschafften sich von dort Sämereien und Setzlinge. So wurden von ihnen Blumenkohl, Spargel, Artischocken, Salat, grüne Bohnen, Spinat und grüne Erbsen in der Stadt kultiviert. Auch aßen die Berliner z. B. 1793 »20 Winspel« frisches französisches Obst, wie Ludwig Formey in seiner medizinischen Topographie berichtet. Französische Birnen wurden zu einem beliebten Kompott. Manchmal boten die französischen Kunstgärtner der Stralauer und Köpenicker Vorstadt und die von Sommerfeld vor den Toren der Stadt sogar Südfrüchte auf dem Markt an; sie hatten nämlich in Gewächshäusern Orangen- und Zitronenbäume gezogen. Einige Franzosen legten für den Hof und für reiche Leute Orangerien an. Auch versuchten die Réfugiés vielerorts, Wein anzubauen, wie sie es in Frankreich gewohnt waren, aber auf den sandigen und kalten Böden der Mark wollte dieser nicht so recht gedeihen. Der Menardiersche Weinberg im Nordwesten der Stadt

z. B. wurde zu einem bekannten Ausflugsziel der Berliner. Diese wanderten auch nach Charlottenburg, um Salat à la Dahuron zu essen, so benannt nach einem bei Hof angestellten französischen Küchenmeister.

Den bekanntesten Garten besaß die Kunstgärtnerfamilie Bouché. Als Winzer waren die Bouchés aus der Champagne ausgewandert. David Bouché kaufte sich ein kleines Grundstück in der Lehmgasse in der Stralauer Vorstadt, unweit der heutigen Jannowitzbrücke. Sein Sohn Pierre beschäftigte sich mit Blumentreiberei, wie überhaupt zahlreiche Franzosen sich erfolgreich als Blumenzüchter hervortaten. 1781 ging die Gärtnerei auf den jüngsten Sohn, David Bouché, über. Durch ihn entstanden die ersten großen Treibhäuser in Berlin.

Die Gartenbaukünste der Franzosen kamen natürlich auch der Berliner Küche zugute. Ihren damaligen kurzen Speisezettel haben sie vor allem um die Vielzahl der Gemüsesuppen erweitert. Aber auch andere schmackhafte Gerichte der französischen Küche fanden bald Anklang. Dabei hatten die Berliner anfangs über die französischen »Bohnenfresser« gespottet, und deutsche Schulkinder nannten die französischen Kinder neckend »Paddenschlucker«. Im 18. Jahrhundert wurde in Berlin das Gerücht kolportiert, der zahme Storch auf dem Gelände des Schlosses finde keine Nahrung mehr, weil die Franzosen sogar nachts allen Fröschen in der Spree nachstellten. Doch nach und nach entdeckten die Berliner die Vorzüge der fremden Küche, und sie lernten von den Einwanderern, die nicht üppig zu tafeln pflegten, auch die sparsame, aber ideenreiche Zubereitung einer Mahlzeit. Die bekannteste kulinarische Neuerung, die sie ihnen abguckten, war die noch heute so beliebte Bulette.

Schon Anfang des 18. Jahrhunderts verkauften die Hugenotten in der Stadt kleine »Franzbrote«, leichtere Brote aus feinerem Mehl. Aus ihnen entwickelte sich wahrscheinlich die Berliner »Schrippe«. Auch als Kuchenbäcker genossen die Franzosen einen guten Ruf.

Eine besondere Spezialität der Réfugiés waren die Waffeln. Sie selbst nannten sie »galiches«; das ist vermutlich ein ländlicher Ausdruck aus der Champagne. Es gab Waffeln mit Creme, Eiern und zumeist mit Früchten. Im Hugenottenmuseum von Berlin befand sich ein Waffeleisen, auf dem damals solche Köstlichkeiten über offenem Feuer gebacken wurden. Ob die Réfugiés diese Waffeleisen aus ihrer Heimat mitgebracht haben, bleibt dahingestellt, denn diese waren im 17./18. Jahrhundert allgemein in Norddeutschland verbreitet.

Gartenbau und Küche der Franzosen blieben auch nicht ohne sprachliche Folgen. Denn vielfach übernahmen die Berliner mit den bislang unbekannten Erzeugnissen auch so manche Bezeichnung dafür. Das gilt z.B. für die gelbschalige Butterbirnensorte »Ber(e)blang« (franz. beurré blanc) und die grauschalige Butterbirnensorte »Ber(e)gris« (beurré gris), die sich beide freilich nicht allein auf die Hugenotten zurückführen lassen, jedoch von diesen verstärkt in ihren Gärten angepflanzt wurden. Auch die »Karotten« (franz. carottes) gehen zwar nicht auf die Réfugiés zurück, dürften aber durch sie populär geworden sein.

Doch auch einige technische Begriffe, wie die »Kutsche« (franz. couche = Mistbeet), ein Frühbeet, das allerdings vornehmlich für die Anzucht von Tabaksetzlingen verwandt wurde, der »marqueur« (von marquer = zeichnen, anzeichnen), ein noch heute so bezeichnetes harkenähnliches Gerät zum Rillenziehen im Tabakanbau, oder der »boniteur«, wie jemand genannt wurde, der die Güteklasse eines Tabakfeldes einschätzte, fanden Eingang in die deutsche Sprache, wenn auch nicht zuerst ins Berlinische. Der Tabakanbau war ja besonders von wallonischen Einwanderern in der Uckermark zur Blüte gebracht worden. Aber es gab auch in den Randgebieten Berlins Anbauversuche, und nicht zuletzt erfolgten Verarbeitung und Verkauf des Tabaks in der Stadt, wo man deshalb mit solchen Begriffen vertraut wurde.

Besonders rund um das Essen findet man zahlreiche Ausdrücke, deren Ursprung bei den Franzosen zu suchen ist, wenngleich nicht in jedem Falle bei den Hugenotten. Schon um 1680 hieß es: »Erdäpfel in Castrol (franz. casserole = eine Art Pfanne) gebraten, nebst etwas Charlotten (Schalotten: französische Zwiebelart) ist ein gut Ding.« Stampfkartoffeln und Erbsbrei verwandelten sich in »Kartoffelpüree« und »Erbspüree« (von franz. purée = Brei). Fleisch- oder Kraftbrühe war nun in direkter Übernahme des französischen Wortes eine »Bouillon«. Und die schon erwähnte Bulette (franz. boulette = Fleischkügelchen) ist ebenso wie das »Ragufeng« (von ragoût fin = zartes Würzfleisch) sprachlich ebenfalls französischer Herkunft. Während »Ragoût fin« und »Püree« in den unterschiedlichsten deutschen Regionen zum sprachlichen Allgemeingut gehörten, hatte die »Bulette« tatsächlich in den hugenottischen Küchen Berlins ihren Ausgangspunkt und gewann in Brandenburg, Sachsen, Thüringen, verstreut auch in Norddeutschland Geltung.

Außerdem ist eine Vielzahl von berlinischen Redensarten nicht ohne französischen Einfluß erklärbar. So sagte man früher und sagt z.T. noch heute: Jeder bestellt sich von der Speisekarte nach seinem »Schaköng« (von franz. chacun à son goût = jedem nach seinem Geschmack). Hatte der Gast etwas bestellt, aß er »det ooch jleich aus de

›Lamäng‹« (von la main = die Hand). Natürlich aß man gern »ne ›Bulette‹«, achtete auf den »echten ›Hauju‹« (von haut goût – feiner Geschmack) und wußte: »Mit bißken Mostrich kricht se erst den richtigen ›Efé‹« (von effet = Wirkung). Die »Lamäng« und der »Efé« waren und sind übrigens wiederum weit über Berlin hinaus verbreitet, wogegen der »Hauju«, der auch zu »Hugo« umgebildet wurde, im Ursprung auf die Hugenotten in Berlin und ihre Redeweise zurückzuführen sein dürfte.

Um noch einmal auf die Bulette zurückzukommen: Sie wurde damals häufig beim »Budiker« bzw. in einer »Budike« gekauft. Ein Budiker war ein Kleinkaufmann, der Garküche und Ausschank gleichzeitig betrieb. Sprachlich leitet sich die »Budike« vom französischen »boutique« (= Laden, Bude) her. Ursprünglich hatten die Réfugiés an den Brücken Berlins und besonders an der Stechbahn auf der Schloßfreiheit (heute Marx-Engels-Platz) kleine »boutiques« errichten dürfen, um Kleinwaren aller Art zu verkaufen.

Später gingen einige von ihnen dazu über, den flanierenden Berlinern Erfrischungen anzubieten. Die Hugenottenwitwe Conte erhielt schon 1701 eine Konzession, die Besucher des Lustgartens mit einem kleinen Trunk zu erquicken. Sie hatte einen entsprechenden Antrag an die königlichen Behörden gerichtet, der vom Minister von Wartenberg mit einem vom 4. Juli 1701 datierten Dekret beantwortet wurde, in dem es wörtlich hieß:

»Se. K. Mt. in Preußen unser Allergnädigster Herr, haben der Supplicantin auf ihr allerdemütigstes ansuchen, hiermit und Krafft dieses allergnädigst concediret, in dero Schloßgahrten alhier ihre hierein Specificirte Limonade und andere liqueurs, zu rafraichirung (= Erfrischung) der daselbst promenirenden Persohnen öffentlich feil und zu Kauff zu haben, sonder von jemands daran behindert zu werden, wornach sich männiglich und absonderlich der hoffgährtner alleruntertänigstes gehorsambst zu achten haben.«

50 Jahre später gab Friedrich II. den Franzosen Thomassin, Dortu und Maurier die Erlaubnis, im »Thiergarten« den Berlinern in Leinwandzelten Erfrischungen anzubieten. Diese Zelte wurden bald ein beliebtes Ausflugsziel.

Möglicherweise haben Réfugiés um 1700 in Berlin auch das erste Caféhaus, in dem man gleichzeitig Billard spielen konnte, eingerichtet. Aus einem Protokollband des französischen Konsistoriums erfahren wir jedenfalls, daß an einem Sonntag einige Gemeindeglieder dem Gottesdienst ferngeblieben waren, um an der Eröffnung eines Billardcafés eines Franzosen teilzunehmen.

Später gab es die berühmten französischen Cafégärten am Rande der Stadt, im Tiergarten das Gabainsche Landhaus, an der Chaussee nach Potsdam das Georgesche Etablissement, vor dem Rosenthaler Tor den Mollardschen oder Wollankschen Weinberg-Cafégarten, in dem die von den Berlinern gern besuchten Konzerte im Freien stattfanden.

In Scharen zogen die Bewohner ebenfalls zu Bouché. Er hatte ein geräumiges Treibhaus von ca. 100 Meter Länge eingerichtet, so daß Besucher hier selbst im Winter inmitten von exotischen Blumen und üppigem Grün Kaffee trinken konnten. Auch die Prominenz zog es dorthin. Jeder wollte »draußen bei Bouché« im Glashaus sitzen. Das gab übrigens Stoff für eine hübsche Anekdote. Eines Tages – so wird erzählt – war auch der Minister von Kleewitz im Kaffeegarten von Bouché. Er mußte recht lange auf seinen Kaffee warten und beschwerte sich beim Chef des Hauses, daß er schon eine Viertelstunde hier sitze, ohne bedient zu werden. Daraufhin herrschte Bouché den Kellner an: »Exzellenz sitzt hier herum wie ein dummer Junge, und Sie bedienen ihn nicht«, woraus im 19. Jahrhundert das geflügelte Wort entstand: »Ich sitze wie Exzellenz bei Bouché«, das von den Berlinern in ähnlichen Situationen angewandt wurde.

Schweizer Konditoren, die Ende des 18. Jahrhunderts einwanderten und sich der französischen Gemeinde in Berlin anschlossen, beherrschten mit ihrem feinen Gebäck bald fast völlig den Markt. Ihre Häuser wurden zu besonderen Anziehungspunkten. So befanden sich Unter den Linden Nr. 26 das »Café national« und in Nr. 47 das »Café royal«, wo zu jeder Stunde »à la carte« gespeist wurde. Bei »Josty & Comp.« an der Stechbahn Nr. 1 beliebte das vornehme Berlin »zu konditern« und in den zahlreich ausgelegten Journalen zu lesen. Die Geschäftswelt der Stadt aber traf sich – nach 1800 – im »Café de commerce« und bei »Courtin et Comp.« in der Königstr. 22 (der heutigen Rathausstraße).

Es waren auch vorwiegend Hugenotten, die in der Stadt den »café prussien« oder »mocca faux«, woraus dann »Muckefuck« wurde, verbreitet haben. Als Friedrich II. den Kaffeezoll drastisch erhöhte und die »Kaffeeschnüffler« seiner Steuerbehörde überall durchs Land zogen, bauten französische Gärtner Zichorie an. Zwischen der heutigen Jannowitzbrücke und dem heutigen Hauptbahnhof befanden sich damals große Zichorienfelder. Während der napoleonischen Kontinentalsperre verkaufte man übrigens ganze Schiffsladungen Zichorie nach Hamburg.

Außer den schon genannten »limonadiers« (Limonadenverkäufern)

Jubiläums-Weißeglas der Brauerei Adolph Landré mit Silbermonierung von Daniel Vollgold & Sohn, 1885

Werbeplakat der Weißbierbrauerei Adolph Landré. Farblithographie von Carl Hacker, Berlin, Ende 19. Jh.

gab es in Berlin ferner »cabaretiers« (Schankwirte) und »brandeviniers« (Destillateure für Branntwein). Die französischen Bierbrauer produzierten ein leichtes Bier. Aber ihre besondere Spezialität war die später so genannte »Berliner Weiße«, ein Weizenbier. Als das beste Weißbier galt die »Champagnerweiße«, ein gut ausgegorenes Weißbier, das keine Heferückstände mehr hatte. Es wurde früher auf Champagnerflaschen gezogen. Ab Mitte des 19. Jahrhunderts wurde das Weißbier der Familie Landré in der Stralauer Straße für jeden Berliner zu einem Inbegriff von Qualität; ein spezielles Brunnenwasser verlieh ihm den richtigen Geschmack.

Daß sich diese vielseitige Einflußnahme auf die Eß- und Trinkgewohnheiten der Berliner auch im Bereich der Sprache niederschlug, klang in einigen Fällen schon an.

Besonders in den Billardcafés wurden viele französische Wörter heimisch. So nannte man anfangs denjenigen, der die Billardkegel aufstellte und die Punkte eines Spiels »markierte«, sie zählte, einen »marqueur«. Da er mit dieser Tätigkeit allein nicht sein Brot verdienen konnte, brachte er den Gästen auch noch die Getränke. Deshalb hieß ein Berliner Kellner in einem Billardrestaurant bis etwa 1840 »marqueur«. (Ein »marqueur« war aber auch ein Gehilfe des französischen Manufakturinspektors, der ihm bei der Freigabe von Waren half, indem er diese abstempelte.) Im Billardspiel selbst kam man ohne das Französische nicht aus. So war »karangzett« (von franz. quarante-sept = 47) die Kennzeichnung des vorletzten Punktes und damit des unmittelbar bevorstehenden Verlustes der auf 48 Punkte veranschlagten Billardpartie. »Karangzett stehen« hieß im übertragenen Sinne: vor dem Bankrott stehen, auch mit jemandem zerstritten sein; die letzte Bedeutung läßt sich auch im gesamten norddeutschen Raum nachweisen. Häufig wurden die Billardcafés um eine Kegelbahn erweitert. Noch heute ruft man dort »Ratte«, wenn kein Kegel getroffen wird. Dieses Wort hat nichts mit dem gleichnamigen Tier zu tun, sondern kommt von dem Fehlwurf (franz. raté).

Sprachanleihen aus dem Bereich der Mode

Schwer einzuschätzen ist, inwieweit die Hugenotten die Mode beeinflußt haben. Vom Kalvinismus zu einem sittenstrengen Leben verpflichtet, bevorzugten sie in der Regel eine betont einfache, bürgerliche Tracht. Selbst bekannte wohlhabende Hugenotten der ersten und zweiten Generation trugen eine anspruchslose bürgerliche Kleidung, was die Berliner mit Verwunderung konstatierten. Sogar bei Empfängen am Hofe des für seine Prunkliebe bekannten preußischen Königs Friedrich I. wurde es den hugenottischen Damen gestattet, in relativ einfachen Kleidern zu erscheinen. Tatsache aber ist, daß mit den Réfugiés zahlreiche Schneider nach Berlin kamen. Sprachlich deuten Begriffe wie »adrett« (franz. adroit = geschickt, gewandt) oder »proper« (franz. propre = rein, sauber), die jedoch allgemein ins Hochdeutsche entlehnt worden sind, noch heute auf französische Einflüsse auch auf diesem Gebiet hin. Und billigen Schmuck oder kleine metallene Gegenstände kauften die Berliner früher in einer »quincaillerie«, einer Kleineisen- und Kurzwarenhandlung. Das für die Berliner Zunge sicher unaussprechliche französische Wort, das im Französischen unterschiedlich geschrieben wurde, ist vielleicht zu »Kinkerlitzchen« entstellt worden.

Tatsächlich haben ja die Hugenotten in Berlin allerlei Modeartikel hergestellt, vor allem für die Hofgesellschaft und die reichen Bürger. Nicht von ungefähr steht in der Geschichte der Réfugiés von Erman

Spitzentuch aus dem Besitz einer Berliner Hugenottenfamilie, vermutlich Anfang 19. Jh. entstanden

und Reclam der Satz: »On fait des modes comme on dit à Berlin« (Man macht Modisches, wie man in Berlin sagt).

Das galt insbesondere für die französischen Seiden- und Stoffhersteller, die dank ihres technologischen Vorsprungs in Berlin und der Kurmark gegen Ende des 17. Jahrhunderts und auch im 18. Jahrhundert marktbeherrschend wurden. Diese dominierende Position wirkte sich auch auf die deutsche Sprache aus, die zahlreiche Fachbegriffe aus dem Französischen übernahm, da kaum deutsche Bezeichnungen für die neuen Techniken existierten. Es kam gerade im Textilgewerbe zur Entlehnung vieler französischer Termini oder zu umschreibenden Wortbildungen, die bis auf den heutigen Tag benutzt werden. In Berlin als dem kurmärkischen Zentrum der Texilbranche trat dieser sprachliche Einfluß besonders stark hervor.

Zum Beispiel wurden bandartige Gewebe »Tressen« (von franz. tresse = Flechte, Schnur) genannt und seidene Spitzen »Blonden«

Straßenkleidung einer vornehmen Hugenottin im 18. Jh.

(von blonde = Seidenspitze). Um Stoffen einen flammigen Glanz zu verleihen, entwickelten Färber eine besondere Technik, die als »Moiré« bezeichnet wurde. Einen Stoff zu »moirieren« war lange Zeit ein Geheimnis der Réfugiés. Sie produzierten in ihren Manufakturen eine breite Palette leichter Wollstoffe vom Tamis und Satin über Camelot bis hin zum Organsin, die heute noch bei den Schneidern der Haute Couture Verwendung finden. Auch der bekannte Plüsch (franz. peluche) ist französischen Ursprungs; er war vor 200 Jahren ein geblümter »Gros de Tours«.

Drastische Einschränkungsmaßnahmen des Soldatenkönigs erschwerten es den Hugenotten, »gallons« bzw. »drap d'or« und »drap d'argent«, also Gewebe mit Gold- und Silberfäden, zu produzieren, die uns als schwere Brokate (franz. brocart) bekannt sind. Die Muster waren vielgestaltig. Es gab u.a. »uni-, façonné-, piqué-, quadrillé-, carrelé-, cannelé-« und »figuré à la tire-Gewebe«, d.h. glattes, gemustertes, piquiertes, streifiges, gewürfeltes, mit Schäften und Tritten façonniertes, kariertes und gezogenes Gewebe. Das vielfarbige Aussehen eines Kleidungsstücks bezeichnete man als »changeant«, woraus im Berlinischen »changang« wurde.

Abgesehen von solchen terminologischen Anleihen beim Französischen, war es jedoch der umgangssprachliche Einfluß, der besonders ins Gewicht fiel und nachwirkte. Er hat – meistens eng verbunden mit der Rezeption französischer Lebensgewohnheiten und Lebensart – vor allem eine Anzahl von Volksetymologien hervorgebracht, wie wir zu zeigen versuchten, und auch zur Herausbildung der Berliner Mundart beigetragen, die durch die Aufnahme französischer Wörter an Ursprünglichkeit und Lebenskraft gewann.

Wie aber steht es mit dem sprichwörtlichen Mutterwitz der Berliner und ihrem lebhaften Wesen? Haben die Hugenotten auch hier mit Pate gestanden? Für diese manchmal zu hörende Behauptung lassen sich kaum Belege finden. Ein Kenner der Materie wie Fontane bestreitet es rundweg, wenn er schreibt: »Die Réfugiés waren Muster von Loyalität, ohne je servil zu werden, und gaben ein gutes Beispiel nach mehr als einer Seite hin. Aber der ›richtige Berliner‹ stammt nicht von ihnen her, kann nicht von ihnen herstammen. Alles, was damals aus Frankreich kam, waren keine parisischen, sondern puritanische Leute, steif, ernsthaft, ehrpußlich, was sie vielfach bis auf diesen Tag geblieben sind!« Doch ist zu fragen, ob Fontane hier wirklich hundertprozentig recht hat. Ganz so puritanisch und steif können nämlich zumindest die Nachfahren der französischen Einwanderer nicht alle gewesen sein, sonst hätte auf der Feier zum 100jährigen Jubiläum der Einwanderung im Jahre 1785 der Pfarrer der französischen Kirche in der Friedrichstadt, Pajon, nicht gegen die Vergnügungssucht, den Müßiggang und den Luxus in den französischen Kolonien gewettert. Und sonst hätten sich Erman und Reclam in ihrem bekannten Werk nicht mit dem – sicher tendenziösen – Vorwurf auseinandersetzen müssen: »Sie (die Hugenotten) hätten die Sitten aufgeweicht, das einfache Leben zerstört und viele Dinge mitgebracht, die nur der Eitelkeit dienten.« Unbestreitbar ist, daß viele Hugenotten aus dem Süden Frankreichs stammten und eine lebhaftere Art hatten als die Märker. Deshalb wäre es durchaus denkbar, daß die Berliner Wesensart von der Geselligkeit der Franzosen und von dem Temperament ihrer Gestik und Sprache profitiert hat.

Jürgen Wilke

Johann Wolfgang von Goethe und Madame du Titre

Beim Lesen der Überschrift fragt man sich, was diese beiden sehr unterschiedlichen Persönlichkeiten wohl miteinander zu tun haben. Der Dichterfürst der Deutschen und ein Berliner Original, welch ein ungleiches Paar! Doch sie hatten durchaus eine Gemeinsamkeit: Beide blickten nämlich auf französische und hugenottische Traditionen und Einflüsse in ihrer Familie zurück. Der Großvater unseres großen Dichters, Friedrich Georg, stammte aus dem Mansfeldischen und begab sich auf die Wanderschaft nach Frankreich, wo er zuletzt als Damenschneider in der Seidenstadt Lyon tätig war. Das Edikt von Fontainebleau bewog den Protestanten Friedrich Georg Goethe, Frankreich zu verlassen. Er ging, wie viele Hugenotten, nach Frankfurt am Main, dem wichtigsten Sammelpunkt der Glaubensflüchtlinge in Deutschland, wo er 1687 eintraf und sich niederließ. Zeitlebens nannte er sich Göthé. Es klingt etwas pathetisch und übertrieben, wenn der Goethe-Biograph Richard Friedenthal schreibt: »Aus Frankreich ... wurde er (Friedrich Georg – d. Verf.) nur durch Ludwig XIV. und die Aufhebung des Toleranzedikts von Nantes vertrieben. Deutschland verdankt dem König neben vielen tüchtigen Fabrikanten, Generälen, Beamten auch seinen größten Dichter.« Doch ein Körnchen Wahrheit enthält diese Feststellung natürlich. Der Enkel, Johann Wolfgang Goethe, hatte in seinem Leben selbst des öfteren Kontakt mit französisch-hugenottischer Kultur, mit Menschen, die sie repräsentierten. So besuchte er als Knabe die Kleinkinderschule einer Hugenottin. Später wanderte er manchmal von Frankfurt nach Bockenheim, um sich dort in der Kirche die französische Predigt anzuhören. Er verlobte sich mit Lili Schönemann aus dem Hause d'Orville und war mit Jean André in Offenbach befreundet, der ihm sein Singspiel »Erwin und Elmire« vertonte. Als Staatsminister von

Sachsen-Weimar-Eisenach holte sich Goethe Rat bei Prof. Jacques Le Roux für seine Farbenlehre. Bei einem einzigen, kurzen Berlin-Aufenthalt im Jahre 1778 besuchte er u. a. Daniel Chodowiecki, den bekannten Kupferstecher und Radierer, der mütterlicherseits hugenottischer Herkunft war. In seinem Tagebuch heißt es am 16. Mai: »Nachm(ittags) Graf, Chodowiecki, Wegelin.« Und unter dem 20. Mai notierte er: »zu Chodowiecki mit 4.« Hinter diesem Zeichen verbarg sich der Herzog Karl August von Sachsen-Weimar-Eisenach. Offen zeigte Goethe seine Wertschätzung für den Berliner Kupferstecher, der seinen »Werther« so schön illustriert hat. Die Rückfahrt des Besuchers aus Weimar führte über Potsdam, wo er der Witwe von Quintus Icilius einen Besuch abstattete. Bei Quintus Icilius, wie ihn Friedrich II. genannt hatte, handelte es sich um den hugenottischen Oberst Charles de Guichard, Kommandeur eines Freibataillons im Siebenjährigen Krieg. Der preußische König hatte diesen Offizier wegen seiner Bildung, besonders wegen seiner hervorragenden Militärgeschichtskenntnisse, geschätzt. Goethes Freund Karl Ludwig von Knebel war jahrelang mit Quintus Icilius befreundet, was den Dichter veranlaßt haben dürfte, die Witwe Guichard zu besuchen.

Als Goethe in Berlin weilte, lebte dort eine gewisse Mademoiselle Marie Anne George, die später als Madame du Titre bekannt wurde. Marie Anne George kam aus einer wohlhabenden Réfugiéfamilie. Durch ihr loses Mundwerk fiel sie schon in jungen Jahren in Berlin auf. Sie muß eine mäßige Bildung, aber sehr viel Schlagfertigkeit, Witz und derben Humor, aber auch französische »causerie« besessen haben. Als sie, Anfang dreißig, am 25. März 1781 einen der reichsten Réfugiéabkömmlinge, den Berliner Manufakturbesitzer Etienne du Titre, heiraten sollte, war man im französischen Konsistorium vermutlich so erschrocken darüber, daß man den um 24 Jahre älteren du Titre zur Konsultation bestellte, um ihn vor diesem gewagten Schritt zu warnen. Aber du Titre ließ sich nicht beeinflussen, und das Aufgebot wurde bestellt: Er heiratete die George. Als Madame Marie Anne du Titre verkörperte sie nun den Typ der reichen, resoluten und selbstbewußten Berlinerin. Sie wohnte in der Poststraße 23.

Madame du Titre wurde stadtbekannt durch ihre Einkäufe auf den Märkten, wo sie, von ihrer Dienerschaft begleitet, jedesmal durch ihre schnoddrigen berlinischen Aussprüche von sich reden machte. Es gibt eine Fülle von Anekdoten über sie. Sie wurde zum Gegenstand von Zeitungsartikeln, und auch ein Buch, ja sogar ein Theaterstück wurde über sie geschrieben.

Zwei Anekdoten charakterisieren vielleicht am besten ihre drastische Art. Als sie einmal im Kreise ihrer Familie ganz nebenbei erzählte: »Da bin ick jeloofen ...«, wurde sie von der Gouvernante ihrer beiden Töchter korrigiert: »Madame, es heißt gelaufen.« Darauf antwortete sie: »Sie sind gelaufen und gelaufen und haben jar keenen gekriegt, un ick bin jeloofen un habe den reichen du Titre gekriegt.« Die zweite Anekdote veranschaulicht ihren pfiffigen Witz. Ihre Tochter Marie Louise hatte 1808 den Bankier Beneke aus Frankfurt (Oder) geheiratet. Das Bankhaus Beneke kam jedoch in geschäftliche Schwierigkeiten. Als Madame du Titre eines Tages gefragt wurde, wie es ihr ginge, antwortete sie mit einem Calembour, einem Wortspiel: »Soweit janz jut, bloß die Benekens wollen nich so recht«, eine Anspielung auf das Bankhaus Beneke wie auch auf den Zustand ihrer Beine.

Goethe hatte von der preußischen Hauptstadt nicht die beste Meinung, und über die Berliner urteilte er im Gespräch mit seinem Sekretär Eckermann: »Es lebt aber, wie ich an allem merke, dort ein so verwegener Menschenschlag beisammen, daß man mit der Delikatesse nicht weit reicht, sondern daß man Haare auf den Zähnen haben und mitunter etwas grob sein muß, um sich über Wasser zu halten.« Ein anderes Mal sagte er über die Berliner: »Das Völkchen besitzt viel Selbstvertrauen, ist mit Witz und Ironie gesegnet und nicht sparsam mit diesen Gaben.« Er liebte alles Ursprüngliche und hatte seine Freude am Berliner Dialekt, besonders an neuen berlinischen Wortschöpfungen. »Die Berliner Sprachverderber sind doch auch zugleich die einzigen, in denen noch eine nationale Sprachentwicklung bemerkbar ist.«

Man könnte daher annehmen, daß eine Begegnung zwischen dem Weimarer Genius und dem Berliner Original recht interessant verlaufen sein müßte. Aber das Treffen gab nur eine amüsante Anekdote für die Literaturgeschichte her.

Madame du Titre hegte schon längere Zeit den Wunsch, Goethe zu sehen. Sie fuhr nach Weimar und traf ihren verehrten Dichter. Über diese Begegnung gibt es zwei Darstellungen. Zuerst sei Goethes Version wiedergegeben, wie sie von einem Ohrenzeugen überliefert worden ist, und dann die der du Titre.

»Eine reiche Bürgerfrau aus Berlin, enthusiastische Verehrerin Goethes, entschloß sich, die damals lange Reise bei schlechten Wegen nach Weimar zu unternehmen, um den großen Mann wie Dichter von Angesicht zu sehen. Glücklich an Ort und Stelle angekommen, läßt sie sich bei Goethe melden und bittet um Audienz, die ihr abgeschlagen wird. Trostlos und voller Schmerz läuft sie zu dem Geheimrat von Müller, intimen Freund Goethes – wie sie dessen Bekannte gewesen,

Marie Anne du Titre. Anonyme Porträtdarstellung, Anfang 19. Jh.

berührte Goethe in seinem Vortrage nicht – und bittet um dessen Vermittlung, der er sich unterzieht, und diesen endlich dahinbringt, ihm zu sagen: ›Laß deine Klientin wissen, daß ich sie morgen früh elf Uhr empfangen will.‹

Spät abends erhält die Supplikantin diese sie beglückende Nachricht, welche ihr eine schlaflose Nacht macht, sowie sie mit frühem Morgen sich schon in höchsten Glanz wirft und ihr der Zeiger der Stadtuhr eine säumige Schnecke dünkt. Endlich zeigt er $\frac{3}{4}$ auf elf, und sie eilt nach der Wohnung des großen Mannes, wo sie von einem Diener empfangen und in den Empfangssalon eingeführt wird ... Im höchsten Grade aufgeregt, durchmißt die gute Frau den Saal auf und ab, bis endlich der Ersehnte erscheint, sie auf ihn zustürzt, sich auf die Knie wirft und pathetisch deklamiert:

Fest gemauert in der Erde
Steht das Haus aus Ton gebrannt!

worauf Goethe ihr sagt: ›Es freut mich, daß Sie meinen Freund Schiller ehren!‹ – und fortgeht.«

Madame du Titre selbst erzählte: »Ich hatte mir vorjenommen, den jroßen Joethe doch ooch mal zu besuchen, und wie ick mal durch Weimar fuhr, jing ich nach seinem Jarten und jab dem Järtner einen harten Taler, daß er mir in eine Laube verstecken und einen Wink jeben sollte, wenn Joethe käme. Und wie er nun die Allee runter kam und der Järtner mir jewunken hatte, da trat ich raus und sagte: ›Anjebeteter Mann!‹ Da stand er stille, legte die Hände auf den Rücken, sah mir jroß an und fragte: ›Kennen Sie mir?‹ Ich sagte: ›Jroßer Mann, wer sollte Ihnen nich kennen!‹ und fing an zu deklamieren: ›Fest jemauert in der Erden steht die Form aus Jips jebrannt.‹ Darauf machte er mir einen Bückling, drehte sich um und jing weiter. So hatte ick den Willen jehabt und den jroßen Joethe jesehn.«

Der Wahrheitsgehalt dieser amüsanten Schilderungen läßt sich freilich heute nicht mehr nachprüfen. Möglicherweise sind die witzigen Geschichten – vielfach noch ausgeschmückt – der Madame du Titre in den Mund gelegt worden und so auf uns gekommen.

Madame du Titre war übrigens in gewisser Weise eine Ausnahmeerscheinung unter den meist biederen, braven und zum Teil strenggläubigen Réfugiénachfahrinnen. Ihr lebhafter Geist fand in dem Milieu der Stadt mit dem »verwegenen Menschenschlag« den rechten Nährboden. Sie war schon eine waschechte Berlinerin – mit französischem Einschlag.

Ihre Grabstätte befindet sich noch heute auf dem Friedhof der französischen Gemeinde in der Chausseestraße.

Grabkreuz für Madame du Titre auf dem Friedhof in der Chausseestraße

Winfried Löschburg

Wallfahrt nach Französisch-Buchholz

Eine der schönsten Schilderungen bürgerlichen Alltagslebens im 18. Jahrhundert stammt von dem Maler, Radierer und Zeichner Daniel Chodowiecki und trägt die Unterschrift »Wallfahrt nach Frantzösch Bucholz«. Im Sommer 1775 hatte Chodowiecki seiner Familie eine Fahrt vor die Tore der Stadt versprochen, die jedoch durch starken Regen und das Ausbleiben des Wagens vereitelt wurde. Um die Seinen zu trösten und ihnen eine gewisse Entschädigung zu bieten, zeichnete er nun in einer glücklichen Eingebung diesen geplanten Sonntagsausflug mit vergnügter Laune, Phantasie und einem Schuß Mutterwitz, aber zugleich mit großer Anschaulichkeit und Lebendigkeit.

Das ursprünglich nur für den engeren Kreis bestimmte Blatt, das Chodowiecki dann 1779 radierte und zur Vervielfältigung und Veröffentlichung gab, zeigt einen typischen Familienausflug in der damaligen Zeit. Allen voran sehen wir seine Tochter Susette, am linken Arm einen Korb mit Brot und an einer über die Schulter gelegten Heugabel fünf Würste und eine große Brezel. Ihr folgen auf einem Esel, in Körben untergebracht, die Geschwister Heinrich und Henriette, während sein Sohn Wilhelm mit Peitsche und Zügeln vorn sitzt und der Neffe Daniel Chodowiecki auf dem Hinterteil des Tieres thront. Den Abschluß aber bilden Schwester Nanette und Tochter Jeanette mit einem Kuchen auf einem Teller und einem Korb mit drei Flaschen, sowie Kolbe, ein Freund des Hauses, der auf einer Violine spielt.

Chodowieckis Familienbildnis wurde durch die gründliche Beobachtung und genaue, realistische Wiedergabe seiner Lebenswelt weithin bekannt und später als ein Meisterwerk der Genre- und Gesellschaftsmalerei bezeichnet. So beliebt auch allgemein ein Picknick im Grünen war, zu dem jedesmal mancherlei benötigt wurde und mitzunehmen war, so läßt sich doch eine zarte Anspielung auf solche behäbig-friedvolle Lebensweise des Bürgertums, auf sein gravitätisches Gebaren nicht übersehen. Chodowiecki nahm viele verschiedene Einzelzüge auf und verdichtete sie mit unaufdringlicher Ironie zum Typischen.

Das Ziel dieses Ausflugs, das Dorf Französisch-Buchholz, war nicht zufällig ausgewählt worden. Durch die halbfranzösische Herkunft seiner Mutter und die Arbeit als Kaufmannsgehilfe in der Galanterie- und Eisenwarenhandlung des Onkels Antoine Ayrer stand Daniel Chodowiecki den Berliner Réfugiés nahe. Seit der Heirat mit Demoiselle Jeanne Barez, der Tochter eines angesehenen hugenottischen Goldstickers, aber wurde er von diesen vollends als einer der Ihren angesehen und übernahm dann auch zahlreiche Pflichten in der französischen Kolonie, zum Beispiel das Amt eines Armendiakons. Die Mitglieder der Kolonie wählten seit der zweiten Hälfte des 18. Jahrhunderts gewöhnlich Buchholz für ihre zweimal im Jahr unternommenen Landpartien, wie C. Reyer in seiner »Geschichte der französischen Kolonie in Preußen« bestätigt. Dieses nördlich der Stadt gelegene Dorf war ein beliebter Ausflugsort und Anziehungspunkt geworden, dessen Lob viele in hohen Tönen sangen, und es besaß zudem selbst eine stattliche französische Kolonie.

Als in den Jahren nach 1685 Tausende von französischen Protestanten nach Brandenburg-Preußen kamen und hier Schutz, Unterstützung und eine neue Heimat fanden, siedelten sich viele von ihnen auch auf dem flachen Land an, in der Uckermark, im Magdeburgischen oder in den umliegenden Dörfern der Residenz.

Das kleine Angerdorf Buchholz war bereits im Jahre 1242 erstmals schriftlich erwähnt worden als Nachbarort der Lehniner Besitzungen auf dem Barnim, und zwar unter dem Namen »Buckholtz«. 1375 befanden sich acht der 52 Hufen im Besitz der von Bredow; weitere Rechte besaßen die von Repgow und im 15. Jahrhundert die Thamme und die von Röbel. Im 16. und 17. Jahrhundert fiel der Besitz an den Kurfürsten und wurde dem Amt Mühlenbeck unterstellt. Nach dem Dreißigjährigen Krieg lagen im Jahre 1652 insgesamt sieben von 15 Höfen und neun von 19 Kossätenanwesen wüst und leer. Ähnlich war die Situation auch in anderen Orten der Mark Brandenburg, die durch ihre »neutrale« Stellung zu einem Kriegsschauplatz geworden war, auf dem Söldnerhaufen aller Herren Länder Quartier nahmen und ihre Rivalitäten ausfochten, und die so am Ende zu den am meisten zerstörten Gebieten in Deutschland gehörte. Einige Landstriche waren völlig menschenleer. Die freundliche Aufnahme der Flücht-

Die bekannte Radierung von Chodowiecki, 1775

linge durch den Großen Kurfürsten und die Förderung ihrer Ansiedlung in Städten wie in Dörfern sollten das nach dem langen Krieg daniederliegende Land wieder beleben und die Leistungsfähigkeit Brandenburg-Preußens erhöhen.

In Buchholz ließen sich zunächst sechs Gärtner- und zehn Kossätenfamilien nieder, denen in den nächsten Jahren weitere folgten. Sie übernahmen die verfallenen Höfe und verwilderten, zum Teil bewaldeten Äcker, die seit dem Kriege ungenutzt lagen, und erhielten Baumaterialien für Häuser und Nebenanlagen sowie soviel Geld, um zwei Pferde, eine Kuh und das nötige Ackergerät zu beschaffen. Die Réfugiés machten die Äcker wieder urbar und betrieben vornehmlich Gemüseanbau. Dafür fanden sie hier gute Bedingungen vor, indes Flächen westlich der Stadt wegen ihres sandigen, unfruchtbaren Bodens später »la terre moab« (Moabiterland) oder »la terre maudite« (verwünschtes Land) genannt wurden, woraus dann »Moabit« wurde.

Bald waren die Ergebnisse ihrer fleißigen Arbeit zu sehen. Während der Zuzug von spezialisierten Handwerkern die vorhandenen Zünfte in Berlin an Zahl teilweise übertraf und bei den Eingesessenen Erregung hervorrief, zumal die Einwanderer durch Abgabenfreiheit und viele andere Vergünstigungen sowie Monopole in weitgehendem Maße gefördert wurden, vollzog sich die wirtschaftliche Eingliederung der in und vor der Stadt siedelnden Bauern und Gärtner zum Teil müheloser und rascher. Berlin hatte ihnen bereits im Jahre 1710, wie der Historiker Paul Jacob Marperger schreibt, einen Überfluß an Gartenfrüchten und Erdgewächsen zu danken, die nun täglich auf den Markt kamen. Bisher waren Treibhäuser und Mistbeete wenig bekannt. Gleiches galt auch für den Anbau und Gebrauch von Bohnen und grünen Erbsen als Gemüse wie für die Verwendung von Suppen- und Salatkräutern. In die Küche der Wohlhabenden zogen Blumenkohl, Artischocken und Spargel ein. Hohen Rang erlangte auch die Anpflanzung von Tabak; ein harter Frost ließ in Buchholz beispielsweise im Frühjahr 1716 einen Tabakpflanzer zu schwerem Schaden kommen. Die Blumenzucht der Einwanderer jedoch war so gut und erfolgreich, daß diese mitunter der heimlichen Anwendung geheimer Zauberkünste bezichtigt wurden. Ihre Erzeugnisse wurden im 18. Jahrhundert allgemein gerühmt, ihre Gärten zum Ziel sonntäglicher Spaziergänge und Besichtigungen.

Die erste Erwähnung der neuen Kolonie stammt vom Anfang des Jahres 1688. Die Réfugiés von Buchholz und Malchow erklärten, daß sie zu den ihnen angewiesenen Ländereien Häuser gebaut hätten und nun, da sie inzwischen zehn Familien zählten, auch einen Prediger benötigten. Pierre Vieu wurde ihnen zugewiesen; die erste Amtshandlung, eine Taufe, fand am 22. Juni 1688 statt, und am 25. Juni wurden die beiden Kirchenältesten gewählt.

Im folgenden Jahr wurde die Kirche des kleinen Dorfes, ein später, genauer 1852, stark veränderter spätromanischer Granitquaderbau, den Kolonisten zur Verfügung gestellt. Sie diente nun beiden Konfessionen, wie die am 20. Juni 1689 an das Französische Oberkonsistorium in Berlin gerichtete Verfügung besagt:

»Demnach der Frantzöschen Reformierten Gemeinde zu Buchholtz kein bequehmer ort zu verrichtung des Gottesdienstes bißhero angewiesen worden, Als haben wir gnädigst verordnet, daß Sie in der Lutherschen Kirche daselbst das alternativum exercitium Religionis haben sollen, Ihr habt demnach die Verfügung zu thun, und dem Lutherschen Prediger anzubefehlen, daß er wegen der Zeit und Stunden sich mit Ihnen vergleichen und auf Ihr Erfordern, zu übung ihrer devotion die Kirche allemahl willig und ungeweigert öffnen laßen soll.«

1691 wies der Kurfürst der Gemeinde auch ein Pfarrhaus zu. Unzuträglichkeiten aber brachten der überaus schlechte Zustand dieses

Gebäudes, so daß die Pfarrer zeitweilig nicht im Ort wohnen konnten – die französischen Richter hatten stets ihren Wohnsitz in Berlin –, und der häufige Wechsel der Pfarrer. Bereits Pierre Vieu lebte mit seiner Gemeinde in ständigem Zwist, den auch eine Untersuchungskommission des Oberkonsistoriums nicht beilegen konnte, und wurde 1689 nach Spandau versetzt. Der Nachfolger mußte ebenfalls wegen Streitigkeiten 1694 von seinem Amt suspendiert werden, und zehn Jahre später beklagte sich die Gemeinde erneut beim Oberkonsistorium über den Pfarrer Pierre Crégut, wobei die Tatsache, daß die Reformierten eine weniger autoritäre Kirchenordnung besaßen, eine Rolle gespielt haben mag.

Die Buchholzer Réfugiés hatten sich zu einer Kolonie mit relativ selbständigem Eigenleben zusammengeschlossen, mit eigener Kirche, Schule, Gericht und einer gut organisierten Armenfürsorge, die sich ausschließlich aus Spenden und Kollekten finanzierte. Hohe Anforderungen stellten stets die Ankunft neuer Einwanderer – ein großer Teil von ihnen war fast mittellos – und die Unterstützung durchziehender Réfugiés. Als 1699 Flüchtlinge aus der Schweiz kamen, sammelte die kleine Gemeinschaft für sie sogleich sieben Taler. Von Anfang an spielte auch die Frage der Hilfeleistung eine wichtige Rolle. So lieh man einem Tabakbauern eine Summe, die er nach der Ernte zurückzahlen wollte, und einem anderen sechs Taler, damit er sich ein neues Pferd kaufen und weiterarbeiten konnte.

In den ersten Jahren veranlaßte die Nähe der Residenz mit ihren vielen Möglichkeiten gewerblicher Entwicklung und ihren Wohlfahrtseinrichtungen einen häufigen Ortswechsel und manche Einwirkung. Die Kolonieliste von 1699 führt 20 Familien mit 86 Personen auf. Die Liste von 1700 nennt indes nur 17 Familien mit 69 Personen und den Namen Arnoux, Aubert, de Balicourt, Cuni, Chantié, Favier, Formey, Guyot, Henrion, Janson, Matthieu, Maunouri, Mazet, Noé, Petit, Rupert, Tiriot – Familiennamen, von denen einige heute noch in Berlin zu hören sind. Dabei ist zu beachten, daß früher ein und derselbe Name in verschiedener Weise geschrieben wurde. So lassen sich auch einige Querverbindungen herstellen. Claude Formé, der im Jahre 1699 in Buchholz heiratete, war verwandt mit dem bekannten Theologen, Philosophen und Sekretär der Akademie der Wissenschaften Jean Henri Samuel Formey. Sébastian Balicourt, der im gleichen Jahre in Buchholz Marie Piersené aus Metz zur Frau nahm, war von 1698 bis 1701 hier Pfarrer und von 1716 bis 1731 dann an der Berliner Friedrichstadtkirche.

Die Buchholzer waren aus der Champagne, aus Brie, Metz, der

Normandie, der Pfalz, Sedan, der Dauphiné und dem Languedoc gekommen. Die Kolonielisten enthalten neben den Namen zwar die Heimatorte und die Zahl der mitgebrachten »Domestiken«, aber keine Berufe. Lediglich bei Philippe Chantié ist angegeben, daß er Wollkämmer war. Die anderen waren größtenteils Bauern und Gärtner, und die Landstücke waren ihnen gegen eine nach einer bestimmten Zeit einsetzende jährliche Pacht zugewiesen worden. Das entsprechende Abgabenverzeichnis des Amtes Mühlenbeck nennt in Buchholz für das Jahr 1729 ausdrücklich sechs französische Bauern und zehn französische Kossäten.

Knapp zwei Jahrhunderte nach ihrem Zuzug waren in Französisch-Buchholz noch zwei Bauern- und sechs Kossätenwirtschaften im Besitz von Mitgliedern der französisch-reformierten Gemeinde. Im Jahre 1884 umfaßte sie insgesamt 70 Personen. Von den ersten Familien waren inzwischen viele erloschen. Der Name Guyot aber war gleich 42mal vertreten, und die Familie wohnte auch noch auf ihrem alten Hof nahe der Dorfaue.

Der Name Guyot wird in der Ortsgeschichte häufig erwähnt. Im September 1807 war ein Kriegssekretär der napoleonischen Besatzung beispielsweise im Haus des Bauern Jean Daniel Guyot einquartiert. Buchholz hatte mit dem Einzug der Franzosen am 26. Oktober 1806 so schwere Plünderungen erleiden müssen, daß 100 Einwohner schließlich nach Berlin flüchteten. Harte Quartierlasten, die Pflicht des Vorspanns und vor allem die Kontributionen brachten 1807 und 1808 viele an den »Bettelstab«, wie der Pfarrer notierte. Ein großer Findling, der sich in die Nähe des Dorfes verirrte und dann wahrscheinlich an diesen Platz nahe dem Anger gebracht wurde, erhebt sich heute im Hof des Bauerngehöftes in der Hauptstraße 19. Er trägt das Wappen dieser Familie und die Inschrift »Familie Guyot 1685–1935« und erinnert an die vor 300 Jahren in Buchholz eingewanderten Réfugiés.

Mit der Regelung des kirchlichen Lebens war gleichzeitig eine eigene Schule eingerichtet worden, deren Leitung der 1689 vom Kurfürsten eingestellte und besoldete Kantor innehatte. Anfang des folgenden Jahrhunderts wurde mehrfach ein »Lecteur« namens Jean Barez genannt und gewürdigt, der erst im Jahre 1726 den Abschied einreichte. Seine Bezahlung betrug im ganzen Jahr nur 18 Taler, während sonst selbst in den kleinsten Dörfern 25 Taler üblich waren, so daß die Gemeinde ihm schließlich das Gehalt aus eigenen Mitteln erhöhte. Barez war neben seinem Schulmeisteramt noch gewerblich tätig, und zwar als Beuteltuchweber; er mußte sein Leinen aber aus Berlin beziehen. Als es den Handwerkern dann verboten wurde, auf dem

Lande zu wohnen, und nur fünf Gewerbe davon ausgenommen waren, setzte sich die Gemeinde ausdrücklich für ihn ein.

Dieser Buchholzer Lecteur und Kantor ist aber noch aus einem weiteren Grund von besonderem Interesse.

Wie aus den alten Kirchenbüchern zu erkennen ist, stammte Jean Barez aus Châlons (Champagne) und war verheiratet mit Antoinette Rollet aus Givry. Sein Sohn, der Sticker Jean Barez aus Amsterdam,

Gedenkstein für die seit Ende des 17. Jahrhunderts in Buchholz ansässige Familie Guyot

heiratete nun im Jahre 1724 in der Buchholzer Kirche Jeanne Rollet aus Givry, nach vorheriger Abkündigung in Berlin. Der Ehe entstammten neun Kinder, darunter die 1728 geborene Tochter Jeanne Marie, die 1755 die Ehe mit Daniel Chodowiecki einging. Die Gattin unseres Künstlers kannte also Buchholz, wird ihre Großeltern oft dort besucht haben – der Lecteur verstarb erst im Jahre 1742 – oder Landsleute aus Châlons und Givry sowie Jugendfreunde. Die Wallfahrt der Familie Chodowiecki nach Französisch-Buchholz galt somit auch »heimatlichen« Gefilden, was wenig bekannt sein wird.

Die Schule und ihr Sprachunterricht und die Verwendung und Aufrechterhaltung des Französischen als Amts- und Kirchensprache sowie als »Legitimierungsmoment« im Kampf um die Behauptung der juristischen Sonderstellung der Hugenottennachfahren spielten stets eine wichtige Rolle. Fast ständig wurde in Buchholz beanstandet, daß manche ihre Kinder nur im Winter zum Unterricht schickten und im Sommer für die Feldarbeit verwendeten; die Behörden drangen wiederholt und noch im Jahre 1820 auf regelmäßigeren Schulbesuch. Die Sprachsituation war seit der Mitte des 18. Jahrhunderts immer wieder Thema von Diskussionen und von Beratungen im Oberkonsistorium.

Als Buchholz in den sechziger Jahren des 18. Jahrhunderts einen neuen Lehrer erhielt, wurde dieser vom Gemeinderat geprüft. Er konnte, wie es hieß, gut singen, auch gut deutsch lesen und schreiben, aber französisch weniger gut. In verschiedenen Gemeinden war es bereits zu ersten Mischehen gekommen, tauchten in Protokollen hin und wieder deutsche Worte auf, wurde es immer häufiger, daß Kinder dem französischen Unterricht nicht mehr folgen konnten und die Eltern sie in die deutsche Schule gaben oder daß Bibeln mit französischem Text und deutscher Übersetzung angeschafft werden mußten.

Im Jahre 1780 mußte das Oberkonsistorium eine Verfügung erlassen, wonach Katechismus-Gottesdienste unbedingt in französischer Sprache gehalten werden sollten. Daraufhin antwortete Pfarrer Samuel Durieux aus Französisch-Buchholz, in französischer Sprache seien sie zwecklos, und außerdem sei er der französischen Sprache nicht genügend Herr, um sie öffentlich zu sprechen, obwohl er sie im Unterricht gebrauche. Dann aber hieß es ungeschminkt:

»Wegen der Nachbarschaft von Berlin würde ein solcher Gottesdienst auf verschiedene Schwierigkeiten stoßen, da Buchholz ein Ausflugsort ist, wohin sich im Sommer viele Deutsche und Franzosen begeben, und um sich dem Verständnis der dörflichen Jugend anzupassen, muß man sich der familiärsten und trivialsten Ausdrücke bedienen, was in einem öffentlichen Geschehen unziemlich ist. Wenn es sich aber um eine studierte und durchdachte Abhandlung handelt, wie es in Berlin gehandhabt wird, dann würde das für den Pastor eine zu schwere Arbeit sein, der wegen der Familien aus Pankow nicht vor Mittag von der Kanzel steigt und eine Brust aus Eisen haben müßte, die er nicht hat.«

Einer seiner Nachfolger berichtete 1814, daß sämtliche Gottesdienste in französisch gehalten würden. Für die, »denen die französische Sprache größtenteils unverständlich ist«, werde das Abendmahl jährlich viermal in deutsch gefeiert. Beim Unterricht, bei Taufen, Trauungen und anderen anfallenden Pfarrerpflichten aber bediene er sich meist der deutschen Sprache.

Erst seit dem Jahre 1826 erfolgte der Gottesdienst schließlich in deutscher Sprache, obwohl hier wie in vielen anderen Gemeinden zunehmend über mangelnde oder sich verschlechternde Sprachkenntnisse und über zurückgehenden Kirchenbesuch geklagt worden war. Der Ort führte aber noch bis zum Jahre 1913 die alte Bezeichnung »Französisch-Buchholz«. Die Kolonisten bildeten lange Zeit eine geschlossene Gemeinschaft, in der sich Eigenart und Bräuche der Einwanderer erhielten und lebendig blieben.

Zugleich aber errang Französisch-Buchholz nun in der 2. Hälfte des 18. Jahrhunderts durch den Anbau von Gemüse und anderen landwirtschaftlichen Produkten, die für die Versorgung der Bevölkerung Berlins heute noch von Bedeutung sind, und die Aufnahme von Erholung suchenden Bewohnern der Residenz, von Einheimischen wie von Réfugiés, eine besondere Stellung.

Im gleichen Jahr, 1779, als Daniel Chodowiecki sein Familienbildnis von der Wallfahrt nach dem kleinen Dorf vervielfältigen ließ, schrieb Friedrich Nicolai in seinem »Berlin-Baedeker«, der »Beschreibung der königlichen Residenzstädte Berlin und Potsdam«, unter anderem:

»Buchholtz, ein Dorf ein und eine halbe Meile von Berlin, im Niederbarnimschen Kreise, unter das Amt Mühlenbeck gehörig. Hier sind viele französische Bauern und Küchengärtner, welche auch einen französischen Prediger haben, und viel gutes Gartengewächs bauen, womit sie Berlin versehen. Es sind hier viel schöne Landhäuser, welche Privatpersonen in Berlin gehören. Rechts stößt dicht an das Dorf ein angenehmer Eichen- und Buchenwald ...«

Und der Pfarrer der französischen Gemeinde nannte es 1780 zum ersten Male einen »Ausflugsort«!

Im folgenden Jahrhundert wurde Buchholz zur beliebten Sommerfrische mit »hübschen Landhäusern« und zu einem Ziel für Sonntagsausflüge der Berliner. Die Wohlhabenden kauften oder bauten sich hier Häuser, die »kleinen Leute« wanderten und fuhren nach Buchholz ins Grüne, wobei man besonders gern im Kaffeehaus der »französischen Demoiselles« abstieg.

Carl Friedrich Zelter, Maurermeister und Komponist, berichtete seinem Freund Goethe 1831 von einer Fahrt nach Buchholz und einem fröhlichen »Schmause«, partout in einem Landhaus, das er selbst einem Privatmann vor etlichen 30 Jahren neu aufgebaut hatte. Er war beeindruckt und bekannte, daß ihm »der Spaß Freude gemacht hat«. Zehn Jahre später bezeichnete ein »Wegweiser durch Berlin« das

»größtenteils von französischen Kolonisten bewohnte Dorf« gar als einen »Vergnügungsort«, der Fremden wie Einheimischen Belehrung, Unterhaltung und Vergnügen biete.

Terraingesellschaften und Reiseagenten beförderten Buchholz schließlich zum Luftkurort. Der Wanderführer »Das romantische Spreeland« erklärte im Jahre 1869:

»Französisch-Buchholz ist ein beliebtes Ziel für Landpartien der Berliner, weshalb auch die Gasthöfe den Anforderungen eines gebildeten Publikums entsprechen. Namentlich verdient das Kaffeehaus von Garnier mit seinen Zimmern zu Sommerwohnungen, mit dem durch eine Fülle herrlicher Lindenbäume gegen Sonnenhitze schützenden Sommer- und gepflegten Blumengarten, mit den reizenden von der Natur geformten schattigen Lauben und lieblichen Anlagen und endlich mit seinen Spielplätzen für Groß und Klein empfohlen zu werden; ebenso dürfte eine halbverdeckte Kegelbahn und ein französisches Billard Liebhaber anziehen ...«

Als besondere Vorzüge pries der Verfasser, Carl Riesel, aber »seine gesunde, kräftige Luft und seine trockenen Sommerwohnungen«, das Vorhandensein eines Arztes und einer Badeanstalt, in der zu jeder Tageszeit Kräuter- und Mineralbäder genommen werden konnten, sowie von unverfälschter Milch für Milch- und Molkenkuren, geeignet für Gesunde wie für Nervenkranke und Brustschwache.

War Französisch-Buchholz bisher zu Fuß, zu Pferde oder zu Wagen besucht worden, so entstanden nun vielfältige moderne Verkehrsverbindungen und verknüpften den Ort mit Berlin. Vorbei war es mit den »Wallfahrten« einzelner lufthungriger Berliner und der Familien der Réfugiés.

Sibylle Badstübner-Gröger

Daniel Chodowieckis Arbeiten für die französische Kolonie in Berlin

Unter den wenigen bildenden Künstlern, die die Hugenotten und ihre Nachkommen aufgrund ihrer Stellung zur Bilderfrage nur hervorgebracht haben, ist Nikolaus Daniel Chodowiecki einer der bekanntesten und bedeutendsten. Zur Berliner französischen Kolonie gehörten im 18. Jahrhundert einige Architekten, Bildhauer und Graveure, vor allem aber Goldschmiede, Emaillekünstler und Kunsthandwerker. Am Beginn des Jahrhunderts entwarfen und errichteten die refugierten Festungsbaumeister und Architekten Jean de Bodt, dem ein Entwurf für die Französische Kirche auf dem Friedrichswerder zugeschrieben wird, Louis Cayart und Abraham Quesnay, die Erbauer der Französischen Kirche auf dem ehemaligen Friedrichstädtischen Markt, Bauten für die französische Kolonie. Nach 1750 waren der Bildhauer Emanuel Bardou aus der Schweiz, der Graveur Ludwig Koppin und vor allem der Emaille-, Miniaturmaler, Zeichner und Radierer Daniel Chodowiecki im Auftrag der Kolonie tätig. Die Baumeister David und Friedrich Gilly, die am Jahrhundertende zur Gemeinde zählten, führten für die Kolonie schon keine Aufträge mehr aus.

Daniel Chodowieckis Werk, von Rokoko und Aufklärung geprägt und charakteristisch für diesen Zeitraum mit seinen ästhetischen, literarischen, philosophischen und pädagogischen Bestrebungen, ist ohne seine enge Bindung an die französische Kolonie fast undenkbar. Seine Lebensweise, seine geistigen, religiösen und ethischen Anschauungen wurden deutlich durch die Kolonie beeinflußt, sein künstlerisches Anliegen und seine gesamte Arbeit waren von ihrer inneren und äußeren Ordnung durchdrungen. Chodowiecki beachtete die vorgeschriebene Sittenstrenge im Alltag, indem er zum Beispiel der Forderung nach einfacher Kleidung nachkam und die Modetorheiten ablehnte. Vor allem aber führte er als reformierter Christ ein betont religiöses Leben. Aus seinen Tagebuchaufzeichnungen wissen wir, daß er den sonntäglichen Gottesdienst zweimal besuchte und sich Notizen über die Predigten machte, die er anschließend im Familienkreis erörterte. Seine berufliche Arbeit betrachtete der Künstler Chodowiecki als »Dienst an Gott«, und Pflichterfüllung gehörte zu den Grundauffassungen seines Lebens. Nur diese Einstellung bietet eine Erklärung dafür, wie es ihm möglich war, seine umfangreiche künstlerische Tätigkeit, seinen Broterwerb und die zahlreichen ehrenamtlichen Aufgaben in der Gemeinde, zu denen er als »chef de famille« herangezogen wurde, miteinander in Einklang zu bringen. Sein Leben lang befolgte er, wenn es um Darstellungen religiösen Inhalts ging, die strikten Grundsätze und Auslegungen, die Calvin in seiner »Institutio christianae religionis« zur Bilderfrage formuliert hatte.

Im Gesamtwerk seiner mehr als 2000 Radierungen, meist als Kupferstiche bezeichnet, seiner 4000 Zeichnungen und Gemälde nehmen die Arbeiten, die der Künstler für Angehörige der Kolonie oder im Auftrag des Konsistoriums schuf, und nur diese sollen hier zur Sprache kommen, einen relativ kleinen, aber nicht unwichtigen Platz ein. Die im Auftrag der französisch-reformierten Gemeinde entstandenen Arbeiten sind vorwiegend biblischen oder historischen Inhalts. Die anderen, die er aus eigener Vorliebe und aus persönlichem Interesse zeichnete oder radierte, schildern das gesellige Leben seiner Familie, halten Persönlichkeiten und Ereignisse seines Freundes- und Verwandtenkreises fest, der meist der wohlhabenden Schicht des Koloniebürgertums angehörte. Es finden sich darunter aber auch Radierungen, die geschichtliche Ereignisse und Tagesbegebenheiten aus dem Leben der Kolonie darstellen.

Chodowieckis Leben und seine künstlerische Arbeit entfalteten sich im Berlin des friderizianischen Preußen mit seinem aufgeklärten Absolutismus. Der Alleinherrschaft Friedrichs II. stand das Bürgertum Berlins, zu dem wie die meisten Kolonisten auch Chodowiecki zählte, zwar teilweise kritisch, aber nicht politisch opponierend gegenüber. Die Berliner »Hausväterrepublik«, wie A. v. Randow die französische Kolonie mit ihren »chefs des familles« treffend genannt hat und in die Chodowiecki fest integriert war, erwies sich als ein gut durchorganisiertes Modell einer gewissen bürgerlichen Selbstverwaltung, als eine »presbyterial-synodal geprägte Gemeinschafts- und Lebensform« (W. Schlosser 1982, S. 2), in der die Eigenverantwortlichkeit des einzelnen Bürgers für das Gemeinwesen die wesentlichste Grundlage bildete.

Der am 16. Oktober 1726 in Danzig geborene Nikolaus Daniel Chodowiecki stammte mütterlicherseits aus den französisch-refugierten Familien Ayrer und de Vaillet. Der hugenottischen Tradition entsprechend, erhielt er von klein auf sowohl im Elternhaus als auch in der reformierten Gemeinde St. Petri, zu der die Familie in Danzig gehörte, eine strenge, religiöse Erziehung. Die Mutter sprach fast nur französisch mit den Kindern. Nachdem der Vater, ein polnischer Kaufmann, 1740 gestorben war, siedelte der Sohn 1743 nach Berlin über und trat dort, wie schon sein Bruder Gottfried, in das florierende Juwelier- und Quincailleriegeschäft des Onkels, Antoine André Ayrer, ein. Fast fünf Jahrzehnte hindurch bis zu seinem Tode am 7. Februar 1801 war Chodowiecki als Bürger und Künstler vielseitig und aktiv an der kulturellen Entwicklung des bürgerlichen Berlin beteiligt.

Als Autodidakt bildete er sich zunächst zu einem exzellenten Emaille- und Miniaturmaler aus. 1754, nach Austritt aus dem Geschäft des Onkels, nahm er alle Anregungen und Ausbildungsmöglichkeiten künstlerischer Art wahr, die sich ihm boten. Anfangs widmete er sich verstärkt der Miniaturmalerei, später wandte er sich der Zeichnung und vor allem der Ätzradierung zu. Seine erste größere Illustrationsfolge von 42 Blättern entstand 1752 zu Le Nobles »Blaize Gaulard ou le Neveux de la Tante Bobé«, die sich an Werken Watteaus und Bouchers orientierte.

Durch die Heirat mit Jeanne Marie Barez (1728–1785), der Tochter eines angesehenen Goldstickers aus der Champagne, am 13. Juli 1755 kam es zu einer noch festeren Bindung Chodowieckis an die französische Kolonie. Damit war der Weg zur Übernahme seiner späteren Ämter in der Kolonie vorbereitet. Jedoch wurden noch 1769 Nachforschungen nach den Familienpapieren zum Nachweis seiner hugenottischen Abstammung und einer natürlichen Zugehörigkeit zur Kolonie angestellt, da die beigebrachten Papiere nicht ausreichend waren und Mitglieder der Berliner Kolonie den Künstler danach befragt hatten (v. Oettingen).

Entsprechend den Prinzipien der Kolonie, waren die »chefs des familles« in die Verwaltung und Kontrolle des Gemeinwesens ehrenamtlich fest einbezogen. Auch Chodowiecki bekleidete bis 1785 – in diesem Jahr ließ er sich von der Gemeinde von allen offiziellen Pflichten entbinden – zahlreiche Ämter mit vielfältigen und zeitaufwendigen Aufgabenbereichen, die den Künstler oft bis zur Hälfte eines Monats beanspruchten. Am 22. Oktober 1760 wurde er auf Vorschlag von Jean Pierre Erman als Ancien diacre (Diakon) in das Konsistorium gewählt. Bei der Neubesetzung der Kommissionen im November des gleichen Jahres hatte man ihn der Kommission Nr. 9 der »Places du Werder« und der Haushaltsausgleichkommission (Nr. 35), »pour regler l'Etat«, zugeteilt. Außerdem gehörte er ab 5. Juli 1762 der Hospitalkommission an, und als Diakon war er ab 1762 für ein Viertel, das sich von der Breiten Straße bis nach Neucölln erstreckte und in dem er auch selbst wohnte, verantwortlich. Als die Kommissionen im Jahre 1763 wiederum neu zu besetzen waren, berief man ihn zum »Caissier de la Boulangerie«, übertrug ihm also die Brotverteilung. Später, ab 1772, hatte er sich um den Getreideankauf für die Kolonie zu kümmern. Bei alldem blieb er Mitglied der Hospitalkommission und übernahm zusätzlich in seinem Bezirk die Verteilung der Abendmahlsmarken (méreaux).

In diesen ersten Jahren seiner Gemeindetätigkeit, bis 1764, als Chodowiecki auch in die Akademie der Künste aufgenommen wurde, entstanden nur 23 Radierungen, jedoch noch weitaus mehr Werke der Emailmalerei. Noch bis 1771 wurde er in Briefen als »Peintre en email« angesprochen.

1769 berief man Chodowiecki als Mitglied des Konsistoriums in die Direktion der École de Charité. Zwei Jahre später wurde er zum »Receveur« ernannt und war damit für die Armenkasse verantwortlich. Außerdem arbeitete er in mehreren anderen Kommissionen des Konsistoriums mit, u. a. in einer Bau- und einer Bibliothekskommission, und er vertrat die Gemeinde bei öffentlichen Anlässen, bei Prozeß- und Testamentsstreitigkeiten. Auch persönlich engagierte der Künstler sich für arme Kolonieangehörige, unterstützte sie finanziell oder nahm sie, wie beispielsweise das Mädchen Manon Rahn, in sein Haus auf. In einem Brief an seine Mutter, Henriette Ayrer, schilderte er seine Situation, daß er zwar »... dans de traveaux pénibles mais toujours agréables par ce qu'ils ont été utiles tantôt aux pauvres, tantôt à ma familles« (in schwierigen, aber erfreulichen Arbeiten stecke, die einmal nützlich für die Armen, das andere Mal für die Familie gewesen sind). Auch nach Aufgabe aller Ämter 1785 war er weiterhin für die Kolonie tätig, und in seinem Testament vermachte er ihr eine beträchtliche Summe.

Rechte Seite: Die Familie des Künstlers. Unvollendetes Ölgemälde auf Holz von Chodowiecki, 1772

Chodowiecki lebte mit seiner kinderreichen Familie zunächst im Hause von Henri Rollet in der Brüderstraße. Rollet, der eine Jeanne Barez geheiratet hatte, war Kompagnon seines Schwiegervaters. Erst 1777 bezog Chodowiecki ein eigenes Haus in der Behrenstraße.

Darstellungen aus dem Leben der Berliner Kolonie – erste Aufträge

Den ersten Privatauftrag von einem Mitglied der Kolonie erhielt Chodowiecki von Cathérine Philibert Fromery (1694–1757) oder von Cathérine Fromery (1732–1810). Für sie führte er 1756 einen nicht mehr erhaltenen Zyklus von 23 Feder- und Bleistiftzeichnungen zu Molières »École des Maris« in der Art französischer Porzellan- und Miniaturmalerei aus. Weitere Aufträge bekam er von Kaufleuten der Kolonie, für die er Ladenschilder oder auch ein Wandgemälde entworfen hat, wie z.B. für Alexandre Fromery, Jakob oder Henri Baudouin. In diese Zeit datieren auch die ersten mit Chodowieckis Namen signierten Emailletäfelchen, die Szenen der Passion Christi darstellen und nach Stichen von Sebastian Le Clerc (1692) gearbeitet sind. Gleichzeitig (1757/58) entstand eine Reihe von Bleistift-, Feder- und – besonders charakteristisch für ihn – Rötelzeichnungen, meist auf getöntem Papier, Briefpapier oder Zeichenkarton, die vor allem Freunde und Familienangehörige darstellen. Besonders Chodowieckis Zeichnungen, die ihm vielfach als Vorlagen für den Druck dienten, sind aus einer lebendigen Vorstellung und Beobachtung heraus gearbeitet und frei von Routine und Konvention. Sie schildern Mensch und Ereignis im Spannungsfeld von natürlichem Verhalten und affektierter Empfindsamkeit und zeugen von dem Bemühen des Künstlers, immer der Devise treu zu bleiben: »Nur einzig und allein die Natur nachahmen, ohne an irgendeines Meisters Manier zu denken.« Die aus der Naturbeobachtung geschaffenen Blätter sind ihm dabei weitaus mehr geglückt als jene, die er aus der Vorstellung und mit geringerer Erfindungskraft schuf. Gerade die historischen, religiösen und allegorischen Themen orientieren sich oft an Vorbildern und an der Formensprache der italienischen Renaissance oder an niederländischen Stechern des 16. und 17. Jahrhunderts.

Am Beginn seines Radierwerks steht ein ihm nur zugeschriebenes, um 1757 datiertes Blatt (E [= Engelmann]: A) das mit dem Pseudonym »J. C. del: W. Fox Scul. London« bezeichnet ist und das Hauptthema der Réfugiés, ihre Ankunft und Aufnahme in Deutschland, behandelt. Dieser Themenkreis beschäftigte den Künstler immer wieder (1771, 1782 und 1795). Das oft als Satire aufgefaßte Blatt trägt die Aufschrift »The Coming of the French in Germany. Ankunft der Frantzosen in Teütsch Land«. Vor einem Zeltlager ist ein französischer Kavalier mit Ludwigsorden zu sehen. Seine Weste ist aufgeknöpft, er trägt

Ankunft der Franzosen in Deutschland. Radierung, um 1757

kein Hemd und steht barhäuptig im Regen, gefolgt von zwei Bedienten, von denen der eine barfüßig ist und der andere verstohlen seinen Hunger stillt. Ein weiterer schuh- und strumpfloser Kammerdiener reicht dem Kavalier mit vollendeter Hofetikette Schnupftabak. Eine Person, die offenbar den deutschen Michel verkörpert, bietet dem Franzosen hilfsbereit Hemd und Hut an. Die im Vordergrund stehenden Landleute betrachten den Fremden verwundert. Dieser liest in einem Buch, in dem die Deutung des Vorgangs geschrieben steht: »Die Fransose Komt ins Teütsch land hats keinhemde an.« Die Bestimmung des wohl ohne Auftrag entstandenen Blattes ist ungeklärt. Vielleicht setzte Chodowiecki hier Erinnerungen von Réfugiés, von denen er erzählen hörte, ins Bild um, denn das Blatt gibt eine historische Situation wieder. Formal lehnt sich die Radierung an Darstellungen Jan Luykens vom Ende des 16. Jahrhunderts an, der Themen aus der Geschichte der französischen Hugenotten schilderte. Um 1770 besaß Chodowiecki laut eigenhändigem Journal ein Ölbild mit dem Titel »L'arrivée des Français«, möglicherweise eine Arbeit des Malers Johann Gottlieb Glume. Oettingen nimmt an, daß beide Fassungen, Radierung und Ölbild, auf eine gleiche Vorlage zurückgehen. Für ihn ist die Zuschreibung des Blattes an Chodowiecki wahrscheinlich, vor allem aufgrund der Gestalt des lesenden Bauern im Vordergrund. Möglicherweise beabsichtigte Chodowiecki in dieser frühen Arbeit, die zwei Jahre nach seinem Eintritt in die Berliner Kolonie entstand, seine Verbundenheit mit dem Schicksal der Réfugiés und sein Engagement für die Kolonie zum Ausdruck zu bringen.

Die zweite, Chodowiecki ebenfalls nur zugeschriebene Radierung, auch um 1757 entstanden, zeigt das stadtbekannte Berliner Original »Henry Gierart, marchand des Savonettes tres renomme à Berlin agé 98 ans« (Henry Gierart, Seifenhändler, sehr renommiert in Berlin, 98 Jahre alt. E: B), in einer anderen Version des Blattes ist Gierart nur 82 Jahre alt. Der zur Kolonie gehörende ambulante Händler Gierart, ein untersetzter Mann mit Perücke und weitem Mantel, trägt seine Waren in einer Umhängetasche. Er hält den Hut in der Hand, als wolle er den Kunden ansprechen. Gierart bot in den Straßen Berlins in einem eigenartigen deutsch-französischen Sprachgemisch, das in den beigegebenen Versen parodiert wird, Parfümerien, Seifen, Pomaden und Wachs an (»kut Savonet! Etuits, un schön Pomat von Wacks un renlick Fett«). In den satirisch orientierten Motivkreis, der auffallende Typen der Kolonie beschreibt, gehören auch zwei weitere Blätter Chodowieckis. Das erste Blatt, »Le passe dix« oder »Der Würfler«, mit dem Pseudonym »Huquier sc.« bezeichnet, ist 1757 datiert und wurde von Wilhelm Engelmann als Radierung Nr. 1 (E 1) in das 1857 veröffentlichte Gesamtverzeichnis von Chodowieckis Kupferstichen aufgenommen. Der Würfler ist Nicolas Fonvielle (gest. 1762), ein aus Patriotismus verarmter Knopfstempelmacher der Kolonie. Fonvielle hatte sein Geld vertan, um eine Medaille auf den Sieg von Mollwitz (1741) zu schneiden. In Armut geraten, wurde er von den Kolonisten unterstützt. Chodowiecki muß ihm in den Berliner Gaststätten begegnet sein. Aus dem Tagebuch des Künstlers erfährt man, daß Fonvielle »von Natur etwas vernachlässigt« war und »krumme Beine« hatte. Auf die Tischplatte gestützt, blickt er gespannt auf die Würfel. »Wenn er die mehresten Augen warf, bekam er eine Bouteille Bier, verlohr er, so bezahlte er nicht, denn er hatte nichts.« Fonvielle hatte Chodowieckis Aufmerksamkeit geweckt, genauso wie das »Singende alte Weib« (E 3), das auf der ersten 1758 datierten und mit Chodowieckis Namen signierten Radierung dargestellt ist. Die Alte, von einer Leierspielerin begleitet, singt aus einem Buch mit dem Titel

Rechte Seite: Der Seifenhändler Henry Gierart im Alter von 82 Jahren. Radierung, um 1757

Marchand des Savonettes tres renomme a Berlin.
age 82. ans.
Bonjour meschers Messieurs! Kaüff sick küt Savonet!
Etuits, ün schön Pomat von Warss ün renlick fett.
Kaüff Kaüff. sick in die Zeit, so hab, sick in das Noth
O Monsieur! keb kleick kelt; Haselir nit: Jck braück Brot.
Jck nick kan borck; ick hab sü Haüss Fraü, ün viel kind;
Fress mi bal Ohr klat weck; Kaüff, ün besahl keschwind.
Js schon die letzte Tag: Die Sonntag Komm heran.
Sons kan nick führ der Staat; Greiff sick der Herr dock an;
Der Herr sahl; Jck seh schon; Js sick ene brave Herr!
(A propos! keb mi dock ene pris de Saint' Omer.)
O brave Monsieur! is ock von mi ene küt Patron;
An armen Schelm verdien sick ene Kottes Lohn.
Ün ene schöne charmante Maitresse, von sück sehn Jahr.
Viele taüsent küte klück wünsch ick sü meiner Waar;
Ha! ha! da siss ene Herr, der mi ock nick kezahl.
Haselir dock nick sü sehr! Jck kehn müss ene mahl;
Kaüff sick der Kram sü samm. Ha! schöne küte kelt!
So komm en kleen Fransoss noch dürck das krüsse Welt.
Adieu! Messieurs! Messieurs! nün hab sick der argent.
Bon Appetit! Messieurs! kleen Fransoss is content.
Bien Oblige' Meschers Seigneurs! de tout mon Coeur,
Lass sie Kott lanke leb, so keb sie mi noch mehr.
Jhr, die ihr nie vergnügt mit eürem Züstand seÿd,
Betrachtet dieses Bild von der Züfriedenheit;
Der kleine Handelsmann verkaüfft viel oder wenig,
So ist er doch vergnügt, als wie der reichste König.
O! lebte Jedermann mit so gelassnem Hertzen,
So würde man gar Leicht, was böse scheint, verschmertzt.
Das gröste Ünglück ist in dieser besten Welt,
Dass wer aüch glücklich ist, sich doch nicht glücklich hält.

»Receuil de Poesies & Chans nouvelles par diferens auteurs« (Sammlung von Gedichten und neuen Liedern verschiedener Autoren). Chodowiecki bemerkte in seinem Tagebuch dazu: »Auch wurden in obengedachten französischen Tabagien allerley Gedichte und Lieder auf Kriegsbegebenheiten gemacht, gedruckt, verschenkt und verkaufft. Hier ist ein Weib, daß sie absingt.«

An diese frühen Darstellungen, in denen Chodowiecki sich der Außenseiter in der Kolonie annahm, schließt sich auch ein 1758 datiertes Blatt an, das auf ein unmittelbares Erlebnis des Künstlers zurückgeht. Es ist die Radierung »Die russischen Gefangenen« (E 12). Die »abgerissenen Russen waren aus dem abgebranden Cüstrin nach Berlin gebracht worden um nach Magdeburg geführt zu werden. Sie standen auf dem Schloßplatz halb verhungert und erwarteten die Ordre des Gouverneurs«, so beschreibt Chodowiecki die Begebenheit in seinem Tagebuch. Auf dem Blatt fügte er sich selbst, seine Frau und Luise Lecoq, die spätere Frau des Predigers Jean Pierre Erman, hinzu. Die Gruppe dieser drei verteilt Geld an die Gefangenen. Über die Ereignisschilderung hinaus wird hier auf die Mildtätigkeit als eine hervorragende hugenottische Tugend hingewiesen, die nicht nur gegenüber den Hilfsbedürftigen der Kolonie geübt wurde.

Um 1758 entstanden gleichzeitig eine Reihe anmutiger Rötelzeich-

Der kleine l'Hombre-Tisch. Radierung, 1759

Titelkupfer zu »Les Pseaumes de David«. Radierung, 1759

nungen und Radierungen von Freunden und Bekannten aus der Kolonie. An erster Stelle stehen die vom Künstler mehrmals gezeichneten »Demoiselles Quantin« und Luise Lecoq, deren Miniaturbildnis er auch malte (Berlin, Staatliche Museen, Gemäldegalerie), sowie die Cousinen Rollet. Die eine der Schwestern Quantin, Jeanne Elisabeth (1740 geb.), heiratete 1759 Daniel Bardin aus Magdeburg, die andere war die spätere Kriegsrätin Creutz zu Kleve (E 5, E 11, E 15). Chodowiecki zeichnete die Schwestern unmittelbar während der Begegnungen am Gartentor, im Negligé und mit Morgenhaube (E 10) oder beim Kartenspiel mit seiner Frau, wie in den Radierungen »Der kleine l'Hombre-Tisch« (E 13), »Damengesellschaft beim Kartenspiel«

(E 14), »Der große l'Hombre-Tisch« (E 22). Auch die vielen Zeichnungen, Miniaturbildnisse und Radierungen von Frau und Kindern drücken nicht nur seine Freude und den Stolz über die immer größer werdende Familie aus, sondern unterstreichen darüber hinaus seinen Status als »chef de famille«, als »Hausvater«. Denn die Familie gehörte zu den wichtigsten Grundpfeilern hugenottischen Gemeinwesens.

Die Summe all dieser Einzelblätter ist im »Cabinet d'un peintre« (E 75) zusammengefaßt. Das 1771 entstandene Familienblatt war für die Mutter in Danzig bestimmt. Auf dem Blatt sind die Töchter Jeanette, später verehelicht mit dem Prediger Papin, Suzette, spätere Frau des Predigers Henry und eine bekannte Malerin, Henriette verheiratete Lecoq, seine Söhne Isac Heinrich, später Prediger in Potsdam, und Wilhelm, der zukünftige Kupferstecher, vereint. Seine Frau Jeanne sitzt links am Tisch, und er selbst befindet sich rechts am Fenster, in die Arbeit vertieft.

Obwohl Chodowieckis eigentliche Laufbahn als Illustrator erst 1769 begann, erhielt er schon 1759 den ersten offiziellen Auftrag der französischen Kolonie, nachdem er sich 1758 einen Namen mit dem Blatt »Fridericus Magnus Rex Borussiae« (E 9) gemacht hatte. Die große Auflage der Radierung war von der Bevölkerung Berlins begeistert aufgenommen worden, und Chodowiecki war mit einem Schlage aus der Anonymität herausgetreten. Die französisch-reformierte Gemeinde beauftragte ihn mit dem Titelkupfer für das neue Psalmenbuch »Les Pseaumes de David en vers avec des prières. Aux dépens de la Compagnie du Consistoire. A Berlin 1759« (Die Psalmen Davids in Versen mit Gebeten. Herausgegeben vom Konsistorium. In Berlin 1759. E 19). Die Beischrift zum Bild des zur Harfe singenden David entnahm der Künstler dem Psalm 66 »Nations loués le Seigneur« (Die Völker loben den Herrn). Nach der Fridericus-Radierung ist es das erste Blatt, das eine Auflage von 5000 Exemplaren erreichte und Chodowiecki nun auch als Künstler einer breiteren Öffentlichkeit in der Kolonie und über diese hinaus bekannt machte. Schon drei Jahre später, 1762, wurde das Blatt für eine zweite Auflage »Nouvelle Edition« übernommen, während die Neuauflagen 1783 (E 459) und 1791 (E 660) zu »Recueil de Pseaumes, d'Hymnes et de Cantiques. Par Henry« (Sammlung von Psalmen, Hymnen und Lobgesängen. Von Henry) die Komposition von 1759 variierten.

Chodowiecki verband die Psalmengesänge unmittelbar mit der Darstellung König Davids, der kniend den Blick zum Himmel auf die göttliche Erscheinung richtet und barhäuptig zu seinem Harfenspiel singt. Ein zeitgenössisches Notenpult auf dem Tisch und die zu seinen Füßen liegenden Zepter und Krone wie auch der Lehnstuhl hinter ihm deuten die Räumlichkeit an, in die der auf David gerichtete Lichtstrahl Gottes dringt, dessen Erscheinung von Wolken und Cherubim verdeckt wird. In der Darstellung Gottes und seiner Erscheinung folgte Chodowiecki den kalvinistischen Bildvorschriften, die nur Symbole gelten lassen: Wolken mit Cherubim deuten die Ferne und Unfaßbarkeit Gottes an, Flammen (Strahlen oder Sonne), die auch den Menschen erreichen können, versinnbildlichen die Nähe Gottes. Die konsequenteste Formulierung des Gottessymbols aber radierte der Künstler in Anlehnung an barocke Vorbilder. 1787 entstand für die »Brüderschaft der Verehrung Gottes« in Verbindung mit einem Gebettext ein Blatt, auf dem das Auge Gottes in einem Dreieck, dem Symbol der Dreieinigkeit, eingefaßt ist. Von diesem gehen Strahlen aus, und Wolken mit Cherubimköpfen als Symbole der Unfaßbarkeit und Nichterkennbarkeit Gottes umgeben es (E 587). Im David-Bild bewegt sich Chodowiecki weg von einer naturhaften Auffassung, er konstruiert und bemüht sich um Stil. Im Gegensatz zu seiner eigenen und beobachteten Figurenwelt verharrt er hier im Konventionellen.

1764 ernannte die Akademie der Künste Chodowiecki zu ihrem Mitglied. Das machte ihn zu einem privilegierten Künstler des preußischen Staates. Von diesem Zeitpunkt an arbeitete er auch an der Reorganisation der Akademie. Bei der Aufnahme hatte er 24 Radierungen vorlegen können. 1797, wenige Jahre vor seinem Tod am 7. Februar 1801, wählte man den Siebzigjährigen noch zu ihrem Direktor.

Erst 1767 gelang Chodowiecki der große Durchbruch. Seine in diesem Jahr entstandene Radierung »Der große Calas« oder »Les Adieux de Calas, à sa famille« (E 48) machte ihn schlagartig berühmt. Das ergreifende Schicksal des Hugenotten Jean Calas in Frankreich hatte die gesamte protestantische Welt berührt und empört, auch Chodowiecki. Er stellte den Abschied der Familie von dem zu Unrecht zum Tode verurteilten Mann dar. Calas war verdächtigt worden, seinen Sohn umgebracht zu haben, weil dieser zum Katholizismus übertreten wollte. Das Fehlurteil wurde zwar 1765 zurückgenommen, aber der Untergang dieses tugendhaften Mannes bewegte die reformierten Gläubigen, auch in der Berliner Kolonie.

Chodowiecki hatte die Abschiedsszene der Familie Calas zunächst in einem Gemälde nach einem Stich von Jean-Baptiste Delafosse dargestellt, den dieser von einer Zeichnung Louis Carrogis de Carmontelles übertragen hatte. Auf Anraten seiner Freunde setzte Chodowiecki sein Gemälde in die weitaus lebendigere Komposition der

Der große Calas oder »Les Adieux de Calas, à sa famille«. Radierung, 1767

Radierung um (E 48). Erst nachdem dem Künstler die zweite Druckplatte gelungen war, erschien die Radierung in einer großen Auflage im Selbstverlag. Bis zur Jahrhundertwende wurde das Blatt von anderen Stechern kopiert und verbreitet. Nicht nur Chodowiecki war der Meinung, daß diese Radierung »von Kenner und Nichtkenner so wohl wegen der Invention, Composition, Beleuchtung, Ausdruck als auch Behandlung gesucht und geschätzt« werde. Die Art und Weise, wie sie verbreitet wurde und wirkte, gaben ihm recht. Auch der Schweizer Schriftsteller und Theologe Johann Kaspar Lavater pries, neben vielen anderen, das Blatt mit überschwenglichen Worten: »Ich halte die adieux de Calas von Chodowiecki für eines der herrlichsten, natürlichsten, kräftigsten Stücke, das ich in meinem Leben gesehen ...« (Fragmente IX, Bd. I, S. 112). Dem »Großen Calas« folgte 1780 der »Kleine Calas« (E 353). Chodowiecki hatte das Motiv nun in ein Hochformat gebracht und für den Titel von Christian Felix Weißes Trauerspiel »Jean Calas« verwendet.

Durch die Radierung des Calas war Chodowiecki über Nacht zum »graveur célèbre« (berühmten Graveur) avanciert und »très renommé« (sehr renommiert). Aufträge folgten nun in Fülle, auch von auswärts. Vor allem setzte seine umfangreiche Kalendertätigkeit ein. Seit den siebziger Jahren entwickelte er sich zu jenem »polygraveur«, der, um den vielen Aufträgen gerecht zu werden, seine Ausdrucksmöglichkeiten rationalisieren und den technischen Aufwand möglichst gering halten mußte. Die Motive wurden mehrmals verwendet, neue Kombinationen eigener Bildelemente erfunden, und weitgehend benutzt wurde der geläufige Formenapparat.

In das gleiche erfolgreiche Jahr 1767 gehört auch der Auftrag des Buchhändlers Etienne Laurent de Bourdeaux aus der Kolonie, der ein kleines Titelblatt zu Samuel Formeys Miniaturalmanach für Damen »Bouquet de Maximes« (E 47) drucken ließ. Miniaturhaft ausgeführt, zeigt es die Porträtbüsten Prinz Wilhelms V. von Oranien und der Prinzessin Friedrike Sophie Wilhelmine von Preußen. Nach Chodowieckis Mitteilung ließ der Buchhändler die Porträts auch als »Berloque« genannte kleine Schmuckanhänger fassen.

Erneut griff Chodowiecki 1771 mit der »Einwanderung der Franzosen zur Errichtung der Regie« (E 78) das Immigrationsthema auf. Allerdings handelte es sich hier nicht um Glaubensflüchtlinge, sondern um ins Land geholte Steuerbeamte aus Frankreich. Jedoch könnte die Kolonie auch davon tangiert worden sein. Die unsignierte Radierung stellt – den anderen Bildkompositionen dieser Thematik vergleichbar – einen Zug von Frauen, Kindern, Männern, hochbeladenen Karren und Wagen dar. Voran trabt ein Esel mit Geigen, Rappieren und anderen Gerätschaften. Chodowiecki notierte dazu: »Einwanderung der von König Friedrich II. verschriebenen Franzosen in Berlin zur Errichtung der Regie. Wagen, Pferde und Führer nach der Natur gezeichnet.« Es bleibt ungeklärt, ob der Künstler hier ein tatsächliches Erlebnis oder ein überliefertes Ereignis schildert. Die Tier- und Menschenstudien könnte er in einem anderen Zusammenhang gemacht und für dieses Blatt verwendet haben, in dem die Nähe zu den Kupferstichen von Jan Luyken spürbar bleibt.

Zu einer anderen Radierung von 1771 mag Chodowiecki durch alltägliche Vorkommnisse angeregt worden sein. Auf dem Blatt »Lebenslauf einer Buhlschwester« (E 82), bezeichnet »A la Charité«, stellte er zwei Figurenstudien dar. Zwei Männer, offensichtlich auf dem Weg zur Charité, dem Armenkrankenhaus, tragen eine Frau auf einer Bahre, daneben stehen eine alte Frau und ein Offizier, der ein Mädchen am Kinn faßt. Der Künstler warnt hier offenbar vor den

Einwanderung der von König Friedrich II. verschriebenen Franzosen in Berlin zur Errichtung der Regie. Radierung, 1771

Folgen, die ein solcher Umgang haben kann. Eindeutig geht die Radierung in ihrer Aussage über die lebhafte Szenenschilderung hinaus und verrät eine zeitentsprechende Nähe zu den auch von Chodowiecki bevorzugten moralisch-didaktischen Bildfolgen, die seiner kalvinistisch strengen Moralauffassung entgegenkamen.

Ein weiteres Ereignis aus seiner praktischen Tätigkeit in der Kolonie, nämlich aus der Zeit seiner Zugehörigkeit zum Direktorat der École de Charité, schilderte er in einem Aquarell. Die Löschkolonne der Direktion kehrt von einer Brandstätte zurück. Die Darstellung bezieht sich auf einen Brand, der in der Nacht vom 23. zum 24. Juli 1769 in einem Nebenhaus der École de Charité, Klosterstraße Nr. 43, wo die Mädchen untergebracht waren, ausgebrochen war. Die Direktion,

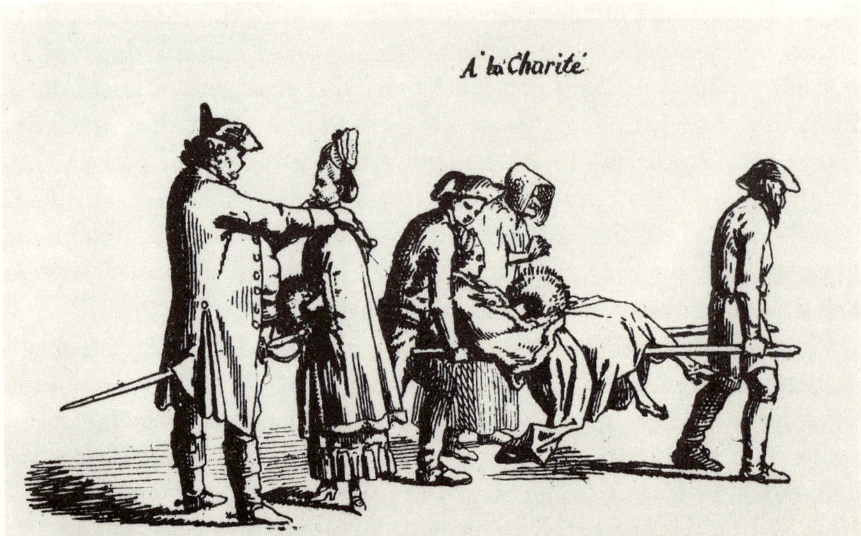

Lebenslauf einer Buhlschwester. Radierung, 1771

die 14 Personen umfaßte, darunter fünf Hausväter, Mitglieder des Konsistoriums und Familienhäupter aus achtbaren Koloniefamilien, löschte den Brand. Das auf den 24. Juli 1769 datierte Aquarell entstand also unmittelbar nach der Brandnacht. Dem Zug der Löschkolonne voran schreitet eine nur in Umrissen skizzierte Caritas mit Kindern. Über dem Zug erscheint, in derselben Weise ausgeführt, ein Engel mit Harfe, der die glückliche Rettung preist. Die Spitze der neunköpfigen Kolonne bilden die Prediger Jean Pierre Erman und Fréderic Ancillon (nach Manoury Hainchelin), ihnen folgen Daniel Baudesson d. Ä., der Prediger Louis Esaic Pajon de Moncets, Louis oder François Baudesson d.J., Samuel Mathis u.a. nicht näher zu benennende Personen, darunter auch eine Frau. Manoury führt nach dem Protokollbuch die Namen Costé, Connor, Jacob, Le Coq, Forestier, Villeneuve, Philippe und Rousset an, die in diesem Löschzug vertreten sein könnten. Am Schluß des Zuges schreitet Chodowiecki selbst. Offenbar ist das Blatt nicht vollendet, es entstand ohne Auftrag und hat den Charakter unmittelbarer Niederschrift bewahrt.

Erst 1772 erhielt Chodowiecki einen zweiten offiziellen Auftrag vom Konsistorium. Kurz vor den Feierlichkeiten zum 100jährigen Jubiläum der Französischen Kirche wurde er am 29. Januar 1772 in einer Kommissionssitzung der »chefs des familles« mit dem Entwurf für eine Medaille beauftragt. Schon im Februar 1772 bestätigte die Kommission seinen Entwurf, legte die Inschrift »ASYLE OUVERT A LA FOI PAR LA CHARITÉ« (Dem Glauben wird Schutz durch Nächstenliebe gewährt) fest, die gleichzeitig auf die beiden dargestellten Allegorien Glaube und Liebe verweist, und lehnte die vom Künstler in der Zeichnung angegebenen Genien ab. Die vom König genehmigte Prägung der silbernen Schaumünze (Berlin, Staatliche Museen, Münzkabinett) übernahm Chodowieckis Freund, der Jude Jacob Abraham, dessen Probeabdruck vom König und der Gemeinde ebenfalls gebilligt wurde. Chodowiecki übertrug die allegorische Zeichnung auch in eine Radierung (E 85), die der 1772 in Berlin veröffentlichten Gedenkschrift von Erman »Mémoire Historique sur la fondation de l'église françoise de Berlin« beigeheftet werden sollte und in 1500 Exemplaren »sur bon papier« Verbreitung fand; sie erschien auch in deutscher Übersetzung. Für diesen Auftrag arbeitete Chodowiecki ebenfalls unentgeltlich, und künstlerisch war er auch in dieser Arbeit vom Konsistorium abhängig, das ein Einspruchs- und Mitspracherecht hatte. Die Schaumünze zeigt Caritas, die Liebe, mit zwei Kindern, gestützt auf ein Schild mit dem Bild einer Kuppelkirche, ein Hinweis auf die Kirchengründung. Neben ihr steht die Allegorie des Glaubens oder der Religion mit dem Evangelium im linken Arm, mit der Rechten weist sie auf ihr Herz. Die Umschrift besteht aus den oben erwähnten Worten und dem Datum »LE X JUIN MDCCLXXII«. Die Rückseite trägt die Inschrift »L'EGLISE FRANÇOISE FONDÉE A BERLIN PAR LE GRAND ELECTEUR CELEBRE SON JUBILÉ SOUS LE REGNE DE FREDERIC LE GRAND LE X JUIN MDCCLXXII« (Die Französische Kirche, durch den Großen Kurfürsten in Berlin gegründet, feiert ihr Jubiläum unter der Regentschaft Friedrichs des Großen am 10. Juni 1772). Den späteren Abdrucken der Radierung hat man eine Erläuterung zur Entstehung und Bestimmung der Schaumünze beigegeben, in der die Allegorie der Nächstenliebe erwähnt wird, die den Tempel auf ihrem Schild vorzeigt. Außerdem werden Abraham als ausführender Künstler und Chodowiecki, der den Entwurf nach den Vorstellungen des Konsistoriums fertigte, genannt. Die Medaille wurde für zwei Taler und zwölf Groschen zugunsten der Armen verkauft (»... Elle se vend au profit des pauvres à deux écus et douze gros«).

Im gleichen Jahr erhielt Chodowiecki einen weiteren offiziellen Auftrag von der Kolonie. Jean Pierre Erman, der Gründer der Seminarbibliothek und Leiter des theologischen Seminars der Berliner Kolonie, bestellte ein Bibliothekszeichen für das französische Seminar (E 87). Dieses Zeichen, als Exlibris verwendbar, erschien in einer ersten Auflage von 3 000 Abdrucken. Chodowiecki wählte eine allegorische Darstellung als Hinweis auf die Lehr- und Erziehungstätigkeit des Seminars. Die Darstellung nimmt Bezug auf eine Stelle aus dem 3. Korintherbrief (6–8) und zeigt zwei Männer, Paulus und Apollos (v. Randow: Paulus und Sokrates), die Bäume pflanzen und gießen und die doch Gott allein gedeihen läßt. Über der Szene strahlt die Sonne, hier als Symbol für Gott und zugleich für die Aufklärung geltend, verbunden mit der Inschrift »DIEU DONNE L'ACCROISSEMENT« (Gott gibt das Wachstum). In der Einfassung steht der Name der Bibliothek. In einem Brief vom 30. November 1772 dankte Erman dem Künstler im Namen der »Directeurs du seminaire de Theologie« für die gestochene Platte und 3 000 Abzüge, die Chodowiecki dem Seminar kostenlos geliefert hatte. In leichter Abänderung taucht das Motiv 1772 noch einmal als Titelvignette für Gellerts »Leçons de morale« (E 86) auf.

Die siebziger und achtziger Jahre sind im Schaffen Chodowieckis von ungeheurer Produktivität gewesen. In diese Jahre gehört nicht nur sein umfangreiches Entwurfswerk zur Bauplastik am Französischen Dom, sondern in diesem Zeitraum entstanden vor allem seine

Hochzeitszug des Brautpaares Pierre Frédéric Catel und Elisabeth Rousset. Gouache von Chodowiecki, 1774

Illustrationszyklen zu zeitgenössischen literarischen Vorlagen (Nicolai, Basedow, Goethe, Lessing, Herder, Wieland u. a.), zu Übersetzungen aus dem Französischen und Englischen und zu den von der Akademie der Wissenschaften herausgegebenen Kalendern oder zum Göttinger Taschenkalender. Aber auch Verleger und Autoren religiösen und erbaulichen Schrifttums erteilten ihm Aufträge (u. a. Hermes, Sack, Seiler, Seyffert, Woltersdorff, Lavater, Schuback) und gaben ihm damit die langersehnte Gelegenheit, sich auch »erhabenen Gegenständen« zuzuwenden. Motive und Themen für die Titelvignetten wurden ihm meist vorgeschrieben. In jene arbeitsreiche Zeit fielen auch Chodowieckis wenige Reisen nach Dessau (1772), Danzig (1773 und 1780), Dresden (1773 und 1789) und Hamburg (1781), die meistens beruflichen Zwecken dienten, beispielsweise um Privatsammlungen zu taxieren oder zu katalogisieren. Auch der Umzug der durch Heirat der Töchter größer gewordenen Familie in die Behrenstraße Nr. 31 erfolgte 1777.

Ehe er mit der Entwurfstätigkeit für den Französischen Dom begann, entstanden einige nennenswerte Gelegenheitsarbeiten für den Freundes- und Familienkreis. Hervorzuheben ist das in Deckfarbenmalerei ausgeführte Blatt mit dem Hochzeitszug von Pierre Frédéric Catel und Elisabeth Wilhelmine Rousset im Jahre 1774. Diesem Hochzeitszug gehören die Kolonisten François Rousset, Breton, Pierre David Bardin und ihre Frauen an. Die Familien Barez, Gervaisot, Catel und auch Rousset waren Kurzwaren- und Modehändler (Quincailleries). Sie werden vom Diener des Französischen Gerichts in der Niederlagstraße Nr. 1, bei dem Catel angestellt war, empfangen. Dem Zug voran schreitet der griechische Hochzeitsgott Hymen mit brennender Fackel, begleitet von einem Amor.

Einen zweiten Hochzeitszug radierte Chodowiecki 1775 anläßlich der Heirat seines Freundes Henri Barthelemy (1750–1822), Stadtrat und Sekretär im Konsistorium. Auf dem heiteren Blatt (E 133), das als Karte für die geladenen Gäste gedacht war, verbindet Chodowiecki die realen Personen mit allegorischen Gestalten. Den Zug führt Hymen mit brennender Fackel und einer Siegesfahne mit der Aufschrift »Au rendés vous« an. Ihm folgt ein Geiger auf einem Hund, den Symbolen für Freude und Treue. Diesem schließt sich der Bräutigam an, der die Braut, Frédérique Kolbe, in einem Korb auf dem Rücken trägt. Den Zug beschließen ein Dudelsackpfeifer und ein Harlekin, über denen ein Storch fliegt.

Titelblatt zu H.M. August Cramers »Unterhaltungen zur Beförderung der häuslichen Glückseligkeit«. Radierung, 1780

In diesen Umkreis der Gelegenheitsblätter gehören auch die gleichfalls 1775 entstandene Zeichnung »Wallfahrt nach Frantzösch Bucholz« und ihre 1779 radierte Umsetzung (E 337), die der Künstler als Ersatz für einen verregneten Familienausflug anfertigte (vgl. S. 425ff.). Zu den Familienszenen ist auch das 1780 datierte Titelblatt zu Heinrich Mathias August Cramers »Unterhaltungen zur Beförderung der häuslichen Glückseligkeit« (E 376) zu rechnen. Chodowiecki verwendete hier eine Szene aus dem Hause Barez, in der sein Schwiegervater Kindern und Enkeln aus der Bibel vorliest, und vermittelt dadurch einen Einblick in die häusliche Frömmigkeit der »Hausväterrepublik«.

Entwürfe für den bauplastischen Dekor des Französischen Domes

Den bedeutendsten Auftrag, den der Künstler von der Compagnie du Consistoire erhielt, bekam er am Ende der siebziger Jahre. Zwischen 1779 und 1785 bauten Karl von Gontard und sein Mitarbeiter Georg Friedrich Unger im Auftrag König Friedrichs II. vor die französische und die deutsche Kirche zwei gleichgestaltige Kuppeltürme (vgl. S. 155ff.). Auf Wunsch des Königs wurden diese Türme mit einem reichen bauplastischen und figürlichen Dekor versehen. Gontard entwarf zwar einen allgemeinen Dekorationsplan mit der Verteilung der Plastik am Bau, für die inhaltliche Ausarbeitung eines Programms aber wurde die Gemeinde herangezogen, die sich ohnehin von außen nichts vorschreiben lassen wollte. Damit sah sich das Konsistorium einer französisch-reformierten Gemeinde vor eine bis dahin wohl einzigartige Aufgabe gestellt, standen die Kalvinisten dem Bild am und im Kirchenbau doch weitaus ablehnender gegenüber als die Lutheraner. Nach dem erhaltenen Aktenmaterial im Archiv der Französischen Kirche sind die Baupläne dem Konsistorium am 14. Oktober 1779 vorgelegt worden, und am 25. April 1780 beschloß es, ein inhaltliches Programm festzulegen. Zu diesem Zweck wurde am 28. September 1780 eine beratende Kommission berufen, zu der die Prediger und die Mitglieder der Compagnie »Mess. Chodowiecky, Fasch, Doussin, Pénarier, Nicolas, Calame et Breton« gehörten, weiterhin auch von außerhalb die »chefs des Familles Messieurs Formey, Béguelin, Mérian et Bitaubé« und die Künstler »Mess. R(M)eynel, Bardou, Koppin et Rohde …« zur Konsultation (Actes de l'Assemblée Générale de la Compagnie du Consistoire de Berlin 1779–1781, S. 266–267/1).

Kurz darauf, im Oktober 1780, vermerkte Chodowiecki in seinem

Tagebuch: »... été au consistoire, ou en prouvé presque tout mon plan de decoration à la tour de l'eglise de Friedrichstadt, à l'exception qu'au certains pères d'eglise« (... ich war im Konsistorium, wo fast mein gesamter Plan der Dekoration für den Turm der Friedrichstadtkirche gebilligt wurde, mit Ausnahme bestimmter Kirchenväter). Das bedeutet, daß er als Mitglied der Kommission nicht nur beratend mitwirkte. Vielmehr erläuterte er als kompetentester in dieser Runde am 25. Oktober 1780 das Bildprogramm, fertigte er die Entwürfe an und konnte sie schon am 10. Januar 1781 den ausführenden Bildhauern, wenig später, am 21. Januar 1781, auch dem Konsistorium vorlegen, das ihm für diese Arbeit dankte. Chodowieckis Tagebuchaufzeichnungen und die Akten des Konsistoriums informieren ziemlich genau über die Entstehung und den Werdegang des Programms.

Der schriftlich ausgearbeitete bauplastische Entwurf der Kommission kam jedoch verändert zur Ausführung. Statt der vorgesehenen Anzahl biblischer Themen und der geplanten Aufstellung der Reformatoren Wiclif und Hus wurde die Zahl der Tugendpersonifikationen erhöht. Das Ergebnis war ein figürliches Programm, das folgendermaßen angeordnet ist: In der Vorhalle des Französischen Domes stehen vier Propheten sowie Joseph von Arimathia und Samuel in typologischer Beziehung zu den Szenen aus dem Leben Jesu mit Hervorhebung von Taufe und Abendmahl, den beiden Hauptsakramenten des reformierten Bekenntnisses. In den drei Giebelfeldern mit den Themen Bergpredigt, Weg nach Emmaus und Samariterin am Jakobsbrunnen ist Christus in theologisch-didaktischer Weise als Lehrender in den Mittelpunkt gerückt. Auf der Attika erscheinen die vier Evangelisten, umgeben von Tugendallegorien, deren Personifikationen als ethische Grundpfeiler hugenottischen Gemeinwesens verstanden sein könnten. Am Turmzylinder stehen sechs Apostel, und über ihnen sind weitere szenische Tugendreliefs angebracht. Über dem Gesamtprogramm überragt die Kuppelfigur der triumphierenden Religion, die »Imago verae religionis«, den Gesamtaufbau.

Als Grundlagen des Programmes kommen einerseits die theologischen und moraltheologischen Anschauungen Calvins und seiner Mitarbeiter in Frage, vor allem die »Confession de Foi« selbst, und die bildlich gefaßten Druckerzeichen hugenottischen Schrifttums (z. B. für die Samariterin am Jakobsbrunnen, für die triumphierende Religion), andererseits auch die moralisierenden humanistisch-theologischen Auffassungen des ausgehenden 18. Jahrhunderts und Karl Wilhelm Ramlers Werk »Allegorische Personen zum Gebrauche der bildenden Künstler« (Berlin 1788).

Vernünftiges Christentum. Radierung, 1777

In seinen Entwürfen wie auch in seinen anderen Blättern zur Bibel ging Chodowiecki nie frei mit dem Text um, denn das war ihm nach dem reformierten Bekenntnis nicht erlaubt. Frei hantierte er nur mit dem allegorischen und ikonographischen Motivschatz, den er auf seine Weise kombinierte, um der eigenen Bildintention möglichst nahe zu kommen. Die Nähe zum biblischen Text ist beispielsweise in der Szene »Christus auf dem Weg nach Emmaus« deutlich ablesbar. In der 1778 entstandenen Radierung (E 261), die dem nicht mehr erhaltenen Entwurf zum Domrelief entsprochen haben mag, wie uns die Ausführung noch heute zeigt, überträgt er den Text (Lukas 24, 28–29) möglichst genau ins Bild: »Als sie sich dem Dorfe näherten, wohin sie gingen, tat er, als wolle er weitergehen. Da nötigten sie ihn und sprachen ›Bleibe bei uns, denn es will Abend werden und der Tag hat sich schon geneigt‹.« Chodowiecki gruppierte die Figuren in Geste und Ausdruck nach dieser Bibelstelle und ergänzte auf der Radierung die Szene durch die untergehende Sonne und das Dorf. Die Wolke mit den Cherubim deutet bekanntlich auch hier wieder auf die Ferne Gottes und auf seine Nichtvorstellbarkeit hin.

Für die Gestaltung der Symbolfigur der »Religio« auf der Kuppel ließ Chodowiecki sich nicht nur von dem Epigramm des Calvin-Mitarbeiters Theodore Beza über die »Imago verae religionis« und von deren bildlicher Umsetzung als Druckerzeichen (Emblemata, 1580) beeinflussen. Auch er selbst hatte in der 1777 entstandenen Radierung »Vernünftiges Christentum« zu Georg F. Seilers Erbauungsschrift von 1778 (E 185) die Symbolgestalt der Religion, verschleiert, mit dem aufgeschlagenen Evangelium im Arm und auf die Schädelstätte Golgatha hinweisend, neben Athena dargestellt. Den Triumphgestus mit hocherhobenem Arm und aufgestelltem Bein verwendete er in Radierungen zur neueren Geschichte in Göttinger Kalenderblättern der Jahre 1792 und 1793 (E 661/6; 686/4).

Von Chodowieckis zeichnerischen Entwürfen für die Domplastik, die nach Oettingens Angaben (1895) in Rötel ausgeführt waren oder in Pausen vorlagen, hat sich lediglich eine große Rötelzeichnung zum südlichen Giebelfeld mit »Christus und der Samariterin« (Berlin, Staatliche Museen, Sammlung der Zeichnungen) erhalten. Sie gibt uns Aufschluß über die Art seiner Entwurfsausführung. Andere Motive sind in den Akten genannt (Weg nach Emmaus) und können vor allem mit Radierungen zur gleichen Thematik und mit verwandter Komposition in Zusammenhang gestellt werden. Die »Bergpredigt Christi« im Ostgiebel des Turmes zeigt beispielsweise die gleiche Komposition wie das 1776 geschaffene Titelblatt zum 2. Band von Basedows »Gesangbuch« (E 178), das dieser für sein »Philanthropin« bestellt hatte. Auch die schon erwähnte Figurenkomposition des Nordgiebels »Jesus mit den Jüngern auf dem Weg nach Emmaus« entspricht der 1778 radierten Titelvignette (E 261) zu Jacob Schubacks gleichnamigem Oratorium. Das Thema der »Samariterin« vom Südgiebel, dessen Vorlage erhalten blieb, griff Chodowiecki 1785 noch einmal im Titelblatt zu Hermes' »Beyträge zur Verbesserung des öffentlichen Gottesdienstes der Christen« (E 558) auf. Zu den szenischen Reliefs in der östlichen Vorhalle aus der Lebensgeschichte Jesu finden sich die Analogien in einer Reihe von Radierungen aus diesem Schaffenszeitraum. So entspricht die Abendmahlsdarstellung in der Titelvignette zu Joh. Christian Seyfferts »Andachten« (E 570) von 1782 oder die Gastmahlsdarstellung im Hause des Simon für ein Andachtsbuch von 1781 (E 418) dem Relief in der Vorhalle. Gleiches gilt für die Radierung mit der »Anbetung der Hirten« (E 466) aus Lavaters »Messias« von 1783.

Christus und die Samariterin am Jakobsbrunnen. Stuckrelief im Südgiebel des Französischen Domes, von Chodowiecki 1780/81 entworfen. Aufnahme der Staatlichen Bildstelle Berlin, um 1935

Aber nicht nur Chodowiecki, sondern auch Christian Bernhard Rode fertigte Entwürfe für die Prophetenfiguren in der Vorhalle des Französischen Domes an (vgl. S. 158 ff.). Die Ausführung der Bauplastik des Französischen Domes übernahmen der Stukkateur Föhr (offenbar nicht Sartori) und nach einer jüngst entdeckten Signatur am Evangelisten Matthäus (»EB 1783«) auch der Bildhauer Emanuel Bardou.

Für einen Miniaturmaler und Radierer wie Chodowiecki, dessen Darstellungen sich auf kleinem Format verwirklichten, war solche Entwurfstätigkeit für Monumentalplastik ungewöhnlich und einmalig. Die Giebel sind denn auch wenig glücklich komponiert. Haltung, Bewegung und Plastizität der Figuren auf der Attika und in den Nischen sind spannungslos und statisch aufgefaßt. Die Gewandfiguren wirken oft nur wie Träger ihrer Attribute. Die szenisch gestalteten kleineren Relieffelder aber sind dem Künstler mehr geglückt. Offenbar war es Chodowiecki nicht so sehr gelungen, das konzipierte theologische Programm auch in einer künstlerisch vollendeten Form zu präsentieren, als vielmehr reformatorische Aspekte und Vorstellungen der Aufklärungstheologie ins Bild zu bringen. Doch ungeachtet aller Einschränkungen ist diese Entwurfstätigkeit, die ihm so gar nicht lag, als ein besonderer Höhepunkt seiner künstlerischen Arbeit zu werten. Denn hier verbanden sich in anschaulicher Weise sein reformierter Glaube und seine soziale Einstellung mit dem künstlerischen Engagement für die Kolonie. Chodowiecki führte die Arbeit für die Gemeinde kostenlos in der ihm eigenen Pflichterfüllung und Selbstverständlichkeit aus.

Die Vollendung des Turmbaus 1785 fiel in das Jahr des 100jährigen Jubiläums des Edikts von Potsdam vom 29. Oktober 1685. Anläßlich dieses Jubiläums gab die französische Gemeinde wiederum, wie schon 1772, Chodowiecki den Auftrag, die Schaumünze zu entwerfen. Seine Zeichnung (Berlin, Staatliche Museen, Sammlung der Zeichnungen) wurde von Abraham Abramson in einer leicht veränderten Fassung in Silber geprägt (Berlin, Staatliche Museen, Münzkabinett). Nach dieser Zeichnung wurde auch eine Radierung ausgeführt, die aber weder Engelmann in seinem Gesamtverzeichnis der Kupferstiche von Chodowiecki noch Robert Hirsch in seinem Nachtrag (1906) verzeichnet. Das Blatt, ohne Signatur, ist an die Gedenkschrift von Erman und Reclam »Mémoire Historique sur la Fondation des Colonies Françoises dans les États du Roi. Publié à l'occasion du Jubilé qui sera célébré le 29. Octobre MDCCLXXXV« angeheftet. Diese Schrift ist in französischer und in deutscher Sprache erschienen und auf diese Weise einem großen Publikumskreis bekanntgemacht worden. Die Vorderseite der Münze zeigt eine kniende, verschleierte weibliche Gestalt, die Allegorie der Religion, vor einem Opferaltar in einer Säulenhalle, in der das Bildnismedaillon Friedrichs II. angebracht ist. Daneben steht die Allegorie der göttlichen Vorsehung auf einer Kugel, Kerze und Füllhorn tragend. Im Abschnitt ist die Inschrift »LES ENFANTS DES REFUGIES HEUREUX SOUS FREDERIC LE GRAND LE XXIX OCT. MDCCLXXXV« (Die Kinder der Réfugiés sind glücklich unter Friedrich dem Großen) eingefügt. Die auf der Entwurfszeichnung angegebene Inschrift »Die Religion dankt der Vorsehung für die Wohltaten Friedrichs II.« wurde offenbar vom Konsistorium abgelehnt und in der Ausführung nicht übernommen. Diese Inschrift benannte aber eindeutig die beiden allegorischen Figuren als »Religion« und »Vorsehung«. Auf der Rückseite der Schaumünze kniet die Gestalt der Religion, in der Rechten das Evangelium haltend, vor der Büste des Kurfürsten Friedrich Wilhelm, eine immer gern wiederholte Geste gegenüber dem Großen Kurfürsten, mit welcher der Anfänge der Koloniegründung gedacht werden sollte. Im Hintergrund ist eine brennende Ortschaft angedeutet, die an das verlassene Frankreich erinnert, während die Entwurfszeichnung geborstene Säulen als Hinweis auf die zerstörte Kirche von Charenton erkennen läßt. Als Inschrift wählte man: »LES REFUGIES CONSOLES DANS LEURS INFORTUNES PAR LE GRAND ELECTEUR LE XXIX OCT MDCLXXXV (Die Réfugiés werden in ihrem Unglück vom Großen Kurfürsten getröstet). Eine Seite des Prägestocks der Gedenkmünze wird im Hugenottenmuseum Berlin aufbewahrt.

Aus dem Jahr 1785 stammt vermutlich auch ein Fächer, dessen Bemalung Chodowiecki zugeschrieben wird. Sie wiederholt die Szenen der Münze. In der Mitte, unter den Strahlen der Sonne, befindet sich in einem Oval eine kleine kolorierte Radierung mit dem Französischen Dom, die einen Zustand unmittelbar nach seiner Fertigstellung zeigt. Darüber liest man die Inschrift: »Die Toleranz baut die durch den Fanatismus zerstörten Kirchen wieder auf.« Dieser Satz spielt offensichtlich auf die unter Friedrich II. gewährte Religionsfreiheit an. Die flankierenden Nebenszenen wiederholen, leicht verändert, die Vorder- und Rückseite der Schaumünze von 1785. Die linke Szene dient der Verherrlichung des regierenden Fürsten. Unter einem Porträtmedaillon Friedrichs II. kniet die Religion vor einem Abendmahlstisch und huldigt der Vorsehung, einer zweiten weiblichen Figur mit Füllhorn als Zeichen ihrer Wohltaten. Die französische Inschrift darunter lautet in Übersetzung: »Die Kinder der Réfugiés sind glücklich unter Friedrich dem Großen.« In der rechten Szene kniet die Religion, in der Hand das Evangelium, verherrlichend vor der Büste des Kurfürsten Friedrich Wilhelm. Die brennenden Häuser im Hintergrund verweisen auf die Verfolgungen der Hugenotten. Die Übersetzung der französischen Inschrift lautet: »Die Réfugiés werden in ihrem Unglück vom Großen Kurfürsten getröstet.« Über den Besitzer des Fächers ist nichts bekannt.

Zwei Todesfälle in der Familie nahm Daniel Chodowiecki zum Anlaß, Radierungen zu Nachrufen der mit ihm befreundeten Dichterin Anna Luise Karschin anzufertigen. Jean Barez war im Alter von 88 Jahren verstorben, und das Porträt des Greises, ein Kopf, auf einem Kissen liegend, umgeben von den Symbolen der Vergänglichkeit, der Ewigkeit und der Seele, Baumzweige, Wolken, untergehende Sonne, Schmetterling, wurde als Titelvignette zu der Elegie »Beym heiligen Überreste des seeligen Greises Barez der Madam Chodowiecka und ihrer einzigen Schwester gesagt von A. L. Karschin« verwendet (E 437). Der untadeligen Person Jean Barez' und seinem Handwerk, der Goldstickerei, setzten auch Erman und Reclam in ihren »Mémoires pour servir à l'histoire des Réfugiés François dans les États du Roi« (Band V, S. 325 f.) ein Denkmal durch rühmliche Erwähnung. Darin hoben sie auch das radierte Bildnis des Verstorbenen von Chodowiecki hervor. Als die Karschin auch auf den Tod seiner Frau, Jeanne Barez, im Jahre 1785 zwei Elegien verfaßte, griff Chodowiecki wiederum zur Radiernadel. Die erste Elegie, »Der Nachruhm. Am Begräbnistage meiner seeligen Freundin ihrem Chodowiecky geschrieben an dem vierten Juni MDCCLXXXV von A. L. K.«, hat zwei Radierungen: Die eine zeigt den Genius des Todes an einer Urne (E 542), die andere die Symbolgestalt der Resignation an einem abgesägten Stamm (E 543). Für die zweite Elegie, »Der Himmlischgewordenen Ehegattin des Herrn Daniel Chodowiecky nachgerufen von ihrer Freundin A. L. K.«, hat der Künstler gleichfalls zwei Radierungen geschaffen, die eine mit der Entschlafenen in den Wolken (E 544), die andere mit Lorbeer und Myrtenkranz (E 545).

Erwähnt sei auch das 1784 geschaffene Titelblatt für eine 1785 erschienene französische Grammatik von J. C. Theobald de la Veaux »Les vrais principes de la langue françoise« (E 531), die im Auftrag der Kolonie verfaßt worden war und eine Grammatik für »den Teutschen von einer Gesellschaft Gelehrter beyder Nationen« darstellte. Chodowiecki wählte das Motiv eines Knaben, der durch einen Kavalier auf die Büste Ludwigs XIV. hingewiesen wird. Im Hintergrund befinden sich die Medaillonbildnisse von Corneille, Boileau, La Fontaine und Racine, die als Vertreter des »goldenen Zeitalters« französischer Sprachkultur verehrt wurden.

1785 wurde Chodowiecki, wie erwähnt, auf eigenen Wunsch von sämtlichen Gemeindeämtern entbunden (»une décharge générale«). Als Künstler war er jedoch weiterhin für die Kolonie tätig. Neben kleineren Gelegenheitsarbeiten für seinen Freundeskreis entstanden auch Porträts. Dazu gehören das Bildnis von Frédéric Reclam (E 618), das 1789 für dessen Werk »Sermons sur divers textes de l'écriture sainte« verwendet wurde, weiterhin drei Radierungen auf einer Platte, die 1798 dem französischen Schauspieler und Sänger de Vollange gewidmet wurden (E 884, 884a, 884b), sowie die Darstellung der Kinder des ehemaligen Kammerdieners Ludwigs XVI., Cléry, im Garten des Hauses in der Behrenstraße, das Cléry 1798 von Chodowiecki übernommen hatte (E 919).

Die Titelblätter für das Geschichtswerk von Erman und Reclam

Parallel zu diesen und anderen Arbeiten aber entstand zwischen 1782 und 1799 sein zweites Hauptwerk für die Kolonie. Jahr für Jahr radierte er ein Titelblatt zu den neun Bänden der »Mémoires pour servir à l'histoire des Réfugiés François dans les États du Roi« von Jean

Der Große Kurfürst empfängt die Réfugiés in seinen Staaten. Titelkupfer (Radierung) zum Werk von Erman/Reclam, Bd. I, 1782 erschienen

Pierre Erman und Pierre Chrétien Frédéric Reclam. Diese Bände erschienen bei Jean Jasperd, die beiden letzten bei Frédéric Barbiez in Berlin, den Druck hatte G. F. Starcke übernommen. Erman und Reclam fungierten bis zum Band VI gemeinsam als Autoren, die weiteren Bände verfaßte nach Reclams Tod Erman allein. In diesem wichtigen Geschichtswerk schildern die Autoren, ausgehend von der Geschichte des französischen Protestantismus, den Verfolgungen, der Flucht und dem Exil, die soziologischen, wirtschaftlichen, kulturellen und religiösen Grundlagen der Berliner französischen Kolonie, deren Organisation und vielfältige Leistungen in Preußen. Die neun Titelblätter Chodowieckis beziehen sich meist auf einzelne Textstellen oder Sätze der jeweiligen Bände, die den Radierungen als Unterschriften beigefügt sind. Die Darstellungen fixieren Hauptthemen, Höhepunkte und Ereignisse aus der Entwicklung der Kolonie: die Aufnahme und den Schutz der Réfugiés durch die Kurfürsten von Brandenburg, ihren Beitrag zum Wirtschaftsleben und zum Militärwesen und die hugenottischen Tugenden, vor allem die Staatstreue und das Pflichtbewußtsein. Es ist anzunehmen, daß die Textstellen von den Autoren ausgewählt und dem Künstler vorgegeben wurden. Chodowiecki setzte sie oft »wörtlich« ins Bild um, oder er orientierte sich an graphischen Vorlagen, wie im Blatt 1 des ersten Bandes.

Das 1782 datierte Blatt zu Band I (E 460) zeigt laut Inschrift »Le grand Electeur reçoit les réfugiés dans ses Etats« (Der große Kurfürst empfängt die Réfugiés in seinen Staaten) und folgt im wesentlichen einem 1689 ausgeführten Stich von Jean Jacques Thurneysen aus Basel nach einer Zeichnung von Grégoire Brandmüller mit dem Titel »L'accueil des réfugiés au Brandenbourg«. Dieser Stich, der sich einst im Besitz des Konsistoriums befand, wurde von Chodowiecki im Auftrag der Kolonie für die »Mémoires« beschrieben. Der genaue Wortlaut dieser Beschreibung wurde in den Band VII (S. 96–101) aufgenommen. Der Stich Thurneysens, in der Manier von Claude Mellan ausgeführt, ist ein seltener und wenig verbreiteter Druck. Der Berliner Gemeinde wurde der Abzug von einem »Mr. Grégory« anläßlich des Jubiläums 1772 geschenkt, und er bekam seinen Platz im Versammlungssaal des Konsistoriums. Dort hatte Chodowiecki ihn auch gesehen und genau studiert. Das Berliner Exemplar ging verloren, einer der seltenen Drucke wird in Paris in der Bibliothèque Nationale aufbewahrt.

Chodowiecki veränderte bei seiner Übernahme vor allem Kleidung und Haltung des Großen Kurfürsten. Auf seinem Blatt erscheint er in zeitgenössischem Kostüm. Auf die von Putten getragenen Inschrift-

Die gleichnamige Radierung von Jean Jacques Thurneysen, Basel, 1689, nach einer Zeichnung von Grégoire Brandmüller

tafeln, deren Texte in den »Mémoires« aufgeführt werden, verzichtete er und veränderte die Hintergrundarchitektur. Statt des Tempels mit den reliefierten biblischen Medaillonbildern schien ihm eine schlichte Putzquaderung des Berliner Kirchengebäudes geeigneter. Außerdem fügte er den darüber schwebenden geflügelten Chronos hinzu, der auf die Bildnisse der ersten drei preußischen Könige hinweist, die die Réfugiés unter ihren Schutz stellten und mit Privilegien ausstatteten. Statt des Landschaftshintergrundes bei Thurneysen vergrößerte Chodowiecki den Flüchtlingszug. Die Vordergrundszene der ankommenden Réfugiés und die Gesamtkomposition des Blattes behielt er bei. Der Kurfürst wird von Ministern und vier weiblichen Tugendgestalten, dem Glauben (Foi) rechts, der Stärke (Force) links, der Liebe (Charité) und der Hoffnung (Espérance) rechts vorn, umgeben. Im Mittelpunkt aber steht hervorgehoben die Vorsehung (Providence), die dem Kurfürsten mit beredter Geste die ankommenden Flüchtlinge anempfiehlt. Ereignis, Geschichte und Allegorie sind auf diesem Blatt zu einer einheitlichen Darstellung gebracht und auch im Sinne einer Glorifizierung des Großen Kurfürsten und seiner Nachfolger zu deuten. Die vier Tugenden sind inhaltlich auf das Schicksal der Hugenotten und auf die »wahre« Religion zu beziehen. Dieses Blatt, das an den Ausgangspunkt der Berliner Kolonie und ihrer Entwicklung erinnert, ist gleichsam die Introduktion in die Geschichtsdarstellung des Gesamtwerkes und beschwört die große und entsagungsreiche Vergangenheit herauf.

Die Radierung zu Band II (E 493) von 1783 zeigt den Großen Kurfürsten auf dem Sterbebett, der seinem Thronerben, der links mit zwei Prinzessinnen steht, die Réfugiés zum Schutz anempfiehlt. An der Szene nehmen zwei Geistliche teil, der eine ist Mr. de Gaultier, der die Worte des Kurfürsten an seine Kinder wiederholt: »il les recommanda à successeur & sembloit se regarder, moins comme le Maître que comme le Père« (Er empfahl sie dem Nachfolger und betrachtete sich weniger als Herrscher denn als Vater/S. 49). Die Darstellung Chodowieckis bezieht sich auf diesen Text, der gekürzt als Unterschrift beigegeben ist »Le grand Electeur mourant recommande les Réfugiés à son fils.« (Der sterbende Große Kurfürst empfiehlt seinem Sohn die Réfugiés).

1784 erschien Band III, aus dem Chodowiecki einen Textteil S. 184 f.) illustrierte. Das Blatt (E 529) zeigt den podagrakranken Kurfürsten im Rollstuhl sitzend und von Lakaien umgeben. Seine Gemahlin sitzt am Tisch, vor ihr steht das Kästchen mit den Kronjuwelen. Der Goldschmied Pierre Fromery, Réfugié aus Sedan, notiert den

Reparaturauftrag der Kurfürstin in sein Taschenbuch. Der Kurfürst ist verwundert, daß einem Fremden diese Schätze anvertraut werden sollen, woraufhin ihm geantwortet wird: »Mais c'est un Réfugié« (Aber er ist ein Réfugié). Dieser Ausspruch, auch als Titelunterschrift verwendet, weist auf die Ergebenheit, Ehrlichkeit und Pflichttreue der Réfugiés gegenüber jedermann und insbesondere gegenüber dem Herrscher hin, aber auch auf die Geschicklichkeit und das Können französischer Goldschmiede.

Das Titelblatt (E 560) zu Band IV von 1785 nimmt auf das Gesamtkapitel 22 Bezug, in dem es um »Influence des Réfugiés sur la Commerce & l'établissement des Manufactures dans le Brandebourg« (Der Einfluß der Réfugiés auf den Handel und auf die Einrichtung der Manufakturen in Brandenburg/S. 251–347) geht. Die Unterschrift »Les Réfugiés François établissent des Fabriques dans le Brandebourg« bezieht sich auf die Kapitelüberschrift. Chodowiecki entwikkelte zu diesem Text offenbar seine eigene Bildvorstellung. Vier Réfugiés führen dem Kurfürsten Manufakturwaren zur Begutachtung vor. Der Kurfürst, am Tisch sitzend, wendet sich seinem Minister zu und macht ihn auf den Seidenstoff aufmerksam, den zwei Réfugiés ihm darbieten. Der Minister prüft die Stoffqualität. Ein dritter Manufakturist zeigt einen Hut, und ein weiterer preist im Vordergrund Silbergefäße an. Alle Produkte kennzeichnen wichtige, von den Réfugiés in Brandenburg heimisch gemachte Manufakturzweige bzw. Handwerksbranchen.

Das Titelblatt zu Band V von 1786 (E 573) basiert auf einer Textstelle (S. 336), die auch als Unterschrift benutzt wurde: »Eh bien, il faudra vendre ma vaisselle plutôt que de les laisser manquer de secours« (Nun denn, eher werde ich mein Tafelservice verkaufen als ihnen meine Hilfe entziehen). Der Kurfürst erklärt auf das Gesuch der Réfugiés um weitere finanzielle Unterstützung, daß er willens sei, das Tafelgeschirr zu verkaufen, während sein Minister Joachim Ernst von Grumbkow und der Geistliche François Gaultier erläutern, daß der Schatz erschöpft sei.

Auch das Titelblatt zum folgenden Band von 1787 (E 593) charakterisiert die brandenburgischen Kurfürsten als großzügige Herrscher, die den Glaubensflüchtlingen jede Unterstützung und finanzielle Hilfe gewährten. Chodowieckis Darstellung nimmt genau Bezug auf die Unterschrift »Fréderic III Electeur de Brandebourg permet aux vaudois réfugiés de retourner dans leur patrie et les comble de bienfaits« (Friedrich III., Kurfürst von Brandenburg, erlaubt den geflohenen Waldensern, in ihre Heimat zurückzukehren, und überhäuft sie mit Wohltaten), die auf eine Textstelle (S. 228) anspielt, in der geschildert wird, wie Friedrich III. die Waldenser mit Geschenken ausstattete, als diese mit Erlaubnis des Herzogs von Savoyen in ihre Heimat zurückkehrten. Die Szene zeigt den Augenblick des Abschieds und des Dankes einer Abordnung von vier Waldensern bei dem Kurfürsten und drei Ministern.

Auf den Eintritt vieler refugierter Offiziere und Soldaten in die brandenburgische Armee weisen die Titelblätter zu den Bänden VII und IX hin. Für die Darstellung zu Band VII von 1790 (E 638) wurde eine Textstelle (S. 158) zur Illustrierung gewählt: »... il dit (l'Electeur) aux députés qu'il avoit eu une satisfaction particulière de la conduite & de la bravoure des Réfugiés« (Er sagt der Abordnung, daß er über das Verhalten und die Tapferkeit der Réfugiés eine außerordentliche Befriedigung gehabt habe). Chodowiecki erinnert an die Teilnahme der Réfugiés an der Befreiung des Niederrheins 1688. In diesen Kämpfen wurden die hugenottischen Offiziere erstmals im Dienste Brandenburgs gegen Ludwig XIV. eingesetzt. Von links sprengt der kommandierende Kurfürst Friedrich III. heran, im Schlachtgetümmel reiten hugenottische Offiziere. Im Pulverdampf links erkennt man die französische und rechts die brandenburgische Fahne. Die Unterschrift zu Chodowieckis Blatt lautet: »Les Réfugiés repandent leur sang ... pour la gloire de leur nouvelle patrie« (Die Réfugiés verströmen ihr Blut ... für den Ruhm ihres neuen Vaterlandes).

Die Radierung zu Band VIII (E 741) von 1794 ist dem Andenken an die Grundsteinlegung für die erste Predigtstätte in der Fremde gewidmet, ein Andenken, das die Kolonie demonstrativ pflegte und oft feierte. Auf Chodowieckis Titelblatt wird Bezug auf den Bau der Friedrichstädtischen Kirche (S. 283) genommen. Eine Deputation der Réfugiés mit den brandenburgischen Ministern Ezechiel von Spanheim und Eberhard von Danckelmann an der Spitze, die sich um diesen ersten Bau sehr bemüht hatten, erhält von Kurfürst Friedrich III. das Dekret vom 1. November 1695 zum Bau der Kirche. Auf dem Tisch vor dem Kurfürsten liegen Fassadenaufrisse einer Kirche und das unterzeichnete Dekret. Der Aufriß mit dem Dachtürmchen bildet nicht die Friedrichstädtische Kirche ab, obwohl diese sicherlich gemeint ist, sondern gleicht eher dem Umbau des Reitstalles auf dem Friedrichswerder. Unter der Darstellung steht als Unterschrift: »Le premier Temple Françoise acordé aux réfugiés a Berlin.« (Die erste französische Kirche wird den Réfugiés in Berlin bewilligt.)

Der letzte Band erschien erst 1799 und trägt den zusätzlichen Titel »Tableau des militaires et des nobles appartenans aux colonie francoi-

Die erste französische Kirche wird den Réfugiés in Berlin übereignet. Titelkupfer (Radierung) zum Werk von Erman/Reclam, Bd. VIII, 1794 erschienen

ses des etats du Roi depuis l'epoque du Refuge« (Ein Bild der Militärs und Adligen, die der französischen Kolonie und den Staaten des Königs seit der Epoche des Refuge angehören). Chodowieckis Blatt (E 918) erinnert noch einmal an den hohen Anteil hugenottischer Offiziere in der brandenburgischen Armee. Der französische Feldmarschall Friedrich Herman Herzog von Schomberg war 1687 schon 79 Jahre alt, als er durch den Großen Kurfürsten zum Generalissimus seiner Armee ernannt wurde. Er gehörte zu den ranghöchsten Offizieren, die aus Frankreich nach Brandenburg gekommen waren. Hier nun stellt er dem Kurfürsten die anderen Militärs vor, die sich in der Mitte eines gewölbten Saales versammelt haben. Die Szene, die die Beischrift »Le Marechal de Schomberg presente au Grand Electeur les Militaires Refugiés« trägt, bezieht sich auf keine konkrete Textstelle als vielmehr auf den Gesamtband, in dem in alphabetischer Reihenfolge die Namen sämtlicher hugenottischer Offiziere aufgeführt sind.

Im Mittelpunkt aller dieser zwischen 1782 und 1799 entstandenen Titelblätter Chodowieckis stehen Kurfürst Friedrich Wilhelm oder sein Nachfolger, Kurfürst Friedrich III. Mit diesen Illustrationen zum Geschichtswerk von Erman und Reclam schuf Chodowiecki seinen historischen Zyklus. In der Auswahl der Bildszenen werden die Anfänge der Kolonie heraufbeschworen. Am Ende des 18. Jahrhunderts wird jener Generation der Hugenotten gedacht, die an der Entwicklung von Wirtschaft, Kultur und Militärwesen in Brandenburg-Preußen einen pionierhaften Anteil hatte. Gleichzeitig wird dem Großen Kurfürsten ein Denkmal gesetzt, der die Réfugiés großzügig aufgenommen hatte. Die Darstellungen beziehen sich auf Handlungen des Kurfürsten. Einzeln oder in Gruppen treten ihm die Réfugiés als Gesprächspartner oder Handelnde gegenüber (ausgenommen in Blatt II). Durch Kleidung und natürliche Haartracht unterscheiden sie sich vom Kurfürsten und seinen Begleitern, die im höfischen Zeitkostüm und mit Allongeperücke dargestellt sind. Die Gesprächssituationen und Gegenüberstellungen finden meist im Schloßinterieur statt (außer Band VII). Chodowieckis Sorgfalt in der Wiedergabe von Kostümen, Gegenständen, Interieurs, Moden und der Reichtum zuverlässiger Details sind auch in dieser Folge zu bewundern. Das Gegenständliche fesselte nicht nur den Künstler, sondern fasziniert auch den Betrachter. Die außerkünstlerische Tendenz seiner Darstellung, die Genauigkeit und Sauberkeit der Radiertechnik und der Mangel an Raffinesse werden in seinen Arbeiten zu Vorzügen. Abgesehen von der Kampfszene zu Band VII und der übernommenen Bildkomposition auf

Blatt I, sind Chodowieckis Bildaufbauten einfach und überschaubar, auf wenige Personen oder deren Gruppierungen beschränkt und statisch unbewegt. Erst durch die als Unterschrift beigefügte Textstelle wird der Inhalt des Bildes deutlich.

Die neun Radierungen zu dem Geschichtswerk von Erman und Reclam und die inhaltliche wie zeichnerische Ausarbeitung für das bauplastische Programm am Französischen Dom auf dem ehemaligen Gendarmenmarkt gehören zu den bedeutendsten Arbeiten, die Chodowiecki im Auftrag der französischen Kolonie schuf. Beide Aufträge beschäftigten ihn während der letzten zwanzig Jahre seines Lebens, die auch zu seinen schöpferischsten Jahren zählen.

Auch im Alter wandte sich der Künstler noch dem Thema der Emigration und Aufnahme der Réfugiés zu. 1795 griff er in dem Blatt »Die Emigrirten« (E 785) noch einmal zu diesem Sujet. In einer Straßenszene reicht ein wohlhabendes Paar einem bettelnden Jungen und einer Frau mit zwei Kindern ein Almosen. Das Thema Emigration ist hier in einer allgemeineren Gegenüberstellung von arm und reich formuliert und schließt sich dadurch an mehrere Blätter Chodowieckis an, die Bettler und Arme zum Darstellungsmotiv erheben. Nur der Titel des Blattes weist die Radierung in den Zusammenhang mit dem Schicksal französischer Hugenotten in Berlin.

Tabellen

Tabelle 1
Taufen, Trauungen und Sterbefälle in der Berliner französischen Gemeinde
(1673–1945)

Jahr	Taufen	Trauungen	Sterbefälle	Jahr	Taufen	Trauungen	Sterbefälle
1673	1	1	–	1760	163	65	237
74	2	2	–	65	208	64	224
1675	1	–	–	70	171	42	238
76	3	1	–	75	139	44	187
77	–	1	–	80	138	48	172
78	4	–	–	85	151	50	158
79	–	–	–	90	155	45	159
1680	4	–	–	1795	161	46	263
81	2	–	–	1800	179	41	176
82	6	–	–	05	155	40	177
83	6	–	2	1810	166	44	133
84	11	1	5	15	130	44	125
1685	7	–	1	20	123	31	102
86	16	5	49	25	147	49	154
87	27	17	12	30	157	36	144
88	40	23	93	1835	135	33	129
89	74	24	51	40	139	38	113
1690	96	24	56	45	143	40	118
91	109	22	73	1850	133	62	136
92	128	36	63	55	151	38	139
93	148	37	107	60	156	42	122
94	156	34	136	65	144	45	164
1695	203	39	142	70	167	50	174
96	205	49	147	75	121	49	153
97	225	39	153	80	129	56	127
98	260	60	138	85	137	57	137
99	271	63	198	90	144	57	122
1700	273	84	202	95	153	82	141
05	328	90	215	1900	185	77	132
10	326	54	248	05	146	55	117
15	258	53	280	10	110	108	124
20	275	70	290	15	81	73	123
25	301	67	318	20	99	90	89
30	336	83	321	25	55	34	71
35	301	56	318	30	31	54	74
40	264	50	444	35	62	75	77
45	278	67	325	40	54	38	118
1750	218	61	332	44	19	15	97
55	218	73	308	1945	11	2	705

Quelle:
Kirchenregister der französischen Gemeinde in Berlin, 1673–1945

Tabelle 2
Französische Gemeinden/Kolonien in Brandenburg-Preußen

Französische Gemeinde/Kolonie	Jahr der Gründung	Jahr des Erlöschens
Alt-Landsberg	1670	1672
Angermünde	1687	–
Schmargendorf 1691 Tochtergemeinde von Angermünde		
Berlin	1672	–[1]
(Alt-)Berlin	–	–
Cölln	–	–
Werder	–	–
Dorotheenstadt	–	–
Friedrichstadt und die Spandauer, Georgen-, Stralauer und Köpenicker Vorstadt	–	–
Bernau (1825 mit Franz.-Buchholz vereinigt)	1699	–[2]
Brandenburg	1686	1831
Braunsberg	1704	1825
Buchholz und Pankow	1688	–[3]
Burg	1687	1811
Calbe (Saale)	1710	1807
Cottbus	1701	1756
Duisburg	1696	nach 1703
Emmerich	1686	1806
Frankfurt (Oder)	1686	1852
Gumbinnen (Ostpreußen)	1731	nach 1800
Halberstadt	1699	1823
Halle (Saale)	1686	1809
Hamm	1701	1704
Insterburg (Ostpreußen)	1713	nach 1800
Kagar	1686	1721
Kleve (1770 mit der deutsch-reform. Gemeinde vereinigt)	1685	–
Kolberg (Pommern)	1699	1701
Königsberg (Ostpreußen)	1686	1945
Köpenick	1686	1812
Magdeburg	1686	–[4]
Magdeburg, Mannheimer Siedlung	1689	–[5]
Minden	1698	1796
Müncheberg	1699	1805
Neuhaldensleben	1699	1831
Neustadt a.D.	1691	1748
Oranienburg	1699	1717
Pasewalk	1724	1732
Potsdam	1723	–[6]
Potzlow (1750 mit Gramzow verbunden)	1687	–
Prenzlau (zeitweilig Quartier der Grands Mousquetaires)	1687	–[7]
Rheinsberg und Annexe	1686	1721
Schwedt	1686	–[8]
Soest (auch Quartier eines Regiments)	1691	1703
Spandau	1689	1735
Stargard (Pommern)	1687	1810
Stendal	1688	1821
Stettin (Pommern)	1721	–[9]
Strasburg (Uckermark)	1691	–[10]
Vierraden	1686	–[11]
Wesel	1686	1806
Amt Löcknitz:		
Bergholz, Nauenfeldt	1687	–[12]
Plöwen, Koblentz, Löck	–	–
Zerrenthin, Bismark	–	–
Rossow, Hasenholz	–	–
Grimme, Klangenow	–	–
Fahrenwalde, Menkin	–	–
Battin	1691	–
Woddow, Brüssow	–	–
Bagemühl, Grentz	–	–
Wallmow	–	–
Schmölln	–	–

Französische Gemeinde/Kolonie	Jahr der Gründung	Jahr des Erlöschens	Französische Gemeinde/Kolonie	Jahr der Gründung	Jahr des Erlöschens
Amt Gramzow:			Amt Chorin:		
Gramzow, Potzlow	1687	–[13]	*Parstein (seit 1869 mit Angermünde verbunden)*	1691	–[14]
Meichow, Possen	–	–	*Lüdersdorf*	–	–
Briest, Lützlow	–	–	*Klein Ziethen*	1686	–[15]
Fredersdorf, Mirlitz	–	–	*Groß Ziethen*	–	–
Melzow, Falkenwalde	–	–	*Brodowin*	–	–
Verlübte, Blankenburg	–	–			
Naunhof, Wendemark	–	–			
Schmiedeberg	–	–			

Weitere Niederlassungen von französischen Réfugiés in Brandenburg-Preußen zumeist ohne französischen Pfarrer und Richter

	Siedlungszeit
Strausberg, Rathenow, Werben (Einzelsiedler)	um 1700–(1750)
Fürstenwalde (Quartier der Grands Mousquetaires – zumeist von Müncheberg betreut)	bis 1714 (1796)
Tornow u. Hohenfinow (zeitweise Prediger vorhanden)	1704–1780 (?)
Friedrichsthal (zeitweise Prediger vorhanden)	1785–1795
Neustadt (Eberswalde)	nach 1693–1750 (?)
Prötzel mit Annexen Vevay u. Beauregard	1750–1796
Krossen (Neumark)	um 1700
Küstrin	um 1700
Landsberg (Neumark)	um 1700
Lauenburg (Pommern – zeitweise Prediger vorhanden)	1690–1700
Köslin (Pommern – zeitweise Prediger vorhanden)	1690–1702
Rügenwalde (Pommern – zeitweise Prediger vorhanden)	1690–1702
Stolp (Pommern)	1686–1709
Bielefeld (zeitweise Prediger vorhanden)	1712–1740
Lippstadt (zeitweise Prediger vorhanden)	1686–1700
Freienwalde	im 18. Jh.
Hammelspring (Wallonen)	(1699–1810)
Xanten	um 1720
Rudow (Einzelsiedler von Köpenick betreut)	um 1720
Goch	um 1720
Memel, Rastenburg, Pillau, Mitau (Ostpreußen)	um 1720
Tilsit (zeitweise Prediger vorhanden)	nach 1720
Judtschen (Ostpreußen – zeitweise Prediger vorhanden)	nach 1720
Danzig	im 18. Jh.
Charlottenburg	im 18.–20. Jh.
Moabit	1717–1727 (1750)
Ansiedlung von Einwanderern bzw. von Zwischenwanderern im Oderbruch	nach 1740

Anmerkungen

1 In Berlin gibt es heute noch die Gemeinde am Französischen Dom (Friedrichstadtkirche) und eine französische Gemeinde in Berlin (West) in Halensee. Im 18. Jahrhundert gab es drei Gemeindebezirke (paroisses) mit insgesamt fünf Kirchen. Die französische Gemeinde verstand sich stets als Personengemeinde und nicht als Ortsgemeinde.

2 Zu Bernau rechneten auch französische Siedler in Biesenthal.

3 In Buchholz gab es bis kurz nach dem 1. Weltkrieg eine selbständige Gemeinde, danach wurde diese Gemeinde von Berlin betreut. Im 18. Jahrhundert wohnten auch Gemeindeglieder in Rosenthal, Reinickendorf, Malchow, Buch und Blankenburg.

4 und 5 Beide Gemeinden existieren heute noch.

6 Existiert noch als Gemeinde.

7 Existiert noch, mit der deutsch-reformierten Gemeinde verbunden.

8 Existiert noch, mit der deutsch-reformierten Gemeinde verbunden.

9 Bis Ende des 2. Weltkrieges gab es in Stettin eine französisch-reformierte Gemeinde.

10 Die Gemeinden Strasburg und Angermünde werden von Schwedt betreut.

11 Vierraden in Schwedt eingemeindet. Im 18. Jh. französische Siedler in Blumenhagen.

12 Die Bergholzer und die Battiner Gemeinde sind heute noch vorhanden.

13 Gemeinde Gramzow wird von Schwedt betreut.

14 Die französische Gemeinde in Parstein existierte bis kurz nach dem 2. Weltkrieg. Im 18. Jahrhundert lebten auch französische Siedler in Oderberg, Gellmersdorf, Brodowin, Lüdersdorf, Chorin, Joachimsthal und Pehlitz.

15 Mit Senftenhütte bilden heute noch Groß und Klein Ziethen eine französisch-reformierte Gemeinde.

Erstellt auf der Grundlage von Zentrales Staatsarchiv (= ZStA), Dienststelle Merseburg, Rep. 122

Tabelle 3
Einwohner in Berlin 1685–1805[1]

Jahr	Insgesamt ohne Soldaten	Soldaten	Französische Kolonie[2]		Böhmen	Juden[3]
1672			100[4]			
1685	17 400[5]		500[4]			
1690	21 500[5]		3 000[4]			
1697			4 292[6]			
1698			5 767			
1699			5 682			
1700	28 500[5]		5 327			
1701			5 568			
1703			5 689			
1708			6 906			
1709	48 000		7 169			
1712	55 000		6 678			
1721	60 000		7 708			
1732	65 000		8 913			
1735	72 000		8 005		1 700	
1740	75 000		7 469			
1743	77 450[7]			7 327[7]	1 540[7]	1 850[7]
1747	85 064	21 484[7]	7 327	7 193	1 478	2 007
1750	89 523		7 374	6 592	1 534	2 188
1752	94 536			6 501	1 309	2 409
1756	99 171		7 183	6 491	1 315	2 645
1759	94 433		6 590	6 051	1 245	2 791
1765	105 238	19 901	6 571	5 592	1 258	3 926
1766	103 336			5 342	1 274	3 815

Jahr	Insgesamt ohne Soldaten	Soldaten	Französische Kolonie[2]		Böhmen	Juden[3]
1773	102 892		4 774	5 340	1 179	3 951
1775	106 173	29 964		5 418	1 151	4 020
1780	109 694			5 336	1 089	3 386
1785	112 943			5 190	1 052	3 374
1790	121 873			4 713	986	3 379
1795	130 487			4 479	872	3 429
1800	146 911	25 222	über 7 000[8]	3 928	852	3 322
1803	153 128	25 180		4 382	531	3 636
1805	155 706			3 819	668	3 419

Anmerkungen:

1 Berlin: Bis 1709 sind es die Städte Berlin, Cölln, Friedrichswerder, Dorotheenstadt, Friedrichstadt; danach auch die Spandauer, Königs-, Stralauer und Köpenicker Vorstadt und andere vorstädtische Ansiedlungen, z. B. Sommerfeld.

2 Angaben entsprechend den Kolonielisten.

3 Nach Selma Stern: Der Preußische Staat und die Juden, Tübingen 1962, befanden sich in Berlin

		Juden
1688	40	Familien
1700	117	Familien
1714	111	Familien
1728	180	Familien
1729	259	Familien
1737	1 198	Personen.

4 Berechnung vom Autor auf Basis der Taufen und Sterbefälle.

5 In diesen Zahlen sind Soldaten inbegriffen.

6 Diese Angabe ist mit Vorbehalt zu betrachten. Sie erfolgte nach Beheim-Schwarzbach. Es konnte keine Kolonieliste für 1697 in den Archiven nachgewiesen werden.

7 Spalte 2, 3, 5–7: ab 1743 liegen offizielle Bevölkerungsangaben für die einzelnen Wohnbezirke Berlins vor (Quelle: Generaldirektorium Kurmark). Vor 1743 wurden Bevölkerungsangaben von Süßmilch und Nicolai verwendet bzw. nach eigenen Berechnungen erstellt.

8 Die Kolonielisten von 1798 (7 276 »Franzosen«), 1799 (über 7 000 »Franzosen«) und 1801 (7 579 »Franzosen«) beinhalten statistisch eine Zählung der Glieder der französischen Gemeinde in Berlin.

Quellen:

Max Beheim-Schwarzbach: Hohenzollernsche Colonisationen. Ein Beitrag zu der Geschichte des preußischen Staates und der Colonisation des östlichen Deutschlands, Leipzig 1874, S. 493

Französische Kirche zu Berlin: Kolonielisten der Jahre 1698, 1699, 1700 und 1701.

Friedrich Nicolai: Beschreibung der Königlichen Residenz-Städte Berlin und Potsdam, Berlin [3]1786.

Johann Peter Süßmilch: Der Königlichen Residenz Berlin schnelles Wachstum und Erbauung in zweyen Abhandlungen, Berlin 1752

ZStA Merseburg: Französisches Koloniedepartement Kolonielisten, Rep. 122 46 1–5, Rep. 122 47, Rep. 122 48 1–2, Rep. 122 49 1–34, Rep. 122 54, Rep. 122 49a 1–7, Rep. 122 49a 9–10, Rep. 122 52; ZStA Merseburg, Generaldirektorium, Kurmark Materien Tit. CCLXV 2, Acta betr. die von dem Zustand der hiesigen Residentzien der Manufaktur und Einwohner, Generalextrakte Tit. CCLXV 7, Generalextrakte aus den Tabellen aller in Berlin befindlichen Personen, exclus. der Garnison, 1756/1758.

Tabelle 4
Berufszählung der französischen Einwohner für 1700

	Berlin	Cölln	Werder	Neustadt (Dorotheenstadt)	Friedrichstadt
Apotheker	1	5	–	2	2
Arbeitsleute	–	1	2	3	17
Ärzte, Wundärzte	1	9	6	7	2
Bäcker	–	1	3	12	10
Baumeister, Ingenieure	–	–	1	–	1
Beamte	–	19	11	17	7
Bedienstete	1	2	–	–	1
Bildhauer	–	–	–	1	–
Böttcher	–	–	–	1	–
Brauer	1	–	–	7	9
Buchbinder	–	2	–	–	–
Buchhändler und Buchdrucker	–	1	–	–	–
Dachdecker	1	–	–	–	–
Drechsler	1	–	1	2	1
Etuiarbeiter	–	3	–	–	–
Färber	2	1	–	1	3
Friseure und Perückenmacher	10	21	4	–	1
Gärtner	8	4	4	1	10
Gastwirte	–	11	2	2	3
Gazearbeiter	1	1	–	1	–
Gelbgießer	1	–	1	–	–
Gerber	5	7	2	3	1
Glaser	–	–	–	1	–
Goldarbeiter, Juweliere und Steinschneider	3	23	8	6	12
Graveure	1	–	–	–	–
Handschuhmacher	1	5	–	–	–
Hufschmiede	–	–	–	1	1
Hutmacher	4	4	1	4	3
Kaufleute	19	42	5	11	5
Knopfmacher	–	7	1	–	1
Köche	–	2	–	1	–
Korbmacher	–	1	–	–	–
Krämer	3	–	2	–	–
Kupferschmiede	1	1	3	–	1
Landleute	–	–	–	–	3

	Berlin	Cölln	Werder	Neustadt (Dorotheenstadt)	Friedrichstadt
Lehrer und Professoren	7	5	1	1	2
Lichtzieher	4	6	1	–	–
Maler	1	–	1	4	–
Marqueure	–	1	–	–	–
Maurer	–	1	3	3	1
Messerschmiede	1	3	1	1	1
Müller	–	1	–	–	–
Musiker	–	–	1	–	–
Nähnadelfabrikanten	–	–	1	1	–
Notare	–	3	1	1	–
Ölfabrikanten	–	–	–	–	1
Parfümeure	–	1	–	–	–
Pelzhändler	–	2	–	–	–
Posamentierer	2	5	–	4	9
Prediger	–	2	3	6	2
Proposants	2	–	–	–	–
Sänftenträger	–	16	1	1	–
Sattler	–	–	–	1	1
Schlächter	–	1	1	7	2
Schleifer	–	1	–	–	–
Schlosser	1	1	9	6	1
Schneider	2	26	3	8	2
Schriftsteller	–	1	–	1	–
Schuhmacher	3	15	11	13	3
Schwertfeger	1	1	–	–	–
Seidenarbeiter	–	2	–	1	1
Sergefabrikanten und -arbeiter	1	1	–	5	4
Sticker	1	2	–	–	–
Strumpffabrikanten und -arbeiter	19	24	17	24	20
Strumpfwalker	–	1	–	1	–
Studenten	–	–	–	–	1
Tabakspflanzer	–	–	1	1	5
Tabakshändler	1	3	–	3	–
Tabaksfabrikanten und -spinner	3	–	–	1	2
Tapezierer	–	5	1	7	6
Tischler	1	2	6	4	7

	Berlin	Cölln	Werder	Neustadt (Dorotheenstadt)	Friedrichstadt
Trödler	–	1	–	–	–
Tuchfabrikanten und -händler	–	2	–	1	2
Uhrmacher	–	3	–	1	–
Waffenschmiede	–	7	–	–	2
Wollkämmer und -spinner	2	4	1	12	31
Wollarbeiter und Weber	–	6	2	20	42
Zeichner	–	–	1	–	–
Zeugdrucker	2	–	–	–	–
Zeugschmiede	–	–	–	1	1
Zimmerleute	–	–	–	8	3

	Berlin	Cölln	Werder	Neustadt (Dorotheenstadt)	Friedrichstadt
Zinngießer	1	3	–	–	–
Zuckerbäcker	–	4	–	1	–
Witwen, alleinstehende Damen, Frauen von Offizieren	31	97	44	168	48
Personen, deren Beruf nicht angegeben, auch Standespersonen	12	33	13	170	29
Haushaltungen	163	465	181	571	323
Einwohner	566	1604	571	1519	1067

Quelle:

Eduard Muret: Geschichte der Französischen Kolonie in Brandenburg-Preußen, Berlin 1885, S. 317–319, basiert auf der Kolonieliste von 1700

Tabelle 5

Teilnahme am Abendmahl in den Kirchspielen der französisch-reformierten Gemeinde in Berlin im Jahre 1726 (bis 2. Januar 1727)[1]

Kirche Friedrichswerder		Kirche Dorotheenstadt		Kirche Friedrichstadt (Französischer Dom)		Kapelle in der Luisenstadt (Köpenicker Vorstadt)		Kirche in Berlin/ Klosterstraße[2]		Insgesamt
1./2.[3] männl.	1./2. weibl.	1./2. männl.	1./2. weibl.	1./2. männl.	1./2. weibl.	1./2. männl.	1./2. weibl.	1./2. männl.	1./2. weibl.	Gottesdienst
480/320	656/372	68/30	167/62	407/224	590/335	859				4570
415/390	566/451	38/38	148/97	356/270	536/412	227/216	155/169			4484
356/350	490/340	52/37	156/94	377/252	546/368	200/144	151/100	173/160	196/104	4646
433/307	572/360	60/54	149/67	345/273	520/415	121/170	84/100	118/112	108/92	4460
										∅ 4540

Anmerkungen

1 Abendmahlsgottesdienste im Hospital sind in dieser Zählung nicht enthalten. 1724 war die Zahl der Teilnehmer am Abendmahl in der Berliner Kolonie am höchsten.

2 Am 11. August 1726 wurde die französisch-reformierte Kirche in der Klosterstraße eingeweiht.

3 Es fanden vier große Abendmahlsgottesdienste pro Jahr statt, wobei jeweils vormittags und nachmittags die Möglichkeit bestand, einen Gottesdienst zu besuchen.

Quelle:

Registre des Actes Consistoriaux de l'Eglise Françoise de Berlin, I/No. 7 (1723–1730)

Tabelle 6
Durchschnittliche Zahl der Abendmahlsteilnehmer
der französischen Gemeinde in Berlin 1689–1800

Jahr	Anzahl
1689	450
1690	1406
1691	(1412)
1692	1768
1693	2038
1694	2226
1695	2578
1696	2545
1697	2708
1698	3172
1699	3546
1700	3778
1701	3847
1702	3815
1703	3808
1704	4035
1705	4211
1706	4442
1707	4481
1708	4433
1709	4217
1710	4525
1711	4325
1712	4420
1713	4405
1714	4412
1715	4274
1716	4339
1717	4433
1718	4501
1719	4376
1720	4743
1721	4509
1722	4547
1723	4570
1724	4609
1725	4598

Jahr	Anzahl
1726	4576
1727	4464
1728	4391
1729	4232
1730	4224
1731	4224
1732	4135
1733	4302
1734	4265
1735	4178
1736	4259
1737	4039
1738	3933
1739	3923
1740	3717
1741	3816
1742	3699
1743	3774
1744	3767
1745	3951
1746	3694
1747	3512
1748	3469
1749	3354
1750	3356
1751	3222
1752	3353
1753	3227
1754	3274
1755	3216
1756	3055
1757	3014
1758	2911
1759	3115
1760	2892
1761	2796
1762	2645
1763	2615

Jahr	Anzahl
1764	2544
1765	2652
1766	2604
1767	2404
1768	2377
1769	2221
1770	2386
1771	2203
1772	2300
1773	2176
1774	2064
1775	2085
1776	2046
1777	1983
1778	1974
1779	1920
1780	1920
1781	1885
1782	1790
1783	1817
1784	1822
1785	1601
1786	1648
1787	1645
1788	1452
1789	1619
1790	1495
1791	1453
1792	1384
1793	1253
1794	1206
1795	1169
1796	1094
1797	890
1798	983
1799	909
1800	909

Quelle:

Französische Kirche zu Berlin: Registre des Actes Consistoriaux de l'Eglise Françoise 1672–1800; Archiv der französischen Gemeinde Datenbank Hugenotten, Wilke, Institut für Wirtschaftsgeschichte der Akademie der Wissenschaften (= IWG der AdW) der DDR

Tabelle 7
Einwohner und Hausbesitzer der französischen Kolonie
in Berlin im Dezember 1724

Stadtviertel	Anzahl der Häuser	Männer	Frauen	Söhne	Töchter	Gesellen	Lehrlinge	Mägde	Webstühle	Summe der Personen
Berlin	42	167	182	198	219	51	65	105	8	987
Cölln	93	309	337	290	376	88	100	160	165	1 660
Werder	37	140	176	114	178	16	39	86	6	749
Dorotheenstadt	83	257	323	190	276	31	40	108	53	1 225
Friedrichstadt:										
Jerusalemer Straße	2	2	3	2	1	–	–	1	–	
Kirchstraße (= Kochstraße)	–	3	3	7	5	–	–	1	–	
Zimmerstraße	1	3	3	1	2	–	–	–	2	
Schützenstraße	9	55	57	47	46	30	11	2	78	
Leipziger Straße	9	59	57	54	54	29	16	8	49	
Kronenstraße	14	72	78	59	73	23	28	3	90	
Mohrenstraße	7	46	48	48	50	9	1	1	30	
Mittelstraße	20	92	103	93	77	17	3	2	54	
Jägerstraße	31	108	115	111	128	32	26	11	116	
Französische Straße	51	173	214	162	168	47	34	10	130	
Behrenstraße	12	68	67	38	59	17	4	4	50	
im Sommerfeld	12	14	14	19	18	2	2	6	–	
Zusammen	168	695	762	641	681	206	125	49	599	3 159
Spandauer Vorstadt	20	30	23	33	30	10	9	1	11	136
Königs- und Stralauer Vorstadt:										
Prenzlauer Straße	3	4	5	8	5	–	–	–	–	
Bernauer Straße	1	2	2	4	3	–	–	–	3	
Jüdenstraße	2	1	1	–	–	–	–	–	–	
Baumgasse	9	15	16	14	13	4	2	3	8	
Koppengasse	11	8	10	17	19	–	–	–	–	
Zusammen	26	30	34	43	40	4	2	3	11	156
Köpenicker Vorstadt	40	49	61	55	57	9	7	5	20	243
Tiergarten und Weinberg	8	8	9	6	8	–	2	1	3	34
Hospital	–	23	24	–	–	–	–	–	–	47
Maison d'Orange	–	13	23	5	8	–	–	–	–	49
Maison de Refuge	–	8	14	–	–	–	–	–	–	22
Maison française	–	29	–	–	–	–	–	–	–	29
Gesamtsumme	517	1 758	1 968	1 575	1 873	415	389	518	876	8 496

Quelle:
Eduard Muret: Geschichte der Französischen Kolonie in Brandenburg-Preußen, Berlin 1885, S. 315.
ZStA Merseburg: Rep. 122 49l Rôle géneral de tous les proprietaires et locataires françois petits et grands, qui sont trouvés à Berlin, Cologne, Werder, Dorotéestadt et Friedrichstat 1725

Tabelle 8
Einwohner und Hausbesitzer der französischen Kolonie
in Berlin im Jahre 1740

Stadtviertel	Anzahl der Häuser	Männer	Frauen	Söhne	Töchter	Gesellen	Lehrlinge	Diener	Mägde	Webstühle	Summe der Personen
Berlin	55	152	167	172	209	33	24	4	9	35	770
Cölln	100	287	298	289	364	33	71	6	21	87	1 369
Friedrichswerder	47	103	162	93	184	21	20	3	25	13	611
Dorotheenstadt	76	138	193	121	215	44	15	1	29	46	756
Friedrichstadt	238	684	837	666	838	80	22	10	38	331	3 175
im Sommerfeld	4	6	7	9	14	–	–	2	4	–	42
Spandauer, Königs- und Stralauer Vorstadt	46	56	68	76	88	3	1	–	4	13	296
Köpenicker Vorstadt	28	33	38	40	46	1	1	3	–	10	162
Weinberg	2	2	3	–	3	–	–	–	–	–	8
Maison française		29	1	–	–	–	–	–	–	–	30
Maison de Refuge		8	8	2	2	–	–	–	–	–	20
Maison des Orphelins (Waisenhaus)		1	1	40	13	–	–	–	3	–	58
Maison d'Orange		11	19	1	10	–	–	–	1	–	42
Hospital		60	70	–	–	–	–	–	–	–	130
Summe	596	1 570	1 872	1 509	1 986	215	154	29	134	535	7 469

Außerdem wurden zur französischen Kolonie gerechnet:
deutsche Gesellen: 197
deutsche Lehrlinge: 60
deutsche Diener: 94
deutsche Mägde: 544
deutsche Frauen (Heirat): 68
Insgesamt: 963

Quelle:
ZStA Merseburg, Rep. 122 49 16, Rôle géneral de tous les proprietaires et locataires français petits et grands, qui sont trouvés à Berlin, Cologne, Werder, Dorothéestadt et Friedrichstadt 1740

Tabelle 9
Einwohner der französischen Kolonie im Jahre 1765

Ort	Kolonisten, die der französischen Gerichtsbarkeit unterstehen und der französischen Gemeinde angehören								Kolonisten, die der französischen Gerichtsbarkeit unterstehen und der deutschen Gemeinde angehören					Deutsche, die im Dienste der Franzosen stehen								
	Männer	Frauen	Söhne	Töchter	Gesellen	Lehrlinge	Diener männlich	Diener weiblich	Männer	Frauen	Söhne	Töchter	Insgesamt	Pensionäre	Gesellen	Lehrlinge	Arbeiter männlich	Arbeiter weiblich	Diener männlich	Diener weiblich	Insgesamt
Berlin	137	144	91	167	22	22	–	11	21	23	33	21	692	13	47	38	69	24	22	158	371
Cölln	211	204	152	241	25	56	9	27	21	23	24	24	1017	11	71	45	55	19	15	217	433
Friedrichswerder	98	107	93	150	18	23	2	16	7	8	7	4	533	42	35	12	20	15	6	101	231
Dorotheenstadt	112	149	78	157	14	4	10	20	1	3	–	3	551	19	26	8	5	4	36	105	203
Friedrichstadt	518	608	476	725	55	40	7	51	34	40	47	51	2652	30	132	47	51	65	95	217	637
Spandauer-, Königs- und Stralauer Vorstadt	142	163	102	156	12	5	2	5	19	26	18	19	669	1	32	11	34	35	21	53	187
Cöllner Vorstadt (Köpenicker Vorstadt)	62	67	65	80	9	7	–	8	11	12	14	12	347	7	12	8	10	7	3	23	70
Außerhalb der Stadt	25	21	27	25	1	–	–	9	–	1	–	1	110	–	–	–	10	4	11	7	32
Insgesamt	1305	1463	1084	1701	156	157	30	147	114	136	143	135	6571	123	355	169	254	173	209	881	2164

	Seide oder Wolle produziert von der Kolonie (in Pfund)		Anzahl der Webstühle				Anzahl der Geborenen	Anzahl der Gestorbenen	Anzahl der Zugezogenen	Anzahl der Abgezogenen	Häuser
			Stoff		Strümpfe						
	Seide	Wolle	Seide	Wolle	Seide	Wolle					
Berlin	9150	20330	–	–	20	–	18	20	26	30	68
Cölln	5500	22700	60	2	–	–	23	26	17	20	99
Friedrichswerder	650	300	–	–	7	–	13	12	17	19	41
Dorotheenstadt	–	5900	–	5	–	–	8	13	20	20	44
Friedrichstadt	1845	47965	60	96	37	16	73	68	57	42	192
Spandauer, Königs- und Stralauer Vorstadt	790	3844	11	23	26	3	8	22	3	17	71
Cöllner Vorstadt (Köpenicker Vorstadt)	290	550	7	5	13	1	6	7	6	–	30
Außerhalb der Stadt	–	–	–	–	–	–	5	1	–	–	20
Insgesamt	18225	81589	138	131	103	20	154	169	146	148	565

Quelle:

ZStA Merseburg: Rep. 122 52 Etat Général de Colonie française de la Residence Royale de Berlin Levée le premier de Juillet jusqu'au Trente de September 1765

Tabelle 10
Herkunftsort oder- gebiet der Berliner Hugenotten
nach der Kolonieliste von 1700

Herkunftsort (-gebiet)	in %	Herkunftsort (-gebiet)	in %
Metz	23,3	Berry	0,5
Languedoc	12,3	Schweiz	0,4
Champagne und Brie	11,6	Neufchâtel	0,4
Sedan	6,3	Lothringen	0,3
Dauphiné	5,8	Piemont	0,3
Guienne und Gascogne	4,6	Foix und Roussillon	0,3
Paris	2,7	Béarn	0,3
Normandie	2,3	Isle de France	0,2
Poitou und Saumur	2,2	Lyonnais	0,2
Bourgogne	1,8	Bretagne	0,2
Picardie und Artois	1,8	Touraine	0,2
Genf	1,6	Anjou	0,1
Vivarais	1,6	Auvergne	0,1
Pfalz	1,4	Nivernois	0,1
Saintonge und		La Marche	0,1
Angoumois	1,1	Franche Comté	0,1
Orléanais	1,0	Orange (1 Person)	0,0
Cevennen	0,9	Elsaß (1 Person)	0,0
La Bresse und Gex	0,8	Limousin (1 Person)	0,0
Provence	0,8		
Flandern	0,6	Insgesamt	88,3

Laut Kolonieliste von 1700 gab es 5869 französische Einwohner in Berlin. 11,7 Prozent der französischen Einwohner sind hinsichtlich ihres Herkunftsortes nicht eindeutig bestimmbar. Eine Zusammenstellung nach dem Herkunftsgebiet um 1713 würde o. g. Anteile verschieben. Zwei größere Gruppen wanderten zwischen 1700–1713 ein: Schweizer, auch Neufchâteler und Orangeois. 1713 beträgt der Anteil für die Schweiz einschließlich Neufchâtel ca. fünf Prozent und für das Fürstentum Orange ca. sieben Prozent.

Quelle:

Berechnet nach einer Kolonieliste von 1700, Französische Kirche zu Berlin; Datenbank Hugenotten, Wilke, IWG der AdW der DDR

Tabelle II
Schülerverzeichnis des Französischen Gymnasiums
1695–1800

Jahre	Franzosen	Deutsche	andere	zusammen
1695–1704	135	46	9[1]	190
1705–1714	98	25	1[2]	124
1715–1724	107	46	3[3]	156
1725–1734	116	46	1[4]	163
1735–1744	154	72	4[5]	230
1745–1754	122	96	2[6]	220
1755–1763	97	170	2[7]	269
1766–1775	190	272	8[8]	470
1776–1785	217	345	5[9]	567
1786–1795	182	221	4[10]	407
1796–1800	88	163	6[11]	257
1695–1800	1 506	1 502	45	3 053

Anmerkungen
1 Vier Engländer, drei Niederländer, ein Pole, ein Schwede
2 Ein Schwede
3 Ein Niederländer, zwei Russen
4 Ein Pole
5 Zwei Polen, zwei Niederländer
6 Ein Russe, ein Engländer
7 Ein Italiener, ein Engländer
8 Drei Russen, vier Italiener, ein Engländer
9 Vier Italiener, ein Engländer
10 Vier Italiener
11 Vier Russen, ein Italiener, ein Pole

Quellen:
Helmut Erbe: Die Hugenotten in Deutschland, Essen 1937, S. 274
ZStA Merseburg: Rep. 122 7 II, Acta betr. Französisches Gymnasium

Literaturhinweise

Grundlegende Darstellungen und Arbeiten, die von der Mehrzahl der Autoren benutzt wurden

Ancillon, Ch.: Geschichte der Niederlassung der Réfugiés in den Staaten Seiner Kurfürstlichen Hoheit von Brandenburg (nach der französischen Originalausgabe von 1690), Berlin 1939

Beeskow, H.-J.: Das Edikt von Potsdam und seine Vorgeschichte, in: Standpunkt. Evangelische Monatsschrift, Jg. 13, 1985, S. 43–45, 95–96, 135–137, 266–268

Beheim-Schwarzbach, M.: Hohenzollernsche Colonisationen. Ein Beitrag zu der Geschichte des preußischen Staates und der Colonisation des östlichen Deutschlands, Leipzig 1874

Berlin. 800 Jahre Geschichte in Wort und Bild, von einem Autorenkollektiv unter Ltg. von R. Bauer und E. Hühns, Berlin 1980

Berliner Leben. 1648–1806. Erinnerungen und Berichte, hrsg. von R. Glatzer, Berlin 1956

Beulecke, W.: Studien zum Refuge in Deutschland und zur Ursprungsheimat seiner Mitglieder, Obersickte/Braunschweig 1966

Chambon, J.: Der französische Protestantismus. Sein Weg bis zur französischen Revolution, München 1937

Das Edikt von Potsdam 1685. Die französische Einwanderung in Brandenburg-Preußen und ihre Auswirkungen auf Kunst, Kultur und Wissenschaft. Ausstellung der Staatlichen Schlösser und Gärten Potsdam-Sanssouci in Zusammenarbeit mit dem Zentralen Staatsarchiv Merseburg und dem Staatsarchiv Potsdam (Katalog), Potsdam 1985

Erbe, H.: Die Hugenotten in Deutschland, Essen 1937

Erman, J. P., und P. Ch. F. Reclam: Mémoire historique sur la fondation des Colonies Françoises dans les États du Roi, Publié à l'occasion du Jubilé qui sera célébré le octobre 1785, Berlin 1785

Erman, J. P., und P. Ch. F. Reclam: Mémoires pour servir à l'histoire des Réfugiés François dans les États du Roi, Bd. 1–9, Berlin 1782–99

Fischer, G.: Die Hugenotten in Berlin. Zum 300. Jahrestag des Edikts von Potsdam (Hefte aus Burgscheidungen, hrsg. vom Sekretariat d. Hauptvorstandes der CDU), 1985

Geiger, L.: Berlin 1688–1840. Geschichte des geistigen Lebens der preußischen Hauptstadt, Bd. 1–2, Berlin 1893 u. 1895

Gloger, B.: Friedrich Wilhelm. Kurfürst von Brandenburg-Preußen, Berlin 1985

Grau, C.: Hugenotten in der Wissenschaft Brandenburg-Preußens Ende des 17. und im 18. Jahrhundert, in: Zeitschrift für Geschichtswissenschaft, Jg. 34, 1986, S. 508–522

Grieshammer, W.: Studien zur Geschichte der Réfugiés in Brandenburg-Preußen bis 1713 (Dissertation), Berlin 1935

Haase, E.: Einführung in die Literatur des Refuge. Der Beitrag der französischen Protestanten zur Entwicklung analytischer Denkformen am Ende des 17. Jahrhunderts, Berlin (West) 1959

Die Hugenotten. 1685–1985, hrsg. von R. v. Thadden und M. Magdelaine, München 1985

Die Hugenotten und Berlin-Brandenburg, hrsg. zum Hugenottentreffen 1971 in Berlin von B. Botta, H. Fornée u. a., Berlin (West) 1971

Kohnke, M.: Das Edikt von Potsdam. Zu seiner Entstehung, Verbreitung und Überlieferung, in: Jahrbuch für Geschichte des Feudalismus, Bd. 9, Berlin 1985, S. 241–275

Köller, H., und B. Töpfer: Frankreich. Ein historischer Abriß, Teil 1 u. 2, Berlin 1969

Krum, H.: Preußens Adoptivkinder. Die Hugenotten. 300 Jahre Edikt von Potsdam, Berlin (West) 1985

Manoury, K.: Die Geschichte der Französischen Kirche zu Berlin. Hugenottenkirche. 1672–1955, Berlin 1955

Mengin, E.: Das Recht der französisch-reformierten Kirche in Preußen. Urkundliche Denkschrift, Berlin 1929

Mittenzwei, I.: Friedrich II. von Preußen. Eine Biographie, Berlin [2]1984 dies.: Die Hugenotten in der gewerblichen Wirtschaft Brandenburg-Preußens, in: »Zeitschrift für Geschichtswissenschaft«, Jg. 34, 1986, S. 494–507

dies.: Preußen nach dem Siebenjährigen Krieg. Auseinandersetzungen zwischen Bürgertum und Staat um die Wirtschaftspolitik, Berlin 1979

Moderne Preußische Geschichte 1648–1947. Eine Anthologie, hrsg. von O. Büsch, Bd. 1–3, Berlin (West) 1981

Muret, E.: Geschichte der Französischen Kolonie in Brandenburg-Preußen, unter besonderer Berücksichtigung der Berliner Gemeinde, Berlin 1885

Mylius, A.: Recueil des édits, ordonnances, reglements et rescripts, contenant les privileges et les droits attribues aux François Réfugiés dans les états du Roy de Prusse, Berlin 1750

Nicolai, F.: Beschreibung der Königlichen Residenzstädte Berlin und Potsdam und aller daselbst befindlicher Merkwürdigkeiten, Bd. 1–3, Berlin 1779

Opgenoorth, E.: Friedrich Wilhelm. Der Große Kurfürst von Brandenburg, I. Teil 1620–1660, II. Teil 1660–1688, Göttingen, Frankfurt, Zürich, 1971 u. 1978

Othmer, S.: Berlin und die Verbreitung des Naturrechts in Europa. Kultur- und sozialgeschichtliche Studien zu Jean Barbeyracs Pufendorf-Übersetzungen und eine Analyse seiner Leserschaft. Mit einem Vorwort v. G. Oestreich, Berlin (West) 1970

Preußen. Legende und Wirklichkeit, bearb. und zusammengest. von P. Bachmann und J. Knoth, Berlin ²1984

Reglements für die Compagnie des Consistoriums der französischen Kirche zu Berlin ..., Berlin 1876

Reyer, C.: Geschichte der französischen Kolonie in Preußen, Berlin 1852

Sagave, P.-P.: Berlin und Frankreich 1685–1871, Berlin (West) 1980

Schneider, W.: Berlin. Eine Kulturgeschichte in Bildern und Dokumenten. Bildauswahl und -zusammenstellung von W. Gottschalk, Leipzig/Weimar ²1983

Siebenhundertfünfzig Jahre Berlin: Thesen/Komitee der Deutschen Demokratischen Republik zum 750jährigen Bestehen von Berlin, Berlin 1986

Thadden, R. v.: Die brandenburgisch-preußischen Hofprediger im 17. und 18. Jh. Ein Beitrag zur Geschichte der absolutistischen Staatsgesellschaft in Brandenburg-Preußen, Berlin (West) 1959

Tollin, H.: Geschichte der Französischen Colonie zu Magdeburg, Teil 1–6, Jubiläumsschrift, Halle 1886–1892

Vogler, G., und K. Vetter: Preußen. Von den Anfängen bis zur Reichsgründung, Berlin ⁷1984

Zilch, B.: Das Edikt von Potsdam. Zur 300. Wiederkehr der Aufnahme der Réfugiés in Brandenburg-Preußen, in: Zeitschrift für Geschichtswissenschaft, Jg. 33, 1985, S. 823–837

Jürgen Wilke
Berlin zur Zeit des Edikts von Potsdam.
Das Edikt und seine Bedeutung

Beintker, M.: Toleranz und Bekenntnis, in: Zeichen der Zeit, 9/85

Formey, L.: Versuch einer medicinischen Topographie von Berlin, Berlin 1796

Französische Kirche zu Berlin, Archiv: Extraits des Chancelleries, Registratures et Greffes concernant les Réfugiés V. 1–5.

Le grand dictionaire historique, 6. Ausgabe, Tome premier, Utrecht, Leyden, Amsterdam 1662

Leti, G.: Ritratti historici, politici, chronologici e genealogici della casa Serenissima e elettorale di Brandenburgo. Parte prima e parte secundo, Amsterdam 1687

Urkunden und Aktenstücke zur Geschichte des Kurfürsten Friedrich Wilhelm von Brandenburg, 23 Bände, Berlin 1864–1930

ZStA Merseburg, Rep. 122, 6a, 1, vol. 1, Französisches Koloniedepartement
Rep. 122 3f. 1 Französisches Koloniedepartement

Rep. 122 32 1 Französisches Koloniedepartement
Edikte und Verordnungen
Rep. 122 3a Französisches Koloniedepartement
Rep. 92 1 bis 6 aus dem Nachlaß des Geheimen Rats von Spanheim
Rep. IX Dl, Allgemeine Verwaltung, Fasc. 1, fol. 2, 2v
Rep. IX D8, Fasc. 10, fol. 1, 1v, 7, 7v, 8, 9, 9v
Rep. IX D1, Fasc. 2
Rep. IX D8, Fasc. 4, Fasc. 5, Fasc. 8
Rep. IX D8, Fasc. 2

Jürgen Wilke
Zur Geschichte der französischen Kolonie

Beheim-Schwarzbach, M.: Friedrich Wilhelm's I. Colonisationswerk in Lithauen vornehmlich die Salzburger Colonie, Königsberg 1879

Französische Kirche zu Berlin, Archiv: Colonielisten der Jahre 1699, 1700 u. 1701; Kirchenbücher Taufen, Heiraten u. Beerdigungen 1672–1980; Registre des actes consistoriaux de l'église françoise réformée de Berlin I1, I2, I7; Erman-Nachlaß, Offiziere und Hofbeamte; Réglement pour le diaconat en date du 26.me juin 1771; Copie de Réglement qui ont aquirt force de loi, cahier No. 1; Beschwerde des Dr. Richard Marsson, Geheimen Oberjustizrats, Senatspräsidenten beim Kammergericht, Mitgliedes der französisch-reformierten Gemeinde zu Berlin und der Französischen Kreissynode zu Berlin W 15, Kurfürstendamm 64 gegen die Entscheidung des geschäftsführenden Ausschusses der Berliner Stadtsynode zu Berlin C 2, vom 31. Mai 1915; Manuskript gedruckt zum Privatgebrauch der Mitglieder des Konsistoriums der Französischen Kirche

Jersch-Wenzel, St.: Juden und Franzosen in der Wirtschaft des Raumes Berlin/Brandenburg zur Zeit des Merkantilismus. Einzelveröffentlichung der Historischen Kommission zu Berlin, Bd. 23, Berlin 1978

Pagès, G.: Les réfugiés à Berlin d'après la correspondance du Comte de Rébenac (1681–1688). Bulletin de la soc. de l'hist. du Prot. Franc., Bd. 51, 1902

P. V. M. (Pierre Vieu): Le bonheur des Refugiez dans le Brandenbourg, en vers burlesque à Cologne sur la Sprée Ches Ulrich Liebert, Imp. Electoral, 1693

Scoville, W. C.: The Persecution of Hugenots and French Economic Development 1680–1720, Berkeley, Los Angeles 1960

Wilke, J.: Zur Sozialstruktur und demographischen Analyse der Hugenotten in Brandenburg-Preußen, insbesondere der in Berlin, in: Hugenotten in Brandenburg-Preußen, insbesondere der in Berlin, hrsg. v. I. Mittenzwei, Studien zur Geschichte, Bd. 8, Berlin 1987, S. 27–99

ders.: Die Französische Kolonie in Berlin, in: H. Schultz, Berlin 1650–1800. Sozialgeschichte einer Residenz, Berlin 1987, S. 353–430

ZSTA Merseburg, Rep. 122 7b I u. II Französisches Koloniedepartement, Französische Kolonie in Berlin, Gerichtssachen, Generalia und Einwohner-Sachen

Rep. 122 7c 1–43 Französisches Koloniedepartement, Manufakturen u. Fabriken

Rep. 122 49.1–34 Französisches Koloniedepartement, Rôle général de tous les proprietaires et locataires françois petit et grands qui sont trouvés à Berlin, Cologne, Werder, Dorotheestadt et Friedrichstadt 1725–1750, 1752, 1755–59, 1773, 1801

Rep. 122 52 Französisches Koloniedepartement, Etat Général de la Colonie françoise de la Résidence Royale de Berlin, 1765

Rep. 122 49a 1 Französisches Koloniedepartement, Colonieliste von Berlin 1716

Rep. 122 49a 8 Französisches Koloniedepartement, Colonieliste von Berlin 1722

Rep. 122 6a Französisches Koloniedepartement, Coloniesachen, Generalia, 1686–1812

Rep. 122 6b Französisches Koloniedepartement, Colonielisten im Allgemeinen, Vol. I bis Vol. VI 1686–1810

Rep. 122 32 1 Französisches Koloniedepartement, Edikte, Generalverordnungen 1685 bis 1740
Rep. 122 32 2,10 dito, 1740–1770 bzw. 1772–1785
Rep. 122 34 1–4 Französisches Koloniedepartement, Undatierte Suppliken I u. II, Suppliken u. Dekrets 1686–1738, Commissariatsprotokolle 1687–1695
Rep. 122 34 7 Französisches Koloniedepartement, Reiseerlaubnisse und Pässe, 1691–1805
Rep. 122 34 24 Französisches Koloniedepartement, Patriotische Beiträge, 1793–94
Rep. 122 34 28 Das Tragen der französischen National-Cokarde in hiesigen Landen
Rep. 122 3a Französisches Koloniedepartement, Bestallungen, Demissionen, Oberste Behörden
Rep. 122 23 22 Französisches Koloniedepartement, Colonie Potsdam
Rep. 122 5a Französisches Koloniedepartement, Consistorial-Sachen, Generalia, 5b Specialia
Rep. 122 4b Französisches Koloniedepartement, Cassen
Rep. 122 7a I Französisches Koloniedepartement, Französische Kolonie in Berlin, Geistliche Sachen 7a II Gymnasium, 7a III L'hôpital, 7a VI Maison des orphelins
Rep. 92 4 Nachlaß des Geheimen Rats v. Spanheim, kirchliche u. Religionsangelegenheiten, 5 die Verwaltung der Justiz bei den Réfugiés, 6 Prozeßstreitigkeiten und Anträge einzelner französischer Réfugiés
Rep. IX D2 I Fasc. 7, Allgemeine Verwaltung, D8, Fasc. 1 Edikte und Verordnungen

Margarete Welge
Die Französische Kirche zu Berlin

Brandes, F.: Geschichte der evangelischen Union in Preußen, T. 1, 2. Gotha 1872/73
Fischer, O.: Evangelisches Pfarrerbuch für die Mark Brandenburg, Berlin 1941
Französische Kirche zu Berlin, Archiv: Registre des actes consistoriaux de l'église françoise réformée Berlin, 1672 ff.; Registres des actes de l'assemblée générale 1781 ff.; Service divin; Acta der französisch reformierten Synode 1817/18; Französisch-reformierte Kreissynode 1865–67; La famille royale V.II 1806–30; Actes concernant l'admission d'étrangers ...; Dimissoires et admissions à notre église; Sammlung der Agenden, Gesangbücher und Katechismen
Gabriel, M.: Die reformierten Gemeinden in Mitteldeutschland, Witten 1973
Hering, D. H.: Beiträge zur Geschichte der Evangelisch-Reformierten Kirche, 2. T., Breslau 1785
Historische Denkwürdigkeiten, die Stiftung der französischen Gemeinde in Berlin betreffend ..., Berlin 1772
La Révocation de l'Edit de Nantes 1685–1985, Paris 1985
L'Edit de Nantes est révoqué. Réforme, Paris 1985
Léonhard, E. G.: Histoire générale du Protestantisme, T. 2, Paris 1961
Le Refuge Huguenot en Allemagne, Table ronde Paris 1981
Ligou, D.: Le Protestantisme en France de 1598 à 1715, Paris 1968
Weiß, Ch.: Histoire des réfugiés protestants de France T. 1, 2, Paris 1853

Sibylle Badstübner-Gröger
Der hugenottische Kirchenbau in Berlin und Potsdam

Badstübner-Gröger, S.: Bibliographie zur Kunstgeschichte von Berlin und Potsdam, Berlin 1968
dies.: Zur Ikonographie der Bauplastik am Französischen Dom in Berlin. In: Beiträge des

CIHA-Kolloqiums »Kunst und Reformation«, hrsg. im Auftrag der KMU Leipzig von Ernst Ullmann, Leipzig 1983, S. 429–439; In: Acta Historiae Artium XXIX, Budapest 1983, S. 105–106
dies.: Der Französische Dom in Berlin, Berlin 1984 (= Das Christliche Denkmal, H. 122)
Bekmann, J. C.: Manuskript einer Geschichte der Stadt Berlin. 3 Bde., Berlin um 1760
Borrmann, R.: Die Bau- und Kunstdenkmäler von Berlin, Berlin 1893
Fritsch, K. E. O.: Der Kirchenbau des Protestantismus von der Reformation bis zur Gegenwart, hrsg. v. Verein Berliner Architekten, Berlin 1893
Giese, L.: Schinkels architektonisches Schaffen. Entwürfe und Ausführungen: 1. Bd. Die Friedrichs-Werdersche Kirche zu Berlin, Berlin 1921
Goralczyk, P: Der Platz der Akademie, ehem. Gendarmenmarkt in der Baugeschichte Berlins, Phil. Diss., Halle 1984
Hartung, F.: Kurze Nachricht von der Erbauung der Friedrichs-Werderschen Kirche, Berlin 1801
Henckel, W.: Geschichte der evangelischen Dorotheenstädtischen Gemeinde und ihrer Kirche im ersten Vierteljahrtausend 1687–1937, Berlin 1937
March, O.: Der Umbau der Französischen Kirche auf dem Gendarmenmarkt in Berlin, in: Zentralblatt d. Bauverwaltung 24. 1904, 210 u. 26. 1906, 350–351
Mengin, E.: Die Französisch-Reformierte Louisenstadtkirche zu Berlin 1728–1928. Festschrift zum 200jährigen Bestehen, Berlin 1928
Müller, J. Ch. und G. G. Küster: Berlinische Chronik: Altes und neues Berlin, Bd. II, Berlin 1737 ff.
Oesfeld, K. L. v.: Umständliche Beschreibung der beiden neuerbauten Thürme auf dem Friedrichs-Städtischen Markte zu Berlin ..., Berlin 1785
Reuther, H.: Barock in Berlin, Berlin (West) 1969
Schwartz, C.: Kirchenbauten unter König Friedrich I. und Friedrich Wilhelm I. in der Mark Brandenburg, Phil. Diss. Berlin 1940
Seiberts, E.: Die Gontard'schen Thürme und ihre Annexbauten auf dem Gendarmenmarkt zu Berlin, Berlin 1884
Stechow, R.: Geschichte der Dorotheenstädtischen Kirche und Gemeinde. Zur Feier des 200jährigen Kirchen-Jubiläums, Berlin 1887
Werner, A.: Der protestantische Kirchenbau des friderizianischen Berlins, Berlin 1913

Margarete Welge
Die Armenfürsorge

An die Mitglieder und Angehörigen der milden Stiftung Maison d'Orange, Berlin 1855
Bericht der Armenkommission hiesiger jüdischer Gemeinde, Berlin 1850
Bericht der französischen Gesellschaft zur Verteilung von Brennholz, Berlin 1877
Bericht über das französische Hospital, Berlin 1855–1867
Bericht über den Zustand des französischen Gemeindewesens zu Berlin im Jahre 1846
Bonnet, J.: Festrede zur 50jährigen Jubelfeier des Hospice, Berlin 1894
Die Armen-Commission der jüdischen Gemeinde in Berlin, Berlin 1838
Die Colonieliste von 1699, hrsg. von Richard Béringuier, Berlin 1888
Die öffentliche Armenpflege in Berlin 1822 bis 1825, dargestellt von der Armendirektion, Berlin 1828
Erman, J. P.: Mémoire historique pour le jubilé de cinquante ans de la fondation de l'ecole de charité, Berlin 1797
Französische Kirche zu Berlin, Archiv: Registre des actes consistoriaux de l'église françoise réformée de Berlin 1672 ff.; Des Actes (Verbaux) de l'Assemblée générale Bd. 18, 19, 28, 29; Protocolle des Actes du Diaconat 1699 ff.; Registre de la Distribution des deniers des Pauvres ...

1695–99; Contrôle de la Distribution et de la Dépense generalle des deniers des pauvres 1699–1706; Französischer General-Salarien und Pensions-Etat von Trinitatis bis Crucus 1750, 1778; Extraits des Chancelleries, Registratures et Greffes concernant les Réfugiés V. 1–4, Registerband; Etat des Pauvres 1744, 1748; Actes du Consistoire, les Affaires particulières ... B V. 1, G V. 1; Copie de Livre des Fonds 1730–70; Frédéric II Don F 1 V. 1; Succession Bardin B 15 V. 1; Legs B 30 V. 1; Dons D 5 V. 1, 2; Testament Wilhelm August Securius; Supportation du nombre des Orphelins français et du coût de chaque Enfant 1786–1831; Actes de la Maison des Orphelins français. L'habillement, la nourriture et le chauffage, Rep. Nr. 25 V. 1

Hargues, F. d': Die Schule des Hospiz. Denkschrift I, II, III, Berlin 1895–1896

Kuczynski, J.: Geschichte des Alltags des deutschen Volkes Bd. 1–4, Berlin 1982

Monatsblatt der Armendirektion, Berlin 1837–59

Muret, E.: Geschichte der Ecole de Charité, Berlin 1897

ders.: Geschichte des Kinderhospiz der französisch-reformierten Gemeinde, Berlin 1894

Relation de la Distribution de bois aux pauvres honteux 1826–1867

Relation de la Maison des Orphelins ..., Berlin 1825

Relations de (Berichte über) l'Ecole de Charité, 1773–1920

Stiller, F.: Das Berliner Armenwesen vor dem Jahre 1826, in: Forschungen zur Brandenburgischen und Preußischen Geschichte, Leipzig 1908

Uhlhorn, G.: Die christliche Liebestätigkeit, Neukirchen 1959

Zur zweihundertjährigen Jubelfeier der Maison d'Orange, Berlin 1905

Klaus Steiner

Das Schulwesen

Birnstiel, E.: Die Hugenotten in Berlin oder Die Schule der Untertanen, Berlin (West) 1986

Festschrift zur Feier des 200jährigen Bestehens des Königlichen Französischen Gymnasiums, hrsg. von dem Direktor und dem Lehrerkollegium, Berlin 1890

Festschrift zur Feier des 260jährigen Bestehens des Französischen Gymnasiums – Collège Français, fondé en 1689, hrsg. von dem Leiter und dem Lehrerkollegium der Schule, Berlin (1949)

Französische Kirche zu Berlin, Archiv: Régistre des actes consistoriaux de l'Eglise françoise réformée de Berlin, Bd. I, 2 (6. 7. 1694–8. 5. 1701); Régistres Mortuaires de l'Eglise franç., Bd. I, 1683 ff.

Geschichte der Pädagogik. Redaktion Karl-Heinz Günther, Franz Hofmann, Gerd Hohendorf, Helmut König, Heinz Schuffenhauer, Berlin [11]1973

Heppe, H.: Geschichte des deutschen Volksschulwesens. Reprographischer Nachdruck, New York 1971

Heubaum, A.: Geschichte des deutschen Bildungswesens seit der Mitte des siebzehnten Jahrhunderts, Bd. 1. Bis zum Beginn der allgemeinen Unterrichtsform unter Friedrich dem Großen 1763 ff. Das Zeitalter der Standes- und Berufserziehung, Berlin 1905

Jubelschrift zur einhundertundfünfzigsten Jahresfeier der Stiftung des französischen Waisenhauses in Berlin, Berlin 1875

Kretzer, H.: Calvinismus und französische Monarchie im 17. Jahrhundert. Die politische Lehre der Akademien Sedan und Saumur, mit besonderer Berücksichtigung von Pierre Du Moulin, Moyse Amyraut und Pierre Jurieu, Berlin (West) 1975

Lewin, H.: Geschichte der Entwicklung der preußischen Volksschule, Leipzig 1910

Rethwisch, C.: Der Staatsminister Freiherr von Zedlitz und Preußens höheres Schulwesen im Zeitalter Friedrichs des Großen, Berlin [2]1866

Rönne, L. V.: Die Verfassung und Verwaltung des preußischen Staates, 8. Teil: Das Unterrichtswesen des preußischen Staates, 2 Bde., Berlin 1855

Schulze, G.: Bericht über das Königliche Französische Gymnasium in den Jahren 1689–1889, in: Festschrift zur Feier des 200jährigen Bestehens des Königlichen Französischen Gymnasiums, Berlin 1890

Jürgen Wilke
Der Einfluß der Hugenotten auf die gewerbliche Entwicklung

Acta Bourussica, Denkmäler der Preußischen Staatsverwaltung im 18. Jahrhundert (bearb. von Gustav Schmoller und Otto Hintze): Die Preußische Seidenindustrie im 18. Jahrhundert und ihre Begründung durch Friedrich den Großen (bearb. von Gustav Schmoller und Otto Hintze), Bd. 1–3, Berlin 1892

Aubin, S.: Der Einfluß der Reformierten in der Geschichte der deutschen Wirtschaft, Halle 1929

Behre, O.: Geschichte der Statistik in Brandenburg-Preußen bis zur Gründung des Königlichen Statistischen Bureaus, Berlin 1805

Bekmann, J. C.: Historische Beschreibung der Chur und Mark Brandenburg, 2 Bde., ergänzt, fortgesetzt und hrsg. von B. L. Bekmann, Berlin 1751–1753

Buß, G.: Die Berliner Börse von 1685–1913. Zum 50. Gedenktag der ersten Versammlung im neuen Hause, Berlin 1913

Französische Kirche zu Berlin, Archiv: Colonielisten der Jahre 1699, 1700 und 1701; Kirchenbücher Taufen, Heiraten und Beerdigungen von 1680 bis 1850, Registre des actes consistoriause de l'Eglise françoise réformée de Berlin I/1–I/7

Hoffmann, H.: Handwerk und Manufaktur in Preußen 1769, Berlin 1969

Jersch-Wenzel, St.: Juden und Franzosen in der Wirtschaft des Raumes Berlin/Brandenburg zur Zeit des Merkantilismus. Einzelveröffentlichung der Historischen Kommission zu Berlin, Bd. 23, Berlin (West) 1978

Jordan, G. v.: Louis Jordan. Chronik der Familie Jordan, Berlin 1902

Krüger, H.: Zur Geschichte der Manufakturen und der Manufakturarbeiter in Preußen, Berlin 1958

Landgrebe, P.: Minoritätsgruppe und wirtschaftliche Bedeutung: Zum Einfluß der Hugenotten auf die deutsche Wirtschaftsentwicklung, Diss. München 1977

Lenz und Unholtz: Die Geschichte des Bankhauses Gebrüder Schickler, Festschrift zum 200jährigen Bestehen, Berlin 1912

Preetz, M.: Die deutschen Hugenotten-Kolonien. Ein Experiment des Merkantilismus, Diss. Jena 1930

Rachel, H.: Das Berliner Wirtschaftsleben im Zeitalter des Frühkapitalismus, Berlin 1931

ders: Paul Wallich, Berliner Großkaufleute und Kapitalisten. Die Zeit des Merkantilismus 1648–1806, Bd. 2, neu herausgegeben, ergänzt und bibliographisch erweitert von Johannes Schultze, Henry C. Wallich u. Gerd Heinrich, Berlin 1967

Sarre, F.: Die Berliner Goldschmiedezunft von ihrem Entstehen bis zum Jahre 1800. Ein Beitrag zur Kunst- und Gewerbegeschichte Berlins, Berlin 1895

Scoville, W. C.: The persecution of Hugenots and French Economic Development 1680–1720, Los Angeles 1960

Skalweit, St.: Die Berliner Wirtschaftskrise von 1763 und ihre Hintergründe, Vierteljahresschrift für Sozial- und Wirtschaftsgeschichte, Reih. 34, Stuttgart/Berlin 1934

Toland, J.: Relation von den königlichen Preußischen und Chur-Hannoverschen-Höfen an einen vornehmlichen Staats-Minister in Holland, Frankfurt 1706

Wiedfeldt, O.: Statistische Studien zur Entwicklungsgeschichte der Berliner Industrie von 1720 bis 1890. Staats- und sozialwissenschaftliche Forschungen, Bd. 16, H. 2, Leipzig 1898

Wilke, J.: Der Einfluß der Hugenotten auf Wirtschaft, Wissenschaft und Kultur, in: Wege und

Grenzen der Toleranz, hrsg. im Auftrag der Evangelischen Kirche in Berlin-Brandenburg v. M. Stolpe und F. Winter, Berlin 1987, S. 36–50

ZStA Merseburg, Rep. 122 Nr. 3e Französisches Koloniedepartement, Bestallungen, Demissionen, 1.) Manufaktur-Inspectoren, Marqueure, Hof-Artisten etc. 1686–1710 7.) Fabrik-Inspekt. u. Commissarien, Accise-Inspekt., Aufseher ü. d. Maulbeerplantage, Marqueurs 1738–51

Rep. 122 2a Französisches Koloniedepartement, Adreßhäuser, Lombardbanken, Leihhäuser 1689–1811

Rep. 122 7b I u. II Französisches Koloniedepartement, Französische Kolonie in Berlin, Gerichtssachen, Generalia und Einwohner-Sachen.

Rep. 122 7c 1–43 Französisches Koloniedepartement, Manufakturen u. Fabriken.

Rep. 122 33 31–36 Französisches Koloniedepartement, Maulbeerbaumplantagen u. Seidenbau in Berlin 1717–1775.

Rep. 122 49 1–23 Französisches Koloniedepartement, Rôle géneral de tous les proprietaires et locataires françois petits et grands, qui sont trouvés à Berlin, Cologne, Werder, Dorotheestadt et Friedrichstadt. Für die Jahre 1725–1747.

Rep. 92 1 u. 2, aus dem Nachlaß des Geheimen Rats v. Spanheim, Betr. Französ. Réfugiés im Allgemeinen u. Handel u. Manufakturen der französ. Réfugiés.

Rep. 122 49 24–34 Französisches Koloniedepartement, Rôle général de la colonie françoise des cinq villes de la résidence royale de Berlin 1748–1801.

Rep. 122 52 Französ. Koloniedepartement, Etat Général de la Colonie françoise de la Residence Royale de Berlin 1765.

Generaldirektorium Kurmark, Tit. C XV, Stadt Berlin, Sekt. V, 1.–7., Acta wegen Etablierung der Fiacre in Berlin.

Generaldirektorium Kurmark, Materien: J–Z
Tit. CCXXXIX. Leihhäuser
Tit. CCLXVII, 2 Stat. Nachrichten 1724–1806

Generaldirektorium Kurmark
Tit. CXV Stadt Berlin, Sect. O, Handwerkersachen,
4. Buchdrucker
9. Buchhändler
10. Cafettiers
11. Destillateurs
16. Gelbgießer
19. Goldschmiede
21. Handschuhmacher
23. Kaufleute u. Materialisten
26. Kupferstecher
33. Sammetmacher
39. Schneider
46. Strumpfwirker
53. Wachsbleicher

Rep. 122 4d, 1 u. 2 Französisches Koloniedepartement, Die Französischen Kapitalien u. Darlehens-Reliquatkasse.

Rep. 122 34 9 Französisches Koloniedepartement, Acta betr. 100 000 Taler, die Kurfürst Friedrich III. von den französischen Refugierten u. einigen Deutschen aufgenommen hat.

Klaus Brandenburg
Die Rechtsprechung in der Kolonie

Coing, H.: Epochen der Rechtsgeschichte in Deutschland, München 1967

Giese, F.: Preußische Rechtsgeschichte, Berlin/Leipzig 1920

Holtzmann, R.: Französische Verfassungsgeschichte von der Mitte des 9. Jahrhunderts bis zur Revolution, München/Berlin 1910
Löffler, H.: Die französisch-reformierten Gemeinden zu Königsberg/Pr., Diss. Königsberg 1931
Schubart, W.: Französisches Recht in Deutschland zu Beginn des 19. Jahrhunderts, Köln/Wien 1977
Seagle, W.: Weltgeschichte des Rechts, München/Berlin 1967
Strasser-Bertrand, O. F.: Die evangelische Kirche in Frankreich in: Die Kirche in ihrer Geschichte, hrsg. von B. Moeller, Göttingen 1975
Zastrow, H.-J.: Die Rechtslage der reformierten Gemeinden in Berlin-Brandenburg, Diss. Freiburg/Br. 1966

Jürgen Wilke
Ärzte und Apotheker

Actorum Medicorum Berolinensium in Incrementum Artis et Scientiarum collectorum, Volumen Primum Berolini, Apud Godofredum Gedidickum, 1723
Adlung, A.: Entwicklung des brandenburgisch-preussischen Apothekenwesens ..., Berlin 1930
André-Pontier, L.: Histoire de la Pharmacie, Paris 1900
Bouvet, M.: Histoire de la pharmacie en France, Paris 1937
Dieckmann, H.: Geschichte und Probleme der Apothekerausbildung in erster Linie in Frankreich und Deutschland, Frankfurt (Main) 1954
ders.: Hugenottische Apotheker in Brandenburg-Preußen nach der Widerrufung des Edikts von Nantes im Jahre 1685, in: Pharmazeutische Industrie, 1954, 16, S. 150–152, S. 186–190, S. 230–232
Französische Kirche zu Berlin, Archiv: Kolonieliste von 1700; Actes de la Maison des Orphelins français concernant les poudres; Actes des apothécairs, Commenencé 1730;Duclos Commencé 1768, Rep. No. 48, Vol. I–Vol. III; Extraits des Chancelleries, Registratures et Greffes concernant les Réfugiés, V. 1
Gelder, H.: Zur Geschichte der privilegierten Apotheken Berlins, in: Pharmazeutische Zeitung, 70, 8, 1925, S. 108–111; 70, 29, 1925, S. 471–473; 70, 30, 1925, S. 490–492
Pagel, J. L.: Die Entwicklung der Medizin in Berlin, Wiesbaden 1897
Remme, K.-D.: Beitrag zur Entwicklung des Medizinalwesens in Brandenburg-Preußen im ausgehenden 17. und zu Beginn des 18. Jahrhunderts, Inauguraldiss. Berlin (West) 1954
Stürzbecher, M.: Zur Geschichte der französischen Apotheken in Berlin, in: Pharmazeutische Zeitung, 103, 9, 1958, S. 210–212
ders.: Beiträge zur Berliner Medizingeschichte. Quellen und Studien zur Geschichte des Gesundheitswesens vom 17. bis 19. Jahrhundert, Berlin (West) 1966
Tissot, S.-A.-A.-D.: Avis au peuple sur sa santé ..., Lausanne 1761
Wietschorek, H.: Die pharmazeutisch-chemischen Produkte deutscher Apotheken im Zeitalter der Nachchemiatrie, Braunschweig 1962
ZStA Merseburg: Rep. 108 A ad B_3 Litt P_1, Rep. 108 A ad B_3 Litt M_3, Rep. 108 D. Sect. III, Rep. 108 A-A 1 bis Rep. 108 A-A 3, Rep. 122 3 f 1 bis Rep. 122 3 f 49
Bestallungen, Demissionen für französische Ärzte, Chirurgen, Barbiere in Berlin
Generaldirektorium Kurmark, Materien J–Z, Tit. CCXLV, Medicinalia 10, Acta des dem hiesigen französischen Waisenhause und der Ecole de charité zugefallenen Debits des Duclosschen Fieberpulvers, 1769–1787
Generaldirektorium Kurmark, Städtesachen 2, Tit. LXV. Stadt Berlin Sect. 0, 1 Apotheker, Stadtapotheken Acta 14: Privilegien hiesiger französischer Apotheker Carita und Drague (1768–1801), Acta 17: Gesuch Allouchery eine 4. Apotheke anzulegen (1794–1797)
Rep. 122 49a 1 – Rep. 122 49a 10 und Rep. 122 49 1 – Rep. 49 34 Kolonielisten
Rep. 122 7a IV Akten Maison française

Rep. 122 7a V Akten Maison d'Orange
Rep. 122 7a III Hospitalakten
Rep. 122 4b 1 – 6 Französische Generalbesoldungs- und Pensionsetats (1699–1735)
Rep. 122 4c I 40, Rep. 122 4c I 41, Rep. 122 4c I 44, Rep. 122 44 2, Register über die französischen Akten Vol. I (1698–1707)
Rep. 92 Nachlaß König 550, Bl. 3
Rep. 92 Nachlaß Spanheim 553, Bl. 2

Helmut Schnitter
Die Réfugiés in der brandenburgischen Armee

Bleckwenn, H.: Unter dem Preußen-Adler, Gütersloh 1978
Crousaz, A. v.: Geschichte des Königlich Preußischen Kadettenkorps, Berlin 1857
Demeter, K.: Das deutsche Offizierskorps in Gesellschaft und Staat 1650–1945, Frankfurt a. Main 1962
Jähns, M.: Geschichte der Kriegswissenschaften vornehmlich in Deutschland, Bd. 2, München/Leipzig 1889
Jany, C.: Geschichte der Königlich Preußischen Armee bis zum Jahre 1807 Bd. 1; Von den Anfängen bis zum Jahre 1740, Berlin 1928
Mehring, F.: Der rote Faden der preußischen Geschichte, in: Gesammelte Schriften, Bd. 5, Berlin 1975
ders. Kriegsgeschichtliche Streifzüge, in: Ebenda, Bd. 8, Berlin 1967
Mülverstedt, G. A. v.: Die brandenburgische Kriegsmacht unter dem Großen Kurfürsten, Magdeburg 1888
Opgenoorth, E.: »Ausländer« in Brandenburg-Preußen. Als leitende Beamte und Offiziere 1604–1871, Würzburg 1967
Soldatisches Führertum, Bd. 1., hrsg. von Kurt von Priesdorff, Hamburg o. J. (um 1936)

Conrad Grau
Die Berliner Akademie der Wissenschaften und die Hugenotten

Arnheim, F.: Freiherr Benedikt Skytte (1614–1683), der Urheber des Planes einer brandenburgischen »Universal-Universität der Völker, Wissenschaften und Künste«, in: Festschrift zu Gustav Schmollers 70. Geburtstag. Beiträge zur brandenburgischen und preußischen Geschichte, Leipzig 1908, S. 65–99
Bolle, P.: Le protestantisme français à la veille de la Révocation: la montée des perils, in: Bulletin de la société de l'histoire du Protestantisme français, Bd. 131, 1985, S. 123–129
Die Mitglieder der Deutschen Akademie der Wissenschaften zu Berlin 1700–1950. Im Auftrage der Deutschen Akademie der Wissenschaften zu Berlin, bearb. von E. Amburger, Berlin 1950
Die Oder-Universität Frankfurt. Beiträge zu ihrer Geschichte, Weimar 1983
Die Registres der Berliner Akademie der Wissenschaften 1746–1766. Dokumente für das Wirken Leonhard Eulers in Berlin. Zum 250. Geburtstag, hrsg. in Verbindung mit M. Winter und eingeleitet von E. Winter, Berlin 1957
Dubois-Reymond, E.: Gedächtnisrede auf Paul Erman (1853), in: Reden. Zweite Folge, Leipzig 1887, S. 55 ff.
Erman, W.: Jean Pierre Erman (1735–1814). Ein Lebensbild aus der Berliner Französischen Kolonie, Berlin 1914
Festakt und Wissenschaftliche Konferenz aus Anlaß des 200. Todestages von Leonhard Euler,

hrsg. von W. Engel (Abhandlungen der Akademie der Wissenschaften der DDR, 1985, Nr. 1), Berlin 1985

Geißler, R.: Die protestantische Kontroversliteratur als Wegbereiter des antimetaphysischen Denkens, in: Französische Aufklärung. Bürgerliche Emanzipation, Literatur und Bewußtseinsbildung, Leipzig 1979, S. 122–143, 836–837 (Anm.)

Grau, C.: Berlin, Französische Straße. Auf den Spuren der Hugenotten, Berlin 1987

Haag, E. und E.: La France protestante ou vies des Protestants Français qui se sont faits un nom dans l'histoire, Bd. 1–10, Slatkine Reprints Genève 1966 (zuerst 1846–1858)

Harnack, A.: Geschichte der Königlich Preußischen Akademie der Wissenschaften zu Berlin, Bd. 1–3, Berlin 1900

Hartkopf, W.: Die Akademie der Wissenschaften der DDR. Ein Beitrag zu ihrer Geschichte, Biographischer Index, Berlin 1983

Hartweg, F.: Die Hugenotten in der Berliner Akademie, in: Humanismus und Naturrecht. Ein Tagungsbericht, Berlin (West)/New York 1979, S. 182–205

ders.: Les Huguenots à Berlin: des artisans de l'Aufklärung, in: lendemains. Zeitschrift für Frankreichforschung und Französischstudium, Köln, 10. Jg., 1985, Bd. 38/39, S. 69–75

Kämmerer, J.: Rußland und die Hugenotten im 18. Jh. (1689–1789), Wiesbaden 1978

Krauss, W.: Ein Akademiesekretär vor 200 Jahren: Samuel Formey, in: ders., Studien zur deutschen und französischen Aufklärung, Berlin 1963, S. 53–62, 483–486 (Anm.)

Kretzer, H.: Calvinismus und französische Monarchie im 17. Jahrhundert. Die politische Lehre der Akademien Sedan und Saumur mit besonderer Berücksichtigung von Pierre Du Moulin, Moyse Amyraut und Pierre Jurieu, Berlin (West) 1975

Sternzeiten. Zur Geschichte der Berliner Sternwarte, der heutigen Sternwarte Babelsberg, Bd. I, II. Red. G. Jackisch, Berlin 1977

Stürzbecher, M.: Beiträge zur Berliner Medizingeschichte. Quellen und Studien zur Geschichte des Gesundheitswesens vom 17. bis zum 19. Jh., Berlin (West) 1966

Thiele, R.: Leonhard Euler, Leipzig 1982

E. W. v. Tschirnhaus und die Frühaufklärung in Mittel- und Osteuropa, hrsg. in Zusammenarbeit mit N. A. Figurovskij, G. Harig, B. B. Kafengauz und A. Klíma v. E. Winter, Berlin 1960

Winter, E.: Frühaufklärung. Der Kampf gegen den Konfessionalismus in Mittel- und Osteuropa und die deutsch-slawische Begegnung, Berlin 1966

Rolf Geißler

Die Hugenotten im literarischen Leben Berlins

Bartholmèss, Chr.: Histoire philosophique de l'Académie de Prusse depuis Leibniz jusqu'à Schelling, particulièrement sous Frédéric le Grand, 2 Bde., Paris 1850 f.

Formey, L.: Eloge de Prémontval, in: Histoire de l'Académie des sciences de Berlin, 1765, S. 526–540

Formey, J.-H.-S.: Souvenirs d'un citoyen, 2 Bde., Berlin 1789

Formey-Nachlaß in der Deutschen Staatsbibliothek Berlin

Gent, W.: Die geistige Kultur um Friedrich den Großen, Berlin 1936

Goldfriedrich, J.: Geschichte des Deutschen Buchhandels, Leipzig 1909

Hartweg, F.: Influence culturelle et intégration linguistique du Refuge huguenot à Berlin au XVIIIème siècle, in: Le refuge huguenot en Allemagne. Table ronde des 23 et 24 mars 1981 (Centre national de la recherche scientifique, Institut d'histoire moderne contemporaine), Paris o. J.

ders.: Zur Sprachsituation der Hugenotten in Berlin im 18. Jahrhundert, in: Beiträge zur romanischen Philologie, XX (1981), Heft 1

Krauss, W.: Ein Akademiesekretär vor 200 Jahren: Samuel Formey, in: ders., Studien zur deutschen und französischen Aufklärung. Berlin 1963, S. 53–62, 483–486 (Anm.)

ders.: La correspondance de Formey, in: Revue d'histoire Littéraire de la France 63 (1963), 2, S. 207–216

Marcu, E.: Un Encyclopédiste oublié: Formey, in: Revue d'histoire littéraire de la France 53 (1953), S. 296–305

Marx, J.: Une revue oubliée du XVIIIe siècle: »La Bibliothèque impartiale«, in: Romanische Forschungen 80 (1968), S. 281–291

Pablo, J. de: Die Rolle der Französischen Kolonie zu Berlin in der Gelehrtenrepublik des 18. Jhs., in: Hugenottenkirche, Berlin, Nr. 4/1965

Voisine, J.: J. Formey (1711–1797), Vulgarisateur de l'Œuvre de Rousseau en Allemagne, in: Mélanges d'histoire littéraire, offerts à Daniel Mornet, Paris 1951

Jürgen Wilke

Einflüsse französischer Sprache und Alltagskultur auf das Berlinische

Brandenburg-Berlinisches Wörterbuch. Begründet von A. Bretschneider unter Einschluß der Sammlungen von H. Teuchert, bearb. unter der Leitung von G. Ising, Berlin 1976, 1983, Band: A–E, Band F–K

Brendicke, H.: Der Berliner Volksdialekt. Schriften des Vereins für die Geschichte Berlins, H. XXII, Berlin 1895

Der Roggenpreis und die Kriege des großen Königs. Die Chronik des Berliner Bäckers Johann Friedrich Heyde 1740 bis 1786, hrsg. von H. Schulz, Berlin 1987 – vgl.: Stadtarchiv Berlin, Bestand Amtsbücher, HS 117: Das sogenannte Stammbuch des Bäckers Johann Friedrich Heyde

Der Teutsch-Französische Modegeist, Berlin 1689

Fontane, Th.: Die Märker und die Berliner und wie sich das Berlinerthum entwickelt, in: Deutsches Wochenblatt, Nr. 47, 1889, S. 560

Französische Kirche zu Berlin, Archiv: Juristischer Nachlaß des Auguste de Campagne, Bd. 1–5

Gebhardt, H.: Glaßbrenner Berlinisch, in: Schriften des Vereins für die Geschichte Berlins, H. 54, Berlin 1933

Grandjot, J.: Das Mariendorfer Vaterunser, in: Der Deutsche Hugenott, 30. Jg., Nr. 2, Juni 1966, S. 49–52

Gropius, G.: Neueste Fremdenführer für Berlin, Berlin 1833

Harndt, E.: Französisch im Berliner Jargon, Berlin 1978

Hartweg, F.: Influence culturelle et intégration linguistique du Refuge huguenot à Berlin au XVIII ème siècle, in: Le refuge huguenot en Allemagne, Table ronde des 23 et 24 mars 1981, (Centre national de la recherche scientifique, Institut d'histoire moderne et contemporaine), Paris o. J.

Jacobson, J. K. G.: Schauplatz der Zeugmanufakturen in Deutschland, 4 Bde., Berlin 1773–1779

ders.: Technologisches Wörterbuch, hrsg. von F. Hartwig, eingeleitet v. Beckmann und Rosenthal, 8 Bde., Berlin 1781

König, A. B.: Versuch einer historischen Schilderung der Residenzstadt Berlin, 5 Bde., Berlin 1792–1796

Küster, G. G., und J. E. Müller: Altes und Neues, 1. Teil, Berlin 1737; 2. Teil, Berlin 1752, 3. Teil 1756

Lasch, A.: Berlinisch. Eine berlinische Sprachgeschichte, Berlin 1928

Meyer, H., und S. Mauermann: Der richtige Berliner in Wörtern und Redensarten, Berlin 1878 und 1921

Mirabeau, C. de: De la Monarchie prussienne sous Frédéric le Grand avec un appendice, Tome 1–3, London 1788 ders.: Histoire secrete de la Cour de Berlin ou correspondance d'un voyageur françois, 1789

Seidel, B.: Wort und Brauch im Arbeitsjahr des Tabakbaues im Oder-Randow-Gebiet, in: Deutsches Jahrbuch für Volkskunde, 10. Jg., Berlin 1964

Trachsel, C. F.: Glossarium der Berlinischen Wörter und Redensarten, Berlin 1873

ZStA Merseburg: Rep. 122 7 B I. 16 fol. 1, 1, 2, 9, 9

Combination der deutschen und französischen Bäcker in Berlin, Französisches Koloniedepartement

Rep. 122 A II. Nr. 1, Bd. 1, fol. 4–13, 25, 25

Französisches Koloniedepartement, Französisches Gymnasium

Rep. 122 45 Nr. 2 fol. 605–609, 612, 613

Französisches Koloniedepartement, Extraits des registres du consistoire supérieur (1698–1740).

Rep. 122 Nr. 3e 1

Französisches Koloniedepartement, Bestallungen

Manufaktur – Inspektoren, Marqueurs

Rep. 122 Nr. 6a I Vol. I fol. 13–20

Französisches Koloniedepartement, Colonie Sachen, Generalia 1686–1812

Rep. 122 7b I 66 Französisches Koloniedepartement

Die Einführung der deutschen Sprache bei den französischen Coloniegerichten in gewissen Fällen (1709–1805)

Rep. 122 7b I 3 Französisches Koloniedepartement, Generalia, Jurisdiktion, Prozeßordnung für die französischen Gerichte 1699

Jürgen Wilke
Johann Wolfgang von Goethe und Madame du Titre

Adresskalender Berlin (1790–1803)

Französische Kirche zu Berlin, Archiv: Registre des actes consistoriaux, Bd. I/15, 16; Des registres des Mariages de l'Eglise françoise de Berlin commoncé le premier 1748 Mgr. III (1748–1806)

Friedenthal, R.: Goethe – sein Leben und seine Zeit, München/Zürich, 1974

Knetsch, C.: Goethes Ahnen, Leipzig 1908

Kügler, H.: Madame du Titre, eine fröhliche Berlinerin aus Biedermeiertagen. Ein Beitrag zur Volkskunde von Berlin, Berlin 1937

Victor, W.: Goethe in Berlin, Berlin und Weimar [5]1983

Winfried Löschburg
Wallfahrt nach Französisch-Buchholz

Béringuier, R.: Die Colonieliste von 1699, Berlin 1888

Briefwechsel zwischen Goethe und Zelter in den Jahren 1799 bis 1832, Bd. 3, Leipzig 1904, S. 405

Cosmar, A.: Neuester und vollständigster Wegweiser durch Berlin für Fremde und Einheimische, Berlin 1841

Dörrier, R.: Pankow. Chronik eines Berliner Stadtbezirkes, Berlin-Pankow 1971

Französische Kirche zu Berlin, Archiv: Kirchenbücher der französisch-reformierten Gemeinde Französisch-Buchholz, Mrg. 1688–1849, S. 55

Ginolat, M.: Vom alten Dorf Französisch-Buchholz, in: Die Hugenottenkirche, 1956/4, S. 14–15

Hartweg, F.: Zur Sprachsituation der Hugenotten in Berlin im 18. Jahrhundert, in: Beiträge zur Romanischen Philologie, 1981/1, S. 117–127
Hengsbach, A.: Französisch-Buchholz. Eine verkehrsgeschichtliche Betrachtung, in: Mitteilungen des Vereins für die Geschichte Berlins 1970, S. 352–358
Historisches Ortslexikon für Brandenburg, Teil VI, Barnim. Bearb. v. L. Enders unter Mitarbeit v. M. Beck, Weimar 1980
Manoury, K.: Die Anfänge der französisch-reformierten Gemeinden in Brandenburg. Buchholz, in: Die Hugenottenkirche, 1957/11, S. 20–26
Riesel, C.: Das romantische Spreeland. I. Teil, Berlin 1869, S. 34–35

Sibylle Badstübner-Gröger
Daniel Chodowieckis Arbeiten für die französische Kolonie in Berlin

Badstübner-Gröger, S.: Zur Ikonographie der Bauplastik am Französischen Dom in Berlin, in: Acta Historiae Artium XXIX., Budapest 1983, S. 105–116 (dort auch Hinweise auf die verwendeten Akten aus dem Archiv der Französischen Kirche zu Berlin)
dies.: Der Anteil Daniel Chodowieckis am Bildprogramm des Französischen Domes in Berlin, in: Chodowiecki und die Kunst der Aufklärung in Polen und Preußen. Vorträge der 4. Internationalen Konferenz des »Komitees«, Wolfenbüttel 1983, hrsg. von Hans Rothe und Andrzej Ryszkiewicz, Köln/Wien 1986, S. 75–97
Bauer, J. H.: Daniel Chodowiecki – Das druckgraphische Werk, Hannover 1982
Daniel Chodowieckis Briefe zwischen ihm und seinen Zeitgenossen, hrsg. von Ch. Steinbrucker, Bd. 1, 1736–1786, Berlin 1919
Engelmann, W.: Daniel Chodowiecki – Sämtliche Kupferstiche, Leipzig 1857 (Im Aufsatz werden die Blätter Chodowieckis nach der Engelmann-Nummer zitiert – E)
Feist, P. H.: Chodowieckis Calas, in: Ars Auro Prior. Studia Ioanni Białostocki Sexagenario dicta, Warszawa 1981, S. 575–581
Kaemmerer, L.: Daniel Chodowiecki, Leipzig 1897
Hirsch, R.: Nachträge und Berichtigungen zu »Daniel Chodowiecki Sämtliche Kupferstiche« beschrieben von Wilhelm Engelmann, Leipzig [2]1906
Oettingen, W. v.: Daniel Chodowiecki – ein Berliner Künstlerleben im 18. Jahrhundert, Berlin 1895
Randow, A. v.: Öffentlichkeit – Erfahrung und Beschreibung. Hausväterrepublik und Gelehrtenrepublik als Möglichkeiten kultureller Partizipation der Bürger. Nicolai und Chodowiecki im friderizianischen Berlin, (Phil. Diss.), Bonn 1984 (dort auch Hinweise auf die verwendeten Akten aus dem Archiv der Französischen Kirche zu Berlin)
Schlosser, W.: Reformiertes Ethos und Demokratischer Bürgersinn, in: Der Deutsche Hugenott, 1981, 4/1982, 1

Fotonachweis

Die Mehrzahl der Fotos wurde von Christel Lehmann, Berlin, angefertigt, und zwar: Schutzumschlag, S. 14, 16, 17, 19, 20, 24/25, 36, 37, 38, 40, 41, 52, 56/57, 59, 61, 65, 68, 70, 76, 79 rechts, 83, 84, 86, 87 (Repro), 91, 94, 95, 97, 102, 105 (Repro), 109, 111, 112, 113, 126, 135, 137, 139, 144, 146 oben u. unten (Repro), 150 (Repro), 151, 154, 162, 165 (Repro), 166, 168, 170, 173 (Repro), 175 (Repro), 181, 184, 188/189, 190, 191 (Repros), 192, 193, 194 (Repros), 196, 200 oben, 215, 221, 223, 225, 226 (Repro), 233 links, 235, 237, 238, 241, 242, 243, 253, 257, 271, 273, 274, 276 (Repro), 277, 279, 287, 302, 303, 309, 315, 321, 322, 323 links, 329, 340, 347, 351, 352, 358, 359, 360(Repro), 361, 362, 366, 369, 370, 371, 375, 381, 383, 390, 391, 395, 402, 413, 414, 416, 427, 439, 453, 463.

Ferner stellten Fotos zur Verfügung: Jörg P. Anders, Berlin (West): S. 67, 263, 313, 443 · Hans-Joachim Bartsch, Berlin (West): S. 255 · Bayrisches Nationalmuseum, München: S. 417 · Constantin Beyer, Weimar: S. 30, 31 · Klaus G. Beyer, Weimar: S. 2, 152, 153, 159 · Martin Deltloff, Berlin: S. 233 rechts, 441, 444, 445, 448, 450 unten, 454, 457, 465, 469 · Fotoarchiv Hugenottenmuseum, Berlin: S. 104, 187 · Hartmut Frehse, Potsdam: S. 318 · Wolfgang Gottschalk, Berlin: S. 160, 161, 424, 431 · Institut für Denkmalpflege, Meßbildarchiv, Berlin: S. 156, 157, 171, 200 unten, 248, 249, 459 · Horst Joessel, Berlin: S. 26, 27, 323 rechts · Bernt Karger-Decker, Berlin: S. 423 · Achim Kühn, Berlin: S. 167 · Museum für Deutsche Geschichte, Berlin: S. 324 · Wolfgang Schönborn, Berlin: S. 117 · Staatliche Museen zu Berlin: S. 450 oben · Staatliche Schlösser und Gärten Potsdam-Sanssouci: S. 148/149 (Christine Glanz), 260 (Roland Handrick), 367 (Christine Glanz) · Staatsarchiv Potsdam: S. 244, 245 · Stadtarchiv Berlin: S. 336 · Dietrich Tietz, Berlin: S. 335, 338, 339, 342, 344, 345, 346, 356 · Friedrich Welge, Berlin: S. 98 (Repro), 129 · Zentrales Staatsarchiv, Dienststelle Merseburg: S. 15, 22, 34/35, 48, 51, 75, 79 links, 92, 143, 218/219, 231, 246, 290/291, 300.

Verlag und Herausgeber danken folgenden Institutionen und Personen für die Genehmigung zum Abdruck und für die Unterstützung bei der Beschaffung der Bildvorlagen:

Hugenottenmuseum, Berlin: S. 14, 16, 17, 19, 20, 24/25, 52, 61, 68, 70, 76, 79 rechts, 83, 86, 87, 91, 94, 95, 97, 98, 102, 104, 105, 109, 111, 112, 113, 117, 129, 135, 139, 144, 150, 165, 166, 168, 181, 184, 187, 188/189, 190, 191, 192, 193, 194, 196, 200 oben, 221, 223, 225, 226, 238, 241, 242, 243, 253, 271, 287, 302, 303, 321, 323 links, 359, 370, 373, 381, 383, 391 links, 402, 413, 414, 416.

Märkisches Museum, Berlin: S. 36, 37, 38, 40/41, 56/57, 59, 84, 126, 137, 146, 154, 170, 189, 215, 233 links, 235, 257, 273, 274, 276, 277, 279, 309, 315, 322, 329, 340, 347, 352, 358, 360, 361, 362, 366, 369, 375, 390, 391 rechts, 395, 427, 439, 453, 463.

Bayrisches Nationalmuseum, München: Siehe Fotonachweis.

Wolfgang Gottschalk, Berlin: S. 65, 173, 175.

Institut für Denkmalpflege, Meßbildarchiv, Berlin: Siehe Fotonachweis.

Museum für Deutsche Geschichte, Berlin: S. 237, 324.

Staatliche Museen zu Berlin, Kupferstichkabinett und Sammlung der Zeichnungen: S. 233 rechts, 441, 444, 445, 448, 450, 454, 457, 465, 469.

Staatliche Museen Stiftung Preußischer Kulturbesitz, Kupferstichkabinett, Berlin (West): S. 67, 443.

Staatliche Schlösser und Gärten Potsdam-Sanssouci: S. 148/149, 260, 351, 367.

Staatsarchiv Potsdam: Siehe Fotonachweis.

Stadtarchiv Berlin: Siehe Fotonachweis.

Verwaltung der Staatlichen Schlösser und Gärten Berlin (West), Schloß Charlottenburg: S. 255, 263, 313.

Zentrales Archiv der Akademie der Wissenschaften der DDR, Berlin: S. 335, 338, 339, 342, 344, 345, 346, 356.

Zentrales Staatsarchiv, Dienststelle Merseburg: Siehe Fotonachweis.

ISBN 3-372-00077-3

Lizenz-Nr. 395/3772/88 · P 91/87 · LSV 0265
Printed in the German Democratic Republic
Lichtsatz: INTERDRUCK Graphischer Großbetrieb Leipzig – III/18/97
Reproduktion und Druck: Graphischer Betrieb Jütte, Leipzig
Bindearbeit: Kunst- und Verlagsbuchbinderei, Leipzig
Gestaltung: Hans-Joachim Schauß
700 168 4
04800